U0647671

国家社科基金
GUOJIA SHEKE JIJIN HOUQI ZIZHU XIANGMU
后期资助项目

宋代四礼研究

A Study on the Four-Ritual System in the Song Dynasty

杨 逸 著

ZHEJIANG UNIVERSITY PRESS
浙江大学出版社

图书在版编目（CIP）数据

宋代四礼研究 / 杨逸著. —杭州：浙江大学出版社，2021.5

ISBN 978-7-308-21063-8

Ⅰ.①宋… Ⅱ.①杨… Ⅲ.①礼仪－研究－中国－宋代 Ⅳ.①K892.9

中国版本图书馆 CIP 数据核字(2021)第 021120 号

宋代四礼研究

杨　逸　著

责任编辑	胡　畔(llpp_lp@163.com)	
责任校对	赵　珏	
封面设计	浙江时代出版服务有限公司	
出版发行	浙江大学出版社	
	（杭州市天目山路 148 号　邮政编码 310007）	
	（网址：http://www.zjupress.com）	
排　　版	浙江时代出版服务有限公司	
印　　刷	浙江新华数码印务有限公司	
开　　本	710mm×1000mm　1/16	
印　　张	35	
字　　数	630 千	
版 印 次	2021 年 5 月第 1 版　2021 年 5 月第 1 次印刷	
书　　号	ISBN 978-7-308-21063-8	
定　　价	138.00 元	

国家社科基金后期资助项目
出版说明

后期资助项目是国家社科基金设立的一类重要项目，旨在鼓励广大社科研究者潜心治学，支持基础研究多出优秀成果。它是经过严格评审，从接近完成的科研成果中遴选立项的。为扩大后期资助项目的影响，更好地推动学术发展，促进成果转化，全国哲学社会科学工作办公室按照"统一设计、统一标识、统一版式、形成系列"的总体要求，组织出版国家社科基金后期资助项目成果。

全国哲学社会科学工作办公室

序

宋人观察唐代世家大族时，认为家有礼法既是这一时代世家门望的标志，亦是大族累世不败的重要归因。此类论旨在张方平、欧阳修、徐度、李廌、胡寅等人的著述中具体可见、班班可考。而与世家大族"各著家礼""专以门望自高""以家学及礼法等标异于其他诸姓"等社会现象相为呼应的是，一些士大夫从各自的目标出发，开始统合整理家礼、家法文本，比如，唐代的卢弘宣"患士庶人家祭无定仪，乃合十二家法，损益其当，次以为书"（《新唐书》卷197《卢弘宣传》），宋代的韩琦"采前说之可行，酌今俗之难废者"，编为韩氏家祭式十三篇（《安阳集》卷22《韩氏参和古今家祭式序》）。此后，参考各家礼文，裁订增损，举纲张目，以定冠、婚、丧、祭之法渐次成为宋代与宋代以后士人制礼、注礼时普遍采用的书写模式。

杨逸《宋代四礼研究》即从这个角度切入。他先在礼学的历史中去确立"四礼之学"这一新门类，以汉唐五礼之学的形成、宋明四礼之学的转向这两个纬度来结构历史的时间与礼学的变迁。随后，他通过爬梳文献，考订宋代以冠、婚、丧、祭四礼为叙事框架的著述，厘清这些文献的作者、成书时间、卷数、体例、佚文等基本信息，同时，亦关注宋人及后代书目中的相关评价与辑考。不过，文献实证显然并非是杨逸唯一着意的研究进路，当他开始分述冠礼、婚礼、丧礼、祭礼之时，他对四礼的具体考索并不耽于不同文本的比对，而是去关注士人制订四礼背后的价值关怀，从而在分述中提炼出一条一以贯之的纲线。很明显，杨逸虽对冠、婚、丧、祭分设不同的讨论议题，但这四个议题或隐或现均有着一个关联的词汇：秩序。

在冠礼中，杨逸探讨了礼仪进程中转换冠帽衣服所寄寓的礼意，提醒人们注意礼服与常服的边界，并通过"常"与"非常"这一组对立概念，用以阐明士大夫规范家庭生活秩序的构想。在婚礼中，他从宋儒对时俗时礼的批判入手，区分出"以礼论俗""因礼废俗""以俗合礼""以礼化俗"等言说路径，从婚礼仪式的空间方位来强调内与外的伦理秩序。在丧礼中，杨逸对包括五服制度、鬼神魂魄、袭敛衣物、棺木、灰隔法等具体礼文仪节的细致观察与分析，其目标是为了呈现宋儒廓清思想、构建义理秩序的历史情境。在祭礼中，他将研究视点集中于墓祭与庙祭之间的演变，通过分析这一历史事象，梳理士大夫如何对墓祭做出新的解释，并最终将之纳入儒家祭礼体系，以此来剖析士大夫调和礼与俗、礼与理，整合礼仪秩序的过程。

《宋代四礼研究》一书从四礼的综论开篇，继而分论冠婚丧祭之礼，一综与一分两部分，张弛有度，在综论中周到细梳，在分论中聚焦问题，这一点无疑是本书最大的特色。

除此之外，我想说从另一个侧面来看此书的价值。通常来说，学者隔着时间的距离，从文献资料中对历史作出探讨，即便所要回答的学术问题是嵌在当下的，但要从个体所从事的研究活动中得出某种对自身塑造的意义，实难以言喻。然而，这一隐晦的意趣在杨逸这里却是彰明较著的。

"礼者，履也。"对于制礼者而言，无论是要编订细碎繁琐的礼文，还要希望条绪简明枯燥的仪程，其最终目标是要落于人的具体行动的，对于这一点，朱熹说得十分清楚："所谓礼之实者，皆践而履之矣。"（《晦庵先生朱文公文集》卷74《讲礼记序说》）然而，从订立礼文到实际践履，绝非是一个由此及彼的顺延过程。这里，我们仍借用朱熹的话来说明，他讲：

> 顷年见钦夫刊行所编礼，止有婚、丧、祭三礼，因问之。曰："冠礼觉难行。"某云："岂可以难行故阙之！兼四礼中冠礼最易行，又是自家事，由己而已。若婚礼，便关涉两家，自家要行，它家又不要行，便自掣肘。又为丧祭之礼，皆繁细之甚。且如人遭丧，方哀苦中，那得工夫去讲行许多礼数。祭礼亦然，行时且是用人多。昨见某人硬自去行，自家固晓得，而所用执事之人皆不曾讲习。观之者笑，且莫管；至于执事者亦皆忍笑不得。似恁行礼，济得甚事！（《朱子语类》卷23《论语五·为政篇上》）

这段话从张栻不制冠礼开始发问，涉及婚、丧、祭中行礼难的具体问题与具体情景。事实上，从制礼开始，再到学礼、观礼，最后成为日用之礼，这是一个太过庞大而复杂的问题，要分析这一问题，可能需要制度、学术、社会、群体等各种要素的综合考量。不过，朱熹也说了，亦有一些"自家事，由己而已"的易行之礼，如此，从学礼开始，人们是否可将那些易行之礼在生活中具体行用？杨逸对这一问题的探究虽然逾出了他的博士论文《宋代四礼研究》的范畴，却成为其日后学术研究的新的生长点。

毋庸置疑，杨逸关于冠婚丧祭礼文的系统知识，一方面是作为学习者，通过不同的文本阅读获得，一方面是作为旁观者，在田野调查中汲取各地异俗而来。基于这样的学礼经历，当他走出校门渐次步入人生的一些重要阶段之时，未尝检括世事纷扰的学子，便单纯地想将冠、婚、丧、祭的相关礼文知识与价值认同，带入自己的生活场景之中。他的所求并不多，不过是想实践一些"自家事，由己而已"的易行之礼，甚至只是易行之礼的某些片断。有意味地是，书生演礼所要面对的从来不是礼文知识的不够与不备，亦非朱熹所谓的"情文不相称"，而是用礼所需花费以及"自家要行，他家又不要行"的掣肘，彼时，杨逸的心境大约可以用"芳心千重似束，照壁孤灯相映"一句来概括。不过，学礼与用礼之间的困厄，这些来源于个人的切己体会不可简单地理解为研究者与其研究对象之间有意的交互联系，事实上，它也在相当程度上激起了个体的好奇心，并使得学术研究成为对个人的塑造富有意义的存在，或许正是由于这一点，才支撑着杨逸对"礼"的相关课题继续进行锲而不舍、经年累月地探索。

陆敏珍

2021 年 3 月于杭州勾庄

自　序

一

　　在传统社会,经学是研究的对象;近代以来,经学研究成为研究对象。至今,关于经学存续价值的争论仍在继续,爱之者赞叹它不绝如线,憎之者警惕它借尸还魂。两派之说,各有据依,是非真伪,实难定论。不过,两派之分歧并非经学之研究价值,而是经学在当下的价值,亦即,经学作为一种传统资源,为现代社会提供借鉴何以可能的问题。这个问题与其说是一个严肃的学术问题,不如说是一个态度选择。如果我们假设今人足够宽容,以至于能够包容经学及其研究在现代学科丛林中存活,那么,或许经学的一些优点还能够被忆起。

　　经学是包容之学,凝聚了儒、道、法、释等传统思想流派。作为以"经"为名之学,经学文本有"六经""五经""九经""十三经"的变化,虽被深深刻上了儒学的记号,却在诠释上保持了对其他思想流派的开放态度。道家与《易经》,法家、兵家与《周礼》,佛家与《中庸》,史家与《春秋》,皆有十分密切的关联。在西学输入后,不乏以西方学术诠释经学文本者,如以相对论诠释《易经》,以生物学诠释《诗经》,均成一家之言,可视为现代学术羽翼经学之典型。经学所具有的包容不同学派、不同学科的特性早已为贤者洞察,故马一浮提出"六艺该摄一切"的观点,欲以经学包容一切现代学科。

　　经学是贯通之学,贯穿于汉学、玄学、理学、朴学等学术史时期。若以历时性角度观察,经学在不同时期皆与主流学术形态保持着密切关系。汉学、朴学根柢在经,固不待言;魏晋玄学务在清谈、反思名教,对《易》理、《礼》义诠释尤其有功,亦当无疑。至宋代,经学进入"变古"时代。在佛教的社会化浪潮的冲击下,宋代学术的本土意识觉醒,"中国""华夷""辟佛老"等口号成为时代最强音。"泛乎百家,返于六经"成为宋儒求学的普遍经历。在挣扎、反思之后,宋学带着新鲜、多元的思想元素回到经学,为经学增添了新经典("四书"),提出了新目标(如修齐治平),探索了新路径(如舍传求经)。如果历史可以测度、比较,宋代之后经学的问题意识已十分接近近代以来的中国,故牟宗三提出"内圣开出新外王"的思路,欲以之开辟现代中国的新世界。

经学是致用之学,为政治、经济、社会、外交等提供源头活水。《宋史》立"道学""儒学"两传,在经学中拎出"道学"一派,试图描述一种新型学术的崛起。道学的兴起,使中国学术具有了前所未有的思想深度,与"中国转向内在"的历史大势相合。但是,"内圣""外王"之间始终存在理论、实践的裂痕。当"内圣"君子试图治平天下时,其所用之术往往难以从"修身"中开出。正如笔者在拙稿中所指出的,朱熹的四礼学并非与其道学处处相合,相似地,阳明的四礼学也并不像一些研究所说,与心学具有相合特征。一旦道学学者锐意用世,其所能够利用的知识资源仍然是经学。故即便近代西学输入之后,仍有不少贤者试图以之经世,此论至今未绝。

包容性、贯通性、实践性是经学的鲜明特征。这些特征不但为其他中国传统学术形态所不具备,且非现代学术所能普遍具有。若以西学较之,惟有希腊哲学可与之相媲美,然其所论之广、盛行之久又非西哲所及。经学作为一种解决现代问题的传统资源,在当前仍然具有现代学科理论、各国治理经验所不具备的独特优势。

二

当然,在本土化浪潮兴盛的今天,阅读经学著述并从中汲取营养似乎已不再是需要论证的问题,更重要的是,如何在现代学科中安置经学研究,以及如何在国家治理、生产生活中通经致用的问题。经世之法,忌在泥古,贵能致用。关于"致用",古人大抵有三种路径:

其一,附会名义以为用。此类颇多,如《周礼》一经,王莽以之改制,苏绰以之立国,王安石以之变法,等等。不过,同样是"托《周官》之名以为政"[①],其法却并不相同,或取其令名以自神,或取其间架以立威,或取其成法以施用,或取其大义以制器。

其二,择其成法以为用。在文本中选取部分内容,用以指导当时的政治、社会实践。如南宋浙东学派对《周礼》文本的解读方法,"就事上理会,将

---

① 洪迈:《容斋随笔》续笔卷16《周礼非周公书》,上海古籍出版社1978年版,第411—412页。

古人所说来商量，须教可行"①，即以现实为尺度测度经典，寻求具有可行性的答案。

其三，提炼经义以为用。不拘泥于古制，重视分析经文所含蕴的深刻意义，将其作为目标、准则以指导实践。在朱熹看来，有两种提炼意义之法，一种如陆佃（1042—1102）一般，"大抵说礼都要先求其义"，以礼义为研究对象进行研究；另一种是朱熹所主张的，"将散失诸礼错综参考，令节文度数一一著实，方可推明其义"②。两者看似殊途，其实同归，都试图以经义为本，转出某些实践中可行的举措。

在传统的经学研究语境中，这些致用之法经常受到诟病，很少博得同情、理解。所谓"托《周官》之名以为政"③的说法，不仅是批判王莽、王安石假托《周礼》名义变法，更是指责变法对《周礼》存在理论上的误读，甚至没有对其中关键问题进行深入研究（如《周礼》真伪问题）。致用的失败被归因于学术的失败。在这个意义上，这种批判对汉代、清代的公羊学者同样适用。毋庸赘言，经学有其固有的魅力和研究价值，不过，若只视之为系于藤上、大而无用的匏瓜，则未免可惜。当西方学术浪潮裹挟着价值观念冲击到中国的海岸时，礁石受到拍击，浪花飞溅之际，其表面受到润泽、琢磨，其中则仍然坚实、不可动摇。在古今中西之变中，西学不断逼问着经学之用，时至今日，经学实已无路可退，如欲重拾中国在传统文化方面的自信，唯有树立自身一途。值此之秋，我们是否可以想象一种以"经世致用"为对象的研究？

"礼者，履也。"礼学作为以践履为名义的经学门类，"致用"始终是其追求。《礼记·礼器》有曰：

> 礼，时为大，顺次之，体次之，宜次之，称次之。④

"时"者"天之运"，要求制礼、用礼时因世风、顺时势，不可泥古之文。"顺"者"人之伦"，即父慈子孝、君仁臣忠等礼义所在。"体"者"形之辨"，即明确天、地、人之礼的分别。"宜"者"事之义"，即礼文之安稳、恰当。"称"者"物之平"，即器物之充沛、允当。盖言之，"礼用"在"礼义""礼文""礼器""礼物"之先，其意甚明。在此，我们大可悬置引文中有关"先后"的争论，集中思

---

① 黎靖德编、王星贤点校：《朱子语类》卷114《朱子十一·训门人二》，中华书局1986年版，第2757页。
② 黎靖德编、王星贤点校：《朱子语类》卷84《礼一·论考礼纲领》，中华书局1986年版，第2178页。
③ 洪迈：《容斋随笔》续笔卷16《周礼非周公书》，上海古籍出版社1978年版，第411—412页。
④ 郑玄注、孔颖达疏，龚抗云整理、王文锦审定：《礼记正义》卷23《礼器》，北京大学出版社1999年版，第719页。

考"时"与"用"的问题。其实,经学大师往往兼备两种经学研究路径。如汉儒郑玄精习礼学,一方面"遍注三礼",为后世"三礼学"研究提供典范,故后人有"礼是郑学"之叹;另一方面,以《周礼》"五礼"之说为纲,重新整饬三礼文本,开创"五礼学"之先河,后世礼典莫不奉为圭臬。再如宋儒朱熹,一方面组织编纂《仪礼经传通解》,为礼学研究提供充分、扎实的文献;另一方面编修《家礼》,试图为时人提供切实可行的行礼范本,为后世"四礼学"之兴盛奠定基础。如果说,"三礼学"旨在"通经",那么,"五礼学""四礼学"则旨在"致用",两者合璧,适成"礼学"研究之全体。

如果这种构想可以成立,经学研究或可一判为二:其一,以理解经学本体为目的,利用训诂、考据、辨析、弥缝等方法,力求探究经典"本意";其二,以发明经学之用为宗旨,利用分类、摘编、诠释、(反)格义等方法,试图将经典转化为实际举措。以体用论,前者姑可称作"经体学",后者姑可称作"经用学"。如易学研究的第一层次分为象数、义理两派,文献集中于经部·易类。此外,子部有术数一类,四库馆臣称之为"《易》之支派"[1]。术数之学附会古圣先贤,掺杂易数、阴阳、五行之说,对王朝政治、人生选择、行礼择日、知人用人等影响深远。如邵雍易学精深于数理,《皇极经世书》在后世衍生出大量术数文献,俨然成为易学别类、专门之学。凡此之类,其学虽缘《易》而起,其用却已非《易》文本所能范围,宜在传统易学之外另辟此类研究。

再如春秋学研究的第一层次即"三传"研究,公羊、穀梁、左氏所传代不乏人,文献集中于经部·春秋类。此外,史部文献与《春秋》关系密切,以体例言之,"编年记事出于《春秋》";以宗旨言之,《史记》之类"自附于《春秋》"[2];以文法言之,史籍常常效仿《春秋》笔法,以致避讳、郡望、谱牒等成为专门之学。后世拟《春秋》经之史籍不少,除《史记》《通鉴》等外,朱熹《通鉴纲目》、吴乘权《纲鉴易知录》等,皆因义成文、纲举目张,寓义理褒贬于历史叙事之中,可谓第二层次意义上的《春秋》学研究。

复如乐学研究,其第一层次即"乐经"研究,探究《乐经》有无、存亡、内容等问题,此类研究多散见于诸家经论,专著不多,仅有李光地《古乐经传》等数种。第二层次,即雅乐研究,由于四库馆臣持"《乐经》不亡"之说,故列"辨律吕,明雅乐者"[3]入经部·乐类,传陈旸《乐书》、蔡元定《律吕新书》、熊朋

---

① 永瑢:《四库全书总目》卷 108《经部一 八·术数类》,中华书局 1965 年版,第 914 页。

② 马一浮:《论六艺该摄一切学术》,载马一浮著、虞万里校点:《马一浮集》第 1 册,浙江教育出版社 1996 年版,第 16 页。

③ 永瑢:《四库全书总目》卷 38《经部三十八·乐类》,中华书局 1965 年版,第 320 页。

来《瑟谱》数种。然其论说详于律吕,略于雅乐本体。若取正史志书所记乐章饬为一书,针对雅乐的本体(包括奏、唱、舞)进行专门研究,或可窥见乐义、乐用之实。

这种取经外三部文献补充经学研究的方案,一方面可扩充经学研究之范围,为经学研究提供新视角、提出新问题、探索新路径;另一方面还可为史学、文学、艺术等学科研究提供深邃的意义、测度的标准、比较的前提。对此,马一浮早有明鉴,其《论六艺该摄一切学术》,以"六艺"统四部[①];《论西来学术亦统于六艺》,以"六艺"统西学[②],立意高远,将经学研究扩展至一切学术,最能恢宏国人胸次。上下两千年之经学史,前有郑玄《六艺论》,欲综述六经,统以《孝经》,将经学向内收;后有马一浮《六艺论》,欲以心统六艺,以六艺统一切,将经学向外扩。前者惟存片纸,后者不及成书,成千古之憾。之后接续此论者,或在时贤。

三

拙著是对"经用学"研究的一次探索。礼学素为专门之学,然其所涉颇多、文献浩瀚,极难董理。如何为定义礼学,并为之划定适当的研究范围,成为礼学研究中不可回避的问题。若按《四库全书总目·经部·礼类》的分类方法,礼学文献分为"周礼""仪礼""礼记""三礼总义""通礼""杂礼书"六类。其中,"杂礼书"一类之设非馆臣本意,实乃"无可附丽"[③]的无奈之举。此外,国家礼典全入史部·仪注类,涉礼类书多见于子部·儒家类。若以《隋书·经籍志》以来诸家目录书错综杂考便可发现,同一文献,或指其为经,或以之为史,或跻之入子,暴露出目录学在解决礼学分类问题上的困境。故北京大学在《儒藏》编纂时,反思四库之法,在"经部礼类文献"之外,另立"子部礼教文献"一类;湖南大学、社科院等组织的《礼学文献集成》项目在四部礼类之外,又补以"礼经外其他经书之礼学文献""史部礼类文献""子部礼学文献""集部礼学文献""方外与少数民族礼学文献""出土礼学文献"六类。[④]

---

① 马一浮:《论六艺该摄一切学术》,载马一浮著、虞万里校点:《马一浮集》第 1 册,浙江教育出版社 1996 年版,第 13—14 页。

② 马一浮:《论西来学术亦统于六艺》,载马一浮著、虞万里校点:《马一浮集》第 1 册,浙江教育出版社 1996 年版,第 21 页。

③ 永瑢:《四库全书总目》卷 23《经部·礼类四》,中华书局 1965 年版,第 182 页。

④ 兰甲云、陈成国、邹远志:《古代礼学文献的分类及其学术意义》,《湖南大学学报》(社会科学版) 2013 年第 5 期。

浙江大学古籍研究所主持的《中华礼藏》项目将礼学文献分为三部分、九大类,遍及礼经、礼论、礼器、礼乐、礼术、礼制、礼俗、家礼、方外等涉礼文献之诸方面。① 这些工作虽然足以纠正《四库全书总目》之失,然而,文献分类法毕竟不同于分类本身,礼学分类应跳脱四库窠臼而另寻坦途。

"礼者,履也。"所谓礼学,本为见诸实践而记于书本者。后来世风变异,先王礼乐扫地,本为实用者被束之高阁,其说列在学官,其器藏于秘府,其书刻在经石。所谓"由三代而上,治出于一,而礼乐达于天下;由三代而下,治出于二,而礼乐为虚名"②,故后世之礼非三代之礼,三代之礼不见用于后世,自此,礼之经与礼之用断为两截。然而,礼经的神圣地位并未下降,相反地,历代之礼皆试图以之作为依据,制作合宜、合用的新礼。以体用言,礼经为体,后世礼书为用;以源流言,礼经为源,后世礼书为流。故有学者称之为"礼仪学",与"礼经学"并举③;或"实践礼学",与"考证礼学""义理礼学""体系礼学"等研究型礼学并列④。若依前文所言经学研究之两个层次,不妨将礼学一判为二:一是"礼经学",即专门研究《仪礼》《周礼》《礼记》的"三礼"之学;二是"礼用学",即研究后世所行之礼的专门学问,包括魏晋兴起的、作为国家典章制度的"五礼"之学,以及中唐之后逐渐兴盛的、规范士庶日常生活的"四礼"之学。

我曾目睹过一些"礼",向老人请教它的含义,而终无所得;我曾听说过一些"仪",与家人探讨孰是孰非,而终无定论。"三礼"和"五礼"很少给我答案,直到陆敏珍师为我定下"宋代家礼"的博士论文题目并嘱咐我研习《家礼》,我的疑惑才逐一开释。原来,一千多年来中国人所行的"礼",是宋代之后的"礼";明清西方传教士眼中的"礼",是宋代四礼的遗产。进一步探究这些"活的礼"成为我的一点心愿。

近年来,人们对"四礼"实践保持着极大热情。建祠堂、修家谱,复兴冠、婚、丧、祭礼仪的事情很多,依据大多是朱熹《家礼》以来的四礼文本。我为可以多耳闻目睹一些仪式而开心,也常常心怀疑虑。杨复曾指出,朱熹《家礼》的最大礼义是"宗法"。当今中国是否需要"宗法"?若不需要,当今"四礼"应该体现哪些价值?这些价值如何在器物、衣服、容节中展现出来?这

---

① 张焕君、贾海生点校:《中华礼藏·礼经卷·仪礼之属第一册》,浙江大学出版社 2016 年版,"总序"第 1—9 页。

② 欧阳修、宋祁:《新唐书》卷 11《礼乐一》,中华书局 1975 年版,第 307 页。

③ 杨志刚:《中国礼学史发凡》,《复旦学报》(社会科学版)1995 年第 6 期。

④ 徐到稳:《略论礼学的六分法与四分法》,《才智》2014 第 2 期。

些问题一直困扰着我,督促我继续问学、探索。

　　从 2016 年至今撰述的十余篇论文的内容都在本书中,篇幅已超出博士论文一倍余。旧学与新知叠加,使它显得笨拙。不过,这是我数年来学习、思考的点滴记录,我很珍惜。感谢国家社科基金后期项目的支持,感谢浙江大学出版社的宋旭华主任、胡畔编辑的辛勤付出,使我有机会在不断前行的学术生活中几度回身凝视这些文字。透过它们,我仿佛看到了过去的我,一如过去的我希望凭借它们看到未来。

　　这是一份成绩单,交给母亲,交给师长,交给妻儿,也交给生我养我的"礼仪之邦"——中国。

杨逸

2021 年 4 月于燕园

目　录

礼行编

插图和附表目录

绪　论

相比流行于汉唐的"五礼"(吉、凶、宾、军、嘉)之说,"四礼"(冠、昏、丧、祭)常见于宋、明礼书,是宋代之后礼学中的常见用法。宋代不但是由重视"五礼"向关注"四礼"转变的重要时期,还是大量四礼著述涌现的重要时段。不但元、明、清三代的"四礼"之学的理论基础、内容框架、思想内涵成熟于宋代,后世民间通行的冠、婚、丧、祭礼俗亦奠基于宋代。正如严复(1854—1921)所说:"若研究人心政俗之变,则赵宋一代历史,最宜究心,中国所以成为今日现象者,为善为恶,姑不具论,而为宋人之所造就,什八九可断言也。"①

吊诡的是,虽然相关研究从不缺乏,古人"四礼"的提法却不再使用。取而代之的是"家礼"的概念。弃"四礼"而用"家礼",固然与朱熹(1130—1200)《家礼》在研究中的地位相关,却也来自中国学术界与西方文明对话过程中的自我定位与反思②。不过,作为对研究对象的一种知识化表达,"家礼"的概念不仅边界模糊、定义困难,还多少遮蔽了古人对礼学分类、历史变迁的认识。如欲对宋代四礼乃至中国传统四礼学作系统研究,以求取整体认识,语境化地使用、认识"四礼"之说实属必要。故本书不避误读之嫌,采古人"四礼"之名特表出之,庶希以"正名"为先,收"化俗"之功。

一、学术史述评

在思想史研究中,思想素来是学界关注的焦点,而思想者则往往处于"时而被捡起、时而被抛弃"的尴尬境地③。近年来,随着作为思想载体的"人"不断受到关注,思想史经历了一个从重视内在思想到注重外在行为的转变。因此,一些研究试图进入思想者的生活与历史世界,寻找思想与行为之间的互动关系④。在这种学术浪潮下,朱熹《家礼》重新成为学界关注的

---

① 严复:《严复集》,中华书局 1986 年版,第 668 页。
② 笑思:《家哲学——西方人的盲点》,商务印书馆 2010 年版。
③ 陆敏珍:《尴尬的"人":思想史研究中的思想者》,《浙江社会科学》2010 年第 1 期,第 25—30 页。
④ 如[美]田浩:《朱熹的思维世界(增订版)》,江苏人民出版社 2009 年版;[加]秦家懿:《朱熹的宗教思想》,厦门大学出版社 2010 年版;等等。

焦点,与之相关的宋代礼书亦得到学者重视。

由于涉及的研究领域很多,概述宋代四礼研究的现状并非一件轻松的事。从学科角度看,该领域的研究者来自哲学(宗教学)、历史学、民俗学、人类学、文献学等不同学科,属于跨学科研究;从地域上看,相关研究涉及中国、日本、韩国、越南等东亚文化圈的不同国家,属于跨文化研究。因此,笔者试以论题为标准,对相近主题的研究予以归类,略加评述。另有一些旁涉四礼内容的研究,亦尽力搜罗,编入书后所附参考文献,以备查索。

(一)文献整理与考证

关于宋元四礼著述,学界已有一些整理与研究。陈乐素《宋史·艺文志考证》、刘兆祐《宋史艺文志史部佚籍考》曾就《宋史艺文志》著录的四礼著述做过考证①。吴其昌考证南宋朱熹编《古今家祭礼》载四礼文献 20 种②,吾妻重二对其详加考证,列举如下③:

(1)(晋)荀勖《祠制》(隋《江都集礼》所引,佚)

(2)(唐)《开元礼》祭礼部分

(3)(北宋)《开宝通礼》祭礼部分(佚)

(4)(唐)郑正则《祠享礼》一卷(佚)

(5)(唐)范传式《寝堂时飨礼》一卷(佚)

(6)(唐)贾顼《家祭礼》一卷(佚)

(7)(唐)孟诜《家祭礼》一卷(佚)

(8)(唐)徐润《家祭礼》一卷(佚)

(9)(北宋)陈致雍《新定寝祀礼》一卷(佚)

(10)(北宋)胡瑗《吉凶书仪》二卷(佚)

(11)(北宋)《政和五礼新仪》祭礼部分

(12)(北宋)孙日用《祭飨礼》一卷(佚)

(13)(北宋)杜衍《四时祭飨礼》一卷(佚)

(14)(北宋)韩琦《古今家祭式》一卷(佚)

(15)(北宋)司马光《涑水祭仪》一卷(佚)

(16)(北宋)张载《祭礼》一卷(佚)

---

① 陈乐素:《宋史艺文志考证》,广东人民出版社 2002 年版。刘兆祐:《宋史艺文志史部佚籍考》,《中华丛书》编审委员会 1984 年版。
② 吴其昌:《朱子著述考》,《国学论丛》1927 年第 1 卷第 2 号,第 147—224 页。
③ [日]吾妻重二著、吴震编译:《宋代的家庙与祖先祭祀》,载吾妻重二《朱熹〈家礼〉实证研究》,华东师范大学出版社 2012 年版,第 133 页。

（17）（北宋）程颐《祭仪》一卷（佚）

（18）（北宋）吕大防、吕大临《家祭礼》一卷（佚）

（19）（北宋）范祖禹《家祭礼》一卷（佚）

（20）（南宋）高闶《送终礼》一卷（佚）

将这份清单与陈、刘二先生著作合观，可形成一份包含约 17 部宋代四礼著述的扩大清单。按照存佚情况，我们可以将这份清单上的著述分为三类：一、完整保留至今者，如《政和五礼新仪》①；二、书已亡佚，但部分保存在其他著作中者，如司马光《涑水祭仪》很可能是氏著《书仪》中丧仪部分里有关祭礼的内容，吕大防、吕大临《家祭礼》"收入《吕氏乡约》的'乡仪'吉礼四的祭礼部分"②，张载《祭礼》、程颐《祭仪》是"将他们有关祭礼的著述以及语录等集为一卷的著作"③；三、全书散佚仅存其目者，如陈致雍《新定寝祀礼》、孙日用《祭飨礼》、杜衍《四时祭飨礼》、韩琦《古今家祭式》、范祖禹《家祭礼》、高闶《送终礼》见于陈振孙《直斋书录解题》卷六礼注类，而胡瑗《吉凶书仪》则独见于晁公武《郡斋读书志》卷二下。

分类后的结果说明，宋代四礼著述大部分已经散佚。不过，这个统计既不够全面，也不够严谨。从目录学角度看，这份清单显然遗漏了一些重要的目录书，如《崇文总目》《郡斋读书志》《遂初堂书目》《直斋书录解题》《通志·艺文略》《文献通考》等。从文献整理角度看，上述佚书中有不少（如《孙氏仲享仪》《韩氏古今家祭式》《吕氏家祭礼》等）曾被他书引用，可供辑佚。对部分散佚或已经散佚的著述，尤须考证时人评论，以补文献之不足。此外，一些考证值得商榷，如张载《祭礼》、程颐《祭仪》是否仅为语录汇编。可以说，宋代四礼文献的整理与研究亟待加强。

与宋代四礼著述整体文献研究的薄弱情况不同，关于朱熹《家礼》的研究成果很多。早在 1889 年，法国人 C. de Halez 翻译的朱熹《家礼》的法文版就由巴黎的拉鲁斯出版社出版，这可能是朱子《家礼》在西方的第一个译本。1991 年，伊沛霞（Patricia Buckley Ebrey）《朱子家礼》的英文译本由普林斯顿大学出版社出版。1999 年，韩国人任民赫（임민혁）翻译的《朱子家

---

① 文渊阁四库全书本《政和五礼新仪》卷一百三十五《吉礼·品官时享家庙仪》仅存其目，曰：庙制、时日、斋戒、陈设、省馔、行事。见郑居中：《政和五礼新仪》，《景印文渊阁四库全书》第 647 册，台湾商务印书馆 1986 年版，第 116 页。

② ［日］吾妻重二著、吴震编译：《宋代的家庙与祖先祭祀》，载吾妻重二《朱熹〈家礼〉实证研究》，华东师范大学出版社 2012 年版，第 135 页。

③ ［日］吾妻重二著、吴震编译：《宋代的家庙与祖先祭祀》，载吾妻重二《朱熹〈家礼〉实证研究》，华东师范大学出版社 2012 年版，第 135 页。

礼》的韩文译本由艺文书院出版。2002年,王燕均、王光照点校的朱熹《家礼》收入《朱子全书》,由上海古籍出版社、安徽教育出版社出版。2004、2005年,北京图书馆主持的"中华再造善本工程"影印出版了宋刻五卷本《家礼》、元刻十卷本《文公家礼集注》。2010年,华东师范大学出版社影印宋刻五卷本《家礼》,收入《朱子著述宋刻集成》。2012年,日本学者吾妻重二的《朱熹〈家礼〉实证研究》中译本由华东师范大学出版社出版,该书第二部分"文献篇"收录了"宋版《家礼》校勘本"①。2013年,华东师范大学出版社出版的《元明刻本朱子著述集成》收录了元刻十卷本《文公家礼集注》、明刻八卷本《家礼仪节》。

在版本、目录研究方面,日本学者阿部吉雄②较早地对这一问题展开过考察,王燕均、王光照③和伊沛霞④在朱熹《家礼》的校勘、译注过程中也分别对其版本问题给予过关注与说明。吾妻重二的《〈家礼〉的刊刻与版本——到〈性理大全〉为止》"尽可能彻底地对既有的研究进行修正和补充",对于《家礼》附图完成过程的考察很有创见⑤。另外,吕振宇的博士学位论文《〈家礼〉源流编年辑考》、孙华的硕士学位论文《朱熹〈家礼〉研究》对朱熹《家礼》版本研究皆有推进之功⑥。

辨伪是文献整理过程中的重要环节,在宋代四礼的研究中,对朱熹《家礼》真伪问题的考辨更是学者聚讼之处。据说,《家礼》一书稿本曾经历了一个从被窃到重现的戏剧性过程。在该书重现后相当长的时间里,没有人怀疑它是朱熹的著作。直到元代,武林应氏(生卒年不详)作《家礼辨》,首次质疑朱熹的作者身份,从而开启了对《家礼》真伪问题检讨、论辩的历史。在这场旷日持久的学术辩论中,王懋竑(1668—1741)在氏著《朱子年谱》《年谱考

① [日]吾妻重二著、吴震编译:《朱熹〈家礼〉实证研究》,华东师范大学出版社2012年版,第241—381页。

② [日]阿部吉雄:《文公家礼に就いて》,载《服部先生古稀祝贺纪念论文集》,富山房1936年版,第25—40页;《东方文化学院东方研究所经部礼类善本に就いて》,《东方学报》第6册,1936年,第295—334页。

③ 王燕均、王光照:《校点说明》,载朱杰人《朱子全书》第7册,上海古籍出版社、安徽教育出版社2002年版,第857—958页。

④ Ebrey, P. B. *Chu Hi's Family Rituals*: *A Twelfth-Century Chinese Manual for the Performance of Cappings, Weddings, Funerals, and Ancestral Rites*. Princeton: Princeton University Press, 1991.

⑤ [日]吾妻重二著、吴震编译:《朱熹〈家礼〉实证研究》,华东师范大学出版社2012年版,第75—100页。

⑥ 吕振宇:《〈家礼〉源流编年辑考》,华东师范大学博士学位论文,2013年。孙华:《朱熹〈家礼〉研究》,浙江大学硕士学位论文,2009年。

异《家礼考》中列举了数十条证据证明《家礼》非朱熹所作，成功影响了代表官方学术意见的《四库全书总目》。在此之后，虽然有夏炘（1789—1871）等人的责难，《家礼》之伪却几成定局。有趣的是，进入 20 世纪，大量研究以反驳王懋竑"《家礼》伪书论"的姿态出现①。时至今日，学界普遍倾向于认为《家礼》是朱熹早期的一部未完成著作，王懋竑的"伪书说"已难觅支持者。

（二）从《书仪》到《家礼》

作为宋代四礼著述中的典范之作，北宋司马光的《书仪》与南宋朱熹的《家礼》备受学界关注。通过对读文本，学者普遍认为《家礼》深受《书仪》影响。上山春平在《朱子の〈家礼〉と〈仪礼经传通解〉》中认为朱熹《家礼》的篇章结构、实际内容（如《居家杂仪》）沿袭司马光《书仪》并加以修正，而在具体仪节上更多地体现了对《书仪》的简化②。伊沛霞从写作风格、对礼俗的态度以及仪节的对比中认为《书仪》与《家礼》设想的是不同的读者人群：前者设想的读者是士大夫，而后者面对的则是有"复礼"志愿的儒者，以及在地方推广礼仪教化的循吏。朱熹《家礼》一书是在《书仪》基础上，简化具体仪节，

① ［日］阿部吉雄：《文公家礼に就いて》，载《服部先生古稀祝贺纪念论文集》，富山房 1936 年版；《东方文化学院东方研究所经部礼类善本に就いて》，《东方学报》第 6 册，1936 年，第 295—334 页。［日］兼永芳之：《朱文公家礼の一考察》，《"支那"学研究》1958 年第 21 期，第 22—25 页。钱穆：《朱子之礼学》，载《朱子新学案》，台湾三民书局 1982 年版。［日］上山春平：《朱子の〈家礼〉と〈仪礼经传通解〉》，《东方学报》1982 年第 54 期，第 173—256 页。高明：《朱子的礼学》，《辅仁学志》1982 年第 1 期。［日］樋口胜：《〈文公家礼〉の成立についての一考察》，《东洋の思想と宗教》1987 年第 4 期，第 60—78 页。Ebrey, P. B. *Confucianism and Family Rituals in Imperial China：A Social History of Writing about Rites*. Princeton：Princeton University Press，1991. 陈来：《朱子〈家礼〉真伪考议》，《北京大学学报》（哲学社会科学版）1989 年第 3 期，第 115—122 页。师琼佩：《朱子〈家礼〉对家的理解——以祠堂为探讨中心》，中国文化大学硕士学位论文，1990 年。束景南：《朱熹〈家礼〉真伪辨》，载氏著《朱熹佚文辑考》，江苏古籍出版社，1991 年版，第 675—686 页。张国风：《〈家礼〉新考》，《北京图书馆馆刊》1992 年第 1 期，第 68—71 页。［韩］卢仁淑：《朱子家礼与韩国之礼学》，人民文学出版社 2000 年版。［日］细谷惠志：《朱文公〈家礼〉の真伪说をめぐつて》，《文学研究》2001 年第 16 期，第 55—63 页。王燕均、王光照：《校点说明》，载朱杰人《朱子全书》第 7 册，上海古籍出版社、安徽教育出版社 2002 年版，第 857—958 页。粟品孝：《文本与行为：朱熹〈家礼〉与其家礼活动》，《安徽师范大学学报》（人文社会科学版）2004 年第 1 期，第 99—105 页。蔡方鹿：《朱熹经学与中国经学》，人民出版社 2004 年版。安国楼：《朱熹的礼仪观与〈朱子家礼〉》，《郑州大学学报》（哲学社会科学版）2005 年第 1 期，第 143—146 页。吴明熙：《朱子〈家礼〉成立の背景とその特质——〈朱子文集〉、〈朱子语类〉を手がかりとして》，《中国哲学》2008 年第 36 辑。汤勤福：《朱熹〈家礼〉的真伪及对社会的影响》，载姜锡东主编《宋史研究论丛》第 11 辑，河北大学出版社 2010 年版，第 536—552 页。彭林：《朱子作〈家礼〉说考辨》，《文史》2012 年第 3 辑。吕振宇：《〈家礼〉源流编年辑考》，华东师范大学博士学位论文，2013 年。毛国民：《〈朱子家礼〉真伪考的历史回顾与探索》，《现代哲学》2018 年第 1 期，第 128—135 页。
② ［日］上山春平：《朱子の〈家礼〉と〈仪礼经传通解〉》，《东方学报》1982 年第 54 期，第 173—256 页。

删除不必要的学术性考辨,融入程颐等人和朱熹自己的创见写成的①。杨志刚的《〈司马氏书仪〉和〈朱子家礼〉研究》论述了士庶通礼的发展与完善,司马光《书仪》在影堂的设立、家长地位的突出、男女之别的强调等等方面对于家庭的作用。在将《家礼》与《书仪》中的仪节做了详细比较后,得出了《家礼》对《书仪》"大体不变,少加损益"的结论②。卢仁淑《朱子家礼与韩国之礼学》一书细读朱熹《家礼》与司马光《书仪》,通过开列图表的方式证明了《家礼》在"设篇次第"上多源自《书仪》,"《文公家礼》之作,系直接受《温公书仪》之影响……然《温公书仪》一书中所言有滞碍难行者,或有欠缺古礼之根据者,或有违古而待修订者,则《文公家礼》必本诸《仪礼》加以修订"③。安国楼、王志立的《司马光〈书仪〉与〈朱子家礼〉之比较》认为:"在礼仪环节上,《书仪》显得烦琐,《家礼》更趋简练;朱熹《家礼》对司马光《书仪》具有明显的继承性;朱熹《家礼》与司马光《书仪》相比,具有时代的变通特点。"④姚永辉通过比较两书的《丧仪》体例,认为两宋四礼著述实现了从仪注、经注混合到两者分立的转型,"是实践礼仪与《仪礼》经学分别向更深层次发展的体现"⑤。

既往研究的观点可略分三类:其一,认为《家礼》是《书仪》"大体不变,少加损益"的结果;其二,认为《家礼》是将《书仪》简化、俗化的结果;其三,认为两书有本质不同,分属不同的学术传统。这三种观点各有所据、互有短长。不过必须指出的是,文句的相似程度与数量是否可以作为评判两书性质、旨趣的标准,是一个值得商榷的问题。笔者认为,如欲在两书关系的问题上获得深层次认识,不可"对塔说向轮",而是需要深入两书著述的内在肌理,进入作者的思想世界。在细读、详校两书礼文的基础上,深究相异文字背后的制礼大义。

此外,笔者对上述研究还存在一些疑虑。例如,《书仪》与《家礼》是否能够分别代表北宋、南宋的四礼著述?若可,如何在两宋四礼学变迁的脉络中安置其他著述?若不可,是否还能够期待一种建立在综合考察宋代四礼文

---

① Ebrey, P. B. *Chu Hsi's Family Rituals: A Twelfth-Century Chinese Manual for the Performance of Cappings, Weddings, Funerals, and Ancestral Rites.* Princeton: Princeton University Press, 1991.

② 杨志刚:《〈司马氏书仪〉和〈朱子家礼〉研究》,《浙江学刊》1993 年第 1 期,第 108—114 页。

③ [韩]卢仁淑:《朱子家礼与韩国之礼学》,人民文学出版社 2000 年版,第 85—99 页。

④ 安国楼、王志立:《司马光〈书仪〉与〈朱子家礼〉之比较》,《河南社会科学》2012 年第 20 卷第 10 期,第 86—88 页。

⑤ 姚永辉:《从"偏向经注"到"实用仪注":〈司马氏书仪〉与〈家礼〉之比较——兼论两宋私修士庶仪典的演变》,《孔子研究》2014 年第 2 期,第 79—88 页。

献基础上的历史叙事？这正是本书需要直面的难题。

(三)从四礼看宋代社会

在不少研究者眼中，宋代四礼学如同一颗晶莹的水珠，只要观察的角度合适，它便可以折射出唐宋历史变革，以及宋代社会的方方面面。

第一，祭礼与宋代家族建构。

《家礼》是宋代之后许多宗族制度、礼仪规范的来源。早在 20 世纪 40 年代，日本学者牧野巽就通过比较《家礼》与《书仪》中的"祠堂"与"影堂"、"宗子"与"家长"等差异开启了两宋时期宗法思想变革的讨论。他认为，司马光《书仪》代表了长期以来聚族而居、同食共财的"大家族主义"，而朱熹《家礼》则代表着从高祖开始分离而出的以宗子为中心组织起来的"宗法主义"，两宋社会经历了由"大家族主义"向"宗法主义"的演变①。这种思路或多或少得到了卢仁淑、伊沛霞、佐竹靖彦、小林义广、中岛乐章等学者研究的印证②，却也受到水口拓寿、小岛毅、吾妻重二等学者的反思与挑战③，他们普遍认为这种对立不是宋代家族建构过程中人们的真实想法，倒更可能是牧野氏的自身体会与归纳。佐佐木爱甚至认为，既往研究中"宋以来的宗法理论是服务于亲族结合的思想观念"的观点缺乏有力论证，张载、程颐、朱熹等人的宗法思想只是一种不合时宜的复古主张，未能推动当时现实中的亲族结合与宗族实践④。

国内学者受此争论影响较小，学界普遍认为司马光《书仪》与朱熹《家礼》所蕴含的宗法思想一脉相承，旨在建构理想的家。邱汉生的《宋明理学

① ［日］牧野巽：《司马氏の书仪大家族主义と文公家礼の宗法主义》，载氏著《近世中国宗族研究》，日光书院 1949 年版；又见《牧野巽著作集》第 3 卷《近世中国宗族研究》，御茶ノ水书房 1980 年版。

② ［韩］卢仁淑：《朱子家礼与韩国之礼学》，人民文学出版社 2000 年版。Ebrey P. B. *Chu Hsi's Family Rituals*：*A Twelfth-Century Chinese Manual for the Performance of Cappings*，*Weddings*，*Funerals*，*and Ancestral Rites*.［日］佐竹靖彦：《唐宋变革期にわけろ江南东西路の土地所有と土地政策——义门の成长と手がかりに》，《东洋史研究》第 31 编第 4 号，1976 年。［日］小林义广：《宋代にわけろ宗族と乡村社会の秩序——累世同居を手がかりに》，《东海大学纪要》（文学部）第 52 辑，1990 年。［日］中岛乐章：《累世同居かち宗族形成へ宋代徽州の地域开发と同族结合》，平田茂树，远藤隆俊，冈元司编《宋代社会の空间とコミユニケーション》，2006 年。

③ ［日］水口拓寿：《"大家族主义"对"宗法主义"——牧野巽氏の中国亲族组织论けて一》，《中国哲学研究》第 14 号，2000 年，第 1—32 页。［日］小岛毅：《宗族を见ろ手法——一九四〇年代の日本の研究一かり》，井上彻，远藤隆俊编《宋明の宗族研究》，汲古书院 2005 年版。［日］吾妻重二著，吴震编译：《宋代的家庙与祖先祭祀》，载氏著《朱熹〈家礼〉实证研究》，华东师范大学出版社 2012 年版，第 101—158 页。

④ ［日］佐佐木爱作，钟翀译：《宋代道学家的宗法论》，《人文杂志》2015 年第 6 期。

与宗法思想》研究了张载、程颐、朱熹、陆九渊、王守仁等思想家的宗法思想，并从族谱家规乡约等文献着手对宋代之后的家族建构做了分析①。杨志刚的《〈朱子家礼〉：民间通用礼》《〈司马氏书仪〉和〈朱子家礼〉研究》一再申明两书对于宗法、家族的重视。在他看来，影堂、祠堂制度的设立，家长地位的突出，男女之别的强调等特点为两书所共有，并有不断强化的趋势②。王善军论述了宗族祭祀的对象、方式，以及宗族祭祀的核心思想——祖先崇拜，认为宗族祭祀有着"收族"、加强族权统治、约束族人活动等重要作用，在维护家族伦理、形成一致的习俗和生活方式、文化娱乐生活方面有重要意义③。常建华通过对宗族制度的长时段考察，指出朱熹《家礼》的方案重点在于小宗祠堂之制，但又为大宗族人祭祖和收族提供了墓祭始祖的方案，"随着小宗的发展及向大宗的过渡，他的方案展示了宗族的发展前途"④。

上述研究普遍试图把思想、文本与现实生活相关联，进而探索一条能够反映唐宋（抑或宋明）宗族历史变迁的线索。但正如佐佐木爱指出的，思想与现实之间未必一定存在关联，在研究中应该警惕循环论证的危险。以牧野巽为例，在"大家族主义"与"宗法主义"的理论框架中，唐宋变革论一直若隐若现，隐藏在论证过程之中，致使文本比较的目的性太强，影响结论的说服力。笔者认为，作者思想与四礼文本、四礼文本与礼仪实践的关系尽可探究，而对作者思想与礼仪实践（尤其是后世的礼仪实践）关系的研究仍须谨慎。毕竟，礼书是一时之作，而作者思想却有前后不同；思想对于一般士庶而言往往难以理解，而文本直接指导并转化为实践。

第二，"礼下庶人"与唐宋社会变革。

"礼下庶人"是宋代礼制史研究中的经典命题，要旨在于揭示唐宋时期官方礼典中庶民礼仪不断完善的现象。随着商品经济的发达与科举制度的完善，宋代社会阶层流动增强，平民的地位有所提升，出现了很多对官方礼仪的僭越行为。为了规范平民阶层的礼仪，明确等级差别，宋代第一次制定了载有庶民礼仪规范的官方礼典——《政和五礼新仪》。通过这种方式，国家礼制逐渐走向下层民众，与大量出现的自撰家礼"上下合流"，形成了唐宋变革中"礼下庶人"的特殊现象。杨志刚的《"礼下庶人"的历史考察》认为宋

---

① 邱汉生：《宋明理学与宗法思想》，《历史研究》1979 年第 11 期，第 62—96 页。
② 杨志刚：《〈司马氏书仪〉和〈朱子家礼〉研究》，《浙江学刊》1993 年第 1 期，第 108—114 页；杨志刚：《〈朱子家礼〉：民间通用礼》，《传统文化与现代化》1994 年第 4 期，第 40—46 页。
③ 王善军：《宋代的宗族祭祀和祖先崇拜》，《世界宗教研究》1999 年第 3 期，第 114—124 页。
④ 常建华：《宗族志》，上海人民出版社 1998 年版，第 91 页。

代完成了"礼下庶人"的转折,其标志是北宋徽宗朝政和年间颁行的《政和五礼新仪》①。王美华的《唐宋礼制研究》论述了在唐宋变革大背景下的礼制变化,上篇专论唐宋礼制的沿革、变易,分吉、凶、军、宾、嘉而论之;下篇涉及礼与法、礼制的社会控制等议题②。在《礼制下移与唐宋社会变迁》中,王美华试图通过梳理唐宋时期官方礼制中对庶民礼仪关注的增加,探讨唐宋时期官方礼制的庶民化倾向,进一步认识礼制下移的趋势和特点③。另外,小岛毅《宋代の国家祭祀——〈政和五礼新仪〉の特徵》④,张文昌《唐宋礼书研究——从公礼到家礼》⑤,吴羽《〈政和五礼新仪〉编撰考论》⑥,柏晶晶、王风《〈政和五礼新仪〉探析》⑦等研究也对《政和五礼新仪》在唐宋礼制变革过程中的重要作用给出了积极评价。

上述研究表明《政和五礼新仪》的重要性,通过刻画唐代礼典(以《开元礼》为代表)与宋代礼典(以《政和五礼新仪》为代表)的差异来建构唐宋礼制变革的历史过程。问题在于,如何缝合《开元礼》与《政和五礼新仪》之间、官修礼典中的庶民礼仪规定与宋代出现的大量私撰礼书之间可能存在的断裂?或许,唯有通过对唐宋之间的私撰礼书(四礼学)与国家礼典、法律(礼制学)之间关系的进一步研究,才有可能建构一种更具连续性的"礼下庶人"叙事。

第三,四礼与儒学复兴运动。

哲学史家对于思想本身的过分关注使得他们对宋代思想的研究一直偏重于哲学范畴的说明与辨析,而对于作为社会中"人"的思想家本身及其所处的时空维度则关注不多。这使得大量研究成果在谈论宋代思想时习惯于使用"点鬼簿"式的道统传承叙述方式,与之密切相连的则是对"辟佛老"问题的抽象化理解。这种理解建构出了一个不断抽象化、理论化、思想化的儒家抗击佛教影响的历程。然而,佛教在宋代社会的影响并不仅仅在思想领域,而是渗透到社会生活的方方面面,成为百姓"日用而不知"的民风民俗。据陆敏珍师训示,宋代儒者所直面的并非只有抽象的佛教理论,还有受佛教

① 杨志刚:《"礼下庶人"的历史考察》,《社会科学战线》1994 年第 6 期,第 118—126 页。
② 王美华:《唐宋礼制研究》,东北师范大学博士学位论文,2004 年。
③ 王美华:《礼制下移与唐宋社会变迁》,中国社会科学出版社 2015 年版。
④ [日]小岛毅:《宋代の国家祭祀——〈政和五礼新仪〉の特徵》,载池田温编《中国礼法と日本律令制》,东方书店 1992 年版,第 463—484 页。
⑤ 张文昌:《唐宋礼书研究——从公礼到家礼》,台湾大学博士学位论文,2006 年。
⑥ 吴羽:《〈政和五礼新仪〉编撰考论》,《学术研究》2013 年第 6 期,第 119—126 页。
⑦ 柏晶晶、王风:《〈政和五礼新仪〉探析》,《重庆交通大学学报》(社科版)2013 年第 12 期,第 91—94 页。

影响根深蒂固的社会风俗与佛教世俗化带来的众多信徒。在这种形势下，宋儒的家礼著作就绝非书斋中的礼学研究，而是一种在佛老流行背景下重构儒家日常生活的卓绝努力①。

"理"作为宋明理学的标志性哲学范畴，曾经被清代学者用作批评宋儒不讲"礼"的依据。宋儒是怎样看待"理"与"礼"关系的？宋代不同儒学派别对待"礼"的态度是否一致？何俊的《由礼转理抑或以礼合理：唐宋思想转型的一个视角》一文在比较了新学与理学后认为，"由于历史的机遇，王安石的新学能够直接反映在他的新法，因而他对支撑新法的义理的重建反被遮蔽；而二程理学恰恰相反，讲'理'处得到彰显，言'礼'处晦隐不见"。与王安石不同的是，朱熹更为关注社会，更为关注《仪礼》，希望"引礼入法，以制度的形式来改造社会"。通过梳理宋代理学与礼学发展的关系脉络，该文探讨了唐宋思想转型过程中"由礼转理"的连续性，并且认为"以礼合理"的说法可能更为贴切，从而在一定程度上改变了将"理学所探究的'理'很容易被视为'虚理'，理学对社会的影响也很容易被认为是引导整个社会转向'内在'"这样的观点②。张凯作的《朱子理学与古典儒家礼教》充分关注朱子理学与古典儒家礼教的承继关系，认为朱子理学的形成在很大程度上是源于他对古代礼教在当时已丧失之状况的回应，朱子的宗旨是重建古代礼教，而不是另创一种新异哲学。朱子理学对于传统礼教而言，更多的是增补的作用，而非将其取代③。姚永辉的《反思与再造：宋代士人对礼治与制礼的讨论》认为宋代士人对礼治的深入讨论，不论是从历史事实中发掘礼治之于国家统治的意义，还是侧重于阐发礼的内涵与外延，其目的都指向礼的功能和实施手段，希望把束之高阁的经典运用于现实社会。因此，如何订立切合时代需要、贵本而亲用的礼文是积极推行士庶礼仪的士人不得不面对的问题。朱熹提出整体改造、上下有序、吉凶相称，考订节文度数、推明其义等诸多准则或方法在宋代礼治讨论与重建中意义重大④。

然而，大量宋代家礼的研究对于儒家与佛老争取民众的斗争缺乏应有的敏感意识，未能将其纳入作为一种社会运动的儒学复兴运动视域内观察。

---

① 陆敏珍：《宋代家礼与儒家日常生活的重构》，《文史》2013 年第 4 辑，第 131—144 页。

② 何俊：《由礼转理抑或以礼合理：唐宋思想转型的一个视角》，《北京大学学报》（哲学社会科学版）2007 年第 6 期，第 36—43 页。

③ 张凯作：《朱子理学与古典儒家礼教》，《北京大学学报》（哲学社会科学版）2012 年第 3 期，第 12—20 页。

④ 姚永辉：《反思与再造：宋代士人对礼治与制礼的讨论》，《杭州师范大学学报》（社会科学版）2013 年第 4 期，第 34—38 页。

举例而言，宋代的功德寺、坟寺常作为人们墓祭的重要场所，无论是司马光《书仪》还是朱熹《家礼》都别出心裁地设计了专门祭祀祖先的场所（影堂、祠堂），并强调祖先之魂将来格于此。这种行礼空间的转换是否是一种对抗佛教"功德寺""坟寺"的独特设计？再如，张载等儒者在观看过佛教的丛林生活后感慨三代之礼尽在佛寺，那么，宋儒的家礼建构当中是否有着对佛教仪轨的吸收采纳？又如，在佛教高度世俗化、成为"日用而不知"的世风民俗的宋代社会，在佛教仪轨与民俗扭结在一起难以分别的时候，宋儒又是如何甄别佛教仪轨与儒家古礼的？儒家家礼的重构过程会不会也是一个与佛教仪轨"划界"的过程？这些问题都是笔者反复思虑的问题。

（四）宋代四礼的后世影响

朱熹《家礼》不仅对宋代之后的中国社会影响深远，其影响力还远及韩国、日本、越南等国[①]，甚至在礼仪缺失的今天还在不断激励着人们对儒家礼仪重建的憧憬[②]。然而，这并不意味着《家礼》从一开始就一直受到人们的普遍认同与遵从。粟品孝的《文本与行为：朱熹〈家礼〉与其家礼活动》对祠堂、深衣、杂仪、冠礼、婚礼、丧礼、祭礼等《家礼》中规定的礼仪在朱熹生活中的实行情况作了梳理，发现其与深衣、杂仪、祭礼等方面契合度较好，而对于"祠堂"之名从未提及，对于冠礼似乎未曾实行，对于婚礼所讥议的幼年订婚却有采取，对于丧礼三月而葬的要求非但不能贯彻反而用佛教仪式操办母亲的丧事。这一切都显示出了朱熹受到时代环境制约时的无奈选择，也为我们考订《家礼》中后人窜入的部分提供了线索[③]。翟瑞芳的《宋代家礼的立制与实践》通过对二程、张载、司马光《书仪》、朱熹《家礼》、袁采《世范》

[①]　相关研究见［韩］卢仁淑：《朱子家礼与韩国之礼学》，人民文学出版社 2000 年。彭林：《金沙溪〈丧礼备要〉与〈朱子家礼〉的朝鲜化》，《中国文化研究》1998 年夏之卷，第 131—135 页；《中国礼学在古代朝鲜的播迁》，北京大学出版社 2005 年版。王维先、宫云维：《朱子〈家礼〉对日本近世丧葬民俗的影响》，《浙江大学学报》（人文社会科学版）2003 年第 6 期，第 149—151 页。张立文：《礼仪与民族化——论退溪以后礼的民族化进程》，《学术研究》2005 年第 6 期，第 16—24 页。张品端：《〈朱子家礼〉与朝鲜礼学的发展》，《中国社会科学院研究生院学报》2011 年第 1 期，第 141—144 页。彭卫民、赵子尧：《朝鲜王朝礼书考略——兼论〈韩国礼学丛书〉在域外汉学中的价值》，《延边大学学报》（社会科学版）2013 年第 5 期，第 54—59 页。等等。

[②]　近年来，朱杰人对于《朱子家礼》在婚礼上的实践引发了很多的关注与讨论，如［美］田浩：《儒学与时代精神笔谈——全球化进程中，如何创新儒家文化？——以〈朱子家礼·婚礼（现代版）〉为例》，《浙江学刊》2010 年第 6 期，第 5—7 页。朱杰人：《朱子家礼之婚礼的现代实验》，《博览群书》2012 年第 12 期，第 22—26 页。彭月肖：《朱子〈家礼〉的现代实践——以朱氏婚礼为例》，《中华文化》2013 年第 6 期，第 75—80 页。

[③]　粟品孝：《文本与行为：朱熹〈家礼〉与其家礼活动》，《安徽师范大学学报》（人文社会科学版）2004 年第 1 期，第 99—105 页。

的考察,试图说明从礼学家到士大夫再到庶人的礼仪实践情况,力图反映宋代礼俗之间的冲突与整合①。

如果说宋儒在遵从《家礼》问题上面临的主要是如何处理"古"与"今"、"礼"与"俗"矛盾的话,王志跃的《推崇与抵制:明代不遵循〈朱子家礼〉现象之探研》一文则反映出《家礼》在传播过程中的政治强力推行与社会抵制、民众抗拒事实间存在的巨大张力,展现了《家礼》传播的复杂性。该文列举了明代不遵行《家礼》的种种情形,认为其原因在于"《朱子家礼》自身存在不足,不良风俗的阻挠、地理位置的限制、人情、恩义、宗族以及人们认识不同"等因素,还对当今礼仪缺失与重建做了思考②。从士人抱怨《家礼》不易实行,转而兼取《书仪》等其他礼书的情况来看,朱熹《家礼》似乎并未被普遍当作最为完善的四礼文本。大量不遵从《家礼》例证的存在,使得仅仅列举若干《家礼》受到遵从、践行的例子③无力完成《家礼》"广为传播"的历史构建。依据不同材料,论者完全可以描绘出截然不同的历史画面。这就要求将《家礼》的传播限定在具体的时间、空间中做一些个案考察,不宜过分夸大其影响力。

在这方面,学界对于华南地区的研究值得注意。众所周知,"华南学派"以研究华南地区的宗族知名,不过近来,郑振满提出宗族研究要突破祠堂、族谱、族田的"三要素"研究模式,将重心从物质性因素转向祭祖等家族礼仪④。于是,《家礼》相关研究成为该领域重要的学术增长点。科大卫(David Faure)的《皇帝和祖宗——华南的国家与宗族》叙述了国家权力、儒家思想进入珠江三角洲的历史过程,重视陈白沙、湛若水、霍韬等人在整饬地方礼仪方面的工作,以霍氏家族为例探讨了祠堂祭祖礼仪的传播与实践过程⑤。在《明清社会和礼仪》中,他细致考察了珠三角地区的祠堂形制,提出:"明中叶后,地区组织逐渐强化,家庙式的祠堂普及化,地方上的乡族组织以宗族形式来扩张。家庙式祠堂普及化和正统化的过程,同时也是一个

---

① 翟瑞芳:《宋代家礼的立制与实践》,上海师范大学硕士学位论文,2007 年。

② 王志跃:《推崇与抵制:明代不遵循〈朱子家礼〉现象之探研》,《求是学刊》2013 年第 5 期,第 163—169 页。

③ 王志跃:《〈宋史·礼志〉与〈朱子家礼〉的不同命运探源》,《江汉大学学报》(人文科学版)2010 年第 1 期,第 82—85 页。靳惠:《〈朱子家礼〉广为流传之原因考析》,《大家》2011 年第 14 期,第 4、5 页。

④ 郑振满:《宋以后福建的祭祖习俗与宗族组织》,载氏著《乡族与国家:多元视野中的闽台传统社会》,生活·读书·新知三联书店 2009 年版,第 116 页。

⑤ 科大卫著、卜永坚译:《皇帝和祖宗——华南的国家与宗族》,江苏人民出版社 2009 年版。

士人在乡村中的地位合理化的过程。"①刘永华《儒教礼仪与中国乡民：中国华南社区的仪礼变迁与社会转型（1368—1949）》关注"受人忽视但不可或缺"的人群——礼生，并以四堡的礼生为例，探讨了礼生群体的历史、与其相关的社会文化活动、礼生的代际传承与礼仪文本，认为礼生是沟通士大夫文化与地方文化、王朝礼制与乡村习俗之间的文化中介，是探究不同传统礼仪之间相互影响、相互结合的绝佳视角②。

在其他地域的个案研究方面，陈瑞、张体云、陈慧丽等对徽州地区的《家礼》实践情况作了调研与说明③，曾丽蓉对湘西武陵山区《朱子家礼》仪式及其音乐做了相关调研④，荣国庆在山西柳氏民居"家族"文化构建模式的研究中论及《家礼》的作用⑤，徐恋、李伟强通过对湖南平江、浏阳两县徐氏家族的调研说明了《朱子家礼》中丧祭礼的嬗变⑥。

"礼失求诸野"，田野调查的确为四礼研究提供了许多新材料，提出了不少新问题。不过，此类研究往往因为文献不足而采用一种"《家礼》视角"看待当地的礼仪风俗。实际上，许多被认为是"《家礼》实践"的俗礼未必来自《家礼》，倒很有可能是佛教、道教、巫术等其他文化影响的结果。在这方面，华南学者的经验值得汲取，所谓"以人类学的方法收集资料，以历史学的方法去伪存真"仍须坚持。另外，《家礼》传播与实践的研究多以明初《家礼》的经典化作为起点，对南宋末到明初相当长的一段时期缺乏重视，相关研究亟待加强。

二、研究思路、方法及框架

综观近年来的宋代"家礼"研究，朱熹《家礼》的真伪问题最先引发了学界兴趣。随着《家礼》版本、渊源与流布情况等方面研究的深入，对于其他宋

① 科大卫：《明清社会和礼仪》，北京师范大学出版社 2016 年版，第 296 页。
② Liu Yonghua. *Confucian Rituals and Chinese Villagers：Ritual Change and Social Transformation in a Southeastern Chinese Community，1368—1949*. Leiden and Boston：Brill，2013.
③ 陈瑞：《朱熹〈家礼〉与明清徽州宗族以礼治族的实践》，《史学月刊》2007 年第 3 期，第 86—93 页。张体云：《论朱熹与徽州宗族文化之间的关系》，《学术界》2011 年第 1 期，第 134—139 页。陈慧丽：《朱子〈家礼〉在祁门黄龙口村的实践》，安徽大学硕士学位论文，2012 年。
④ 曾丽蓉：《湘西武陵山区"朱子家礼"仪式及仪式音乐遗存初探》，《大众文艺》2011 年第 24 期，第 214—215 页。
⑤ 荣国庆：《柳氏民居乡村"家族"文化构建模式与"祀神"崇拜研究》，《晋城职业技术学院学报》2013 年第 4 期。
⑥ 徐恋、李伟强：《〈朱子家礼〉中丧祭礼的嬗变——以湖南平江、浏阳两县徐氏家族为例》，《商》2013 年第 11 期，第 229—230 页。

代"家礼"文献的研究逐渐升温,出现了一些概述性研究,试图展现宋代"家礼"文献的整体情况。不过,该领域的总体研究水平亟待提高,这体现为:文献整理尚未完备、论证有失完整周密、问题意识有待拓展、传播实践研究不足。有鉴于此,本书研究思路主要有以下五点:

第一,加强文献整理工作,为进一步研究准备充足资料。按照保存情况的不同,宋代四礼文献的整理工作应有针对性地展开。对于完整保留至今的著作,如司马光《书仪》、孙伟《孙氏荐飨仪范》、吕祖谦《家范》、朱熹《家礼》等,精选版本,细读、对读;对于已亡佚,但部分保存在其他著作中的著作,如孙日用《孙氏仲享仪》,吕大防、吕大临《吕氏家祭礼》,程颐《祭仪》《伊洛遗礼》,高闶《高氏送终礼》等,进行辑佚、整理;对于全书散佚仅存其目的著作,如许洞《训俗书》、杜衍《四时祭飨礼》等,尽可能收集关于该著作的著录、评论情况,以求一窥其梗概。宋代四礼文献的系统整理不但能为该方面研究坐实文献基础,还将使整体考察宋代四礼兴起、演变历程成为可能。

第二,反思既往研究范式,以文献细读作为研究开展的基本方法。在上述有关宋代四礼的大量研究中,司马光《书仪》、朱熹《家礼》不但是研究的热点,更是用以建构宋代四礼乃至唐宋社会历史变迁的主要文献。很多研究倾向于将前者看作后者的渊源,将后者看作前者的进步,从而认为四礼由北宋到南宋出现了一个不断简化、俗化的演变。这种观点对于理解家礼在两宋之间的变化意义重大,然而却忽略了宋代礼书的复杂性。本书利用更多文献展开讨论,立足于文献的比较与细读,具体问题具体分析。

第三,运用思想史的提问方式与视角,拓展宋代四礼研究的问题空间。作为一种后起观念,流行于宋明的"四礼"之学与兴盛于汉唐的"五礼"之学究竟关系如何? 由重视"五礼"到关注"四礼",汉宋之间的礼学思想、儒学旨趣究竟发生了何种变化? 这些变化与宋儒的道学理想与观念有何关系? 再如,宋代之后,木主成为必备的祭祀对象,用以代替真、影,那么,士大夫如何赋予这种"新式"祭祀对象以神圣性,又如何通过整饬祭祀空间重构儒家祭礼?

第四,立足宋代四礼践行的基本情况,抓住每一礼仪的核心问题展开研究。就具体情况而言,冠礼、婚礼、丧礼、祭礼在宋代所面对的问题并不一致,对此朱光庭(1037—1094)曾有较精确的表述:

　　今天下之人,自总角已衣成人之服,则是何尝有冠礼也;鄙俗杂乱,不识亲迎人伦之重,则是何尝有婚礼也;火焚水溺,阴阳拘忌,岁月无限,死者不葬,葬者无法,五服之制,不明轻重,则是何尝有丧礼也;春秋不知当祭之时,祭日不知早晚之节,器皿今古之或异,牲牢生熟之不同,则是何尝有祭礼也。①

可见,冠礼重构中的核心问题是对冠帽衣服的整饬,婚礼重构中的核心问题是对当时婚俗的扬弃,丧礼需要面对胶固于民间的佛教礼俗,祭礼则需要围绕行礼时间、礼器、祭馔等问题重新思考。《礼文编》以这些问题为线索,对四礼分别展开研究,以展现宋儒关于重构儒家式日常生活的思考。

第五,通过细致的个案研究,探索四礼在宋元时期的传播、实践情况。南宋中、后期到明初是四礼传播、实践的重要时期,历来研究不多,以致形成一种明初颁行《家礼》后家礼才在民间社会广泛传播的认识。本书的第三部分《礼行编》试图以浦江地区为中心,细描宋元四礼在学者、家族、乡里等场域的传播与实践的历史画面,揭示其对国家礼制"由下至上"的影响过程。

本书采用的研究方法主要有:

1.二重证据法。此为收集文本之方法。王国维有二重证据法之说,陈寅恪益之以三重。所谓"二重证据法",即以"地下之新材料""补正纸上之材料"②。所谓"三重证据法",即"取地下之实物与纸上之遗文相互释证""取异族之故书与吾国之旧籍相互补正""取外来之观念与固有之材料相互参证"③。本书所用材料包括以下几种:①文献古籍类,如礼书、正史、笔记、文集等传世文献;②考古文物类,如考古报告、博物馆陈列、古迹文物等"文字以外从地下挖出的,或纸上、或绢上、墙壁上,画的、刻的、印的,以及在目下还有人手中使用着的东东西西"④;③来自田野调查的家族文献,如家谱、祭簿、家族文集等。

2.文献考据法。此为整理文献之方法。目前,保存较为完整的宋代四礼文献仅有司马光《书仪》、程颐《礼》、孙伟《孙氏荐飨仪范》、吕祖谦《家范》、朱熹《家礼》等数种,其他文献多已亡佚,这无疑对该课题的研究提出了重大挑战。唯有对存佚书目的作者、成书时间、内容框架等进行细致考证,才有可能把握宋代四礼的整体状况。本书按照存佚情况,有针对性地展开文献

---

① 赵汝愚:《宋朝诸臣奏议》卷96《上哲宗乞详议五礼以教民》,上海古籍出版社1999年版,第1033页。
② 王国维:《古史新证》,清华大学出版社1994年版,第2页。
③ 陈寅恪:《金明馆丛稿二编》,生活·读书·新知三联书店2001年版,第247页。
④ 沈从文:《文史研究必须结合文物》,《光明日报》1954年10月3日。

考证工作：对完整保存的四礼文献，详考其版本、作者、成书时间，细读其仪文，深入探索；对佚文尚存的四礼文献，尽可能地辑考佚文，探明其篇章次第与大致内容，并试图把握其思想倾向；对完全散佚的四礼文献，从目录书、当时读者之评价中辑考有关信息，力求扩展对该书的了解。

3. 文本比较法。此为发现问题之方法。《礼记·礼器》曰："经礼三百，曲礼三千。"①宋代四礼著述的鲜明特点是以《仪礼》为依据，先后之间承袭现象明显。因此，唯有将《仪礼》为代表的古礼与先后出现的诸家礼书进行细读与比较，方可在细密仪文之中找到差异，进而对这些差异进行分析与释读。因此，本书使用了大量表格以表现先后仪文之不同，为进一步讨论其思想旨趣提供前提与基础。以《书仪》《家礼》为例，两书的仪文细节存在不少差异，《书仪》从俗之处，往往恰是《家礼》复古之处。唯有从这些差异入手，才能进入思想者制礼的语境之中，更好地把握仪文背后的思想。

4. 经学解释学。此为释读文本之方法。经学文本有一个"经、传、注、疏"层层累积、不断生发演绎的过程。注家对于经典文本的注疏既面对文本，又表达自身；既希望对经典文本的本意有所阐发，又希望借此讲述自身的思想观念。这种双重性意味着，它本身就是新时代的产物，与其所处的语境密切相关，代表了时人的思想风尚。冯友兰所谓"旧瓶装新酒"，顾颉刚所谓"层累造成"，米歇尔·福柯所谓"知识考掘"，洞见都在于此。因此，本书对经典文献的使用不但重视经文本身，更加关注附着在文本之上的不同时代的层层解读。如第九章论《家礼》注。杨复《附注》在先，周复及诸家《附录》在后，后注筛选、改编、补充前注成为 13 世纪四礼学史上的大事，为考察这一时期四礼学变迁提供了可能。

5. 量化研究法。主要应用于《礼行编》对四礼传播、实践的研究。如第八章论"朱子授礼"。在"朱子授礼弟子"考证的基础上，运用社会网络分析方法（social network analysis），对授礼弟子群体进行密度（density）、平均点度（average degree）、中心度（centrality）、中介性（betweenness centrality）等分析；利用传播学理论，对朱熹授礼活动作时间维度的考察，跳出"朱子礼学晚年定论"之成见，还原朱熹授礼的历史过程。又如第十章关于《家礼》传播、实践的个案研究，以 CBDB（中国历代人物传记数据库）为基础，利用方志、文集以及民间文书、宗谱、祭簿建立数据库，使用社会网络分析工具

① 郑玄注、孔颖达疏，龚抗云整理、王文锦审定：《礼记正义》卷 23《礼器》，北京大学出版社 1999 年版，第 740 页。

Pajek 分析浦江士人社群的群体交往情况,对浦江地域文化进行分期,展现其由"事功""文学"转向"道学"的历史过程。

　　另外,由于本书所利用的主要文献为礼书,阐释文本的方法与一般思想史著作有所不同。正如四库馆臣所说:"盖得其节文,乃可推制作之精意,不比《孝经》《论语》可得推寻文句而谈。本汉唐之注疏,而佐以宋儒之义理,亦可无疑也。"①作为思想史材料,礼学文献无法像《孝经》《论语》等论著那样从文句之中直接解读出思想,而是要从烦琐、细密的礼文入手,在周旋向背、起承转合、举手投足之间推得作者著述之意。唯有熟稔汉唐注疏对于名物度数的细密考证,才有可能领会宋儒所论的高深义理。其实,这种研究方法正是朱熹的一贯主张:

　　　　本朝陆农师之徒,大抵说礼都要先求其义。岂知古人所以讲明其义者,盖缘其仪皆在,其具并存,耳闻目见,无非是礼,所谓"三千三百"者,较然可知,故于此论说其义,皆有据依。若是如今古礼散失,百无一二存者,如何悬空于上面说义! 是说得甚么义? 须是且将散失诸礼错综参考,令节文度数一一著实,方可推明其义。若错综得实,其义亦不待说而自明矣。②

　　礼义唯有依托于礼文方能存在,如果抛开节文度数不谈,礼的意义将变得空洞无物。反之,如果能够一一落实礼文,那么礼义将不讲而明,从名物度数中自然流溢而出。因此,本书对于礼书的研究始于考证礼文,进而探求礼义,以求达到"名物"与"义理"(礼与理)相互融通的和合境界。

　　本书分为三部分:第一部分《礼书编》,关注四礼文献的著录、观念、方法问题,对宋代四礼著述进行考证、辑佚、整理。第二部分《礼文编》,研究宋代冠、昏、丧、祭四礼的仪文,考掘其中蕴含的礼义。第三部分《礼行编》,探索宋元四礼之学的传播、实践情况,研究它对学者、家族、乡里、国家乃至佛教丛林的影响。具体而言:

　　1.《礼书编》。

　　第一章　四礼著录与礼学转型。使用三礼注疏、正史礼志、目录著作,

---

①　永瑢:《四库全书总目》卷19《经部十九·礼类一》,中华书局1965年版,第149页。
②　黎靖德编,王星贤点校:《朱子语类》卷84《礼一·论考礼纲领》,中华书局1986年版,第2178页。

通过梳理四礼文献的著录变迁,研究中国传统礼学的类型与观念变迁,揭示礼学分流、汉唐"五礼"向宋明"四礼"转向等问题。

第二章　宋代四礼著述考论。以宋代之后的官私目录书为线索,搜辑佚文,考证宋代四礼文献的作者、成书时间、著作体例、基本内容,对宋代四礼著述的数量、作者、承袭、体例等方面作总体分析。

2.《礼文编》。

第三章　冠礼:重构儒家的成人教育理想。冠帽衣服是冠礼中最为重要的内容,不但体现了"三加弥尊"的教育意义,还为宋儒提供了整饬当时衣冠体系的难得机遇。本章以衣冠为中心,以载有冠礼仪文的司马光《书仪》、《政和五礼新仪》、朱熹《家礼》为主要文献,从物质文化(material culture)视角研究宋儒是如何使用"时服"行礼,以达成古礼之义,并重整当时淆乱的衣冠系统的。

第四章　婚礼:营建内外和理的家庭秩序。宋代婚礼重构的难点在于如何对待当时纷繁芜杂的婚俗,以实现儒家婚礼营造"内外和理"家庭秩序的理想。本章以载有婚礼仪文的司马光《书仪》、程颐《礼》、吕祖谦《家范》、朱熹《家礼》为主要文献,研究宋儒处理礼俗矛盾的方式、遗留问题,及其以婚礼为先导建设理想家庭生活的努力。

第五章　丧礼:提供儒家式的死亡关怀。杂于佛老是宋代丧葬习俗的主要特点,丧礼重构的难点即在于"辟佛"以重建儒家式的死亡关怀。本章以载有丧礼仪文的司马光《书仪》、程颐《礼》、吕祖谦《家范》、高闶《送终礼》、朱熹《家礼》为主要文献,研究宋儒是如何廓清佛教影响,恢复儒家的五服伦理,将丧礼与家人紧密绾结于一;如何批驳佛教的轮回之说,通过仪文修订礼理一贯的丧礼仪式;如何改变时人对于"厚亲"的观念,强调对于尸体的尊重与保护。

第六章　祭礼:建构世俗家族的神圣性(上)。从礼义角度看,神圣性是祭礼的核心。宋代庙制经久未立,祭礼缺乏明确规范,如欲整饬祭礼,宋儒必须在政治权力之外保证祭祀活动的神圣性。本章系统梳理了宋代祭礼文献,以孙日用《孙氏仲享仪》、韩琦《古今家祭式》、司马光《书仪》、孙伟《孙氏荐飨仪范》、朱熹《家礼》等为中心,探究宋儒家祭的神圣性建构问题,探讨不同时期、流派祭礼文本的生成逻辑。

第七章　祭礼:建构世俗家族的神圣性(下)。宋代墓祭是否合礼虽有争论,大量礼书包含墓祭却是事实。事实上,宋代礼书中的墓祭很大程度上是比照庙祭(家祭)建立的,宋人对于兆域的画图与想象本质是对坟墓一般知识、信仰的学术化处理，源自古礼，流成礼图。在兆域图"祠堂化"的同时，墓祭礼也有"庙祭化"的趋势。从"拜扫"到"墓祭"的变化构成了唐宋礼学变迁中的重要面相。

3.《礼行编》。

第八章　"朱子授礼"的历史考察。13世纪是宋代四礼的历史变迁的"分水岭"。公元1200年（庆元六年）之前，朱熹《家礼》未见，四礼学之主流是多元、论争；庆元六年（1200），《家礼》复出，经过朱子门人之刊刻、传播、论辩，遂成13世纪四礼学之圭臬。故论13世纪之四礼学，必先论朱子授礼弟子；论授礼弟子，必先论朱熹授礼的历史过程。利用社会网络分析方法，本章试图还原黄榦道统论之前朱熹授礼的历史过程。

第九章　13世纪四礼学的争论与裂变。接续上章所示之线索，探讨庆元六年（1200）朱熹殁后授礼弟子在学术、群体方面的分化。以1200—1220、1221—1250、1251—1300为三个分期，分别探讨：黄榦学派的礼学倾向与陈淳等人之歧异；杨复《家礼附注》与周复《家礼附录》面对古今的不同思考，及其对《家礼》注疏的差别；北山学派对《仪礼经传通解》的坚持与践履，与采编《家礼》并将之导入日常生活的类书的不同倾向。

第十章　《家礼》传播、实践的个案分析。本章思考的问题不仅有《家礼》如何成功传播、影响民众生活，还有《家礼》在家族构建中的作用问题。利用CBDB（中国历代人物传记数据库）、社会网络分析工具Pajek等工具，本章勾勒了家族个案所在地——浦江的文化变迁情况。又以麟溪郑氏、龙溪张氏为比较研究对象，考察了两个"成功"家族在日常生活、礼仪实践、家族权力等方面呈现的不同面相，以反思四礼学对民众生活的意义边界。

第十一章　宋代四礼学中的儒佛关系。作为宋代儒学中的重大问题，儒佛关系是宋代四礼研究不可回避的问题。本章试图说明四礼究竟如何受到佛教影响，也试图探讨四礼学对丛林的影响。利用《禅苑清规》《入众须知》《入众日用》《丛林校定清规总要》《禅林备用清规》《幻住庵清规》《敕修百丈清规》等宋元时期的丛林清规，研究清规编纂话语变迁，及四礼对佛教礼仪与僧团组织的影响，揭示宋元时期儒家与佛教的势力消长、竞争与融合。

礼书编

第一章　四礼著录与礼学转型

在礼学的分类系统中,有"三礼"(天、地、人之礼)之说,见于《尚书》①;有"五礼"(吉、凶、宾、军、嘉)之说,见于《周礼》②;有"六礼"(冠、昏、丧、祭、乡、相见)之说,见于《礼记》③;有"九礼"(冠、昏、朝、聘、丧、祭、宾主、乡饮酒、军旅)之说,见于《大戴礼》④。但是,五经注疏之中并无"四礼"之专名,汉唐时期流行的是《周礼》《仪礼》《礼记》"三礼",以及吉、凶、宾、军、嘉"五礼"的说法。那么,宋代之后通行的以冠、昏、丧、祭为内涵的"四礼"观念何时出现?从"五礼"到"四礼"的礼学分类变迁背后反映了汉宋礼学思想脉络的何种变化?后起的"四礼"之学如何在比照中定位与发展自身?对此,本章试图以礼学思想、礼书分类的历史变迁为线索,利用层层累积的"三礼"注疏,结合史志、目录等有关材料,对上述问题试作探索,并对中国传统礼学文献类型提出拙见。

第一节　汉唐"五礼"之学的形成

毋庸置疑,汉唐礼学的鲜明特色是"五礼"的创建与制度化⑤。"五礼"之名源出《周礼》。《周礼·春官·大宗伯》曰:"以吉礼祀邦国之鬼神示,以凶礼哀邦国之忧,以军礼同邦国,以宾礼亲邦国,以嘉礼亲万民。"⑥在汉魏、两晋、南北朝时期,"五礼"的创制始终与《周礼》的"经礼"地位相表里,反映了汉唐时期礼学思想的历史变迁,深刻影响了后世的礼典编纂、史书体系、目录分类。

---

① 孔安国传、孔颖达疏;廖名春、陈明整理,吕绍纲审定:《尚书正义》卷3《舜典》,北京大学出版社1999年版,第78页。

② 郑玄注、贾公彦疏,赵伯雄整理、王文锦审定:《周礼注疏》卷18《春官·大宗伯》,北京大学出版社1999年版,第450—467页。

③ 郑玄注、孔颖达疏,龚抗云整理、王文锦审定:《礼记正义》卷13《王制》,北京大学出版社1999年版,第403页。

④ 王聘珍撰、王文锦点校:《大戴礼记解诂》卷13《本命》,中华书局1983年版,第252页。

⑤ 吴丽娱编:《礼与中国古代社会》(先秦卷),中国社会科学出版社2016年版,第13页。

⑥ 郑玄注、贾公彦疏,赵伯雄整理、王文锦审定:《周礼注疏》卷18《春官·大宗伯》,北京大学出版社1999年版,第450—467页。

一、汉唐《周礼》经礼地位之确立

在古文经学兴起之前,《仪礼》一直是汉代礼学的核心经典,既有"礼经"之称,又在官方礼制的建构中意义重大。凡是《仪礼》中所未载之天子、诸侯、卿大夫礼,皆可由其推导而得,所谓"推《士礼》而以致于天子"①。随着古文经学的出现,《周礼》的地位逐渐抬升,礼学文献遂出现"三礼"鼎立之特征。到东汉,郑玄(127—200)博通今古,自注"三礼",其所作《三礼目录》,使用《周礼》作为礼学分类的标准,将《仪礼》十七篇分为吉、凶、宾、军、嘉的"五礼"体系(见表 1.1)。

表 1.1　郑玄礼学的"五礼"系统

	吉礼	凶礼	宾礼	军礼	嘉礼	未详
《仪礼》篇目	《特牲馈食礼》《少牢馈食礼》《有司彻》	《士丧礼》《既夕礼》*《士虞礼》	《士相见礼》《聘礼》《觐礼》	无	《士冠礼》《士昏礼》《乡饮酒礼》《乡射礼》《燕礼》《大射》《公食大夫礼》	《丧服》

*《既夕礼》,郑氏《目录》本无说明,但既云"《士丧礼》之下篇",则属凶礼无疑。

这一分类的意义在于首次赋予《周礼》以超越《仪礼》的地位,不但形成了"《周礼》为纲,《仪礼》为目"的礼学分类体系,还树立了"五礼"的思维模式,深刻影响了后人对《仪礼》《礼记》的释读。有学者认为,以《周礼》为首的郑玄礼学体系获得权威地位"标志着中国礼学的巨大的转变,即由专讲典礼仪式及日常礼节的礼学,转变为讲述社会政治制度的礼学"②。

在这一转变过程中,对后世影响巨大的是"经礼"与"曲礼"之说。《曲礼》是《礼记》的首篇,郑玄认为其所以为名的原因在于"其篇记五礼之事":"祭祀之说,吉礼也。丧荒去国之说,凶礼也。致贡朝会之说,宾礼也。兵车旌鸿之说,军礼也。事长敬老、执贽纳女之说,嘉礼也。"③相似地,对《礼记·礼器》中"经礼三百,曲礼三千"一句,郑玄注曰:

---

① 班固撰、颜师古注:《汉书》卷 30《艺文志》,中华书局 1962 年版,第 1710 页。
② 姜广辉主编:《中国经学思想史》第 2 卷,中国社会科学出版社 2003 年版,第 230 页。
③ 郑玄注、孔颖达疏,龚抗云整理、王文锦审定:《礼记正义》卷 1《曲礼上》,北京大学出版社 1999 年版,第 6 页。

经礼,谓《周礼》也。《周礼》六篇,其官有三百六十。曲,犹事也。事礼谓今礼也。礼篇多亡,本数未闻,其中事仪三千。①

在此,原本模糊的"经礼""曲礼"概念被具体化为某一部经典。郑玄认为,"经礼"即指《周礼》,而"曲礼"则是"事礼""今礼"。所谓"今礼",亦即当时通称为"礼"的《仪礼》。这一命题的提出将《周礼》升至"经礼"的地位,取代了汉代通行的《仪礼》。对此,皮锡瑞曾批评"郑君崇《周官》太过","以《周官》为经礼三百,不过仍以其数偶合",并说:"自郑注礼器有误,六朝、唐人皆沿其误。"②皮氏之说虽带鲜明的今文立场,却揭示了西汉今文之学与东汉至于隋唐礼学的显著差异,勾勒出汉唐礼学变迁的大致轮廓。

在魏晋南北朝的分裂时代,经学分为南北,各有宗主。唯有礼学则同系郑学体统,不论排击之人(如王肃),还是绍述之辈(如何承天),都不能绕开郑学而立说。于是,以《周礼》为宗的郑氏礼学体系迅速传播,《周礼》的经礼地位得到巩固。在南北朝,《汉书》学是显学。对于《汉书·艺文志》中"礼经三百,威仪三千",诸家注说本有不同。颜师古(581—645)《汉书》注引韦昭(204—273)注曰:"《周礼》三百六十官也。三百,举成数也。"③这是以《周礼》为"礼经",显属郑学体统。同书注引臣瓒注则曰:"礼经三百,谓冠、婚、吉、凶,《周礼》三百,是官名也。"④这是以"礼经"为《仪礼》,否定郑玄之说。对此,颜师古对韦昭的观点表示了认同,并补充说:"威仪三千乃谓冠、婚、吉、凶,盖《仪礼》是也。"⑤

《周礼》经礼地位的确立使郑氏"五礼"之学的架构深入人心。至唐代修《五经正义》,孔颖达于《礼记正义》开篇便论《周礼》即"经礼三百",《仪礼》即"威仪三千",并试图将"五礼"的起源推至远古:

伏牺之时,《易》道既彰,则礼事弥著。案谯周《古史考》云:"……乃至伏牺,制嫁娶,以俪皮为礼,作琴瑟以为乐。"……以此言之,则嫁娶嘉礼始于伏牺也。……案《礼运》云:"夫礼之初,始诸饮食,燔黍捭豚,蒉桴而土鼓。"又《明堂位》云:"土鼓苇籥,伊耆氏之乐。"又《郊特牲》云:

① 郑玄注、孔颖达疏,龚抗云整理、王文锦审定:《礼记正义》卷23《礼器》,北京大学出版社1999年版,第740页。
② 皮锡瑞:《经学通论》卷3《三礼》,中华书局1954年版,第6页。
③ 班固撰、颜师古注:《汉书》卷30《艺文志》,中华书局1962年版,第1711页。
④ 班固撰、颜师古注:《汉书》卷30《艺文志》,中华书局1962年版,第1711页。
⑤ 班固撰、颜师古注:《汉书》卷30《艺文志》,中华书局1962年版,第1711页。

"伊耆氏始为蜡。"蜡即田祭,与种谷相协,土鼓苇籥又与蕢桴土鼓相当,故熊氏云:伊耆氏即神农也。既云始诸饮食,致敬鬼神,则祭祀吉礼起于神农也。又《史记》云"黄帝与蚩尤战于涿鹿",则有军礼也。《易·系辞》"黄帝九事"章云"古者葬诸中野",则有凶礼也。又《论语撰考》云:"轩知地利,九牧倡教。"既有九州之牧,当有朝聘,是宾礼也。若然,自伏牺以后至黄帝,吉、凶、宾、军、嘉五礼始具。①

为了论证"五礼"于上古便渊源有自,孔颖达甚至打破了"疏不破注"的原则,指摘郑玄注《尚书·舜典》"修五礼"一句有误,认为"五礼"所指并非郑注所谓"公、侯、伯、子、男之礼",而是吉、凶、宾、军、嘉。同样,孔氏列举了大量文献证明"舜时五礼具备"②。后来杜佑(735—812)的《通典》基本沿袭了这一论调。显然,"五礼"的礼学分类观念在唐代已完全形成。

二、政治领域的"五礼"实践

"五礼"观念的流行促进了礼学实践领域的巨大变革。陈寅恪指出,隋唐礼制之渊源可追溯至南北朝③。梁满仓进一步指出,以"五礼"为制度形态的隋唐礼制在魏晋南北朝便已然确立,"五礼"的制度化经历了一个由孕育(汉末三国)到发育(两晋、宋、齐)终于基本成熟(南朝梁、北魏太和之后)的历程④。从史志记载看,西晋荀顗(?—274)撰《五礼》以来,南朝的宋、齐、梁,北朝的北魏、北齐都纂有以"五礼"为纲的国家礼典。北周虽未有"五礼"之作,却以周为号,以《周礼》为据,建立一整套国家制度。对此,陈寅恪论曰:

> 宇文泰凭借六镇一小部分之武力,割据关陇,与山东、江左鼎足而三,然以物质论,其人力财富远不及高欢所辖之境域,固不待言;以文化言,则魏孝文以来之洛阳及洛阳之继承者邺都之典章制度,亦岂荒残僻陋之关陇所可比。至于江左,则自晋室南迁以来,本神州文化正统之所在,况值梁武之时庾子山所谓"五十年间江表无事"之盛世乎?故宇文苟欲抗衡高氏及萧梁,除整军务农、力图富强等充实物质之政策外,

---

① 郑玄注、孔颖达疏,龚抗云整理、王文锦审定:《礼记正义》,北京大学出版社 1999 年版,第 6 页。
② 郑玄注、孔颖达疏,龚抗云整理、王文锦审定:《礼记正义》,北京大学出版社 1999 年版,第 6 页。
③ 陈寅恪:《隋唐制度渊源略论稿》,商务印书馆 2011 年版,第 6—90 页。
④ 梁满仓:《魏晋南北朝五礼制度考论》,社会科学文献出版社 2009 年版,第 130—146 页。

必应别有精神上独立有自成一系统之文化政策,其作用既能文饰辅助其物质即整军务农政策之进行,更可以维系其关陇辖境以内之胡汉诸族之人心,使其融合成为一家,以关陇地域为本位之坚强团体。①

可以说,正是《周礼》赋予了北周可与齐、梁相匹敌的意识形态,使其建立了以关陇为本位的割据政权。这一事实从另一个角度说明,《周礼》在当时确被认为是"周公致太平之书",不但对士大夫阶层有足够的感召力,还被苏绰(498—546)、卢辩(生卒年不详)等人看作治国理事的大经大法,内涵已然超越礼学研究本身。到唐代,《贞观礼》《显庆礼》《开元礼》等官修礼典莫不以"五礼"为序,《唐六典》更以周官作为分类体统。虽然这种做法与政治实践并不协调,却毕竟宣示了《周礼》"五礼"制度作为国家意识形态的至高效力。

"五礼"观念在经学理论与国家制度层面的巨大影响还波及史学,影响了正史礼志的编纂体例。在魏晋南北朝,史家撰写礼志或以春、夏、秋、冬四时为序,如《后汉书》,或以史实先后为序,如《南齐书》《魏书》,尚且不具备"五礼"的叙事架构,到唐初修《晋书》《隋书》,吉、凶、宾、军、嘉的"五礼"结构已成礼志的一般形态,后世礼志的通行编纂模式遂告形成。

三、"仪注类"与"礼类"的分流

作为中国古代的图书分类法,目录的编纂既体现了当时图书的质、量状况,还反映了时人的类型观念及对事物的理解与思考。在魏晋南北朝时期,随着"五礼"著作的大幅增加,目录的编纂体例开始出现"仪注类"与"礼类"的分流(详见表1.3)。《七录》蹈袭《七略》而来,并未将这些礼书置于《经典录》,而是于《记传录》中析出《仪典部》以措置之②。可见阮孝绪(479—536)将其视作史书之类。相似地,《隋书·经籍志》在史部另立"仪注类"以安置此类著作,其小叙曰:

> 仪注之兴,其所由来久矣。自君臣父子,六亲九族,各有上下亲疏之别。养生送死,吊恤贺庆,则有进止威仪之数。唐、虞已上,分之为三,在周因而为五。《周官》,宗伯所掌吉、凶、宾、军、嘉,以佐王安邦国,

---

① 陈寅恪:《隋唐制度渊源略论稿》,商务印书馆2011年版,第100—101页。
② 任莉莉:《七录辑证》,上海古籍出版社2011年版,第118—125页。

亲万民,而太史执书以协事之类是也。是时典章皆具,可履而行。周
衰,诸侯削除其籍。至秦,又焚而去之。汉兴,叔孙通定朝仪,武帝时始
祀汾阴后土,成帝时初定南北之郊,节文渐具。后汉又使曹褒定汉仪,
是后相承,世有制作。然犹以旧章残缺,各遵所见,彼此纷争,盈篇满
牍。而后世多故,事在通变,或一时之制,非长久之道,载笔之士,删其
大纲,编于史志。而或伤于浅近,或失于未达,不能尽其旨要。遗文余
事,亦多散亡。今聚其见存,以为仪注篇。①

《隋志》将"仪注"理解为"养生送死,吊恤贺庆"的威仪度数,是吉、凶、
宾、军、嘉"五礼"的具体节文。由于强调对仪式周旋升降、向背曲折的规范,
故名之为"仪注"。从这种理解说,"仪注"与"礼"有鲜明不同。"礼"是三代
之文、经世之法,而"仪注"则贵在通变,仅为一时之制。魏晋南北朝政权的
频繁更迭带来了国家礼典的频繁修纂,这使人更加能够体会到"五礼"典章
的"历时性"。既然"仪注"常常作为《礼志》的素材被直接编入正史,那么,将
其置于史部便尤为允当了。

从经学角度看,唐人"礼"与"仪"的分别本质上就是《周礼》与《仪礼》、
"经礼三百"与"威仪三千"的分别。这种区分方法与春秋时期重视礼义的观
念不同②,强调的乃是"纲领"与"节目"的差异。如后世《崇文总目》便说:
"《仪礼》乃仪度委曲之书,若后世仪注,其初盖三千余条。"③陈骙(1128—
1203)说:"《仪礼》者乃周家行礼涉于仪度委曲之书,若后世所谓仪注者是
也。"④陈振孙说:"此乃是仪,更须有礼书。《仪礼》只载行礼之威仪,所谓
'威仪三千'是也。"⑤这些说法显然是"接着讲"汉唐经学的结果,皆属郑玄
礼学之系统,都把"仪注"与《仪礼》联系起来,认为仪注是《周礼》"五礼"的详
细节目。

---

① 魏徵:《隋书》卷33《经籍志》,中华书局1973年版,第972页。
② 左丘明传、杜预注、孔颖达正义,蒲卫东等整理、杨向奎审定:《春秋左传正义》卷43《昭公五年》,
   北京大学出版社1999年版,第1215—1217页。
③ 朱彝尊著,许维萍等点校:《点校补正经义考》卷130《仪礼一》,中国文哲研究所1997年版,第
   573页。《玉海》称"《书目》曰",见王应麟:《玉海》卷39《艺文》,江苏古籍出版社、上海书店,
   1987年影印光绪九年浙江书局重刻本,第728页。
④ 黎靖德编,王星贤点校:《朱子语类》卷85《仪礼》,中华书局1986年版,第2195页。另见朱彝尊
   著,许维萍等点校:《点校补正经义考》卷130《仪礼一》,中国文哲研究所1997年版,第576页。
   文字略有不同。
⑤ 朱彝尊著,许维萍等点校:《点校补正经义考》卷130《仪礼一》,中国文哲研究所1997年版,第
   576页。

　　唐代之后，"五礼"观念继续流行于礼学研究之中，不但体现为目录学上"仪注类"的持续存在，还在正史礼志中继续发挥书写规范的效力。后世的官修礼典，如《开宝通礼》《太常因革礼》《政和五礼新仪》《明集礼》等，也均采用"五礼"体系编纂成书。至今河北邯郸市大名县石刻博物馆尚有宋徽宗时所立五礼记碑，碑额阳面刻"御制大观五礼之记"大字，阴面刻徽宗御书《五礼之记》碑文。（见图 1.1）

图 1.1　五礼记碑①

第二节　宋明"四礼"之学的成立

　　"五礼"观念的形成始于以《周礼》为中心的郑玄礼学体系，经过魏晋南北朝的政治动荡，成为当时政权借以维持割据统治的合法性来源，深刻影响了之后的史学编纂、目录分类、国家礼典。作为意识形态与经学话语，"五

---

① 　张立芳：《河北文化遗产》，文物出版社 2010 年版。

礼"之学迫使后起的"四礼"之学在比照之中定位与发展自身。这个历史过程渊源于魏晋南北朝,勃兴于隋唐,并在两宋得到理论化与系统化,深刻影响了明、清的礼学研究与实践。

一、私撰礼书的"四礼"化历程

在魏晋南北朝时期,世家大族始终在历史上扮演着重要角色。从九品中正的取士制度,到富甲一方的大型庄园,从壁垒森严的坞堡,到世代相承的家学,都是这一时段的历史表征。虽然这些大家族能够集政治、经济、军事、文化诸特权于一身,却仍然忧惧自身不能在乱世之中永保富贵。于是,家族之间的联络与家族内部的治理便成为当时的重要问题,前者促使了门阀婚姻的出现,后者则催生了一批家训、家礼、家法著作。从目录记载来看,这一阶段开始出现一些私撰礼书,杂见于史部仪注类,依附于官修礼书而存在。如阮孝绪《七录》的《记传录·仪典部》中有"《徐爰家仪》一卷"[1],《隋书·经籍志》的《史部·仪注类》中有"《徐爰家仪》一卷"[2]、"《赵李家仪》十卷"[3]。

在唐代,相关著述的数量有所增加。就两部唐书所列相关著述而言,《旧唐书·经籍志》所载为"开元盛时四部诸书"[4],未及中唐之后;而《新唐书·艺文志》则包罗较广,适可补前书之缺。对比两书便可发现,《新唐书》出现了许多《旧唐书》未收的"仪注"之书。如杨炯《家礼》、孟诜《家祭礼》、徐闰《家祭仪》、范传式《寝堂时飨仪》、郑正则《祠享仪》、周元阳《祭录》、贾顼《家荐仪》、卢弘宣《家祭仪》等,这些礼书不少成书于安史之乱后,成为世家大姓在乱世中维系自身的一种方式[5]。

随着私撰礼书的大量出现,将冠、昏、丧、祭并称为"四礼"的提法也随之而生。隋代王通(584—617)《中说》曰:

> 御家以四教,勤、俭、恭、恕;正家以四礼,冠、婚、丧、祭。[6] 子曰:"冠礼废,天下无成人矣;昏礼废,天下无家道矣;丧礼废,天下遗其亲

---

① 任莉莉:《七录辑证》,上海古籍出版社 2011 年版,第 120 页。
② 魏徵:《隋书》卷 33《经籍二》,中华书局 1973 年版,第 969 页。
③ 魏徵:《隋书》卷 33《经籍二》,中华书局 1973 年版,第 971 页。
④ 刘昫:《旧唐书》卷 46《经籍上》,中华书局 1975 年版,第 1963 页。
⑤ 罗小红:《唐代家礼研究》,陕西师范大学博士学位论文,2006 年。
⑥ 王通撰,张沛校注:《中说校注》卷 10《关朗篇》,中华书局 2013 年版,第 260 页。

矣；祭礼废，天下忘其祖矣。呜呼！吾未如之何也已矣。"①

　　此后，冠、昏、丧、祭并称的说法渐多。如中唐元稹（779—831）感慨时政说："选贤与能之柄，或碍于胥徒；冠婚丧祭之仪，不行于卿士。"②五代刘昫（888—947）记唐广德公主善于治家，称："冠婚丧祭，主必自预行礼，诸妇班而见之，尊卑答劳，咸有仪法，为时所称。"③

　　到宋代，冠、昏、丧、祭成为士庶礼仪的代指。苏轼（1037—1101）称司马光"晚节尤好礼，为冠婚丧祭法，适古今之宜"④。程颐（1033—1107）评论当时礼仪缺失情况说："冠、婚、丧、祭，礼之大者，今人都不以为事。"⑤晁补之（1053—1110）作《策问一十九首》，其一曰："冠、昏、丧、祭，人伦之所厚，而搢绅学士家自为法，不有等宜，非则礼废，美则礼没。"⑥朱熹《小学》、王应麟《小学绀珠》等蒙书中也都收有"四礼"的条目，"四礼"之说流行开来。

　　相应地，与南北朝至隋唐多以单类礼仪著书的体例不同，宋代开始出现一批以规范冠、昏、丧、祭"四礼"为内容的著作，如司马光《书仪》、朱熹《家礼》、李埴《公侯守宰士庶通礼》、黄灏《政和冠昏丧祭礼》、周端朝《冠婚丧祭礼》等。其中，朱熹"为篇有五，《通礼》居一，而冠、昏、丧、祭四礼次之"⑦，深刻影响了后世的士庶礼书编纂。到明代，大量私撰礼书涌现，多以冠、昏、丧、祭为内容，如郑泳（生卒年不详）《郑氏家仪》、丘濬（1418—1495）《家礼仪节》、黄佐（1490—1566）《泰泉乡礼》；或径以"四礼"为名，如吕坤（1536—1618）《四礼疑》《四礼翼》、马从聘（1557—1638）《四礼辑说》、韩承祚（生卒年不详）《明四礼集说》、宋缠（1522—1591）《四礼初稿》、吕维祺（1587—1641）《四礼约言》、杨廉（1452—1525）《四礼论略》⑧、王皞（生卒年不详）《四礼纂

---

① 王通撰，张沛校注：《中说校注》卷6《礼乐篇》，中华书局2013年版，第161页。

② 元稹：《元稹集》卷44《韩皋吏部尚书赵宗儒太常卿制》，中华书局1982年版，第482页。

③ 刘昫：《旧唐书》卷149《于琮传》，中华书局1975年版，第4010、4011页。

④ 苏轼撰，孔凡礼点校：《苏轼文集》卷16《司马温公行状一首》，中华书局1986年版，第491页。

⑤ 程颢、程颐著，王孝鱼点校：《二程集》，中华书局2004年版，第240页。

⑥ 晁补之：《鸡肋集》卷37《策问一十九首》，《四部丛刊初编》第206册，上海书店1989年版，上海涵芬楼影印诗瘦阁仿宋刊本。

⑦ 陈淳：《北溪大全集》卷14《代陈宪跋家礼》，《景印文渊阁四库全书》第1168册，台湾商务印书馆1986年版，第609页。

⑧ 杨廉：《杨文恪公集》卷15《四礼论略序》，《续修四库全书》第1332册，上海古籍出版社2002年据山东省图书馆藏明刻本影印，第496页。

要》等等①。此外,民间日用类书中也多设"四礼门"②,"四礼"之称谓遂成此类著述之通名。

二、两宋《仪礼》经礼地位之回归

在私撰礼书"四礼"化的历史过程中,唐宋间礼学话语出现了由《周礼》到《仪礼》的回归,深刻影响了"四礼"的撰作与实践。不过,这种努力并非两宋礼学之主流。从宋代的政治变革来说,《周礼》是王安石(1021—1086)变法的内在动力与理论依托③;从此后科举考试来看,《礼记》《周礼》是新法推行之后学者专治之经。就学术风气而论,"考证之学渐变为论辩之学"④是宋学的整体风貌,而《仪礼》难读,"不能聚讼",《礼记》名定,"无庸聚讼","所论辩求胜者,《周礼》一书而已"⑤。因此,《周礼》学在宋代十分盛行,荆公新学尤重此书。《仪礼》之所以能够得到一定的重视并恢复其经礼地位,乃是道学家群体在两宋间不断努力的结果。

在北宋道学家中,张载(1020—1077)、程颐(1033—1107)都比较重视《仪礼》的研究与实践。张载以复兴古礼、学古力行著称,其礼学根底便在《仪礼》《礼记》。据《宋史·张载传》记载:"其家昏丧葬祭,率用先王之意,而传以今礼。"⑥又据《横渠先生行状》:

> 近世丧祭无法,丧惟致隆三年,自期以下未始有衰麻之变。祭先之礼,一用流俗,节序燕衰不严。先生继遭期功之丧,始治丧服,轻重如礼。家祭始行四时之荐,曲尽诚洁。闻者始或疑笑,终乃信而从之。一变从古者甚众,皆先生倡之。⑦

由此可知,张载曾经按照古礼制作轻重有别的丧服,并坚持古礼四时之祭。这些内容显然主要来自《仪礼》与《礼记》相关篇章,并非《周礼》所载,说

---

① 据有关统计,以"四礼"为题之明代礼书共计 27 种,见吴丽娱主编:《礼与中国古代社会》(明清卷),中国社会科学出版社 2016 年版,第 108—114 页。

② 吴蕙芳:《民间日用类书的渊源与发展》,《政治大学历史学报》2001 年第 18 期,第 1—28 页。

③ 何俊:《由礼转理抑或以礼合理:唐宋思想转型的一个视角》,《北京大学学报》(哲学社会科学版)2007 年第 6 期,第 36—43 页。

④ 永瑢:《四库全书总目》卷 19《经部·礼类一》,中华书局 1965 年版,第 155 页。

⑤ 永瑢:《四库全书总目》卷 19《经部·礼类一》,中华书局 1965 年版,第 149 页。

⑥ 脱脱:《宋史》卷 427《张载传》,中华书局 1977 年版,第 12723—12725 页。

⑦ 朱熹撰,戴扬本点校:《伊洛渊源录》卷 6《横渠先生行状》,朱杰人主编《朱子全书》第 12 册,上海古籍出版社、安徽教育出版社 2002 年版,第 995 页。

明张载之礼学着有鲜明的《仪礼》色彩。

由于在礼学实践方面的成就,吕公著(1018—1089)"言其有古学",向朝廷推荐张载。后来,吕大防(1027—1097)又荐之于朝,于是神宗下诏命其"知太常礼院",后"与有司议礼不合,复以疾归"①。朱熹《伊洛渊源录》叙述了张载在礼院"议礼不合"的事情原委:

> 会有言者欲讲行冠婚丧祭之礼,诏下礼官,礼官安习故常,以古今异俗为说。先生独以为可行,且谓称不可,非儒生博士所宜。众莫能夺,然议卒不决。②

显然,张载与礼官争议的焦点是在冠婚丧祭"四礼"的修订中采用古礼还是暂且从俗。当礼官们以古今风俗不同为由试图说服张载时,他不为所动,认为礼官身为儒生应该不畏艰难、力行古礼。由于分歧较大,双方相持不下,这一争论也就被搁置。于是,张载去国还乡,在途中抱憾离世。他去世后,弟子们为"其治丧礼,一用古,以终先生之志"③。可以说,对《仪礼》的践履是贯穿张载儒者生涯的主要线索。

相似地,程颐的礼学也以《仪礼》为宗主。在其语录中,程颐数次提及"礼经""经礼",每次所指都是《仪礼》。这种语言习惯与汉代礼学相同,反映了程颐礼学崇尚《仪礼》的倾向。

受张载、程颐影响,吕大临(1040—1093)的礼学以《仪礼》为重,并在宋代首倡《仪礼》经礼之说。氏著《礼记解》释"曲礼"曰:

> 曲礼,礼之细也。《礼》云:"经礼三百,曲礼三千,其致一也。"《中庸》云:"礼仪三百,威仪三千,待其人而后行。"然则曲礼者,威仪之谓,皆礼之细也。布帛之有经,一成而不可变者也,故经礼象之。经礼三百,盖若祭祀、朝聘、燕飨、冠昏、乡射、丧纪之礼,其皆文之不可变者,有三百也。布帛之有纬,其文曲折有变,而不可常者也,故曲礼象之。曲礼三千,盖大小尊卑,亲疏长幼,并行兼举,屈伸损益之不可常者,有三

---

① 朱熹撰,戴扬本点校:《伊洛渊源录》卷6《横渠先生行状》,朱杰人主编《朱子全书》第12册,上海古籍出版社、安徽教育出版社2002年版,第995页。
② 朱熹撰,戴扬本点校:《伊洛渊源录》卷6《横渠先生行状》,朱杰人主编《朱子全书》第12册,上海古籍出版社、安徽教育出版社2002年版,第995页。
③ 朱熹撰,戴扬本点校:《伊洛渊源录》卷6《横渠先生行状》,朱杰人主编《朱子全书》第12册,上海古籍出版社、安徽教育出版社2002年版,第997页。

千也。今之所传《仪礼》者,经礼也。其篇末称"记"者,记礼之变节,则曲礼也。汉兴,高堂生传《礼》十七篇,今《仪礼》是也。戴圣传《礼》四十九篇,今《礼记》是也。《礼记》所载,皆孔子门人所传授之书,杂收于遗编断简者,皆经礼之变节也。特以此篇名"曲礼"者,盖他篇稍各以类相从,此篇杂记诸礼曲折之文者也。①

这段文字绍述程颐"经礼"之说而来,论说颇详,其要点有三:第一,"礼经"是《仪礼》中所载祭祀、朝聘、燕飨、冠昏、乡射、丧纪之礼,"曲礼"则是《仪礼》篇末称为"记"的部分,记载礼的意义(大小、尊卑、亲疏、长幼)、具体行为(并行、兼举、屈伸)、变节(损益)。第二,《仪礼》是汉初高堂生所传《礼》之专名,《礼记》则是孔子门人所传之书,属于"经礼之变节",即所谓"曲礼"。第三,《曲礼》与《礼记》其他篇章各有主题的情况不同,是"杂记诸礼曲折之文"的结果,故名"曲礼",其义与《礼器》《中庸》所谓"三百""三千"之说相合。

到南宋,朱熹继承伊洛渊源,尊信《仪礼》为经礼。其论又较吕大临为详:

《礼器》作"经礼""曲礼",而《中庸》以"经礼"为"礼仪"。郑等皆曰:"经礼即《周礼》三百六十官,《曲礼》即今《仪礼》冠昏吉凶,其中书仪三千,以其有委曲威仪,故有二名。"独臣瓒曰:"《周礼》三百,特官名耳。经礼为冠昏吉凶。"盖以《仪礼》为经礼也。而近世括苍叶梦得曰:"经礼,制之凡也。曲礼,文之目也。先王之世,二者盖皆有书,藏于有司。祭祀、朝觐、会同则大史执之以莅事,小史读之以喻众,而卿大夫授之以教万民,保氏掌之以教国子者,亦此书也。"愚意礼篇三名,《礼器》为胜,诸儒之说,瓒、叶为长。盖《周礼》乃制治、立法、设官、分职之书,于天下事无不该摄。礼典固在其中,而非专为礼设也。其中或以一官兼掌众礼,或以数官通行一事,亦难计其官数,以充礼篇之数。至于《仪礼》则其冠、昏、丧、祭、燕、射、朝、聘自为《经礼》大目,亦不容专以"曲礼"名之也。但《曲礼》之篇未见于今,何书为近,而三百三千之数又将何以充邪?又尝考之经礼,固今之《仪礼》。其存者十七篇,而其逸见于他书者,犹有《投壶》《奔丧》《迁庙》《衅庙》《中霤》等篇。其不可考者,又有古经,增多三十九篇,而《明堂》《阴阳》《王史氏记》数十篇。及河间献王所

① 吕大防等撰,陈俊民辑校:《蓝田吕氏遗著辑校》,中华书局1993年版,第187页。

辑礼乐古事,多至五百余篇。倘或犹有逸在其间者,大率且以春官所领五礼之目约之,则其初固当有三百余篇亡疑矣。所谓"曲礼"则皆礼之微文小节,如今《曲礼》《少仪》《内则》《玉藻》《弟子职》篇所记事亲、事长、起居、饮食、容貌、辞气之法,制器、备物、宗庙、官室、衣冠、车旗之等,凡所以行乎经礼之中者,其篇之全数虽不可知,然条而析之,亦应不下三千有余矣。①

无疑,朱熹的论述已然触及"经礼""曲礼"之说的根本问题,即《仪礼》《周礼》何者为经的问题。他认为,郑玄以来将《周礼》当作"经礼三百"的说法并不恰当,因为《周礼》所记乃是设官分职之法,并非专门为礼而作。有的官职主管礼乐,而有些官职却与礼仪无关。换言之,冠昏丧祭、燕射朝聘等所谓"曲礼"并不能由《周官》之制进一步分流而出。因此,《周礼》不是《礼器》所谓"经礼三百"。"经礼三百"应指《仪礼》而言,与汉代的语言习惯相合。那么,何以有"三百""三千"之数?朱熹认为,《仪礼》中之重要礼仪本有三百之数,但历经秦火,不免散佚,仅见于他书者便有数篇之多。

宋代《仪礼》经礼地位的回归直接影响到了礼书的编纂。在北宋,程颐提出编次"六礼"的设想:

> 冠昏丧祭,礼之大者,今人都不以为事。某旧尝修六礼,冠、昏、丧、祭、乡、相见。将就,后被召遂罢,今更一二年可成。②

"六礼"之说本于《礼记·王制》,而冠、昏、丧、祭、乡饮酒、乡射礼、士相见礼的礼文却具载于《仪礼》。编次"六礼"的活动显然要以《仪礼》的研究为中心。

据说,程颐曾知会吕大临具体负责礼书编纂工作。按《二程遗书》卷十八:

> 礼之名数陕西诸公删定,已送与吕与叔,与叔今死矣,不知其书安在也。③

---

① 卫湜:《礼记集说》卷1,国家图书馆出版社2003年据国家图书馆藏宋嘉熙四年(1240)新定郡斋刻本影印。
② 程颢、程颐著,王孝鱼点校:《二程集》,中华书局2004年版,第239、240页。
③ 程颢、程颐著,王孝鱼点校:《二程集》,中华书局2004年版,第240页。

　　考之目录,吕大临确曾撰有《编礼》一书。晁公武《郡斋读书志》:"《编礼》三卷,右皇朝吕大临与叔编。以《士丧礼》为本,取三礼附之。自始死至祥练,各以类分。其施于学甚惠,尚恨所编者五礼中特凶礼而已。"①据此,吕大临《编礼》是以《仪礼·士丧礼》一篇为基础,将《仪礼》《周礼》《礼记》中的相关内容附在下面,按照行礼步骤加以分类整理而成的礼书。这种以《仪礼》为纲,《礼记》《周礼》为目的编礼灵感无疑来自于《仪礼》"经礼"的观念。

　　到南宋,是否以《仪礼》为据已成为礼书编纂的重要评判标准。如朱熹说:"横渠所制礼多不本诸《仪礼》,有自杜撰处。如温公却是本诸《仪礼》,最为适古今之宜。"②由于一时巨擘大儒皆尊《仪礼》为经,宋代《仪礼》学的衰微情况竟得以转变,最终促成划时代礼典——《仪礼经传通解》的出现。该书的编纂虽然由朱熹及以黄榦(1152—1221)、杨复(1164—1234)为代表的朱子学人为主力,其实亦北宋以来的礼学渊源颇深。钱穆称其"由吕东莱发其端"③,并取法于吕氏弟子路德章(生卒年不详)的相关著作,诚然不虚。但《仪礼经传通解》之编纂渊源更可追溯至于北宋。按《语类》卷八十四,朱熹清楚地知道吕大临"集诸家之说补《仪礼》,以《仪礼》为骨"④的做法。可以说,《仪礼经传通解》的编纂实际上是两宋《仪礼》学研究与实践的必然结果。

　　在朱熹看来,《仪礼》是经,《礼记》是传,所以应该以传释经,将《礼记》的相应篇章系于《仪礼》之后;经历秦火,礼经已非全书,所以应该博采古书,以补逸礼之篇。于是,朱熹定下了以《仪礼》为中心的编礼大纲。表1.2开列的《仪礼经传通解》分类系统取自该书前二十三卷,为朱熹亲定之本,丧礼、祭礼部分则未及完稿。读表1.2可知,朱熹的编礼大纲乃是先对看似并无次第的《仪礼》十七篇作出适当的分类,形成家礼、乡礼、学礼、邦国礼、王朝礼的体系,然后以诸书补逸礼,并附以《周礼》《礼记》等书的相关篇章成书。

---

① 晁公武撰,孙猛校证:《郡斋读书志校证》卷2,上海古籍出版社1990年版,第81页。

② 黎靖德编,王星贤点校:《朱子语类》卷84《礼一·论后世礼书》,中华书局1986年版,第2183页。

③ 钱穆:《朱子新学案》,载氏著《钱宾四先生全集》第14册,台湾联经出版事业公司1998年版,第155页。

④ 黎靖德编,王星贤点校:《朱子语类》卷84《礼一·论后世礼书》,中华书局1986年版,第2183页。

表 1.2　《仪礼经传通解》分类系统

	经	传
家礼	士冠礼	冠义
	士昏礼	昏义、内则、内治、五宗、亲属记
乡礼	士相见礼	士相见义、投壶
	乡饮酒礼	乡饮酒义
	乡射礼	乡射义
学礼	□学制、学义、弟子职、少仪、曲礼、臣礼、钟律、钟律义、诗乐、礼乐记、书数、学记、大学、中庸、保傅传、践阼、五学	
邦国礼	燕礼	燕礼义
	大射礼	大射义
	聘礼	聘义
	公食大夫礼	公食大夫义
	□诸侯相朝礼	诸侯相朝义

* □表示逸礼。另，由于学礼皆属逸礼，经传并不分明，故不分经传。

宋代《仪礼》经礼地位的回归是对汉唐以来郑玄礼学体系的重大反转，故《仪礼经传通解》与《三礼目录》的礼学旨趣显有不同。郑玄以《周礼》为经礼，《仪礼》为曲礼，故以《周礼》"五礼"为纲将《仪礼》十七篇分作吉、凶、宾、军、嘉五类；朱熹以《仪礼》为经，《周礼》《礼记》等书为解，所以通过《仪礼》及其逸礼的考订大致安排出家、乡、学、邦国、王朝的新"五礼"次第。

然而，由于《仪礼经传通解》编次于朱熹晚年，又未能完本，其中许多问题未及思想成熟。例如，家、乡、学、邦国、王朝，与黄榦、杨复后来修纂的丧礼、祭礼部分关系如何？换言之，如何将士礼居多的《仪礼》十七篇编纂离析为类别周延、彼此圆融的家国结构？以祭礼而言，《特牲馈食礼》为士礼，《少牢馈食礼》为卿大夫礼，则何者属于家，何者属于邦国？是否需要另外辑出一篇《大牢馈食礼》以充王朝之礼？显然，朱熹及其门人并未很好地解决这些难题。因此，这种有欠周延的礼学分类方法并未得到后世的遵信。尽管徐乾学（1631—1694）《读礼通考》、秦蕙田（1702—1764）《五礼通考》、江永（1681—1762）《礼书纲目》等大型礼书在编纂体例上多取法《通解》，却都没有采用家、乡、学、邦国、王朝的礼学架构。真正流行于后世的反而是"早年未定之书"《家礼》的"四礼"体系。

三、"仪注类"向"礼类"的回归

如前所述,南北朝时期出现了"礼类"与"仪注类"的分流。只有"三礼"的研究著作才能进入经部礼类,而新定的礼典则统统归入史部仪注类,被视作一时之制。这种分类表达了时人对于古与今、礼与仪的基本理解,是以《仪礼》为"曲礼"观念的缩影。随着隋唐以来私撰礼书不断增加,以及《仪礼》经礼地位在宋代回归,"礼"与"仪"的观念开始发生变化。这种变化体现在目录学领域,适可反映"四礼"之学在宋明的兴盛。

(一)归入史部仪注类

这种分类方法主要见于正史艺文志。在南北朝,阮孝绪《七录》是第一部设置"仪注类"的目录书,晋、宋、梁的官修礼典以及此时为数不多的私撰礼书都被归于此类。这一分类得到初唐学者的认同,贞观十五年(641)开始修纂的《五代史志》便将"仪注类"加入史部以存置官、私礼书,成为《隋书·经籍志》的重要史源。于是,史部仪注类遂成为后世正史艺文志的必备体例。

开元九年(721),毋煚(约 668—744)编成《古今书录》,是书成为编纂《旧唐书·经籍志》的重要依据。从著录情况看,《旧唐书》并未沿袭《隋书·经籍志》的分类方法,而是将《江都集礼》《大唐新礼》《紫宸礼要》等唐代礼典置于经部礼类。这种做法可能是出于抬高本朝礼典的政治考虑,也可能是认为这些礼典在当时保有实践性的缘故。

到北宋,《新唐书·艺文志》的编纂仍然使用《隋书·经籍志》的体例,将所有前朝旧典悉数置于史部仪注类。至于唐代大量出现的私撰礼书则被统一放置在仪注类的末尾,大体保持了《七录》以来的分类传统。后来的《宋史·艺文志》《直斋书录解题》《澹生堂藏书目》《国史经籍志》《明史·艺文志》采取了同样的做法。

(二)礼类、仪注类二分

在宋代,将官修礼典、私撰礼书杂纂于一的情况引发了反思。北宋王尧臣(1003—1058)的《崇文总目》试图从"礼"与"仪"的关系角度解决这一问题。该书将《江都集礼》《开元礼》《续曲台礼》《开宝通礼》等礼典从史部仪注类中提出,置于经部礼类,从而形成了以官修礼典为"礼",以官修仪制、私撰礼书为"仪"的二分法。从该书礼类的著录情况看,这些书不但包括当朝礼典,还含有唐代礼典。显然,《崇文总目》的分类并非出自政治或实用性之考

虑,而是作者对"礼"精审思考的结果。《经义考》卷一百三十引《崇文总目》曰:

> 《仪礼》乃仪度委曲之书,若后世仪注,其初盖三千余条。①

观其文辞,则是以《仪礼》作为"仪"的标准,将规定所谓"仪度委曲"的书视作"仪"的范畴。于是,《崇文总目》将《诸州县祭社稷仪》《汉官典职仪式选用》《大唐郊祀录》《二仪实录》《内外亲族五服仪》《汾阴后土故事》《卤簿图记》《使范》等记载车马衣服、行礼仪节的官修礼书,以及《家祭仪》《家祭礼》《寝堂时享仪》《祠禴仪》《祭录》《家荐》《孙氏仲享仪》《书仪》等涉于冠、昏、丧、祭的私撰礼书全部定性为"仪",著录于史部仪注类。显然,这种分类是自觉实践汉唐礼学思想的结果。

(三)私撰礼书由"仪"入"礼"

在南宋之前,私撰礼书的仪注地位是未被质疑的既定事实,"史志分类法"与"二分法"所争论的焦点仅在国家礼典("五礼"典章)的"礼""仪"归属问题。随着《仪礼》经礼地位的回归,汉唐的"礼""仪"观念开始松动。何者为"礼"、何者为"仪"遂成为目录学上需要认真面对的重要问题。

从南宋开始,私撰礼书的著录情况开始发生变化(见表1.3)。

尤袤(1127—1194)《遂初堂书目》虽然大体上遵循了《崇文总目》的"礼仪二分法",却出现了同类不同部的乱象。该书的史部仪注类载有《家祭礼》《孙氏仲享仪》《司马氏书仪》《吕氏乡约乡仪》《六家祭仪》《高氏厚终礼》《朱氏十书》等私撰礼书,而在经部礼类却有《古今家祭礼》《四家礼范》等书著录。

郑樵(1104—1162)《通志·艺文略》在经部礼类专设"仪注类",并置有细目:礼仪、吉礼、宾礼、军礼、嘉礼、封禅汾阴、诸祀仪注、陵庙制、家礼祭仪、东宫仪注、后仪、王国州县仪注、朝会仪、耕籍仪、车服、国玺、书仪②。这是首次将私撰礼书置于经部礼类。

马端临(1254—1323)《文献通考·经籍考》采取了类似方法,将仪注类从史部搬至经部,置于乐类之后。尽管马端临认为封禅等礼仪是"秦汉之

---

① 朱彝尊著,许维萍等点校:《点校补正经义考》卷130《仪礼一》,中国文哲研究所1997年版,第573页。

② 郑樵:《通志》卷64《艺文二》,中华书局1987年据万有文库十通本影印,第765页。

事,难厕其书于礼经之后"①,并未直接将其纳入礼类,却毕竟将仪注升入"经部"。

到明代,将私撰礼书归于经部已是司空见惯的现象。这时的目录书或在经部中另开一类以措置仪注之书,如《文渊阁书目》之"礼类"、《百川书志》之"仪注类"、《千顷堂书目》之"三礼类·礼乐书";或将其直接纳入经部礼类,如《宝文堂书目》《徐氏家藏书目》。

值得注意的是,朱睦㮮(1517—1586)《万卷堂书目》看似采取了《崇文总目》的"仪""礼"两分法,却从根本上改变了后者所代表的"礼""仪"观念。该书《史部·仪注类》著录之书如《钦颁仪定式》《车驾巡幸礼仪》《钦降礼制》《仪注总集条目》《王国仪注》等,均系官修礼书;而《经部·礼类》著录之书如《四礼纂要》《家礼集说》《家礼会通》《家礼节仪》《四礼图》《四礼略》等,均系私撰礼书。到清代,《四库总目提要》如出一辙,将《大唐开元礼》《政和五礼新仪》《明集礼》《钦定大清通礼》等官方礼典纳入史部政书类,而将《书仪》《家礼》《家礼仪节》《四礼翼》等纳入经部礼类,以"杂礼书"名之。其小序曰:

> 案公私仪注,《隋志》皆附之礼类。今以朝廷制作事关国典者隶史部政书类中,其私家仪注无可附丽,谨汇为"杂礼书"一门,附礼类之末。犹律吕诸书皆得入经部乐类例也。②

所谓《隋书·经籍志》将公私仪注附于礼类的说法显为谬误,当是史部仪注类。不过,将官修礼典、仪注于史部政书类,私家仪注置于经部礼类的做法却突显了"公"与"私"、"经"与"史"、"礼"与"仪"的差别,这无疑是南宋以来私撰礼书类目混乱的终结。

从《崇文总目》以官修礼典为"礼",以私撰礼书为"仪",到《四库总目提要》以私撰礼书为"礼",以官修礼书为"仪",目录学史经历了漫长而巨大的变革。汉唐以来以《周礼》为中心的"五礼"学体系,遂一变而为宋明以来以《仪礼》为中心的"四礼"学体系,与国家礼制划界而治。至于一向反感宋学的清代朴学,则几乎无一不徜徉于其间,或考其名物,或辨其真伪,或著书立说,或躬身自行,构成了宋元明清一脉相承的礼学传统。

---

① 马端临:《文献通考》卷180《经籍考七·经·礼》,中华书局1986年据万有文库十通本影印,第1549页。
② 永瑢:《四库全书总目》卷22《礼类四·杂礼书》,中华书局1965年版,第181页。

表 1.3 目录书中的"仪注类"与"礼类"相关著述略表

目录书	著录类别、书目大略	
《七录》（南朝梁）阮孝绪	记传录·仪典部：《汉旧仪》《汉中兴仪》《晋新定仪注》《晋杂仪注》《晋尚书仪》《甲辰仪》《封禅仪》《宋仪注》《宋尚书杂注》《宋东宫记》《徐爰家仪》《东宫新记》《梁吉礼仪注》《梁宾礼仪注》《吉仪注》《凶仪注》《军仪注》《嘉仪注》《皇典》《杂凶礼》《政仪注》《士丧仪注》《杂仪注》《杂嘉礼》《国亲皇太子序亲簿》《大汉舆服志》《魏晋谥议》《汝南君讳议》《决疑要注》《车服杂注》《礼仪制度》《古今舆服杂事》《晋卤簿图》《诸卫左右厢旗图样》《内外书仪》《书仪》《书笔仪》《宋长沙檀太妃鬷吊答书》《吊答仪》《书仪》《皇室仪》《吉书仪》《书仪疏》《新礼》《文仪》《言语仪》《严植之仪》《妇人书仪》《要典杂事》等。	
《隋书·经籍志》（据《五代史志》修）（唐）魏徵等	史部·仪注类：《汉旧仪》四卷、《汉中兴仪》一卷、《晋新定仪注》四十卷、《晋杂仪注》十一卷、《晋尚书仪》十卷、《甲辰仪》五卷、《封禅仪》六卷、《宋仪注》十卷、《宋仪注》二十卷、《宋尚书杂仪注》十八卷、《宋东宫仪记》二十三卷、徐爰《家仪》一卷、《东宫新记》二十卷、《梁吉礼仪注》十卷、《梁宾礼仪注》九卷、《皇典》二十卷、《杂凶礼》四十二卷、《政礼》十卷、《杂仪注》一百八十卷、《陈尚书杂仪注》五百五十卷、《陈吉礼》一百七十一卷、《陈宾礼》六十五卷、《陈军礼》六卷、《陈嘉礼》一百二卷、《后魏仪注》五十卷、《后齐仪注》二百九十卷、《杂嘉礼》三十八卷、《国亲皇太子序亲簿》一卷、《隋朝仪礼》一百卷……《吉书仪》二卷、《书仪疏》一卷、《新仪》三十卷、《文仪》二卷、《赵李家仪》十卷录一卷、《书仪》十卷、《言语仪》一卷、《严植之仪》《迩仪》四卷、《妇人书仪》八卷、《僧家书仪》五卷、《要典杂事》五十卷等。	
《旧唐书·经籍志》（本开元时之《古今书录》）	乙部·仪注类：《汉旧仪》四卷、《舆服志》一卷、《晋尚书仪曹新定仪注》四十一卷、《甲辰仪注》五卷、《车服杂注》一卷、《司徒仪注》五卷、《大驾卤簿》一卷、《冠婚仪》四卷、《晋杂仪注》二十一卷、《晋仪注》三十九卷、《诸王国杂仪》十卷、《宋仪注》三十六卷、《杂仪注》一百八卷、《杂府州郡仪》十卷……《梁吉礼》十八卷、《梁吉礼仪注》十卷、《北齐吉礼》七十二卷、《陈吉礼仪注》五十卷、《梁皇帝崩凶仪》十一卷、《隋吉礼》五十四卷、《梁凶礼天子丧礼》五卷、《梁凶礼天子丧礼》七卷、《梁王侯已下凶礼》九卷、《梁太子妃鬷凶仪注》九卷、《北齐王太子丧礼》十卷、《梁诸侯世子凶仪注》九卷、《梁宾礼》一卷、《隋书礼》七卷、《梁嘉礼》三十五卷、《陈宾礼仪注》六卷、《梁军礼》四卷、《梁嘉礼仪注》二十一卷、《梁尚书仪注》十八卷、《梁仪注》十卷、《梁陈大行皇帝崩仪注》八卷、《陈尚书曹仪注》二十卷、《陈诸帝后崩仪注》五卷、《陈杂吉仪志》三十卷……《晋杂议》十卷、《皇典》五卷、《齐典》四卷、《吊答书仪》十卷、《太宗文皇帝政典》三卷、《杂仪》三十卷、《书笔仪》二十卷、《妇人书仪》八卷、《皇室书仪》十三卷、《大唐书仪》十卷等。	甲部·礼类：《问礼俗》十卷、《礼记评》十卷、《礼仪问答》十卷、《杂礼义》十一卷、《礼义杂记故事》十一卷、《礼问》九卷、《礼论答问》九卷、《礼论问答》九卷……《江都集礼》一百二十卷、《大唐新礼》一百卷、《紫宸礼要》十卷。

续表

目录书	著录类别、书目大略	
《新唐书·艺文志》	史部·仪注类：卫宏《汉旧仪》四卷、董巴《大汉舆服志》一卷……杨炯《家礼》十卷、《大唐仪礼》一百卷、《永徽五礼》一百三十卷、《武后紫宸礼要》十卷、《开元礼》一百五十卷、萧嵩《开元礼义镜》一百卷、《开元礼京兆义罗》十卷、《开元礼类释》二十卷、《开元礼百问》二卷、颜真卿《礼乐集》十卷……孟诜《家祭礼》一卷、徐闰《家祭仪》一卷、范传式《寝堂时飨仪》一卷、郑正则《祠享仪》一卷、周元阳《祭录》一卷、贾顼《家荐仪》一卷、卢弘宣《家祭仪》卷亡、《孙氏仲享仪》一卷、刘孝孙《二仪实录》一卷……裴茝《内外亲族五服仪》二卷、《书仪》三卷、《郑氏书仪》二卷、裴度《书仪》二卷、杜有晋《书仪》二卷等。	
《崇文总目》（宋）王尧臣	史部·仪注类：《正辞录崇祀录》《诸州县祭社稷仪》《汉旧仪》《汉官典职仪式选用》《独断》《大唐郊祀录》《礼阁新仪》《唐礼纂要》《二仪实录》《内外亲族五服仪》《书仪》《书仪》《家祭仪》《家祭礼》《寝堂时享仪》《祠飨仪》《祭录》《家荐》《孙氏仲享仪》《书仪》《使范》《掌礼仪注》《梁南郊仪注》《新定书仪》《四季祭祀文》《汾阴后土故事》《卤簿图记》等。	经部·礼类：《江都集礼》《开元礼京兆义》《开元礼类释》《开元礼》《开元礼义鉴》《开元礼旨问》《五礼精义》《续曲台礼》《开宝通礼》《开宝通礼义纂》等。
《郡斋读书志》（宋）晁公武	史部·仪注类：《封禅记》《祀汾阴记》《皇祐会计录》《吉凶书仪》《本朝事实》等。	
《遂初堂书目》（宋）尤袤	史部·仪注类：《汉旧仪》、汉蔡邕《独断》、《服饰变古元录》……唐孟诜徐润《家祭礼》、《孙氏仲享仪》、《司马氏书仪》、《吕氏乡约乡仪》、《六家祭仪》、《高氏厚终礼》、《朱氏十书》等。	经部·礼类：《江都集礼》《唐开元礼》《开元礼义罗》《礼义镜》《五礼义镜》《开元礼百问》《五礼精义》《礼阁新仪》《续曲台礼》《杜氏礼略》《直礼》《三礼驳议》《开宝通礼》《太常新礼》《太常因革礼》《政和冠婚丧祭仪》《政和五礼新仪》《政和五礼新仪撮要》《郊庙奉祀礼文》《中兴礼书》《绍兴礼器图》《古今家祭礼》《四家礼范》等。

续表

目录书	著录类别、书目大略	
《直斋书录解题》（宋）陈振孙	史部·仪注类：《开元礼》《开元礼百问》《大唐郊祀录》《礼阁新仪》《续曲台礼》《开宝通礼》《太常新礼》《天圣卤簿图记》《大飨明堂记》《元丰郊庙奉祀礼文》《合门仪制》《政和五礼新仪》《政和五礼撮要》《政和冠昏丧祭礼》《训俗书》《孟氏家祭礼》《徐氏家祭礼》《郑氏祠享礼》《范氏寝堂时飨礼》《贾氏家祭礼》《新定寝祀礼》《孙氏仲享仪》《杜氏四时祭享礼》《韩氏古今家祭式》《横渠张氏祭礼》《伊川程氏祭礼》《吕氏家祭礼》《范氏家祭礼》《温公书仪》《居家杂礼》《吕氏乡约》《高氏送终礼》《四家礼范》《古今家祭礼》《朱氏家礼》《十书类编》等。	
《通志·艺文略》（宋）郑樵	经部·礼类·仪注类·家礼祭仪：《家祭仪》《家祭礼》《寝堂时享仪》《祠享仪》《祭录》《家荐仪》《卢宏宣家祭仪》《孙氏仲享仪》《家仪》《婚仪祭仪》等。	
《文献通考·经籍考》（元）马端临	经部·仪注类：《江都集礼》《开元礼》《开元礼百问》《开元礼义鉴》《开元礼京兆义罗》《开元礼类释》《大唐郊祀录》《礼阁新仪》《续曲台礼》《五礼精义》《咸镐故事》《崇丰二陵集礼》《五服志》《丧服加减》《开宝通礼》《开宝通礼义纂》《太常新礼》《太常因革礼》《封禅记》《祀汾阴记》《吉凶书仪》《天圣卤簿记》《大飨明堂记》《元丰郊庙礼文》《阁门仪制》《政和五礼新仪》《政和五礼撮要》《政和冠昏丧祭礼》《训俗书》《孟氏家祭礼》《徐氏家祭礼》《郑氏祠飨礼》《范氏寝堂时飨礼》《贾氏家祭礼》《刘岳书仪》《新定寝祀礼》《孙氏祭享礼》《杜氏四时祭享礼》《韩氏古今家祭式》《横渠张氏祭礼》《伊川程氏祭礼》《伊洛礼书补亡》《伊洛遗礼》《吕氏家祭礼》《范氏家祭礼》《温公书仪》《居家杂仪》《吕氏乡约》《高氏送终礼》《四家礼范》《古今家祭礼》《朱文公家礼》《十书类编》《中兴礼书》等。	
《宋史·艺文志》（元）脱脱等	史部·仪注类：萧嵩《唐开元礼》一百五十卷、又《开元礼仪镜》五卷、韦彤《开元礼仪释》二十卷、《开元礼仪镜略》十卷、孟诜《家祭礼》一卷、徐闰《家祭仪》一卷、郑正则《祠享仪》一卷、又《家祭仪》一卷、贾顼《家荐仪》一卷、范传式《寝堂时享仪》一卷、孙日用《仲享仪》一卷、袁郊《服饰变古元录》三卷、裴茞《书仪》三卷、刘岳《吉凶书仪》二卷、陈致雍《曲台奏议集》、又《州县祭祀仪》《五礼仪镜》六卷、《寝祀仪》一卷、朱熹《二十家古今祭礼》二卷、《政和五礼新仪》二百四十卷、杜衍《四时祭享仪》一卷、刘温叟《开宝通礼》二百卷、卢多逊《开宝通礼仪纂》一百卷、贾昌朝《太常新礼》四十卷……欧阳修《太常因革礼》一百卷、韩琦《参用古今家祭式》无卷、许洞《训俗书》一卷、王安石《南郊式》一百十卷……司马光《书仪》八卷、又《涑水祭仪》一卷、《居家杂仪》一卷、范祖禹《祭仪》一卷、《幸太学仪》一卷、《纳后仪》一卷、吕大防、大临《家祭仪》一卷、《横渠张氏祭仪》一卷、《释奠祭器图》及《诸州军释奠仪注》一卷、《蓝田吕氏祭说》一卷、《伊川程氏祭仪》一卷……赵希苍《赵氏祭录》二卷、朱熹《释奠仪式》一卷、又《四家礼范》五卷、《家礼》一卷、李宗思《礼范》一卷、韩挺《服制》一卷、张叔椿《五礼新仪》十五卷、高阅《送终礼》一卷、陈孔硕《释奠仪礼考正》一卷、周端朝《冠婚丧祭礼》二卷……潘徽《江都集礼》一百四卷本百二十卷。	经部·礼类：《三家冠婚丧祭礼》五卷（司马光、程颐、张载定）。

续表

目录书	著录类别、书目大略	
《文渊阁书目》 (明)杨士奇	经部·礼类:《唐郊祭录》一部三册、《唐开元礼》一部十五册、《宋元丰郊庙奉祀礼文》一部四册、宋陈详道《礼书》一部十册、宋陆氏《礼象》一部五册、宋《太常议定九章冕服》一部一册、宋《政和冠婚丧祭礼》一部二册、宋《政和祭礼新仪》一部二册、宋《五礼新仪撮要》一部一册、宋《太常因革礼》一部九册、《温公书仪》一部四册、《温公书仪》一部一册、宋《侯国通祀仪式》一部一册、宋《侯国通祀图》一部一册、宋《通祀辑略》一部四册、宋《通祀仪礼》一部四册、宋《春秋释奠仪》一部四册、苏洵《修定诸家谱法》一部一册、宋《谥号录》一部二册、宋《中兴礼书》一部六十一册、《中兴礼书续编》一部二十一册、《咸淳五辂》一部一册、南宋《朝仪》一部一册、《文公家礼》一部一册、《文公家礼附注》一部二册、《文公家礼》附录一部一册、《乡饮酒仪》一部二册、《释奠陈设须知》一部一册、黄勉斋《丧服图》一部二册、宋《士庶通礼》一部十二册、杨慈湖《冠祭家记》一部一册、杨慈湖《婚礼家记》一部一册、杨慈湖《丧礼家记》一部一册、孙伟时《享仪范》一部一册、吴伯丰《祭礼从宜》一部二册、高闶《厚终礼》一部一册、元《太常集礼稿》一部四十册。	
《万卷堂书目》 (明)朱睦㮮	史部·仪注类:《钦颁仪定式》一卷、《车驾巡幸礼仪》一卷(严嵩)、《钦降礼制》一卷、《陵寝礼式》一卷、《册立东官仪注》一卷(严嵩)、《仪注总集条目》一卷、《王国仪注》一卷、《仪制事例》一卷、《朝仪》二卷、《鸿胪仪注》二卷、《出使礼仪》一卷、《射礼仪注易览》一卷(林文金)、《到任仪注》一卷等。	经部·礼类:《四礼纂要》一卷(王皞)、《三礼图》二卷(刘绩)、《家礼集说》五卷(冯善)、《家礼会通》十卷(汤铎)……《家礼节仪》八卷(丘濬)、《四礼图》一卷(张鲲)、《四礼略》一卷(顾本)等。
《晁氏宝文堂书目》 (明)晁瑮	礼类:《家礼节要》《大礼纂要集议》《礼记集注》《礼乐书》《仪注全集》《贯经》《深衣考正》《射礼集要》《家规辑略》《存心录》《礼记纂言》《文公家礼》《礼记大全》《忠靖冠服图说》《家礼节》《礼经会元》《周礼辑集注》《乡射礼集要》《郊祀奏议》《郊祀考议》《大戴礼》《夏小正解》《周礼复古编》《周礼集说》《大成释奠仪谱》《大礼初议》《仪礼》《经礼补遗》《周礼》《燕射古礼全书》《礼教仪节》《家礼集说》《考工记》《朝仪录》《礼仪定式》《礼记集说》《家礼会通》《礼乐书》《礼仪榜文》《大礼集议》《家礼四要》《深衣纂语》《泰泉乡礼》《礼记集记便蒙》《郊祀奏议》《礼制集要》《家礼乡约》《大明集礼射仪》《礼要乐则音注》《太常总览》《礼记集说辩疑》《大戴礼记》《仪注全集》《家礼证论》《仪礼注疏》等。	
《徐氏家藏书目》 (明)徐𤊹	经部·礼类:《檀弓》四卷、《檀弓述注》二卷、《家礼仪节》八卷、《周礼集注》七卷……《田家仪注》一卷、《经礼补逸》九卷、《文公家礼》五卷附录一卷、《文公家礼》七卷、《礼书》一百二十卷等。	

续表

目录书	著录类别、书目大略	
《百川书志》(明)高儒	经部·仪注类:《新奏礼仪》一卷、《圣朝钦定仪注》一卷、《增损吕氏乡约》一卷、《朱子家礼集注》四卷、《家礼补注》二卷图一卷、《家礼节要》一卷、《家礼集说》四卷、《洪武礼制》一卷、《司马氏居家杂仪》一卷、《家规辑要》一卷、《梭山家制》一卷、《东莱吕氏家范》六卷、《礼仪定式》一卷、《孝慈录》一卷等。	
《澹生堂藏书目》(明)祁承㸁	史部·礼乐:《孝慈录》《大明集礼》《陈氏礼书》《三礼述》《典礼述》《典礼志》《历朝仪注辑录》《朱文公家礼》《家礼仪节》《家礼正衡》《家礼铨》《家礼集说》《家礼易简编》《家礼简要》《四礼节要》《礼要》《士民礼考》《礼律类要》《士礼图考》《从先维俗议》《礼文疏节》《方氏宗仪》等。	
《国史经籍志》(明)焦竑	史部·仪注类·家礼祭仪:《家礼集说》五卷、《家礼会通》十卷、《家礼仪节》八卷、《家祭仪》一卷、《家祭礼》一卷、《寝堂时享礼》一卷、《祠享仪》一卷、《祭录》一卷、《家祭礼》一卷、《孙氏祭享仪》一卷、《家仪》一卷、《婚仪祭仪》二卷、《杜氏四时祭享仪》一卷、《新定寝祀礼》一卷、《韩氏古今家祭式》一卷、《张氏祭礼》一卷、《古今家祭礼》二十卷等。	
《千顷堂书目》(明)黄虞稷	经部·三礼类·礼乐书:周南老《丧祭礼举要》、殷奎《家祭仪》、祝咏《葬祭礼式》、徐骏《五服集证》六卷、姜琏《丧礼书》、叶钊《服制辨疑》、阴秉衡《阴氏慎终录》《昏礼节要》、蔡芳《丧礼酌宜》《太祀志》、许判《慎终集》、王廷相《丧礼备纂》二卷、侯廷训《六礼纂要》六卷、王承裕《昏礼用中》、吴文光《祀礼从宜》一卷、赵宧光《祭礼问》、王渐逵《王氏宗礼》、管志道《从先维俗议》、季本《庙制考义》二卷、谢理《两生余议》、倪复《禘祫议》、黎贞《家礼举要》四卷、王源《家礼易览》、冯善《家礼集说》五卷、《注解文公家礼》十二卷、夏时正《家礼》四卷、丘濬《家礼仪节》八卷、汤铎《家礼会通》、丰庆《家礼从宜》、杨子器《家礼从宜》、杨嘉山《读礼录》、余本《家礼考异》、詹陵《家礼祭葬纂原》、彭滨《补注文公家礼正衡》八卷、汪禔《家礼砭俗》、陆侨《家礼易简》、姚翼《家规通俗编》十二卷、黄芹《家礼易行》、邓元锡《家礼铨补》十卷、李廷机《家礼简要》一卷、朱天球《家礼易简编》一卷、方元焕《家礼考订》四卷、邹守益《谕俗礼要》、郑瑝《礼仪纂通》、丰熙《礼教仪节》、黄佐《礼典》《泰泉乡礼》、杨廉《四礼论略》、丁玑《四礼仪注》、颜木《四礼略》、张鲲《四礼图》一卷、郭盘《四礼纂要》、宋缵《四礼初稿》四卷、吕坤《四礼翼》四卷、《四礼疑》六卷、包万有《四礼损益》四卷、钟□《四礼辑要》四卷、张信民《四礼述》等。	
《四库全书总目》(清)永瑢	史部·政书类:《汉官旧仪》《大唐开元礼》《谥法》《政和五礼新仪》《绍熙州县释奠仪图》《大金集礼》《大金德运图说》《庙学典礼》《明集礼》《钦定大清通礼》等。	经部·礼类·杂礼书:《书仪》《家礼》《泰泉乡礼》《朱子礼纂》《辨定祭礼通俗谱》《郑氏家仪》《家礼仪节》《礼问》《别本家礼仪节》《四礼初稿》《乡射礼仪节》《四礼疑》《四礼翼》《四礼辑》《明四礼集说》《四礼约言》《读礼偶见》《学记》《家礼辨定》《四礼宁简编》《婚礼通考》《齐家宝要》。

* 本表旨在明晰目录之体例,故并未备载著录之书。

本章小结

《新唐书·礼乐志》曰：

> 由三代而上，治出于一，而礼乐达于天下；由三代而下，治出于二，而礼乐为虚名。①

按沈文倬先生研究，礼学文献有一个实践的"礼典"被记录为文字的"礼经"的过程。在两汉时期，随着国家制度、社会风俗的变异，礼经学与容礼、汉仪之学进一步分离②，欧阳修所谓"三代而下，治出于二"，即指此而言。到魏晋南北朝，"汉仪"之学发展为"五礼"之学，成为官方礼制的意识形态，而"四礼"之学亦逐渐从礼学母体中脱离，在宋代之后成为专门之学。

体现在文献著录上，中国传统礼学的主要类型有三：三礼之学（礼经学），著录于经部礼类，以三礼考据、注疏著作为主；五礼之学（礼制学），著录于史部仪注类，以历朝历代的官修礼典为主；四礼之学（家礼学），由史部仪注类逐渐升入经部礼类，以私撰冠昏丧祭礼书为主。从"四礼"与"五礼"的历史源流来看，两者同样源自礼学经典，试图建构体系化的礼学理论以指导现实生活，是实践性颇强的经世致用之学。不过，与"五礼"相比，"四礼"表现出几点鲜明特征：

"五礼"崇尚郑玄以《周礼》为中心的礼学传统，而"四礼"则代表了朱熹以《仪礼》为中心的礼学旨趣。郑玄博通今古，自注"三礼"，以《周礼》的吉、凶、宾、军、嘉"五礼"体系对《仪礼》十七篇重新进行划分，撰成《三礼目录》，奠定了汉唐礼学的基本理论基础。到宋代，程颐、吕大临最早对郑玄以《周礼》为"经礼"的礼学体系展开质疑，朱熹继承伊洛渊源，发明其说，形成了以《仪礼》为中心的治学旨趣。在朱熹的礼学中，《仪礼》是经礼，《礼记》是传说，而《周礼》则是设官分职之书，并不是专门为礼而撰述。在这种观念的指导下，朱熹及其门人编次《仪礼经传通解》，将《仪礼》作经，《周礼》《礼记》作传，实现了对郑玄礼学的反转。就这点而言，朱熹代表的宋学恰与汉代之今

---

① 欧阳修、宋祁：《新唐书》卷11《礼乐一》，中华书局1975年版，第307页。

② 沈文倬：《略论礼典的实行和〈仪礼〉书本的撰作》《从汉初今文经的形成说到两汉今文〈礼〉的传授》两文，载氏著《菿闇文存》，商务印书馆2006年版，第1—58页、503—558页。

文学相类,宋元明清之礼学表现为一贯与连续。

"五礼"代表了古文经学"由上而下"的官方礼制体系,而"四礼"则继承了西汉"推士礼以致于天子"的"士礼"传统。吉、凶、宾、军、嘉的分类方法体大思精、包罗万象,无论对于古礼中的冠昏丧祭、燕射朝聘,还是对于秦汉以来的封禅群祀、誓师鼓吹都具有极强的包容、涵摄能力。因此,"五礼"在隋唐成为官方意识形态后,在后世并未发生巨大改变。不过,官修礼典中的大量内容与人伦日用并不相关,即欧阳修所谓"治出于二,而礼乐为虚名"①。因此,"五礼"典章如欲实现"礼下庶人"、教化万民的作用,便不得不作出一些变更。于是南宋有人将《政和五礼新仪》中涉于日用的冠、昏、丧、祭"四礼"辑出而成《政和冠昏丧祭礼》,以方便在地方教化民众。这说明,"四礼"较"五礼"更加贴合一般士庶的日常生活,更能适应宋代以后儒家"崇化导民"的需要。从根本上说,这正是西汉今文经学"推士礼以致于天子"的"士礼"传统,是《仪礼》的经典魅力所在。

"五礼"的旨义是建构国家制度,实现儒家政治理想,而"四礼"则总括个体生命的全程,试图儒化日常生活。吉、凶、宾、军、嘉"五礼"代表了一种横向的礼学分类系统,其旨义在于铺展儒家理想政治的全景,以重返尊卑有序的礼乐治世。冠、昏、丧、祭"四礼"则代表了一种纵向的个体生命关怀,其旨义在于将"礼"嵌入人伦日用,以达成"齐风俗而一法度"的礼教王国。作为"四礼"的"礼"不但表现为冠、昏、丧、祭的人生仪式,还体现为晨省昏定的朝夕奉养、尊卑有序的节序家宴、内外有别的家院结构、揖让谦逊的言谈动视等等。"礼"由是而从处庙堂之高的一纸虚文转而成为在江湖之远的日常生活,衣、食、住、行,生、老、病、死无不有"礼乐污隆于其间"②。

本书所说的"四礼学"指的是从礼经学系统中分化出来,在问题、方法、实践上与三礼之学、五礼之学相区别,以《仪礼》学为理论基础、朱熹《家礼》为典范之作的,以冠、婚、丧、祭为主要内容,以私撰礼书为文献形式,试图总括个体生命全程、儒化日常生活的礼学系统。

---

① 欧阳修、宋祁:《新唐书》卷 11《礼乐一》,中华书局 1975 年版,第 307 页。

② 邵雍著,郭彧整理:《邵雍集》,中华书局 2010 年版,第 11 页。

第二章 宋代四礼著述考论

宋代是"四礼"之学形成的关键时期,集中表现为私撰礼书增加,以及以冠、昏、丧、祭为基本框架的四礼著作大量出现。按照现今存佚情况,这些著述可略分三类:完整保存至今者,散失而佚文犹存者,佚文荡然无存者。相应地,宋代四礼的文献整理工作应有针对性地展开:对完整保存者,详考版本、作者、成书时间,细读仪文,深入探索;对佚文尚存者,辑考佚文,探明其篇章次第、大致内容,并试图把握其思想倾向;对完全散佚者,从该书未佚时的读者评价中获取相应信息,力求扩展对该书的了解。基于这种思路,笔者对著录之宋代四礼相关著作作了初步考证。先列其著录情况,再考其作者、成书、体例,最后辑考佚文,探究内容思想。本章按成书时间顺序排列,粗略以两宋划分,以便查索。

第一节 北宋四礼著述

北宋 孙日用《孙氏仲享仪》

陈振孙《直斋书录解题》卷六:"《孙氏仲享仪》一卷。检校左散骑常侍孙日用撰。周显德中(954—960)博士,后仕本朝。开宝时(968—976)作此书。"[1]《新唐书·艺文志》:"孙氏《仲享仪》一卷。(孙日用)"[2]尤袤《遂初堂书目》:"《孙氏仲享仪》。"[3]《宋史·艺文志》:"孙日用《仲享仪》一卷。"[4]郑樵《通志·艺文略》:"《孙氏仲享仪》一卷。(唐孙日用)"[5]马端临《文献通考》:"《孙氏仲享礼》一卷。"[6]

---

① 陈振孙撰,徐小蛮、顾美华点校:《直斋书录解题》卷6《仪注类》,上海古籍出版社1987年版,第187页。

② 欧阳修、宋祁:《新唐书》卷58《艺文志》,中华书局1975年版,第1492页。正文引文中的小字注解以括号标出,后仿此。

③ 尤袤:《遂初堂书目·仪注类》,《丛书集成初编》第32册,中华书局1985年据海山仙馆丛书本排印,第12页。

④ 脱脱:《宋史》卷204《艺文志》,中华书局1977年版,第5132页。

⑤ 郑樵:《通志》卷64《艺文略第二》,中华书局1987年据万有文库十通本影印,第766页。

⑥ 马端临:《文献通考》卷188《经籍十五》,中华书局1986年据万有文库十通本影印,第1601页。

孙日用，《宋史》无传，生平不详。按陈氏说法，他是后周旧臣，宋开国后继续在朝为官，并在开宝年间（968—976）作《孙氏仲享仪》。韩琦《〈韩氏参用古今家祭式〉序》称其为"检校散骑常侍"①，陈振孙《直斋书录解题》作"检校左散骑常侍"②，未详孰是。

《孙氏仲享仪》现已亡佚，仅有一鳞半爪存乎坟典，现辑数条于下，以求管窥其内容一二。

吕祖谦（1137—1181）《家范·祭礼》有：

> 孙日用《仲享仪》云："或有人家，往往以床椅设祭。"盖其床椅，凶祭；席地，吉祭。③

《家范》在"设椅桌"的问题上列举了包括孙日用《孙氏仲享仪》在内的三种家礼著作，其中司马光（1019—1186）《祭仪》、韩琦《家祭式》的观点一致，都是"供床座椅代设席"④。《孙氏仲享仪》的观点与两书不同，它以"床椅"与"席地"所代表的吉凶不同为依据，批判有些人家在祭礼中使用床椅的世俗现象。吕祖谦对《孙氏仲享仪》的这一观点并不认同，并解释说："今既从俗，故不取此说。"⑤由此可见，孙日用《孙氏仲享仪》有鲜明的复古特色。据宋敏求《春明退朝录》记载："秘府有唐孟诜《家祭仪》、孙氏《仲享仪》数种，大抵以士人家用台卓享祀，类几筵，乃是凶祭，其四仲吉祭，当用平面毡条屏风而已。"⑥这一描述与"床椅，凶祭；席地，吉祭"正可相互印证。在这一点上，《孙氏仲享仪》与唐代孟诜的《家祭仪》相同，说明该书与唐代家礼著作保持了一定的连续性，更为偏重对古礼的恢复与践行。

《岁时广记》卷十六《遣奠献》：

---

① 韩琦：《安阳集》卷 23《〈韩氏参用古今家祭式〉序》，《景印文渊阁四库全书》第 1089 册，台湾商务印书馆 1986 年版，第 338 页。

② 陈振孙撰，徐小蛮、顾美华点校：《直斋书录解题》卷 6《仪注类》，上海古籍出版社 1987 年版，第 187 页。

③ 吕祖谦撰，黄灵庚、吴战垒点校：《东莱吕太史别集》卷 4《家范四》，载《吕祖谦全集》第 1 册，浙江古籍出版社 2008 年版，第 349 页。

④ 吕祖谦撰，黄灵庚、吴战垒点校：《东莱吕太史别集》卷 4《家范四》，载《吕祖谦全集》第 1 册，浙江古籍出版社 2008 年版，第 349 页。

⑤ 吕祖谦撰，黄灵庚、吴战垒点校：《东莱吕太史别集》卷 4《家范四》，载《吕祖谦全集》第 1 册，浙江古籍出版社 2008 年版，第 349 页。

⑥ 宋敏求撰，诚刚点校：《春明退朝录》卷中，中华书局 1980 年版，第 22 页。又见江少虞：《宋朝事实类苑》卷 32《家祭用台棹》，上海古籍出版社 1981 年版，第 406 页。

《孙氏仲享仪》:"开元年敕,士庶有不合立庙,但祭于寝,何以展于孝思?"许寒食上墓。今卿大夫家有庙,至寒食亦携馔上墓,浸而成俗。或伯叔兄弟各在一方,且拘官守,不敢离位,至寒食准逐处各自遣子弟亲仆奠献。①

这段所引唐开元年间(713—741)的敕文,见于《通典》《唐会要》,文字有所异同,大体可知引文至"孝思"处止。这段话表明该书具有墓祭的相关仪文。

从书名及二条佚文来看,《孙氏仲享仪》的主要内容是祭礼,既包括庙祭的规定,又涉及墓祭的相关内容。其书既有不徇流俗、遵循古礼的一面,又不得不面对如墓祭这样已经"浸而成俗"的民间风俗。在《孙氏仲享仪》中,"礼"与"俗"的矛盾已有所体现,这一每部礼书都须直面的难题已被触及。这意味着,它已经不是礼学意义上的仪注,而是一部试图指导现实生活的四礼文本。因此,该书被韩琦选作《韩氏参用古今家祭式》中的七种重要参考资料之一②,吕祖谦《家范》③、朱熹《古今家祭礼》④中都有参考使用,对后来四礼著作有一定影响。

北宋　许洞《训俗书》

陈振孙《直斋书录解题》:"《训俗书》一卷。许洞洞夫撰。述庙祭、冠笄之礼,而拜扫附于末。谢绛希深、王举正皆有序跋。洞,淳化三年(992)进士,希深之舅也。"⑤《宋史·艺文志》:"许洞《训俗书》一卷。"⑥

许洞,苏州吴县人,《宋史》称其为"浙右士之秀者"⑦。关于其表字有不同记载,《宋史·许洞传》称其字"洞天",陈振孙(生卒年不详)《直斋书录解

---

① 陈元靓:《岁时广记》卷16《遣奠献》,《续修四库全书》第885册,上海古籍出版社2002年据复旦大学图书馆藏清光绪十万卷楼丛书本影印,第266页。

② 韩琦:《安阳集》卷23《〈韩氏参用古今家祭式〉序》,《景印文渊阁四库全书》第1089册,台湾商务印书馆1986年版,第338页。

③ 吕祖谦撰、黄灵庚、吴战垒点校:《东莱吕太史别集》卷4《家范四》,载《吕祖谦全集》第1册,浙江古籍出版社2008年版,第349页。

④ 朱熹撰、刘永翔、朱幼文校点:《晦庵先生朱文公文集》卷37《答郑景望》,朱杰人主编《朱子全书》第21册,上海古籍出版社、安徽教育出版社2002年版,第1630页。

⑤ 陈振孙撰、徐小蛮、顾美华点校:《直斋书录解题》卷6《仪注类》,上海古籍出版社1987年版,第185、186页。

⑥ 脱脱:《宋史》卷204《艺文志》,中华书局1977年版,第5133页。

⑦ 脱脱:《宋史》卷441《许洞传》,中华书局1977年版,第13044页。

题》称其字"洞夫"①,《四库全书总目》称其字"渊夫"②,未详孰是。据《宋史》本传记载,许洞"性疏隽,幼时习弓矢击刺之伎,及长,折节励学,尤精《左氏传》。咸平三年(1000)进士,解褐雄武军推官"。后来因为"狂狷不逊"并私用公钱而受责除名,"归吴中数年,日以酣饮为事"。景德二年(1005)献其所撰《虎钤经》二十卷,除均州参军。大中祥符四年(1011),献《三盛礼赋》,召试中书,改任乌江县主簿。许洞著有文集一百卷、《春秋释幽》五卷、《演玄》十卷③。

　　关于许洞的生卒年,《宋史》并未详言,仅说他死于乌江县主簿任上,卒年四十二④。考许洞由均州参军改任乌江县主簿的时间,《宋史》记在大中祥符四年(1011)⑤,李焘《续资治通鉴长编》记在大中祥符四年(1011)十一月庚辰⑥,《宋会要辑稿》记在大中祥符五年(1012)五月四日⑦,则其卒年至早当在大中祥符四年(1011)十一月。据陈振孙《直斋书录解题》:"谢绛希深、王举正皆有序跋。洞,淳化三年(992)进士,希深之舅也。"⑧此处关于许洞进士及第时间的记载与《宋史·许洞传》所记"咸平三年(1000)进士"⑨不同,考范成大《吴郡志》卷二十八有《咸平三年(1000)陈尧咨榜》,许洞榜上有名⑩,欧阳修《诗话》亦称许洞"咸平三年(1000)进士及第"⑪,则陈氏所记或有传误。综合《宋史》记其享年四十二岁的情况来看,许洞的生年应不早于开宝三年(970),卒年应不早于大中祥符四年(1011)。

　　《训俗书》现已亡佚。据陈振孙描述,其所见的《训俗书》分为三部分,第

① 陈振孙撰,徐小蛮、顾美华点校:《直斋书录解题》卷 6《仪注类》,上海古籍出版社 1987 年版,第 185 页。
② 永瑢:《四库全书总目》卷 99《子部九·虎钤经》,中华书局 1965 年版,第 838 页。
③ 脱脱:《宋史》卷 441《许洞传》,中华书局 1977 年版,第 13044 页。
④ 脱脱:《宋史》卷 441《许洞传》,中华书局 1977 年版,第 13044 页。
⑤ 脱脱:《宋史》卷 441《许洞传》,中华书局 1977 年版,第 13044 页。
⑥ 李焘《续资治通鉴长编》卷七十六真宗大中祥符四年十一月庚辰条:"庚辰,以前均州参军许洞、前彰武节度推官解旦等九人姓名付中书,令召试。中书言旦及进士范本、陈矩词学可采,授旦著作郎,本赐及第,矩出身。(洞,苏州人)"(李焘:《续资治通鉴长编》卷 76 真宗大中祥符四年十一月庚辰条,中华书局 1985 年版,第 1741 页)
⑦ 《宋会要辑稿·选举三一》大中祥符五年五月四日条:"参军许洞为和州乌江县主簿。"(徐松辑:《宋会要辑稿·选举三一》大中祥符五年五月四日条,中华书局 1957 年版,第 4730 页)
⑧ 陈振孙撰,徐小蛮、顾美华点校:《直斋书录解题》卷 6《仪注类》,上海古籍出版社 1987 年版,第 185、186 页。
⑨ 脱脱:《宋史》卷 441《许洞传》,中华书局 1977 年版,第 13044 页。
⑩ 范成大:《吴郡志》卷 28《进士题名》,《宋元方志丛刊》第 1 册,中华书局 1990 年据民国十五年(1926)吴兴张氏《择是居丛书》景宋刻本,第 899 页。
⑪ 欧阳修撰,李逸安点校:《诗话》,载《欧阳修全集》,中华书局 2001 年版,第 1952 页。

一部分为庙祭之礼,第二部分为冠礼、笄礼,第三部分为拜扫之礼,即墓祭。据此,该书可能是较早载有士庶冠礼的宋代四礼著述。

北宋 题陈致雍《新定寝祀礼》

陈振孙《直斋书录解题》:"《新定寝祀礼》一卷。不知作者。《中兴馆阁书目》有此书,云前后有序,题太常博士陈致雍撰集。今此本亦前后有序,意其是也。致雍,晋江人,及仕本朝。"①《宋史·艺文志》:"陈致雍《寝祀仪》一卷。"②马端临《文献通考》:"《新定寝祀礼》一卷。"③陈振孙称该书"不知作者",又说题名陈致雍,显然是对该书的作者存有疑问。据他所记,该书曾收入《中兴馆阁书目》并题名陈致雍,与他所见版本的序文情况相符,因此认定他所见该书当是《中兴馆阁书目》所收之书。因此,《新定寝祀礼》当至晚出现于南宋初年。另,该书不见于《崇文总目》,韩琦"得祕阁所有"之藏书来撰写《韩氏参用古今家祭式》④时也未借鉴此书,那么,《新定寝祀礼》很有可能未被收入北宋仁宗、神宗时期的祕阁,其成书不早于庆历元年(1041)十二月《崇文总目》成书或者不早于熙宁三年(1070)十月十五日韩琦《韩氏参用古今家祭式》撰成。所以,《新定寝祀礼》很有可能成书于北宋中晚期,而托名陈致雍。

据《(弘治)八闽通志》记载:"陈致雍,莆田人,仕伪闽,为太常卿。入南唐以通礼及第,宪章典故多所精练。后归宋,开宝中(968—976)除秘书监致仕,徐铉送以诗,有'三朝恩泽冯唐老,万里乡关贺监归'之句。既还,陈洪进辟掌书记,撰《海物异名记》及《闽王列传》《五礼仪鉴》,后好事者尝编其在南唐为礼官时论议为《曲台奏议》。"⑤南唐后主李煜在开宝元年(968)"始议立后为继室,命太常博士陈致雍考古今沿革,草具婚礼"⑥。董诰《全唐文》卷八百七十三至八百七十五辑有陈致雍文103篇,其中有61篇谥议、41篇其他内容的奏议和1篇碑铭,奏议内容基本上都与礼乐有关⑦。

① 陈振孙撰,徐小蛮、顾美华点校:《直斋书录解题》卷6《仪注类》,上海古籍出版社1987年版,第186页。
② 脱脱:《宋史》卷204《艺文志》,中华书局1977年版,第5132页。
③ 马端临:《文献通考》卷187《经籍十四》,中华书局1986年据万有文库十通本影印,第1599页。
④ 韩琦:《安阳集》卷23〈韩氏参用古今家祭式〉序》,《景印文渊阁四库全书》第1089册,台湾商务印书馆1986年版,第338页。
⑤ 黄仲昭修纂:《八闽通志》卷72,福建人民出版社1990年版,第711页。
⑥ 陆游:《南唐书》卷16,傅璇琮等主编《五代史书汇编》,杭州出版社2004年版,第5589页。
⑦ 董诰等辑:《钦定全唐文》卷873—875,《续修四库全书》第1638册,上海古籍出版社2002年据清嘉庆内府刻本影印,第657—665页;第1639册,第1—20页。

北宋 杜衍《杜氏四时祭享礼》

陈振孙《直斋书录解题》:"《杜氏四时祭享礼》一卷。丞相山阴杜衍世昌撰。"①马端临《文献通考》:"《杜氏四时祭享礼》一卷。"②《宋史·艺文志》:"杜衍《四时祭享仪》一卷。"③朱熹《答郑景望》中称"杜公《四时祭享仪》"④。

据《宋史·杜衍传》,杜衍(978—1057),字世昌,越州山阴人,是北宋有名的贤相之一,《宋史》称其"动正清约,皆能靳惜名器,裁抑侥幸,凛然有大臣之概"⑤。据欧阳修《太子太师致仕杜祁公墓志铭》,杜家是名门之后,历代人才辈出:

> 故太子太师致仕、祁国公、赠司徒兼侍中杜公讳衍,字世昌,越州山阴人也。其先本出于尧之后,历三代,常为诸侯,后徙其封于杜,而子孙散适他国者,以杜为氏。自杜赫为秦将军,后三世,御史大夫周及其子建平侯延年仍显于汉。又九世,当阳侯预显于晋。又十有四世,岐国公佑显于唐。又九世而至于祁公。其为家有法,其吉凶、祭祀、斋戒日时币祝从事,一用其家书。自唐灭,士丧其旧礼而一切苟简,独杜氏守其家法,不迁于世俗。盖自春秋诸侯之子孙,历秦、汉千有余岁得不绝其世谱,而唐之盛时公卿家法存于今者,惟杜氏。⑥

由此可知,杜衍是唐代名臣杜佑的九世孙,在吉凶礼仪、祭祀斋戒等家礼实践中,不徇流俗,"一用其家书"。即便经历了五代的乱世,杜家仍能保存其"家书""家法",这在士丧旧礼、陷于流俗的当时社会实属难得。关于杜衍《杜氏四时祭享礼》的内容及其所用之"家书",徐度《却扫编》曾有记载:

> 近世士大夫家祭祀多苟且不经,惟杜正献公家用其远祖叔廉《书仪》,……先事致斋之类颇为近古。⑦

---

① 陈振孙撰,徐小蛮、顾美华点校:《直斋书录解题》卷6《仪注类》,上海古籍出版社1987年版,第187页。
② 马端临:《文献通考》卷188《经籍十五》,中华书局1986年据万有文库十通本影印,第1601页。
③ 脱脱:《宋史》卷204《艺文志》,中华书局1977年版,第5132页。
④ 朱熹撰,刘永翔、朱幼文校点:《晦庵先生朱文公文集》卷37《答郑景望》,朱杰人主编《朱子全书》第21册,上海古籍出版社、安徽教育出版社2002年版,第1630页。
⑤ 脱脱:《宋史》卷310《杜衍传》,中华书局1977年版,第10192、10193页。
⑥ 欧阳修撰,李逸安点校:《居士集》卷31《太子太师致仕杜祁公墓志铭》,载《欧阳修全集》,中华书局2001年版,第466、467页。
⑦ 徐度:《却扫编》卷中,《丛书集成初编》第2791册,中华书局1985年影津逮秘书本,第155页。

按此说,杜衍之所以能够在家祭中不徇流俗、颇为近古,是因为采用了其远祖杜叔廉的《书仪》。杜叔廉正史无传,不知何人。考北宋董逌《广川书跋》曾引用该书:"杜叔廉《书仪》则谓碑石自魏司徒缪袭改墓,刻石以识,因以述其德行。"①可见,北宋确有杜叔廉《书仪》传世。这部《书仪》或许与敦煌 P.3442 杜友晋撰《吉凶书仪》、P.3637 等卷同人所撰《新定书仪镜》有关②。

关于杜衍家祭礼的特点,《却扫编》有这样的论述:

> 四时之享以分至日,不设倚卓,唯用平面席褥。不焚纸币。以子弟执事,不杂以婢仆。③

杜衍家在分至日行四时祭之礼,祭祀过程中不用当时已经十分流行的桌椅,而是坚持使用古礼祭祀中使用的席褥。对于当时的焚黄习俗,杜衍也不加采信。在行礼过程中,只使用自家子弟,无血缘关系的婢女、仆人则被排斥在仪式之外。由此可见,杜衍的《杜氏四时祭享礼》在内容上对杜叔廉《书仪》有所承袭,保存了大量古礼,其在"礼"与"俗"、"古"与"今"的取舍之间颇能显示北宋私撰礼书的撰述倾向。从书名来看,《杜氏四时祭享礼》的主要内容似乎是祭礼中的四时祭,该书被纳入朱熹所编《古今家祭礼》④,对朱熹《家礼》或有一定影响。

值得注意的是,据司马光《文潞公家庙碑》记载,在北宋皇祐三年(1051)七月文彦博(1006—1097)被诏可立庙,考察唐代家庙的遗迹时,杜衍九世祖杜佑(735—812)的家庙尚存,为文彦博建立家庙提供了重要参考⑤。

北宋 胡瑗《吉凶书仪》

《郡斋读书志》:"《吉凶书仪》二卷。右皇朝胡瑗翼之撰。略依古礼,而以今体书疏仪式附之。"⑥《通志》:"胡先生《书仪》二卷。"⑦

---

① 董逌:《广川书跋》卷6《庐陵王铭》,《丛书集成初编》第1511册,中华书局1985年影津逮秘书本,第695页。

② 吴丽娱:《唐礼撷遗:中古书仪研究》,商务印书馆2002年版,第44页。

③ 徐度:《却扫编》卷中,《丛书集成初编》第2791册,中华书局1985年影津逮秘书本,第155、156页。

④ 朱熹撰、刘永翔、朱幼文校点:《晦庵先生朱文公文集》卷37《答郑景望》,朱杰人主编《朱子全书》第21册,上海古籍出版社、安徽教育出版社2002年版,第1630页。

⑤ 司马光:《温国文正司马公文集》卷79《文潞公家庙碑》,《四部丛刊初编》第834册,上海书店1989年版。

⑥ 晁公武撰、孙猛校证:《郡斋读书志校证》卷8,上海古籍出版社1990年版,第329页。

⑦ 郑樵:《通志》卷67《艺文二》,中华书局1987年据万有文库十通本影印,第766页。

胡瑗《吉凶书仪》已佚，杨复注引高闶《送终礼》中有其佚文一条：

> 胡先生《书仪》曰："若吊人是平交，则落一膝，展手策之表半答。若孝子尊，吊人卑，则侧身避位，候孝子伏次，卑者即跪还。须详缓去就，无令跪伏兴孝子齐。"①

北宋　韩琦《韩氏古今家祭式》

陈振孙《直斋书录解题》："《韩氏古今家祭式》一卷。司徒兼侍中相台韩琦稚圭撰。"②《宋史·艺文志》："韩琦《参用古今家祭式》。（无卷）"③韩琦（1008—1075）字稚圭，相州安阳人，《宋史》称其"社稷之臣"④。其《安阳集》中有《〈韩氏参用古今家祭式〉序》，其文曰：

> 自唐末至于五代，兵革相仍，礼乐废缺。故公卿大夫之家岁时祠享皆因循便俗，不能少近古制。国家运祚隆赫，承平有年，旷绝之典，无所不讲。庆历初元，始诏文武官，并许依旧式创立家庙。事下礼官裁处，而迄今不闻定议。某自主祭以来，恪谨时荐，罄极诚悫，而常患夏秋之祭缺而不备，从俗之事未有折衷。因得祕阁所有御史郑正则《祠享仪》、御史孟诜《家祭礼》、殿中御史范传正《寝堂时享仪》、汝南周元阳《祭录》、京兆武功尉贾氏《家荐仪》、金吾卫仓曹参军徐闰《家祭仪》、检校散骑常侍孙日用《仲享仪》，凡七家。研详累月，粗究大方，于是采前说之可行，酌今俗之难废者，以人情断之，成十三篇，名曰"韩氏参用古今家祭式"。昔郑御史以年六十三久疾羸顿，遂著《祠享仪》以示后，而某年之与病与郑适同，遂感而为此，将使子孙奉而行之，非敢传于外也。若其岁时之享以新仪从事，虽甚疲老，敢不自力。他日朝廷颁下家祭礼，自当谨遵定制云。时熙宁庚戌岁十月十五日。北京望宸阁序。⑤

---

① 《家礼》杨复注，杨复、刘垓孙：《文公家礼集注》卷6，北京图书馆出版社2005年据国家图书馆藏元刻本影印。

② 陈振孙撰，徐小蛮、顾美华点校：《直斋书录解题》卷6《仪注类》，上海古籍出版社1987年版，第187页。

③ 脱脱：《宋史》卷204《艺文志》，中华书局1977年版，第5132页。

④ 脱脱：《宋史》卷312《韩琦传》，中华书局1977年版，第10232页。

⑤ 韩琦：《安阳集》卷23《〈韩氏参用古今家祭式〉序》，《景印文渊阁四库全书》第1089册，台湾商务印书馆1986年版，第338页。

　　五代之后,礼崩乐坏,士大夫家祭循于流俗、便宜从事,其仪文制度与古礼相去甚远。虽然宋朝政府努力重建各项制度,"旷绝之典,无所不讲",但是在家庙制度、士大夫家祭祀等方面尚未有所定议。在礼仪实践中,韩琦是祭祀的主持者,虽然谨慎、诚敬地准备祭品时鲜,还是担心祭祀礼仪因于古无稽而缺而不备,从俗之事因未有折中而流于随意。因此,他收集祕阁中所藏的四礼著作,得郑正则《祠享仪》、孟诜《家祭礼》、范传正《寝堂时享仪》、周元阳《祭录》、贾氏(阙)《家荐仪》、徐闰《家祭仪》、孙日用《仲享仪》共七种,在详细研究考证后撰成《韩氏参用古今家祭式》一书。

　　据这篇序言,该书的特色是"采前说之可行,酌今俗之难废",即试图在"古"与"今"、"礼"与"俗"之间有所折中,得到一个当时行礼的最佳方案。《韩氏参用古今家祭式》已佚,吕祖谦《家范》存引文二则:

　　　　韩魏公《家祭式》云:"供床座椅代设席。"[1]
　　　　韩魏公《家祭式》:"祭前一日三献,及执事者清斋一日于别室。弟侄子孙之不献者及主妇亦如之。诸与祭者,并沐浴改服。"[2]

《性理大全》本刘璋注引一则:

　　　　韩魏公《家祭》云:"凡祭,饮福受胙之礼久已不行,今但以祭余酒馔命亲属长幼分饮食之可也。"[3]

宋人对于《韩氏参用古今家祭式》评价颇高,如徐度《却扫编》有:

　　　　又韩忠献公尝集唐御史郑正则等七家祭仪,参酌而用之,名曰《韩氏参用古今家祭式》。其法与杜氏大略相似,而参以时宜。如分至之外,元日、端午、重九、七月十五日之祭皆不废,以为虽出于世俗,然孝子之心不忍违众而忘亲也。其说多近人情,最为可行。[4]

---

① 吕祖谦撰,黄灵庚、吴战垒点校:《东莱吕太史别集》卷4《家范四》,《吕祖谦全集》第1册,浙江古籍出版社2008年版,第349页。

② 吕祖谦撰,黄灵庚、吴战垒点校:《东莱吕太史别集》卷4《家范四》,《吕祖谦全集》第1册,浙江古籍出版社2008年版,第349页。

③ 胡广:《性理大全》卷21《家礼四》,《景印文渊阁四库全书》第710册,台湾商务印书馆1986年版,第466页。

④ 徐度:《却扫编》卷中,《丛书集成初编》第2791册,中华书局1985年影津逮秘书本,第155—156页。

据此，韩琦《韩氏参用古今家祭式》虽然在内容上与杜衍《杜氏四时祭享礼》相似，但特别注重参用当时的民风礼俗。如祭祀的时间，《杜氏四时祭享礼》仅在分至日设祭，而该书却在许多世俗节日也祭祀行礼。这样的安排或许与古礼不合，但是孝子之心却不容在"每逢佳节倍思亲"的环境中遗忘祖先。因此，徐度评价此书"多近人情，最为可行"。

与徐度的评价相似，朱熹对韩琦《韩氏参用古今家祭式》也不无推尊。《朱子语类》卷九十：

> 叔器问："行正礼，则俗节之祭如何。"曰："韩魏公处得好，谓之节祠，杀于正祭。某家依而行之，但七月十五素馔用浮屠，某不用耳。向南轩废俗节之祭，某问于端午能不食粽乎，重阳能不饮茱萸酒乎，不祭而自享，于汝安乎？"[1]

《答叶仁父》：

> 诸家之礼唯韩魏公、司马温公之法适中易行。今皆见印本中。但品味之属，随家丰约，或不必如彼之盛。而韩氏斋享一条不可用耳。[2]

朱熹认同韩琦《韩氏参用古今家祭式》祭祀从俗的原则性做法，却不赞同在七月十五日以素斋供奉祖先，认为这是"用浮屠"。朱熹拒绝将带有佛教色彩的七月十五日纳入家礼的祭祀体系，这一方面说明他在重构祭礼时确乎不拔的儒家立场，另一方面反映了韩琦对祭礼的认知特点。

北宋　张载《横渠张氏祭礼》

陈振孙《直斋书录解题》："《横渠张氏祭礼》一卷。张载子厚撰。末有吕大钧和叔说数条附焉。"[3]《宋史·艺文志》："《横渠张氏祭仪》一卷。（张载撰）"[4]吾妻重二认为，该书是将张载"有关祭礼的著述以及语录等集为一卷

---

① 黎靖德编，王星贤点校：《朱子语类》卷90《礼七祭》，中华书局1986年版，第2320—2321页。
② 朱熹撰，刘永翔、朱幼文校点：《晦庵先生朱文公文集》卷63《答叶仁父》，朱杰人主编《朱子全书》第23册，上海古籍出版社、安徽教育出版社2002年版，第3060页。
③ 陈振孙撰，徐小蛮、顾美华点校：《直斋书录解题》卷6《仪注类》，上海古籍出版社1987年版，第187页。
④ 脱脱：《宋史》卷204《艺文志》，中华书局1977年版，第5133页。

的著作"①。考张载《经学理窟》中的《祭祀》《丧祭》等篇以及《张子语录》中的确包含有关于祭礼的部分,但是其内容并不局限于家祭,且罕见对祭礼仪式的探讨与规范。朱熹曾说,"横渠所制礼多不本诸《仪礼》,有自杜撰处"②,又提到"横渠说墓祭非古,又自撰《墓祭礼》"③,则张载曾经自撰礼书,其中包含对当时流行的墓祭的规定。这或许暗示了《横渠张氏祭礼》一书有完整的仪式设计,而不是对于祭礼零散讨论的汇编。现从《二程遗书》卷一辑佚文一条,为《墓祭礼》告文中句:

> 张横渠于墓祭合一,分食而祭之,故告墓之文有曰"奔走荆棘,肴乱杯盘之列"之语……④

复兴古礼、学古力行,是张载的学术特点与一贯主张。据《宋史·张载传》记载:"其家昏丧葬祭,率用先王之意,而传以今礼。又论定井田、宅里、发敛、学校之法,皆欲条理成书,使可举而措诸事业。"⑤熙宁初,吕公著"言其有古学",向神宗推荐张载。后来,吕大防又荐之于朝,称其"善发明圣人之遗旨,其论政治略可复古","诏知太常礼院。与有司议礼不合,复以疾归"⑥。可见,《横渠张氏祭礼》极可能是一部力行古礼的著作。这点或可从朱熹的描述中窥得一二:

> 近世丧祭无法,丧惟致隆三年,自期以下未始有衰麻之变。祭先之礼,一用流俗,节序燕亵不严。先生继遭期功之丧,始治丧服,轻重如礼。家祭始行四时之荐,曲尽诚洁。闻者始或疑笑,终乃信而从之。一变从古者甚众,皆先生倡之。
>
> 其家童子,必使沥扫应对,给侍长者;女子之未嫁者,必使亲祭祀,纳酒浆,皆所以养孙弟,就成德。尝曰:"事亲奉祭,岂可使人为之!"⑦

---

① [日]吾妻重二著、吴震编译:《宋代的家庙与祖先祭祀》,载吾妻重二《朱熹〈家礼〉实证研究》,华东师范大学出版社 2012 年版,第 135 页。
② 黎靖德编,王星贤点校:《朱子语类》卷 84《礼一·论后世礼书》,中华书局 1986 年版,第 2183 页。
③ 黎靖德编,王星贤点校:《朱子语类》卷 90《礼七·祭》,中华书局 1986 年版,第 2313 页。
④ 程颢、程颐著,王孝鱼点校:《二程集》,中华书局 2004 年版,第 6 页。
⑤ 脱脱:《宋史》卷 427《张载传》,中华书局 1977 年版,第 12723—12725 页。
⑥ 脱脱:《宋史》卷 427《张载传》,中华书局 1977 年版,第 12723—12725 页。
⑦ 朱熹撰,戴扬本点校:《伊洛渊源录》卷 6《横渠先生行状》,朱杰人主编《朱子全书》第 12 册,上海古籍出版社、安徽教育出版社 2002 年版,第 995 页。

北宋　程颐《伊洛礼书》《伊洛遗礼》《伊洛礼书补亡》《伊川程氏祭礼》

作为道学大家,程颐十分关心儒家礼仪的重建问题,素有编次礼书的志愿。《二程遗书》卷十八:

> 问:"先生曾定六礼,今已成未?"曰:"旧日作此,已成七分,后来被召入朝,既在朝廷,则当行之朝廷,不当为私书,既而遭忧,又疾病数年,今始无事,更一二年可成也。"
>
> 冠昏丧祭,礼之大者,今人都不以为事。某旧尝修六礼,冠、昏、丧、祭、乡、相见。将就,后被召遂罢,今更一二年可成。①

考《伊川先生年谱》,元丰八年(1085)哲宗即位,司马光、吕公著、韩绛"上其行义于朝"。同年十一月丁巳,程颐被授予汝州团练推官、西京国子监教授的官职。元祐元年(1086)三月,被召至京师,任崇政殿说书,为哲宗讲论经学。几经波折,于元祐五年(1090)正月丁忧去官。元祐七年(1092)服除之后,除直祕阁,判西京国子监。同年五月,改授管勾崇福宫,"未拜,以疾寻医"。元祐九年(1094),哲宗亲政,又授祕阁、西监的职位,程颐辞而不就。在绍圣年间(1095—1098),由于邢恕的谗言诋毁,程颐"以党论放归田里"②。

据此,程颐应该在元丰八年(1085)入朝之前便已完成"六礼"之书的大部分。后来出于在朝而"不当为私书"的考虑,以及丁忧、疾病等原因,该书的编纂暂被搁置。直到绍圣年间(1095—1098)被"放归田里",他才有了安心著述的时间与机会。这时,距离大观元年(1107)程颐逝世尚有 10 到 13 年的时间。从元符二年(1099)正月纂成《易传》并为之作序③的情况来看,程颐在这段时间的健康状态尚可支持其著书立说,而他也曾表达过"礼之文亦非亲作不可"④的撰写意愿。如果程颐曾经编著过内容包含冠、昏、丧、祭、乡、相见"六礼"的礼书,其成书时间或在绍圣年间(1095—1098)到大观元年(1107)。

---

① 程颢、程颐著,王孝鱼点校:《二程集》,中华书局 2004 年版,第 239、240 页。标点略作厘定。
② 程颢、程颐著,王孝鱼点校:《二程遗书》附录《伊川先生年谱》,载《二程集》,中华书局 2004 年版,第 338—346 页。
③ 程颢、程颐著,王孝鱼点校:《二程遗书》附录《伊川先生年谱》,载《二程集》,中华书局 2004 年版,第 345 页。
④ 程颢、程颐著,王孝鱼点校:《二程遗书》卷 18,载《二程集》,中华书局 2004 年版,第 240 页。

陈亮《伊洛礼书补亡序》曰:

> 吾友陈傅良君举为余言:"薛季宣士隆尝从湖襄间所谓袁道洁者游。道洁盖及事伊川,自言得《伊洛礼书》,欲至蜀以授士隆。士隆往候于蜀,而道洁不果来。道洁死,无子,不知其书今在何许。伊川尝言:'旧修六礼,已及七分,及被召乃止,今更一二年可成。'则信有其书矣。道洁之所藏近是,惜其书之散亡而不可见也。因集其遗言中凡参考礼仪而是正其可行与不可行者,以为《伊洛礼书补亡》。庶几遗意之未泯,而或者其书之尚可访也。"①

卷二十五《书伊洛遗礼后》曰:

> 伊洛遗礼,其可见者惟婚与丧祭仅存其一二,今以附诸《补亡》之后。②

如果关于薛季宣从游袁溉的故事属实,那么程颐的确撰写过《伊洛礼书》,并流传到了后学袁溉手中。正是怀着对该书散佚未见的遗憾,陈亮收集程颐遗言中议论礼仪是非的材料,纂成《伊洛礼书补亡》,并将《伊洛遗礼》附于该书之后。陈亮所见的《伊洛遗礼》是否有单行本,现已不得而知。从他的表述来看,该书涉及婚礼、丧礼、祭礼,且内容并不丰富。考《河南程氏文集》卷十有《礼》一书,分为《婚礼》《葬说》《葬法决疑》《记葬用柏棺事》《作主式》《祭礼》六篇,内容简略,粗涉婚礼、丧礼、祭礼,或许这就是陈亮所见的《伊洛遗礼》。

需要辨明的是,《伊洛礼书补亡》《伊洛遗礼》的作者常被误写作薛季宣或陈傅良。如《温州府志》称:"《伊洛遗礼》《伊洛礼书补亡》,(旧志)陈傅良著。《伊洛遗礼》,(旧志)薛季宣著。"③《续文献通考》卷一百七十四称"《伊洛礼书补亡》,永嘉陈傅良著"④,《(雍正)浙江通志》称"《伊洛礼书补亡》,又

---

① 陈亮撰,邓广铭点校:《陈亮集》(增订本)卷23《伊洛礼书补亡序》,中华书局1987年版,第257页。
② 陈亮撰,邓广铭点校:《陈亮集》(增订本)卷25《书伊洛遗礼后》,中华书局1987年版,第283页。
③ 李琬修、齐召南等纂:《温州府志》卷27《经籍》,《中国方志丛书·华中地方》第480号,成文出版社有限公司1983年据清乾隆二十五年(1760)刊、民国三年(1914)补刻版影印,第2151页。
④ 王圻:《续文献通考》卷174《经籍考》,《四库全书存目丛书》子部第188册,齐鲁书社1995年明万历三十一年(1603)曹时聘等刻本,第343页。

《伊洛遗礼》,《文献通考》陈君举集"①。这都是对上引陈亮两篇序跋的误解所致,其所据的《文献通考》也并未明确提出该书为陈傅良撰集。这点孙诒让《温州经籍志》早有辨明,可参考②。

除了传说中的《伊洛礼书》、陈亮所见之《伊洛遗礼》和他编纂的《伊洛礼书补亡》之外,程颐另有《伊川程氏祭礼》。《宋史·艺文志》:"《伊川程氏祭仪》一卷。(程颐撰)"③陈振孙《直斋书录解题》:"《伊川程氏祭礼》一卷。程颐正叔撰。首载《作主式》。"④陈氏所见的程颐《伊川程氏祭礼》的首篇是《作主式》。考《河南程氏文集》卷十有《作主式》一篇,后面一篇便是《祭礼》,包含《四时祭》《始祖》《先祖》《祢》四小节。这两篇文字或即陈氏所见之书。然而,《祭礼》一篇下小字说:"罗氏本有此,诸本皆无之,恐未必先生所著,姑附于此。"⑤则该篇是否程颐之作,实难定论。另外,吕祖谦《家范》中有引用《伊川程氏祭仪》⑥、《伊川程氏祭说》⑦各一条,分别出自《二程遗书》卷十八、卷二上。据此,《伊川程氏祭仪》中或许包含有《二程遗书》中论及祭礼的相关内容,将《语录》中相关内容辑出或许是了解该书的一种路径(见附录)。

朱熹曾对弟子说:"无后之祭,伊川说在《古今家祭礼》中。"⑧则程颐《伊川程氏祭礼》很可能是《古今家祭礼》所收集的二十种祭礼文献之一,对朱熹《家礼》的祭礼部分不无影响。

北宋　吕氏兄弟《吕氏家祭礼》《蓝田吕氏祭说》《编礼》

蓝田吕氏兄弟,即吕大忠(1020—约1100)、吕大防(1027—1097)、吕大钧(1031—1082)、吕大临四兄弟,在北宋的学术史上地位颇为重要,于考古学、金石之学、礼学等方面多有建树。他们与张载、二程关系密切,一方面继承了张载"关学"中重视古礼并身体力行的风格,另一方面又深得程颐的器

① 嵇曾筠:《(雍正)浙江通志》卷244,《景印文渊阁四库全书》第525册,台湾商务印书馆1986年版,第559页。

② 孙诒让:《温州经籍志》卷上《辨误》,《续修四库全书》第918册,上海古籍出版社1995年据上海辞书出版社图书馆藏民国十年(1921)浙江公立图书馆刻本影印,第706页。

③ 脱脱:《宋史》卷204《艺文志》,中华书局1977年版,第5133页。

④ 陈振孙撰,徐小蛮、顾美华点校:《直斋书录解题》卷6《仪注类》,上海古籍出版社1987年版,第187页。

⑤ 程颢、程颐著,王孝鱼点校:《河南程氏文集》卷10《祭礼》,载《二程集》,中华书局2004年版,第628页。

⑥ 吕祖谦撰,黄灵庚、吴战垒点校:《东莱吕太史别集》卷4《家范四》,载《吕祖谦全集》第1册,浙江古籍出版社2008年版,第351页。

⑦ 吕祖谦撰,黄灵庚、吴战垒点校:《东莱吕太史别集》卷4《家范四》,载《吕祖谦全集》第1册,浙江古籍出版社2008年版,第347页。

⑧ 黎靖德编,王星贤点校:《朱子语类》卷90《礼七祭》,中华书局1986年版,第2320页。

重,被给予删定"礼之名数"的厚望①。吕大防是北宋名臣,其事迹功勋主要在于为官治国。然而,据《宋史·吕大防传》记载,"(大防)与大忠及弟大临同居,相切磋论道考礼,冠昏丧祭一本于古,关中言礼学者推吕氏"②,则吕大防对于礼学尤为关心,对吕氏家族的家礼不无贡献。吕大钧,据其弟子范育所写《墓表铭》,他"始居谏议丧,衰麻敛奠葬祭之事,悉捐习俗事尚,一仿诸礼。后乃浸行于冠昏、饮酒、相见、庆吊之间,其文节粲然可观,人人皆识其义,相与起好矜行,一朝礼义之可贵"③。吕大临是张载之弟张戬的女婿,又是"程门四大弟子"之一,学术成就在诸兄之上,著有《易章句》《礼记解》《论语解》《孟子解》《中庸解》《论中书》《东见录》《蓝田仪礼说》《蓝田礼记说》等著作。《宋史》称他"通《六经》,尤邃于礼。每欲掇习三代遗文旧制,令可行,不为空言以拂世骇俗"④。

吕氏兄弟的家礼著作可考者有《吕氏家祭礼》《编礼》《蓝田吕氏祭说》。关于《吕氏家祭礼》,陈振孙《直斋书录解题》:"《吕氏家祭礼》一卷。丞相京兆吕大防微仲、正字大临与叔撰。"⑤《宋史·艺文志》:"吕大防、大临《家祭仪》一卷。"⑥该书现虽已亡佚,仍可辑得佚文。考元刻《纂图集注》本《家礼》刘垓孙补注中有转引吕大防《家祭仪》的文字:

> 刘氏垓孙曰:"吕汲公《家祭仪》曰:'古者小宗有四,有继祢之宗、继祖之宗、继曾祖之宗、继高祖之宗,所以主祭祀而统族人。后世宗法既废,散无所统,祭祀之礼家自行之。支子不能不祭,祭不必告于宗子。今宗法虽未易复,而宗子主祭之义略可举行。宗子为士庶子,为大夫以上牲祭于宗子之家,故今议家庙虽因支子而立,亦宗子主其祭,而用其支子命数所得之礼,可合礼意。'"⑦

---

① 《二程遗书》卷十八:"礼之名数陕西诸公删定,已送与吕与叔,与叔今死矣,不知其书安在也。"(程颢、程颐著,王孝鱼点校:《二程集》,中华书局2004年版,第240页)
② 脱脱:《宋史》卷340《吕大防传》,中华书局1977年版,第10844页。
③ 朱熹撰,戴扬本点校:《伊洛渊源录》卷8《蓝田吕氏兄弟宣义·墓表铭》,朱杰人主编《朱子全书》第12册,上海古籍出版社、安徽教育出版社2002年版,第1031页。
④ 脱脱:《宋史》卷340《吕大临传》,中华书局1977年版,第10847页。
⑤ 陈振孙撰,徐小蛮、顾美华点校:《直斋书录解题》卷6《仪注类》,上海古籍出版社1987年版,第187页。
⑥ 脱脱:《宋史》卷204《艺文志》,中华书局1977年版,第5133页。
⑦ 《家礼》刘垓孙补注,载杨复、刘垓孙:《文公家礼集注》卷4《丧礼第四》,北京图书馆出版社2005年据国家图书馆藏元刻本影印。

引文究竟哪些是吕大防《家祭仪》中的内容，我们尚难论定。从姚舜牧《性理指归》所引内容来看，或许是到"略可举行"处①。按此，《家祭仪》认为，虽然恢复宗子法是一件十分困难的事情，但是由宗子主持祭祀却可以遵古礼而行。这样的观点显然已经不是"学古力行"，而是要求根据当时礼乐践行的实际情况，审时度势地恢复古礼，以求保存其背后的礼义。

此外，《家祭仪》还缘俗入礼、以俗合礼，主动吸收民间习俗进入祭礼仪文。陈元靓《岁时广记》卷十六遣奠献条有：

> 又《吕氏家祭仪》云："凡寒食展墓，有荐一献，守官者遣其子弟行。"②

除与兄长吕大防合撰《家祭仪》，吕大临还著有《编礼》一书。晁公武《郡斋读书志》："《编礼》三卷，右皇朝吕大临与叔编。以《士丧礼》为本，取三礼附之。自始死至祥练，各以类分。其施于学甚惠，尚恨所编者五礼中特凶礼而已。"③据此，吕大临《编礼》是以《仪礼·士丧礼》一篇为基础，将《仪礼》《周礼》《礼记》中的相关内容附在下面，按照行礼步骤加以分类整理而成的礼书。该书已佚，或许对氏书《礼记解》《蓝田仪礼说》《蓝田礼记说》加以研讨有助于我们对吕大临礼学思想及该书特色的认知。

吕大钧著有《蓝田吕氏祭说》。《宋史·艺文志》："《蓝田吕氏祭说》一卷。（吕大均撰）"④该书已佚，内容不可考。

北宋　范祖禹《范氏家祭礼》

陈振孙《直斋书录解题》："《范氏家祭礼》一卷。范祖禹淳甫撰。"⑤《宋史·艺文志》："范祖禹《祭仪》一卷。"⑥范祖禹（1041—1098）是北宋著名史学家，曾参加司马光主持的《资治通鉴》编纂工作，著有《帝学》《仁皇政典》《唐鉴》等书，其中《唐鉴》一书"深明唐三百年治乱，学者尊之"，范祖禹因此

① 姚舜牧：《性理指归》卷9，《续修四库全书》第942册，上海古籍出版社2002年据湖北省图书馆藏明万历三十八年（1610）刻清顺治十三年（1656）重修本影印，第80页。
② 陈元靓：《岁时广记》卷16《遣奠献》，《续修四库全书》第885册，上海古籍出版社2002年据复旦大学图书馆藏清光绪十万卷楼丛书本影印，第266页。
③ 晁公武撰，孙猛校证：《郡斋读书志校证》卷2，上海古籍出版社1990年版，第81页。
④ 脱脱：《宋史》卷204《艺文志》，中华书局1977年版，第5133页。
⑤ 陈振孙撰，徐小蛮、顾美华点校：《直斋书录解题》卷6《仪注类》，上海古籍出版社1987年版，第187页。
⑥ 脱脱：《宋史》卷204《艺文志》，中华书局1977年版，第5133页。

有"唐鉴公"的美称①。作为史家的范祖禹对于礼制沿革十分熟稔,他曾经在神宗驾崩后上《论丧服俭葬疏》②,以《仪礼·丧服》为依据,陈说丧服制度的历史变迁,处处流露出他对古礼的熟稔与推尊。

范祖禹治礼学以《仪礼》为尊。作为哲宗的侍讲,他曾在讲习《礼记》时这样奏道:"伏缘《礼记》,汉儒所集,非圣人全经,当有去取。欲乞除《丧礼》十三篇不讲外,如篇中有不须讲者亦节讲。"③可见,范祖禹的礼学以古礼文本、圣人笔削为去取标准,这一态度与其在《论丧服俭葬疏》中屡次引用《仪礼》说明礼仪须返古力行的议论相一致。

《范氏家祭礼》已佚,吕祖谦《家范》中引用一条:

> 范氏《祭仪》曰:"反本修古,不敢用亵味而贵多品,交于神明之义也。鼎、俎、笾、豆、簠、簋、登、铏、爵、坫,古者存没通用。后世燕器从便,唯今国家祭祀则用古器。或谓生不用而祭用之,恐祖考不安,祖禹以为不然。昔三代之时,皆有所尚,而亦兼用前代之礼,故鲁兼四代服器。孔子曰:'行夏之时,乘商之辂,服周之冕。'此其意也。醴酒之美,玄酒之尚,贵五味之本,亦犹冠礼始冠缁布之冠。太古之礼存而不废,以明礼之所起,不敢忘其初也。后世去圣久远,典礼废坏,士大夫祭祀之礼,不出于委巷,则出于夷狄。牲牢器皿,无所法象。所谓燕器者,出于人情所便,非圣制也。若遂略去古礼,一切从俗,则先王之法不可复见。君子不宜以所贱事亲,犹须存之。"④

范祖禹反对将"出于委巷"的民间习俗和"出于夷狄"的异族礼俗纳入家礼实践中,坚持认为祭祀应当按照古礼的规定进行。这种观点与以上所论范祖禹的礼学若合符节,说明《范氏家祭礼》很可能是一部"仿古"的家礼著作。该书是吕祖谦《家范》的重要参考,也是朱熹《古今家祭礼》所收的二十种家礼著作之一,对宋代礼书有一定影响。

① 脱脱:《宋史》卷 337《范祖禹传》,中华书局 1977 年版,第 10800 页。
② 范祖禹:《范太史集》卷 13《论丧服俭葬疏》,《景印文渊阁四库全书》第 1100 册,台湾商务印书馆 1986 年版,第 193—194 页。
③ 范祖禹:《范太史集》卷 24《乞节讲〈礼记〉劄子》,《景印文渊阁四库全书》第 1100 册,台湾商务印书馆 1986 年版,第 285 页。
④ 吕祖谦撰;黄灵庚、吴战垒点校:《东莱吕太史别集》卷 4《家范四》,《吕祖谦全集》第 1 册,浙江古籍出版社 2008 年版,第 351、352 页。

北宋　司马光《书仪》《涑水祭仪》《居家杂仪》

陈振孙《直斋书录解题》:"《温公书仪》一卷。司马光撰。前一卷为表章书启式,余则冠昏、丧祭之礼详焉。"①《宋史·艺文志》作:"司马光《书仪》八卷。"②该书保存完整,宫云维曾考证其版本问题,可参看③。按《司马光年谱》,该书成于元丰四年(1081)④。

通行本《司马氏书仪》有脱误。学津讨原本《司马氏书仪》卷三《婚仪上》:"若舅姑已殁,则古有三月庙见之礼,今已拜先灵,更不行。"⑤此句文理不顺。考马端临《文献通考》有:"婚礼妇见舅姑条下注'若舅姑已殁,则有三月庙见之礼',此《仪礼》说也。"⑥则该句当有脱误,可据此补为:"若舅姑已殁,则有三月庙见之礼。古有三月庙见之礼,今已拜先灵,更不行。"(相关论述见第五章)

又,学津讨原本《司马氏书仪》卷五《丧仪一》"小敛"节"乃迁袭奠桌子"一句下脱,"棺椁"一节原本全文俱无。而见于《家礼》本注,其文曰:

> 司马公曰:"棺欲厚,然太厚则重,而难以致远。又不必高大占地,使圹中宽,易致摧毁,宜深戒之。椁虽圣人所制,自古用之。然板木岁久,终归腐烂,徒使圹中宽大,不能牢固,不若不用之为愈也。孔子鲤有棺而无椁,又许贫者还葬而无椁。今不欲用,非为贫也,乃欲保安亡者耳。"⑦

《宋史·艺文志》:"《涑水祭仪》一卷。《居家杂仪》一卷。"⑧陈振孙《直

---

① 陈振孙撰,徐小蛮、顾美华点校:《直斋书录解题》卷6《仪注类》,上海古籍出版社1987年版,第188页。

② 脱脱:《宋史》卷204《艺文志》,中华书局1977年版,第5133页。

③ 宫云维:《司马光〈司马氏书仪〉版本考略》,《浙江工业大学学报》(社会科学版)2002年第6期,第641—643页。

④ 马峦、顾栋高编著,冯惠民整理:《司马光年谱》,中华书局1990年版,第185页。

⑤ 司马光:《司马氏书仪》卷3《婚仪上》,《丛书集成初编》第1040册,中华书局1985年据学津讨原本排印,第40页。

⑥ 马端临:《文献通考》卷188《经籍考十五·温公书仪》,中华书局1986年据万有文库十通本影印,第1601页。

⑦ 朱熹:《家礼》卷4,《中华再造善本》一编,北京:北京图书馆出版社,2004年据中国国家图书馆藏宋刻本影印。

⑧ 脱脱:《宋史》卷204《艺文志》,中华书局1977年版,第5133页。

斋书录解题》：“《居家杂礼》一卷。司马光撰。”①《涑水祭仪》已佚。《居家杂仪》或为《书仪》卷四《居家杂仪》的单行本。此书后收入《家礼》之《通礼》，称作《司马氏居家杂仪》。《说郛》中《涑水家仪》一篇，文字与《家礼》中之《居家杂仪》略同，而无小注②。

北宋　张诜《丧礼》

《宋史·艺文志》：“张诜《丧礼》十卷。”③张诜，字枢言，建州浦城人，有边功，本传称其“性孝友，廉于财，平生不殖田业”④。《丧礼》今佚，内容无稽。

北宋　梁观国《丧礼》

此书不见《宋史·艺文志》，《经义考》卷一百三十七：“梁氏观国《丧礼》五卷，佚。”⑤考胡寅《斐然集》卷二十六有《进士梁君墓志铭》，称其“编正《丧礼》十五卷”，则梁氏《丧礼》当为十五卷。梁观国（1088—1146），字宾卿，番禺人，力排佛老，人称“归正先生”。著有《归正集》二十卷，《议苏文》五卷，驳其羽翼异端者。《编正丧礼》十五卷，以革用道士僧者。《壶教》十五卷，付其女弟，为女师训闾巷童女，以守礼法，勿徇俗溺也”⑥。以此推测，《丧礼》当是一部试图以儒礼代替佛道丧俗的著作。

第二节　南宋四礼著述

南宋　孙伟《孙氏荐飨仪范》

该书《直斋书录解题》《郡斋读书志》《宋史·艺文志》等未著录，唯《文渊阁书目》曰：“孙伟《时享仪范》一部（一册）。”⑦按序文所记，该书成书于绍兴三年（1133）。

作者孙伟是左朝议大夫孙谕的曾孙。据《建炎以来系年要录》记载，“谕为吏廉，绍圣初引年告老，有司以谕子孙皆亡，不许荫补，遂绝禄仕。湖北诸

①　陈振孙撰，徐小蛮、顾美华点校：《直斋书录解题》卷6《仪注类》，上海古籍出版社1987年版，第188页。
②　陶宗仪：《说郛三种》第2种卷71《涑水家仪》，上海古籍出版社1988年版，第3320页。
③　脱脱：《宋史》卷202《艺文一》，中华书局1977年版，第5049页。
④　脱脱：《宋史》卷331《张诜传》，中华书局1977年版，第10649页。
⑤　朱彝尊著，许维萍等点校：《点校补正经义考》第4册，中国文哲研究所1997年版，第720页。
⑥　胡寅撰，容肇祖点校：《斐然集》卷26《进士梁君墓志铭》，中华书局1993年版，第585页。
⑦　杨士奇：《文渊阁书目》卷3，商务印书馆1937年版，第36页。

司上其事,请官其曾孙伟,以为天下廉吏之劝。奏可,著为令"①。绍兴六年(1136)十一月,应孙伟的请求,孙谕特赠左中奉大夫。关于孙谕在江陵告老还乡的时间,《舆地纪胜》称是"元祐末"②,则孙谕当在改元绍圣之年,即元祐九年(1094)挂冠。按照引文"子孙皆亡"的说法,孙伟至迟在此时便已生下,到绍兴三年(1133)时年龄在四十岁以上。

之所以认为《孙氏荐飨仪范》是孙伟的作品,理由有三:第一,书中谓"伟逮事曾门而继家嫡",所提及的家庭情况与后者相符;第二,书中提及祭及三代的理由是"凡登朝籍皆得祭三世",与后者曾祖孙谕的朝官地位相符;第三,《荐馔》章用《礼记·王制》庶人祭法设祭,与其尚未受官的身份相符。

《居家必用事类全集》乙集保留了《孙氏荐飨仪范》大量文字。除《序》外,该书分为《时月》《版位》《荐馔》《祝辞》《器服》《行事》六章,详细讨论了家祭仪式的各项内容,是现今保存较为完整的祭礼仪注。现将原文录下,以备考索。

> 《序》略曰:先王之制祭礼也,不欲数,数则烦;不欲疏,疏则怠。君子濡春露,履秋霜,必有悽怆悚惕之心,是故春禘秋尝,夏商相袭。周公以禘为王者之祭,易名曰"祠"。而鲁人始杀而尝,闭蛰而烝,至于春以韭卵,夏以鱼麦,秋以豚黍,冬以稻雁,虽庶人不得废时荐也。《经》曰"祭从生者",盖视子孙之为大夫、为士、为庶人也。《传》曰"祭从先祖",又重于子孙改作也。礼固不敢轻议,酌古参今,唯其宜,唯其称,或庶几焉。故取上士祭飨之时,传古士庶人之礼,著《孙氏荐飨仪范》,实取"有田则祭,无田则荐"之义。虽贫窭衣食不充,亦可求仁者之粟力行之。所以标显孙氏者,犹唐范传正《时飨仪》行之于家,使子孙奉以周旋云尔。绍兴三年孙伟叙。
>
> 时月第一
>
> 正月朔旦,三阳交泰,万物发生,乃人道报本反始之时,为一岁初祭。○春荐以清明节日。○夏荐以五月五日。○秋荐以九月九日。○冬荐以冬至日并岁旦。一岁共五祭。○世俗以冬至后一百五,炊熟不火食,以待清明改火,谓之"寒食",盖晋风。因介子推逃文公之禄,文公焚山,久而成俗。今河东士民以枣、面为炊饼,贯柳枝于户上,号曰

---

① 李心传:《建炎以来系年要录》卷106绍兴六年十一月戊寅条,中华书局1956年版,第1732页。
② 王象之原著,李勇先校点:《舆地纪胜》,四川大学出版社2005年版,第2313页。

"子推"，遂变为寒食节。天下往往不以为非。汉并州刺史周举尝作文辨之，久而难变也。俚儒又缘开元拜扫之仪，于是日野祭，尤违典训，亦数百年矣。今之清明日为春荐，四时荐飨并寝，若子孙得路，归守丘墓，则在家荐飨毕，诣神道洒扫展省城外望拜，扫除墓左右芜秽，外望再拜而退，不携酒馔行。〇自汉至唐，臣庶飨祭皆避孟月，或以二分，或以二至，或以社，或以蜡日。社与蜡，唐人固尝论其失矣，但上世以来多用岁旦、冬至为合祭，八节为荐新，疏数不常，亦有故辄废，率不合礼。今于四时折中，以传禴、祠、烝、尝之义云。

版位第二

唐诸家祭仪皆用《开元礼》，文武官六品以下，达于庶人，祭于正寝。国朝士族相因，凡登朝籍皆得祭三世。伟家祭三世，亦数十年，古之朝天子者，谓之大夫，盖今之朝臣也，固当尊祖矣。〇古者士大夫皆有家庙，既虞则作主，刻官封名氏。今以祭寝之礼参酌，以栗木作牌子，高一尺三寸半，曾祖曰"曾大考官封"，妣曰"夫人某郡某氏"，祖曰"大考官封"，妣曰"某郡某氏"，父曰"显考官封"，妣曰"某郡某氏"。匣而藏之，遇荐飨则俟排办讫，祭主捧而置于几。祭毕，复藏之其匣，于正寝侧室奉香火，旦朝之谓晨兴盥栉罢，冠带入室，上香肃拜而退。

眉山刘氏曰："虞者，既葬返哭而祭也。盖未葬则柩犹在殡，既葬则返而亡焉。则虞度其神气之返，于是而祭以安之，且为木主而托之，以凭依焉，故谓之'虞主'。尝求之《传》《注》，谓天子九虞，以九日为节；诸侯七虞，以七日为节；大夫五；士三。由是言之，既葬而虞，虞而卒哭，降杀有第。自春秋末世，大夫僭用诸侯七虞之礼矣，后代循习，莫究其义，而世俗遂以亲亡以后每七日必供佛饭僧，以为是日当于地府见某王者。吁！古人七虞之说乃如是哉！故世之治丧者，未葬则当朝夕奠，朔望殷奠，既葬则作主虞祭，不必惑于浮屠斋七之说。庶乎可谓'祭之以礼'矣。"

四时荐享，肆筵设几，谓如南向之寝，则曾祖坐在其中，以东为上。祖座在东，考座在西，皆以北为上，东向。西北向之寝放此。庙祭则东向位为尊，今荐仪也，所以不同。〇忌日质明，设几筵于正寝，捧位版置几上，祭毕伏岁皆如上仪。

荐馔第三

春荐韭卵以韭为俎，以卵馐馔。〇夏荐麦鱼以新面为炊饼，以鲫鱼为馐馔。〇秋荐豚黍以新黍粟米炊饼，侑蒸豚。〇冬荐稻雁以新粳米炊饭，侑蒸雁。无雁则以鸡、鹅、鸭代之。〇四时荐新外,兼以鸡、羊、鹿、豕,共造熟食五品、时果五品无果实处煎粉饵以为之,菜五品菘、芥、芦、萌、芜、菁、荀、蕨,随土地所有。〇荐新之日,或有珍馔异果谓《本草》或《食经》中所载者,并听兼列。礼曰"庶人无故不食珍",必先祭馈也。〇祭馔皆女妇主之,或有故谓疾病,即用庖人。子孙躬亲厨爨监视。〇荐馈之味贵于新洁,称家有无,太丰则近乎僭侈,太俭则近乎迫隘,皆君子所不取,唯丰洁所中,可以常守。礼虽王公大飨,不用亵味,不贵多品,今寝荐庙祭不同,庙祭乃有豢牲外首之仪,今时飨止用熟食五品,参酌折中,不可增减,有力则豕一、羊一。前祭一日宰之,无力则度斯仪宜用物市肆售之。〇忌日以鸡、鱼、羊、豕,随屠肆所有之味,造熟食五品。〇每月朔旦于藏版匣之室中,设时果五品、盘盏三副,以清酌献。

祝辞第四随时于官封某公下改用

元旦云:"维某年岁次某甲子某月某甲子朔旦他节即云某甲子朔某日甲子,嗣曾孙具官某无官即称名,敢昭告于曾大考官封某公。伏以禬、祠、烝、尝,四时之荐祭义,盖秉《周礼》人道之遗,夏正永推报本之诚,莫大致严之重,谨于疏怠,不敢越逾。酒醴清甘,牢馔馨洁。只率惟恪,仰冀鉴歆。尚飨!"〇清明云:"伏以惟春之和,万物秀苗。献韭以卵,厥有故常。谨以清明,只率祠事。致严斯恪,仰冀降歆。尚飨!"〇端午云:"伏以仲夏尝麦,侑以鲜鳞。厥有故常,不敢不谨。谨以端午,只率禬事。致严斯恪,仰冀鉴歆。尚飨!"〇重九云:"伏以农夫之庆,百谷用成。黍稷馨香,适当时荐。谨以重九,只率尝事。致严斯恪,仰冀鉴歆。尚飨!"〇冬至云:"伏以闭蛰而烝,盖有古制岁之义,实见于经。维日至之迎长,乃周家之正月。谨以冬至,只率烝事。荐稻之恪,仰冀鉴歆。尚飨!"〇忌日云:"维某年岁次某甲子某月甲子朔某日甲子,嗣曾孙具官某敢昭告于曾大考官封某公。伏以四时改易,忌日在辰。恭设几筵,仰思教诲。终身之慕,言不胜情。尚飨!"伟逮事曾门而继家嫡,故其忌日之辞如此,不逮事大考以上,则改用下辞:"恭设几筵,谨陈薄礼。庶或来格,克鉴微诚。尚飨!"

眉山刘氏曰:"或问伊川先生曰:'忌日祀两位否?'先生曰:'只一位。'愚谓家庭之祭,与国家祀典不同,家庭晨夕旦望于父母之敬,未尝举一而废一也。鲁人之祔也合之,孔子以为善。忌祭何得不然,故忌祭仍当兼说考妣。若祖考忌日,则祝辞末句增曰'谨奉妣某氏夫人',配妣忌日则曰'谨奉以配考某公',后之君子更宜审择。夫祭者,孝子所以飨亲,义所以致严也。自汉魏以来,诸家祭法,有迎神、送神之仪,乃在庙中。礼虽乐以迎来,哀以送往,亦庙祭尸出入之事,今时荐但以祝文致诚而已。"

器服第五

祭器尚质素,贵纯洁。古之庙制,鼎俎笾豆,奇耦有差,生时缮用之物,事死如事生,故以生时用器奉之。近世用盘盏碗碟,亦斯义也。今每位用盏子十,或圆径六寸,素木加漆,或丹或黑,铅锡铜厢之,庶可耐久,不及漆素木亦可。贫不能具,即五事十则六荐,熟食、果蔬各为二事。五则半比,盘盏一或铜或锡,或用陶器,碗二制度如盏子而深,一以饭,一以羹。○祭服,有官者服其赐服,无官者服深衣依《礼记》制度,布为之。

行事第六

祭前二日,修具排办,濯器皿。○前一日,致斋为不饮酒、食肉,吊丧、问疾,若官守,则托疾在假一日。○祭之日,鸡初鸣,兴,盥、栉,服其服,入祭室。具灯烛,陈酒樽,列祭馔讫,鸡二鸣行事。○祭之日,鸡三鸣。初献,诣藏匣前焚香,捧位版置于所设之座,躬亲酌酒,于盏三上香,跪奠酒于几上以洗承之,俛伏,兴,再拜,跪读祝文,又俛伏,兴,再拜,复位。亚献,躬亲酌酒,于盏跪奠,俛伏,兴,再拜。终献,如亚献之仪。若一人兼行三献,每奠皆如上仪。仍依昭穆次序三代各设一座,先曾祖,次祖,次考。皆毕,即于灯烛上焚祝文,再拜,捧位版藏之,讫,退。○遇忌辰,设几筵一所。质明陈酒樽祭馔毕,祭主诣藏匣捧位版置几上,再拜,三上香,酌酒于盏,跪奠,俛伏,兴,再拜,跪读祝文,俛伏,兴,再拜。少顷如人行一里久,再奠,俛伏,兴,再拜,焚祝文,捧位版藏之,讫,退。○每月朔旦,初,酌酒,三上香,跪奠,俛伏,兴,鞠躬,祷曰:"某月朔旦,嗣曾孙某,谨以清酌,献曾大考、显考各举官称,伏乞歆格。"再酌,再奠,三酌,三奠毕。凡在位子孙作一列,再拜讫,退。

夫祭仪以致诚为本,中礼为文所为"洞洞属属然",在其孝钦尔。有子弟,即分三献,祭日前期,相与讲习,阙则祭主独为之。行事时无太亟急,无太舒缓。急则纷纭舛错,缓则跛倚,不能卒事矣。凡荐缮以鸡二鸣行事,有官守,冬至正旦以鸡初鸣半夜盥栉。月朔以鸡三鸣行事。忌日祖考去给假曾在疾在假一日。近世焚楮泉及下里伪物,唐以前无之,盖出于王玙辈牵合寓焉之义,数百年间俚俗相师,习以为常,至于祀上帝亦有用之者,皆浮图老子之徒,欺惑愚众。天固不可欺,乃自欺尔。士大夫从而欺其先,是以祖考为无知也。颜鲁公尝不用矣。惜乎不以文字导愚民焉。伟今一切斥去之,有违此训,非孙氏子孙也。①

南宋　高闳《高氏送终礼》

陈振孙《直斋书录解题》:"《高氏送终礼》一卷。礼部侍郎高闳抑崇撰。"②《宋史·艺文志》作:"高闳《送终礼》一卷。"③尤袤《遂初堂书目》:"《高氏厚终礼》。"④刘清之《戒子通录》:"《送终礼》。高司业闳,字抑崇,明州人,绍兴从臣,作《送终礼》三十二篇,此篇戒子。"⑤则《高氏送终礼》为高闳所作,共一卷,三十二篇。高闳,字抑崇,明州鄞县人。《宋史·高闳传》称其"少宗程颐学。宣和末,杨时为祭酒,闳为诸生。胡安国至京师,访士于时,以闳为首称,由是知名。"⑥《直斋书录解题》称《高氏送终礼》为"礼部侍郎高闳抑崇撰",则高闳作此书时或为礼部侍郎。据李心传《建炎以来系年要录》记载:"时高闳为礼部侍郎,闳患近世礼学不明,凶礼尤甚,尝著《厚终礼》。"⑦考高闳被授予权尚书礼部侍郎是在绍兴十四年(1144)二月壬申⑧,同年四月乙丑,因为御史中丞兼侍读李文会的弹劾而被贬出知筠州⑨,则《高氏送终礼》的成书时间当在绍兴十四年(1144)二月至四月间。

《高氏送终礼》一书,在南宋颇有影响。史进翁的妻子早死,"继室高氏有家学,子在母不辍诵,能言授之书,师之礼币脱簪珥以质,酒食调尝以进,时享必斋,治丧屏道佛,或以为疑,夫人曰:'先侍郎修《厚终礼》,未尝言,岂非不足于礼乎?'侍郎即闳也。"⑩据《宋史》记载,刘清之(1134—1190)"病且革,为书以别向浯、彭龟年,赋二诗以别朱熹、杨万里。取《高氏送终礼》以授二子曰:'自敛至葬,视此从事。'"⑪黄灏曾"论今礼教废缺,请敕有司《政和

① 佚名:《居家必用事类全集》乙集,《四库全书存目丛书》子部第 117 册,齐鲁书社 1995 年据清华大学图书馆藏明刻本,第 103—108 页。

② 陈振孙撰,徐小蛮、顾美华点校:《直斋书录解题》卷 6《仪注类》,上海古籍出版社 1987 年版,第 188 页。

③ 脱脱:《宋史》卷 204《艺文志》,中华书局 1977 年版,第 5134 页。

④ 尤袤:《遂初堂书目》,《丛书集成初编》第 32 册,中华书局 1985 年据海山仙馆丛书本排印,第 12 页。

⑤ 刘清之:《戒子通录》卷 6《送终礼》,《景印文渊阁四库全书》第 703 册,台湾商务印书馆 1986 年版,第 73 页。

⑥ 脱脱:《宋史》卷 433《高闳传》,中华书局 1977 年版,第 12858 页。

⑦ 李心传:《建炎以来系年要录》卷 152 绍兴十四年秋七月甲戌条,中华书局 1956 年版,第 2445 页。

⑧ 李心传:《建炎以来系年要录》卷 151 绍兴十四年三月壬申条,中华书局 1956 年版,第 2429 页。

⑨ 李心传:《建炎以来系年要录》卷 151 绍兴十四年五月乙丑条,中华书局 1956 年版,第 2435—2436 页。

⑩ 叶适撰,刘公纯等点校:《叶适集》卷 22《史进翁墓志铭》,中华书局 1961 年版,第 439 页。

⑪ 脱脱:《宋史》卷 437《刘清之传》,中华书局 1977 年版,第 12956 页。

冠昏丧葬仪》及司马光、高闶等书参订行之"①。

朱熹曾将其与司马光《书仪》比较，并评价说："《仪礼疏》说得不甚分明。温公礼有疏漏处，《高氏送终礼》胜得温公礼。"②在著名的《君臣服议》中，朱熹又详细讲明其中缘由，说："温公《书仪》但斩衰、齐衰用此制，而大功以下从俗礼，非是。惟高氏《送终礼》，其说甚详，当更讨论订正，别为公私通行丧服制度，颁行民间，令其遵守。"③可见，朱熹所说《书仪》的"疏漏"之一是其丧礼服制杂糅古今、循于流俗，对于古礼服制的贯彻并不完全。以此反观他对于《高氏送终礼》的推重，或许是因为该书较好地保留了古礼。基于以上评价，朱熹不但在和他人讨论丧礼问题时提出"更以温公《书仪》及高氏《送终礼》参考之，当有定论也"④，在回婺源省墓时将"司马氏《书仪》、《高氏送终礼》、《吕氏乡约》、《乡仪》等书留学中"⑤以供讲习，还身体力行地以该书为依据制作冠绖、衰裳、腰绖、绞带等丧服⑥。

《高氏送终礼》已佚，然而由于此书颇受推重，南宋至清代学者颇有引用。现将其佚文辑于下，以待讲求。

南宋刘清之《戒子通录》卷六：

（一）吾家他日如营居室，必先家庙，其余堂寝之制，仅可以叙族合宗。吾百岁之后，惟嫡子孙相继居之，众子别营居焉。盖嫡庶之礼明而人自知分矣。古者父子异宫，兄弟异居，但同财耳。故《丧服传》曰："昆弟之义无分，然而有分者，则避子之私也。子不私其父则不成为子，故有东宫、有西宫、有南宫、有北宫，异居而同财，有余则归之，宗不足则资之宗。"今人不知古人异居之意，而乃分析其居，更异财焉，不亦误乎？且析居之法，但取均平以止争端，而无嫡庶之辨，此作律者之失也。夫丧不虑居为无庙也。若兄弟探筹以析居，则庙无定主矣。而律复有妇承夫分，女承父分之条，万一妇人探筹而得之，则家庙遂无主祀也，而可

① 脱脱：《宋史》卷 430《黄灏传》，中华书局 1977 年版，第 12791 页。

② 黎靖德编，王星贤点校：《朱子语类》卷 85《礼二·仪礼》，中华书局 1986 年版，第 2195 页。

③ 朱熹撰，刘永翔、朱幼文校点：《晦庵先生朱文公文集》卷 69《君臣服议》，朱杰人主编《朱子全书》第 23 册，上海古籍出版社、安徽教育出版社 2002 年版，第 3351 页。

④ 朱熹撰，刘永翔、朱幼文校点：《晦庵先生朱文公文集》卷 43《答陈明仲》，朱杰人主编《朱子全书》第 22 册，上海古籍出版社、安徽教育出版社 2002 年版，第 1948 页。

⑤ 戴铣辑：《朱子实纪》卷 3，《四库全书存目丛书》史部第 82 册，齐鲁书社 1995 年据北京大学图书馆藏明正德八年（1513）鲍雄刻本，第 671 页。

⑥ 朱熹撰，刘永翔、朱幼文校点：《晦庵先生朱文公文集》卷 63《答胡伯量》，朱杰人主编《朱子全书》第 23 册，上海古籍出版社、安徽教育出版社 2002 年版，第 3037—3045 页。

乎？惟我子孙，其遵吾家法，庶几他日渐复宗子之礼，不待谱牒而人各知其本支所自。如好礼者亦效吾家而行之，虽措之天下可也。①

明丘濬《家礼仪节》：

（二）主人未服，来哭者宜浅淡素衣，今人必以白色往哭者非也。按高氏曰："古人谓吊丧不及尸，非礼也。今多待成服而后吊，则非也。"又曰："亲始死，虽不敢出见宾，然有所尊者，则不可不出。"今本注有"吊，主人相向尽哀，主人以哭对无辞"之文，则是主人出对宾矣。然考《书仪》及《厚终礼》又有"未成服，主人不出，护丧代拜"之说，今两存之，各为其仪。于后俾有丧者，于所尊亲用前仪，于所疏者用后仪云。②

杨复《家礼》注文：

（三）高氏《礼》曰："废床，寝于地。注：'人始生在地，故废床寝于地，庶其生气之复也。本出《仪礼》及《礼记·丧大记》。'"③

（四）高氏《礼》曰："今淮南风俗，民有暴死，则使数人升其居屋，及于路旁遍呼之，亦有苏活者，岂复之余意欤？"④

（五）高氏曰："伊川先生谓：'棺之合缝，以松脂涂之，则缝固而木坚。'注云：'松脂与木性相入，而又利水，盖今人所谓沥青者是也。须以少蚌粉、黄蜡、清油合煎之，乃可用，不然则裂矣。其棺椁之间，亦宜以此灌之。'"⑤

（六）高氏曰：《礼》士袭衣三称，而子羔之袭也，衣三称。孔子之丧，公西赤掌殡葬焉，袭衣十一称，加朝服一。《杂记》曰：'公袭九称。'盖袭数之不同如此，大抵衣衾惟欲其厚尔。衣衾之所以厚者，岂徒以设

---

① 刘清之：《戒子通录》卷6《送终礼》，《景印文渊阁四库全书》第730册，台湾商务印书馆1986年版，第73页。

② 丘濬《家礼仪节》卷4《丧礼》，《四库全书存目丛书》第114册，齐鲁书社1995年据北京大学图书馆藏明正德十三年(1518)常州府刻本影印，第505页。

③ 《家礼》杨复注，载杨复、刘垓孙：《文公家礼集注》卷4《丧礼第四》，北京图书馆出版社2005年据国家图书馆藏元刻本影印。

④ 《家礼》杨复注，载杨复、刘垓孙：《文公家礼集注》卷4《丧礼第四》，北京图书馆出版社2005年据国家图书馆藏元刻本影印。

⑤ 《家礼》杨复注，载杨复、刘垓孙：《文公家礼集注》卷4《丧礼第四》，北京图书馆出版社2005年据国家图书馆藏元刻本影印。

饰哉？盖人死，斯恶之矣。圣人不忍言也，但制为典礼，使厚其衣衾而已。今也之袭者，不知此意，或止用单袷一称，虽富贵之家衣衾毕备，皆不以袭、敛，又不能谨藏。古人遗衣裳必置于灵座，既而藏于庙中。乃或相与分之，甚至辄计直贸易，以充丧费。徒加功于无用，摈财于无谓，而所以附其身者，曾不之虑。呜呼！又孰若用以袭、敛，而使亡者获厚庇于九泉之下哉？"①

（七）高氏曰："袭衣所以衣尸，敛衣则包之而已，此袭敛之辨也。"

又曰："小敛衣尚少，但用全幅细布，析其末而用之，凡敛欲方，半在尸下，半在尸上。故散衣有倒者，惟祭服不倒。凡铺敛衣，皆以绞袷为先。小敛美者在内，故次布散衣，后布祭服。大敛美者在外，故次布祭服，后布散衣也。"

又曰："敛以衣为主。小敛之衣必以十九称，大敛之衣多至五十称，夫既袭之后，而敛衣若此之多，非绞以束之，则不能以坚实矣。凡物，束练紧急，则细小而坚实夫然，故衣衾足以朽肉，而形体深秘，可以使人之勿恶也。今之丧者，衣衾既薄，绞冒不施。惧夫形体之露也，遽纳之于棺。乃以入棺为小敛，盖棺为大敛。入棺既在始袭之时，盖棺又在成服之日，则是小敛、大敛之礼皆废矣。"②

（八）高氏曰："大敛之绞缩者三，盖取一幅布，裂为三片也。横者五，盖取布二幅，裂为六片，而用五也。以大敛衣多，故每幅三析用之，以为坚之急也。衾凡二，一覆之，一藉之。"③

（九）高氏曰："若遇朔望节序，则具盛馔，其品物比朝夕奠差众。《礼疏》曰：'士则月望不盛奠，唯朔奠而已。'"④

（十）高氏曰："既谓之奠，而乃烧香酹酒，则非奠矣。世俗承习久矣，非礼也。"⑤

（十一）又曰："丧礼宾不答拜。凡非吊丧，无不答拜者。胡先生《书

---

① 《家礼》杨复注，载杨复、刘垓孙：《文公家礼集注》卷4《丧礼第四》，北京图书出版社2005年据国家图书馆藏元刻本影印。
② 《家礼》杨复注，载杨复、刘垓孙：《文公家礼集注》卷4《丧礼第四》，北京图书出版社2005年据国家图书馆藏元刻本影印。
③ 《家礼》杨复注，载杨复、刘垓孙：《文公家礼集注》卷4《丧礼第四》，北京图书出版社2005年据国家图书馆藏元刻本影印。
④ 《家礼》杨复注，载杨复、刘垓孙：《文公家礼集注》卷6，北京图书出版社2005年据国家图书馆藏元刻本影印。
⑤ 《家礼》杨复注，载杨复、刘垓孙：《文公家礼集注》卷6，北京图书出版社2005年据国家图书馆藏元刻本影印。

仪》曰：'若吊人是平交，则落一膝，展手策之，以表半答。若孝子尊，吊人卑，则侧身避位，候孝子伏次，卑者即跪还。须详缓去就，无令跪伏兴孝子齐。'"①

（十二）高氏《礼》祝跪告曰："灵辆既驾，往即幽宅，载陈遣礼，永诀终天。"②

（十三）高氏曰："观木主之制，旁题主祀之名，而知宗子之法不可废也。宗子承家主祭，有君之道，诸子不得而抗焉。故《礼》：支子不祭，祭必告于宗子。宗子为士，庶子为大夫，则以上牲祭于宗子之家。其祝辞曰：'孝子某，为介子某执其常事。'若宗子居于他国，庶子无庙，则望墓为坛以祭，其祝词曰：'孝子某，使介子某执其常事。'若宗子死，则称名，不称孝。盖古人重宗如此。自宗子之法坏，而人不知其所自来，以至流转四方，往往亲未绝而有不相识者，是岂教人尊祖收族之道哉？"③

（十四）高氏祝进读祝文曰："日月不居，奄及卒哭，叩地号天，五情靡溃。谨以清酌、庶羞，哀荐成事，尚飨。"④

（十五）高氏曰："若祔妣，则设祖妣及妣之位，更不设祖考位。若父在而祔妣，则不可递迁祖妣，宜别立室，以藏其主，待考同祔。若考妣同祔，则并设祖考及祖妣之位。"⑤

（十六）高氏告祔迁祝文曰："年月日，孝曾孙某，罪积不减，岁又免丧，世次迭迁，昭穆既序，先王制礼，不敢不至。"⑥

（十七）高氏曰："何休云：'有牲曰祭，无牲曰荐。大夫牲用羔，士牲特豚。庶人无常牲，春荐韭，夏荐麦，秋荐黍，冬荐稻。韭以卵，麦以鱼，黍以豚，稻以雁。'取其新物相宜，几庶羞不逾牲。若祭以羊，则不以牛

---

① 《家礼》杨复注，载杨复、刘垓孙：《文公家礼集注》卷7，北京图书馆出版社2005年据国家图书馆藏元刻本影印。
② 《家礼》杨复注，载杨复、刘垓孙：《文公家礼集注》卷7，北京图书馆出版社2005年据国家图书馆藏元刻本影印。
③ 《家礼》杨复注，载杨复、刘垓孙：《文公家礼集注》卷7，北京图书馆出版社2005年据国家图书馆藏元刻本影印。
④ 《家礼》杨复注，载杨复、刘垓孙：《文公家礼集注》卷7，北京图书馆出版社2005年据国家图书馆藏元刻本影印。
⑤ 《家礼》杨复注，载杨复、刘垓孙：《文公家礼集注》卷7，北京图书馆出版社2005年据国家图书馆藏元刻本影印。
⑥ 《家礼》杨复注，载杨复、刘垓孙：《文公家礼集注》卷8，北京图书馆出版社2005年据国家图书馆藏元刻本影印。

为羞也。今人鲜用牲,惟设庶羞而已。"①

卫湜《礼记集说》卷二十一:

（十八）会稽高氏曰:"案《礼记》'虞,卒哭,明日祔于祖父',此周制也。若殷人,则以既练祭之明日祔。故孔子曰:'周已戚,吾从殷。'盖期而神之,人之情也。若卒哭而遽祔于庙,亦太早矣。然唐《开元礼》则已禫而祔。夫孝子哀奉几筵,至大祥而既撤之矣,岂可复始禫祭,乃行祔乎?唐礼祥祭与禫祭隔两月,此又失之于缓。故今于大祥撤灵座之后,则明日祔于庙,缘孝子之心不忍一日未有所归也。"②

南宋　范氏《政和五礼撮要》

陈振孙《直斋书录解题》:"《政和五礼撮要》十五卷。绍兴中,有范其姓者为湖北漕,取品官、士庶冠昏、丧祭为一编,刻板学宫,不著名。以《武昌志》考之,为漕者有范正国、范寅秩,不知其为谁也。"③

南宋　佚名《祭仪》

《晦庵文集》卷四十二《答吴晦叔》("文叔出示"):"文叔出示近与诸公更定《祭仪》,其间少有疑,辄以请教,幸与诸公评之。"④所论两事,一驳"庙必东向",一驳冬至祭始祖等。乃就所见"文叔"等编《祭仪》所发,本非吴翌所问,而幸与有闻。考《文集》有黄文叔(度)、梁文叔(琢)、范文叔(仲黼)、李文叔(未详其名)、潘文叔(友文),疑是潘友文,待考。此书约撰于乾道九年(1173)⑤。

南宋　朱熹《朱氏祭仪》

该书是朱熹最早编撰的祭礼著作,见于朱熹《答林择之》("熹奉养粗安")、《答张敬夫》("祭说编订精审")、张栻(1133—1180)《答朱元晦秘书》。

---

① 《家礼》杨复注,载杨复、刘垓孙:《文公家礼集注》卷9《祭礼第五》,北京图书出版社2005年据国家图书馆藏元刻本影印。
② 卫湜:《礼记集说》卷21,国家图书馆出版社2003年据国家图书馆藏宋嘉熙四年(1240)新定郡斋刻本影印。
③ 陈振孙撰,徐小蛮、顾美华点校:《直斋书录解题》卷6《仪注类》,上海古籍出版社1987年版,第185页。
④ 朱熹撰,刘永翔、朱幼文校点:《晦庵先生朱文公文集》卷42《答吴晦叔》("文叔出示"),朱杰人主编《朱子全书》第22册,上海古籍出版社、安徽教育出版社2002年版,第1906页。
⑤ 顾宏义:《朱熹师友门人往还书札汇编》,上海古籍出版社2017年版,第2823页。

关于几封书信的写作时间,学者意见不一。束景南认为是在乾道五年(1169)[1],陈来认为是在乾道四年(1168)[2]。笔者认为陈说近是。按《朱文公文集》卷四十三《答林择之》书二言"熹奉养粗安",并提及张栻反对墓祭、节祠的情况[3],则此书当作于乾道五年(1169)九月五日祝氏亡前[4],《答张敬夫》书后。又,张栻书中言"须自今岁冬至行之乃安"[5],则此书当作于冬至之前。《祭仪》当草成于乾道四年(1168)冬至前。

关于《祭仪》初稿的内容,张栻《答朱元晦秘书》曾论及:

> 示以所定祭礼,……考究精详,甚慰。论议既定,须自今岁冬至行之乃安。但其间未免有疑,更共酌之。古者不墓祭,……此所疑一也。……时祭之外,冬至祭始祖,立春祭先祖,季秋祭祢,义则精矣。元日履端之祭,亦当然也。而所谓岁除节祠者,亦有可议者乎。若夫其间如中元,则甚无谓也,……此所疑二也。[6]

可知,《祭仪》初稿除四时祭之外,还包含冬至祭始祖、立春祭先祖、季秋祭祢,元日、中元等节日祭祀,以及墓祭。此后,朱熹对初稿做了进一步修改:

> 其他如此修定处甚多,大抵多本程氏而参以诸家,故特取二先生说今所承用者,为《祭说》一篇,而《祭仪》《祝文》又各为一篇,比之昨本稍复精密。[7]

除了变分至为卜日外,此次修改还在编撰体例上做了调整。这种体例

---

① 束景南:《朱熹年谱长编》(增订本),华东师范大学出版社 2014 年版,第 416 页。

② 陈来:《朱子书信编年考证(增订本)》,生活·读书·新知三联书店 2007 年版,第 49 页。

③ 朱熹撰,刘永翔、朱幼文校点《晦庵先生朱文公文集》卷 43《答林择之》("熹奉养粗安"),朱杰人主编《朱子全书》第 22 册,上海古籍出版社、安徽教育出版社 2002 年版,第 1963、1964 页。

④ 朱熹撰,刘永翔、朱幼文校点《晦庵先生朱文公文集》卷 94《尚书吏部员外郎朱君孺人祝氏圹志》,朱杰人主编《朱子全书》第 25 册,上海古籍出版社、安徽教育出版社 2002 年版,第 4342 页。

⑤ 张栻撰、朱熹:《南轩集》卷 20《答朱元晦秘书》,《景印文渊阁四库全书》第 1167 册,台湾商务印书馆 1986 年版,第 585 页。

⑥ 张栻撰、朱熹:《南轩集》卷 20《答朱元晦秘书》,《景印文渊阁四库全书》第 1167 册,台湾商务印书馆 1986 年版,第 585、586 页。

⑦ 朱熹撰,刘永翔、朱幼文校点《晦庵先生朱文公文集》卷 30《答张敬夫》("祭说编订精审"),朱杰人主编《朱子全书》第 21 册,上海古籍出版社、安徽教育出版社 2002 年版,第 1326 页。

已经与后来流传的"王子正传本"《祭仪》一致:"上卷编《程子祭说》及《主式》,中卷自《家庙》《时祭》以至《墓祭》,凡九篇,而《时祭》篇中又分卜日、斋戒、陈设、行事,凡四条。为文盖一统而无分纲目。下卷则列诸祝词而已。"①

到乾道九年(1173),《祭仪》的修订已涉及许多细密问题。其中,汪应辰(1118—1176)起到关键作用。在《答汪尚书》("伏蒙垂谕")中,朱熹向汪氏请教正庙配食、墓祭焚黄、忌日变服三事②。汪应辰答书专论忌日变服,并请朱熹参考诸书③。经过讨论,朱熹不但坚定了正庙配食用原配、墓祭不焚黄的观点,还在悬而未决的忌日变服问题上取得进展,按照汪应辰的意见对《祭仪》作了补正。约在乾道末淳熙初(1173—1174)朱熹《祭仪》定稿,寄送张栻、吕祖谦。其中,张栻所得《祭仪》由韩元吉(1118—1187)转寄,张栻对其赞不绝口,称其"甚有益于风教"④。吕祖谦之书则起初由汪应辰转寄。按朱熹《答吕伯恭》("便中连辱手教")一书,"祭礼已写纳汪丈处,托以转寄,不知何为至今未到。然其间有节次修改处,俟旦夕别录呈,求订正也"⑤。陈来系此书于乾道九年(1173),则朱熹初寄吕祖谦《祭仪》可能尚未受汪应辰影响而修改。由于初寄未遂,朱熹才有机会将修定之后的新本《祭仪》再寄吕祖谦。这就是吕氏编修《家范》时所经常参考的《朱氏祭仪》。

由于《祭仪》已佚,《家范》转引之《朱氏祭仪》便成为管窥该书的重要素材。考《家范·祭礼》共引用《朱氏祭仪》三次,其中两次为与其他礼书一并参定,一次为全文引用。引文与今本《家礼》不尽相同,更须细究:

> 设香案于庙中,置香炉、香合于其上,束茅于香案前地上。设酒架于东阶上,别以桌子设酒注一、酒盏盘一、匙一、盘一、匙巾一于其东,对设一桌于西阶上,以置祝版。设火炉、汤瓶、香匙、火匙于阶下。以上

① 陈淳:《北溪大全集》卷14《代陈宪跋家礼》,《景印文渊阁四库全书》第1168册,台湾商务印书馆1986年版,第608页。

② 朱熹撰,刘永翔、朱幼文校点:《晦庵先生朱文公文集》卷30《答汪尚书》("伏蒙垂谕"),朱杰人主编《朱子全书》第21册,上海古籍出版社、安徽教育出版社2002年版,第1311、1312页。

③ 汪应辰:《文定集》卷15《与朱元晦》("某屏居如故第"),《景印文渊阁四库全书》第1138册,台湾商务印书馆1986年版,第726页。

④ 张栻撰,朱熹编:《南轩集》卷22《答朱元晦》("某守藩"),《景印文渊阁四库全书》第1167册,台湾商务印书馆1986年版,第606页。

⑤ 朱熹撰,刘永翔、朱幼文校点:《晦庵先生朱文公文集》卷33《答吕伯恭》("便中连辱手教"),朱杰人主编《朱子全书》第21册,上海古籍出版社、安徽教育出版社2002年版,第1464页。

《朱氏祭仪》。①

又陈淳《北溪大全集》卷十二《释家君录忌说》引《朱氏祭仪》曰：

> 晦庵先生《祭仪》：忌日特设一位于正寝，如祭祢之仪。主人惨纱垂脚幞头、惨布衫烂铁脂皮带。主妇去华盛之服。凡与祭执事者皆然。告言："孝某孙某祢云'孝子'，今以皇某亲某官府君远讳之辰，敢请神主出临正寝，恭伸追慕。"考妣即三献，哭尽哀，不饮福受胙。
>
> 祝文：维某年岁次月朔日辰，孝某孙某敢昭告于皇某亲某官府君无官称某号府君、妣无封言某氏夫人："岁序迁易，讳日复临，追远感时，不胜永慕。考妣即云："痛割怙恃，昊天罔极。"敢以清酌庶羞，敬伸奠献。尚飨。"②

按此书为陈淳父作，陈淳释，作于庆元己未（五年，1199）。此时《家礼》未出，陈淳所据乃是《朱氏祭仪》。按《代陈宪跋家礼》，陈淳曾得两种《祭仪》，一是王子正传本的三卷本《祭仪》，一是绍熙庚戌（元年，1190）从朱在处得到的《时祭仪》。此处所引当是前者，理由有二：一、从书名来看，绍熙所得《时祭仪》的主要内容是四时祭，而引文主要内容为忌日之祭；二、从篇章结构来看，三卷本《祭仪》中卷礼文、下卷祝文，不是纲目体，正与引文相似，而《时祭仪》为纲目体，与此初本体例迥然不同。

南宋　朱熹《古今家祭礼》

陈振孙《直斋书录解题》："《古今家祭礼》二十卷。朱熹集《通典》《会要》所载以及唐、本朝诸家祭礼皆在焉。"③据《文集》，朱熹曾托陈明仲向汪应辰"就借古今诸家祭仪"④。淳熙元年（1174），朱熹将四处衰辑之十六家祭仪付梓，刻成《古今家祭礼》一书。后来又补入四家，共成二十家之数⑤。

吴其昌据朱熹《跋古今家祭礼》考证该书共收祭礼著述 20 种⑥：

---

① 吕祖谦撰，黄灵庚、吴战垒点校：《东莱吕太史别集》卷 4《家范四》，载《吕祖谦全集》第 1 册，浙江古籍出版社 2008 年版，第 350 页。
② 陈淳：《北溪大全集》卷 12《释家君录忌说》，《景印文渊阁四库全书》第 1168 册，台湾商务印书馆 1986 年版，第 568 页。
③ 陈淳：《北溪大全集》卷 12《释家君录忌说》，《景印文渊阁四库全书》第 1168 册，台湾商务印书馆 1986 年版，第 568 页。
④ 朱熹撰，刘永翔、朱幼文校点：《晦庵先生朱文公文集》卷 30《答汪尚书论家庙》（"癸巳"），朱杰人主编《朱子全书》第 21 册，上海古籍出版社、安徽教育出版社 2002 年版，第 1308 页。
⑤ 吴其昌：《朱子著述考》，《国学论丛》1927 年第 1 卷第 2 号，第 147—224 页。
⑥ 吴其昌：《朱子著述考》，《国学论丛》1927 年第 1 卷第 2 号，第 147—224 页。

(1)（晋）荀勖《祠制》（隋《江都集礼》所引，佚）

(2)（唐）《开元礼》祭礼部分

(3)（北宋）《开宝通礼》祭礼部分（佚）

(4)（唐）郑正则《祠享礼》一卷（佚）

(5)（唐）范传式《寝堂时飨礼》一卷（佚）

(6)（唐）贾顼《家祭礼》一卷（佚）

(7)（唐）孟诜《家祭礼》一卷（佚）

(8)（唐）徐润《家祭礼》一卷（佚）

(9)（北宋）陈致雍《新定寝祀礼》一卷（佚）

(10)（北宋）胡瑗《吉凶书仪》二卷（佚）

(11)（北宋）《政和五礼新仪》祭礼部分

(12)（北宋）孙日用《祭飨礼》一卷（佚）

(13)（北宋）杜衍《四时祭飨礼》一卷（佚）

(14)（北宋）韩琦《古今家祭式》一卷（佚）

(15)（北宋）司马光《涑水祭仪》一卷（佚）

(16)（北宋）张载《祭礼》一卷（佚）

(17)（北宋）程颐《祭仪》一卷（佚）

(18)（北宋）吕大防、吕大临《家祭礼》一卷（佚）

(19)（北宋）范祖禹《家祭礼》一卷（佚）

(20)（南宋）高闶《送终礼》一卷（佚）

吾妻重二认为，"在北宋时代，反映士人的问题关怀，而私人撰述的家庭礼书大量出现。朱熹将这些礼书集成《古今家祭礼》，以便为撰述《家礼》奠定资料上的基础。换种说法，朱熹的《家礼》乃是为了对上述这些北宋以来的家礼作出最终的抉择而撰述的"[1]。

南宋　张栻、朱熹《四家礼范》《三家昏丧祭礼》

陈振孙《直斋书录解题》："《四家礼范》五卷。张栻、朱熹所集司马、程、张、吕氏诸家，而建安刘珙刻于金陵。"[2]则此书可能是《书仪》《伊川程氏祭礼》《横渠张氏祭礼》《吕氏家祭礼》等北宋礼书的合编。

又《南轩集》卷三十三有《跋三家昏丧祭礼》一篇，其略曰：

---

① ［日］吾妻重二著、吴震编译：《宋代的家庙与祖先祭祀》，载吾妻重二《朱熹〈家礼〉实证研究》，华东师范大学出版社2012年版，第101—158页。

② 陈振孙撰、徐小蛮、顾美华点校：《直斋书录解题》卷6《仪注类》，上海古籍出版社1987年版，第188页。

右文正司马公、横渠张先生、伊川程先生昏丧祭礼,合为五卷。……夫冠昏丧祭,人事之始终也。冠礼之废久矣,未能遽复也。今姑即昏、丧、祭三者而论之。……淳熙三年六月甲戌朔旦。①

可知,《三家昏丧祭礼》取材于张载、程颐、司马光的礼书,而删去冠礼部分。该书成于淳熙三年(1176)。

南宋　张栻《广汉张氏祭仪》

张栻撰,佚。吕祖谦《家范》有所提及。

南宋　吕祖谦《吕氏家范》

吕祖谦撰。《百川书志》称"宋太史紫微舍人吕本中居仁撰"②。考该书卷五《祭礼》有朱熹跋曰:

右《吕氏祭仪》一篇,吾友伯恭父晚所定也。闻之潘叔度,伯恭成此书时已属疾,自力起奉祭事惟谨,既又病,其饮福受胙之礼犹有未备者,将附益之,而不幸遽不起矣。使其未死,意所釐正,殆不止此。惜哉!淳熙壬寅二月既望。朱熹书。③

则该书为吕祖谦所撰无疑。《吕氏家范》是现今保存完整的南宋礼书,内容涉及婚礼、葬礼、祭礼,对宋代四礼研究十分重要。

南宋　朱熹《家礼》

朱熹作。完整保存。关于该书的作者、版本等方面的研究详见第一章,兹不赘述。

南宋　程端蒙《丧礼》

《晦庵文集》卷五十《答程正思》("设启奠""示喻日用操存之意")三书乃其就母丧之事发问。同卷"所示礼文考订详悉"曰:"所示礼文考订详悉,上合《礼》意,下适时宜,甚善甚善。其间小未备处,已辄补之矣。幸详择而勉

① 张栻:《南轩集》卷33《跋三家昏丧祭礼》,《景印文渊阁四库全书》第1167册,台湾商务印书馆1986年版,第698页。
② 高儒:《百川书志》卷2,古典文学出版社1957年版,第26页。
③ 吕祖谦撰,黄灵庚、吴战垒点校:《东莱吕太史别集》卷4《家范四》,《吕祖谦全集》第1册,浙江古籍出版社2008年版,第356、357页。

行之,使州里之间有所观法,非细事也。"①按此,程端蒙当著有礼书,朱熹曾为之铨补。观"设启奠"一书中两人问答,该书多引高闶《送终礼》,而朱熹所铨补者,似就此中一二不妥者而发。该书未曾付梓,且已佚,不知其名,暂定作"《丧礼》"。此书约成于淳熙四年(1177)。

南宋　刘清之《墨庄祭仪》

王圻《续文献通考》卷一百七十六:"《墨庄祭仪》。临江刘清之著。"②《宋史》本传:"所著有《曾子内外杂篇》《训蒙新书外书》《戒子通录》《墨庄总录》《祭仪》《时令书》《续说苑》、文集、农书。"又云:"本之家法,参取先儒礼书,定为祭礼行之。"③当即此书。

南宋　赵彦肃《士冠士昏馈食图》

方仁荣《(景定)严州续志》卷三《赵彦肃传》:"有《易说》及《广学杂辨》《士冠士昏馈食图》行于世,朱文公观其书叹曰:'近世未有如此看文字者。'"④考《晦庵文集》卷五十六《答赵子钦》("礼图未暇详考")一书曰:"礼图未暇详考,亦是素看此篇不熟,猝乍看未得。若更得冠、婚礼二图,容并考之,乃为幸耳。"⑤后书赞道:"礼图甚精,……不得子细商订。"⑥则知赵彦肃《士冠士昏馈食图》撰于两书之间,约在绍熙三年(1192)末。

南宋　黄灏《政和冠昏丧祭礼》

陈振孙《直斋书录解题》:"《政和冠昏丧祭礼》十五卷。绍熙中,南康黄灏商伯为礼官,讲于《政和五礼》内掇取品官、庶人礼摹印之郡县,从之。其实即前十五卷书也。"⑦《清献集》卷十九《黄灏传》曰:"光宗践祚之初,天下望治。灏当对,首以天德刚健,绝声色嗜好之感为言,迁太常寺簿。议大臣丧,据古下挠。再对论和买折帛等弊甚悉。又论今之风俗礼教废阙,士庶之

---

① 朱熹撰,刘永翔、朱幼文校点:《晦庵先生朱文公文集》卷50《答程正思》("所示礼文考订详悉"),朱杰人主编《朱子全书》第22册,上海古籍出版社、安徽教育出版社2002年版,第2322页。

② 王圻:《续文献通考》卷176《经籍考》,《四库全书存目丛书》子部第188册,齐鲁书社1995年据明万历三十一年(1603)曹时聘等刻本,第358页。

③ 脱脱:《宋史》卷437《刘清之传》,中华书局1977年版,第12957页。

④ 钱可则修、方仁荣纂:《(景定)严州续志》卷3《人物》,《宋元方志丛刊》第5册,中华书局1990年版,第4377页。

⑤ 朱熹撰,刘永翔、朱幼文校点:《晦庵先生朱文公文集》卷56《答赵子钦》("礼图未暇详考"),朱杰人主编《朱子全书》第23册,上海古籍出版社、安徽教育出版社2002年版,第2645页。

⑥ 朱熹撰,刘永翔、朱幼文校点:《晦庵先生朱文公文集》卷56《答赵子钦》("礼图甚精"),朱杰人主编《朱子全书》第23册,上海古籍出版社、安徽教育出版社2002年版,第2646页。

⑦ 陈振孙撰,徐小蛮、顾美华点校:《直斋书录解题》卷6《仪注类》,上海古籍出版社1987年版,第185页。

家冠昏丧祭皆不复讲，请敕有司，于《政和新仪》掇取品官庶人冠昏丧祭仪，刊印颁降，乃许采司马光、高闶等书参订行之。除大府寺丞。"①则此书当以《政和五礼新仪》参考《司马氏书仪》《高氏送终礼》为之，非《撮要》之类，陈说误。

南宋　胡泳《丧礼》

此书不见史志著录。《语类》卷八十四《论修礼书》载胡泳录一段，略曰：

> 泳居丧时，尝编次丧礼，自始死以至终丧，各立门目。尝以门目呈先生。临归，教以"编礼亦不可中辍"。泳曰："考礼无味，故且放下。"先生曰："横渠教人学礼，吕与叔言如嚼木札。今以半日看义理文字，半日类《礼书》，亦不妨。"后蒙赐书云："所定礼编，恨未之见。"……②

《晦庵文集》卷六十三《答胡伯量》（"治丧不用浮屠""《丧大记》"）两书录胡泳、朱熹之间问答数十条，乃就庆元四年（1198）父丧所激发。其中，胡泳论及编礼之事：

> 某居丧读《礼》欲妄意随所看所见，逐项编次，如《书仪》《送终礼》之篇目，仍取《仪礼》、《礼记》、朝制条法、《政和仪略》之类，及先儒议论，以次编入，庶几得以维持哀思。不知如何？③

按此，胡泳《丧礼》作于庆元四年（1198）前后，其书篇目自"始死"至"终丧"，大略同于司马光《书仪》、高闶《送终礼》，而参酌以古礼、时制。该书似已草成，朱熹阅其篇目，而未见全帙。此书似未付梓，其内容或与《文集》卷六十三《答胡伯量》（"治丧不用浮屠""《丧大记》"）两书有出入。

南宋　陆九韶《终礼》

《陆九渊集》卷三十六《年谱》言其"临终自撰终礼，戒不得铭墓"④。陆九韶卒于开禧元年（1205），《终礼》成书当在此前不久。

---

① 杜范：《清献集》卷19《黄灏传》，《景印文渊阁四库全书》第1175册，台湾商务印书馆1986年版，第758、759页。

② 黎靖德编，王星贤点校：《朱子语类》卷84《礼一·论修礼书》，中华书局1986年版，第2192页。

③ 朱熹撰，刘永翔、朱幼文校点：《晦庵先生朱文公文集》卷63《答胡伯量》（"治丧不用浮屠"），朱杰人主编《朱子全书》第23册，上海古籍出版社、安徽教育出版社2002年版，第3040页。

④ 陆九渊撰，钟哲点校：《陆九渊集》卷36《年谱》，中华书局1980年版，第480页。

南宋 郭叔云《宗礼》

郭叔云,字子从。《(嘉靖)潮州府志》卷七载其事迹曰:"以礼教久废,慨然欲讲求而举行之,其问《礼经》所疑二十余条,见《晦翁集》中。晦翁没,与其同门北溪陈淳书札往返相讲论先后天太极图、易书之旨。尝考小宗法,定世嫡主之议。撷程子所取家宗会之说,又取《礼经》族食、族燕之义,编《宗礼》《宗义》二篇,及晦翁、蒙谷二先生《宗法》各一册,并藏诸家。"①该书未及付梓,仅藏于家。今佚。《晦庵文集》卷六十三《答郭子从》("复,男子称名""古人六礼")载其与朱熹往返问答数十条,涉及婚、丧、祭,内容详细具体,当与其撰《宗礼》有关。该书当成于庆元四年(1198)问礼之后,嘉定十三年(1220)宗会堂建成之前。

南宋 杨简《冠祭家记》《婚礼家记》《丧礼家记》

《文渊阁书目》:"杨慈湖《冠祭家记》一部(一册)。杨慈湖《婚礼家记》一部(一册)。杨慈湖《丧礼家记》一部(一册)。"②朱彝尊《经义考》:"杨氏(简)《冠记》《昏记》各一篇。佚。"③"杨氏(简)《丧礼家记》一卷,佚。"④考钱时《慈湖先生行状》:"平生多所著述,片言只字,无非发明大道。散落海内,未易遽集。方裒之其已成编者,《甲稿》《乙稿》,又《冠记》《昏记》《丧礼家记》《家祭记》《释菜礼记》《石鱼家记》皆成书。"⑤据此,杨简的确纂有《冠记》《昏记》《丧礼家记》《家祭记》等书,《冠祭家记》或许是《冠记》与《家祭记》的合编。这些著作已经亡佚,其内容不可考。

杨简,字敬仲,慈溪人,陆九渊弟子,心学传人。他为官有政绩,官至宝谟阁学士、太中大夫。《宋史》称"其论治务最急者五,其次八",中有"行乡举里选""渐复井田"之说⑥,颇有返古之志。杨简做地方官时,皇帝曾遣使巡察,使者因与之为"先世契",不敢当杨简大礼。杨简"往来传送数四",坚持出郊迎接,"行则常西,步则后,及阶,莫敢升,已乃同升自西阶,足踧踖莫敢

---

① 郭春震:《(嘉靖)潮州府志》卷7《人物志·隐逸》,明嘉靖二十六年(1547)刻本。
② 杨士奇:《文渊阁书目》卷3《礼书》,商务印书馆1937年版,第36页。
③ 朱彝尊著,许维萍等点校:《点校补正经义考》卷135《仪礼六》,中国文哲研究所1997年版,第668页。
④ 朱彝尊著,许维萍等点校:《点校补正经义考》卷137《仪礼八》,中国文哲研究所1997年版,第772页。
⑤ 钱时:《宝谟阁学士正奉大夫慈湖先生行状》,载杨简《慈湖遗书》附录,《景印文渊阁四库全书》第1156册,台湾商务印书馆1986年版,第942页。亦见《宋史》卷407《杨简传》,中华书局1977年版,第12292页。
⑥ 脱脱:《宋史》卷407《杨简传》,中华书局1977年版,第12292页。

就主席"，处处坚持"尊天子之仪"。"仪典旷绝，邦人创见之，莫不矍然竦观，屏息立。"①可见，杨简对于礼的态度严肃认真、一丝不苟，其家中礼仪的规模可想而知。

杨简虽主陆学，但其礼学与程朱理学无异。慈湖四礼《家记》虽佚，《纪先训》尚存，可窥其父杨庭显之家礼学一二。在杨氏父子看来，礼学不是"令某书之册以示人"的纸上空言，而是必须见诸实事的实践学问，"不可以世俗讳忌，特缺其礼"②。因此，杨氏厘定婚礼，以定礼用古义即可，不必用雁③；"稍整丧礼"，以五服"知一乃能知五"之论定五服之制，教子弟力行"不必恤外议"④。这些见解高举"礼以义起"的标识，遥与程颐（1033—1107）相接，隐约可见南宋四明礼学从"复古之礼"向"复古之义"转变的整体脉络。

南宋 吴必大《祭礼从宜》

《文渊阁书目》："吴伯丰《祭礼从宜》一部（二册）。"⑤《南雍志经籍考》："《祭礼从宜》四卷。"⑥《千顷堂书目》："《祭礼从宜》四卷。"⑦吴必大，字伯丰，兴国军人，"以父任为吉水丞，师事张南轩、吕东莱，晚从文公游，因当时台谏及侍郎林栗訾议，遂弃官不仕，所著有《司诲集》"⑧。朱熹对他称赞有加，说他"有见识，力学不倦"⑨，"有才气，为学精苦，守官治事皆有方法"⑩，常常与吴必大讨论学问。《晦庵集》卷五十二中保存有《答吴伯丰》书信二十四篇，所论问题有读书、鬼神、性命、《诗经》《论语》《孟子》《仪礼经传通解》的编纂

① 脱脱：《宋史》卷407《杨简传》，中华书局1977年版，第12292页。

② 杨简撰，董平校点：《慈湖先生遗书》卷17《纪先训》，《杨简全集》第9册，浙江大学出版社2016年版，第2259页。

③ 杨简撰，董平校点：《慈湖先生遗书》卷17《纪先训》，《杨简全集》第9册，浙江大学出版社2016年版，第2260页。

④ 杨简撰，董平校点：《慈湖先生遗书》卷17《纪先训》，《杨简全集》第9册，浙江大学出版社2016年版，第2259页。

⑤ 杨士奇：《文渊阁书目》卷3《礼书》，商务印书馆1937年版，第36页。

⑥ 梅鷟：《南雍志经籍考》，《丛书集成续编》第67册，上海书店出版社1996年影印松临本，第799页。

⑦ 黄虞稷：《千顷堂书目》卷2，《丛书集成续编》第67册，上海书店出版社1996年影印适园本，第35页。

⑧ 廖道南：《楚纪》卷18《崇道内纪后篇》，《四库全书存目丛书》史部第47册，齐鲁书社1995年影印北京图书馆藏明嘉靖二十五年（1546）何城李桂刻本，第548页。此处之《司诲集》当作《师诲》，应是音近致误。考《郡斋读书志》有："《师诲》三卷，《附录》一卷。右吴必大记录晦庵先生之语，朱鉴刻于兴国。"

⑨ 黎靖德编，王星贤点校：《朱子语类》卷122《吕伯恭》，中华书局1986年版，第2956页。

⑩ 黎靖德编，王星贤点校：《朱子语类》卷117《朱子十四训门人五》，中华书局1986年版，第2812页。

等,内容涉及朱熹学问的多方面,常为后人引用①。

吴必大参与了《仪礼经传通解》的编纂工作。朱熹曾写信给吴必大,交代祭礼的编纂问题,详细告知吴必大篇章结构、所用材料、编纂方法,嘱咐他"依此下手编定"②。而后的书信中提到,"编礼有绪,深以为喜,或有的便望早寄来"③,则吴必大接受了朱熹的委托,并在此时有所进展。《答黄直卿》一书中,朱熹说:"礼书想已有次第,吴伯丰已寄得祭礼来。"④按此,吴必大此时似已按朱熹的要求完成了祭礼的编纂。可见,吴必大的礼学深得朱熹信任,对《仪礼经传通解》的祭礼部分有贡献,则他对祭礼的熟稔自不待言。如果吴必大真的著有《祭礼从宜》一书,该书或许是其编礼工作的副产品。

南宋 郑鼎新《礼乐从宜集》

《闽书》卷一百一十三《英旧志》:"郑鼎新,字中实,仙游人,嘉定十六年(1223)进士,知晋江县,寻通判处州。鼎新少受业黄榦之门,而与杨复游,尝考究礼书成编,名曰《礼乐举要》,又撰《礼乐从宜集》。其卒也,违命治丧一以《仪礼》从事。"⑤

南宋 黄宜《丧礼》

此书不见《宋史·艺文志》,《续文献通考·经籍考》:"《丧礼》。黄宜著。"⑥黄宜,《宋史》无传。《(嘉定)赤城志》"淳熙二年(1175)詹骙榜"下有:"黄宜,天台人,字达之,历国子监主簿、大理寺丞、知处州、侍右郎官、将作监、大理少卿、国子司业、秘书少监、中书舍人、工部侍郎,今以敷文阁待制提举上清太平宫。"⑦《南宋馆阁续录》称其"治《礼记》",则亦熟于礼者。

---

① 朱熹撰,刘永翔、朱幼文校点:《晦庵先生朱文公文集》卷 52《答吴伯丰》,朱杰人主编《朱子全书》第 22 册,上海古籍出版社、安徽教育出版社 2002 年版,第 2420—2459 页。

② 朱熹撰,刘永翔、朱幼文校点:《晦庵先生朱文公文集》卷 52《答吴伯丰》,朱杰人主编《朱子全书》第 22 册,上海古籍出版社、安徽教育出版社 2002 年版,第 2457 页。

③ 朱熹撰,刘永翔、朱幼文校点:《晦庵先生朱文公文集》卷 52《答吴伯丰》,朱杰人主编《朱子全书》第 22 册,上海古籍出版社、安徽教育出版社 2002 年版,第 2459 页。

④ 朱熹撰,刘永翔、朱幼文校点:《晦庵先生朱文公文集》续集卷 2《答黄直卿》,朱杰人主编《朱子全书》第 25 册,上海古籍出版社、安徽教育出版社 2002 年版,第 4646 页。

⑤ 何乔远:《闽书》卷 113《英旧志》,《四库全书存目丛书》史部第 207 册,齐鲁书社 1995 年影印明崇祯刻本,第 71 页。

⑥ 王圻:《续文献通考》卷 174《经籍考》,《四库全书存目丛书》子部第 188 册,齐鲁书社 1995 年影印明万历三十一年(1603)曹时聘等刻本,第 343 页。

⑦ 陈耆卿纂:《(嘉定)赤城志》卷 33《人物门二》,《宋元方志丛刊》第 7 册,中华书局 1990 年版,第 7535 页。

南宋　冯椅《丧礼》

此书不见《宋史·艺文志》，《经义考》卷三十七载①。冯椅（生卒年不详），字仪之，一字奇之，号厚斋，南康都昌人，朱熹弟子，撰有《周易辑说明解》《经说》等书。

南宋　应武《家礼辨俗论》

此书不见《宋史·艺文志》，《台州府志》："《家礼辨俗论》一卷。宋应武著。"②《（嘉定）赤城志》卷三十三"淳熙十四年王容榜"曰："应武，临海人，字纬之，扬之犹子。历诸司粮料院、提举浙西常平、宗正丞、尚右刑部郎官、假吏部尚书充金国贺正使、金部郎中、右正言、殿中侍御史、右谏议大夫，卒赠正议大夫。事见国史。"③《夷坚志》三志壬卷六《应武解元》："上庠有台州应武。淳熙丁未榜以《周礼》过省，唱名入三甲矣。"④则应武亦精礼学者。其书题名"家礼"，或与朱熹《家礼》相关，成书当不早于淳熙三年（1176）《家礼》遗失。

南宋　李壋《公侯守宰士庶通礼》

《宋史·艺文志》："李壋《公侯守宰士庶通礼》三十卷。"⑤马端临《文献通考》："嘉定间（1208—1224），李祕监又著《公侯守宰士庶通礼》一书，于祭礼特详。"⑥王应麟《玉海》："嘉定通礼。六年（1213），祕书少监李壋纂公侯守宰士庶为《通礼》三十卷，取开宝、政和凡通行者，分别五礼，类为一编。"⑦按此，该书成于嘉定六年（1213），时任祕书少监的李壋博采《开宝通礼》《政和五礼新仪》中通行之礼著成《公侯守宰士庶通礼》一书，共三十卷，其中关于祭礼的部分尤为详尽。从该书的名称来看，行礼的主体适用于公侯、守宰、士庶；从所依据的资料而言，包含规定了士庶礼仪的《政和五礼新仪》，因此，该书必然包含对士庶人冠、昏、丧、祭等家礼仪节的规定。可惜该书已

---

① 朱彝尊著，许维萍等点校：《点校补正经义考》第 4 册，中国文哲研究所 1997 年版，第 722 页。
② 喻长霖等纂修：《台州府志》卷 65《艺文略二》，《中国方志丛书》华中地方第 74 号，成文出版社 1970 年影印民国二十五年（1936）铅印本，第 953 页。
③ 陈耆卿纂：《（嘉定）赤城志》卷 33《人物门二》，《宋元方志丛刊》第 7 册，中华书局 1990 年版，第 7536 页。
④ 洪迈撰，何卓点校：《夷坚志》三志壬卷 6《应武解元》，中华书局 2006 年版，第 1510 页。
⑤ 脱脱：《宋史》卷 204《艺文志》，中华书局 1977 年版，第 5134 页。
⑥ 马端临：《文献通考》卷 105《宗庙考十五·大夫士庶宗庙》，中华书局 1986 年据万有文库十通本影印，第 954 页。
⑦ 王应麟：《玉海》卷 69《礼仪·嘉定通礼》，江苏古籍出版社、上海书店 1987 年影印光绪九年（1883）浙江书局重刻本，第 1212 页。

佚,其内容及思想特色难以考证。关于作者李埴(约1161—1238),为著名史学家李焘之子,尝从张栻问学,事迹详见《宋元学案》卷七十一《岳麓诸儒学案》。

南宋 赵希苍《赵氏祭录》

《宋史·艺文志》:"赵希苍《赵氏祭录》一卷。"① 该书不见于其他目录书,可能较早便已亡佚。赵希苍,生卒年不详,事迹可考者较少。据《(景定)建康志》,赵希苍曾做过上元县令,任期为开禧元年(1205)闰八月初九日到至二年十一月二十三日,之后改"差制机"②。嘉定十四年(1221)三月二十三日,赵希苍"以朝请郎"任湖州知州③。叶适《湖州胜赏楼记》中称赵希苍为"挥君",字汉英,并记述其在湖州知州任上的政绩道:"君至,损税直,增学,亲不葬、女不嫁、废疾无医、死无敛棺皆助之不及,可谓有志矣。惜其暂不得久,近惠而未及远利也。"④

关于赵希苍离任湖州知州的时间。《(嘉泰)吴兴志》:"赵希苍。嘉定十四年(1221)三月二十三日以朝请郎到任,四月内磨勘,转朝奉大夫,至十五年(1222)八月初六日宫观。"⑤《宋会要辑稿》嘉定十五年(1222)二月四日条:"知湖州赵希苍与宫观。"⑥ 方志与《宋会要辑稿》所载的赵希苍离职时间不同,一为嘉定十五年八月初六,一为嘉定十五年二月四日。考叶适《湖州胜赏楼记》的落款时间为"嘉定十五年三月"⑦,而文中称赵希苍任此职"暂不得久",则当时赵希苍已经去职。据此,方志所记载的赵希苍离职时间可能有误,《宋会要辑稿》所记"嘉定十五年二月四日"更可靠。

南宋 李宗思《礼范》

《宋史·艺文志》:"《礼范》一卷,宋李宗思撰。"⑧《宋元学案》中有《教授李先生宗思》小传:"李宗思,字伯谏,建安人。其教授蕲学也,文公送之曰:

---

① 脱脱:《宋史》卷204《艺文志》,中华书局1977年版,第5134页。

② 马光祖修、周应合纂:《(景定)建康志》卷28《官守志·诸县令》,《宋元方志丛刊》第2册,中华书局1990年据清嘉庆六年(1801)金陵孙忠愍祠刻本影印,第1782页。

③ 谈钥:《(嘉泰)吴兴志》卷14《郡守题名》,《续修四库全书》第704册,上海古籍出版社1995年据民国三年(1914)刘氏刻吴兴丛书本影印,第157页。

④ 叶适撰,刘公纯等点校:《叶适集》卷11《湖州胜赏楼记》,中华书局1961年版,第201页。

⑤ 谈钥:《(嘉泰)吴兴志》卷14《郡守题名》,《续修四库全书》第704册,上海古籍出版社1995年据民国三年(1914)刘氏刻吴兴丛书本影印,第157页。

⑥ 徐松:《宋会要辑稿·职官七五》嘉定十五年(1222)二月四日条,中华书局1957年版,第4089页。

⑦ 叶适撰,刘公纯等点校:《叶适集》卷11《湖州胜赏楼记》,中华书局1961年版,第201页。

⑧ 脱脱:《宋史》卷204《艺文志》,中华书局1977年版,第5134页。

'与伯谏游而讲于斯也,亦三年矣。凡持守之要、玩索之端、巨细精粗,盖已无所不论。今使之言,其又何以加此。然有一焉,主敬致知,摧骄破吝,谨之于细微杂乱之域,而养之于虚间静一之中,则虽屡言之,而岂患乎其渎哉?'"①可知,李宗思曾任蕲学教授,与朱熹交往密切,以至于无所不论。朱熹曾在与张栻的书信中提及他,说:"熹昨日道间见友人李宗思,相语及此。李云:'此决无可问,为臣子者但当思其所以,不可问之。痛沫血饮泣益尽死于复仇,是乃所以为忠孝耳。'此语极当。"②揣摩李宗思这段言辞,其语气似乎是与同僚言谈,而朱熹也称其为"友人",则两人或为同侪。

《说郛》卷四十四载有《礼范》一篇,或是此书纲目:

《礼范》

《家范训要》

司马文正公著《家范》十卷,今略其故实而掇取其训要之语载之。

《家训节略》

北齐黄门侍郎颜之推字介著《家训》七卷,今节其尤切于家道者载之。

《养老奉亲书》

熙宁中,泰州兴化县令陈直所撰,凡十五篇。今删去其饮食医药之方而载其七篇。

《居家杂仪》

皇朝丞相司马文正公光君实所撰。

《弟子职》

齐相管仲字夷吾著书八十六篇,号曰管子。此篇其一也。

《女戒》

东海曹世叔妻班氏名昭,在当时数召入宫,皇后、诸贵人师事之,号曰大家。

《训俭》

司马文正公所撰。

《乡约》

---

① 黄宗羲著、全祖望修补,陈金生、梁运华点校:《宋元学案》卷 69《沧州诸儒学案上》,中华书局 1986 年版,第 2324 页。

② 朱熹撰,刘永翔、朱幼文校点:《晦庵先生朱文公文集》卷 25《答张敬夫书》,朱杰人主编《朱子全书》第 21 册,上海古籍出版社、安徽教育出版社 2002 年版,第 1108 页。

熙宁中,宝文待制吕大忠字进伯所撰。

《乡仪》

待制吕公之弟大钧字和叔所撰。

《家训》①

南宋 周端朝《冠婚丧祭礼》

《宋史·艺文志》:"《冠昏丧祭礼》二卷,宋周端朝撰。集司马氏、程氏、吕氏礼。"周端朝,"字子靖,温州永嘉县人。嘉定四年(1211)赵建大榜进士出身,治《春秋》。"②曾因为赵汝愚被罢,与杨宏中、张衢、林仲麟、蒋傅、徐范上疏论政,因此被韩侂胄迫害,收入《庆元党籍》之中③,后任少监、著作郎、秘书少监兼国史院编修官等职。该书已佚,从《宋史·艺文志》的描述来看,似乎是司马光、程颐、蓝田吕氏兄弟礼书的合编。

南宋 佚名《六家祭仪》

《遂初堂书目》著录。此书已佚,作者、内容不可考,从书名揣测,或为诸家家祭礼书的合编。

南宋 佚名《朱氏十书》

《遂初堂书目》著录。该书已佚,作者、内容无可稽考。

南宋 题陈傅良《高士送终礼》

《续文献通考》:"《高士送终礼》,瑞安陈傅良著。"④孙诒让《温州经籍志》卷三十六《辨误》有:"陈傅良《高士送终礼》,《续文献通考》一百七十六,《通志》、府县志并未收。案《高士送终礼》,蔡氏《止斋行状》及史志书目并未见,书名亦疑有夺误。《续考》经籍一门违舛甚夥,此条尤不可信,今不据补入。"⑤孙锵鸣《陈文节公年谱》因袭其说,以为该书"更不可信"。⑥ 此说或是。

---

① 陶宗仪:《说郛》卷 44《礼范》,上海古籍出版社 1988 年版,第 715 页。

② 佚名:《南宋馆阁续录》卷 7,《景印文渊阁四库全书》第 595 册,台湾商务印书馆 1986 年版,第 509 页。

③ 脱脱:《宋史》卷 455《杨宏中传》,中华书局 1977 年版,第 13373—13375 页。

④ 王圻:《续文献通考》卷 176《经籍考》,《四库全书存目丛书》子部第 188 册,齐鲁书社 1995 年据明万历三十一年(1603)曹时聘等刻本,第 358 页。

⑤ 孙诒让:《温州经籍志》卷 36《辨误》,《续修四库全书》第 918 册,上海古籍出版社 1995 年据上海辞书出版社图书馆藏民国十年(1921)浙江公立图书馆刻本影印,第 706 页。

⑥ 孙锵鸣:《陈文节公年谱》,《丛书集成续编》第 260 册,新文丰出版公司 1989 年影印民国十八年(1929)永嘉黄氏校印敬乡楼丛书本,第 184 页。

南宋 佚名《宋士庶通礼》

《文渊阁书目》卷一:"《宋士庶通礼》一部。(十二册)"①该书已佚,其作者、内容不可考,或即李埴《公侯守宰士庶通礼》。

南宋 陈寿《家礼准今》

此书不见《宋史·艺文志》,《两浙著述考》曰:"《家礼准今》,宋宁海陈寿撰。寿,字应嵩,太学生。宋亡不仕,《宁海志》有传。此书见雍正《浙江通志》,今佚。又有《南山集》,李洧孙序,见《浙江通志》,亦佚。"②

南宋 吴霞举《文公丧礼考异》

此书不见《宋史·艺文志》,钱大昕《元史艺文志》载之。吴霞举(1257—1307),字孟阳,号默室,歙县人。父龙翰,字式贤,号古梅,宋迪功郎、编国史院实录。《(弘治)徽州府志》称其"居丧不用浮屠,一遵古制"③,则《文公丧礼考异》之作,与其家学传承有关。该书已佚,程敏政《新安文献志》卷十九录有曹泾《文公丧礼考异序》一篇,可观其大概:

> 吴君孟阳著书一编,曰《文公丧礼考异》,自男子至于妇人,自始死至于祥禫,自斩衰至于缌麻,自辟领加领至于笄纚总髽,有说有图有像,为经为纬,为源为委,条理秩然。其为说本之《仪礼》《礼记》,若注疏,而以文公《家礼》与尝言及之者折衷之,稍以己见佐其决。其书视《家礼》为详,如论一溢米数,旁参细核,近五百言,其不苟往往类是。……孟阳之高祖友堂先生昶实师文公,三传为古梅君,是生孟阳,以有此书,虽谓之文公忠臣可也。……孟阳世其家学,居丧之礼,如其先君,好学笃行,岂逊忠甫?忠甫之《识误》,孟阳之《考异》,一也。……是书诚如指掌,固宜人写一通,使之习于心目,尚企先王盛时之风俗,以自别于无礼之类,又岂特《丧礼》一则而止,孟阳更究为之也。④

郑洵瑜《书仪》

《宋史·艺文志》:"《书仪》一卷。宋郑洵瑜撰。"陈乐素《宋史艺文志考

---

① 杨士奇:《文渊阁书目》卷3《礼书》,商务印书馆1937年版,第36页。
② 宋慈抱原著,项士元审订《两浙著述考》,浙江人民出版社1985年版,第355页。
③ 彭泽修、汪舜民纂:《(弘治)徽州府志》卷7,明弘治十五年(1502)刻本。
④ 程敏政:《新安文献志》卷19《文公丧礼考异序》,《景印文渊阁四库全书》第1375册,台湾商务印书馆1986年版,第264、265页。

证》:"应为郑珣瑜。"①刘兆祐《宋史艺文志史部佚籍考》:"珣瑜,史无传。此书两唐志未见,盖宋时人也。"②该书已佚,作者不详。

题"钱状元"《世范》

此书不见史志著录,而《岁时广记》屡有引用。"钱状元"不知何人,查唐、五代、宋、元时期历届状元无钱姓者③,则"状元"或即其名。观佚文内容不似唐人所作,或为宋时所作。

《岁时广记》卷十六《展墓荐》:

> 钱状元《世范》:"寒食墓祭,前辈讥之,以为吉礼不可用于野也。《礼》奔丧不及殡则之墓,去国则哭于墓,宗子去国而庶子无爵,则不敢以祭于庙,于是有望墓为坛,以时祭者。魂气气不之,墓则体魄所藏也。如此设祭,义亦可行。但古人时祭必具牲鼎,行之于墓,于事非便,故有为坛而祭之仪。今时祭之外,特具寒食展墓而荐之,亦复何害。"④

《岁时广记》卷十六《辨墓域》:

> 钱状元《世范》:"《礼》有祝,有宗人,专职祭祀,不治他业,故能审知鬼神之仪、昭穆之位,以所祝辞号之别。今人无之,而田巷之祝又皆鄙俚,宜择审其可用者,因为家祝,稍稍训习,使知吾家世系昭穆坟墓之详。每岁寒食,巡行墓兆,辨其疆域,传之子孙,世世掌之,仍以赡茔之租,有余量给其佣,若老成凋谢,而后生出来,有所稽考。"⑤

《岁时广记》卷三十《设素食》:

> 钱状元《家世范》:"近世以七月十五日为烧衣节,盖本浮屠之说,不足依据。然佛老宫祠所在有之,亦祖考平生游息更衣之地,因设素食于

① 陈乐素:《宋史艺文志考证》,广东人民出版社 2002 年版,第 571 页。
② 刘兆祐:《宋史艺文志史部佚籍考》,《中华丛书》编审委员会 1984 年版,第 605 页。
③ 康学伟:《中国历代状元录》,沈阳出版社 1993 年版。
④ 陈元靓:《岁时广记》卷 16《展墓荐》,《续修四库全书》第 885 册,上海古籍出版社 2002 年据复旦大学图书馆藏清光绪十万卷楼丛书本影印,第 265 页。
⑤ 陈元靓:《岁时广记》卷 16《辨墓域》,《续修四库全书》第 885 册,上海古籍出版社 2002 年据复旦大学图书馆藏清光绪十万卷楼丛书本影印,第 265、266 页。

此烧之,理亦可行。"①

表 2.1 宋代四礼著述一览表

书名	作者	成书时间	主要内容	存佚情况
《孙氏仲享仪》	孙日用	开宝年间 (968—976)	祭礼	佚 佚文 2 条
《训俗书》	许洞	北宋初期	庙祭、冠笄、拜扫	佚
《新定寝祀礼》	署名陈致雍	北宋中晚期	祭礼	佚
《杜氏四时祭享礼》	杜衍	北宋中期	祭礼	佚
《吉凶书仪》	胡瑗	北宋中期	丧礼、祭礼	佚 佚文 1 条
《韩氏古今家祭式》	韩琦	熙宁三年(1070)	祭礼	佚 佚文 3 条
《横渠张氏祭礼》	张载	北宋中晚期	祭礼	佚 佚文 1 条
《伊洛礼书》	程颐	绍圣年间 (1095—1098) 至大观元年 (1107)	冠、婚、丧、 祭、乡、相见	婚、丧、祭 基本保存
《伊洛礼书补亡》	程颐撰、 陈亮编	南宋中期	未知	佚
《伊洛遗礼》	程颐撰、 陈亮编	南宋中期	未知	婚、丧、祭 存其一二
《伊川程氏祭礼》	程颐	北宋中晚期	祭礼	存
《吕氏家祭礼》	吕大防、 吕大临	北宋中晚期	祭礼	佚 佚文 2 条
《编礼》	吕大临	北宋中晚期	丧礼	佚
《蓝田吕氏祭说》	吕大钧	北宋中晚期	祭礼	佚
《范氏家祭礼》	范祖禹	北宋中晚期	祭礼	佚 佚文 1 条
《司马氏书仪》	司马光	元丰四年(1081)	冠、婚、丧、祭	存
《涑水祭仪》	司马光	北宋中晚期	祭礼	《书仪·祭仪》
《居家杂仪》	司马光	北宋中晚期	杂仪	《书仪·婚仪》
《丧礼》	张诜	北宋中晚期	丧礼	佚

---

① 陈元靓:《岁时广记》卷 30《设素食》,《续修四库全书》第 885 册,上海古籍出版社 2002 年据复旦大学图书馆藏清光绪十万卷楼丛书本影印,第 384 页。

续表

书名	作者	成书时间	主要内容	存佚情况
《丧礼》	梁观国	两宋之际	丧礼	佚
《孙氏荐飨仪范》	孙伟	绍兴三年(1133)	祭礼	存
《高氏送终礼》	高闶	绍兴十四年(1144)	丧礼	佚佚文18条
《政和五礼撮要》	范氏	绍兴中(1131—1162)	冠、婚、丧、祭	佚
《祭仪》	佚名	约乾道九年(1173)	祭	佚
《朱氏祭仪》	朱熹	乾道四年(1168)冬至前	祭礼	佚佚文2条
《古今家祭礼》	朱熹	淳熙元年(1174)	祭礼	佚
《四家礼范》	张栻、朱熹	南宋中期	汇编	佚
《三家昏丧祭礼》	张栻、朱熹	淳熙三年(1176)	婚、丧、祭	佚
《广汉张氏祭仪》	张栻	未详	未详	佚
《吕氏家范》	吕祖谦	南宋中期	婚、丧、祭	存
《家礼》	朱熹	淳熙二、三年间(1175—1176)	冠、婚、丧、祭	存
《丧礼》	程端蒙	淳熙四年(1177)	丧	佚
《墨庄祭仪》	刘清之	未详	祭	佚
《士冠士昏馈食图》	赵彦肃	约绍熙三年(1192)末	冠、婚	佚
《政和冠昏丧祭礼》	黄灏	绍熙中(1190—1194)	冠、婚、丧、祭	佚
《丧礼》	胡泳	约庆元四年(1198)	丧	佚
《终礼》	陆九韶	开禧元年(1205)前不久	丧	佚
《宗礼》	郭叔云	庆元四年至嘉定十三年(1198—1220)	祭	佚
《冠祭家记》《婚礼家记》《丧礼家记》	杨简	未详	冠、婚、丧、祭	佚

续表

书名	作者	成书时间	主要内容	存佚情况
《祭礼从宜》	吴必大	未详	祭礼	佚
《礼乐从宜集》	郑鼎新	未详	未详	佚
《丧礼》	黄宜	未详	丧礼	佚
《丧礼》	冯椅	未详	丧礼	佚
《家礼辨俗论》	应武	不早于淳熙三年（1176）	未详	佚
《公侯守宰士庶通礼》	李埴	嘉定六年（1213）	未详	佚
《赵氏祭录》	赵希苍	未详	祭礼	佚
《礼范》	李宗思	未详	汇编	佚 仅存纲目
《冠婚丧祭礼》	周端朝	未详	汇编	佚
《六家祭仪》	佚名	未详	祭礼	佚
《朱氏十书》	佚名	未详	未详	佚
《高士送终礼》	题陈傅良	未详	丧礼	佚
《宋士庶通礼》	佚名	未详	未详	佚
《家礼准今》	陈寿	南宋末	未详	佚
《文公丧礼考异》	吴霞举	宋末元初	未详	佚
《书仪》	郑润瑜	未详	未详	佚
《世范》	"钱状元"	未详	墓祭等	佚 佚文 3 条

本章小结

　　从表 2.1 所汇总的相关情况看，宋代四礼文献的鲜明特点有：

　　其一，著述数量大量增加。宋代四礼相关著述近 60 种，约为《新唐书·艺文志》所载相关著述的 5 倍。这一现象或许说明，宋代社会的确发生了"礼下庶人"的巨大变革。这一方面是中唐之后平民阶层地位不断提升的结果，另一方面则是皇帝与士大夫共治天下的需要。换言之，正是社会的深刻变革使宋代的礼仪实践出现了与古不同的时代特色，从而促使儒家士大夫普遍投身制礼、行礼的社会运动之中，留下丰富的相关著述。文献的丰富性使系统研究宋代四礼成为可能。

其二,作者多为道学家群体。从北宋中期之后,撰述礼书之人往往与道学渊源密切。北宋以程颐、张载、司马光为主,蓝田吕氏与关、洛两个学派均有渊源,范祖禹则既受学于程颐,又有与司马光同修《资治通鉴》的经历。至南宋,四礼著述多出自朱熹、吕祖谦、张栻、金溪陆氏等道学家之门。理学、心学、浙学等不同学术派别在学术主张上虽有较大差异,却同样关注四礼学的研究与实践。

其三,宋代四礼著述的先后承袭现象显著,转引情况颇多,故亡佚之作多可辑得佚文。将先贤礼书汇编刊刻是宋代比较常见的做法,如《三家昏丧祭礼》《古今家祭礼》《四家礼范》《冠婚丧祭礼》《朱氏十书》《六家祭仪》等均系此类。另外,在前人基础上损益而为新书的做法也比较通行,如吕祖谦《家范》、朱熹《家礼》,都是以《书仪》为本,参考韩琦、杜衍、张载、程颐等家著作,以己意损益而成书。这种写作方法直接导致了该类著作的高"引用率",为辑考已经散佚的著作提供了可能。这对宋代四礼著述的研究提出了新要求,即必须对相关文献进行细致比对,寻找其差异所在,从而确定后成之书对于前人之书的损益情况。唯其如此,才有可能进一步探讨不同礼书的思想内涵。

其四,宋代私撰礼书的体例向"四礼"演变。北宋初期的私撰礼书与唐代私撰礼书之间有明显的承袭痕迹,直观表现为单一规范祭礼的著作极多。到北宋中期,随着《仪礼》"经礼"地位的逐渐回归,编次礼书已然成为儒者之宏愿。程颐之礼书本以"六礼"为纲,而其所成者似只有婚礼、丧礼、祭礼数篇。司马光《书仪》首次使用了冠、昏、丧、祭的四礼模式。在南宋,张栻曾将冠礼删去,勒成婚、丧、祭的三礼系统,以便遵行,而朱熹则坚持认为冠礼可行,并继承司马光《书仪》纂成以"四礼"为纲维的《家礼》。此后,使用"四礼"体系的著作渐多,"冠昏丧祭"之名遂常见于目录之中。

可以说,宋代是"四礼"之学奠定其理论基础、内容框架、思想内涵的重要时期。绕过宋代,不但明清大量出现的"四礼"著作难以卒读,中国帝制社会晚期一般士庶的生活形态也会变得难于理解。

礼文编

第三章　冠礼:重塑儒家的成人教育理想

　　"冠者,礼之始也。"①在由冠、婚、丧、祭"四礼"组成的宋代礼书中,冠礼常居其首,被认为是人生礼仪的起点,是由童蒙阶段迈入成人阶段的转折性仪式,承载着儒家礼教的"成人之义"。然而,随着时代变迁,冠礼逐渐退出人们的日常生活,化作一种载于坟典的古老回忆与囿于经学的学术考证,到宋代已久不施行。"冠礼今不复议""冠礼之废久矣""冠礼不行久矣"几乎是宋儒对于冠礼实践情况的共识,张栻(1133—1180)甚至在其刊刻的《三家昏丧祭礼》中略去士庶冠礼,并对朱熹(1130—1200)解释说:"冠礼废久矣,未能遽复。"②尽管如此,宋代还是出现了不少涉乎士庶冠礼的礼书,可考的有:许洞《训俗书》、司马光《书仪》《政和五礼新仪》、朱熹《家礼》、周端朝《冠婚丧祭礼》、赵彦肃《士冠士昏馈食图》、杨明复《冠婚丧祭图》、杨简《杨慈湖冠祭家记》等。这些著作不但试图重构冠礼仪文,从而为士大夫行礼提供礼文依据,还希望将成人之教融入冠礼仪式,恢复儒家的礼教传统。

　　司马光《书仪》与朱熹《家礼》是现存宋代家礼著作中对冠礼仪文设计最为完整、社会影响力最大的两部著作。从两者修订的冠礼仪文可以看出,宋儒试图通过简化《仪礼·士冠礼》的细密仪节,制定简单易行的士庶冠礼仪文,以复兴这一儒家古礼。对此,学界已有相关探讨。但是,在宋代,衣服、居室、语言等社会生活各方面都已经发生了重大变化。在这样一个"去古已远"的社会,宋儒如何处理"古"与"今"之间的断裂与矛盾? 因时制成的冠礼仪文怎样体现"成人之义"? 宋代冠礼的实践情况及教育成效如何? 对此,本章以礼义、礼辞、礼服、行礼之地、参礼之人为研究次序,力求对宋代冠礼有一个完整认识。

---

① 郑玄注、孔颖达疏,龚抗云整理、王文锦审定:《礼记正义》卷61《冠义》,北京大学出版社1999年版,第1614页。

② 张栻:《南轩集》卷33《跋三家昏丧祭礼》,《景印文渊阁四库全书》第1167册,台湾商务印书馆1986年版,第698页。

第一节　十五而冠：从蒙学教育到成人之教

"所谓成人者，非谓四体肤革异于童稚也，必知人伦之备焉。"①在宋儒看来，"成人"不仅是自然意义上的时间概念，而且是一个教育学意义上的德育概念。当主宾向冠者诵读"弃尔幼志，顺尔成德"（《仪礼·士冠礼》）的始加祝辞时，其厚望所寄乃是使冠者告别以往的孩童经历，顺从成年时代的到来，养成成人当具备的美德。所谓"成德"，即"为人子、为人弟、为人臣、为人少"（《礼记·冠义》）所应遵循的德。因此，冠礼本质上是一场以伦理道德为主题的教育活动，是连接蒙学与成人之教的中点。在典礼之前，冠者处于童蒙教育阶段，为今后的成人教育打基础；在典礼之后，冠者在道德意义上"成年"，在更多社会角色的扮演中不断强化自身的道德修养。

为了达到"责成人之礼"（《礼记·冠义》）的教育目标，举行冠礼便应至少具备两个条件：一是基本的认知能力，二是相应的蒙教背景。这两点都要求行冠礼的年龄不宜过早。司马光《书仪》对冠龄展开了礼学考证，根据古文献中"二十而冠"（《礼记·曲礼》）、"十二而冠"（《左传·襄公九年》）的有关记载，将冠龄定为 12 岁到 20 岁之间。不过，司马光仍然觉得 12 岁行冠礼过早。对他来说，这种考证与规定不过是在"世俗之弊不可猝变"②的现实状况下的一种策略性妥协。因此，"敦厚好古之君子"应践行另一种规则：

> 俟其子十五已上，能通《孝经》《论语》，粗知礼义之方，然后冠之。③

司马光设置的冠礼要件有二：一是年龄条件，即 15 岁以上。在这一年龄段，人的认知能力、学习能力都达到了一定水平，具备受教育的心智基础。二是能通《孝经》《论语》，即要求冠者具备基本的知识素养，对儒家的伦理道德有基本认同感。在司马光的蒙学教育思想中，《孝经》《论语》是最基础的启蒙读物。《居家杂仪》规定："七岁，男女不同席，不共食，始诵《孝经》《论

---

① 吕大临：《礼记解》，载陈俊民辑校《蓝田吕氏遗著辑校》，中华书局 1993 年版，第 386 页。
② 司马光：《司马氏书仪》卷 2《冠仪上》，《丛书集成初编》第 1040 册，中华书局 1985 年据学津讨原本排印，第 19 页。
③ 司马光：《司马氏书仪》卷 2《冠仪上》，《丛书集成初编》第 1040 册，中华书局 1985 年据学津讨原本排印，第 19 页。

语》,虽女子亦宜诵之。"①之后才慢慢诵读《尚书》《春秋》等书,听受讲解,学习饮食、谦让等日常礼仪。在记诵、讲解与礼仪践行中,孩童得到了孝道伦理的教育,奠定了"为人子、为人弟、为人臣、为人少"的德育基础。

《书仪》的这套"双重标准",既兼采古典文献与民间习俗,又照顾到士大夫与普通庶人的差异,可谓有理有据、用心良苦。不过,"十二而冠"之说却遭到程颐的坚决反对:

> 冠礼废,则天下无成人。或人欲如鲁公十二而冠,此不可。冠所以责成人,十二年非可责之时。既冠矣,且不责以成人事,则终其身不以成人望他也,徒行此节文何益? 虽天子诸侯,亦必二十而冠。②

显然,程颐与司马光的不同之处在于,他既不接受古书记载,又不恤于民间习俗,其所究心者乃是冠礼仪文是否能够彰显儒家成人之义。在他看来,"凡礼,以义起之可也"③。既然冠礼的要义在于教化冠者的成人之德,那么,冠者就必须具备基本的认知能力与蒙教基础。否则,便是刻意复古、徒行节文,难免流于形式,落入"礼云礼云,玉帛云乎哉"(《论语·阳货》)的尴尬境地。所以他主张上自天子,下至庶人,应一律"二十而冠"。

在这一问题上,朱熹《家礼》本于先儒成说,而不乏独到见解。一方面,他虽然继承了程颐重视义理的制礼原则,却并未遵循"二十而冠"的科条。另一方面,尽管服膺司马光的礼文考订,却也不苟同《书仪》的仪文。《家礼》所定的冠龄是 15 到 20 岁。如果说,20 岁的上限与司马光、程颐相同,都源于古礼,那么,15 岁的下限则不仅仅是吸收《书仪》的结果。在朱熹的教育思想中,15 岁是一个重要的人生节点。《大学章句序》曰:

> 三代之隆,其法浸备,然后王宫、国都以及闾巷,莫不有学。人生八岁,则自王公以下,至于庶人之子弟,皆入小学,而教之以洒扫、应对、进退之节,礼乐、射御、书数之文;及其十有五年,则自天子之元子、众子,以至公、卿、大夫、元士之适子,与凡民之俊秀,皆入大学,而教之以穷

---

① 司马光:《司马氏书仪》卷 4《婚仪下·居家杂仪》,《丛书集成初编》第 1040 册,中华书局 1985 年据学津讨原本排印,第 45 页。
② 程颢、程颐著,王孝鱼点校:《二程集》,中华书局 1981 年版,第 146 页。
③ 程颢、程颐著,王孝鱼点校:《二程集》,中华书局 1981 年版,第 286 页。

理、正心、修己、治人之道。此又学校之教、大小之节所以分也。①

这里所说的大学、小学之教，源出《礼记·王制》及汉儒衍说，虽不是上古信史，却成为朱熹编织"理想国"的素材。在朱熹的设想中，三代是一个教育昌明的理想社会，学校林立，次第分明。人生八岁而入小学，学习洒扫、应对、进退、礼乐、射御、书数等知识技能，旨在通过"事上磨练"养成童蒙的"诚敬"之心，为"大学"之教提供伦理实践基础。到十五岁，便入"大学"，学习格物、致知、诚意、正心、修身、齐家、治国、平天下之道，进一步格致事上道理，修己治人，向外推行善道。

孔子说："十五而志于学。"（《论语·为政》）在朱子学派看来，15 岁是人生中一道华丽的分隔线。在此之前，蒙学教育已然通过"整容体，齐颜色，顺辞令"（《礼记·冠义》）的教育使人习得事亲、事长之道，暗自养成了"圣贤坯模"②；在此之后，成人之教不假外求，只是自明明德而推己及人，由格物、致知、诚意、正心的修身功夫做起，推而至于齐家、治国、平天下，直到止于至善、优入圣域。这种将冠礼看作"成人之教"的观念普遍受到宋代道学家群体的普遍认同，深刻影响了冠礼的仪式过程、字说祝辞、空间方位等方方面面。

第二节　冠而字之：字说、字辞的教育功能

字说③，又称作字解、字序、字辞、冠说等，是一种通过阐发某人名字的含义而实现"丁宁训诫之义"④的文学体裁。如果说《仪礼·士冠礼》中命字环节的祝辞是字说的滥觞，那么字说真正以一种文学体裁大量出现则是在宋代。据统计，现存宋人文集中的字说多达 462 篇。基于对字说与冠礼中字辞关联性的认识，有学者指出字说与宋代冠礼的复兴有某种联系⑤。然

---

① 朱熹：《四书章句集注》，中华书局 1983 年版，第 1 页。

② 黎靖德编，王星贤点校：《朱子语类》卷 7《学一·小学》，中华书局 1986 年版，第 115 页。

③ 学界有字说、名字说、字序、名字序等不同称谓，所指虽不尽相同，而大多缘徐师曾《文体明辨序说》中"字说"一条而来，故本章沿用"字说"一词。作为一种文体，字说涵盖甚广，字说、字解、字序、字辞、字训、祝辞、冠说、名说、名解、名序等都可被纳入字说范畴。囿于主题，本章所探讨的字说仅限于对"字"加以训释的字说，而不涉及阐发"名"的名说、名解、名序等。

④ 吴讷、徐师曾：《文章辨体序说·文体明辨序说》，人民文学出版社 1998 年版，第 147 页。

⑤ 如张海鸥：《宋代的名字说与名字文化》，《中山大学学报》（社会科学版）2013 年第 5 期，第 16—30 页。

而，对这一问题的讨论往往以"字说滥觞于冠礼字辞"为论证前提与研究预期，既未充分认识字说文体的复杂性，也未能在动态中把握两宋字说与士庶冠礼实践的历史变迁。宋代字说与冠礼实践关系如何？用于冠礼的字说在两宋时期发生了哪些变化？这类字说对冠礼的教育意义有何影响？本节试图探讨这些问题，揭示宋代字说对冠者的成人教育意义。

一、宋代字说的基本类型

在《仪礼·士冠礼》中的"命字"环节，宾会为冠者吟诵字辞："礼仪既备，令月吉日，昭告尔字。爰字孔嘉，髦士攸宜。宜之于假，永受保之，曰伯某甫。"[①]这一以四言为主的格式化祝辞被认为是字说的文体渊源。从文献资料来看，最早将字说溯源至《仪礼·士冠礼》的应是元代大儒吴澄（1249—1333），他在自己的一篇字说中写道：

> 古之冠者，宾字之，有辞以致祝颂，载在《仪礼》，后世因此或别作字说以寓规戒焉。[②]

时至明代，徐师曾（1517—1580）在《文体明辨序说》中对字说进行了较为系统的说明：

> 字说字说、字解、字序、字辞、祝辞、名说、名解、名序、女子名字说
>
> 按《仪礼》，士冠三加三醮而申之以字辞，后人因之，遂有字说、字序、字解等作，皆字辞之滥觞也。虽其文去古甚远，而丁宁训诫之义无大异焉。若夫字辞、祝辞，则仿古辞而为之者也。然近世多尚字说，故以说为主，而其他亦并列焉。至于名说、名序，则援此意而推广之。而女子笄亦得称字，故宋人有女子名辞，其实亦字说也。今虽不行，然于礼有据，故亦取之，略备一体云。[③]

徐师曾对于字说的界定有这样几层含义：一、字说来源于《仪礼·士冠

① 郑玄注、贾公彦疏，彭林整理、王文锦审定：《仪礼注疏》卷 3《士冠礼》，北京大学出版社 1999 年版，第 57、58 页。
② 吴澄：《吴文正集》卷 10《宋诚字说》，《景印文渊阁四库全书》第 1197 册，台湾商务印书馆 1986 年版，第 127 页。
③ 吴讷、徐师曾：《文章辨体序说·文体明辨序说》，人民文学出版社 1998 年版，第 147 页。

礼》中的字辞,字说、字序、字解等文体都可以溯源到《仪礼》中;二、字说的写作目的是"丁宁训诫之义",在这一点上古今并没有本质差别;三、字说包含甚广,不同种类的字说与冠礼字辞的关系并不相同,字辞、祝辞是仿照《仪礼》字辞而作,名说、名序是按照这一文体的特点推而广之的结果,女子名字说因在古礼中有笄礼之依据,本质也是字说。可见,徐师曾用以界定字说的准绳是与古礼中字辞的关系,相应地,字说被划分为两类:一类与冠礼关系密切,包括仿照《仪礼》中字辞而作的字辞、祝辞,由笄礼中字辞演化而来的女子名字说;另一类虽然与古冠礼无本质联系,却依此推广而来,如名说、名序等。

徐氏对于字说的溯源虽然并不精密周延,却为我们考察字说的兴起提供了一种独特的视角。就现存宋人文集中的字说而言,与冠礼相关的字说并不多,按照其在冠礼仪式中的作用,可分为以下三种。

第一种,在冠礼仪式的命字环节中使用的字说。此种字说一般被称为字辞、祝辞、冠说,多以四言为主,模仿《仪礼·士冠礼》写成。如黄庭坚(1045—1105)的《祝晁深道冠字词》[1]、《祝徐氏二子冠字词》[2],刘子翚(1101—1147)的《字朱熹祝词》[3],王柏(1197—1274)的《时在字辞》[4]、《吴子善字辞》[5],徐经孙(1192—1273)《侄壬泰冠说》[6]等,都是在冠礼仪式中由宾正式诵读的字辞。有些作者将记叙性的字序与格式化的字辞合并写作,如刘敞(1019—1068)的《张海字辞并序》[7]、彭龟年(1142—1206)的《冠铉辞并序》[8],这种文体既有用于冠礼仪式命字环节的四言字辞,又设有序文以说明作文缘由、冠礼意义,以及冠礼的举办时间、仪式过程等。

---

[1] 黄庭坚撰,刘琳等校点:《黄庭坚全集》卷24《祝晁深道冠字词》,四川大学出版社2001年版,第634页。

[2] 黄庭坚撰,刘琳等校点:《黄庭坚全集》卷24《祝徐氏二子冠字词》,四川大学出版社2001年版,第635页。

[3] 杨国学:《屏山集校注与研究》,中国书籍出版社2012年版,第59、60页。

[4] 王柏:《鲁斋集》卷4《时在字辞》,《景印文渊阁四库全书》第1186册,台湾商务印书馆1986年版,第51页。

[5] 王柏:《鲁斋集》卷4《吴子善字辞》,《景印文渊阁四库全书》第1186册,台湾商务印书馆1986年版,第52页。

[6] 徐经孙:《宋学士徐文惠公存稿》卷3《侄壬泰冠说》,《丛书集成续编》第131册,新文丰出版公司1989年影印宋人集本,第324页。

[7] 刘敞:《公是集》卷49《张海字辞并序》,《丛书集成初编》第1906册,新文丰出版公司1985年据聚珍版丛书本排印,第588页。

[8] 彭龟年:《止堂集》卷15《冠铉辞并序》,《丛书集成新编》第2025册,中华书局1985年据聚珍版丛书本排印,第180页。

第二种，冠礼前因请字而作的字说。这类字说往往由将冠者的宗长、父亲等家中长辈在冠礼仪式前以会面或书信的方式，向德高望重的士大夫发出请字要求。受邀的士大夫或慨然不辞而许，或礼辞而许，引经据典之间颇存"丁宁训诫之义"。如王庭珪(1080—1172)《送刘天游字序》，"方冠时，请字于余，余字之曰天游"①；游九言(1142—1206)《黄遵甫字序》，"今年始行冠礼，求字于余"②；朱熹(1130—1200)《刘甥瑾字序》，"将冠，以其父命来求字。予字之曰'怀甫'，告之以古人之意"③；黄榦(1152—1221)的《林仲则二子名字序》《赵季仁二子字序》是在好友的儿子将要加冠时好友向他请字的情况下写就的④；陈淳(1159—1223)的《庄氏子名字说》，"庄氏子冠，请命于余"⑤；王柏的《楼说之名字序》是在其外舅"固请"为其子取名与字时写成的⑥，《王畀字说》是在太常寺簿王君"冠其子畀于庭，而命某字之"的盛情邀请下创作的⑦，而《时哲夫字说》中称"甥孙时垲将冠，其宗长为之谒字"⑧；等等。

第三种，冠礼后因请求阐释表字而作的字说。字说的作者不一定是冠礼中吟诵字辞的宾，甚至也不一定是为将冠者取字的人。有些字说是在命字之后，再邀请作者阐释所取之字的。如王柏《侄孙进父字说》，"良族孙以礼冠其子，名之曰壵，其师字之以进迺，请问进之义于予"，虽然王柏自谦菲薹不足以推明之，但还是给予阐释说明⑨；魏了翁《高不器字说》，"吾兄高瞻

① 王庭珪：《卢溪文集》卷37《送刘天游字序》，《景印文渊阁四库全书》第1134册，台湾商务印书馆1986年版，第268页。
② 游九言：《默斋遗稿》卷下《黄遵甫字序》，《景印文渊阁四库全书》第1178册，台湾商务印书馆1986年版，第372页。
③ 朱熹撰，刘永翔、朱幼文校点：《晦庵先生朱文公文集》卷76《刘甥瑾字序》，朱杰人主编《朱子全书》第20册，上海古籍出版社、安徽教育出版社2002年版，第3656页。
④ 黄榦：《勉斋集》卷21《林仲则二子名字序》《赵季仁二子字序》，《景印文渊阁四库全书》第1168册，台湾商务印书馆1986年版，第229—231页。
⑤ 陈淳：《北溪大全集》卷12《庄氏子名字说》，《景印文渊阁四库全书》第1168册，台湾商务印书馆1986年版，第594页。
⑥ 王柏：《鲁斋集》卷5《楼说之名字序》，《景印文渊阁四库全书》第1186册，台湾商务印书馆1986年版，第70页。
⑦ 王柏：《鲁斋集》卷6《王畀字说》，《景印文渊阁四库全书》第1186册，台湾商务印书馆1986年版，第93页。
⑧ 王柏：《鲁斋集》卷6《时哲夫字说》，《景印文渊阁四库全书》第1186册，台湾商务印书馆1986年版，第94页。
⑨ 王柏：《鲁斋集》卷6《侄孙进父字说》，《景印文渊阁四库全书》第1186册，台湾商务印书馆1986年版，第93页。

叔,冠其子斯道,字之曰不器,而属余发其义"①。在这些案例中,为冠者取字的往往是父亲、老师,因此,字说常申告冠者不要辜负了尊长的冠字之意。由于写作于冠礼之后,这类字说与其说是滥觞于冠礼中的字辞,不如说更接近于冠礼之后见乡大夫、乡先生时得到的教诲之辞。

二、两宋字说的历史变迁

在作者、语言、内容等方面,字说在南北宋之间表现出颇为不同的差别。有学者指出,宋初字说的作者多为古文家,字说的兴起与古文运动和儒学复兴运动的展开有关;时至南宋,理学成为字说创作的重要推动力,朱熹等理学家及其门人所作之字说占到现存南宋字说总数的 43%②。那么,从古文家到道学家,两宋间字说的创作发生了哪些变化?道学家群体又在其中发挥了什么作用?这必须结合宋代士庶冠礼的实践才能说明。

作为一种儒家古礼,冠礼至宋代已经久不施行。在宋人的议论中,"冠礼今不复议"③、"冠礼之废久矣"④、"冠礼不行久矣"⑤之类的表述十分常见,刘安上(1069—1128)甚至夸张地说冠礼"旷古莫行"⑥。为了重拾失落已久的"成人之义",重建受到佛老与夷狄挑战的儒家日常生活秩序,北宋的儒家士大夫呼吁重建冠笄之礼。许洞的《训俗书》也许是宋代最早的涉乎士庶冠礼的著作,该书"撰述庙祭、冠笄之礼,而拜扫附于末"⑦,既包含冠礼,又有女子笄礼,其书名或许表现了作者移风易俗之意。司马光《书仪》中《冠仪》处于冠、昏、丧、祭四礼之首,根据《仪礼·士冠礼》而因时损益,在冠帽服饰、礼仪空间等问题上有自出心裁的设计。吕大防(1027—1097)、朱光庭(1037—1094)、蔡襄(1012—1067)等都曾上书皇帝以求朝廷重视冠礼实践,而张载(1020—1077)则在礼部议论时力主"复三代之礼",并"学古力行"⑧。

---

① 魏了翁:《鹤山集》卷 58《高不器字说》,《景印文渊阁四库全书》第 1173 册,台湾商务印书馆 1986 年版,第 1、2 页。
② 刘成国:《宋代字说考论》,《文学遗产》2013 年第 6 期。
③ 蔡襄著,吴以宁点校:《蔡襄集》卷 22《国论要目·明礼》,上海古籍出版社 1996 年版,第 375 页。
④ 黄榦:《勉斋集》卷 14《答林公度》,《景印文渊阁四库全书》第 1168 册,台湾商务印书馆 1986 年版,第 153 页。
⑤ 熊禾:《勿轩集》卷 6《虞彦忱字说》,《景印文渊阁四库全书》第 1188 册,台湾商务印书馆 1986 年版,第 814 页。
⑥ 刘安上:《给事集》卷 3《贺皇太子冠礼》,《景印文渊阁四库全书》第 1124 册,台湾商务印书馆 1986 年版,第 25 页。
⑦ 陈振孙撰,徐小蛮、顾美华点校:《直斋书录解题》,上海古籍出版社 1987 年版,第 185 页。
⑧ 脱脱:《宋史》卷 427《张载传》,中华书局 1977 年版,第 12725 页。

在儒学复兴运动的形势下,朝廷逐渐重视冠礼。大观二年(1108)冬十一月癸亥,宋徽宗下诏曰:"礼当追述三代之意,适今之宜,《开元礼》不足为法。今亲制《冠礼沿革》,付议礼局,余五礼令视此编次。"①正式拉开了《政和五礼新仪》的编纂序幕,而皇长子赵恒的冠礼也在政和四年(1114)二月于文德殿举行②。此后,徽宗诸子也时有按此行冠礼而进封者③,皇子冠礼遂成宋代皇室礼仪之通例,沿用至南宋。

尽管如此,文献中保存的北宋士庶冠礼案例并不多。因此,北宋字说中与冠礼有关者很少,其中用于士庶冠礼仪式命字环节的更是凤毛麟角,闻见所及,仅有黄庭坚《祝徐氏二子冠字词》一篇,其文开头说:

> 徐氏二子,总发承师,爰卜令日,冠而字之。……④

据此,徐家这两位公子是在束发之后拜师求学的,那么其年龄或许还不到 20 岁。冠礼举行的时间由卜筮决定,延续了《仪礼·士冠礼》的规定。更多的信息,由于文中缺乏说明,不得而知。

在北宋,字说创作与士庶冠礼实践几乎没有关联。这种字说既不是为冠礼提供字辞,也不是为向冠者陈说冠礼"成人之义"。其写作目的复杂多样,或是应友人请字、改字而作,或是为某人阐扬其字之深义,甚至以字说的形式歌咏佳物。在形式上,这类字说虽也有采用四言韵语成文的,如王柏为"早孤"而"有志于学"的好友汪蒙写作的《汪功父字辞》⑤,但其中大部分仍以散文为主。经由北宋的古文家苏洵、欧阳修、黄庭坚等人的创作,字说已然成为一种相对独立的文体,其写作已经不囿于冠礼字辞所限定的范围,更多地展现了作者的文学品位与创作才能,不时有奇文佳作涌现。以在宋代

---

①　王称撰,孙言诚、崔国光点校:《东都事略》卷 10《本纪十》,齐鲁书社 2000 年版,第 78 页。

②　王称撰,孙言诚、崔国光点校:《东都事略》卷 11《本纪十一》,齐鲁书社 2000 年版,第 82 页。

③　《宋朝大诏令集》卷 34《皇子楧特授依前检校太保安远军节度使开府仪同三司进封信都郡王加食邑食实封制宣和四年二月十二日冠礼》《皇子□特授依前检校太保镇南军节度使开府仪同三司进封高平郡王加食邑食实封宣和五年二月十三日冠礼》《皇子朴特授依前检校太保静难军节度使开府仪同三司进华原郡王加食邑食实封制冠礼》,《续修四库全书》史部第 456 册,上海古籍出版社 2002 年版,第 209—210 页。

④　黄庭坚撰,刘琳等校点:《黄庭坚全集》卷 24《祝徐氏二子冠字词》,四川大学出版社 2001 年版,第 635 页。

⑤　王柏:《鲁斋集》卷 4《汪功父字辞》,《景印文渊阁四库全书》第 1186 册,台湾商务印书馆 1986 年版,第 52 页。

写作字说最多的黄庭坚而言,据统计,其现存字说的数量多达 55 篇①。在其以字说、字序、字训等为名的字说中,不但绝少《仪礼》字辞式的四言韵语,冠礼也似乎与字说创作毫不相干。徐建平认为,"黄庭坚是把应用性'字说'当作文学性散文创作来看待的",此时的"'字说'由应用文变为文学性散文"②,这一见解是颇有见地的。

如果说,北宋的字说已经脱离冠礼字辞的文化母体,由应用文体转变为文学性较强的散文写作体裁,那么南宋的字说则有回归士庶冠礼实践的趋势。这与朱熹等道学家及其门人复兴古礼的努力是分不开的。就朱熹而言,他不但在司马光《书仪》的基础上编了《家礼》,还高度重视士庶冠礼的践行。淳熙三年(1176),张栻(1133—1180)在桂林郡学宫刊刻《三家昏丧祭礼》,在该书的跋文中,张栻说:"夫冠昏丧祭,人事之始终也。冠礼之废久矣,未能遽复也,今姑即昏丧祭三者而论之。"③朱熹对此甚不以为然:

> 钦夫尝定诸礼可行者,淳录云:"在广西刊《三家礼》。"乃除冠礼不载,问之,云:"难行。"某答之云:"古礼惟冠礼最易行,淳录云:"只一家事。"如昏礼须两家皆好礼,淳录云:"碍两家,如五两之仪,须两家是一样人始得。"方得行。丧礼临时哀痛中,少有心力及之。祭礼则终献之仪烦多,长久皆是难行。看冠礼比他礼却最易行。"贺孙。淳录少异。④
>
> 问:"丧、祭之礼,今之士固难行,而冠、昏自行,可乎?"曰:"亦自可行。某今所定者,前一截依温公,后一截依伊川。昏礼事属两家,恐未必信礼,恐或难行。若冠礼,是自家屋里事,却易行。向见南轩说冠礼难行。某云,是自家屋里事,关了门,将巾冠与子弟戴,有甚难!"⑤

朱熹之所以对于张栻的观点不能苟同,乃是出于对冠、昏、丧、祭四礼在实践中的比较。婚礼由于涉及男女两家,必须双方都是好礼之家才好举行;丧礼中举家悲痛,并无心力一一遵古而行;祭礼的仪节烦冗复杂,在实践中难于长久。相比之下,唯有冠礼最为易行。更为重要的是,朱熹认为冠礼的践行既然不受外人干扰,是"自家屋里事",那么,能否践行冠礼实际上取决

① 徐建平:《黄庭坚"字说"散文论》,《长江学术》2010 年第 1 期,第 31—36 页。
② 徐建平:《黄庭坚"字说"散文论》,《长江学术》2010 年第 1 期,第 31—36 页。
③ 张栻:《南轩集》卷 33《跋三家昏丧祭礼》,《景印文渊阁四库全书》第 1167 册,台湾商务印书馆 1986 年版,第 698 页。
④ 黎靖德编,王星贤点校:《朱子语类》卷 89《礼六·冠昏丧》,中华书局 1986 年版,第 2271 页。
⑤ 黎靖德编,王星贤点校:《朱子语类》卷 89《礼六·冠昏丧》,中华书局 1986 年版,第 2271—2272 页。

于士人对古礼的态度如何，可谓是检验其儒者身份的试金石，正所谓"礼之兴废，士大夫之责也"①。

因此，以朱熹为代表的南宋道学家群体，多能承元祐学术，传伊洛之学，独自树立，笃行冠礼。缘此而作的字说遂与北宋文士所作之字说渐渐分流，其与士庶冠礼实践的联系密切，应用性大于文学性。在朱熹加冠时，其师刘子翚曾作《字朱熹祝词》②，而朱熹也曾为"将冠"的后辈刘瑾作《刘甥瑾字序》③。吕祖谦（1137—1181）受友人请字之托作《潘自厚字辞》，"际名考义，莫协'身甫'。申之以辞，焕讲冠礼而用焉"④。彭龟年曾"从朱熹、张栻质疑"⑤，"自伪学有禁，士大夫鲜不变者，龟年于关、洛书益加涵泳"⑥，是道学家群体中的一员。在他庆元五年（1199）为蔡襄后人蔡铉冠礼而作的《冠铉辞并序》中，提及此次冠礼有"昭告祖庙""醴而字之"的环节，字辞仿《仪礼》以四言韵语写成⑦，而在为侄孙彭渐冠礼作的《冠渐辞并序》中，三加祝辞与字辞都延续了这种风格⑧。游九言是道学家张栻的弟子，他在庆元党禁时犹能颂扬道学，讥刺韩侂胄。他的外兄幼子"今年始行冠礼"⑨，向他求字，他于是作《黄遵甫字序》以赠之。

朱熹的弟子中也不乏参与士庶冠礼实践，并缘此创作字说之人。作为朱熹的大弟子，黄榦不但是《仪礼经传通解》的重要作者之一，还敬守师说，力行冠礼。在好友林公度（生卒年不详）的从子加冠，来信询问冠礼举行事宜时，他就衣服之制、堂屋之制、筮日筮宾等问题给出了详尽回答，并先后于庆元四年（1198）、嘉定十年（1217）为将要加冠的林家二子、赵家二子写作字

① 张栻：《南轩集》卷33《跋三家昏丧祭礼》，《景印文渊阁四库全书》第1167册，台湾商务印书馆1986年版，第698页。
② 杨国学：《屏山集校注与研究》，中国书籍出版社2012年版，第59、60页。
③ 朱熹撰，刘永翔、朱幼文校点：《晦庵先生朱文公文集》卷76《刘甥瑾字序》，朱杰人主编《朱子全书》第20册，上海古籍出版社、安徽教育出版社2002年版，第3656页。
④ 吕祖谦撰，黄灵庚、吴战垒点校：《东莱吕太史文集》卷6《潘自厚字辞》，《吕祖谦全集》第1册，浙江古籍出版社2008年版，第109页。
⑤ 脱脱：《宋史》卷393《彭龟年传》，中华书局1977年版，第11995页。
⑥ 脱脱：《宋史》卷393《彭龟年传》，中华书局1977年版，第11999页。
⑦ 彭龟年：《止堂集》卷15《冠铉辞并序》，《丛书集成新编》第2025册，中华书局1985年据聚珍版丛书本排印，第180页。
⑧ 彭龟年：《止堂集》卷15《冠渐辞并序》，《丛书集成新编》第2025册，中华书局1985年据聚珍版丛书本排印，第180页。
⑨ 游九言：《默斋遗稿》卷下《黄遵甫字序》，《景印文渊阁四库全书》第1178册，台湾商务印书馆1986年版，第372页。

说①,寄予成人之义。

朱熹的另一高足陈淳(1159—1223)也曾受朋友之邀,为其子作字说②。陈宓"少尝及登朱熹之门,熹器异之,长从黄榦游"③,曾作《字圭子说》④。王柏在获知家学的伊洛渊源后,"从熹门人游,或语以何基,尝从黄榦,得熹之传,即往从之"⑤,他曾多次参加亲属、友人的冠礼仪式,因此写作字说多篇。黄仲元(1231—1312)"父续从陈宓、潘柄游,仲元少刻志,读濂洛关闽及其父所传陈、潘二家书,自取邵雍《善人吟》,以'四如'为号"⑥,是南宋末年重要的冠礼践行者与字说作者。

从南宋初期为朱熹加冠的刘子翚,到其弟子朱熹及同代人吕祖谦,再到朱熹的弟子黄榦、再传弟子王柏,直到宋末元初的黄仲元,士庶冠礼实践在南宋不绝如缕。道学家对古礼的坚持不但对地方风俗有转移更化之功,还影响了宋代字说的形式与内容。这些凝聚时代新精神的字说在赋予冠礼崭新意义的同时,悄然改变着字说在冠礼仪式中的功能。

三、字说在冠礼中的应用

如上所论,字说滥觞于《仪礼·士冠礼》中的字辞,在宋代迎来了一个创作的高峰。两宋字说经历了一个由文学创作回归应用文体写作的转变,其中,儒家士大夫对士庶冠礼的实践是重要推力。在宋代,字说与士庶冠礼实践之间关联性的重构过程,与两宋学术由多元化向道学定于一尊的历史过程基本一致。在道学家的努力下,字说成为连接古老冠礼仪式与当时流行道学的媒介,道学"希圣希贤"的理想人格观、"三纲八目"的为学次第论、"惩忿窒欲"的修养功夫论由此融入冠礼"成人之义"的教育过程,赋予冠礼以新的意义。

(一)希圣希贤,为冠者树立人生目标

在道学家对圣贤气象的体认与理想人格的追求中,"孔颜之乐"一直是

---

① 黄榦:《勉斋集》卷19《林仲则二子名字序》《赵季仁二子字序》,《景印文渊阁四库全书》第1168册,台湾商务印书馆1986年版,第229—231页。

② 陈淳:《北溪大全集》卷12《庄氏子名字说》,《景印文渊阁四库全书》第1168册,台湾商务印书馆1986年版,第594页。

③ 脱脱:《宋史》卷408《陈宓传》,中华书局1977年版,第12310页。

④ 陈宓:《复斋先生龙图陈公文集》卷8《字圭子说》,《续修四库全书》第1319册,上海古籍出版社2002年据南京图书馆藏清抄本影印,第341页。

⑤ 脱脱:《宋史》卷438《王柏传》,中华书局1977年版,第12981页。

⑥ 陆心源:《宋史翼》卷25《黄仲元传》,中华书局1991年据光绪三十二年(1902)初刊朱印本影印,第270页。

其孜孜以求的至高境界。因此，道学家所作字说教诲冠者时，或有以孔颜气象为学者指南的。黄仲元的《学孔字训》颇为生动地记载了好友在为其子行冠礼之前与自己讨论儿子取字的故事：

> 天叟之友君善留兄之子异，丰姿清令，性识机警。冠前二日，语叟曰："夫人处世，不能特异者俗，不能大同者介。余字异曰'仝叔'，何如？"叟复曰："伯夷、伊尹，于孔子未尝不同，而丑也独以所以异问，孟以有若之言对。盖出于其类者，生与人同；拔乎其萃者，德与人异。吾夫子所以不独贤于尧舜，而又自生民以来未有，不独未有而又盛也，然则人患不能异耳。虽吾夫子，于逸民七人以下，亦曰'我则异于是，无可无不可'。无可者，不以可为主，而有不可者存；无不可者，不以不可为主，而有可者存。此吾夫子所以异。叟请易以学孔……今冠矣，所以异于人者何，曰：异所愿学者孔子，惟学孔子，故与人异，否则与人同，奚其异。"①

在得知好友的儿子名为"异"后，黄仲元否定了"仝叔"这一令字美称，而是借用《孟子》中公孙丑问孔子与伯夷、伊尹"何以异"的故事②，阐发"异"字之理，建议改字为"学孔"，希望其加冠成人之后能够以之为志业。这个建议既坚持了名与字相关联的命字原则，又巧妙地将儒家经典嵌入名字的训释之中，显然比意指单一的"仝叔"更具文化内涵与教育意义。

再如，刘子翚为弟子朱熹冠礼所写的《字朱熹祝词》：

> 冠而钦名，粤惟古制。朱氏子熹，幼而腾异。交朋尚焉，请祝以字。字以元晦，表名之义。木晦于根，春容晔敷。人晦于身，神明内腴。昔者曾子，称其友曰："有若无，实若虚。"不斥厥名，而传于书。虽百世之远也，揣其气象，知颜氏如愚，迹参并游，英驰俊驱，岂无他人，夫谁敢居。自诸子言志，回欲无伐，一宣于声，终身弗越，陋巷暗然，其光烈烈。从事于兹，惟参也无惭。贯道虽一，省身则三。夹辅孔门，翱翔两骖。学的欲正，吾知斯之为指南。……言而思毖，动而思踬，凛乎惴惴，惟曾

---

① 黄仲元：《四如集》卷4《学孔字训》，《景印文渊阁四库全书》第1188册，台湾商务印书馆1986年版，第648页。

② 孙奭：《孟子注疏》卷3上《公孙丑章句上》，北京大学出版社2000年版，第94页。

颜是畏。①

这篇字说先是以字训名，阐释"晦"的美意，然后大段讲说得"晦"之深意的孔门弟子颜回。颜回为人木讷如愚，却与曾子这样的大贤并驾齐驱，辅翼孔门。在孔门诸弟子抒发己志时，他以"无伐"为志，一言既出，终身不违。颜回以一箪食一瓢饮度日，却未失圣贤之志，不改安分之乐，虽然身处幽深晦暗的陋巷之中，其光辉却彪炳史册、照耀千古。通过字说，刘子翚告诉冠而成人的弟子朱熹，唯有以颜回为道学指南，动静之间不违教诲，才能学有所成。随着儒学复兴运动的展开，"希圣希贤"的宋人不断地将长辈的厚望寄予子弟，孔颜的人生追求遂成为宋代名字文化中的一个重要现象②。

(二)三纲八目，安排成人之后的为学次第

道学家将《大学》融入字说创作，以寄予"先读《大学》，以定其规模"③的期望。例如，景定二年(1261)，王柏为一场在学古堂举行的冠礼作《时在字辞》：

> 我观《大学》，三在在前。德所以明，由致知焉。致知之要，又在格物。盈天地间，物必有则。格物之理，致吾之知。万理同原，皆可类推。表里精粗，推至乎极。真积力久，豁然自得。存之以诚，谨之于思。惟是古学，绝今勿为。或古或今，是不立志。予也不佞，字以一致。礼仪既备，敬哉敬哉。于时保之，以永方来。④

在这里，王柏用四言韵文简练陈说了自己研习《大学》的心得。"明明德""新民""止于至善"是《大学》"三纲"，其中"明明德"是所作功夫的起点。"格物致知"是"明明德"的必由之路，讲求的是对于事物之"理"的认识。在这种对于"理"的把握中，心体的认知功能得到启蒙，于是体会到所有事物的道理本是一以贯之的，对于事物的理解可以举一反三、推己及人。如此而来，积累日久，一旦豁然贯通，则"众物之表里精粗无不到，而吾心之全体大

---

① 杨国学：《屏山集校注与研究》，中国书籍出版社 2012 年版，第 59、60 页。
② 陈怀宇曾对"圣"在宋人名字中的出现做过分析，见陈怀宇：《唐宋思想史上的圣文化：以士人表字为中心》，《清华历史讲堂三编》，生活·读书·新知三联书店 2011 年版，第 158—170 页。
③ 黎靖德编，王星贤点校：《朱子语类》卷 14《大学》，中华书局 1986 年版，第 249 页。
④ 王柏：《鲁斋集》卷 4《时在字辞》，《景印文渊阁四库全书》第 1186 册，台湾商务印书馆 1986 年版，第 51 页。

用无不明"①,人生在体道的过程中得到真正的升华。正是基于对朱熹《大学》思想的圆融理解,王柏才乐于将其纳入字说创作中,教导冠者:"今垲既冠,固将责以成人,非百倍其力于三纲八目之中,则何以明善而复其初哉?况敢望其治国平天下。"②

(三)惩忿窒欲,启迪冠者修身养性之法

另外,随着理欲之辨的讨论渐趋深入,"惩忿窒欲"也成为道学家字说中的常见内容。如徐经孙(1192—1273)《乙泰冠说》提出要"有欲必窒,有忿必惩"③。阳枋(1187—1267)的《存礼次子仲防字说》对表字"仲防"有这样的诠释:"五礼以防伪,六乐以防情,居仁由义防天理之违,戒惧谨独防人欲之纵。"④咸淳六年(1270),为弥补因疾病而缺席冠礼仪式的遗憾,王柏作《叶涵字说》,其中对"涵"字解说道:

> 涵者,清明之蕴也。夫天地以生物为心,人得天地之心以为心,虚灵知觉所以妙众理而应万事,此所谓清明之蕴。所以能涵者,得此气之灵也。其所涵者即此性之善也。仁义礼智乃为之纲,百行万善皆从此出。必使之寂然、凝然、湛然、粲然于方寸之中,感而遂应,则不失其所涵之善。不然,则声色或得以诱之,利欲或得以挠之,贫贱富贵或得以移之。百念动摇,则吾之所涵者昏矣。今子既冠,成人之则自此始,必开之以学问之道,澄之以静定之功,俾所蕴者常清明而不昧。酬酢万变,泛应曲当,始可以为成人。周子曰:"山下出泉,静而清也,汩则乱。"朱子曰:"山静泉清,所以全其未发之善,故其行可果。"请字之以无垢,过庭次,幸以此说求正焉。⑤

人之心秉天地生民之仁心而来,因此有虚灵神妙的知觉,可以体悟万物之理,应对万事,这就是"清明之蕴"。心体之所以能蕴含此种清澈明了的奇

① 朱熹:《四书章句集注》,中华书局1983年版,第7页。
② 王柏:《鲁斋集》卷6《时哲夫字说》,《景印文渊阁四库全书》第1186册,台湾商务印书馆1986年版,第94页。
③ 徐经孙:《宋学士徐文惠公存稿》卷3《乙泰冠说》,《宋集珍本丛刊》第83册,线装书局2004年影印明万历四十二年(1614)刻本,第324页。
④ 阳枋:《字溪集》卷8《存礼次子仲防字说》,《景印文渊阁四库全书》第1183册,台湾商务印书馆1986年版,第370页。
⑤ 王柏:《鲁斋集》卷6《叶涵字说》,《景印文渊阁四库全书》第1186册,台湾商务印书馆1986年版,第94页。

妙认识能力,乃是因为其独得澄明之气的缘故,而其中所涵摄的也就是天赋之善性。这种善性是仁义礼智等一切善端的源头,扩而充之、静而养之则能使其明澈凝粲,感而遂通天下之理。相反,若是不能涵养之,则往往为声色犬马所引诱,被礼仪欲望所搅扰,因贫贱富贵而转移。意念一旦因这些利欲而动摇,则心体暗昧不明、昏聩不已。因此,王柏教导已经加冠的叶涵,要像小溪一般安静以致清澈悠远,用"静定之功"澄清心体。唯有此心长存才能得"酬酢万变,泛应曲当"之效,成为一个合格的人。

第三节 思称其服:重构儒家日常衣冠体系

作为四礼中唯一以衣冠为名的典礼,冠礼仪式通过冠帽衣服的转换寄予对于将冠者成人的热望。对冠者来说,他将要穿着的冠服是从未经历过的,这意味着这场典礼从仪式到器物都充满了陌生感、非常性。不过,一旦典礼结束、加冠成人,这些器物(包括三加冠服)又将成为此后日常生活中经常穿戴的冠帽衣服。这种介于"非常"与"日常"之间的特性似乎只存在于冠礼之中,既对宋儒选定冠笄礼服提出了严格要求,又为儒家规范士庶人的日常穿戴提供了难得机遇。本节从思想史角度出发,通过揭示当时的衣冠情状及宋儒的思考,解读宋代礼书中的冠笄礼服。这项研究不但有利于理清宋儒在撰述礼书过程中的思想旨趣,还对反思当前宋代四礼研究中的一些成论有所裨益。

一、《士冠礼》冠服三加之义

《仪礼·士冠礼》(下简称《士冠礼》)是宋儒重构冠礼仪文的主要文本依据。在其记载的古代冠礼仪式中,"三加"仪式是十分有标志性的中心环节。宾为冠者三次加戴不同的冠帽,所加戴的冠帽越来越尊贵。在每次加冠后,冠者需要进入东房内换上与所加冠帽相匹配的礼服并出门展示。为突出始加、再加、三加所用三套冠服的不同层次,冠帽被分别置于匴中,由参礼人员捧着,南面立于堂西,按尊卑关系由东向西依次陈列;衣服被陈设在东房的西墙下,按尊卑关系由北向南依次排列。仪式过程中,宾在每次为冠者加戴冠帽前都要盥洗其手以示恭敬。在宾从执冠者手中迎接冠帽时,始加要降阶一等,再加要降阶二等,三加则要降阶三等。这种仪式表演刻画了冠礼服制的尊卑次第，蕴藏了"三加弥尊，加有成也"①的礼经大义。

关于古代士冠礼中始加、再加、三加所用的冠服及其在日常生活中的用途、意义，汉代以来的儒家学者研讨颇多，兹不赘述，仅选用汉儒郑玄（127—200）、宋儒朱熹的观点②，作表 3.1：

表 3.1 《士冠礼》的三加服制及其用途、意义

三加仪式	冠帽	衣服	衣冠用途、意义
始加	缁布冠。	玄端、玄裳（或黄杂）、爵韠、缁带。	郑玄："莫夕于朝之服。"
			朱熹："缁布冠古来有之，初是缁布冠，齐则缁之。"
再加	皮弁。	皮弁服、素积、素韠、缁带。	郑玄："与君视朔之服。"
			朱熹："朝服。"
三加	爵弁。	爵弁服、纁裳、纯衣、靺鞈、缁带。	郑玄："与君祭之服。"
			朱熹："士之祭服。"

诚如朱熹所说，"衣冠在本以便身，古人亦未必一一有义"③。从汉代开始，《士冠礼》经由儒家的传承与解释，被纳入儒家经学体系，在仪式意义的理解上遂得到儒家主流伦理的圆融说明④。始加所加戴的缁布冠是一种颇为古远的冠帽，由粗布做成，"示不忘古"⑤，在冠礼之后弃之不用，即所谓"冠而敝之"。到春秋时，缁布冠发展为用丝帛做成的玄冠、委貌，与玄端服

---

① 郑玄注、孔颖达疏，龚抗云整理、王文锦审定：《礼记正义》卷 61《冠义》，北京大学出版社 1999 年版，第 1615 页。

② 郑玄注、贾公彦疏，彭林整理、王文锦审定：《仪礼注疏》卷 2《士冠礼》，北京大学出版社 1999 年版，第 20—23 页。黎靖德编，王星贤点校：《朱子语类》卷 85《礼二·仪礼·士冠》，中华书局 1986 年版，第 2196 页。

③ 黎靖德编，王星贤点校：《朱子语类》卷 87《礼四·小戴礼·深衣》，中华书局 1986 年版，第 2265 页。

④ 如果我们跳出礼学的传统研究路径和儒家伦理价值体系，对此问题可能会有不同的认识，如杨宽认为："这些服装都是由原始服饰演变而来，具有一定的寓意。缁布冠是上古周人戴的一种帽子，是后来'玄冠'的始祖。在冠礼上加缁布冠，表示行冠礼者正式成为周人统治阶级的一分子；皮弁是上古周人打猎和作战时戴的帽子，加皮弁意味着将行冠礼者武装起来，成为军队的一分子；爵弁是一种祭服，加爵弁意味着行冠礼者今后拥有了参与祭祀的权利。"（杨宽：《"冠礼"新探》，《中华文史论丛》第 1 辑，1962 年。亦载杨宽：《古史新探》，中华书局 1965 年版，第 252 页）另外，《仪礼·士冠礼》中的一些仪式细节大可玩味，近年来已有若干研究。如"见母母拜之"便很可能是原始社会母系氏族时的仪式残留［见戴庞海：《冠礼起源于母系氏族时期考》，《河南师范大学学报（哲学社会科学版）》2006 年第 3 期］。"东房"很可能隐着着先民古老的"再生"神话，母亲的影子在其中若隐若现［唐启翠：《东房与"再生"圣地——从冠礼空间看中国神话历史》，《重庆文理学院学报（社会科学版）》2010 年第 4 期］。

⑤ 王肃：《孔子家语》卷 8《冠颂》，中华书局 2011 年版，第 390 页。

搭配称作"端委"或"委端",成为"莫夕于朝之服"①,即平常办公的公服或斋戒之服。再加的皮弁及与之搭配的皮弁服是重大典礼与朝会的用服,其原始的军事色彩已然淡化。三加的爵弁及与之搭配的爵弁服是与君主共同参加祭祀活动时的祭服。先后次第的不同安排勾勒出了三种衣冠在冠礼仪式中的尊卑等差,不同的穿戴场合与用途标志了它们背后的"儒服"意义,共同构筑了"三加弥尊"的儒家衣冠体系。这一儒服体系不但尊卑等级分明,还将华夏族与"披发左衽"的他族区别开来,标志着对于古老华夏礼乐文明的尊奉与传承。(见图 3.1)

图 3.1 《新定三礼图》中的玄端、皮弁、爵弁②

二、宋代衣冠情状及儒者之回应

宋代的儒学复兴运动为冠礼复兴带来了机遇,然而时过境迁,当时的冠帽衣服已经与古代有巨大差别。宋儒面对的乃是一个胡服流行、服制淆乱、

---

① 郑玄注、贾公彦疏,彭林整理、王文锦审定:《仪礼注疏》,北京大学出版社 1999 年版,第 23 页。
② 聂崇义:《三礼图集注》卷 1,《景印文渊阁四库全书》第 1167 册,台湾商务印书馆 1986 年版,第 12、10、17 页。

等级僭越，甚至"服妖"现象频发的社会。由于与契丹、党项、女真、蒙古等民族的长期交往，大量"胡服"在汉人中传播、流行，以致当时学者有"今世之服大抵皆胡服"[1]的感慨。

在宋儒《春秋》学与"中国观"里，"衣冠之所常聚"[2]始终是一个重要元素。衣冠制度不但是"中国"与"四夷"的重要区别，还是不绝如缕的儒家礼乐文明的重要标志，为长期遭受北方游牧民族威胁的汉族政权提供了存续的合法性。正如陈亮（1143—1194）在《上孝宗皇帝第一书》中所说：

> 中国天地之正气也，天命之所钟也，人心之所会也，衣冠礼乐之所萃也，百代帝王之所以相承也。虽挈中国衣冠礼乐，而寓之偏方，天命、人心犹有所系，岂以是为可久安而无事也。[3]

无论从"谨夷夏之防"的《春秋》学理论，还是从与民族矛盾激化引发的集体性情绪而言，"以其衣服易中国之衣服"[4]的各式胡服都会触及宋儒的敏感神经。靖康之变后，宋室南渡，由于受到女真人及从北方迁移而来的归正人的影响，临安等地的民众服饰中夹杂女真服饰的情况十分普遍。对此，为国耻家仇所激的南宋士大夫愤懑不平、又羞又恨，用情绪化的表达发泄不满。宋孝宗淳熙年间（1174—1189），袁说友（1140—1204）愤然上奏：

> 臣窃见今来都下一切衣冠服制习外国俗，官民士庶浸相效习，恬不知耻，事属甚微，而人心所向，风化所本，岂可不治？乌有堂堂天朝，方怀仇未报，恨不寝皮食肉，而乃使效习敌仇之俗，以乱吾中国之耳目哉？臣朝夕所愤懑不平者，兹不暇缕……[5]

在这位司职礼部的南宋大臣看来，女真族冠帽衣服流行于民间看似是一件小事，其中却有极大的利害关系。它不但使那些能够辨其渊源的士大夫目不忍视、羞恨难言，还会使民众在耳濡目染、习以成俗之后忘却国恨家仇。这在一个因传承儒家礼乐文明而不失中国正统的小朝廷看来自然是不

---

[1] 黎靖德编，王星贤点校：《朱子语类》卷91《礼八》，中华书局1986年版，第2327页。
[2] 石介撰，陈植锷点校：《徂徕石先生文集》卷5《杂文·怪说上》，中华书局1984年版，第60页。
[3] 陈亮撰，邓广铭点校：《陈亮集》（增订本）卷1《上孝宗皇帝第一书》，中华书局1987年版，第1页。
[4] 石介撰，陈植锷点校：《徂徕石先生文集》卷5《杂文·怪说上》，中华书局1984年版，第60页。
[5] 黄淮、杨士奇编：《历代名臣奏议》卷120《礼乐》，上海古籍出版社1989年版，第1591页。

可容忍的，必须痛加更革：不但身着此服装的人应该得到"编配"的惩罚，印染缝制此类服饰的人也要编管他郡。处罚力度之大、涉及人员之广皆表现出其"愤懑不平"的心态，与其激烈犀利的语言风格相映成彰。

与儒家士大夫的激切情绪相对的，是宋朝官方禁止"胡服"严肃而简洁的诏令。奏议可以写得激切昂扬，以至于无暇将种种胡服悉数列举，而法令必须明确划定"胡服"的概念与范围，以便实行。在北宋仁宗天圣三年(1025)①、庆历八年(1048)②，宋徽宗大观四年(1110)十二月③、宣和元年(1119)④，宋朝政府都曾下达过禁止各类胡服的诏令。时至南宋，这类诏令似乎变得更为严厉。《庆元条法事类》载："诸服饰辄效四夷者杖一百，许人告，令众伍日，命官及有荫人奏裁。"⑤又有："诸服饰不得效四夷，其蕃商住中国者准此，若暂住往来者听身从本俗。"⑥从禁止汉人穿戴胡服到在南宋境内常住的外国商人也必须穿戴汉人服装，法令适用范围有所扩大，宋朝政府在禁止胡服这一问题上的态度显得愈发坚决。

然而，番样头巾、毡笠、战袍、番束带、钓墩等被法令所禁止的各色"胡服"，并不是宋儒在重构冠礼服制时需面对的唯一难题。随着商品经济的发展与市民阶层的扩大，宋代百姓在日常生活中所着衣服形制繁多、色彩斑斓，等级混乱、僭越的现象屡有出现，以致检视工商之家所穿戴的锦服珠玉，竟然"一人之身循其首以至足，而犯法者十九"⑦。北宋晚期，张耒(1054—1114)在《衣冠篇》中描述当时等级混乱的冠服制度说："军旅之长、武力之臣、技术之官，其冠服与公卿之所以异者几何哉？府史、胥徒之冠服，豪民大贾之车马，与县令刺史之所以异者几何哉？"⑧不但官员服制体系混乱，有官者与无官者的衣冠也几乎没有差别，当时服制之混乱可见一斑。虽然宋朝政府曾屡次下达禁令，并在元丰、政和年间两次调整官员服制，但是，消极的禁令始终无法代替积极的规范，官员服制的改革无涉于无官的士庶人，宋朝

① 脱脱：《宋史》卷153《舆服志》，中华书局1977年版，第3575页。
② 徐松辑：《宋会要辑稿·舆服四》，中华书局1957年版，第1797页。脱脱：《宋史》卷153《舆服志》，中华书局1977年版，第3576页。
③ 吴曾：《能改斋漫录》卷13《诏禁外制衣装》，上海古籍出版社1979年版，第383页。
④ 徐松辑：《宋会要辑稿·舆服四》，中华书局1957年版，第1797页。
⑤ 谢深甫：《庆元条法事类》卷3《服饰器物敕令格》，《续修四库全书》第861册，上海古籍出版社2002年版，第73页。
⑥ 谢深甫：《庆元条法事类》卷3《服饰器物敕令格》，《续修四库全书》第861册，上海古籍出版社2002年版，第74页。
⑦ 苏洵撰，邱少华点校：《嘉祐集》卷5《用法》，中国书店2000年版，第39页。
⑧ 张耒撰，李逸安等点校：《张耒集》，中华书局1999年版，第717页。

政府在规范士庶日常服饰方面所起作用十分有限。

为了"小补"于国家"崇化导民之意"①，"以天下为己任"的宋代儒家士大夫不但"坐而论"，还"起而行"，自制儒服穿戴。司马光"依《礼记》作深衣、冠、簪、幅巾、缙带"，作为在洛阳家中闲居时的便服②；程颐（1033—1107）"常爱衣皂或砖褐绸袄，其袖亦如常人，所戴纱巾背后望之如钟形"，有"仙桃巾""昌黎巾"等名称，其后学将这一穿戴概括为"茧袍高帽"③；朱熹"春夏则深衣，冬则戴漆纱帽，衣则以布为之，阔袖皂衫，裳则用白纱，如濂溪画像之服"④。这些服装与众不同，给人以视觉冲击，成为道学学者的独特标志。时人不但以"程子衣""陈子衣"等特殊名称呼之，还形成了"习伊川学者大袖方顶"⑤的特别印象。在道学遭遇迫害时，这种"宽衣博带"⑥的穿着往往被贬抑为"弊衣菲食、高巾破履"⑦、"怪服妖服"⑧，成为批判其人其学的一个重要方面。

除此之外，道学家对此还大体形成了一套学理认识。作为道学宗师，朱熹将当时的服制问题概括为两方面，并试图提出对策。一方面，"今世之服，大抵皆胡服"，相应对策是，"后世礼服固未能猝复先王之旧，且得华夷稍有辨别，犹得"⑨。另一方面，"今衣服无章，上下混淆"，对应之策为，"纵未能大定经制，且随时略加整顿，犹愈于不为"⑩。"辨得华夷"与"略加整顿"是朱熹对当时儒家衣冠重构的基本态度，而冠礼仪文的修订恰恰为这种思想的实现提供了机遇。

三、用时之服：司马光《书仪》的初步尝试

宋儒虽然希望复兴古冠礼，却普遍不赞成将古礼衣服照搬到新定冠礼

① 朱熹撰，刘永翔、朱幼文校点：《晦庵先生朱文公文集》卷75《家礼序》，朱杰人主编《朱子全书》第24册，上海古籍出版社、安徽教育出版社2002年版，第3627页。

② 邵伯温撰，李剑雄、刘德权点校：《邵氏闻见录》卷19，中华书局1983年版，第210页。

③ 朱熹撰，戴扬本点校：《伊洛渊源录》卷4《伊川先生》，载朱杰人主编《朱子全书》第12册，上海古籍出版社、安徽教育出版社2002年版，第981页。

④ 黎靖德编，王星贤点校：《朱子语类》卷107《朱子·内任》，中华书局1977年版，第2674页。

⑤ 朱熹撰，戴扬本点校：《伊洛渊源录》卷4《伊川先生》，载朱杰人主编《朱子全书》第12册，上海古籍出版社、安徽教育出版社2002年版，第981页。

⑥ 李心传：《道命录》卷7《言者论伪徒会送伪师朱某之葬乞严行约束》，鲍廷博：《知不足斋丛书》第9册，中华书局1999年版，第631页。

⑦ 周密撰，吴企明点校：《癸辛杂识》续集下《道学》，中华书局1988年版，第169页。

⑧ 史绳祖：《学斋占毕》卷2《饮食衣服今皆变古》，《丛书集成初编》第313册，中华书局1985年版，第21、22页。

⑨ 黎靖德编，王星贤点校：《朱子语类》卷91《礼八·杂仪》，中华书局1986年版，第2328页。

⑩ 黎靖德编，王星贤点校：《朱子语类》卷91《礼八·杂仪》，中华书局1986年版，第2330页。

中。北宋时,程颐(1033—1107)明确发表了冠礼"用时之服"的意见:

> 今行冠礼,若制古服而冠,冠了又不常着,却是伪也。必须用时之服。①

显然,程颐希望将强调"非常性"的礼服与强调"日常性"的常服联系起来。他之所以反对使用古服行礼,是因为这些衣冠将不会再被穿戴,从而无法实现对冠者日常生活的指导意义。他将这一行为定性为"伪",与其素来主张的"诚"正相对应,可见其态度的鲜明坚决。那么,面对极为繁多的衣冠服饰,如何选择合适的冠笄礼服?程颐的现存著作中并未给出具体答案。

作为北宋私撰礼书的典范之作,《书仪·冠仪》选择了当时通用的冠帽衣服作为冠笄礼服。在《冠仪》的开头,司马光有着这样一段精彩论说:

> 《冠义》曰:"冠者,礼之始也。"是故古之道也。成人之道者,将责成人之礼焉也。将责成人之礼焉者,将责为人子、为人弟、为人臣、为人少者之行也。将责四者之行于人,其礼可不重与?……近世以来,人情尤为轻薄,生子犹饮乳已加巾帽,有官者或为之制公服而弄之。过十岁犹总角者,盖鲜矣。彼责以四者之行岂知之哉?往往自幼至长,愚骙如一,由不知成人之道故也。②

在司马光看来,冠帽衣服在冠礼中意义重大。通过衣冠的变化,冠礼划定了成人与童蒙的界线,并以此作为将冠者成人教育的一种途径。如果在孩童尚不知如何"为人子、为人弟、为人臣、为人少"之时就为其穿戴成人衣冠,便会失去通过服饰变化教化成人的良好机会,这样的童蒙"自幼至长,愚骙如一",必然难以践履儒家的"成人之道"。正是在这种考虑下,《书仪》慎重选择了冠礼"三加"礼服,并试图将其整饬为一个"三加弥尊"的体系。

(一)《书仪》始加冠服

《冠仪》所设计的始加礼服是巾、四襆衫、腰带,如无四襆衫则用衫勒帛代替。巾,原是"贱者不冠之服"③,到宋代成为士人争相制戴的流行首服,

---

① 程颢、程颐著,王孝鱼点校:《二程集》,中华书局 2004 年版,第 180 页。
② 司马光:《司马氏书仪》卷 2《冠仪》,《丛书集成初编》第 1040 册,中华书局 1985 年据学津讨原本排印,第 19 页。
③ 叶梦得撰,侯忠义点校:《石林燕语》卷 10,中华书局 1984 年版,第 149 页。

种类很多,著名的有仙桃巾、幅巾、团巾、道巾、披巾、唐巾等等①。据《云麓漫钞》记载,"在元祐间(1086—1094)独司马温公、伊川先生以屩弱恶风始裁皂绸包首,当时只谓之温公帽、伊川帽"②。由于宋代巾、帽的分别并不严格,此处所谓之帽即巾。以此推测,司马光《书仪》冠礼仪式中始加所用的"巾"可能是指一种以皂黑绸布做成用来包头的巾帕(见图3.2)。

图 3.2　头戴方巾的司马光③

　　四襈衫,本是当时庶人常穿的衣服。丘濬(1418—1495)依据北宋人高承(生卒年不详)《事物纪原》的有关记载推测它就是"四袴衫",即在北宋中晚期流行于民间的"缺骻衫"④。后世也多依此说,认为它是一种四面衣裾开衩的服饰⑤。如果四襈衫即四袴衫、缺骻衫,那么它应至晚在唐初便已有,其流行于唐宋时期。史载马周(601—648)曾上书议论车服之制道:"礼无服衫之文,三代之制有深衣。请加襕、袖、褾、襈,为士人上服,开骻者名曰

① 贾玺增:《中国服饰艺术史》,天津人民美术出版社2009年版,第109页。
② 赵彦卫撰,傅根清点校:《云麓漫钞》卷4,中华书局1996年版,第63页。
③ 吕维祺:《圣贤像赞》,载郭磬、廖东编《中国历代人物像传》第1册,齐鲁书社2002年版,第420页。
④ 丘濬:《家礼仪节》,《丛书集成三编》第24册,新文丰出版公司1986年影印乾隆庚寅年(1770)重修板藏宝敕楼刻本,第137页。
⑤ 如明代张自烈《正字通》:"襈,古惠切,音桂,上马衣分裾曰'襈',如今边将士卒箭衣也。……骻衫即襈衫也。"(张自烈:《正字通》卷9,《四库全书存目丛书》经部第198册,齐鲁书社1995年影印北京大学图书馆藏清康熙刻本,第364页)明代方以智《通雅》:"分裾四襈。"(方以智:《通雅》卷36,《景印文渊阁四库全书》第857册,台湾商务印书馆1986年版,第695页)清代厉荃《事物异名录》卷十六《服饰部》:"开骻者名缺骻衫,庶人服之,即今四襈衫。"(厉荃:《事物异名录》卷16《服饰部》,岳麓书社1991年版,第241页)

缺胯衫,庶人服之。"①在白沙宋墓一号墓甬道东壁壁画中左边第一个人所穿的就是四褛衫②,他的身份是仆役、庶人(见图3.3)。可见,四褛衫是庶人常服,品格不高。

图 3.3　白沙宋墓一号墓甬道东壁壁画③

(二)《书仪》再加冠服

冠礼的再加礼服是帽子、旋襕衫、腰带。按《事物纪原》记载,宋代的帽子形制大体沿袭五代梁朝,始以漆为之,质料有一个从光纱到南纱而复归于光纱的过程④(见图3.4)。宋代帽子种类繁多、式样各异,《冠仪》并未对再

---

① 欧阳修、宋祁:《新唐书》卷24《车服志》,中华书局1975年版,第527页。
② 宿白:《白沙宋墓》,文物出版社1957年版,第34页。
③ 宿白:《白沙宋墓》,文物出版社1957年版,附图版二十七。
④ 高承、李果撰,金圆、许沛藻点校:《事物纪原》卷3《冠冕首饰部·帽》,中华书局1989年版,第138页。

加使用何种帽子予以规定，保留了行礼者自主选择的权利。

旋襕衫，文献记载不多。宋真宗天圣中(1023—1032)曾敕书镇守窦州并执掌刑狱的毛应佺(967—1033)要"简恤刑章"，并赏赐他"紫乾色大绫绵旋襕衫一领"以示谕其"宜知悉冬寒"，体恤刑人①。宋孝宗淳熙十五年(1188)正月二十四日诏令文思院制造"四十四人各素皂沙帽子一顶，紫纱旋襕衫一领，黑鞓白银腰带一条，准备给赐"②。据此而言，旋襕衫是贯穿于两宋的一种衣服，有紫纱为之者，有绫绵为之者，与帽子、腰带相搭配或可作为官员所服之服，用于正式的吉凶典礼，较四襈衫更为尊贵、郑重。

图 3.4　头戴纱帽的朱熹③

(三)《书仪》三加冠服

冠礼的三加礼服是幞头、公服、靴，这是宋代官员公服，较始加、再加之冠帽衣服而言形制更为华美，地位更为崇高(图 3.5)。但这仅限于有官者，如果将冠者无官，那么也不可僭服，只能穿襕衫、靴来代替。据《宋史·舆服志》记载："襕衫以白细布为之，圆领大袖，下施横襕为裳，腰间有辟积，进士及国子生州县生服之。"④无官者三加仪式中穿襕衫，可能是为标志其"进士及国子生州县生"的士子身份，喻示着将来登科及第，进入官僚体系的无比荣耀，一定程度上反映了宋代社会的"右文"风尚。冠礼三加所用的冠帽衣

---

① 曾敏行撰，朱杰人标校：《独醒杂志》卷4，上海古籍出版社1986年版，第37、38页。
② 徐松辑：《中兴礼书续编》卷57《凶礼二十三·永思陵二十三·金国使人吊祭一》，《续修四库全书》第823册，上海古籍出版社2002年据北京图书馆藏清蒋氏宝彝堂抄本影印，第599页。
③ 吕维祺：《圣贤像赞》，载郭磐、廖东编：《中国历代人物像传》第1册，齐鲁书社2002年版，第426页。
④ 脱脱：《宋史》卷153《舆服志》，中华书局1977年版，第3579页。

服属于"盛服":

> 盛服,有官者具公服、靴、笏;无官者具幞头、靴、襕或衫、带,各取其平日所服最盛者,后婚、祭仪盛服皆准此。①

图 3.5　宋代武官、文官公服图②

"盛服"是《书仪》中使用较为广泛的一种礼服。冠礼仪式中的筮日、筮宾,婚礼纳采、亲迎、庙见,丧礼中的复礼,祭礼中的筮日及祭祀的核心环节都要穿戴"盛服"作为行礼冠服。此外,遇到节日、家宴、家长寿辰等隆重场合,家中诸卑幼也应着盛服序立行礼。由此可见,"盛服"多用于隆重的家中典礼,较始加、再加的衣冠而言更为华美、尊贵。

通过采用当时的冠帽衣服,司马光《书仪》所设计的冠礼服制划定了童蒙与成人之间的服饰界限,进而完成了由巾、四襟衫到帽子、旋襕衫再到幞头、公服的服制建构,"三加弥尊"的服饰等级次第在其中已依稀可辨。虽然《书仪》在冠礼中的冠帽衣服并未在其他家礼中广泛使用,但这种用时服行

---

① 司马光:《司马氏书仪》卷 2《冠仪》,《丛书集成初编》第 1040 册,中华书局 1985 年据学津讨原本排印,第 19 页。
② 采自江西乐平宋代壁画墓东壁壁画。陈定荣、詹开逊:《江西乐平宋代壁画墓》,《文物》1990 年第 3 期,第 14—18 页。

礼的思路却有开创性意义,为后代礼书的撰述准备了条件。

四、尊卑有等:《政和五礼新仪》的冠服等级

与司马光《书仪》相似,成书于徽宗朝的《政和五礼新仪》也采用"时服"作为冠礼礼服,所不同的是,该书所取之冠服并非源自日常生活,而是悉数取自庙堂之上。笔者参考《五礼新仪》卷一百八十三至卷一百八十六之《品官嫡子冠仪》《品官庶子冠仪》《庶人嫡子冠仪》《庶人庶子冠仪》,制成表3.2:

表 3.2　《政和五礼新仪》冠礼三加服制

	五品以上	五品以下	庶民
始加	折上巾,公服,巾,笏。	折上巾,公服,巾,笏。	折上巾
再加	四梁,罗金镀银棱犀簪,束带,银佩,簇四盘雕锦绶,余同二梁冠。	二梁冠,朝服,金镀银棱角簪,银立笔,绯罗大袖裙,白纱中单,皂襈,白罗方心曲领,绯罗蔽膝,绯白罗大带,银褐绶勒帛,金镀铜束带,佩,方胜练鹊锦绶,青丝纲,鍮石环。	帽
三加	五旒冕,青生色大袍,绯罗绡裙,蔽膝,皂绫,铜环,余同平冕服。	平冕,金镀鍮石棱角簪,青罗素裙,蔽膝,白绶,中单绯白罗大带,金镀铜华革带,绯罗履,袜。	无
		若以巾、帽、折上巾为三加者听。	

品官始加所用的折上巾即幞头,《旧唐书·舆服志》称:"贵贱通服折上巾,其制周武帝建德年所造也。"[1]到宋代,折上巾已经成为通行首服,士庶之人都可穿戴,所以能够区别有官者与无官者之处,仅在其是否着有公服。

再加所用冠服较始加复杂,五品以上戴四梁冠,五品以下戴二梁冠,穿着虽同为朝服,却有簪、带、佩、绶之别。据《宋史·舆服志》记载政和议礼局所定朝服之制:"四梁冠,簇四盘雕锦绶,余同五梁冠服。……二梁冠,角簪,方胜练鹊锦绶,余同三梁冠服。"[2]所记与上表同,其形制可参考图3.6。可知,《五礼新仪》所用再加朝服直接取自政和议礼局新定的品官朝服制度。庶人再加帽子,仅就始加之巾稍华贵而已。

① 刘昫:《旧唐书》卷45《舆服志》,中华书局1975年版,第1952页。
② 脱脱:《宋史》卷152《舆服志四》,中华书局1977年版,第3556、3557页。

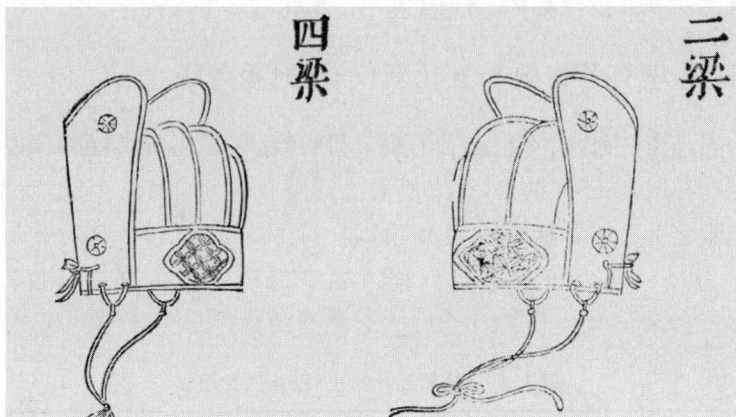

图 3.6　四梁冠、二梁冠①

　　三加所用冠服，五品之上为五旒冕，五品之下为平冕。所谓平冕，当是指《宋史·舆服志》中所谓"无旒冕"，是最低级别的祭服。另据《宋史·艺文志》记载政和议礼局所定冕服之制："五旒冕，皂绫绶，铜环，金涂铜革带，佩，余如二品服。……无旒冕，素青衣，朱裳，蔽膝，无佩绶，余如三品服。"②所记亦与上表略同，说明《五礼新仪》与当时衣冠之制保持了一致。

　　应该肯定的是，《五礼新仪》品官三加礼服最为接近《仪礼·士冠礼》。始加的公服相当于玄端，即郑玄所谓"莫夕于朝之服"③；再加的朝服相当于皮弁服，即"与君视朔之服"④；三加的冕服相当于爵弁服，即"与君祭之服"⑤。在此，"三加弥尊"的古义不但明白无疑，按照身份尊卑而降杀的原则亦有所体现。据该书规定，"品官子孙、三舍生冠依品官仪"⑥。那么，从五品以上官员到五品以下官员及其子孙、三舍生再到庶人，便形成了一个尊卑有渐的身份体系。从仪式过程上看，品官享有三次加冠的完整士冠礼特权，而庶人则仅能加冠两次。从衣冠等级上看，品官礼服的规制烦琐细密，按照官阶高低粗略分作两等，而庶人则仅简单规范了首服，粗略具有礼义。

　　《政和五礼新仪》之所以能够架构"公服—朝服—祭服"的完整冠服体

---

① 王圻：《三才图会·衣服》卷 2，《续修四库全书》第 1234 册，上海古籍出版社 2002 年据上海图书馆藏明万历三十五年(1607)刻本影印，第 649 页。

② 脱脱：《宋史》卷 152《舆服志四》，中华书局 1977 年版，第 3546 页。

③ 郑玄注、贾公彦疏，彭林整理、王文锦审定：《仪礼注疏》，北京大学出版社 1999 年版，第 23 页。

④ 郑玄注、贾公彦疏，彭林整理、王文锦审定：《仪礼注疏》，北京大学出版社 1999 年版，第 23 页。

⑤ 郑玄注、贾公彦疏，彭林整理、王文锦审定：《仪礼注疏》，北京大学出版社 1999 年版，第 20 页。

⑥ 郑居中：《政和五礼新仪》卷 183《品官嫡子冠仪》，《景印文渊阁四库全书》第 647 册，台湾商务印书馆 1986 年版，第 807 页。

系，主要原因是它的假定规范对象是品官，尤其是有资格参与祭祀的朝官。按《宋史·舆服志》，政和时有资格穿戴五旒冕参与祭祀的是"亲祠举册官、大乐令、光禄丞、奉俎馈笾豆簠簋官、分献官"①等，有资格穿戴平冕参与祭祀的是"奉礼协律郎、郊社令、太祝太官令、亲祠抬鼎官、进传㡓官"②等。无疑，这些冠服并非一般低级别官员与三舍生所能具备，遑论一般庶人，以此行礼自然有诸多不便。或许，这便是《五礼新仪》行之未久便遭废止的原因之一吧。

总之，如果按照程颐对冠礼衣冠的构想，无论是重视品官的《五礼新仪》还是着眼士庶的《司马氏书仪》，都未能打破作为非常行典礼与日常生活之间的隔膜，因此也无力重建儒家对于日常穿戴的指导性意义。这一难题直到朱熹《家礼》才得到较好的解决。

五、走向日常：朱熹《家礼》的衣冠体系

朱熹对司马光《书仪》的评价颇高，认为其"大概本《仪礼》，而参以今之可行者"，相对于"多是古礼""有杜撰处"的二程、张载家礼著作，《书仪》"较稳，其中与古不甚远，是七八分好"③。然而，《家礼》并未简单重复《书仪》的冠礼服制设计，而是在考证时服的基础上，对当时的冠帽衣服进行整合，并试图以此重构儒家日常衣冠体系。

据记载，朱熹平时所穿的衣服是：

> 先生早晨拈香。春夏则深衣，冬则戴漆纱帽，衣则以布为之，阔袖皂衫，裳则用白纱，如濂溪画像之服。或有见任官及它官相见，易窄衫而出。④
> 其闲居也，未明而起，深衣幅巾方履，拜家庙以及先圣。⑤

春夏时节穿深衣，冬季戴漆纱帽、穿皂衫虽是朱熹所惯用的穿戴方式，不过也仅限于家中闲居时。如需外出与官员会面，则要换上当时普遍穿着的窄衫。这种将家内与家外相区分的穿戴方式不禁让人想起司马光自制并

① 脱脱：《宋史》卷152《舆服志四》，中华书局1977年版，第3546页。
② 脱脱：《宋史》卷152《舆服志四》，中华书局1977年版，第3546页。
③ 黎靖德编，王星贤点校：《朱子语类》卷84《礼一·论后世礼书》，中华书局1986年版，第2183页。
④ 黎靖德编，王星贤点校：《朱子语类》卷107《朱子·内任》，中华书局1986年版，第2674页。
⑤ 黄榦：《勉斋集》卷36《朝奉大夫华文阁待制赠宝谟阁直学士通议大夫谥文朱先生行状》，《景印文渊阁四库全书》第1168册，台湾商务印书馆1986年版，第424页。

穿着深衣的有趣经历①,展现出宋儒所建构的儒家礼服与世俗服装的张力。

(一)《家礼》始加冠服

宋代家礼中最早考证深衣制度的是司马光的《书仪》。在《书仪·冠仪》卷末附有《深衣制度》一章,详尽考证了古礼深衣之制。令人吊诡的是,深衣并非冠礼礼服。关于为何专设《深衣制度》一章,该章节与《冠仪》主体内容有何关联,司马光未做任何说明。从语言表达上看,《深衣制度》与前面冠礼仪文通俗易懂、切于实用的语言风格迥然相异,引经据典、条分缕析的风格似乎暗示其性质乃是一种礼学意义上的严谨考证。正因如此,向来服膺考据学的四库馆臣才会在评介《书仪》时特别拈出《深衣制度》大加赞赏,称其本于注疏,是司马光"考礼最精之明证"②。

需顺带指出的是,深衣在《书仪》中仅出现两处,除去《深衣制度》外,便是卷五《丧仪》。在该卷的卒袭仪式中,司马光希望说服行礼者选用深衣而非公服作为死者卒袭之服。为此,司马光在小注中不吝笔墨地大段论证,旨在说明使用深衣比公服更有利于保护死者遗体,然而,这种论证丝毫不能排除行礼者使用公服之外其他衣服的可能性③。一方面,司马光用其史学家特有的谨严考证试图恢复深衣故事;另一方面,他却并未将深衣纳入生者的任何居家礼仪之中,仅将其作为卒袭之衣随死者入土。

鉴于司马光曾自制深衣穿着的事实,这种矛盾现象着实耐人寻味。对此,《邵氏闻见录》记载的一则轶事或可参考:

> 司马温公依《礼记》作深衣、冠、簪、幅巾、缙带,每出朝服,乘马用皮匣贮深衣随其后,入独乐园则衣之。尝谓康节曰:"先生可衣此乎?"康节曰:"某为今人,当服今时之衣。"温公叹其言合理。④

据此,司马光外出时身着朝服,即幞头、公服、带、靴,将深衣随身携带,燕居家中时便换上。然而,当他将深衣推荐给好友邵雍(1011—1077)时却遭到了拒绝,邵雍的理由是今人应该穿今时的衣服,不应刻意复古。从这番话立刻得到赞叹与肯定来看,司马光似乎十分认同邵雍"服今时之衣"的做

---

① 邵伯温撰,李剑雄、刘德权点校:《邵氏闻见录》卷19,中华书局1983年版,第210页。
② 永瑢:《四库全书总目》卷22《礼类四》,中华书局1965年版,第180页。
③ 司马光:《司马氏书仪》卷5《丧仪一·袭》,《丛书集成初编》第1040册,中华书局1985年据学津讨原本排印,第53页。
④ 邵伯温撰,李剑雄、刘德权点校:《邵氏闻见录》卷19,中华书局1983年版,第210页。

法。因信而好古，司马光自制深衣；因身处于今，他又不得不限制深衣的穿着范围，仅供自己在"独乐园"中"怡然自乐"。或许这就是司马光在《书仪》中对《深衣制度》存而不用的真正原因。

与司马光一样，朱熹也曾详细考订过古礼的深衣制度并将其纳入自己的家礼著作中，然而，他却对邵雍的话有不同评价。朱熹说：

> 礼，时为大。某尝谓衣冠本以便身，古人亦未必一一有义。又是逐时增添，名物愈繁，若要可行，须是酌古之制，去其重复，使之简易然后可。……又云：康节说"某今人，须著今时衣服"，忒煞不理会也。
>
> 衣服当适于体，康节向温公说："某今人，著今之服。"亦未是。[1]

在朱熹看来，行礼最重要的是随时损益。随着生活环境的不断变化，冠帽衣服种类繁多，不免烦冗，如要行之于今，应该参考古代衣冠制度，对"今时衣服"进行一番裁汰，以使其简易可行。换言之，"礼，时为大"的格言乃是一种"双重否定"、处乎中道的制礼原则，既非全面复古，又非一味从今。礼服的选择应以古礼经义作为标准，结合当今服饰的实际进行损益。在这种意义上，朱熹批判邵雍的观点"忒煞不理会"。

本于这种观念，朱熹不但自制深衣，还将其纳入家礼仪文与自身生活实践中。在形制上，朱熹与司马光所制深衣并不相同，其根本分歧出现在对"续衽钩边"的不同理解上。出于某种原因，朱熹并未采信《礼记》郑注、因循《书仪》，而是自出新意地制作了"朱子深衣"[2]，其形制见图 3.7。从清代学者对两种形制深衣褒贬上的巨大差异，我们或可推测，朱熹与司马光制作深衣的思路并不相同。《家礼》的《深衣制度》并非司马光《书仪》般的礼学考证，而是朱熹"衣冠本以便身"思想的实践，是他代圣人立教，制作新时代礼服的尝试。

朱熹平时的穿着是："春夏则深衣，冬则戴漆纱帽，衣则以布为之，阔袖皂衫，裳则用白纱，如濂溪画像之服。"[3]据弟子记载，朱熹的家居生活很有规律，"未明而起，深衣、幅巾、方履拜家庙以及先圣"[4]。

---

① 黎靖德编，王星贤点校：《朱子语类》卷 87《礼四·小戴礼·深衣》，中华书局 1986 年版，第 2265 页。
② 齐志家：《深衣之"衽"的考辨与问题》，《南京艺术学院学报》2011 年第 5 期，第 56—59 页。
③ 黎靖德编，王星贤点校：《朱子语类》卷 107《朱子·内任》，中华书局 1986 年版，第 2674 页。
④ 黄榦：《勉斋集》卷 36《朝奉大夫华文阁待制赠宝谟阁直学士通议大夫谥文朱先生行状》，《景印文渊阁四库全书》第 1168 册，台湾商务印书馆 1986 年版，第 424 页。

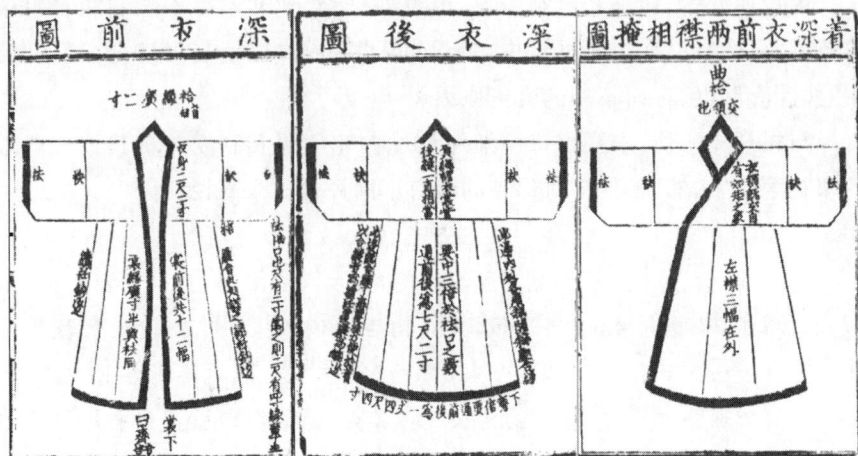

图 3.7　深衣图①

在《家礼》中,《深衣制度》属《通礼》,成为"平日之常服"②,广泛应用于《家礼》所规定的诸多场合:主人每日晨谒祠堂,要服"深衣,焚香再拜"③;冠礼的戒宾环节,"主人深衣,诣其门"④;丧礼的袭礼环节,"加幅巾,充耳,设幎目,纳履,乃袭深衣,节大带,设握手,乃覆以衾"⑤;四时祭、祭初祖、祭先祖、祭祢、忌日、墓祭中的许多准备工作,也都是要"主人帅众丈夫"穿深衣来完成⑥。

可见,在朱熹的家礼世界中,深衣是家中燕居之服,是出访友人之服,是进入祠堂之服,是死者入殓之服,等等。由此,通过这些设计,深衣,这一"完且弗费"⑦的古代服饰,被重新纳入儒家服制体系,不但成为家居日常之"常服",还成为不少家礼仪式的礼服,至今仍对东亚文化圈的儒服实践有重大

① 朱熹:《纂图集注文公家礼》,载黄瑞节编《朱子成书》第 7 册,国家图书馆出版社 2005 年据中国国家图书馆藏元至正元年(1341)日新书堂刻本影印。

② 朱熹:《家礼》卷 1《通礼·深衣制度》,《中华再造善本》一编,北京图书馆出版社 2004 年据中国国家图书馆藏宋刻本影印。

③ 朱熹:《家礼》卷 2《通礼·祠堂》,《中华再造善本》一编,北京图书馆出版社 2004 年据中国国家图书馆藏宋刻本影印。

④ 朱熹:《家礼》卷 2《冠礼》,《中华再造善本》一编,北京图书馆出版社 2004 年据中国国家图书馆藏宋刻本影印。

⑤ 朱熹:《家礼》卷 4《丧礼》,《中华再造善本》一编,北京图书馆出版社 2004 年据中国国家图书馆藏宋刻本影印。

⑥ 朱熹:《家礼》卷 5《祭礼》,《中华再造善本》一编,北京图书馆出版社 2004 年据中国国家图书馆藏宋刻本影印。

⑦ 郑玄注、孔颖达疏,龚抗云整理、王文锦审定:《礼记正义》卷 61《冠义》,北京大学出版社 1999 年版,第 1562 页。

影响①。

(二)《家礼》再加冠服

在朱熹设计的再加仪式中,冠者要加帽子,穿皂衫、革带、鞋。《朱子语类》所记朱熹冬天"戴漆纱帽,衣则以布为之,阔袖皂衫,裳则用白纱,如濂溪画像之服"②,可能就是这一穿着的生动再现。按照《家礼》对于"盛服"的界定,"无官通用帽子、衫、带"③,则冠礼再加的冠帽衣服实际上是无官者的"盛服"。无官的主人及以下执事者在参加冠礼,婚礼,正、至、朔、望所举行的参神仪式,以及四时祭、祭初祖、祭先祖、祭祢等仪式时都需要穿戴这种冠服作为正式礼服。另外,帽子、衫、带还是子事父母、孙事祖父母的日常礼节中应该穿戴的冠服。据朱熹《家礼》中的《居家杂仪》,儿孙应该在天未亮时起床,盥手、梳洗后"具冠带",即戴帽子、服衫、带,在黎明时到父母住处省问。这种日常礼仪称为"晨省",与晚上就寝前的"昏定"遥相呼应,构成了儒家家居日常生活的周期律,是家礼中极为重要的一方面。朱熹说:

> 此乃家居平常之事,所以正伦理笃恩爱者,其本皆在于此。必能行此,然后其仪章度数有可观焉。不然,则节文虽具,而本实无取,君子所不贵也。故列于首篇,使览者知所先焉。④

"晨省""昏定"等家居仪节虽是"家居平日之事",却最能体现儒家所提倡的孝道伦理的根本原则。唯有能够做好这些日常仪节、践履儒家家庭伦理才能使同样起到"正伦理笃恩爱"的冠婚丧祭仪式不至于流于虚伪,才能得"名分之守、爱敬之实"⑤的礼仪根本。

(三)《家礼》三加冠服

《家礼》的三加仪式所用礼服与《书仪》相同,有官者幞头、公服、革带、靴、笏,无官者襕衫、带、靴,这一服制同样属于"盛服"的范畴。较《书仪》,

---

① [日]吾妻重二著、吴震编译:《深衣考——关于近世中国、朝鲜及日本的儒服问题》,载氏著《朱熹〈家礼〉实证研究》,华东师范大学出版社 2012 年版,第 204—238 页。

② 黎靖德编,王星贤点校:《朱子语类》卷 107《朱子·内任》,中华书局 1986 年版,第 2674 页。

③ 朱熹:《家礼》卷 1《通礼·祠堂》,《中华再造善本》一编,北京图书馆出版社 2004 年据中国国家图书馆藏宋刻本影印。

④ 朱熹:《家礼》卷 1《通礼·司马氏居家杂仪》,《中华再造善本》一编,北京图书馆出版社 2004 年据中国国家图书馆藏宋刻本影印。

⑤ 朱熹撰,刘永翔、朱幼文校点:《晦庵先生朱文公文集》卷 75《家礼序》,朱杰人主编《朱子全书》第 24 册,上海古籍出版社、安徽教育出版社 2002 年版,第 3627 页。

《家礼》对"盛服"的定义更为细致全面：

> 凡言盛服者,有官则幞头、公服、带、靴、笏。进士则幞头、襕衫、带。处士则幞头、皂衫、带。无官者,通用帽子、衫、带。又不能具则或深衣,或凉衫,有官者亦通服帽子以下,但不为盛服。妇人则假髻、大衣、长裙。女在室者,冠子、背子。众妾,假髻、背子。①

通观《家礼》三次加冠的礼服可发现,其中不但含有"三加弥尊"的意义,还隐含了一种因身份而隆杀的尊卑次序。男性被分为有官者、进士、处士、无官者、贫贱庶人(不能具备衫帽,说明其贫且贱)五种。其中,进士、处士比较特殊,其穿戴象征了各自的身份特征。有官者、无官者、贫贱庶人则尊卑之等分明。三者的"盛服"因身份地位的差等而降杀：无官者三加所用的"盛服"是帽子、衫、带,相当于有官者再加所用冠服；贫贱庶人三加所用的"盛服"是深衣或者凉衫,仅相当于有官者始加时所用之服。(见表3.3)

表 3.3　朱熹《家礼》的冠礼三加服制及"盛服"的等差体系

	冠帽衣服	衣冠用途
始加	冠巾、深衣、履	有官者的始加冠服
		无官者不能具备帽子、衫、带时的"盛服"
再加	帽子、皂衫、革带	有官者的再加冠服
		无官者的三加"盛服"
三加	幞头、公服、革带、靴、笏、襕衫、带,或深衣,或凉衫	有官者三加之"盛服"
		无官者"盛服"
		无官者不能具备帽子、衫、带时的"盛服"
笄礼	冠、笄、背子	主妇的次等礼服
		在室女、众妾的"盛服"

相似地,女性被分为妇人、在室女、众妾三种。由于笄礼只有一次加冠易服,所以其等级较男性冠礼易辨别。在室女与众妾在笄礼中所穿戴的背子,是当时流行的日常衣服,其位格相当于妇人平日生活、劳作所穿衣服(图3.8)。而妇人所穿大衣、长裙则是主妇才能穿着的最为华美、高贵的礼服。此

---

① 朱熹:《家礼》卷1《通礼·祠堂》,《中华再造善本》一编,北京图书馆出版社2004年据中国国家图书馆藏宋刻本影印。

处所谓"大衣"当指《宋史·舆服志》中命妇之礼服——大袖（图3.9）。

图3.8　身着背子劳作的妇女①

图3.9　黄昇墓出土的大衣(大袖)②

　　需要特别指出的是，在《家礼》中，这些冠帽衣服将在冠者日后的家礼活动中继续被穿戴。其中，"盛服"在家礼仪式中的意义重大，具有分隔仪式环节、表达家庭伦理的功能。以《家礼》中的四时祭为例，假如行礼者是一位官员，那么，他在卜筮吉日时要穿戴"盛服"，即幞头、公服、革带、靴、笏，站在祠

---

①　《烙饼图》，绘于登封高村壁画墓甬道西壁。图中所绘三女子都是身着背子，下着长裙。郑州市文物考古研究所、登封市文物局：《登封高村壁画墓清理简报》，《中原文物》2004年第5期，第4—12页。

②　福建省博物馆编：《福州南宋黄昇墓》，文物出版社1982年版，后附图版1。

堂中门之外西向而立。在祭祀的前一天,他会与家中众男子身着深衣,率领仆从洒扫祠堂,擦拭椅桌;由西向东安置高祖考妣、曾祖考妣、祖考妣、考妣的木主;陈设香案、酒架、火炉、盥盆等祭祀用具。在准备祭品的重要环节中,主人要率领众男子着深衣检查牲牲,监督屠宰过程以保证其清洁;主妇则要带领众妇女穿背子洗涤祭器、釜鼎,准备祭祀馔肴。祭祀当天,众人早起,主人及众男子服深衣到祭祀场所,盥手后,陈设菜蔬、瓜果、酒馔;主妇穿背子烹饪祭祀馔肴,熟透之后盛出放在东阶的大床上。在天刚亮时,主人将脱下深衣,换上幞头、公服、革带、靴、笏的"盛服";主妇将脱下背子,换上大衣、长裙。在主人、主妇分别请出神主后,参神、降神、进馔等主体仪式随之开始。在这一系列仪式过程中,众人都需要以"盛服"行礼[1]。

从时间角度看。在男子穿着深衣、女子穿着背子的情况下,仪式尚处于准备阶段。一旦行礼者脱下深衣、背子,各自换上合乎自己身份的"盛服",便意味着祭礼核心环节的正式开始。"常服"与"盛服"的交替使得仪式过程的时间性变得界限分明。

从空间角度看。在仪式过程中,主人戴幞头、着公服,主妇戴假髻、着大衣、长裙,立于祠堂两阶之上的中间位置,面北,朝向祖先神主恭行荐新之礼。两阶之下,则是家众序立之处。诸父、诸兄、诸弟、子孙、外执事等男性家庭成员居西列,戴帽子、着衫。诸母姑、姊嫂、弟妻、诸妹、子孙妇女、内执事等女性家庭成员居东列,戴冠子、着背子。两列队伍按照尊卑等差,由北向南,依次而立,诚敬严肃地观看整个仪式过程。整个仪式空间以两阶连接所成的直线为分界,区分了行礼与观礼的仪式空间;以祠堂之中为界线,划分了男女、内外的差别;以距离祠堂中祖先神主的远近为标准,刻画了主人与家众、家人与执事者的身份等差。通过这种方式,作为"非常"的祭礼与其礼服"盛服"彰显了男女内外有别、嫡庶主从分明的纲常伦理,建构了宋儒理想中"正常"的家庭生活秩序。见图 3.10。

---

[1] 朱熹:《家礼》卷 5《祭礼·四时祭》,《中华再造善本》一编,北京图书馆出版社 2004 年据中国国家图书馆藏宋刻本影印。

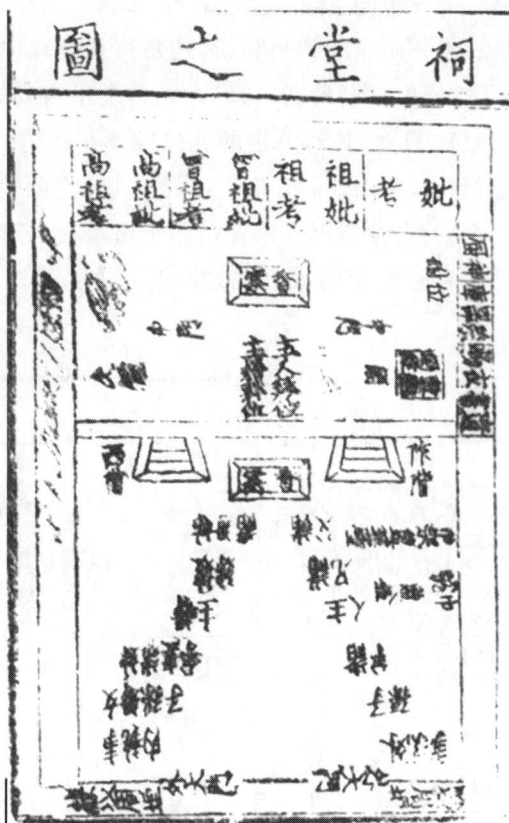

图 3.10　祠堂序立之图①

　　通过这种冠礼服制设计,宋儒不但实现了古礼"三加弥尊,加有成也"的仪式意义,还将家庭成员的等级秩序融入冠礼服制,起到了"正名"的作用。显然,这对冠者践行"为人子、为人弟、为人臣、为人少"(《礼记·冠义》)的"成人之义"有直观的典范意义。

第四节　寓教无形:空间伦理与参礼之人

　　作为空间理论所关注的重点之一,《仪礼》的空间叙事特点是由建筑切入,用建筑的空间布局建构礼仪制度,通过规划礼制"辨方正位"的建筑空间

---

① 朱熹:《纂图集注文公家礼》,黄瑞节编《朱子成书》第 7 册,国家图书馆出版社 2005 年据中国国家图书馆藏元至正元年(1341)日新书堂刻本影印。

格局,进一步规制礼制身份的空间方位之礼①。就《士冠礼》而言,无论是冠笄之礼的行礼地点、准备阶段的物品陈设,还是行礼过程中的席位设置、曲折向背都表现出了空间的礼制特征,与仪式先后次序构成的时间流动一起讲述了一个充满嫡庶、男女、长幼差别的礼仪故事。在宋代,以《书仪》《家礼》为代表的士庶冠礼仪文因地制宜地搭建冠笄礼制空间,表现出通过空间重构来彰显礼经大义的自觉意识。冠者徜徉于由家礼构建的空间之中,潜移默化地体会到空间所蕴含的家庭伦理秩序,可谓寓教于无形。(见图3.11)

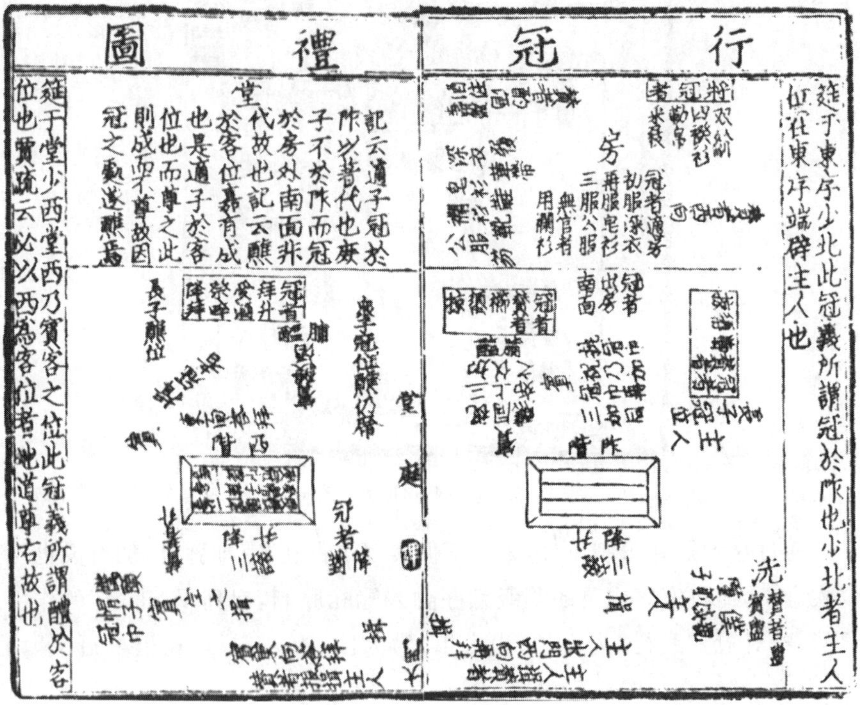

图 3.11　行冠礼图②

一、确立家院的礼仪坐标

在中国古代建筑中,家院的设计不仅关注建筑学意义上的居住功能最大化,而且更加重视家庭伦理关系的隐喻与表达。在宋代家礼搭建的家居

---

① 参看张世君:《礼经建筑空间的政治叙事》,《江西社会科学》2011 年第 1 期。
② 朱熹:《家礼》,黄瑞节编《朱子成书》第 7 册,国家图书馆出版社 2005 年据中国国家图书馆藏元至正元年(1341)日新书堂刻本影印。。

礼仪空间中,自然意义上的空间方位让位于人文意义上的礼仪方位,为周旋升降、向背曲折提供了"礼"的坐标。司马光在《书仪》中第一次出现空间方位问题时便以小注形式予以说明:

> 私家堂室不能一一如此,但以前为南、后为北、左为东、右为西,后婚丧祭仪中凡言东西南北者,皆准此。①

在现实生活中,并非所有房屋都是向南而建,因此,便存在一个为行礼的曲折向背"定位"的问题。司马光既不坚持南北的自然方位意义,也不牵强附会地赋予其天人之际的额外价值,而是仅就一家之居室制度立说,视大门为南开,以此建立一个以正门为指南针的礼仪坐标系统。于是,家居庭院变为一个自足的礼制空间,与自然的世界分隔开来。《家礼》重申了《书仪》的观点,为礼仪空间系统的建立奠定了基础。

二、以内外之分彰显男女之别

"古者重冠。重冠故行之于庙,行之于庙者,所以尊重事。尊重事而不敢擅重事,不敢擅重事,所以自卑而尊先祖也。"(《礼记·冠义》)据此,古时特重冠礼,所以要在祢庙行礼,不敢自专其事,以体现对冠礼的重视与对祖先的尊重。但是,宋代的堂屋房室之制已经与古代大有不同,行礼地点因之成为问题。在宋代,家庙制度废置已久,虽然朝廷主持过关于家庙制度的讨论,但家庙制度仍然久不能立,未能进入士大夫的日常生活。宋代一般士庶的家祭场所是影堂。那么,是否可以在影堂行冠礼呢?

司马光认为,当时一般人家的影堂位置较偏,过于狭小,难以举办像冠礼这样的大型典礼。因此,"冠于外厅,笄在中堂"②便成为一个较为折中的选择。这一设计将冠礼与笄礼的行礼地点作了区分,以家院建筑内外的差异表达了男女有别的家庭伦理观念。所谓"外厅"与"中堂",乃是《书仪》中理想家院的两个重要建筑:

> 凡为宫室,必辨内外。深宫固门,内外不共井,不共浴堂,不共厕,

① 司马光:《司马氏书仪》卷2《冠仪》,《丛书集成初编》第1040册,中华书局1985年据学津讨原本排印,第20页。
② 司马光:《司马氏书仪》卷2《冠仪》,《丛书集成初编》第1040册,中华书局1985年据学津讨原本排印,第20页。

男治外事,女治内事。男子昼无故不处私室,妇人无故不窥中门,有故出中门,必拥蔽其面如盖头面帽之类。男子夜行以烛,男仆非有缮修及有大故大故谓水火盗贼之类,亦必以袖遮其面。女仆无故不出中门盖小婢亦然,有故出中门亦必拥蔽其面。铃下苍头但主通内外之言,传致内外之物,毋得辄升堂室入庖厨。①

在这样的家院中,"中门"是内外建筑的分隔线,家中男女的活动范围以此为界,不但不可以无故"越界",连物品的内外流动也需要通过家中仆役来完成。"男主外,女主内"的家内分工与"男女有别"的礼经大义由此得以落实。正是在这种家院结构的设计理念指导下,《书仪》选择外厅作为男子冠礼的行礼之地,而将女子的笄礼放置于"庭院深深"的中堂。

《家礼》承袭了《书仪》的思路,冠礼在厅事举行,而笄礼则是在中堂或者私室。有所不同的是,《家礼》区分了主妇与众妾的行礼地点:"宗子主妇则于中堂,非宗子而与宗子同居则于私室。"②这一区分突出了宗子主妇在中门之内的地位与权威,与男子在外厅的行礼地点遥相呼应,旨在强化家礼中的宗法意识。

三、东房与两阶的宗法意义

宗法是古礼的重要原则,在冠礼中主要通过东房、两阶的空间方位来表达。按《仪礼·士冠礼》《礼记·冠义》,宗子应该在东房中等待冠礼的开始、更换与三加冠帽相适应的礼服;在阼阶之上加冠,以表现将要代替父亲成为一家之长;在户牖间的客位行醮礼,以表现对其成人地位的尊异。相比之下,庶子只能冠于房外,南面而醮。这样的仪式设计凸显了宗子的特殊性,体现了嫡长子在加冠之后作为有治家权的成人的崇高威望,所谓"冠于阼,以著代也。醮于客位,三加弥尊,加有成也"③。

宋儒素来特重宗法,于是,东房、两阶的空间架构在宋代家礼中便不可或缺。《书仪》《家礼》强调两者的空间意义,并提出了在家中厅事构造东房、两阶的具体方法:

---

① 司马光:《司马氏书仪》卷4《居家杂仪》,《丛书集成初编》第1040册,中华书局1985年据学津讨原本排印,第43页。
② 朱熹:《家礼》卷2《冠礼·笄》,《中华再造善本》一编,北京图书出版社2004年据中国国家图书馆藏宋刻本影印。
③ 郑玄注、孔颖达疏,龚抗云整理、王文锦审定:《礼记正义》,北京大学出版社1999年版,第1615页。

> 厅事无两阶,则分其中央,以东者为阼阶,西者为宾阶。无室无房,
> 则暂以帘幕截其北为室,其东北为房。①

> 设盥帨于厅事,如祠堂之仪,以帘幕为房,于厅事之南北。或厅事
> 无两阶,则以垩画而分之。②

用白灰画出两阶,用帘幕隔断厅事,宋儒搭建的冠礼仪式空间,旨在区隔宗子与庶子的身份、地位,为家族的良善治理提供最初的基础。作为一家之主,《书仪》中的"家长"与《家礼》中的"宗子"都是凭借冠礼而获得与他人相分别的重要身份特征的。因此,这种设计与其说是司马光、朱熹"爱礼存羊"的守旧表现,不如说是其在谙通冠礼经义基础上而做出的自然抉择。

通过身体在家礼空间中的周旋升降、向背曲折,冠者在行礼过程中"辨正方位"的同时,也为自己的身份定位,从而体会到自己所应担负的义务与责任。男主外、女主内的性别差异在外厅与中堂的分别中得到申说。宗子与庶子、主妇与众妾的宗法等级通过不同的行礼地点得到强化。

四、行礼、受礼与观礼

在冠礼实践中,参与典礼的人可以被分为三类,即行礼者、受礼者与观礼者。行礼者是主持、参与冠礼仪式的人,包括主人、宾、赞。受礼者是接受加冠仪式者,即冠者。观礼者是出席冠礼仪式,并在现场观看整个仪式过程的人。儒家"礼教"的精神不但在于利用衣冠、空间等教育受礼者,还在于将"诚敬"的礼义播散给每个"在场"的人,赋予所有参礼人"礼"的存在方式。

作为朱熹亲自指定的道学传人,黄榦曾经参加过一场冠礼仪式,在其中出任主宾。当他后来对友人谈及对这次典礼的感受时,他这样写道:

> 榦顷尝为童子加冠,至于礼仪繁缛之际,俨然正色而临之,自觉此心恻然,有感于父兄所以教爱子弟之意。彼童子质朴畏谨,见其父兄、宾客待我者如此,亦岂不惕然动其心乎?③

---

① 司马光:《司马氏书仪》卷2《冠仪》,《丛书集成初编》第1040册,中华书局1985年据学津讨原本排印,第20页。
② 朱熹:《家礼》卷2《冠礼》,《中华再造善本》一编,北京图书馆出版社2004年据中国国家图书馆藏宋刻本影印。
③ 黄榦:《勉斋集》卷14《答林公度》,《景印文渊阁四库全书》第1168册,台湾商务印书馆1986年版,第153页。

三加之礼，常人看来不胜繁缛，黄榦却有着另一番体会。作为主宾的他，因在行礼时能够保持俨然正色的端重容止，体会到一种由礼敬之义生发出来的恻然之情。他深切体会到，冠者父兄对于冠者热切的盼望与深沉的爱意。由此，黄榦坚信，那位质朴而又不失敬畏、谨慎的孩童，同样也会感受到父兄对自己的期望，进而触动仁爱孝友的良知良能，萌发进取奋发的成人志气。

黄榦的例子说明行礼者在冠礼实践中的特殊身份。"《经礼》三百，《曲礼》三千，一言以蔽之，曰'毋不敬'。"①宋代理学家强调，"礼"不但是"理"的表现方式（"礼者，理也"②），还是"主敬"功夫的重要方法。礼文中含蕴的敬意是触发心体善端的重要媒介，能够引发学者对道体的强烈感情体验。这种内心的震撼由行礼者主导，效用流行于受礼者及行礼者自身，及于观礼之人。因此，行礼者的仪式表演事关礼仪教化的成败，意义重大。《周易》曰：

> 盥而不荐，有孚颙若。（《周易·观卦》）

按程颐的解释，卦辞表达了对行礼人的诚敬行礼的严格要求。一般来说，在行礼之初的盥手环节，行礼者心思精诚、专一严肃；至于荐食之后，则会因礼数繁缛而心绪散乱、不复如初。程颐告诫说：

> 居上者，正其表仪，以为下民之观，当庄严如始盥之初，勿使诚意少散，如既荐之后，则天下之人莫不尽其孚诚，颙然瞻仰之矣。③

可见，行礼人不仅应是深孚众望的一方乡贤，更是代表圣王教化、以礼化俗的儒者。他的端正仪表、庄严容止，应与其诚敬之心贯穿仪式始终。唯其如此，受礼者、观礼者才能被诚心打动，习得礼教之化。在仪礼实践中，行礼者既是教化的主体，将儒家礼教导入民众日常生活，又与受礼者、观礼者一起受礼仪之化，由诚敬之情体悟人生达道。这或许便是儒家礼教的至高境界。

---

① 孙希旦撰，沈啸寰、王星贤点校：《礼记集解》，中华书局1989年版，第4页。
② 程颢、程颐著，王孝鱼点校：《二程集》，中华书局2004年版，第125页。
③ 程颐撰，王孝鱼点校：《周易程氏传》卷2《观》，中华书局2011年版，第112页。

本章小结

宋代是冠礼重构与实践的关键时期，出现了《书仪》《家礼》等重要礼书，试图凭借复兴冠礼仪式重现古礼的成人教育功能，重拾"成人之义"。为此，宋儒在深辨礼义的基础上，从冠龄、礼辞、礼服、行礼之地、参礼之人等方面入手制作新时代冠礼。朱熹"十五而冠"的主张，旨在保障冠者具备基本认知能力，为礼教提供扎实的蒙教基础，开启小学向大学转换的成圣之路；冠礼仪式中诵读的字辞以耳提面命的方式，对冠者进行直接教育，言辞恳切之中蕴含道学哲理；"三加弥尊"的冠服转换表达了成人的郑重，隐喻了尊卑有序的伦理内涵，旨在重构儒家日常的衣冠体系；冠礼仪式空间的搭建使男女有别、嫡庶分明，让冠者在周旋升降、向背曲折之间自然得到教化。在礼教过程中，行礼者既是教化的主体，又与受礼者、观礼者一起被受礼仪之化。通过这些努力，宋儒试图架构一个以更新名字、服饰、居庐、人际关系等为宗旨的典礼。在理想状态下，典礼将有效影响此后冠者的日常生活，开启希圣希贤的人生之路。

通过本章研究，有些成论亟待反思。在《绪论》中笔者指出，当前《家礼》研究中有两个颇为学界采信的观点：其一是"大体不变，稍加损益"说，即认为朱熹《家礼》主体是因袭司马光《书仪》，仅有个别损益之处；其二是"从俗从今"说，强调南北宋之间家礼由"远古"到"变古适今"的倾向性差别，认为《家礼》比《书仪》更具"时代的变通特色"。两个观点可以归结为一点：朱熹《家礼》在沿袭司马光《书仪》的基础上，损益了不合时用的仪文，更加具有"从俗从今"的变通特色。从本章研究来看，这种观点并不完全符合《家礼》实际。

其一，《家礼》比《书仪》更为系统、精细，表现出朱熹的独创性，而非"大体不变，稍加损益"。《家礼》所构建的冠礼服制体系比《书仪》层次更为清晰、用途更为广泛、意义更为明确，显示了朱熹重构整个家礼吉服体系的卓越努力，与《书仪》的相关仪文存在"质"的差别。在《书仪》中，司马光所选择的四襈衫、旋襕衫、公服大致可以体现由卑贱到尊贵的差等。但是，四襈衫、旋襕衫并未出现在婚礼、丧礼、祭礼等其他三礼仪式中，不免有"冠了又不常著"[①]的嫌疑。由于并未融入家居日常礼仪，其背后的意义也模糊难辨。朱

---

① 程颢、程颐著，王孝鱼点校：《二程集》，中华书局 2004 年版，第 180 页。

熹《家礼》则不然：一方面，《家礼》继承《书仪》的"盛服"概念并加以扩充，按照身份、地位建构了有所隆杀的尊卑次第系统，使有官者与无官者，妇人、在室女与妾等在服制上有所区别。另一方面，《家礼》建立了冠礼礼服与其他典礼、日常仪节的关联性，将其纳入整个儒家礼服体系，意义、用途均更为丰富。

其二，《家礼》对于古今问题并未作简单决断，而是有自己的一番考量。"礼之所尊，尊其义也。失其义，陈其数，祝史之事也。"（《礼记·郊特牲》）朱熹对于古今之辨的理解之所以能够超乎两端而用其中，正是因为他继承了程颐"礼以义起"的观念，将礼义作为去取损益礼文、礼器的最高原则。朱熹一再强调，礼器、礼文是所谓"笾豆之事"，可以做出变通，但是，礼义却是"大本大原"，不能随意改动。因此，朱熹《家礼》表现出两种看似矛盾实则合一的现象：一方面，制定仪文时经常有从简、从俗的大手笔，如将婚姻六礼精简为三礼，将丧礼两次作主改为一次作主，等等；另一方面，又时常令人不解地表现出对某些古礼的执着，如冠礼中坚持制作、使用深衣，婚礼中执着于奠菜，丧礼中明确要求升屋而行复礼，等等。究其原因，皆是礼义在朱熹礼学中处于本原地位的缘故。以往学者（如王懋竑等）曾以此推定《家礼》非朱熹所作，仅为时人抄取《仪礼》《书仪》的合编本，实际上是未能领会朱熹制礼的真正精神。由此得出的"《家礼》伪书说"自然靠不住。

第四章　婚礼:营建内外和理的家庭秩序

经历了"礼崩乐坏"的五代乱世,宋代士大夫痛定思痛,普遍重视家庭伦理秩序的重建。宋儒敏锐地认识到,"治家莫如礼"①,唯有发挥礼仪的伦理规范作用才能使"妇顺备而后内和理,内和理而后家可长久也"(《礼记·昏义》)。因此,婚礼被视作承载伦理教化的重要仪式。然而,当时社会去古已远,民间礼俗已发生天翻地覆的变化,不但"六礼"废置不举,亲迎的基本仪节已难与古同。如何对待当时形形色色的民间婚俗,是摆在宋儒面前的首要难题。对此,宋儒的思考以古礼为标准,一方面批判婚俗的鄙俚不经,一方面采择合理之俗纳入所定之礼。

在现存的宋代婚礼著述中,司马光《书仪》、程颐《礼》、吕祖谦《家范》、朱熹《家礼》都明确载有婚礼仪文。由于对古礼理解不同,诸家所制婚礼在仪式的具体环节存在不少差异。尽管如此,其众望所系无非通过仪式的向背曲折、升降周旋教化新人,以便营建"内外和理"的家庭伦理秩序。我们将看到,婚礼仪式所传达的理念进一步延伸为对婚后日常生活的规范。凭借婚礼所达成的教化理想弥散于家居生活的时空之中。

第一节　《士昏礼》的礼文、礼义

《仪礼·士昏礼》(下简称《士昏礼》)是宋儒重构婚礼仪文的主要文本依据。汉魏以来,解说繁多。主要文献有如郑玄、孔颖达对《士昏礼》的注疏,《礼记》的《郊特牲》《昏义》等篇章中对于昏义的诠释,以及对这些经典文本层层叠加式的各种解读。通过这些文本的释读,古婚礼不但变得意义充沛,还具备了"教妇初来"的教化功能,成为实现儒家理想家庭伦理的重要途径。从礼义来看,古婚礼仪式有三方面重要含义。

第一,摄盛行礼,敬慎重正以承祖先祭祀。《礼记·昏义》曰:"昏礼者,将合二姓之好,上以事宗庙,下以继后世也。"儒家认为,婚礼之所以要诚敬、

---

① 司马光:《家范》卷1《治家》,《景印文渊阁四库全书》第 696 册,台湾商务印书馆 1986 年版,第 660 页。

谨慎、郑重,是因为它不但与婚姻、生育密切相关,还关乎男家祖先的祭祀大事。这种"敬慎重正"一方面表现为繁复的"六礼"框架,唯有具备纳采、问名、纳吉、纳征、请期、亲迎的一系列礼仪才能成婚;另一方面,还表现为婚礼仪式中的高规格,形成了所谓"摄盛"现象。所谓"摄盛",是指出于对婚礼的重视,暂时提高所用衣服、车乘、器具等级的现象。考《士昏礼》中所谓"摄盛"者有三:其一,陈设,男家陈三鼎于寝门外东方,而不避大夫;其二,车乘,亲迎所用之墨车,本为大夫所乘;其三,衣服,亲迎所着爵弁,为与君祭之服,非自家祭祀之服(玄端)。通过这种方式,儒家彰显了婚礼的"非常性",使婚礼成为独一无二的人生典礼。

第二,新郎亲迎,亲之同之以达夫妇之义。婚姻六礼中最为浓墨重彩的仪式是亲迎,不仅所有"摄盛"现象都发生在亲迎环节,婚礼"男先女后""女从男"的意义也从此处正式展开。《礼记·郊特牲》说:"男子亲迎,男先于女,刚柔之义也。"又说:"出乎大门,而先男帅女,女从男,夫妇之义由此始也。妇人,从人者也。幼从父,兄嫁从夫,夫死从子。夫也者,夫也。夫也者,以知帅人者也。"可见,亲迎礼的重大意义在于男家在婚礼仪式中处于主动地位,即所谓"男先于女"。在亲迎仪节中,新郎出女家大门后帅女而行,执烛先导,也是说明"男帅女""女从男"的婚礼大义。这种仪式直接导向"夫"与"妇"的含义,即所谓"夫者,以知帅人""妇者,从人者也"的说法,进而构成"夫义妇听"(《礼记·礼运》)的婚姻家庭伦理。

第三,成妇之礼,重责妇顺以求内外和理。在儒家价值体系中,"顺"始终是妇德的重要内容。据说,这种德行的培养在十岁时便已经开始[1],并在婚礼举行前的三个月在女家宗庙得到进一步强化[2]。即便如此,新娘仍然需要在婚礼的仪式过程中接受以"顺"为主题的教化。这种教化集中体现为《礼记》中所谓"成妇礼"。《礼记·昏义》曰:"夙兴,妇沐浴以俟见。质明,赞见妇于舅姑,妇执笲、枣、栗、段修以见。赞醴妇。妇祭脯醢,祭醴,成妇礼也。"从仪式上说,妇见舅姑、妇馈舅姑、舅姑飨妇等一系列礼仪便是成妇礼;从礼义上说,"成妇"则意味着新娘身份的转变,即由异家之女正式成为男家之妇。以此而言,成妇礼的意义较亲迎更为重大,其要点有二。

---

[1] 《礼记·内则》:"女子十年不出,姆教婉、娩、听从,执麻枲,治丝茧,织纴、组、紃,学女事以共衣服。观于祭祀,纳酒浆、笾豆、菹醢,礼相助奠。"(郑玄注、孔颖达疏,龚抗云整理、王文锦审定:《礼记正义》卷28《内则》,北京大学出版社1999年版,第870—871页)

[2] 《礼记·昏义》:"是以古者妇人先嫁三月,祖庙未毁,教于公宫。祖庙既毁,教于宗室。教以妇德、妇言、妇容、妇功;教成,祭之,牲用鱼,芼之以蘋藻,所以成妇顺也。"(郑玄注、孔颖达疏,龚抗云整理、王文锦审定:《礼记正义》卷61《昏义》,北京大学出版社1999年版,第1622页)

其一,成妇礼是新娘奉养舅姑的开始。"妇人从夫,与夫同体者也,夫之所事,妇亦事之,所养,妇亦养之。故妇之于舅姑,犹子之于父母也。夙兴沐浴,执笲以见舅姑,舅姑醴妇,妇祭脯醢祭醴,明敬事自此始矣,故曰'成妇礼'也。"①

其二,成妇礼是新娘接替姑主持家务的开始。"厥明,舅姑共飨妇以一献之礼、奠酬。舅姑先降自西阶,妇降自阼阶,以著代也。"(《礼记·昏义》)新妇从代表主人位置的阼阶降下,说明舅姑视新妇为家中之主,正式接替了婆婆在家中的事务。

不过,成妇礼的终点并非舅姑飨妇,而是三月庙见之礼。按古礼,舅姑存则祭祢,舅姑亡则祭舅姑,称"奠菜"。《白虎通》曰:"娶妻不先告庙者,示不必安也。……妇入三月然后祭行,舅姑既殁,亦妇入三月奠采于庙。三月一时,物有成者,人之善恶可得而知也。然后可得事宗庙之礼。"②显然,唯有认定新妇有柔顺之德、治家之才,方能正式见于宗庙、告知祖先。

第二节 宋儒对婚礼的反思与立制

关于宋代婚礼的研究,目前主要有两种路径:一种是民俗研究的路径,即将宋代婚礼中的"礼"与"俗"作混一考察,运用正史、笔记等材料为宋代士庶婚礼提供一幅"全景画"③。该方法的局限在于未能反映"礼"与"俗"之间的区别与互动,以及宋儒制定婚礼仪文时的复杂态度。另一种是礼学研究的路径,通过家礼文献梳理与文本释读,建构两宋间家礼不断"从俗"的历史叙事④。这种观点虽然为宋代家礼提供了过程性、体系化的诠释,却对宋代家礼著作的多样性与仪文的复杂性估计不足,具体仪文的比较与考订亦不免疏误。有鉴于此,本节以礼俗关系为切入点,采用司马光《书仪》、程颐《礼》、吕祖谦《家范》、朱熹《家礼》等文献资料,对诸家婚礼仪文进行细读与

---

① 吕大防等撰,陈俊民辑校:《蓝田吕氏遗著辑校》,中华书局1993年版,第389页。

② 陈立撰,吴则虞点校:《白虎通疏证》卷10《嫁娶篇》,中华书局1994年版,第464页。

③ 如方建新:《宋代婚姻礼俗考述》,《文史》第二十四辑,1985年,第157—178页;徐吉军、方建新、方健、吕凤棠:《中国风俗通史(宋代卷)》,上海文艺出版社2001年版,第337—399页;曲彦斌:《中国婚礼仪式史略》,《民俗研究》2002年第2期,第75—88页;伊沛霞:《内闱——宋代的婚姻与妇女生活》,江苏人民出版社2004年版,第72—86页;等等。

④ 如杨志刚:《〈司马氏书仪〉和〈朱子家礼〉研究》,《浙江学刊》1993年第1期,第108—114页;安国楼、王志立:《司马光〈书仪〉与〈朱子家礼〉之比较》,《河南社会科学》2012年第20卷第10期,第86—88页;王美华:《承古、远古与变古适今:唐宋时期的家礼演变》,《辽宁大学学报(哲学社会科学版)》2013年第6期,第127—133页。

比较,进而为反思宋代家礼的演变过程提供一种新范式。

一、从"以礼论俗"到"因礼废俗"

据《东京梦华录》《梦粱录》等文献记载,宋代士庶人的婚庆习俗异彩纷呈、热闹非凡,从草帖议婚到大小定聘,从迎娶新妇到合髻、交卺,婚礼的各个环节都洋溢着节日般的喜庆。然而,不少士大夫却对此表达了忧虑,吕大防(1027—1097)上书说:"夫婚嫁,重礼也,而一出于委巷鄙俚之习。"①朱光庭(1037—1094)奏陈道:"鄙俗杂乱,不识亲迎人伦之重,则是何尝有婚礼也?"②在宋代士大夫看来,鄙俚婚俗的流行正是婚姻六礼衰落的时代表征。因此,宋儒往往能够深刻反思婚礼的性质与意义,"以礼论俗",对婚姻论财、仪式用乐、结发、簪花等俚俗展开批判与抵制。在此,"礼"不但是反思"俗"的标准,还是批判"俗"的利器,为审视当时婚俗提供了一种独特的考据视角。本节从宋儒对婚礼的反思、批判入手,探讨其对理想婚礼的认识。

(一)批判财婚现象与"拜金主义"择偶观

随着商品经济的不断发展,财富在宋代婚姻中的地位越发突出,从而形成了极具时代特色的"财婚"现象。据有关研究,当时士族娶妻的一般费用在 50 贯以上,嫁女的一般费用在 100 贯以上③,这意味着,一次婚礼往往需要花费一个中等士族之家多年的积蓄。在巨大的经济压力碾压下,即便是以礼法自持的士人也难于免俗。于是有被富商大贾"榜下捉婿"者,有娶妻不问门楣而径直论财者,以致"男夫之家视娶妻如买鸡豚,为妇人者视夫家如过传舍,偶然而合,忽尔而离"④,造成了种种夫妻离异、亲家反目的社会怪象。

以"铺房"为例。这种习俗本为古礼所无,却盛行于宋代。按照此习俗,女家需要在新妇过门的前一天前往男家布置新房。一般来说,床榻、荐席、椅桌之类由男家置办,床上用品、衣服被褥等则由女家置办。由两家人一起为新人置办新房本是一件十分温馨和谐的事,事实上却往往蜕变成一种炫富的恶俗。司马光《书仪》记载,前来"铺房"的女家人往往将所有财物——衣服、鞋袜、被褥、帷帐等等,无论是否为当时所用一律陈列在外,以便"矜夸

① 赵汝愚:《宋朝诸臣奏议》卷 96《上神宗请定婚嫁丧祭之礼》,上海古籍出版社 1999 年版,第 1033 页。
② 赵汝愚:《宋朝诸臣奏议》卷 96《上哲宗乞详议五礼以教民》,上海古籍出版社 1999 年版,第 1033 页。
③ 详见程民生:《宋代婚丧费用考察》,《文史哲》2008 年第 5 期,第 106—113 页。
④ 陈耆卿:《嘉定赤城志》卷 37《风土门·重婚姻》,《丛书集成续编》第 229 册,新文丰出版公司 1989 年影印台州丛书本,第 623 页。

富多"①。据说，北宋名臣范纯仁（1027—1101）娶妻时，女家"铺房"便十分奢靡，乃至以罗绮为帷幔。其父范仲淹（989—1052）得知后十分生气，说："罗绮岂为帷幔之物邪？吾家素清俭，安得乱吾家法？敢持至吾家，当火于庭！"②这段逸事被不断转述，屡次出现在后世的家训、家范著作中，不但寄予了士大夫对先贤高风亮节的追慕，更反映了士人对当时种种财婚现象的反思与批判。

与"财婚"现象密切关联的是"拜金主义"择偶观。宋儒认为，士庶人之所以屈服于这种畸形的择偶观念，乃是因为未能坚持儒家传统的婚姻观，对婚姻论财的严重性估计不足。司马光在《书仪》中分析指出：

> 文中子曰："昏娶而论财，鄙俗之道也。"夫婚姻者，所以合二姓之好，上以事宗庙，下以继后世也。今世俗之贪鄙者，将娶妇先问资装之厚薄，将嫁女先问聘财之多少。至于立契约云"某物若干，某物若干"，以求售某女者。亦有既嫁而复欺绐负约者，是乃驵侩鬻奴卖婢之法，岂得谓之士大夫婚姻哉？③

在此，司马光将"世俗婚姻"与"士大夫婚姻"对举，言辞激烈地称世俗婚姻为"鄙俗之道""鬻奴卖婢之法"，表达了宋代士大夫群体对婚姻论财的深恶痛绝。不过，司马光也对此给出了理性分析。从女家嫁女的立场说，一旦女家向男家索要高额聘财，自家却未能兑现许诺，男家便会埋怨、虐待新妇，乃至于以其为质求取女家更多的资装：

> 其舅姑被欺绐，则残虐其妇，以抒其忿，由是爱其女者务厚其资装，以悦其舅姑。殊不知彼贪鄙之人，不可盈厌，资装既竭，则安用汝力哉？于是质其女以责货于女氏。货有尽而责无穷，故婚姻之家往往终为仇雠矣。是以世俗生男则喜，生女则戚，至有不举其女者，因此故也。④

---

① 司马光：《司马氏书仪》卷3《婚仪上》，《丛书集成初编》第1040册，中华书局1985年据学津讨原本排印，第33页。
② 吕祖谦撰、陈金生、梁运华点校：《少仪外传》卷上，《吕祖谦全集》第2册，浙江古籍出版社2008年版，第18页。
③ 司马光：《司马氏书仪》卷3《婚仪上》，《丛书集成初编》第1040册，中华书局1985年据学津讨原本排印，第33页。
④ 司马光：《司马氏书仪》卷3《婚仪上》，《丛书集成初编》第1040册，中华书局1985年据学津讨原本排印，第33页。

从男家娶女的角度看,如果出于爱慕女家财富而娶之,新妇往往仗势欺人、傲视家长,不能奉养舅姑以尽孝道:

> 妇者,家之所由盛衰也。苟慕一时之富贵而娶之,彼挟其富贵,鲜有不轻其夫而傲其舅姑。养成骄妒之性,异日为患,庸有极乎?①

可见,无论对男家还是女家来说,婚姻论财都是在短期利益驱使下的不明智行为,不符合家族的长远利益,遑论古礼所谓"合两性之好"。这样的婚姻不但没有幸福美满的可能,还往往使亲家结为仇敌,酿成种种家庭悲剧。所以司马光告诫道:"然则议婚姻有及于财者,皆勿与为婚姻可也。"②

或许正是有感于当时不如人意的婚姻现状,宋代士大夫普遍要求将"贤"作为娶妇嫁女的新标准,以代替隋唐盛行的门阀标准与当时世俗所行的财富标准。以娶妇而言,宋代士大夫所谓的"贤"不但包括忠贞、勤俭、顺从、守礼等传统妇德,还体现为相夫教子、严明端肃的种种正家、治家行为③。可以说,宋代士大夫对以"贤"择偶的提倡,不但是对财婚现象与"拜金主义"择偶观的批判与回应,更是其重构家庭伦理关系的前提,寄予了儒者"齐家—治国—平天下"的远大理想。

(二)否定婚庆仪式用乐

按古礼,婚礼不用乐。对此,《礼记》中有两种不同解读。《礼记·郊特牲》说:"婚礼不用乐,幽阴之义也。乐,阳气也。"④将婚礼不用乐解释为对阴阳冲突的回避。《曾子问》则道:"取妇之家三日不举乐,思嗣亲也。"⑤把婚礼不用乐的理由归结为对于接替父母主持家政的严肃态度。对于这两种不同说法,宋儒普遍批评幽阴之说的附会牵强,认同《曾子问》对于婚礼义理的阐发。程颐就曾有这样的评价:"昏礼不用乐,幽阴之义,此说非是,昏礼

---

① 司马光:《司马氏书仪》卷3《婚仪上》,《丛书集成初编》第1040册,中华书局1985年据学津讨原本排印,第29页。

② 司马光:《司马氏书仪》卷3《婚仪上》,《丛书集成初编》第1040册,中华书局1985年据学津讨原本排印,第33页。

③ 邓小南:《"内外"之际与"秩序"格局:兼谈宋代士大夫对于〈周易·家人〉的阐发》,载邓小南主编:《唐宋女性与社会》,上海辞书出版社2003年版,第97—123页。

④ 郑玄注、孔颖达疏,龚抗云整理、王文锦审定:《礼记正义》卷26《郊特牲》,北京大学出版社1999年版,第815页。

⑤ 郑玄注、孔颖达疏,龚抗云整理、王文锦审定:《礼记正义》卷18《曾子问》,北京大学出版社1999年版,第583页。

岂幽阴? 但古人重此大礼,严肃其事,不用乐也。"①

然而,这一蕴含严肃大义的古礼仪文并未得到一贯遵行。随着社会的动荡及北方游牧民族影响的深入,南北朝时民间已出现"婚姻礼废,嫁娶之辰多举音乐"②的现象,其影响波及皇帝纳后之礼,以致"婚礼用乐"成为皇帝大婚时群臣讨论的焦点问题③。对此,儒家士大夫多能以古礼为依据,抵制种种举乐从俗之论;史官也往往运用春秋笔法,在历史书写中委婉表达自己的态度。李焘(1115—1184)《续资治通鉴长编》记载了纳后仪式中举乐的最早案例——南唐后主李煜(937—978)的大婚:

> 初议婚礼,诏中书舍人徐铉、知制诰潘佑与礼官参定。婚礼古不用乐,佑以为古今不相沿袭,固请用乐。又按《礼》,房中乐无钟鼓,佑谓铉曰:"窈窕淑女,钟鼓乐之。"此非房中乐而何? ⋯⋯议久不决,唐主命文安郡公徐游详其是非。时佑方有宠,游希旨奏用佑议,游寻病殂,铉戏谓人曰:"周、孔亦能为崇乎?"④

在这场争论中,徐铉(917—992)唯古礼是依,自视为周、孔之道的捍卫者;潘佑(937—972)则力主从俗,认为"古"与"今"绝非一脉相承。这一论争固然包含许多政治因素,但聚讼的重要原因仍是对"返古"与"适今"、"循礼"与"从俗"矛盾的不同理解。有趣的是,虽然潘佑取得了这场斗争的最终胜利,但是,"同党"徐游之死却被戏说为从俗变礼、不遵圣贤之道的应得"报应"。无疑,这一叙事背后的价值取向仍是儒家对古礼的坚持。

至宋代,婚礼用乐已是沿袭已久的民间习俗,"礼"与"俗"的矛盾更加凸显。例如宋哲宗(1077—1100)大婚:

> 元祐大昏,吕正献公当国,执议不用乐。宣仁云:"寻常人家,娶个新妇,尚点几个乐人,如何官家却不得用?"钦圣云:"更休与他懑宰执理会,但自安排着!"遂令教坊、钧容伏宣德门里。皇后乘翟车甫入,两部阗门,众乐具举。久之,伶官辇出赏物,语人曰:"不可似得这个科第相

---

① 程颢、程颐著,王孝鱼点校:《二程集》,中华书局 2004 年版,第 244 页。
② 令狐德棻:《周书》卷 35《崔猷传》,中华书局 1971 年版,第 615 页。
③ 关于纳后仪中是否用乐的争论,初见于东晋升平元年(357)八月。见杜佑撰,王文锦等点校:《通典》卷 59《婚不举乐议》,中华书局 1988 年版,第 1673 页。
④ 李焘:《续资治通鉴长编》卷 9 开宝元年十一月癸卯条,中华书局 1985 年版,第 212—213 页。

公,却不教用!"《实录》具书纳后典礼,但言婚礼不贺,不及用乐一节。王彦霖《系年录》载六礼特详,亦不书此。①

执政吕公著(1018—1089)对婚礼不用乐的坚持并未得到宣仁太后、宋哲宗乃至伶人的理解,在这里,民间婚俗反而成为规约儒家古礼的标准。在宣仁太后(1032—1093)看来,皇帝大婚应比民间婚姻更加喜庆热闹,否则难以突显皇家的无上权威与地位;宋哲宗则进一步表达了对拘泥古礼的儒家士大夫的烦恼情绪;甚至连身份卑微的伶人也敢于公开发表自己对于宰执的意见。由此可窥见宋人对用乐婚俗的普遍态度。尽管如此,《实录》《系年录》的作者却采取了"为王者讳"的春秋笔法,隐讳了元祐大婚中的用乐事实,试图将这一仪式书写为合乎婚姻六礼的典范。其中隐含的儒家价值取向传达了如吕公著般宋代士大夫的集体声音。

为维护古礼严肃之义,矫正婚俗中的嬉闹气氛,宋儒不但力争于庙堂,还编次礼书,明文规定婚礼不可用乐。司马光《书仪》、吕祖谦《家范》都认为"今俗婚礼用乐,殊为非礼",明文规定婚礼"不用乐"②。吕大钧(1031—1082)《乡仪》将"妇或以声乐迎导"作为必须剪除的"流俗弊事"之一,认为凡是"有意于礼"者都应加以变革③。张浚(1094—1164)在《遗令》中仍不忘以礼范家,告诫家人"婚礼不用乐"④。

(三)反对婚俗中的其他"猥仪鄙事"

在宋代士大夫看来,当时不少婚庆仪式不合经义、于古无稽,是必须去除的"猥仪鄙事"⑤。除结婚论财与仪式用乐之外,这类鄙俚婚俗尚有不少,颇能窥破宋代婚礼背后的思想世界。例如,当时有所谓"合髻"的婚俗,据《东京梦华录》记载:"男左女右,留少头发,二家出匹段钗子,木梳头须之类,谓之'合髻'。"⑥可知,"合髻"是将两位新人的少许头发梳理、绾结在一起,以象征合二为一、同舟共渡、白头偕老之意,故又称"结发"。五代时刘岳曾

---

① 周辉撰,刘永翔校注:《清波杂志》卷1《元祐大昏》,中华书局1994年版,第18页。

② 司马光:《司马氏书仪》卷3《婚仪上》,司马光:《司马氏书仪》卷3《婚仪上》,《丛书集成初编》第1040册,中华书局1985年据学津讨原本排印,第37页。吕祖谦撰,黄灵庚、吴战垒点校:《东莱吕太史别集》卷1《家范二》,载《吕祖谦全集》第1册,浙江古籍出版社2008年版,第312页。

③ 陈俊民辑校:《蓝田吕氏遗著辑校》,中华书局1993年版,第580页。

④ 刘清之:《戒子通录》卷5《张忠献遗令》,《景印文渊阁四库全书》第703册,台湾商务印书馆1986年版,第56页。

⑤ 陈俊民辑校:《蓝田吕氏遗著辑校》,中华书局1993年版,第580页。

⑥ 孟元老撰,伊永文笺注:《东京梦华录笺注》卷5《娶妇》,中华书局2006年版,第480页。

将合髻礼编入氏著《书仪》之中,遭到欧阳修(1007—1072)的批评:

> 刘岳《书仪·婚礼》有"女坐婿之马鞍,父母为之合髻"之礼,不知用何经义?据岳自叙云,以时之所尚者益之。则是当时流俗之所为耳。岳当五代干戈之际,礼乐废坏之时,不暇讲求三王之制度,苟取一时世俗所用吉凶仪式,略整齐之,固不足为后世法矣。①

在欧阳修看来,作为"流俗"的合髻礼根本没有经义根据,是五代乱世不得已的苟且之法,不能成为治世婚姻之礼的典范。在此之后,儒者多循着欧阳修的进路,以考证方法证明"合髻""结发"的荒谬。程颐说:"昏礼结发无义,欲去久矣,不能言。结发为夫妇者,只是指其少小也。如言结发事君,李广言结发事匈奴,只言初上头也,岂谓合髻子?"②司马光说:"古诗云'结发为夫妇',言自稚齿始结发以来即为夫妇,犹李广云'广结发与匈奴战'也。今世俗有结发之仪,此尤可笑。"③这些考证都以《汉书·李广传》为据,澄清古诗"结发为夫妻,恩爱两不疑"中的"结发"含义,从而揭示古时婚礼并无"结发"之礼的真相。凭借这种审慎的学术批判,宋儒划清了"礼"与"俗"的边界,申明了去取婚俗的礼义标准。

宋儒所谓的古礼经义,本质上是强调婚礼有"合二姓之好,上以事宗庙而下以继后世"④的重大意义,以及代替父母参与、主持家庭事务的严肃心情。因此,宋代士大夫往往表现出对婚俗中过分娱乐化倾向的警惕,批判其有失古礼郑重严肃的大义。当时,随着男子簪花习俗的普及,婚俗中开始出现新郎戴花胜、上高坐的仪式⑤。据《东京梦华录》记载:"众客就筵,三杯之后,婿具公裳,花胜簇面。于中堂升一榻,上置椅子,谓之'高坐'。先媒氏请,次姨氏或妗氏请,各斟一杯饮之,次丈母请,方下坐。"⑥尽管上高坐的仪式在南宋时已经不再流行,但是戴花胜却是贯穿两宋的新郎基本装束。对此,司马光的态度颇显复杂:

---

① 欧阳修撰,李逸安点校:《归田录》卷2,载《欧阳修全集》,中华书局2001年版,第1940页。
② 程颢、程颐著,王孝鱼点校:《二程集》,中华书局2004年版,第113页。
③ 司马光:《司马氏书仪》卷3《婚仪上》,《丛书集成初编》第1040册,中华书局1985年据学津讨原本排印,第37页。
④ 郑玄注、孔颖达疏,龚抗云整理、王文锦审定:《礼记正义》卷61《昏义》,北京大学出版社1999年版,第1618页。
⑤ 谭艳玲:《宋诗中男子簪花现象研究》,西南大学硕士学位论文,2013年。
⑥ 孟元老撰,伊永文笺注:《东京梦华录笺注》卷5《娶妇》,中华书局2006年版,第480页。

> 世俗新婚盛戴花胜，拥蔽其首，殊失丈夫之容体。必不得已，且随
> 俗戴花一两枝、胜一两枝，可也。①

　　宋代婚礼中新郎所戴之花竟然多到"拥蔽其首"的地步，由此可以想见
其妆容之盛、场面之大。（见图4.1、图4.2）司马光认为，这种妆容有失传统
男子的容止形象，与本应庄重严肃的婚礼格格不入，若实在无法免俗，也只
可随俗戴一两朵。据说，司马光早在二十岁取得功名时便曾拒绝在喜宴上
戴花，最后因迫于惯例才不得不簪花一朵②。可见，即便是如此信而好古的
笃实君子，在面对"礼"与"俗"关系的复杂性时也不得不顾及人情世故。相
比之下，朱熹《家礼》的禁断态度显得坚决、明快得多。

图4.1　戴花胜的丁都赛③　　　　　图4.2　簪花仕女图（局部）④

二、从"以俗合礼"到"以礼化俗"

　　在婚姻典礼中，亲迎礼（俗称成婚）是最为隆重的仪式，集中体现了儒家

① 司马光：《司马氏书仪》卷3《婚仪上》，《丛书集成初编》第1040册，中华书局1985年据学津讨原本排印，第32页。
② 司马光：《温国文正司马公文集》卷69《训俭示康》，《四部丛刊初编》第139册，上海书店1989年版。
③ 刘念兹：《宋杂剧丁都赛雕砖考》，《文物》1980年第2期，第58—63页。
④ 该图原藏辽宁省博物馆，旧题唐周昉画，据沈从文考证，其花冠形制、质地皆非唐代式样，当属"宋代或较晚些据唐人旧稿而作"。见沈从文：《中国古代服饰研究》，载氏著《沈从文全集》第32卷，北岳文艺出版社2002年版，第279—281页。

"合二姓之好,上以事宗庙而下以继后世"①的婚礼大义。这一典礼也同样是宋代婚俗的"重头戏",承载了民众对美好生活的憧憬与向往。在此,"礼"与"俗"又一次交织在一起,矛盾十分突出。这意味着,如果坚持追求婚礼的实践与传播,宋儒便不得不对烦琐的古礼仪文做必要调整,即所谓"参古今之道,酌礼令之中,顺天地之理,合人情之宜"②。从北宋司马光《书仪》、程颐《礼》开始,宋代婚礼的撰述者不但以讲求古礼为目标,从"以礼论俗"出发进而"因礼废俗",还有意识地"以俗合礼",将部分不害经义的"俗"纳入"礼"的范畴。至南宋,"复礼"与"从俗"的两种倾向进一步演进并趋于彻底化,导致了吕祖谦《家范》与朱熹《家礼》在婚礼仪文上的巨大分歧。

(一)北宋婚俗"合礼化"的初步尝试

司马光《书仪》是现存宋代四礼文献中最早编修婚礼仪文的著作。该书以"六礼"为纲,以《仪礼》为据,对宋代婚礼的重构有开创之功。不过,《书仪》对于《仪礼》并非简单照搬,而是充分借鉴当时婚俗,创造性地将其纳入婚礼仪文之中。例如,当时有"拜先灵"的习俗,即在成婚当天迎回新妇后,新郎携新妇入男家影堂告拜祖先。其具体仪节为:

> 婿先至厅事,妇下车,揖之,遂导以入,妇从之,执事先设香酒脯醢于影堂。无脯醢,量具殽羞一两味。舅姑盛服,立于影堂之上。舅在东,姑在西,相向。赞者导婿与妇,至于阶下,北向东上。无阶,则立于影堂前。主人进,北向立,焚香,跪酹酒,俛伏兴立,祝怀辞,由主人之左进,东面,搢笏出辞,跪读之,曰:"某婿名以令月吉日,迎妇某妇姓婚,事见祖祢,祝怀辞,出笏,兴,主人再拜,退复位。婿与妇拜如常仪。出,撤,阖影堂门。古无此礼,今谓之"拜先灵",亦不可废也。③

在《书仪》中,司马光将"拜先灵"的习俗正式"收编",向背曲折莫不中于礼,可谓婚俗的"合礼化"。然而,这一仪式却与古礼相矛盾。按《仪礼》,成婚三个月之后方能行庙见之礼,在那时,新妇方可拜见男家祖先,通过参与

---

① 郑玄注、孔颖达疏,龚抗云整理、王文锦审定:《礼记正义》卷61《昏义》,北京大学出版社1999年版,第1618页。

② 司马光:《司马氏书仪》卷3《婚仪上》,《丛书集成初编》第1040册,中华书局1985年据学津讨原本排印,第29页。

③ 司马光:《司马氏书仪》卷3《婚仪上》,《丛书集成初编》第1040册,中华书局1985年据学津讨原本排印,第35、36页。

祖先祭祀,正式获得家庭身份,得到家人的认可。世俗的"拜先灵"仪式客观上起到三月庙见的作用,使庙见礼失去了存续必要。于是,《书仪》"以俗合礼"的创新终于滑向"因俗废礼",司马光在妇见舅姑条的小注中说:

> 若舅姑已殁,则有三月庙见之礼。古有三月庙见之礼,今已拜先灵,更不行。①

意为,只有在舅姑双亡之时才会行《仪礼》奠菜之礼,否则,这一迁延时日的古礼将因"拜先灵"的替代而被废止。

与司马光《书仪》相似,程颐所定《婚礼》也是以《仪礼》为宗主,折中于当时婚俗。虽然他坚持《仪礼》奠菜礼,对世俗"拜先灵"之礼未加理会,但是,程颐仍然对古礼仪文做出调整与变通。例如,在新郎至女家亲迎时增加了"见庙"等仪式:

> 主人肃宾而先,宾从之见于庙。见女氏之先祖。至于中堂,见女之尊者,遍见女之党于东序。赞者延宾出就位,赞者以女氏之子侄为之。卒食,兴辞。介以宾辞。主人请入戒女氏,奉女辞于庙,至于中堂。②

按《仪礼》,新郎在亲迎时应至女家门外等待,待新妇行醮礼毕,再入见女家主人奠雁,迎接新妇返回家中。然而,程颐的《婚礼》仪文显然与古不同:它不但要求新郎入女家家庙拜见其先祖,还要求在中堂见其尊长,至东序遍见女家其他成员,并在主人的招待下宴饮尽欢。对此,程颐曾有一番解释:

> 或曰:"正叔所定《婚仪》复有婿往谢之礼,何谓也?"曰:"如此乃是与时称,今将一古鼎古敦用之,自是人情不称,兼亦与天地风气不宜。礼,时为大,须当损益。"③

---

① 《司马氏书仪》作"若舅姑已殁,则古有三月庙见之礼,今已拜先灵,更不行。"(司马光:《司马氏书仪》卷3《婚仪上》,《丛书集成初编》第1040册,中华书局1985年据学津讨原本排印,第40页)马端临《文献通考》有:"婚礼妇见舅姑条下注'若舅姑已殁,则有三月庙见之礼',此《仪礼》说也。"(马端临:《文献通考》卷188《经籍考》15《温公书仪》,中华书局1986年据万有文库十通本影印,第1601页)据此补入。
② 程颢、程颐著,王孝鱼点校:《二程集》,中华书局2004年版,第622页。
③ 程颢、程颐著,王孝鱼点校:《二程集》,中华书局2004年版,第146页。

　　显然，程颐之所以定下新郎遍见尊长的"婿往谢之礼"是因为这一仪文与当时的人情相适宜。尽管如此，这项仪式却有违古礼"女从男""先男后女"的经义，恰是《书仪》针砭之事："亲迎之夕，不当见妇母及诸亲，亦不当行私礼、设酒馔，以妇未见舅姑故也。"①

　　作为北宋官修礼书，《政和五礼新仪》也对品官、庶人婚礼做了规范。该书亲迎礼的特色在于将"庙见"设置在"见舅姑"之前，于亲迎后第二天清晨完成。这样的设计表面上是尊重祖祢的表现，却与《书仪》一样，实际取消了三月庙见之礼，不合先得于夫，后得于舅姑，最终宜其家人，得助祭祀的婚礼大义。因此，尽管《五礼新仪》所定婚仪具有"六礼"形式，却有违古礼的先后次序，有一味"从简"的嫌疑。此外，该书并不坚持亲迎，所谓"有故则以媒氏往迎"②的说法，无疑是对"不识亲迎人伦之重"③婚庆恶俗的妥协，难怪朱熹批评该书说："一时奸邪以私智损益，疏略抵牾，更没理会。"④

　　由上所述，宋代婚俗对当时的官修礼典与私撰礼书都有一定影响，虽然诸家在婚礼具体仪文上的设计不尽相同，却都能够注意"礼"与"俗"的辩证关系，将自认为合乎经义、不害义理的婚俗纳入其婚礼体系。尽管他们在去取折中之时未免有所不当而背离初衷，但是，北宋所定婚礼仪文毕竟为南宋礼书的撰述提出了问题、积累了材料，为婚礼仪文的深入讨论准备了条件。

（二）南宋吕祖谦与朱熹的重大分歧

　　在现存的南宋家礼著作中，吕祖谦《家范》与朱熹《家礼》是两部结构相对完整、思考较为严密的著作。两人虽同为道学大师，交游甚密，所见却常有不同。就婚礼的亲迎仪式而言，《家范》与《家礼》不但在仪式过程的设计上差异显著，还在礼俗关系问题的认识上产生了根本性分歧。这些分歧基本延续了北宋礼书的相关讨论，将宋代婚礼中"以俗合礼"与"以礼化俗"的不同倾向推到极致。

　　吕祖谦《家范》卷二《昏礼》分为《陈设》《亲迎》《妇见尊长》三部分，集中讨论了婚礼亲迎仪式的各个环节。《陈设》一节基本取自司马光《书仪》，将亲迎前一天所需要准备的器物悉数列出。关于成婚仪式，《亲迎》《妇见尊

---

①　司马光：《司马氏书仪》卷4《婚仪下》，《丛书集成初编》第1040册，中华书局1985年据学津讨原本排印，第41页。

②　郑居中：《政和五礼新仪》卷178《品官婚仪》，《景印文渊阁四库全书》第647册，台湾商务印书馆1986年版，第785页。

③　赵汝愚：《宋朝诸臣奏议》卷96《礼乐门·上哲宗乞详议五礼以教民》，上海古籍出版社1999年版，第1033页。

④　黎靖德编，王星贤点校：《朱子语类》卷84《礼一·论考礼纲领》，中华书局1986年版，第2182页。

长》两节有详尽规定,仪式过程大体为:新郎于家庙(或影堂)告迎,启程前往女家亲迎;新郎来到女家,入见主人于家庙,拜见女家祖先,见女家尊长,宴饮尽欢(此处采自程颐之《礼》);新妇辞于家庙,受醮礼后启程;至男家,先入拜家庙(或影堂),拜见男家祖先及舅姑(此处采自司马光《书仪》);行交卺礼,出烛脱衣;礼宾;第二天,于堂上拜见尊长①。

如果我们以古礼的眼光审视这些礼文,那么,《家范》将不免受溺于流俗、不合于礼之讥。考其与古礼相异之大端有四:其一,采用程颐的《婚礼》,新郎亲迎时拜见女家祖先及家人,不合古礼男先女后之义;其二,采用司马光《书仪》,新妇至男家先"拜先灵",从而取消了三月庙见之礼;其三,"拜先灵"之后即见舅姑,与古礼第二日见舅姑馈食之礼相龃龉;其四,自创新妇辞于家庙的仪式。可见,《家范》的一系列婚礼仪式并未遵循《仪礼·士昏礼》的仪文,而是广泛吸纳了司马光《书仪》、程颐的《礼》中的各种变通从俗之处,尽可能将迁延日月的烦琐典礼浓缩于一天完成,可以说是北宋礼书中"以俗合礼"倾向极端发展的结果。

与《家范》相似,《家礼》的婚礼仪文也以司马光《书仪》、程颐之《婚礼》为范本,所谓"前一截依温公,后一截依伊川"②。表面上看,《家礼》将《书仪》的"六礼"精简为"三礼"(纳采、纳币、亲迎),但这并不意味着《家礼》较《书仪》更加"从俗"。实际上,朱熹对程颐、司马光所定婚礼仪文的评价与吕祖谦截然不同。朱熹说:

> 人著书,只是自入些己意,便做病痛。司马与伊川定昏礼,都是依《仪礼》,只是各改了一处,便不是古人意。司马礼云:"亲迎,奠雁,见主昏者即出。"不先见妻父母者,以妇未见舅姑也。是古礼如此。伊川却教拜了,又入堂拜大男小女,这不是。伊川云:"婿迎妇既至,即揖入内,次日见舅姑,三月而庙见。"是古礼。司马礼却说,妇入门即拜影堂,这又不是。古人初未成妇,次日方见舅姑。盖先得于夫,方可见舅姑,到两三月得舅姑意了,舅姑方令见祖庙。某思量,今亦不能三月之久,亦须第二日见舅姑,第三日庙见,乃安。③

---

① 吕祖谦撰,黄灵庚、吴战垒点校:《东莱吕太史别集》卷2《家范二》,《吕祖谦全集》第1册,浙江古籍出版社2008年版,第309—312页。
② 黎靖德编,王星贤点校:《朱子语类》卷89《礼六·冠昏丧》,中华书局1986年版,第2271页。
③ 黎靖德编,王星贤点校:《朱子语类》卷89《礼六·冠昏丧》,中华书局1986年版,第2274页。

如果说,《家范》全部吸收了其中"从俗"的部分,那么,《家礼》则将这些仪文悉数剪除,一返乎古礼。在此,《仪礼》仍是朱熹评价礼书的不变标准,礼文可以随时损益,礼义却是不容轻易改动的"大本大原"。因此,无论司马光《书仪》中的"拜先灵"仪式,还是程颐《礼》中新郎遍见女家诸亲的仪文,都被认为是撰者私意的表达,违背了古礼经义,属于"非礼"的范畴。在朱熹看来,这些新定仪文的问题并不止于变动礼经仪文,更在于变乱古礼之"序",根本上无法生成新家庭"女从于男""重责妇顺"的礼经大义。因此,虽然朱熹《家礼》也为了便于施行,将三月庙见之礼改为三日,却坚持纠正了司马光与程颐礼书中的两处"错误",使用古礼的仪式次第,制定了一套本于《仪礼》而稍加损益的婚礼文本。(见图 4.3)

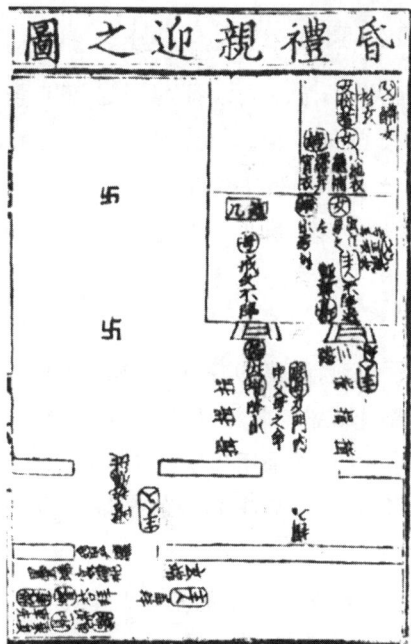

图 4.3　昏礼亲迎之图①

可以说,由"以礼论俗"出发,折中"以礼废俗""以俗合礼",进而达到"以礼化俗"的境界,是朱熹《家礼》开辟出的一条具有宋代特色的礼仪复兴之路。这条进路是以北宋婚礼的立制与实践作为重要参考,以同时代的礼书作为对话文本,深刻反思宋代礼仪复兴中礼俗关系的结果。它不但在"硕果

---

① 朱熹:《家礼》,黄瑞节编《朱子成书》第 7 册,国家图书馆出版社 2005 年据中国国家图书馆藏元至正元年(1341)日新书堂刻本影印。

不食"的礼仪困局中重新肯定了《仪礼》的价值,还为古礼文本意义的再生产提供了垂范。

第三节　朱熹《昏礼》的遗留问题

朱熹《家礼》始撰于淳熙二年(1175),后在前往婺源展墓途中被行童所窃①。此后,朱熹就再也未曾修订过《家礼》一书,只是在平日行礼、书信往来以及与弟子交谈中零散论及对于冠、昏、丧、祭的新认识。所以,《家礼》是朱熹"早年未定之本",其中多有不成熟的议论。陈淳(1159—1223)《代陈宪跋家礼》曰:

> 嘉定辛未,自南宫回,过温陵,值敬之倅郡,出示《家礼》一编,云:"此往年僧寺所亡本也,有士人录得,会先生葬日携来,因得之。"即就传而归。……大概如临漳所传。但降神在参神之前,不若临漳传本降神在参神之后为得之。……恨不得及面订于先生耳。……惜其书既亡而复出,不于先生未殁之前,而出于先生既没之后;不及先生为一定之成仪,以幸万世,而反为未究之缺典,至贻后学千古无穷之恨。②

可见,在朱熹殁后刊刻、流传的各种《家礼》版本互有差异,与朱熹晚年所论颇为不同,引起普遍困惑。陈淳认为,这种情况产生的主要原因是《家礼》在失窃后未及再修。因此,采用朱子晚年议论来订正《家礼》便成为朱门弟子的普遍思路。一种做法以后来刊刻的余杭本为代表,特点是将五羊本《家礼》进行删修成为合乎朱熹晚年观点的新本③。另一种做法以杨复的《家礼注》为代表,特点是在保留原本的基础上作详细注解,以说明朱子晚年

---

① 束景南:《朱熹〈家礼〉真伪辨》,载束景南《朱熹佚文辑考》,江苏古籍出版社 1991 年版,第 675—686 页。

② 陈淳:《北溪大全集》卷 14《代陈宪跋家礼》,《景印文渊阁四库全书》第 1168 册,台湾商务印书馆 1986 年版,第 609 页。

③ 陈淳《家礼跋》曰:"先生……别为是书……方尔草定,即为僧童窃去。至先生没,而后遗编始出,不及先生一修,其间犹有未定之说。五羊本先出,最多讹舛……余杭本再就五羊本为之考订,所谓《时祭》一章,乃取先生家岁时常用之仪人之,惟此为定说,并移其诸参神于降神之前。今按余杭本复加精校。至如冬至、立春二仪,向尝亲闻先生语,以为似禘、祫而不举,今本先生意删去。"吾妻重二据此指出,现存各版本《家礼》并非余杭本系统,而是大体蹈袭了五羊本。([日]吾妻重二著、吴震编译:《朱熹〈家礼〉实证研究》,华东师范大学出版社 2012 年版,第 79 页)则现存诸本《家礼》受到的改动应十分有限,或可作为朱熹早年原本来研究。

定论①。这些努力一方面极大推进了宋代家礼的研究，使《家礼》成为一个能够吸聚讨论的学术领域，另一方面则揭示了《家礼》作为"未究之缺典"所存在的种种问题。这些问题弥散于冠、昏、丧、祭各个部分的仪文之中，蕴藏有继续讨论的空间。

就《昏礼》而言，该部分主要取材于司马光《书仪》与程颐《婚礼》。从杨复小注及陈淳跋文来看，《昏礼》在广州刊刻后未作大幅修订，相对完整地保留在后来的《家礼》诸本中。不过，这不代表《昏礼》礼文完美无瑕、无可聚讼。正如正文所说，朱熹《家礼》以《仪礼》为尺度，试图将古礼经义融贯于礼文之中。因此，对于"礼义"的理解直接影响"礼文"的设计。引发后世争议的主要有以下三方面：

（一）删"六礼"为"三礼"

程颐《婚礼》、司马光《书仪》都具备纳采、问名、纳吉、纳征、请期、亲迎"六礼"，而朱熹《家礼》则去掉问名、纳吉、请期，只留纳采、纳币、亲迎三礼。对此，后来学者存在争论，有人认为朱熹《家礼》实际上具备六礼，只不过是将问名、纳吉、请期三礼并入纳采、纳币之中而已。为了附会此说，不少学者调整了告庙的祝辞与若干婚书，以凑成"六礼"之名（详见下文）。不过，《家礼》正文明确说："古礼有问名、纳采、纳吉，今不能尽用，止用纳采、纳币，以从简便。"②可见，朱熹本意就是要删减六礼，以建构三礼的婚礼仪式模型。不过，为何朱熹要删掉三礼，而不是合并六礼以存古礼之目？其根本原因在于朱熹对于六礼名义的理解与他人不同。《家礼·昏礼》纳采条小注曰：

> 纳其采择之礼，即今俗所谓言定也。③

纳采是"纳其采择之礼"，这种说法来自《仪礼》郑注，与程颐、司马光所说并无不同。关键在于，朱熹将纳采比附为当时婚俗中的定聘之礼。这便激发了六礼体系中的内在矛盾。如果纳采时两家便已定婚，那么，在定婚之后行问名礼以加卜筮，便难免会遭遇不吉的结果。一旦卜筮非吉，是否意味

---

① 杨复《家礼注》："窃取先生平日去取折衷之言，有以发明《家礼》之意者……有后来议论始定……凡此悉附于逐条之下云。"（朱熹：《纂图集注文公家礼》，黄瑞节编《朱子成书》第7册，国家图书馆出版社2005年据中国国家图书馆藏元至正元年日新书堂刻本影印。）

② 朱熹：《家礼》卷3《昏礼》，《中华再造善本》一编，北京图书馆出版社2004年据中国国家图书馆藏宋刻本影印。

③ 朱熹：《家礼》卷3《昏礼》，《中华再造善本》一编，北京图书馆出版社2004年据中国国家图书馆藏宋刻本影印。

着已经定下的婚礼便宣告中止？如果中止，纳采所谓"定"的含义又如何体现？因此，《家礼·昏礼》选择了删掉问名、纳吉的卜筮环节，以成就礼仪系统的圆融贯通。《家礼》的这一理解深刻影响了明清家礼的走向，导致明清学者对"六礼"的误读与辨正。

（二）亲迎礼"从下做上"

从亲迎仪式来看，《家礼》以《仪礼》裁断小程、司马，形成了一个男先女后、由下向上、由卑到尊的仪式次第。受当时婚俗影响，宋代家礼的亲迎仪式或多或少都有纳俗入礼的情况。当时有所谓"拜先灵"婚俗，即在亲迎新妇至家后，由主人引导婿、妇在影堂告拜祖先。司马光《书仪》吸纳了这一仪节，并解释说："古无此礼，今谓之'拜先灵'，亦不可废也。"①程颐《婚礼》在新郎至女家亲迎时增加了"见庙"等仪式，仪节为："主人肃宾而先，宾从之见于庙。见女氏之先祖。至于中堂，见女之尊者，遍见女之党于东序。……主人请入戒女氏，奉女辞于庙，至于中堂。"②这种仪文设计恰是《书仪》针砭之事，所谓"亲迎之夕，不当见妇母及诸亲，亦不当行私礼、设酒馔，以妇未见舅姑故也"③。

对两家礼书改动《仪礼·士昏礼》的做法，朱熹《家礼》不以为然（见上文）。从朱熹对两家的批判看，他所理解的婚礼大义有两方面内容：第一，"男先女后"，即新妇应先拜见舅姑及男家诸亲，之后再由新郎拜见新妇之母及女家诸亲，程颐《婚礼》的问题即在于此。第二，"从下做上"④，即先行合卺同牢之礼，以成夫妇之义；再见舅姑，盥馈奉饮食，以成子妇之义；最后才可见祖庙，行祭祀，成为男家正式成员。这种从卑至尊、由人到神的次第彰显了"上以事宗庙，而下以继后世"（《礼记·昏义》）的庄严意义。不过，这种遵行古礼的做法不但与婚俗有龃龉处，还有违人情常理。例如，《仪礼》《家礼》在亲迎至家后都未提及舅姑，那么是否意味着舅姑应该避免在当晚与新妇会面？若是，何以体现舅作为婚礼主人的主导地位？又何以寄予新妇尊敬舅姑乃至男家先祖的情谊？这些问题都成为明清四礼学中的重要问题。

---

① 司马光：《司马氏书仪》卷3《婚仪上》，《丛书集成初编》第1040册，中华书局1985年据学津讨原本排印，第35、36页。
② 程颢、程颐著，王孝鱼点校：《二程集》，中华书局2004年版，第622页。
③ 司马光：《司马氏书仪》卷4《婚仪下》，《丛书集成初编》第1040册，中华书局1985年据学津讨原本排印，第41页。
④ 黎靖德编，王星贤点校：《朱子语类》卷89《礼六·冠昏丧》，中华书局2004年版，第2273页。

（三）改行三日庙见

从成妇的终结界限看，《家礼》将庙见的时间由三月改为三日，有与"拜祖先"混淆的倾向。庙见又称"奠菜"，是为舅姑殁者所设的变礼。《仪礼·士昏礼》曰："若舅姑既没，则妇入三月乃奠菜。"①《礼记·曾子问》曰："三月而庙见，称来妇也。择日而祭于祢，成妇之义也。"②郑注曰："谓舅姑没者也。必祭，成妇义者，妇有供养之礼，犹舅姑存时，盥馈特豚于室。"③可见，庙见礼后当择日祭祢，成全"成妇之义"，婚礼于此时宣告完结。

在《书仪》中，司马光将"拜先灵"之俗比附为古礼中的庙见，并说："古有三月庙见之礼，今已拜先灵，更不行。"④则是以拜先灵取代庙见，将行礼时间前调至新妇至家时。朱熹虽然不主张删掉庙见礼，却在批判《书仪》时流露出对司马光观点的赞许。所谓庙见、拜先灵两者不可得兼的评论，实质上正是在"庙见即拜先灵"前提下提出的。于是，《家礼》三日庙见之礼便被偷换为主人以妇见于祠堂的具文：

> 庙见。三日，主人以妇见于祠堂。古者三月而庙见，今以其太远，改用三日。如冠而见之仪，但告辞曰："子某之妇某氏敢见。"余并同。

这个庙见仪式与古礼差异巨大，根本回避了舅姑存殁的问题，从而将"庙见"彻底改造为"见庙"，失去了"若舅姑既没，则妇入三月乃奠菜"的意义。宋代诸家婚礼差别见表4.1。

表 4.1　宋代婚礼仪式过程对照表

	六礼	亲迎	庙见
司马光《书仪》	具备。"使者纳币以成婚姻。"	父醮子、亲迎至女家、女父醮女、婿奠雁、返家、至家拜影堂、舅姑告庙、合卺、明日夙兴见舅姑、妇馈、舅姑飨妇、第三日婿见妇之父母及诸亲。	"若舅姑已没则古有三月庙见之礼，今已拜先灵，更不行。"

① 郑玄注、贾公彦疏，彭林整理、王文锦审定：《仪礼注疏》，北京大学出版社1999年版，第93页。
② 郑玄注、孔颖达疏，龚抗云整理、王文锦审定：《礼记正义》，北京大学出版社1999年版，第584页。
③ 郑玄注、孔颖达疏，龚抗云整理、王文锦审定：《礼记正义》，北京大学出版社1999年版，第584页。
④ 司马光：《司马氏书仪》卷3《婚仪上》，《丛书集成初编》第1040册，中华书局1985年据学津讨原本排印，第40页。

续表

	六礼	亲迎	庙见
程颐《婚礼》	具备。"纳吉……犹今之言定。"	告庙、婿受父命亲迎、婿见女父、见女家庙并诸亲、卒食而辞、女父戒女于庙、至家合卺、明日见舅姑及诸亲、妇馈、舅姑飨妇、翌日婿拜于妇氏之门。	"三月预祭祀,事舅姑,复三月然后奠菜。"
吕祖谦《家范》	只有亲迎。	告庙、亲迎至女家、婿见女父、见女家庙并诸亲、卒食而辞、女父奉女辞庙并戒之、至男家拜庙、舅姑告庙、合卺、礼宾以酒宴、明日见尊长。	无
朱熹《家礼》	纳采、纳币、亲迎。仍以纳采为定。	告祠堂、醮子命之迎、亲迎至女家、女家主人告祠堂、醮女而命之、婿奠雁、至家合卺、礼宾、明日夙兴妇见舅姑、舅姑礼之、见诸尊长、冢妇馈舅姑、舅姑飨之、三日庙见以妇见于祠堂、明日婿见妇之父母。	三日庙见,"以妇见于祠堂"。"古者三月而庙见,今以其太远,改用三日,如子冠而见之仪,但书辞曰'子某之妇某氏敢见',余并同。"

《家礼·昏礼》中存在的问题与矛盾不但反映了宋儒在重构婚礼仪文时所遭遇的复杂状况,更体现出朱熹在礼书编纂过程中对古礼、时俗的独特理解。虽然朱熹真诚地认为自己坚持了古礼大义,实际上却既未避免对古礼的曲解与误读,又未必能够安置沛然如水的人情。因此,当《家礼》从文本转向实践,尤其是明代官方使用强制力在民间推广时,《家礼》中的问题与矛盾日益暴露,对它的反思与改造随之开始。

(一)补完六礼的尝试

经过汉唐经学的总结与注说,"六礼"已经成为一般常识,进入士大夫一般知识、信仰与思想的世界。朱熹删"六礼"为"三礼"的做法不但与古礼相依违,更冲击了人们对于婚礼的一般理解。于是,将问名、纳吉、请期重新补入《家礼》,重构婚姻六礼体系便成为宋代之后家礼学者关注的问题。

在明代家礼著作中最早试图补完"六礼"的是丘濬(1418—1495)的《家礼仪节》。该书在《昏礼》卷首写有按语一则:

> 濬按:古有六礼,《家礼》略去问名、纳吉、请期,止用纳采、纳币、亲迎,以从简便。今拟以问名并入纳采,而以纳吉、请期并入纳币,以备六

礼之目。然唯于书辞之间略及其名而已,其实无所增益也。①

诚如所言,《家礼仪节》对书信内容作了些许调整。所谓在纳采中并入问名,便是在纳采书式中补称:"谨专人纳采,因以问名,敢请令爱为谁氏出,及其所生月日,将以加诸卜筮。"②所谓在纳币中并入纳吉、请期,便是在纳币书式中补入:"加之卜占,已叶吉兆,兹有先人之礼,敬遣使者行纳征礼,谨清告日以请。"③由于没有涉及任何关于卜筮的仪节,《家礼仪节》中补入的问名、纳吉并不具有行礼的实际意义④。更加重要的是,丘濬赞同朱熹以纳采为"定"的观点,补入问名、纳吉将会导致礼文内部的冲突。——不卜筮则流于虚伪,卜筮则有不叶吉的可能。不论何种,都将极大削弱"六礼"之间的内在圆融,导致礼文的前后龃龉。

对此,明清家礼中出现了两种解决问题的办法:第一种是在保全"六礼"的前提下,调整各个礼仪之间的次序。如吕坤的《四礼疑》指出:

> 纳采而后问名,名无当也,采如之何? 问名而后纳吉,吉不叶也,名如之何? 六礼之次,汉人失考矣。……纳采既奠雁用币矣,尚不知其何名而后问乎? 问名既相宜矣,尚疑其不吉而后卜乎? 倘若不相宜,将废采乎? 不是不同吉,将停昏乎? 先王不如是之疏也。恐古礼有错简,汉儒失考耳。《家礼》:纳采即问名,而纳吉、纳征、请期合而为一,极为简便,稍涉造次,若问名而后纳吉,次纳采定礼也。次纳征即纳币。次请期,次亲迎,于义为近。⑤

所谓《家礼》"纳采即问名,而纳吉、纳征、请期合而为一"云云,显然是就丘濬《家礼仪节》而言,并非朱熹《家礼》本意。不过,吕坤认定的纳采即定礼,却的确是朱熹《家礼》所传达的观念。由于认同这种观点,吕坤才会感觉

---

① 丘濬:《文公家礼仪节》卷 3《昏礼》,《四库全书存目丛书》经部第 114 册,齐鲁书社 1995 年影印北京大学图书馆藏明正德十三年(1518)常州府刻本,第 479 页。

② 丘濬:《文公家礼仪节》卷 3《昏礼》,《四库全书存目丛书》经部第 114 册,齐鲁书社 1995 年影印北京大学图书馆藏明正德十三年(1518)常州府刻本,第 480 页。

③ 丘濬:《文公家礼仪节》卷 3《昏礼》,《四库全书存目丛书》经部第 114 册,齐鲁书社 1995 年影印北京大学图书馆藏明正德十三年常州府刻本,第 484 页。

④ 按《仪礼》郑注纳吉:"归卜于庙,得吉兆,复使使者往告,昏姻之事于是定。"以《文公家礼仪节》的著述体例,凡是仪式都设有详尽仪节,具有很强的操作性。不设卜筮,则是丘濬并无实际行礼之意愿,徒具虚文以成六礼而已。

⑤ 吕坤:《四礼疑》卷 3《昏礼》,载王国轩、王秀梅整理《吕坤全集》,中华书局 2008 年版,第 1307 页。

汉儒关于"六礼"的排序有颠倒错略、疏于考证之处。他的解释是,《仪礼》可能存在错简,而汉儒未及发现,于是主张重新厘定"六礼"次第:先问名、纳吉,之后再行纳采、纳征、请期、亲迎之礼。吕坤的这种观点极具批判性,是将朱熹《家礼》主张贯彻到底的必然结果。清代亦有采用此说者,如张汝诚的《家礼会通》①。

第二种是删掉纳吉之礼,重新界定问名礼的意义。如毛奇龄(1623—1716)《家礼辨说》云:

> 昏礼五六原无成数,《公羊》称五礼,《穀梁》鉴定称四者,以亲逆非通接之礼,而纳采、问名后不当又纳吉也。婚姻卜吉当在行媒之后、纳采之前,假使采择既讫,女名已通,《曲礼》所谓相知名者,而然后命卜,则万一不吉,其可以吾子贶命加卜不良致辞也乎?且卜何必告也。《穀梁》说是也。②

与吕坤相似,毛奇龄也意识到纳采之后将女方姓名加诸卜筮所带来的难题。不过,他并未试图通过改动六礼次序来消解矛盾,而是站在反思"六礼"之说的高度上,指出"六礼"本身具有瑕疵。他对比《穀梁传》的"四礼"之说(纳采、问名、纳征、告期)与《公羊传》的"五礼"之说(纳采、问名、纳吉、纳征、请期)后指出,《穀梁》的说法更加符合逻辑。不过,如果涉于卜筮的纳吉可以依据经典删去,那么,如何处理以"归卜其吉凶"③为直接目的的问名?毛奇龄的做法是推翻问名郑注的说法,代之以他说:

> 昏礼问名必问年月日,而后及于名。《周官》所谓"媒氏先书年月日名"是也。盖年较名为尤重。男女伉俪须先计年时,以辨长幼,其但称问名,而不及于年月日者,举一以该二也。④

可见,毛奇龄将问名礼的意义理解为计算年时以辨定长幼,绝口不言《仪礼》郑注所说的卜筮意义。通过这种诠释方法,问名之礼得以保留,而原

① 张汝诚:《家礼会通》,哈佛大学汉和图书馆藏集新堂藏板刻本。
② 毛奇龄:《家礼辨说》卷16《婚礼辨正》,《丛书集成续编》第66册,新文丰出版公司1989年影印同治甲子(1864)明辨斋刻本,第436—437页。
③ 郑玄注、贾公彦疏,彭林整理、王文锦审定:《仪礼注疏》,北京大学出版社1999年版,第63页。
④ 毛奇龄:《家礼辨说》卷16《婚礼辨正》,《丛书集成续编》第66册,新文丰出版公司1989年影印同治甲子(1864)明辨斋刻本,第437页。

本缺略的《穀梁》"四礼"之说竟奇迹般地复活。吊诡的是,虽然吕坤和毛奇龄都对朱熹《家礼》持尖锐的批判态度,却都默认朱熹以纳采为定礼的观点,在此前提下发现、反思、解决问题。所以,无论是厘正《仪礼》错简,还是考镜"六礼"源流,他们都不可避免地要颠覆原有经说对"六礼"的解读,从而带有几分强辩的色彩。

真正推翻朱熹《昏礼》,重建《仪礼》郑注的"六礼"框架的是清人曹庭栋(1700—1785)的《昏礼通考》[①]。其论纳采曰:

> 纳采者,始相采择,即今之求亲。问名者,问女之生年、行次,即今之请帖。此时昏姻犹未定。古人重视此大礼,宾必执雁以见。雁特贽物,并非聘物。问名后,若卜之不吉,则便休耳。其辞曰"将加诸卜者",正以示昏事未定之意。后世相见无贽,并略拜迎致命之文,竟以纳采为言定。言定犹纳吉也,谓得吉以定昏姻之约也。是卜反在纳采之前矣。实则其初仍有求亲请帖之礼,即古之所谓纳采、问名耳。但今既以纳采为言定,则纳吉之礼更何所施哉![②]

曹庭栋切中肯綮地指出,朱熹对婚礼的理解的确存在错误,这种错误由"参用《书仪》"引发,直接导致《家礼》变"六礼"为"三礼"的做法[③]。从家礼学史的角度看,这一见解在理论上终结了《家礼》以来因混淆纳采与定礼所造成的误会与争论,重新树立了"六礼"的典范意义。

(二)亲迎礼序的反转

明代婚礼立制,从皇帝、诸王至于品官、庶人各有仪文,形成了一个从尊到卑、由上到下的婚礼等差体系。从《大明会典》记载看,虽然"礼下庶人"已是不争的事实,庶人婚礼的礼文来源却与皇族、品官明显不同。前者源自以朱熹《家礼》为依据编成的《孝慈录》,保留了《家礼》次日见舅姑、三日庙见的礼仪次第;后者取材自《政和五礼新仪》以来的官修礼典,以庙见为妇至男家的第一礼。这种内在矛盾促使明儒反思《家礼·昏礼》的仪文。在明清家礼

---

① 四库馆臣对此书评价不高,认为它涉及太多关于俗礼的内容,并未具备"自天子达于庶人,通乎上下者也""自先王以讫后世,通乎古今者也"的"通礼"编纂次第。不过这恰好说明,该书不是专门的礼学研究著作,而是以考据学方式写就的家礼著作。

② 曹庭栋:《昏礼通考》卷7《卜昏》,《四库全书存目丛书》经部第115册,齐鲁书社1995年影印浙江图书馆藏清乾隆十九年(1754)刻本,第454页。

③ 曹庭栋:《昏礼通考》卷7《卜昏》,《四库全书存目丛书》经部第115册,齐鲁书社1995年影印浙江图书馆藏清乾隆十九年(1754)刻本,第446页。

中，比较常见的观点是以《会典》之制调整《家礼》亲迎礼序。如宋纁(1522—1591)《四礼初稿》庙见条曰：

> 《家礼》妇至之次日见舅姑，三日见祠堂。盖以得于夫，乃可见舅姑；得于舅姑，乃可见庙。不为无见。但未见庙，先见舅姑，于礼未妥。今遵照《大明会典》改。拟于妇至之次日先见庙，后见舅姑，不惟妇之谒见，不失先后之序。其于舅姑之心，亦庶乎其相安矣。①

宋纁指出，《家礼》"从下做上"的礼序虽然很有见地，却并不能展现新妇对于男家祖先、舅姑的充分尊重，将导致舅姑与新妇之间心理上的两不相安。所以，《四礼初稿》将庙见前置到亲迎第二日夙兴，先由主婚者主导新妇见于祠堂，再行见舅姑与盥馈之礼。当然，宋纁所说"于礼未妥"中的"礼"并非以《仪礼·士昏礼》为代表的古礼，而是当时士庶所普遍认同的作为一般生活常识的"礼"。因此，宋氏并未试图通过考礼的形式对新礼做出说明，这或许就是因为"家礼学"与传统意义上的"礼学"不同。

同样是从尊重祖先、舅姑的理念出发，吕坤的《四礼疑》比宋纁走得更远。他说：

> 三月庙见，始执妇功。古人之迂也。朱元晦云：三月以前，恐有可去事。礼有七出，非庙见之后乎？今也入门而庙见，情礼胥宜矣。②

入门即庙见，这是吕坤为亲迎礼指出的一条情理相安的路径，旨在通过礼文调整实现对礼义的追求。实际上，大部分明清家礼正是沿着这一思路修订《家礼》仪文的。比如，乾隆三十五年(1770)刊刻的《重修丘公家礼仪节》中对丘濬原本作了较大改动，其妇至之后仪式次序为：庙见、合卺、妇见舅姑、舅姑礼妇、遍见尊长、同房、礼宾；明日回门，婿见妇之父母、庙见、见尊长诸亲。在此，历时三日的男家婚礼仪式被浓缩为一晚，新妇唯有庙见、见舅姑之后方能与行合卺之礼。同时期的不少家礼著作也普遍认同妇至先庙见的观点(见表 4.2)。此外，据《清俗纪闻》记载，入门"先拜天地，次拜家

---

① 宋纁：《四礼初稿》卷2《昏礼》，《四库全书存目丛书》经部第114册，齐鲁书社1995年影印上海图书馆藏清康熙四十年(1701)宋氏刻本，第681、682页。

② 吕坤：《四礼疑》卷3《昏礼》，载王国轩、王秀梅整理《吕坤全集》，中华书局2008年版，第1309页。

庙,然后拜父母"①是清人通行的婚俗。至此,朱熹《家礼》"从下做上"、先卑后尊的礼序被彻底反转为从上到下、先尊后卑。

(三)三日庙见的反思

在调整亲迎礼次序时,明儒继续朱熹的误解,将庙见与拜祖先混为一谈。于是,行至家庙见之礼则不再行三日庙见之礼,设定三日庙见之礼则不能再设至家拜祖之文。不过,清代学者开始发现这一问题,并尝试将"庙见"与"见庙"区分开。开启这项工作的是毛奇龄的《家礼辨说》。据说,毛氏幼时便已怀疑《家礼》亲迎之礼:

> 幼时观临人娶妇,至不谒庙,不拜舅姑,牵妇入于房,合卺而就枕席焉。以问塾师,塾师曰:"孺子焉知礼,礼不云乎'不成妇者不庙见',夫不先成妇而谓可以见舅姑、入祖庙,未之前闻。"予曰:"妇必寝而后成乎?"塾师不能答。②

在这个故事中,幼年毛奇龄竟能使饱读诗书的私塾先生一时语滞,当然不是因为考礼精详,而是因为他无意中触及了《家礼》礼文与礼义之间的断裂。在婚礼的整个过程中,男女双方的沟通都是通过主人、媒氏来主持、接洽的,但是在至家、合卺、同牢等一系列礼仪中,主人与媒氏却都不在场。这不但有违礼重尊长的道理,还导致男女双方仓促会面的尴尬局面,不合"父母之命、媒妁之言"的婚礼成规,近似于"野合"。对于塾师给出的"从下做上"的标准答案,毛奇龄疑惑更甚:难道新妇需要通过合卺同房才能得到成妇的名分?后来,当毛奇龄向仲氏请教此事,得到完全不同的回答,因录其说为《昏礼辨正》,其文略曰:

> 自世不读书,不识"三礼",不深辨夫子《春秋》,只以宋学为指归。而宋人著书,一往多误。伊川程氏有三日庙见之语,而朱元晦作《家礼》即承其误,而著为礼文曰:"三日庙见,主人以妇见于祠堂。"且曰入门而不见舅姑,三日而始庙见者,以未成妇也。夫以曾子所问、夫子所言,"三月而庙见,成妇之义",明明正文。而乃曰三日庙见,不成妇不庙见。

---

① ［日］中川忠英编著,方克、孙玄龄译:《清俗纪闻》,中华书局 2006 年版,第 370 页。
② 毛奇龄:《家礼辨说》卷 16《婚礼辨正》,《丛书集成续编》第 66 册,新文丰出版公司 1989 年影印同治甲子(1864)明辨斋刻本,第 434 页。

> 以三月为三日,以庙见为见庙,以子妇而为夫妇,以死舅姑为生舅姑,以不庙见不成妇为不成妇不庙见,以致五百年来自宋元至于今,自流沙至于日出,彼我梦梦,同入酒国。举生伦大事,男女百年一大嘉会,而草草野合,涉于无赖。至请召宾客往来简帖,不曰"三日庙见",则曰"儿媳某日行庙见礼",抑又以凶丧不吉之辞公然行之。嗟乎!先王先圣安在耶!①

引文以檄文一般的措辞,列举了《家礼》"三日庙见"说的"五大罪证":第一,《礼记·曾子问》有"三月而庙见"的明文,而将其改作"三日",是为"以三月为三日";第二,将本为舅姑亡故而设的庙见礼与婚俗中拜见祖先牌位的礼仪相混淆,是为"以庙见为见庙";第三,成妇有夫妇与子妇之分,《家礼》以未成妇为不见舅姑的理由,是重视男女交媾的"夫妇"之道,轻视为人子、奉祭祀的"成妇"之道,是为"以子妇而为夫妇";第四,舅姑在世而行庙见礼,则是以未死之人行既殁之礼,非常不吉祥,是为"以死舅姑为生舅姑";第五,《曾子问》称"三月而庙见,成妇之义",则是以三月庙见作为成妇的前提,而不是以是否成妇作为庙见的前提,是为"以不庙见不成妇为不成妇不庙见"。

因此,毛奇龄主张恢复舅姑殁而三月庙见的古礼,并依照《春秋》补入妇至见庙之礼,由主人主导新妇至家后行之。毛氏的观点批判《仪礼》而笃信《春秋》,对关键证据(如"先配而后祖")的解读也存在偏差,引起了当时一些礼学家的商榷与批判。不过从家礼学角度看,毛氏的确提出了有礼仪实践价值的真问题。受《家礼辨说》影响,清代出现了一些试图分离"庙见"与"见庙"的家礼著作,如王复礼(生卒年不详)《家礼辨定》、林伯桐(1778—1847)《品官家仪考》等。

朱熹《家礼》远非一部"功毕一役"的范本,而是一部"抛砖引玉"的"提纲""草稿",不断激发门人后学乃至后世学者的探索热情。从历史角度看,这种探索可粗略分为三个阶段:第一阶段从南宋到明代中前期,以杨复《家礼附录》、丘濬《家礼仪节》为代表,特点是在《家礼》基础上的补充古礼仪文,使之成为具备古义、详于施行的完本家礼。第二阶段是明代中晚期,以吕坤《四礼疑》、冯善《家礼集说》、宋纁《四礼初稿》等为代表,特点是质疑《家礼》

---

① 毛奇龄:《家礼辨说》卷16《婚礼辨正》,《丛书集成续编》第66册,新文丰出版公司1989年影印同治甲子(1864)明辨斋刻本,第435页。

礼文中自相矛盾、不合情理的内容，考证古礼、参酌己意做出修改。第三阶段从明末到清代，以毛奇龄《家礼辨说》、王复礼《家礼辨定》、曹庭栋《昏礼通考》等为代表，特点是质疑对《家礼》所以立制的理论、经典依据，揭示《家礼》对于古礼的误读与曲解，试图制定合乎古礼、安于人情、比于时俗的礼文。在这个不算短的时段内，学者对于朱熹《家礼》的认识从模糊走向清晰、由盲目转为自觉，四礼学随之成为一种"关乎礼学而又异乎礼学"的专门之学。

表 4.2　明清婚礼仪式过程对照表

	六礼	亲迎	庙见
丘濬《文公家礼仪节》	具备。"今拟以问名并入纳采，而以纳吉、请期并入纳币，以备六礼之目。"仍以纳采为定。	大体与《家礼》同，婿见妇之父母一节补入婿庙见之礼。	同《家礼》。
宋纁《四礼初稿》	具备。"今拟以问名并入纳采，而以纳吉、请期并入纳币，以备六礼之名而已。"仍以纳采为定。	亲迎之日仪节同《家礼》，后异：妇至之明日见祠堂、见舅姑、盥馈、舅姑飨妇、婿见妇之父母、见祠堂。	妇至之明日庙见。"未见庙，先见舅姑，于礼未妥。今遵照《大明会典》改，拟于妇至之次日先见庙，后见舅姑，不惟妇之谒见不失先后之序，其于舅姑之心亦庶乎其相安矣。"
吕坤《四礼疑》	调整次序为问名、纳吉、纳采、纳征、请期、亲迎。仍以纳采为定。	入门后即庙见，婿见妇之父母后拜祠堂。	"入门而庙见，情礼胥宜矣。"
吕维祺《四礼约言》	具备。		
《郑氏家仪》①	具备。以纳采为年月帖，纳币为聘定。	略同《家礼》。	同《家礼》。

---

① 今金华丛书本《家仪》非郑泳原本，而是后人郑崇岳（1550—1631）所补。《浦江县志》卷九《人物·政事》："（郑崇岳）旋以计事不合告归。日集子弟讲习礼法，修饬祭器，及辑《宗谱》《圣恩录》《家仪》等书。"考《家仪》中有"二月十六日往庶子府君郑济墓处上坟"之制。按《郑氏祭簿》亦载此祭，并称："庶子府君坟。……在前明首膺征辟……崇祯庚午（1630），告官理复久例，配享金事府君。"［郑隆经等：《郑氏祭簿·祭期并规则》，郑家藏民国壬戌（1922）重刊本］考郑泳为明初人，柳贯曾为其作冠礼祝辞（柳贯著，柳遵杰点校：《柳贯诗文集》卷 13《郑泳加冠字辞》，浙江古籍出版社 2004 年版，第 271 页），而柳贯死于元至正二年（1342），郑泳之寿必不能至崇祯庚午（1630）。则郑泳原本《家仪》不可能载有庶子府君郑济之祭，乃是郑崇岳重刊《家仪》时补入。又考《家仪》补入此条时尚有"庶子府君入圣朝"之称，而《祭簿》则已改作"前明"，则该书定本时间当在明末，此后再未修订。

续表

	六礼	亲迎	庙见
毛奇龄《家礼辨说》	纳吉可去，"请期"称"告期"。	妇至告庙、见舅姑。	三月庙见。
李塨《学礼》	纳采、问名、纳吉、纳币、告期、亲迎。	不用毛奇龄说，认同《家礼》。	三月庙见。
王心敬《四礼宁俭编》	问名、请期、纳币、亲迎。	略同吕祖谦《家范》。	"导女而入，先诣祖祠。"
王复礼《家礼辨定》	具备。	亲迎至女家、女家告庙、醮女、婿奠雁拜妇之父母、返家、婿妇谒家庙、同牢合卺、飧送者、明日夙兴妇见舅姑、醴妇、妇见尊长、妇馈舅姑、舅姑飧妇、三月庙见、婿见。	三月庙见。"《家礼》改三月为三日，且不明言庙见之故，致习俗贷贷，遂以庙见为祀祖，大非。"
《茗州吴氏家典》	具备。"以问名附纳采，而纳吉、纳币、请期，合为一事，亲迎各为一节。"	略同《家礼》，补婿见妇之父母之庙见。	略同《家礼》。
张汝诚《家礼会通》	问名、定盟、纳采、纳币、请期、亲迎。	亲迎之日仪节同《家礼》，后异：三日早起庙见、见舅姑及诸亲、宴妇礼、妇请姑酢、旋车礼。	三日庙见。
曹庭栋《昏礼通考》	具备。以纳吉为定。	认同《家礼》。	认同《家礼》。
《重修邱公家礼仪节》	具备。略同《家礼仪节》，在卷首补入《六礼名义》申说其义。	妇至前仪节略同，妇至之后仪式次序为：庙见、合卺、妇见舅姑、舅姑礼之、见尊长、同房、礼宾、明日婿见妇之父母、庙见、见尊长诸亲。	"按《大明会典》天子纳后、亲王纳妃俱先谒庙，然后行合卺礼，而士庶人之礼独无之。愚意先拜祠堂为是。"
武先慎《家礼集议》	纳采、纳币、亲迎。"凭媒妁之言问所自出，两姓许可，送年齿生辰，然后纳聘，此问名并入纳采义也。卜吉定期，预告女家，旋以币帛品物致送，此纳吉、请期并入纳币义也。"	驳毛奇龄，认可《家礼》，而在亲迎次日见舅姑、庙见，三日婿见妇之父母。	"遵《家礼》之义，参以宋说，合之邓论，应于妇至之明日见舅姑，尊长之在坐者亦见之，然后舅姑以妇见于祠堂。"

续表

	六礼	亲迎	庙见
林伯桐《品官家仪考》《士人家仪考》《人家冠昏丧祭考》	纳采、纳币、请期、亲迎。《品官》:"纳采……乡俗谓之定礼。"《人家》:"纳采……乡俗谓之通庚。"	有《妇至当先谒祖而后合卺考》《妇至三日可庙见考》。	同《家礼》。
顾广誉《四礼权疑》		驳毛奇龄,从《家礼》。	驳毛奇龄,从《家礼》。
梁杰《家礼全集》	纳采、问名、纳币、请期、亲迎。"纳采内就以问名,纳币内就以请期。"		
沈某《家礼酌通》	纳采、纳币、亲迎。	同《家礼》。	同《家礼》。

第四节　从婚礼仪式走向家庭生活

从表面上看,宋儒重构婚礼仪式的论争是在辨析"礼"与"俗"、"古"与"今"。实际上,其问题意识在于如何通过仪式表演实现"教妇初来"的目的,调整婚后日常生活,实现"妇顺备而后内和理,内和理而后家可长久"(《礼记·昏义》)的理想。因此,宋代四礼著述中载有大量日常行为规范,试图将"礼"的精神弥散至家庭生活的方方面面。本节不欲对这些细则一一探讨,而是试图研究其内在机理。借用伦理学的话语来说,就是探讨这些伦理规则所以制定的原则,以及这种原则背后隐喻的家庭伦理标准、家哲学基础。

一、治国在齐家:历史主义的家哲学

儒家经典中有关"家"的道德伦理说教几乎无所不在。古代文献中的"三纲"(《白虎通义》)、"五达道"(《礼记·中庸》)、"六行"(《周礼·大司徒》)、"七教"(《礼记·王制》)、"八政"(《逸周书·常训》)、"十伦"(《礼记·祭统》)等不同说法[1],都把德行看作由家到国、家国一体、家国同构的一种普适性价值。在儒家对理想社会的追求中,这些良善德行的实现是构成善

---

[1]　关于古代文献中的德行体系,可参看陈来:《古代宗教与伦理:儒家思想起源》,生活·读书·新知三联书店 2009 年版,第 325—338 页。

治的德性基础。顺之则治,逆之则乱,自古至今,概莫能外。早在《康诰》中,周公便称殷人之罪为不慈、不恭、不友,认为这是殷人丧失天命而亡国的原因①。东汉崔琦作《外戚箴》,悉数"末嬉丧夏,褒姒毙周,妲己亡殷,赵灵沙丘。戚姬人豕,吕宗以败。陈后作巫,卒死于外"的古今历史,极称妇德缺乏所导致的"家国泯灭,宗庙烧燔"的严重后果②。这些史评的共同点都是由家庭伦理而论国家兴亡,可看作典型的"家族国家观"③。

宋朝踵五代乱世而兴,久乱思治、痛定思痛,不能不对前朝得失作深刻反思。宋人论唐的一大特点即将唐朝的灭亡归罪于帝王齐家的失败。在宋儒看来,唐朝皇室伦理混乱、家风淫秽、家教不行。父不能待子以慈,子不能事父以孝;夫不能治妇以敬,妇不能事夫以听;兄弟之间或有杀戮之事,而殊无相爱之道;朝廷大权时有旁落之危,而家臣执国命。于是,尽管唐朝曾经造就了令宋人追慕的贞观之治、开元盛世,却无法避免乱亡的结局。

作为"宋初三先生"之一,石介(1005—1045)曾作《唐鉴》一书,总结唐朝灭亡的原因有三,即奸臣专政、女后预事、宦官任权。就女后预事,他尤为致意:"臣逖览往古,靡不以女后预事而丧国家者。臣观唐甚矣。武氏变唐为周,韦庶人、安乐公主鸩杀中宗,太平公主僭谋逆乱,杨贵妃召天宝之祸。"④表面上看,石介是在批判唐朝后宫干政的问题,批评女后不合"顺从阴柔"之道,实际上则是就"妇不听"的妇德问题进一步指责皇帝"夫不义",批评唐朝历代帝王"齐家"失败。

到北宋中期,随着儒学复兴运动的展开,以义理论唐的风气也逐渐形成。在《新唐书》中,欧阳修(1007—1072)将论锋直指唐朝帝王:"人君者,朝廷之本也。……其本始不正,欲以正天下,其可得乎?"⑤这种说法的本质是将治乱之责系于皇帝一身,把天下兴亡看作帝王修身、齐家向外推的结果,已是一种典型的"家族国家观"。到司马光主持编纂《资治通鉴》,将帝王的"齐家"成败看作国家兴衰之关键,已然成为不少史官所普遍持有的观念。就司马光而言,在《稽古录》中,他总评唐朝一代治乱,其略曰:

太宗文武之才,高出前古。……盖三代以还,中国之盛,未之有也。

---

① 孔安国传、孔颖达疏;廖明春、陈明整理,吕绍纲审定:《尚书正义》卷14《康诰第十一》,北京大学出版社1999年版,第367页。

② 范晔:《后汉书》卷80《崔琦传》,中华书局1965年版,第2621页。

③ [日]尾形勇著、张鹤泉译:《中国古代的"家"与国家》,中华书局2010年版,第13—14页。

④ 石介著,陈植锷点校:《徂徕石先生文集》卷18《唐鉴序》,中华书局1984年版,第211页。

⑤ 欧阳修、宋祁:《新唐书》卷10《僖宗本纪》,中华书局1975年版,第281页。

惜其好尚功名，而不及礼乐，父子兄弟之间，惭德多矣。高宗沉溺宴安，仁而不武，使天后斲丧唐室，屠害宗枝，毒流缙绅，迹其本原，有自来矣。①

在司马光看来，唐朝名为高祖李渊所建，实则归功于李世民（599—649）的英明神武。然而，这位"文武之才，高于前古"的旷世帝王却有着令人讳言的"齐家"缺陷。所谓"父子兄弟之间，惭德多矣"，是指其通过"玄武门之变"杀害兄长李建成（589—626）与弟弟李元吉（603—626），纳弟媳为妃，逼父皇退位的一系列事实。这一惊天变局既是一个政治事件，也是一出家庭伦理丑剧，使得唐太宗成为唐代帝王不伦家风的始作俑者。后来，武则天（624—705）以太宗才人的身份被高宗李治（628—683）纳为皇后，与以权柄，任其跋扈，最终导致武周之祸。对此，司马光意味深长地说"迹其本原，有自来矣"，便是指唐太宗的所谓"惭德"而言。可以说，正是唐朝立国之时家教不严、家风淫逸，才导致几代女后的专权，险些失去江山。至于唐中宗（656—710）的"荒淫不悛"，唐玄宗（685—762）后期的声色犬马，唐肃宗（711—762）"制于李辅国，不能养其父；惑于张后，不能庇其子"等等史实，司马光的批判也多从"家国一体"的角度出发，认为其"齐家"的失败是国家"纪纲大坏，不可复振"的重要原因，唐朝也终于在内外交迫中走向灭亡。

作为《资治通鉴》编修工程中专门负责唐史编纂的史官，范祖禹（1041—1098）也持有相似观点。在氏著《唐鉴》的卷末有这样一段著名的话：

凡唐之世，治日如此其少，乱日如彼其多也。昔三代之君，莫不修身齐家以正天下，而唐之人主，起兵而诛其亲者，谓之"定内难"。逼父而夺其主者，谓之"受内禅"。此其闺门无法，不足以正天下乱之大者也。其治安之久者不过数十年，或变生于内，或乱作于外，未有内外无患、承平百年者也。②

与司马光不同的是，范祖禹并不歆羡唐朝的盛世繁华，而是一针见血地指出：唐代的总体情况并非长久治世，而是乱日多于盛时。之所以会有这样的结果，完全是因为"修身齐家"的失败。范祖禹辛辣地指出，唐太宗将起兵

① 司马光著，吉书时点校：《稽古录》卷15，北京师范大学出版社1988年版，第157页。
② 范祖禹：《唐鉴》卷24《昭宗下》，《丛书集成初编》第3828册，商务印书馆1936年据金华丛书本排印，第217—218页。

杀害亲人讳称作勘定内难，把逼迫父皇退位美化为承受内禅，这正是"闺门
无法"的乱象。如此混乱的家庭伦理，怎能垂范后世，为子孙提供可以效仿
的"祖宗家法"？如此失败的"齐家"功夫，怎能"正己"而"正天下"，保证天下
的长治久安？

正所谓："于事亲友兄弟一有惭德，三百年之家法遂不复正。"[1]宋人以
"齐家"论唐的焦点乃是对唐太宗的评价。对此，《唐鉴》的说法是：

> 建成虽无功，太子也。太宗虽有功，藩王也。太子，君之贰，父之统
> 也。而杀之，是无君父也。立子以长不以功，所以重先君之世也。故周
> 公不有天下，弟虽齐圣，不先于兄久矣。论者或以太宗杀建成、元吉，比
> 周公诛管蔡，臣窃以为不然。……管蔡流言于国，将危周公，以间王室。
> 得罪于天下，故诛之。非周公诛之，天下之所当诛也。周公岂得而私之
> 哉？……若夫建成、元吉亦得罪于天下者乎？苟非得罪于天下，则杀之
> 者，己之私也。岂周公之心乎？
>
> 或者又以为使建成为天子，又辅之以元吉，则唐必亡。臣曰："古之
> 贤人，守死而不为不义者，义重于死故也。必若为子不孝，为弟不弟，悖
> 天理、灭人伦而有天下，不若亡之愈也。故为唐史者书曰：'秦王世民杀
> 皇太子建成、齐王元吉。立世民为皇太子，然则太宗之罪著矣。'"[2]

范祖禹的评论始于为李建成、李世民"正名"，两人一为太子，一为藩王，
名分地位十分明确。所谓"太子"，应以嫡长居之，体现的是对父亲的尊重，
与功劳业绩无关。即便仁圣齐天，处于弟位的太宗也不能以功业夺太子位
自立。因此，"玄武门之变"的性质是无君无父、不孝不友的缺德行为。针对
人们将"玄武门之变"比作"周公诛管蔡"的说法，范祖禹予以驳斥，认为管蔡
所威胁到的并不是某个人，而是国家存亡，所以不得不杀。至于李建成、李
元吉则显然没有得罪于天下，唐太宗的做法本质上是为一己之私。即便李
建成即位会导致天下大乱、唐失其祚，那么也不应以不孝不友，"悖天理、灭
人伦"而持有天下。与其丧失三纲而治，不如守义理而亡，范祖禹对儒家纲
常义理的态度可谓确固不拔。

---

[1] 真德秀：《西山先生真文忠公文集》卷18《讲筵卷子十八日》，《四部丛刊初编》第209册，上海书
店据商务印书馆1926年版重印，1989年影印上海涵芬楼借江南图书馆藏明正德刊本。

[2] 范祖禹：《唐鉴》卷2《高祖下》，《丛书集成初编》第3828册，商务印书馆1936年据金华丛书本排
印，第12—13页。

　　凭借这种以伦理为至高标准的唐史观,范祖禹赢得了巨大声誉("学者尊之"),以致有"唐鉴公"的雅号①。《唐鉴》的风靡一时,说明它代表了宋人论唐的一般观念,与当时学者的唐史观有着相当程度的契合。据说,程颐(1033—1107)的不少议论与《唐鉴》渊源颇深②。实际上,程颐的确是以"齐家"之理评说唐史的著名代表,检阅《二程遗书》便可以发现,其论唐太宗较《唐鉴》有过之而无不及:

　　　　又问:"赐周公以天子之礼乐,当否?"曰:"始乱周公之法度者,是赐也。人臣安得用天子之礼乐哉?成王之赐,伯禽之受,皆不能无过一作罪。《记》曰:'鲁郊非礼也,其周公之衰乎?'圣人尝讥之矣。说者乃云周公有人臣不能为之功业,因赐以人臣所不得用之礼乐则妄也。人臣岂有不能为之功业?有借使功业有大于周公,亦是人臣所当为尔。……若太宗却不知此,太宗佐父平天下,论其功不过做得一功臣,岂可夺元良之位?太子之与功臣自不相干,唐之纪纲,自太宗乱之。终唐之世,无三纲者,自太宗始也。"③

　　这段话由成王赐伯禽天子之礼说开,认为周公作为臣子并无所谓"人臣不能为之功业",而需要以天子礼乐赏赐。换言之,臣即便有煊赫之功,也是职所当为,理应安于其分,不能觊觎君位、窥视神器。在程颐看来,君臣、兄弟、长幼、嫡庶界限分明,与功业并无关联。因此,他批评唐太宗不明义理,以功自居,做出篡夺太子之位的事情。与司马光、范祖禹一样,程颐将其视作唐代君臣、父子、夫妇伦理混乱的滥觞,并指出其严重后果便是"其后世子弟皆不可使,玄宗才使肃宗便篡,肃宗才使永王璘便反。君不君,臣不臣,故藩镇不宾,权臣跋扈,陵夷有五代之乱"④。

　　时至南宋,唐朝皇室"修身齐家"的失败几乎成为学者定论,以致出现在科举考试的试题与"参考书"中。王十朋(1112—1171)所出《上舍试策三道》中便有"自高祖变节于晋阳,而唐无忠义之风;文皇行污于闺门之内,而唐无孝友之俗"⑤的说法,要求对此展开思考,就史官的编修工作制作策文。作

①　王称撰,孙言诚、崔国光点校:《东都事略》卷77《范祖禹传》,齐鲁书社2000年版,第651页。
②　程颢、程颐著,王孝鱼点校:《二程集》,中华书局2004年版,第416页。
③　程颢、程颐著,王孝鱼点校:《二程集》,中华书局2004年版,第235—236页。
④　程颢、程颐著,王孝鱼点校:《二程集》,中华书局2004年版,第236页。
⑤　王十朋:《梅溪先生文集》卷12《上舍试策三道》,《四部丛刊初编》第184册,上海书店1989年版。

为南宋有名的"决科之书",《永嘉先生八面锋》中有一篇论唐的文章,写得颇为精彩,其略曰:

> 唐世之法,大抵严于治人臣,而简于人主之身;遍于四境,而不及乎其家。州、闾、乡、井断断然施之实政,而宗庙朝廷之上所谓礼乐者,皆虚文也。当是时坊团有伍,而闺门无政。古人制度,宜不如此。上下以相维,而父子夫妇不足保。古人纪纲,宜不如此。①

这一议论与程颐所谓"汉大纲正,唐万目举"②的说法类似,认为唐朝虽然政治制度周密完善,却大本不正。皇帝严于治人而疏于修身,政令行于边境而不及自家。由于修身、齐家不被重视,闺门失礼便不以为意,礼乐制度也流于形式。在作者看来,这种统治绝非古代善治,不宜为本朝效法。

作为理学集大成者,朱熹(1130—1200)的唐史观继承伊洛渊源而来。他说:"太宗诛建成,比于周公诛管蔡,只消以公私断之。周公全是以周家天下为心,太宗则假公义以济私欲者也。"③这一说法可谓是对上面《唐鉴》引文的缩写。此外,他还将唐太宗以晋阳宫人侍高祖而胁之起兵的故事看作典型的陷父于罪,所谓"致其父于必死之地,便无君臣、父子、夫妇之义"④。如果说,上面的观点尚未溢出二程、范祖禹的议论范围,那么,"唐源流出于夷狄,故闺门失礼之事不以为异"⑤的著名论断则是朱熹的卓识洞见。暂且抛开这句话揭橥的唐史问题不论⑥,这一评断本身未尝不是宋人论唐在理念上的"升级"。在此,宋人对唐朝的批判已经从家庭伦理上升至"华夷之辨"的高度,锋芒直指李唐王朝作为华夏文明传承者的合法性。

从历史理论出发,我们未必同意克罗齐所谓"一切历史都是当代史"的说法,却不得不承认,每一时期的史家都戴着有时代色彩的"有色眼镜"观察、评论历史。在评论唐朝治乱得失的过程中,宋儒特别重视对李唐家族伦理的评说。在他们看来,"家齐"不仅是"国治"的前提与基础,还是华夏文明

---

① 陈傅良:《永嘉先生八面锋》卷 1《大体立则不恤小弊》,《丛书集成初编》第 2411 册,中华书局 1985 年据湖海楼丛书本排印,第 7—8 页。
② 程颢、程颐著,王孝鱼点校:《二程集》,中华书局 2004 年版,第 236 页。
③ 黎靖德编,王星贤点校:《朱子语类》卷 136《历代三》,中华书局 1986 年版,第 3245—3246 页。
④ 黎靖德编,王星贤点校:《朱子语类》卷 136《历代三》,中华书局 1986 年版,第 3245 页。
⑤ 黎靖德编,王星贤点校:《朱子语类》卷 136《历代三》,中华书局 1986 年版,第 3245 页。
⑥ 围绕朱熹此句评论而生发出的唐朝种族与文化问题,成为陈寅恪等学者密切关注的唐史研究课题。

得以区别于夷狄蛮族的重要标志。这种"由家到国""家国一体""家国同构"的历史观是一种典型的"家族国家论"。这种史观与宋代儒学复兴运动的展开相表里,与宋儒"修齐治平"的家国观念相契合,为宋儒的"齐家"理想与实践提供了评判标准。

二、齐家在修身:树立家庭伦理原则

如果说,宋人论唐的目的在于揭橥重构家伦理的必要性与紧迫性,那么,在这种观念成为共识后,如何"齐家"便成为问题。换言之,在去古已远、宗法凌夷、门阀衰微的新社会,"齐家"何以可能? 通过经典诠释,道学家不但回答了这一难题,还确立了家庭伦理的至高原则——"中道"原则,为家庭伦理实践的铺展提供了理论基础。

如何"齐家"? 按照《大学》的说法,"齐其家在修其身":

> 所谓齐其家在修其身者:人之其所亲爱而辟焉,之其所贱恶而辟焉,之其所畏敬而辟焉,之其所哀矜而辟焉,之其所敖惰而辟焉。故好而知其恶,恶而知其美者,天下鲜矣! 故谚有之曰:"人莫知其子之恶,莫知其苗之硕。"此谓身不修,不可以齐其家。①

关于这段话的解读,汉宋学者有较大分歧,聚讼之处在于如何理解"辟"字。据《礼记正义》,"辟"即"譬","犹喻也",意为"适彼而以心度之",即在与人交往中反思自身为何会产生亲爱、贱恶、畏敬等情绪,对他人的道德水平作基本评判,进而"反求诸己",提高自身的道德修养②。这种说法虽然讲得通,却遭到了朱熹的质疑。

> 或问:八章之辟,旧读为譬,而今读为僻,何也? 曰:旧音旧说,以上章例之而不合也,以下文逆之而不通也,是以间者窃以类例文意求之,而得其说如此。③

---

① 朱熹:《四书章句集注》,中华书局1983年版,第8页。
② 郑玄注、孔颖达疏,龚抗云整理、王文锦审定:《礼记正义》卷60《大学》,北京大学出版社1999年版,第1599页。
③ 朱熹撰,黄珅点校:《四书或问》,朱杰人、严佐之、刘永翔主编:《朱子全书》第6册,上海古籍出版社、安徽教育出版社2002年版,第535页。

可见,朱熹之所以对汉唐的《大学》注疏不满意,主要原因是认为郑注孔疏与上下文的义例不合①。以"辟"为譬喻之意,既无法接续前文"正心"之说,也无法与后文"好而知其恶"等数句文意相连。于是,朱熹《大学章句》从文意出发,另立以"僻"解"辟"之说,其文曰:

> 辟,读为僻。……辟,犹偏也。五者,在人本有当然之则;然常人之情惟其所向而不加审焉,则必陷于一偏而身不修矣。……溺爱者不明,贪得者无厌,是则偏之为害,而家之所以不齐也。②

亲爱、贱恶、畏敬、哀矜、敖惰,本是人之常情。如果任其偏颇而不假反省,则会陷溺其中,不能自察,不但影响正心、修身的功夫,还会造成"好而不知其恶,恶而不知其美"的认识偏差。朱熹提醒说,"闺门之内,恩常掩义"③,人的情爱、私欲在家居环境中尤其易于泛滥而不易节制。若是心有偏向,一旦与家中事务相接,便难免在好恶取舍之间犯错误,导致"齐家"失败的恶果。于是,如欲"齐家",便要"修身";如欲"修身",便须做到"不偏",亦即处乎"中道"④。这要求治家者在处理家务时不偏不倚,无过无不及,"卓然立乎此数者之外"⑤。

在"齐家"过程中,因家庭成员各自身份不同,"中"的含义也不尽相同。于是便需要先"正名",即通过厘正家庭成员的身份、关系,明确每个人在家庭生活中所扮演角色的道德标准。在这一过程中,德行表现出一种"互文"

---

① 朱熹读"辟"为"譬"还有其他原因,按《语类》:"某正以他说'之其所敖惰而譬焉',敖惰非美事,如何譬得? 故今只作僻字说,便通。况此篇自有僻字,如'辟则为天下僇矣'之类是也。"(黎靖德编:《朱子语类》卷16《大学三》,中华书局1986年版,第351页)据此,朱熹提出了两点质疑:其一,"敖惰"不是美德,无法譬喻到己身,进而见贤思齐、切己反求,达到修身之效;其二,《大学》后文有"辟"读为"僻"之例,可以实现文本内证。关于"敖惰"是否"美事",《语类》曾反复讨论,其主要观点是认为"敖惰"并非"恶德",是对待"没要紧底,半上落下底人"的适当做法(见黎靖德编:《朱子语类》卷16《大学三》,中华书局1986年版,第353页)。如此,朱熹"敖惰"之说本是自相矛盾,不能用以反驳《正义》。至于以《大学》文本内证的做法,也不能合理解释其他版本《大学》直截将"辟"写作"譬"的事实(龚抗云整理《礼记正义·大学》之《校勘记》曰:"惠栋校宋本作'譬',宋监本、石经、嘉靖本、《考文》引古本同。"《礼记正义》卷60《大学》,北京大学出版社1999年版,第1599页)。所以,朱熹读"辟"为"僻"的最重要原因在于文意的贯通,即所谓"以上章例之而不合也,以下文逆之而不通也"。

② 朱熹:《四书章句集注》,中华书局1983年版,第8页。

③ 朱熹撰,黄珅点校《四书或问》,朱杰人、严佐之、刘永翔主编:《朱子全书》第6册,上海古籍出版社、安徽教育出版社2002年版,第535页。

④ 所谓"不偏谓之中",见朱熹:《四书章句集注》,中华书局1983年版,第17页。

⑤ 黎靖德编:《语类》卷16《大学三》,中华书局1986年版,第350页。

的特征,即处于家庭关系的双方互为道德主体,一方所须遵循的伦理原则唯有在对举另一方时方才可能①。按《礼记》的经典说法,这些"互文"式家庭伦理有:

> 父慈,子孝,兄良,弟悌,夫义,妇听,长惠,幼顺,君仁,臣忠。(《礼记·礼运》)

在宋代,学者、士大夫"齐家"实践的逻辑起点是对父子、兄弟、夫妇、长幼等家庭角色的"正名"活动。这要求宋儒首先对"父慈子孝""兄良弟悌"等抽象伦理原则进行归纳、研究,然后形成具体的伦理规范文本,最终转化为日常生活中合乎规范的道德行为。以司马光为例,氏著《家范》以家庭成员角色为单元,博采经史,对祖孙,父母、子女,兄弟,夫妻,舅姑、儿媳等家庭伦理关系的道德规则作了细致归纳。同时,他又依据《周易·家人》《礼记·内则》《颜氏家训》等文献纂成《居家杂仪》②,逐条列出家庭成员角色的基本行为规范,以便施行。两书组成了一个完整的伦理学系统,《家范》确定了家庭成员的道德标准,为具体行为提供了偏颇与否的评断依据,《居家杂仪》则进一步将原则化为规范,文本化作践履。

从伦理研究到道德实践,《大学》"不偏"之教都是宋儒构建家庭伦理的至高原则。以最基本的家庭伦理关系——父子为例。按儒家通说,"为人父,止于慈"(《礼记·大学》),做父亲的至高伦理原则是"慈"。如何界定"慈"? 司马光引《论语》、《荀子》③、《颜氏家训》等材料说明,慈爱绝非溺爱,而是爱而不简、严而不狎,对子女"教之以义"。所谓"爱而不简""严而不狎",便是要求父亲严爱相济,既不能偏于亲爱而导致溺爱、狎侮,也不能偏于严厉而导致恩简、情薄。正所谓:"父子之严,不可以狎;骨肉之爱,不可以简。简则慈孝不接,狎则怠慢生焉。"④可见,"不偏不倚"的"中道"正是"慈爱"的内在要求。

---

① 杨效斯将这种"互文"特性称作"同时(横向)家庭化":"由于每个人都同时拥有若干个家庭角色,因此每个人都必须在外力帮助之下经常意识到自己的这些角色,努力在生活实践中与家庭同伴一起同时达到所有这些角色所蕴含的起码要求。这就是'同时(横向)的家庭化'。"(笑思:《家哲学——西方人的盲点》,商务印书馆 2010 年版,第 359 页)

② 《书仪》卷四《婚仪下·居家杂仪》。《说郛》中另有《涑水家仪》一书,文字大体相同,而无小注。见陶宗仪:《说郛三种》第二种卷 71《涑水家仪》,上海古籍出版社 1988 年版,第 6 册,第 3320 页。

③ 司马光所引"曾子曰"一句,本出《荀子·大略篇》。

④ 司马光:《家范》卷 3《父》,《景印文渊阁四库全书》第 696 册,台湾商务印书馆 1986 年版,第 668 页。颜之推:《颜氏家训》卷上《教子》,中华书局 1993 年版,第 15 页。

然而,在道德实践中,父母对于子女的亲爱往往失其中节,易于滑向溺爱,堕入狎而不严的偏僻之境。这便是《大学》所谓"之其所亲爱而辟焉"。对此,朱熹说:"如为人父虽是止于慈,若一向僻将去,则子有不肖,亦不知责而教焉,不可。"①便是针对亲爱之偏发言,将重点落在教育上,希望用"教之以义"补救偏于亲爱之弊。在现实生活中,父母对婴孩的爱最为细致体贴,因而也最易成为"责而教焉"的障碍。司马光《居家杂仪》小注说:

> 若夫子之幼也,使之不知尊卑长幼之礼,每致侮詈父母,殴击兄姊,父母不加诃禁,反笑而奖之,彼既未辨好恶,谓礼当然。及其既长,习已成性,乃怒而禁之,不可复制。于是父疾其子,子怨其父,残忍悖逆,无所不至。此盖父母无深识远虑,不能防微杜渐,溺于小慈,养成其恶故也。②

尊卑长幼之礼,显非婴孩生所能知,必须有待父母教导而后习得。于是幼儿往往会做出一些以下犯上,乃至侮辱、殴打尊长的非礼行为。对此,如果父母偏于亲爱之情而怙恶不悛、有意纵容,便会导致婴孩善恶不分、养成恶德。待到人已长成再愤怒而责打之,则为时已晚,只会导致父子相怨的家庭悲剧。司马光评价说,这样偏颇的"亲爱"之情并非真正的"慈爱",而是典型的"溺于小慈"。为了给父母提供"教之以义"的具体方法,司马光以《礼记·内则》为依据,编写了幼教、蒙教规范,从乳母的选择、饮食的时间、居住的地点、学习的内容等方面对冠笄之前的子女教育提供了详尽说明。

父待子以慈,子则事父以孝。关于"孝"的讨论在中国古代尤显繁多。如何在浩瀚经典、史籍中撷取最有代表性的表述来界定"孝",是一个难题。在经典研究中,司马光特重《孝经》③,认为它是"正心、修身、齐家、治国、明明德于天下"的基础,"诚为学所宜先也"④。因此,他以"君子之事亲也,居则致其敬,养则致其乐,病则致其忧,丧则致其哀,祭则致其严"(《孝经》)一

---

① 黎靖德编:《朱子语类》卷16《大学三》,中华书局1986年版,第352页。

② 司马光:《司马氏书仪》卷4《婚仪下·居家杂仪》,《丛书集成初编》第1040册,中华书局1985年据学津讨原本排印,第45页。

③ 司马光是宋代最早整理、注解《古文孝经》的学者,著有《古文孝经指解》,进表曰:"愚幸得补文馆之缺,以经史为职,窃睹秘阁所藏《古文孝经》先秦旧书,传注遗逸,孤学堙微,不绝如线,是敢不自揆量,妄以所闻为之《指解》。"(司马光:《温国文正司马公文集》卷57《进古文孝经指解表》,《四部丛刊初编》第139册,上海书店1989年版)

④ 司马光:《温国文正司马公文集》卷49《进孝经指解劄子》,《四部丛刊初编》第139册,上海书店1989年版。

句界定"孝",希望将"孝"的诠释与一系列生活情境相连。然而,正如居、养、病、丧、祭这五种情形常有交叉,敬、乐、忧、哀、严的孝子之情也非泾渭分明。其中,"敬"有统摄其他德行、情感的意味,是孝亲活动的中心主题。于是,"孝"便要"敬","不敬"便是"不孝"。

但是,现实生活中往往出现父母有过错,子女却因"畏敬"而不能谏争、制止的现象,这便是典型的"之其所畏敬而辟焉"。司马光《家范》特别重视这个问题:

> 或曰:"孔子称色难。色难者,观父母之志趣,不待发言而后顺之者也。然则《经》何以贵于谏争乎?"曰:"谏者,为救过也。亲之命可从而不从,是悖戾也;不可从而从之,则陷亲于大恶。然而不谏是路人,故当不义则不可不争也。"①

在这里,"顺"虽也是"孝"的重要表现,却并非不谏不争的理由。孝子之所以需要谏争于父母之前,乃是为拯救其过失。于是,在"不从则悖戾,从之则陷亲于恶"的两难选择中,孝子只能反经合道、处中行权。当然,谏争的行为本身也应"畏敬"。不但谏争过程中所使用的表情、语气要"下气怡色,柔声以谏",在遭到反驳之后,也不能立即回应,而是要"起敬起孝,悦则复谏"。即便在"熟谏"之后被父母捶挞至于流血,也"不敢疾怨",仍须"起敬起孝"②。所谓"敬孝之外,岂容有他念哉"③。

通过经典诠释,宋儒树立了以"中道"为最高原则的家庭伦理观,并试图将其纳入新时代家礼、家范著作,成为调整民众日常生活的新规范。不过,在宋儒看来,耳提面命的过庭之训并非实现家庭伦理的最佳手段,唯有使受教育者浸润在礼教之中,才能耳濡目染、化于无形。因此,宋儒对家庭之"理"的辨明最终落实于"礼"的修定与践履。

三、治家莫如礼:细化家庭伦理规则

宋儒修订婚礼仪文的最终目标是修己治人,营建内外和理的家庭生活

---

① 司马光:《家范》卷5《子下》,《景印文渊阁四库全书》第 696 册,台湾商务印书馆 1986 年版,第 684 页。

② 司马光:《书仪》卷4《婚仪下·居家杂仪》,《丛书集成初编》第 1040 册,中华书局 1985 年据学津讨原本排印,第 42 页。

③ 杨复《家礼》注文,见胡广:《性理大全》卷 19《家礼二·通礼·居家杂仪》,《景印文渊阁四库全书》第 710 册,台湾商务印书馆 1986 年版,第 423 页。该条为《纂图集注》本《朱子成书》本所无。

秩序。因此,对非常性典礼的设计必将导向对日常性生活的规范,以实现"妇顺备而后内和理,内和理而后家可长久"(《礼记·昏义》)的目的。这意味着,家中之礼不单指冠、婚、丧、祭等的典礼(ceremony),还包括言谈动视、洒扫应对、周旋升降、向背曲折等家庭生活中的日常行为规范(rites)①。

在司马光、朱熹看来,后者集中体现了家庭生活的伦理实质,甚至较前者更为重要。朱熹《家礼序》说:

> 凡礼有本有文。自其施于家者言之,则名分之守、爱敬之实,其本也。冠昏丧祭,仪章度数者,其文也。其本者,有家日用之常体,固不可以一日而不修。……(《家礼》)大抵谨名分、崇爱敬,以为之本。至其施行之际,则又略浮文、敦本实,以窃自附于孔子从先进之遗意。诚愿得与同志之士,熟讲而勉行之,庶几古人所以修身齐家之道、谨终追远之心,犹可以复见。而于国家所以敦化导民之意,亦或有小补云。②

这段论述将"礼"分为"本"与"文"两部分。"本"即"本实",指"名分之守,爱敬之实",是家庭伦理的实质内容与亲人间的美好感情;"文"即"节文",指"冠昏丧祭,仪章度数",是冠昏丧祭等大型典礼与仪式中的具体礼文。朱熹借用《论语》中"吾从先进"(《论语·先进》)之说提醒道:宁可感情质朴而失之于"野",不可虚情假意而详尽于"文"。在"礼"的践行中,应"略浮文、敦本实",充分重视日常礼仪"谨名分、崇爱敬"的教化作用。在朱熹看来,这不但是有利于"修身齐家"的具体功夫,还是国家实现民众教化的有效方式。

所以,朱熹特别在冠昏丧祭"四礼"之外加入《通礼》一章。按他的说法,《通礼》所载内容都针对礼之"本实"而言,即所谓"有家日用之常体,不可一日而不修者"③。"通礼"的"通"有"共通、通常"之意,所谓"通礼"既可理解为冠昏丧祭"四礼"共通之礼,也可理解为日用通常所行之礼。《家礼·通礼》共有三节:《祠堂制度》《深衣制度》《司马氏居家杂仪》。前两节内容主要

---

① 李丰楙指出,如果说"常"代表了日常的、世俗的普通生活情境,那么,"非常"则象征了非日常性,是"非寻常的、非经验性的、特殊性的"。"非常"是中国古代典礼的重要特征。(李丰楙:《神话与变异:一个"常与非常"的文化思维》,中华书局 2010 年版,第 3 页)

② 朱熹撰,刘永翔、朱幼文校点:《晦庵先生朱文公文集》卷 75《家礼序》,朱杰人主编《朱子全书》第 24 册,上海古籍出版社、安徽教育出版社 2002 年版,第 3626—3627 页。

③ 朱熹:《家礼》卷 1《通礼》,《中华再造善本》一编,北京图书馆出版社 2004 年据中国国家图书馆藏宋刻本影印。

涉及家居礼仪的空间构造（祠堂）、行礼费用的基本保障（祭田）、家中燕居的日常穿戴（深衣）等，是冠昏丧祭之礼得以进行的物质基础。《司马氏居家杂仪》则采自司马光《书仪》卷四《婚仪下》，专门为家庭成员的日常生活提供礼文规范。

关于将《居家杂仪》作为《通礼》，朱熹解释说：

> 此章本在昏礼之后。今按此乃家居平日之事，所以正伦理、笃恩爱者，其本旨在于此。必能行此，然后其仪章度数有可观焉。不然则节文虽具，而本实无取，君子所不贵也。故亦列于首篇，使览者知所先焉。①

可见，《居家杂仪》之所以得到朱熹的青睐，是因为它塑造了家居日常生活的礼仪性质，有助于为家庭成员"正名"，通过"礼教"激发家人间的恩爱之情。将其纳入《通礼》，可为典礼仪文奠定家庭伦理基础，使礼经大义流行于日常生活的方方面面。

现存《家礼》中的《司马氏居家杂仪》共 21 条，均以"凡"字发语，所调整的家庭关系包括尊长与卑幼、父母与子女、家中男女成员、仆人等多方面，是一本实用的日常家居行为手册。在《居家杂仪》中，日常生活的时空被建构为"礼"的世界。孝子、孝妇在家中的一天应这样度过：

> 凡子事父母孙事祖父母同，妇事舅姑孙妇亦同，天欲明，咸起盥音管，洗手也，漱栉阻瑟切，梳头也，总所以束发，今之头𢧵，具冠带丈夫帽子、衫、带，妇人冠子、背子。昧爽谓天明暗相交之际，适父母舅姑之所，省问丈夫唱喏，妇人道万福。仍问侍者夜来安否，何如。侍者曰安，乃退，其或不安节，则侍者以告，此即礼之晨省也。父母舅姑起，子供药物药物乃关身之切务，人子当亲自检数调煮供进，不可但委婢仆，脱若有误，即其祸不测。妇具晨羞俗谓点心。《易》曰："在中馈。"《诗》云："惟酒食是议。"凡烹调饮膳，妇人之职也。近年妇女骄倨，皆不肯入庖厨。今纵不亲执刀匕，亦当检校监视，务令精洁，供具毕，乃退，各从其事。……既夜，父母舅姑将寝，则安置而退丈夫唱喏，妇

---

① 朱熹：《家礼》卷1《通礼·司马氏居家杂仪》，《中华再造善本》一编，北京图书馆出版社 2004 年据中国国家图书馆藏宋刻本影印。

女道安置,此即礼之昏定也。①

《礼记》曰:"凡为人子之礼,冬温而夏清,昏定而晨省。"(《曲礼上》)"晨省"是清晨起床后对父母的省问,"昏定"是夜间安睡前对父母的安置。两者分别位于一日的开始与结束,在时间上构成了每天家居生活的周期律。就"晨省"而言,不论是天色将明的起床时间,洗漱、穿戴的整齐严肃,还是省问内容的细致入微,都集中突出了孝子孝妇对于父母的爱敬之情。父母起床之后,子与妇分别准备、进供药物、早饭,其目的在于保证饮食的清洁与安全。父母用完早餐后,家众才可退下,各行己事。夜间父母将安睡之前,孝子、孝妇应安置他们睡下,以"昏定"结束一天的奉养之礼。

如果说,"晨省""昏定"以时间节点的方式表达了子孙对于尊长的敬爱之情,那么,仪节过程中的空间方位则强化了尊卑有序、内外有别的家庭伦理秩序。这种"内外有别"的伦理秩序首先表现为理想的家院建筑:

> 凡为官室,必辨内外。深官固门,内外不共井,不共浴堂,不共厕,男治外事,女治内事。男子昼无故不处私室,妇人无故不窥中门,有故出中门,必拥蔽其面如盖头面帽之类。男子夜行以烛,男仆非有缮修及有大故大故谓水火盗贼之类,亦必以袖遮其面。女仆无故不出中门盖小婢亦然,有故出中门亦必拥蔽其面。铃下苍头但主通内外之言,传致内外之物,毋得辄升堂室入庖厨。②

在《书仪》所设想的家院中,"中门"是内外建筑的分隔线,家中男女的活动范围以此为界,不但不可以无故"越界",连物品的内外流动也需要通过家中仆役来完成。由此,男女的行礼地点也趋向分化。以冠礼为例,男子冠礼的行礼场所为外厅,女子祭礼则在"庭院深深"的中堂。通过这种方式,"男主外,女主内"的家内分工与"男女有别"的礼经大义由此得以落实。

此外,《居家杂仪》还指出,日常饮食的空间秩序也应井然有序:

① 朱熹:《家礼》卷1《通礼·司马氏居家杂仪》,《中华再造善本》一编,北京图书馆出版社2004年据中国国家图书馆藏宋刻本影印。现存司马光《书仪》卷四《婚礼下》有《居家杂仪》一节,文字与朱熹《家礼》中的《司马氏居家杂仪》并不相同。《家礼》本《居家杂仪》中"凡子事父母"至"况未必是乎"大段文字为《书仪》所无。《说郛》本司马光《涑水家仪》与《家礼》本《居家杂仪》文字略同,而无小注。或是《书仪》有所脱落,或是《家礼》有所增补,未知孰是,姑阙疑置此。
② 司马光:《司马氏书仪》卷4《居家杂仪》,《丛书集成初编》第1040册,中华书局1985年据学津讨原本排印,第43页。

　　将食,妇请所欲于家长谓父母舅姑,或当时家长也。卑幼各不得恣所欲,退具而供之。尊长举箸,子妇乃各退就食。丈夫妇人各设食于他所,依长幼而坐。其饮食,必均一。幼子又食于他所,亦依长幼席地而坐。男坐于左,女坐于右。及夕食亦如之。①

　　在这里,尊长拥有决定饮食内容的优先权,妇应按其意欲准备饭菜,不得自专,是为“妇顺”。在用餐过程中,妇奉上菜肴,尊长举筷开始就餐后,子妇方可退至其他场所用餐。幼儿不能与家众一起用餐,而须别置一处。于是,用餐的开始时间依照尊卑等差而表现为先后之别:先尊长,次家众,最后幼儿。用餐的地点也因之隆杀为三个层次:尊长一处,子妇一处,幼儿一处。这三个层次虽有高下之别,却同样强调男左女右、长幼有序的家庭伦理原则。这种由空间方位表达的身份等差在大型家宴中表现得尤为明显。按《居家杂仪》,在家宴开始之前,须有一番仪式:

　　凡节序及非时家宴、上寿于家长,卑幼盛服序立,如朔望之仪。先再拜,子弟之最长者一人,进立于家长之前。幼者一人,搢笏、执酒盏,立于其左。一人搢笏、执酒注,立于其右。长者搢笏,跪斟酒,祝曰:“伏愿某官,备膺五福,保族宜家。”尊长饮毕,授幼者盏注,反其故处。长者出笏,俛伏,兴,退。与卑幼皆再拜。家长命诸卑幼坐,皆再拜而坐。家长命侍者遍酢诸卑幼。卑幼皆起,序立如前,俱再拜,就坐,饮讫。家长命易服,皆退,易便服还,复就坐。②

　　所谓“如朔望之仪”,便是按《家礼·祠堂》章的朔望祭祀之礼行序立之法③。在此项仪式中,主人、主妇立于祠堂两阶之上的中间位置,面北,向祖先恭行荐献之礼。两阶之下,是家众序立之处。诸父、诸兄、诸弟、子孙、外执事等男性家庭成员居西列,诸母姑、姊嫂、弟妻、诸妹、子孙妇女、内执事等

---

① 朱熹:《家礼》卷1《通礼·司马氏居家杂仪》,《中华再造善本》一编,北京图书馆出版社2004年据中国国家图书馆藏宋刻本影印。
② 朱熹:《家礼》卷1《通礼·司马氏居家杂仪》,《中华再造善本》一编,北京图书馆出版社2004年据中国国家图书馆藏宋刻本影印。
③ “主人北面于阼阶下,主妇北面于西阶下。主人有母则特位于主妇之前,主人有诸父诸兄则特位于主人之右,少前,重行西上。有诸母、姑、嫂、姊则特位主妇之左,少前,重行东上。诸弟在主人之右,少退。子孙、外执事者在主人之后,重行西上。主人弟之妻及诸妹在主妇之左,少退,子孙妇女、内执事者在主妇之后,重行东上。”(朱熹:《家礼》卷1《通礼·祠堂》,《中华再造善本》一编,北京图书馆出版社2004年据中国国家图书馆藏宋刻本影印)

女性家庭成员居东列。两列队伍按照尊卑等差,由北向南,依次而立,诚敬严肃地参与整个仪式过程。

两列家众排成的"人"字形队伍在行礼人处交汇,受礼者则位于"人"字的顶端,可以居高临下地看到每一位家庭成员。从纵向看,以堂屋(祠堂)的中轴线为界,男女家众的仪式活动空间被分隔开来,体现了男左女右、内外有别的家庭伦理原则。从横向看,以以两阶为端点相连的直线为界,受礼者、行礼者、参礼者的身份层级得以确定。显然,距离堂屋(祠堂)中的受礼者越近,在家中的身份地位就越尊贵。这种空间叙事的目的在于表达尊卑有序的家庭伦理秩序。

本章小结

作为宋代四礼研究的基本范畴,"礼"与"俗"集中体现了宋儒在考礼、制礼、行礼过程中的思想观念,为这些礼仪实践活动提供了终极理据。面对纷繁复杂的市井俚俗,宋儒需要处理的首要问题是以何种标准来反思、评论这些民俗;其次,是采用何种态度来扬弃(保存还是剪除)它们;最后,是以何种方法损益古今,制成自在圆融的新时代礼书。从"以礼论俗"到"因礼废俗",从"以俗合礼"到"以礼化俗",宋代婚礼在这方面的探索由"复古"到"从俗"而复归于"复古",经历了一个类似"正反合"的思维圆圈。

"以礼论俗",即以古礼的礼义与礼文作为标准,划定"礼"与"俗"的边界,论定种种习俗的是非得失。其特点是,以古礼之文考证世俗仪式,以古礼之义思辨流俗观念,用学术视角检视日常生活的方方面面。这种例子在宋代礼书中很多,除前文列举的结婚论财、仪式用乐、结发簪花等婚俗批判外,尚有不少。以丧礼为例,宋儒对于世俗大作佛事的批判,往往含有对于佛教轮回之说的仔细分析,其中不乏以《礼记》所载鬼神观为依据的高深思辨[1];对于世俗因迷信风水而择时择地以致久不葬亲的批判,要点常常在于对于古礼三月而葬、葬不择地的礼学考证[2]。通过这种方式,儒家得以重新思考、评价民众日常生活的价值与意义,为礼仪重建奠定了认识论基础。

"因礼废俗",即剪除不合礼文、有伤礼义的种种恶俗。这一态度是将

---

[1] 司马光:《司马氏书仪》卷5《丧仪一》,《丛书集成初编》第1040册,中华书局1985年据学津讨原本排印,第55页。

[2] 司马光:《司马氏书仪》卷7《丧仪三》,《丛书集成初编》第1040册,中华书局1985年据学津讨原本排印,第75、76页。

"以礼论俗"的观念付诸实践的必然结果。既然那些习俗猥琐鄙俚，与古礼相矛盾，那么，最直接、最简单的处理方式便是废而止之。北宋礼书的撰述者多持此种观念，并认定这是回归三代治世的必由之路。据说，张载（1020—1077）之所以从太常礼院辞官回乡，其主要原因是在冠昏丧祭之礼的讨论中，与其他"安习故常"的礼官发生争议，执意坚持施行古礼①。程颐也表达过对礼官清闲无为、一味循俗的不满，认为朝廷中"礼官之责最大"②，必须谨慎考礼、制礼。因此，锐意复古、力行古礼的行为与"茧袍高帽"、深衣大带的装束相得益彰，成为司马光、张载、程颐等早期道学家的集体形象。当然，"复兴古礼"毕竟只是重建儒家礼仪的理想进路，一旦与复杂的现实生活遭遇，道学家的"复古"理想势必受到冲击与挑战。如何在礼书中恰当处理礼俗关系尚待深思。

"以俗合礼"，即以"从俗""从简"为宗旨，将合乎经义、不害礼义的习俗纳入礼文，进行"合礼化"诠释，以调和古礼与现实生活的相互排异，使之简便易行。这种模式主要包括三种情况：其一，将合乎经义之俗纳入礼书。如《书仪》《家礼》的冠礼仪文中以四襆衫、旋襴衫、官服等时服代替古礼中的玄端、皮弁服、爵弁服；丧礼仪文中以魂帛代替古礼所谓的"重"。其二，将不害礼义的俗包容进礼书。例如，《书仪》《家礼》的婚礼仪文中包含了世俗的铺房仪式（见上文），朱熹《家礼》将浸已成俗的墓祭仪式纳入祭礼中，等等。其三，"礼失求诸野"，以古礼仪文为习俗提供"合礼化"诠释。这种情况在宋代礼书中亦不少见，如《书仪》的冠礼仪文中以习俗中所谓"吴双紒"解释古礼中的"双紒"③，高闶《厚终礼》中将当时淮南路遍呼死者的习俗解释为古代的复礼仪式④，等等。这种"合礼化"尝试的意义在于，一方面，古礼得到了更为贴近日常生活的诠释，便于时人理解与实践；另一方面，习俗被贴上了合乎古礼的标签，获得了"礼"的正式地位。尽管"以俗合礼"的原则仍是复兴古礼，但是，它在四礼的立制与实践中亦常常蜕化为一种对习俗的迁就，甚至产生一种"因俗废礼"的倾向，逐渐背离原本克复古礼、返回三代的初衷。上文朱熹对于程颐、司马光的批判正由此而发，与吕祖谦的分歧亦聚讼

---

① 朱熹撰，戴扬本点校：《伊洛渊源录》卷6《横渠先生行状》，朱杰人主编《朱子全书》第12册，上海古籍出版社、安徽教育出版社2002年版，第995页。

② 程颢、程颐著，王孝鱼点校：《二程集》，中华书局2004年版，第177页。

③ 司马光：《司马氏书仪》卷2《冠仪》，《丛书集成初编》第1040册，中华书局1985年据学津讨原本排印，第21页。

④ 《家礼》杨复注引高闶《厚终礼》，载杨复、刘垓孙：《文公家礼集注》卷4《丧礼第四》，北京图书馆出版社2005年据国家图书馆藏元刻本影印。

于此。

"以礼化俗",即以"复礼"为终极目标,坚持以古礼经义作为去取习俗的标准,"仿古人之礼意"制作新时代礼文,以期化成极具人文美的良善风俗。这种观念以"以礼论俗"为认识论基础,是对"因礼废俗""以俗合礼"两种倾向进行折中的结果。在现存宋代礼书中,朱熹《家礼》可谓"以礼化俗"的典范之作。尽管该书大大简化了司马光《书仪》婚姻"六礼"的架构,但是从具体的仪文上看,《家礼》较《书仪》更为复古,对不合经义的"俗"也更不宽容,其不可动摇的终极标准仍是古礼的礼义与礼文。如果说,程颐、司马光、吕祖谦的礼书更多地希望"以俗合礼",将不害义理的婚俗纳入婚礼体系的话,那么,朱熹《家礼》则展现出一种不同进路——通过对古礼之"理"的格致展开对于民俗的批判与吸收,重建儒家古礼对于民众日常生活的意义,最终达到外在之"礼"与内在之"理"圆融不二、坟典之"礼"与市井之"俗"安顿整齐的理想境界。"复礼"与"从俗"在《家礼》中兼而有之,看似矛盾,实则张弛有度,体现了朱熹变通古礼经义以制作新礼的卓越努力。

当然,《家礼·昏礼》并非无懈可击。作为一部"提纲""草稿",它对一些礼学问题存在误读、错读,足启后世之疑。不过,正是在对《家礼》的反思与批判、补充与注释中,四礼学逐渐形成了异乎传统礼学的问题意识与研究方法,成为一门"关乎礼学而又异乎礼学"的专门之学。

第五章　丧礼:提供儒家式的死亡关怀

"未知生,焉知死"(《论语·先进》)是儒家对于死亡所持有的一般态度。孔子的垂训将儒家的知识领域限定在现实生活中,为其他学说探索死亡哲学留下了巨大空间。在宋代,随着佛教世俗化、平民化不断加强以及风水堪舆之学的兴盛,民间的丧葬习俗发生了天翻地覆的变化。一方面,以轮回说为代表的佛教死亡哲学深入人心,使得丧礼中戒斋饭僧、大作佛事成为风尚;另一方面,以吉凶祸福为主题的风水观念风靡一时,使得葬礼中阴阳拘忌、久不下葬的情况比比皆是。这些非礼之俗在信仰与仪式双方面对儒家丧礼构成了严峻挑战。如欲重建儒家对于士庶丧礼的指导意义,必须廓清佛教、风水家胶固于民间的丧葬习俗;唯有建构兼容思想与仪式的死亡理论,才能真正实现"辟佛老"的新儒学任务。

宋儒重构丧礼的进路有三条:其一,重定五服服叙、丧服制度,将丧葬典礼范围在家族亲属之间,积极寻求与国家法制的一致性;其二,考订丧礼仪文,将鬼神魂魄之理注入仪式过程,建构义理与仪文相统一的丧葬秩序;其三,新定葬法、葬制,利用当时的物质条件达成"厚终"之道。这些努力塑造了完整的儒家死亡理论,其影响波及禅宗清规中的亡僧之礼,可谓成效卓著。

第一节　五服之伦:亲属服叙与丧服制度

五代以来,家族分崩离析,亲属关系随之愈发淡漠,以致"五服之亲,问以服纪,全然不知"①。这种情况不但使得风俗恶薄,还导致亲属相犯案件的大量增加,造成司法实践中"服制论罪"的困难。《(嘉定)赤城志》记载说:

今尔百姓亲属相犯,问以服纪年月,皆言不知。以此观之,则死时

---

① 陈耆卿:《嘉定赤城志》卷37《风土门·天台令郑至道谕俗七篇》,《丛书集成续编》第229册,新文丰出版公司1989年影印台州丛书本,第620页。

不为服,服而不终其制者亦多矣,其去禽兽岂远哉![①]

据此,正是由于当时亲属之间不相服丧,亲属关系才会模糊不清,导致司法实践中无法定罪的窘况。反而言之,若要确保"准五服以定罪"的刑法精神能够继续在司法实践中贯彻,关键在于矫正民众死而不为服、服而不终制的恶俗。因此,宋代政府大力整饬服制,用法律形式规定五服亲属制度;士大夫也积极参与,通过学术考辨与礼书编纂拟定丧服等级之制。这些努力为儒家丧礼仪式的举行提供了基本前提。

一、宋代官方五服制度

宋代五服立法的历史背景是中唐之后服制混乱、变礼迭出的情状。在《大唐开元礼》颁行后,服叙制度又产生了许多变化。这些"变礼"不但散入中唐之后的敕、令、格、式,获得实际法律效力,还被编入《大唐新定吉凶书仪》《曲台新礼》《续曲台礼》等礼书,以"新入"之礼的形式层层叠加在官私礼典之中[②]。这为宋初五服制度的实践带来了许多难题,同时也成为宋代服制变革与统一的内生动力。在北宋,《天圣五服敕》的颁行不但统一了混乱的服叙制度,还第一次赋予礼文以"敕"的法律形式,使之具备独立的法律权威。到南宋,五服服叙制度进一步进入《服制格》,弥散于式、令、敕以至整个法律体系。由"礼"而入"敕",由"敕"而入"格",五服制度在法律体系中的定位不断调整,体现了立法思维的"儒家化"。

(一)宋初五服制度之乱象

宋踵五代乱世而兴,对于礼法凌夷之乱象,虽然有意整饬,却也无力骤革。就五服制度而言,宋初虽然有所讲行,却并未建立可供士庶遵行的统一文本。除前代坟典之外,当时可依为据的法律渊源主要有三类:其一,官修法典,即本于《唐律疏议》而编修,于建隆四年(963)颁行的《宋刑统》。虽然其中并无单列的五服制度文本,却实际具有五服体系[③]。其二,官修礼典,如《五礼精义》《三礼图》《开宝通礼》等。其中最为重要的当是于开宝六年

---

① 陈耆卿:《嘉定赤城志》卷37《风土门·天台令郑至道谕俗七篇》,《丛书集成续编》第229册,新文丰出版公司1989年影印台州丛书本,第624页。

② 如敦煌P.3637《新定司马氏书仪镜》中所载之《丧服图》与《开元礼》相冲突的"新入"之制竟多达17条。见吴丽娱:《唐礼摭遗:中古书仪研究》,商务印书馆2002年版,第447—449页。

③ 刘俊文曾根据《唐律疏议》绘制《宗法结构示意图》(《唐律疏议笺解》,中华书局1996年版,第50页),此图同样适用于《宋刑统》,可参看。

(973)颁行的《开宝通礼》,该书"多本《开元》,而颇加详备"①,当中具有《五服制度》。其三,中唐至于五代的各种"变礼",包括层层累积的令式格敕、编敕而成的官修礼典(如《曲台新礼》)和收录民间非正式礼俗的官私礼书(如《续曲台礼》、刘岳《书仪》)②。显然,这种多重法源的现象导致了实践中法律、礼典、民俗混杂的情况,于是有了乾德三年(965)关于服制的争论。

> 判大理寺尹拙言:"按律及《仪礼丧服传》《开元礼仪纂》《五礼精义》《三礼图》等书,所载妇为舅姑服周;近代时俗多为重服,刘岳《书仪》有奏请之文。《礼图》《刑统》乃邦家之典,岂可守《书仪》小说而为国章邪?"判少卿事薛允中等言:"《户婚律》:'居父母及夫丧而嫁娶者,徒三年,各离之。若居周丧而嫁娶者,杖一百。'又《书仪》:'舅姑之服斩衰三年。'亦准敕行。用律敕有差,望加裁定。"③

按此时《宋刑统》已颁行两年,而《开宝礼》尚未编成,故上书者所举诸书并无《开宝礼》。尹拙敏锐地指出,新修法典与五代以来遵用的丧服敕令并不相同,举其荦荦大端者便是"妇为舅姑"的服制问题。按古礼及唐《开元礼》等书,妇为舅姑应服齐衰不杖期,而时行敕文却根据五代刘岳《书仪》将其改为三年,与夫所同。这一做法从根本上违背了《丧服传》中"妇人不贰斩"(《仪礼·丧服》)的制礼精神,可谓鄙俚不经的小说家言。薛允中进一步指出,《刑统》中的《户婚律》条文正是根据古礼妇为舅姑服期而制定的,这与载有五代变礼的敕文相矛盾。显然,这种"律"与"敕"、"礼"与"敕"的冲突现象并不利于法律实践,因而必须做出裁决。对于尹、薛二人的意见,宋太祖召集臣僚商议,并在魏仁溥等人的要求下,确立了妇为舅姑服三年的令文,将这一变礼仪文纳入新朝法令。

宋初的这次立法实践意义重大。首先,舍弃新定法典而肯定载有"变礼"之敕令,无疑削弱了《刑统》的法律权威。其次,以发布敕令的方式公布裁定结果,而非修订法典条文,则是将《刑统》视作敝屣,置于"备而不用"的境地。最后,这一事件开启了宋代法律实践中的议论之风。此后每当遇到法律适用上的矛盾,朝廷便通过"集议"的方式,召集群臣商议以作裁决。在

① 黎靖德编,王星贤点校:《朱子语类》卷84《礼一·论考礼纲领》,中华书局1986年版,第2182页。
② 吴丽娱:《唐礼摭遗:中古书仪研究》,商务印书馆2002年版,第460页。
③ 脱脱:《宋史》卷125《礼志·服纪》,中华书局1977年版,第2930页。

"打斗一场"后,决议往往做出从俚俗、顺人情的非礼裁决①。这种做法不但降低了《刑统》及诸敕令的实际效力,还大大增加了法律运行成本,严重影响了五服制度的法律实践。因此,制定统一适用、切实可行的五服制度就成为当时立法工作的重要内容。

(二)《五服敕》与北宋服制统一

开宝六年(973),《开宝通礼》正式颁行,成为新王朝的官方礼典。不过,这部礼典并不具备超越敕令的法律效力,因而在实践中无法纠正对五代以来"变礼"敕令的遵行。北宋服制的统一直到天圣五年(1027)《五服敕》颁行才初告完成。关于《五服敕》的制定与颁行,《续资治通鉴长编》《宋史·礼志》《宋会要辑稿》都有记载,而《宋史·礼志》稍详:

> 天圣五年,侍讲学士孙奭言:"伏见行礼院及刑法司外州执守服制,词旨俚浅,如外祖卑于舅姨,大功加于嫂叔,颠倒错妄,难可遽言。臣于《开宝正礼》录出五服年月,并见行丧服制度,编附《假宁令》,请下两制、礼院详定。"翰林学士承旨刘筠等言:"奭所上五服制度,皆应礼经,然其义简奥,世俗不能尽通,今解之以就平易。若'两相为服,无所降杀',旧皆言'服'(《长编》作'报')者,具载所为服之人;其言'周'者,本避唐讳,今复为'期'。又节取《假宁令》附《五服敕》后;以便有司,仍板印颁行,而丧服亲疏隆杀之纪,始有定制矣。"②

孙奭(962—1033)是当时的经学名家,曾"次《五服年月》,为一家之言"③,对服制有精深研究,此次上书更是有备而来,切中肯綮。他所锐意批判的"礼院及刑法司外州执守服制",即当时从中央到地方各级所执行的丧服敕令。这些敕令多是因循五代而来并载有"变礼"的五服敕令。在他看来,它们不但在语言上"词旨俚浅",内容上也不免"颠倒错妄"之讥,所以必须停止施行,并按照《开宝通礼》中的《五服制度》统一王朝的内外服制。在刘筠(971—1031)等人的支持下,孙奭的五服改革方案很快通过,不过,新行法令并非照抄《开宝通礼》原文,而是在此基础上作了三点修改:其一,使用通俗易懂的语言表述五服制度,使得一般士庶皆能遵行;其二,将《开元礼》

---

① 黎靖德编,王星贤点校:《朱子语类》卷84《礼一·论考礼纲领》,中华书局1986年版,第2184页。
② 脱脱:《宋史》卷125《礼志·服纪》,中华书局1977年版,第2926页。
③ 宋祁:《景文集》卷58《仆射孙宣公墓志铭》,《景印文渊阁四库全书》第1088册,台湾商务印书馆1986年版,第557页。

中的亲属相互服丧的"报服"条款改为各人所服之服,使条文更为详细、直观;其三,将避讳唐玄宗名号的"周"改回"期"。

《五服敕》的颁行使得丧服以亲疏关系而隆杀的礼义得到申明,实现了北宋五服制度的统一。尤为重要的是,五服制度的法律地位、适用范围缘此发生了深刻变化。此前,五服制度仅是附于《假宁令》后的解释性条款,并不具备单独的法律效力①,此后,《五服敕》成为独立的敕文,虽然仍与《假宁令》配合适用,但是其适用范围已超出《假宁令》。天一阁藏《天圣令》有《丧服年月》一节,其注文称:

> 其解官给假,并准《假宁令》文;言礼定刑,即与《五服年月新敕》兼行。②

所谓"言礼定刑",是指《五服敕》能够起到规制丧礼、确定罪行性质与轻重的作用。在《天圣令》中,《丧服年月》被附于《丧葬令》,这意味着,《五服敕》不但可以与《假宁令》并行以调整解官给假的相关事务,还可与《丧葬令》相表里,成为规范丧葬礼俗的强制法律。至此,五服制度不但成为调整假宁、丧葬、封爵、恩荫等事务的重要参考,还成为讲行礼仪、议定罪行的关键依据。从《长编》《宋史·礼志》《会要》的相关记载来看,《五服敕》在北宋时期得到普遍遵行,不但是礼官议礼的法律标准,还成为濮议中欧阳修(1007—1072)、司马光(1019—1086)等人相互驳难的重要凭据。熙宁八年(1075),《五服敕》作过一次修订,说明该敕的法律地位仍确然不移,在北宋法制中保持有相当的稳定性与权威性。

（三）南宋五服法律定位的调整

南宋初年,《五服敕》被绍兴《丧葬格》所取代③,暂时失去了独立的法律地位。不过,在乾道八年(1172)颁行的《乾道敕令格式》中,它以新的法律形式——《服制格》《服制令》《服制式》出现。按《通典》记载,晋代也有《服制令》,其主要内容是"王公城国宫室章服车旗"之制,与五服无关。南宋以五

---

① 皮庆生:《唐宋时期五服制度入令过程试探——以〈丧葬令〉所附〈丧服年月〉为过程》,载《唐研究》第 14 卷,北京大学出版社 2008 年版,第 381—411 页。
② 佚名撰,天一阁博物馆、中国社会科学院历史研究所天圣令整理课题组校证:《天一阁藏明钞本天圣令校证附唐令复原研究》下册,中华书局 2006 年版,第 359 页。
③ 皮庆生:《唐宋时期五服制度入令过程试探——以〈丧葬令〉所附〈丧服年月〉为过程》,载《唐研究》第 14 卷,北京大学出版社 2008 年版,第 381—411 页。

服制度单独为格、式、令,并冠以"服制"之名,在中国古代应属首创。

在南宋,《服制格》主要内容是服叙,以及丧礼所用车服、明器、挽歌、石兽等形制;《服制令》主要规范守丧期间的服制、年月、解官等事务;《服制式》用以规范铭旌、墓田、碑碣的形制问题①。从三者内容上看,与北宋《五服敕》内容、功能相似的当是《服制格》。《服制格》的颁行可以看作《五服敕》在南宋法律制度中的延续。

《中兴礼书》中记载的议礼活动勾勒出南宋五服制度的立法变迁。乾道九年(1173)二月荣国公薨,孝宗令太常寺讨论典故以定丧制,"检照《乾道服制格》,为孙之下殇,缌麻三月"②。淳熙七年(1180),朝廷议论有关养子为父服丧的问题,引用《淳熙服制格》作为依据③。可见,《乾道敕令格式》《淳熙条法事类》中都有《服制格》。虽然两书已佚,但是因袭乾道、淳熙纂成的《庆元服制格》则被幸运保存于《庆元条法事类》卷七十七《服制门》中。

检视《庆元服制格》可发现,该书节取了《政和五礼新仪》卷二十四《五服制度》中的服叙之制,而舍弃了《丧冠之制》《衰裳之制》等涉及丧服服饰的内容。如果确如《玉海》所载,乾道、淳熙、庆元三次法律汇编相互承袭、变化不大④,那么,南宋时期数次颁行的《服制格》很可能就来自《五礼新仪》中的《五服制度》。据此,南宋之《服制格》与北宋之《五服敕》相似,其法律渊源同样是官方礼典,是"以礼入法"的典型案例。考虑到《五礼新仪》与《开宝通礼》(《开元礼》)中《五服制度》的因袭关系,《服制格》与《五服敕》的内容极可能保持了一致性。

然而不应忽视的是,《服制格》与《五服敕》毕竟有法律形式上的不同。由"敕"到"格"的改变反映了两宋立法者对五服制度法律定位的认知变化。对此,朱熹(1130—1200)的论述弥足珍贵:

> 元丰中,执政安焘等上所定敕令。上喻焘曰:"设于此而逆彼之至谓之'格',设于此而使彼效之谓之'式',禁于未然谓之'令',治其已然

---

① 谢深甫:《庆元条法事类》卷77《服制门》,《续修四库全书》第861册,上海古籍出版社2002年据北京图书馆藏清抄本影印,第611—632页。

② 徐松辑:《中兴礼书》卷291《凶礼五十六·荣国公》,《续修四库全书》第823册,上海古籍出版社2002年据北京图书馆藏清蒋氏宝彝堂抄本影印,第432页。

③ 徐松辑:《中兴礼书续编》卷80《凶礼四十六·服纪》,《续修四库全书》第823册,上海古籍出版社2002年据北京图书馆藏清蒋氏宝彝堂抄本影印,第681页。

④ 王应麟:《玉海》卷66,江苏古籍出版社、上海书店1987年影印光绪九年(1883)浙江书局重刻本,第1263—1264页。

谓之'敕'。"……神庙天资绝人,观此数语,直是分别得好。格,如五服制度,某亲当某服,某服当某时,各有限极,所谓"设于此而逆彼之至"之谓也。……格、令、式在前,敕在后,则有"教之不改而后诛之"底意思。①

据此,元丰改制实际上有一个完整的立法规划。在规划中,原本并无深意的法律形式被整理成一个由"教化"到"刑罚",先后有序、层次分明的法律系统。从"格"到"敕",法律的强制力、威慑力不断增强。"格"处于法律体系的初端,神宗将其界定为"设于此而逆彼之至",即将规范备载于法,使民众效仿遵行,而不作强制约束。这种做法显然属于教化的范围,尚未"失礼而入于刑"。在朱熹看来,五服制度的立法旨义正是为民作则、移风化俗,因而最能体现"格"的教化内涵,以及儒家"教之而后诛"的刑法理念。

按照这种诠释,"敕"应是对违法行为的严厉惩戒,强制性最强。如此说来,将五服制度纳入"敕"既不符合它在法律实践中的适用情况,也与其儒家礼教属性相龃龉。因此,南宋法律中不再以"服制敕""五服敕"等名义规范服制,而是区别内容,将其编入格、式、令,用不同的法律形式实现有差别的立法目的。从《庆元条法事类》来看,《服制格》的主要内容是详尽列举服叙制度,以便士庶在服丧时参考,正所谓"设于此而逆彼之至";《服制式》按照品官位阶对礼器形制作积极规范,旨在保证士庶按制施行,正所谓"设于此而使彼效之";《服制令》则对应法律实践中的个别重点问题予以申明,旨在使人不加违犯,正所谓"禁于未然"。这是南宋时期法律"儒家化"的重要表征。

二、礼书中的五服制度

"礼下庶人"是宋代礼制的鲜明特色。在这种背景下,私撰礼书大量涌现,"以礼范家""以礼治家"成为儒家士大夫重构民众日常生活的重要方式②。在现存宋代四礼著作中,影响较大的是北宋司马光的《书仪》与南宋朱熹的《家礼》。两书以"参古今之道,酌礼令之典"③为制礼原则,在"古"与"今"、"礼"与"法"之间权衡变通,各自制成五服制度。其中,服叙制度与当

① 黎靖德编,王星贤点校:《朱子语类》卷128《本朝二·法制》,中华书局1986年版,第3081页。
② 陆敏珍:《宋代家礼与儒家日常生活的重构》,《文史》2013年第4期,第131—144页。
③ 司马光:《司马氏书仪》卷3《婚仪上》,《丛书集成初编》第1040册,中华书局1985年据学津讨原本排印,第29页。

时颁行的《五服敕》《服制格》等法律关系密切,丧服制度则是两位大儒匠心独运的成果。

(一)服叙制度对法律的遵行与普及

司马光所定服叙制度载于《书仪》卷三《丧仪》,名为《五服年月略》(简称《年月略》)。标题下有小注曰:"其详见《五服年月次(敕)》"①。可见,《书仪》中的《年月略》不如《五服敕》详细,在参考丧服服制时仍然要以敕文为准。那么,两者究竟关系如何? 笔者辑录了《五服敕》佚文,与《年月略》相关条目对比,制成表5.1:

表 5.1　《五服敕》佚文与《五服年月略》对照表

《五服敕》		《五服年月略》	佚文出处
斩衰三年	斩衰三年,嫡孙为祖父,为长子。	嫡孙为祖承重。谓当为祖后者。父为嫡长子。亦谓当为后者。	《苏魏公集》卷十五《议承重法》。
	"嫡孙为祖"注谓:"承重者为曾祖,高祖后亦如之。"		《长编》卷二百六十五熙宁八年六月壬子条。
	斩衰三年:加服,嫡孙为祖,为承重者。为曾高祖后亦如之。		《宋会要辑稿·礼三六》皇祐元年十一月三日条。
齐衰三年	齐衰三年:为祖后者祖卒则为祖母。注云:"为曾高祖母亦如之。"	嫡孙承重,祖卒为祖母。	《宋会要辑稿·礼三六》天圣二年四月二日条。
齐衰杖期	降服之条曰:"父卒母嫁及出妻之子为母。"其左方注谓:"不为父后者,若为父后者则为嫁母无服。"	子为嫁母、出母,报。报,为母服其子亦同,若为父后,则无服。	《长编》卷一百十七景祐二年八月辛酉条。
齐衰不杖期	齐衰不杖期章:"为祖父母"。	为祖父母。女出嫁者亦同。	《长编》卷三百三元丰三年三月丁丑条。
	唯为祖后者不服。		《中兴礼书》卷三百《凶礼六十五》淳熙三年正月六日条。
	为祖父母。注云:"父之所生庶母亦同,唯为祖后者乃不服。"		《宋会要辑稿·礼三六》天圣二年四月二日条。

① 司马光:《司马氏书仪》卷6《丧仪二》,《丛书集成初编》第1040册,中华书局1985年据学津讨原本排印,第69页。

续表

	《五服敕》	《五服年月略》	佚文出处
齐衰不杖期	"祖为嫡孙注"云:"有嫡子则无嫡孙。"按:此条在熙宁八年六月曾有修订,"嫡孙为祖"注增入:"嫡子死无众子,然后嫡孙承重。"	为嫡孙,亦谓当为后者。	《长编》卷二百六十五熙宁八年六月壬子条。

可见,《书仪》中的《年月略》与《五服敕》有三点显著差异:其一,详略不同,《五服敕》较《年月略》的注文更为详尽,涉及的服叙关系也更多、更复杂;其二,体例不同,《五服敕》因袭了《开元礼》以来礼典的正、降、加、义的服制体系,而《年月略》则将服叙平行排放,未成系统;其三,《年月略》沿用了《开元礼》《开宝礼》等礼典中普遍遵用的"报服"之说,而《五服敕》则将"报服"条目悉数拆分,"具载所为服之人"①。显然,《年月略》并非《五服敕》的简单翻版,而是司马光自制的一份服叙简表。

司马光制定《年月略》的依据既非《仪礼》,也非《开元礼》,而是以《五服敕》为代表的现行五服法律制度。正如表 5.1 所列,《年月略》与《五服敕》佚文在服叙内容的规定上并无不同。此外,据吴丽娱所制《中古服制变化表》②,除宋初"妇为舅姑"的三年之服得到令文认可而有所变更外,《书仪》并未沾染中唐之后的种种"变礼",而是与《开元礼》保持了高度一致。如果诚如文献所示,《开元礼》《开宝礼》《五服敕》之间具备承袭关系,那么,《年月略》与《五服敕》的服叙制度应无二致。

与司马光《年月略》相似,《家礼》的五服制度也与当时法律关系密切。朱熹曾与余正甫论及姨舅、嫂叔之服,说:"凡此皆不可晓,难以强通。或曰姑守先王之制而不敢改易,固为审重,然后王有作,因时制宜,变而通之,恐亦未为过也。"③可见,朱熹在服叙问题上并非溺于古礼,而是承认服制因时变革的合理性。对比《家礼》服叙制度与《服制格》可以发现,两者条文虽然在排列顺序上有所区别,内容却惊人一致。在《家礼》总计 111 条服叙制度中,不仅所有条文都可在《服制格》中直接找到,其适用法律的比例也高达原书的 70% 以上。

---

① 脱脱:《宋史》卷 125《礼志·服纪》,中华书局 1977 年版,第 2926 页。

② 吴丽娱:《唐礼摭遗:中古书仪研究》,商务印书馆 2002 年版,第 465—466 页。

③ 朱熹撰、刘永翔、朱幼文校点:《晦庵先生朱文公文集》卷 63《答余正甫》,载朱杰人等编:《朱子全书》第 23 册,上海古籍出版社、安徽教育出版社 2002 年版,第 3072 页。

　　由于高比例的援用法条,《家礼》不可避免地与《仪礼》丧服经传产生巨大差异。这一问题早在杨复整理《家礼》并为之作注时便已提出。在《齐衰不杖期》章的阅读中,杨复发现《家礼》缺少古礼"为人后者为其父母,报"以及"女子子适人者为其父母"两条,他疑惑地问道:"此是不杖期大节目,何以不书也?"①按照杨复的理解,"《家礼》乃初年本也"②,并非朱熹礼学的晚年定论,因此,他以《仪礼》注疏《家礼》仪文,又取《仪礼经传通解》之《补服条》增广《家礼》服叙制度,前后共计20条之多(见表5.2)。

表 5.2　《服制格》与《家礼》服叙制度对照表

	《服制格》条目数	《家礼》条目数	相同条目数	杨复《家礼注》增订条目数
斩衰三年	7	7	7	0
齐衰三年	8	8	8	2
齐衰杖期	4	4	4	2
齐衰不杖期	22	19	19	4
齐衰五月	1	1	1	0
齐衰三月	2	2	2	1
大功九月	19	5	5	3
小功五月	33	25	25	3
缌麻三月	57	40	40	5
总计	153	111	111	20

　　不过,杨复清醒地认识到,先师撰述《家礼》的目的绝非纯粹的礼学研究,而是"通之以古今之宜"③,为士庶提供一个可以参照的礼仪范本。因此,他指出:

　　　　先生此书虽自《仪礼》中出,其于国家之法未尝遗也。……五服年

① 《家礼》杨复注,载杨复、刘垓孙:《文公家礼集注》卷5,北京图书馆出版社2005年据国家图书馆藏元刻本影印。
② 《家礼》杨复注,载杨复、刘垓孙:《文公家礼集注》卷6,北京图书馆出版社2005年据国家图书馆藏元刻本影印。
③ 《家礼》杨复注,载朱熹:《家礼》,黄瑞节编:《朱子成书》第7册,《中华再造善本》,国家图书馆出版社2005年据中国国家图书馆藏元至正元年(1341)日新书堂刻本影印。

月之制既已备载,则式假一条恐亦当补入……①

在五服制度的注文最后,杨复将《丧葬格》《假宁格》中的给假条文悉数开列,以便行礼人参考。至此,附注的《家礼》文本被改造成实用性很强的仪礼手册,对于五服法律制度的传播与普及意义重大。

(二) 丧服制度对法律的补充与延伸

在现存宋代四礼著作中,《书仪》《家礼》都详尽载有丧服制度。因为持有教化风俗为共同目标,两书都以《仪礼》为据,不乏精审的礼学考证。由于需要照顾到仪文的可行性,两书又不得不考虑民间习俗,而对古礼加以变通。在此,"古"与"今"、"礼"与"俗"之间产生巨大张力,导致两书仪文出现了具体差别(见表5.3)。

表 5.3　《书仪》《家礼》丧服制度对照表

	《书仪》	《家礼》
斩衰三年	用极粗布为之,不缉。	
	衣裳皆用极粗生布,旁及下际皆不缉也。	
	负版方一尺八寸。	有负版,用布方尺八寸。
	冠比衰布稍细,广三寸。以纸糊为材。	冠比衣裳用布稍细,纸糊为材,广三寸。
	有子麻纽为首绖,其大一搤。	首绖以有子麻为之,其围九寸。
	五分去其一以为腰绖……各存麻本,散垂三尺。	腰绖大七寸有余。绞带用有子麻绳一条。
	竹为杖,高齐其心,本在下。	苴杖用竹,高齐心,本在下。
	著粗麻履。	履亦粗麻为之。
	妇人亦用极粗生布为大袖及长裙,布头帼,恶竹发,布盖头,粗麻履。众妾以背子代大袖。子为母杖上圆下方,亦本在下布带。妇为姑亦缉其衣裳,无子麻为绖,余皆如父与舅。	妇人则用极粗生布为大袖长裙,盖头皆不缉,布头帼、竹钗、麻履。众妾则以背子代大袖。凡妇人皆不杖。

---

① 《家礼》杨复注,载杨复、刘垓孙:《文公家礼集注》卷6,北京图书馆出版社2005年据国家图书馆藏元刻本影印。

续表

		《书仪》	《家礼》
齐衰	齐衰三年	以布稍粗者为宽袖襕衫,稍细者为布四脚。	其衣裳冠制并如斩衰,但用次等粗生布,缉其旁及下际。
		幞头。	冠以布为武及缨。 首绖以无子麻为之,大七寸余。
		布带。	腰绖大五寸余,绞带以布为之。 杖以桐为之,上圆下方。
		麻履。	
		妇人以布稍细者为背子及裙,露髻,生白绢为头幧、盖头,著白履。	妇人服同斩衰,但布用次等为异。
	齐衰杖期		服制同上,但又用次等生布。
	齐衰不杖期		服制同上,但不杖,又用次等生布。
	齐衰五月		服制同上。
	齐衰三月		服制同上。
大功九月		大功、小功、缌麻皆用生白绢为襕衫,系黑鞓角带。 大功以生白绢为四脚,妇人以生白绢为背子及裙。大功露髻,以生白绢为头幧、盖头。	服制同上,但用稍粗熟布。 无负版。 首绖五寸余。 腰绖四寸余。
小功五月		小功、缌麻勿著华采之服而已。	服制同上,但用稍熟细布。 冠左缝。 首绖四寸余。 腰绖三寸余。
缌麻三月			服制同上,但用极细熟布。 首绖三寸。 腰绖二寸,并用熟麻。缨亦如之。

　　按刘垓孙的注文,《书仪》"斩衰古制,而功、缌又不古制"①,是一种礼、俗混用的"双轨制"。从表5.3来看的确如此。据司马光自己说,这种设计与当时礼生有关:

　　　　宋次道,今之练习礼俗者也。余尝问以齐衰所宜服,次道曰:"当服布幞头、布襕衫、布带。"今从之。大功以下随俗,且用绢为之。但以四

————————

① 《家礼》刘垓孙增注,载杨复、刘垓孙:《文公家礼集注》卷4《丧礼第四》,北京图书馆出版社2005年据国家图书馆藏元刻本影印。

脚包头帕,类别其轻重而已。①

古今不同,宋代早已不再以升数制衣,丧服自然也无法向古礼看齐。不过,"别其轻重"的丧服礼义仍然可以通过衣冠的质料、形制,负版的有无,首经、要经的长度等因素表达。就丧礼衣服而言,《书仪》斩衰按《仪礼》用极粗布制古服,齐衰则据礼生所言用稍粗布制成襕衫,大功随俗用生白绢制襕衫,小功、缌麻则勿著华采之服即可。这种制度看似混用礼俗,却已粗略具备按亲疏关系降杀的丧服原则,为私家行礼提供了方便的参考。

与《书仪》不同,《家礼》坚持制作古服,对俚俗似未留意。"质"与"量"的等差表达了亲疏关系的依次降杀。从丧服之"质"来说,丧服质料分为极粗生布、次等粗生布、稍粗熟布、稍熟细布、极细熟布,共五等七种;大功以下不负版;小功以下冠左缝。从丧服之"量"来看,首经尺寸分为九寸、七寸、五寸、四寸、三寸;腰经尺寸分为七寸、五寸、四寸、三寸、二寸。这种细密的差别源自《仪礼》,虽然与《语类》不少记载相龃龉,却与朱熹及其门人的家礼实践保持了一致②,体现了"爱礼存羊"的制礼精神。朱熹去世后,门人为其操办丧礼,"五服之亲各用古衣冠,诸生吊服加麻,制如深衣,用冠经"③。黄榦(1152—1221)、杨复、车垓(生卒年不详)等门人后学继续从事五服制度的研究与实践。这些努力不但成为朱子学派的重要标志,还为明代丧服制度的立法与实践准备了条件。

三、作为国家典章的五服图④

如上所述,五服制度不但是宋代法典制定过程中的内在原则,还是司法

---

① 司马光:《司马氏书仪》卷6《丧仪二》,《丛书集成初编》第1040册,中华书局1985年据学津讨原本排印,第69页。

② 关于丧服用古还是用今的问题,《语类》记载多有差异,乃至一卷之中,前后不一:倾向于"用古"的如卷85《礼二·仪礼》今人齐衰用布太细条(第2198页)、丧服五服皆用麻条(第2201页)、卷89《礼六·冠昏丧》问子升条(第2276页)、问丧服条(第2276页)等;倾向于"用今"的如卷89《礼六·冠昏丧》问丧礼制度节目条(第2275页)、因论丧服条(第2275、2276页)等。不过,杨复认为,朱熹的丧礼思想有一个由司马光《司马氏书仪》转向高闶《送终礼》,最终以《仪礼》为旨归的变化过程[《家礼》杨复注,载朱熹:《家礼》,黄瑞节编:《朱子成书》第7册,《中华再造善本》,国家图书馆出版社2005年据中国国家图书馆藏元至正元年(1341)日新书堂刻本影印],丧服用古是朱熹晚年礼学之定论。

③ 黄榦:《勉斋集》卷14《与闽县学诸友》,《景印文渊阁四库全书》第1168册,台湾商务印书馆1986年版,第148页。

④ 五服图是表现亲属间服叙制度的图谱,由于服叙关系繁杂,亲属服制非一图所能尽载,故五服图种类甚多。本章所论之五服图主要指规范本宗(族)家族成员的五服图,即《本宗(族)五服图》。

实践中定罪量刑的重要依据,涉及朝廷议礼、藩王封爵、官员假宁、士庶丧葬等政治社会生活方方面面,重要性毋庸赘言。因此,将繁难细密的五服制度以简明扼要、通俗易懂的方式呈现出来,就成为国家法律与士庶家礼的共同追求。相比文字而言,五服图更为直观、醒目,使用也更加方便,故而在实践中早有使用①。不过,宋代法律未曾载有五服图,五服制度以图像的方式进入法律文本当不早于元代。在五服图的入律过程中,朱熹弟子及其后学对《家礼》的研究与传播起到了关键作用。

(一)杨复、黄榦的菱形五服图

编修礼书是朱熹晚年颇为究心的重要工作。关于五服制度,朱熹曾这样设想:

> 服议,汉儒自为一家之学,以《仪礼·丧服篇》为宗。《礼记》中《小记》《大传》则皆申其说者,详密之至,如理丝栉发。可试考之,画作图子,更参以《通典》及今《律令》,当有以见古人之意不苟然也。②

朱熹认为,汉儒的丧服学丝丝入扣、极为精深。五服制度的探索应当以《仪礼》《礼记》中的相关篇目为宗,详尽考证,画成礼图,与《通典》及当时法律一并参看。他相信,这种研究方法是格致古代丧服之理的重要途径,能够一窥"古人之意"。不过,朱熹尚未编完《仪礼经传通解》(简称《通解》)便辞世而去,未能留下亲手绘制的五服图。

接替朱熹进行礼书编纂工作的是弟子黄榦与杨复。其中,黄榦完成了该书的丧礼部分,而杨复则继续编修祭礼,进行了《通解》的补完工作③。有趣的是,两人的礼学著作中都绘有五服图。黄榦的《通解续》中载有五服图19幅,杨复《仪礼图》中则载有15幅。就《本宗五服图》而言,两书除些许文字差异外完全一致。

黄、杨两人所绘《本宗五服图》的服叙制度按《仪礼》而来,是对丧服经传进行的礼学考证结果。所以,该图不但与当时的五服法律制度差异很大,与《家礼》的相关内容也多有出入。例如,为曾祖父母之服早在唐太宗时便由

① 目前发现最早的五服图是马王堆汉墓出土帛书中的《丧服图》,学者进行了复原工作,见程少轩:《马王堆汉墓〈丧服图〉新探》,《出土文献与古文字研究》(第六辑),2015年。
② 黎靖德编,王星贤点校:《朱子语类》卷89《礼六·冠昏丧》,中华书局1986年版,第2279页。
③ 王贻梁:《点校说明》,载朱杰人主编《朱子全书》第2册,上海古籍出版社、安徽教育出版社2002年版,第3页。

齐衰三月升格为齐衰五月,在《开元礼》中得到官方礼典的认可,并为宋代法律所接受,但是图中却仍然行用《仪礼》的齐衰三月之说。同样的情况出现在为子妇、为母,以及妇为舅姑的条目中,兹不细举。显然,黄榦《仪礼经传通解续》与杨复《仪礼图》中的五服图是其礼学研究与编纂工作的一部分,目的在于使得《仪礼》丧服经传便于理解,而非为世俗行礼提供切实可行的参考。这当然尚未达到朱熹"参以《通典》及今《律令》"①的设想。

(二)《通释》中的另一种菱形五服图

除杨复、黄榦的《本宗五服图》外,当时还有另一种菱形的五服图,其渊源或可追溯至汉代,而沿用于唐代②。在南宋,车垓(生卒年不详)的《内外服制通释》(简称《通释》)堪称此类图式的代表。据四库馆臣考证:

> 德祐二年(1276),垓及从兄若水皆受业于季父安行,安行受业于陈埴,埴受业于朱子。故垓是书一仿《文公家礼》而补其所未备。有图有说,有名义,有提要。凡正服、义服、加服、降服皆推阐明晰,具有条理。车楷序谓"《家礼》著所当然,此释其所以然",盖不诬也。③

与对杨复《仪礼图》"满屋散钱,纷无条贯"④的差评不同,该书颇得四库馆臣青睐。究其原因,可能在于两书的定位本有不同:《仪礼图》是一部礼学研究著作,《通释》则是从《家礼》出发,试图为其五服制度提供解释与说明。因此,《仪礼图》必须以礼学的标准审视,而《通释》则已冲破学术研究的围墙,唯有在生活实践中方能检验。

对比图5.1、图5.2便可发现,《通释》与《仪礼图》对于服叙制度、亲属关系的表达方式存在差别。虽然两图都坚持以己与妻作为中轴,但是,两侧开列的亲属名单却不相同。在图5.1中,男性家族成员位于右侧,女性家族成员位于左侧,两边对应的亲属关系是夫妻。在图5.2中,男性家族成员虽仍位于右侧,不过,他们的妻子却从左侧被移至右侧,与他们的丈夫同处一格。左侧的大片空间则被男性一系的女性家族成员所填满。

---

① 黎靖德编,王星贤点校:《朱子语类》卷89《礼六·冠昏丧》,中华书局1986年版,第2279页。
② 可参看学者对马王堆汉墓出土帛书《丧服图》、敦煌 P.3637《新定司马氏书仪镜》中的丧服图的复原,见程少轩:《马王堆汉墓〈丧服图〉新探》,《出土文献与古文字研究》(第六辑),2015年;吴丽娱:《唐礼摭遗:中古书仪研究》,商务印书馆2002年版,第444、445页。
③ 永瑢:《四库全书总目》卷20《经部·礼类二》,中华书局1965年版,第168页。
④ 永瑢:《四库全书总目》卷20《经部·礼类二》,中华书局1965年版,第160页。

姑姊妹女 子在室 服并同嫁 反者,适 人无主者 亦同				高祖母 齐衰三月	高祖父 齐衰三月	本宗五服图 详见丧服及补服本章			
			族曾祖母 缌	曾祖母 齐衰三月	曾祖父 齐衰三月	祖曾祖父 曾祖之兄弟也,缌			
		祖族母 缌	从祖祖母 小功,报	祖母 齐衰不杖期	祖父 齐衰不杖期	从祖族父 祖之兄弟也,小功,报	族祖父 族曾祖父之子,缌		
	族母 缌	从祖母 小功,报	世叔母 齐衰不杖期	母 父亡齐衰三年也,父在杖期	父 斩衰	世叔父 齐衰不杖期	从祖父 从祖父之子也,小功,报	族父 族祖父之子也,缌	
族昆弟之妻 缌	从父昆弟之妻 缌	昆弟妇	昆弟妇	妻 齐衰杖	己	昆弟 齐衰不杖期	从父昆弟 世叔之子也,大功	从祖昆弟 从祖父之子也,小功	族昆弟 族父之子也,缌
	从祖昆弟之子妇	从父昆弟之子妇	昆弟子妇 小功	妇 嫡大功,庶小功	子 为子斩衰,为庶子不杖期	昆弟之子 齐衰不杖期	从父昆弟之子 小功,报	从子昆弟之子 缌	
		从昆弟之孙妇	兄弟之孙妇 缌,报	孙妇 嫡小功,庶缌	孙 嫡不杖期,庶大功	兄弟之孙 小功,报	从父昆弟之孙 缌		
			兄弟曾孙妇	曾孙妇 无服	曾孙 缌	兄弟之曾孙 缌			
				玄孙妇	玄孙 缌				

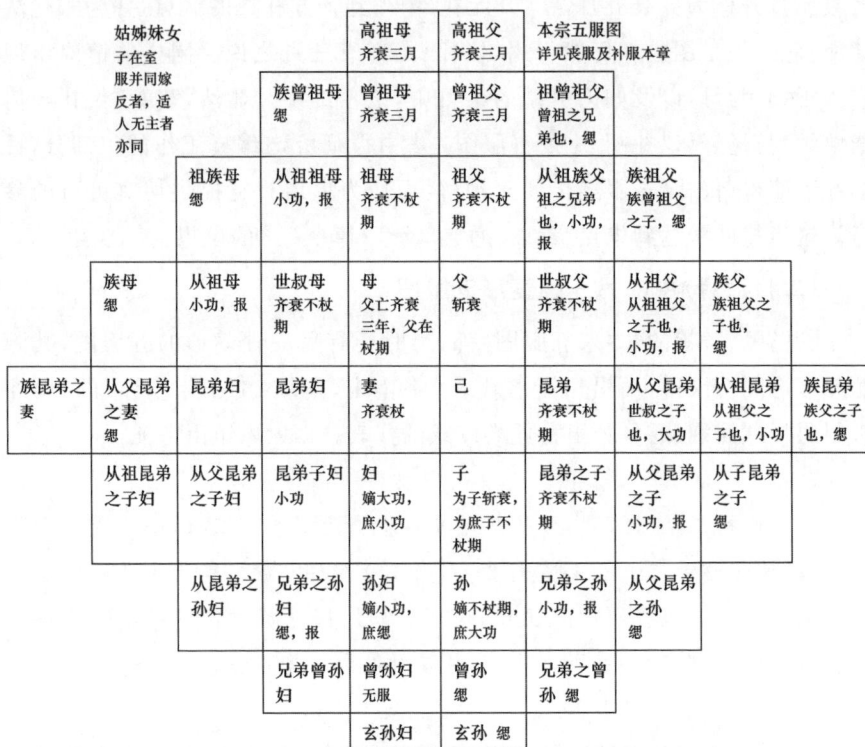

图 5.1　杨复《仪礼图》卷十一《本宗五服图》①

　　就实用性而言,图 5.2 较图 5.1 有三点优势:第一,将本宗男性成员之妻置于右侧,凸显本宗姓氏的主导地位,更加切合"本宗五服"的主题;第二,容纳的亲属数量增加,相当于图一所列亲属的两倍,更方便读者使用;第三,亲疏关系、服制轻重基本对称,不但两侧所对应的亲属服制轻重相同,处于菱形图四边连线的亲属服制也基本相同。这样的制图方式更为整齐地厘定了五服服叙之制,粗略建构了以己身与妻为圆心,向四周逐步降杀的类似"同心圆"的差序格局。虽然亲属服叙的内在原理仍是由右侧的男性家族成员推导女性家族成员,由上侧的尊长推导下侧的卑幼②,但是,这个"同心圆"结构毕竟隐喻了由修身而齐家的功夫次第,体现了内外有别、尊卑有序的五服礼义。

---

① 杨复:《仪礼图》卷 11《丧服》,《景印文渊阁四库全书》第 104 册,台湾商务印书馆 1986 年版,第 201 页。笔者对原图作了调整,以便阅读。

② 吴飞:《五服图与古代中国的亲属制度》,《中国社会科学》2014 年第 12 期,第 162—175 页。

				高祖母 齐衰三月	高祖父 齐衰三月				
			族曾祖姑 曾祖姊妹 缌	曾祖母 齐衰五月	曾祖父 齐衰五月	族曾祖父 曾祖兄弟 缌			
		族祖姑 祖从父姊妹 缌	从祖姑 祖姊妹 小功	祖母 齐衰不杖期,嫡孙祖在则杖期	祖父 齐衰不杖期	从祖祖父母 祖兄弟 小功	族祖父母 祖从父兄弟 缌		
	族姑 父再从姊妹 缌	从祖姑 父从父姊妹 小功	姑 嫁反及无夫与子者同,不杖期	母 齐衰三年	父 斩衰三年	伯叔父母 父兄弟 不杖期	从祖父母 父从父兄弟 小功	族父母 父再从兄弟 缌	
族姊妹 三从姊妹 缌	从祖姊妹 再从姊妹 小功	从父姊妹 从姊妹 大功	姊妹 嫁反及无夫与子者同,不杖期	妻 齐衰杖期,父母在则不杖	己身	兄弟 不杖期 妇大功	从父兄弟 从兄弟 大功 妻无服	从祖兄弟 再从兄弟 缌 妻无服	族兄弟 三从兄弟 缌 妻无服
	从祖兄弟之女 再从侄女 缌	从父兄弟之女 从侄女 小功	兄弟之女 侄女 不杖期	妇 嫡不杖期,众大功	子 嫁反者同父母为嫡子三年,众男女不杖期	兄弟之子 不杖期 妇大功	从父兄弟之子 从侄 小功 妇缌	从祖兄弟之子 再从侄 缌 妇无服	
		从父兄弟孙女 从侄孙女 缌	兄弟之孙女 侄孙女 小功	孙妇 众妇缌	孙 众男女大功	兄弟之孙 侄孙 小功,妇缌	从父兄弟之孙 从侄孙 缌,妇无服		
			兄弟曾孙女 侄曾孙女 缌	曾孙妇 无服	曾孙 众男女缌	兄弟之曾孙 族曾孙缌,妇无服			
				玄孙妇 无服	玄孙 众男女缌				

注记:

为祖母若曾高祖母承重者齐衰三年,妻皆从服。

嫡孙父卒为祖,若曾高祖承重者,斩衰三年。

姑姊妹女子在室服并与男子同,嫁反者亦同。适人无夫与子者为其兄弟姊妹及兄弟之子不杖期。

嫡孙若曾玄孙当为后者之妇小功,其姑在则否。

嫡孙若曾玄孙当为后者则为服不杖期。

图 5.2　车垓《内外服制通释》卷一《本宗五服图》①

---

① 车垓:《内外服制通释》卷1《本宗五服图》,《丛书集成续编》第87册,新文丰出版公司1989年影印四库馆旧抄本,第11页。笔者对原图作了调整,以便阅读。

（三）元代典章中的方形五服图

时至元代，五服图的绘制引起了官方的密切关注。一方面，纂图五服著作的大量出现，"互相异同"①、莫衷一是，造成了使用中的实际困难；另一方面，由于不少图式繁难、抽象，"世俗未能易晓"②的窘况仍未避免。因此，朝廷主动纂制五服图，并将其纳入国家法典，统一五服图制，以便士庶遵行。从现存的《大德典章》残卷以及《元典章》可知，元代通行的五服图与南宋以来朱子学派的五服图关系密切，是在其基础上进一步完善的结果。由于《元典章》所载五服图颠倒错乱、纰漏甚多③，本节仅以大德元年（1297）颁行的《大德典章》为例，对元代法典中的五服图源流作简要梳理。

图 5.3 名为《新降本族五服之图》，说明在此前法典中可能已有五服图出现，或许就是《元典章》中的五服图。从框架来看，该图显然属于车垓《通释》的五服图系统。不过，该图较图 5.2 作了较大调整。从纵向轴线来看，图 5.3 改变了图 5.2 分别父母、子妇等亲属关系的做法，将母、祖母、曾祖母、高祖母等尊长分别附于父、祖父、曾祖父、高祖父，与右侧的体例保持了一致；又将己身之下的妻、子妇、孙妇、曾孙妇、玄孙妇直接删去，突出了子、孙嫡庶服制的分别。在图谱的左半边，所有的女性家族成员都按照在室、出嫁作了区分，其服制一目了然。另外，该图还删去了对于亲属关系的解释，大大简化了图中的文字内容。

通过这些调整，《新降本族五服之图》确立了以己身为中心，纵向九格、横向九格的方形五服图范式。在图中，"以三为五，以五为九"的亲亲之道一望便知，上杀、下杀、旁杀的亲属关系次第分明。这一经典图式不但成为司法实践中的必要参考与世俗行礼的权威依据，还为后代法典中的五服图提供了典范，铭刻于《大明律》《大清律例》卷首，化为中华法系的独特标识。

---

① 龚端礼：《五服图解·进服书文》，《续修四库全书》第 95 册，上海古籍出版社 2002 年据北京图书馆藏元杭州路儒学刻本影印，第 105 页。

② 龚端礼：《五服图解·进服书文》，《续修四库全书》第 95 册，上海古籍出版社 2002 年据北京图书馆藏元杭州路儒学刻本影印，第 105 页。

③ 解缙等编：《永乐大典》卷 7385《丧》，中华书局 1986 年版，第 3136 页。

				高祖父母 齐衰三月				
			族曾祖姊妹 缌麻	曾祖父母 齐衰五月	族曾祖父母 缌麻			
		族祖姑 出嫁无服 缌麻	从祖姑 出嫁缌麻 小功	祖父母 齐衰期年	父母伯叔 齐衰期年[1]	族祖父母 缌麻		
	族姑 出嫁无服 缌麻	从祖姑 出嫁缌麻 小功	姑 出嫁大功 期年	父母 母齐衰三年 父斩衰三年	伯叔父母 齐衰期年	从祖父母 小功	族父母 缌麻	
族姊妹 出嫁无服 缌麻	从祖姊妹 出嫁缌麻 小功	从父姊妹 出嫁小功 大功	姊妹 出嫁大功 期年	己身	兄弟 妻小功 齐衰期	从父兄弟 妻无服 大功	从祖兄弟 妻无服 小功	族兄弟 妻无服 缌麻
	再从兄弟女 出嫁无服 缌麻	同堂兄弟女 出嫁缌麻 小功	兄弟之女 出嫁大功 期年	子 父母为嫡子斩衰三年，众子服期年	兄弟之子 妻大功 齐衰期	同堂兄弟子 妻无服 小功	再从兄弟 妻无服 缌麻	
		同堂兄弟孙女 出嫁无服 缌麻	兄弟孙女 出嫁缌麻 小功	孙 众大功 嫡孙服期年	兄弟之孙 妻无服 小功	同堂兄弟孙 妻无服 缌麻		
			兄弟曾孙女 出嫁无服 缌麻	曾孙 缌麻	兄弟曾孙 妻无服 缌麻			
				玄孙 缌麻				

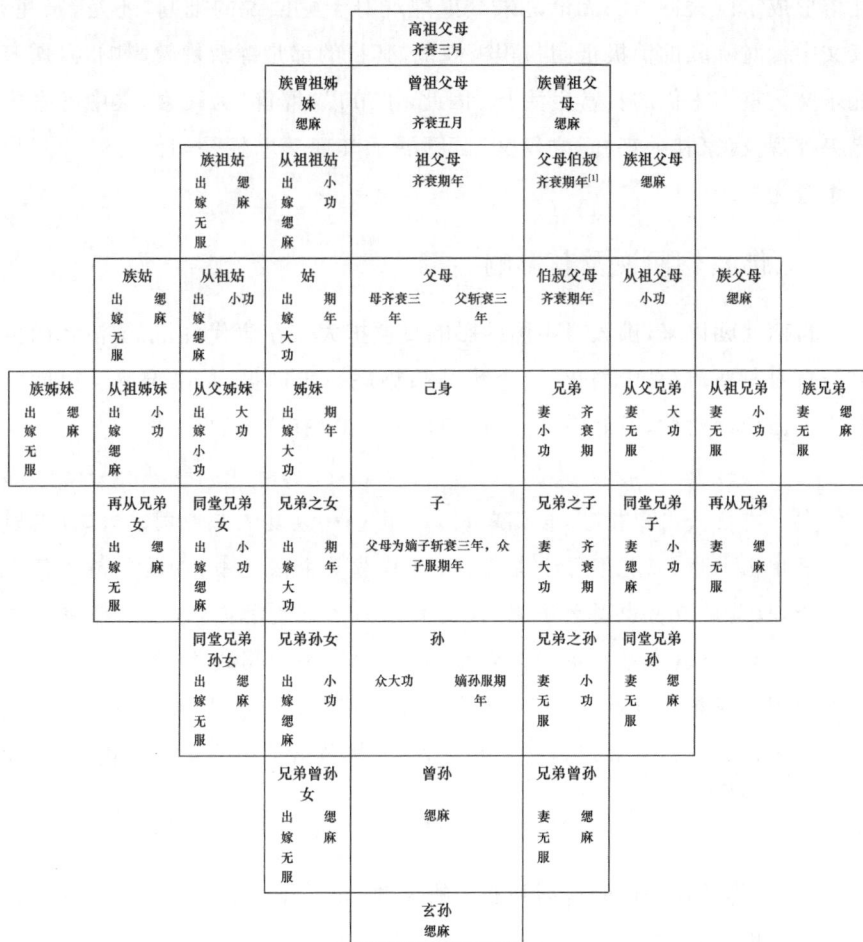

[1]此处或当为"小功"。

图5.3　《大德典章》中的《新降本族五服之图》①

第二节　鬼神之理：丧礼对亡魂的安顿

在宋代，佛教不但对人们的思想、信仰影响甚巨，还在丧葬领域对儒家

① 《永乐大典》中亦载有《元典章》之《本宗五服之图》(解缙等编：《永乐大典》卷7385《丧》，第3131页)，该图将"己身"之"身"字刻入"姊妹"一格中，处于"姑"之下，其下子妇、孙妇因循这一错误。因此，被占去原有位置的"姊妹""侄女""侄孙女"不得不向左移一格，此三行亲属随之都向左移一格，导致该图缺少了位于左下边缘的三位亲属。校对者根据《事林广记》《新编事文类聚翰墨全书》等文献对此图作了厘正，形式、内容变化较大(陈高华等点校：《元典章》，天津古籍出版社、中华书局2011年版，第1053、1054页)。

礼俗形成了巨大冲击。无论是朱熹鬼神观对于轮回说的批判,还是《家礼》仪文中针对佛教的消极抵制与积极规范,其目的都是廓清佛教影响,以儒家礼乐文化重构人们的日常生活①。因此,本节以"辟佛"为线索,集中考察朱熹鬼神观及《家礼·丧礼》之仪文,试图展示其理学思想是如何与《家礼》仪文绾合为一的。

一、佛教轮回说及其影响

自南北朝以来,佛教对中国的影响日益扩大。在唐代,由于统治者的推尊与自身革新,佛教中国化、社会化的趋势进一步加强,其影响遍及民间社会方方面面。对此,石介(1005—1045)《中国论》有这样的陈说:

> 有巨人名曰"佛",自西来入我中国……以其人易中国之人,以其道易中国之道,以其俗易中国之俗,以其书易中国之书,以其教易中国之教,以其居庐易中国之居庐,以其礼乐易中国之礼乐,以其文章易中国之文章,以其衣服易中国之衣服,以其饮食易中国之饮食,以其祭祀易中国之祭祀。虽然,中国人犹未肯乐焉而从之也。其佛者乃说曰:"天有堂,地有狱,从我游则升天堂矣,否则挤地狱。"……于是人或惧之,或悦之,始有从之者。②

可见,佛教在中国的传播并非一帆风顺,而是经历了一个策略变化。在试图以印度本土的风俗习惯改造中国文化习俗(人、道、俗、书、教、居庐、礼乐、文章、衣服、饮食、祭祀)遭到挫败后,佛教用天堂、地狱之说劝诱民众,终于收到奇效。换言之,佛教之所以能够在中国获得成功,其主要原因之一是利用自身思想资源阐发了天堂、地狱之说,影响、迎合了中国民间社会的鬼神信仰③。这点可从大足石刻的"变相"以及敦煌写卷中的"变文"证实(见图5.4)。

---

① 陆敏珍:《宋代家礼与儒家日常生活的重构》,《文史》2013年第4期,第131—144页。

② 石介著,陈植锷点校:《徂徕石先生文集》卷11《中国论》,中华书局1984年版,第116、117页。

③ 有研究表明,中国人在佛教传入前便有种种生死、鬼神之说,例如泰山是幽都所在的信仰。佛教传入中国之后,曾利用这一信仰格义佛经,将"梣落加"译为"太山地狱",如吴支谦译《佛说八吉祥神咒经》中便有"是人终不堕太山地狱、恶鬼、畜生中也"(载《大正新修大藏经》第14卷《经集部一》,佛陀教育基金会出版部1990年版,第72页)。

图 5.4　大足石刻六道轮回图(局部)①

　　天堂、地狱是佛教轮回学说中的重要观念。各经论对此的说法虽不尽相同,却大旨相通。以《大毗婆沙论》为例,天堂(天趣)与地狱(㮈落加趣)是死者转世将要前往的两个去处,两者可代表"五趣"中乐与苦的两个极端。天堂是诸趣中最胜、最乐、最善、最妙、最高的,唯有前世妙语神行、积善积德才可进入这种境界。得转生至此者将住于七金山及妙高山等处的宫殿之中享受至乐。与此形成强烈反差的是地狱,地狱在五趣中最为卑下,死者因前世作恶多端而堕落至此转世生活。此处有情无悦、无爱无味、无利无乐,极尽苦楚。除无间地狱外,又有极热地狱、有热地狱、大嘷叫地狱、有嘷叫地狱、众合地狱、黑绳地狱、等活地狱等七大地狱,每个地狱又有眷属地狱若干,大小地狱总共一百三十六所。地狱中或有燖煨没膝,或有尸粪泥满,或仰布刀刃以为道路,或纯以剑刃作为树叶,充满了各种式样的酷刑②。正如《目连变文》中所说:

　　　　或值刀山剑树,穿穴五藏而分离;或遭炉炭灰河,烧炙碎尘于四体。或在饿鬼受苦,瘦损躯骸,百节火然,形容憔醉(悴)。喉咽别(则)细如

---

①　大足石刻大佛湾第 3 号石雕,左图为全景,右图为其中的地狱部分。转引自郭相颖主编、陈明光编:《大足石刻雕塑全集·宝鼎石窟卷》,重庆出版社 1999 年版,第 11 页。
②　五百大罗汉等造、玄奘译:《大毗婆沙论》卷 172《定蕴第七》,载《大正新修大藏经》第 27 卷,佛陀教育基金会出版部 1990 年版,第 864—869 页。

针鼻,饮咽滴水而不容;腹藏则宽于太山,盛售三江而难满。①

　　除了对天堂、地狱的方位、构造给出详尽解释,佛教还对饿鬼、傍生、人、阿修罗等众生相在形象、语言、居所、遭受等方面作了极尽详细的说明,从而建构出一个大悲大喜、光怪陆离的神话世界。这种描述极大地刺激了善男信女的神经,进而对宋代民间的生死观念与丧葬之礼产生了巨大影响。在宋代,丧礼中作佛教法事已司空见惯,治丧者不但要在始死、七七、百日、期年、再期等重要时间节点除去丧服斋饭僧人,还要设道场作法、以水陆大会祈福,乃至于倾家荡产、散尽家财为死者"写经造像,修建塔庙"②。民众之所以乐此不疲,其主要原因在于相信佛教的天堂、地狱之说,希望通过这种方式为死者消减此生恶业,令其转世天堂以享受种种快乐。此外,火葬在宋代普遍流行,其原因之一便是人们认为这一葬法可使人升至天堂③。随着近年来宋墓考古的不断进展,大量与佛教相关的塑像、壁画、雕刻、葬具、装饰等重见天日,印证了文献的相关记载④。

　　通过宣传轮回学说及其鬼神观念,佛教成功重塑了宋代民间丧葬习俗。这不但对儒家丧葬之礼在实践上构成了巨大威胁,还在思想上为宋儒提出了新难题。如欲重拾儒家人伦道德与礼乐秩序,宋儒便不能仅仅停留在对"丧礼尽用释氏"⑤的慨叹上,而是必须从鬼神思想与家礼实践双方面对佛教予以还击。随着儒家复兴运动的全面展开,北宋中期的儒家士大夫已开始自觉从这两方面贯彻其"辟佛"主张。

　　司马光(1019—1086)不但尖锐批判当时丧俗中的佞佛现象,以传统的形神相离之说力陈天堂、地狱的荒谬⑥,还考订古礼施行于今,作《书仪》《涑水家仪》等书。张载(1020—1077)不但以鬼神为"二气之良能"⑦的观点有力驳斥了佛教轮回之说,还力行古礼:其家之丧礼一律用古而"轻重如礼",

---

① 张涌泉、黄征校注:《敦煌变文校注》卷6《目连变文》,中华书局1997年版,第1071页。

② 司马光:《司马氏书仪》卷5《丧仪一》,《丛书集成初编》第1040册,中华书局1985年据学津讨原本排印,第54页。

③ 虽然经济因素是火葬在宋代流行的原因之一,但是佛教信仰仍是不可忽略的重要方面,相关研究如王宇:《佛教对宋朝火葬盛行的影响》,《佛学研究》2008年第2期,第15—30页。

④ 冉万里:《宋代丧葬习俗中佛教因素的考古学观察》,《考古与文物》2009年第4期,第77—85页。

⑤ 蔡襄:《端明集》卷22《明礼》,《景印文渊阁四库全书》第1090册,台湾商务印书馆1986年版,第507页。

⑥ 司马光:《司马氏书仪》卷5《丧仪一》,《丛书集成初编》第1040册,中华书局1985年据学津讨原本排印,第54页。

⑦ 张载著,章锡琛点校:《张载集》,中华书局1978年版,第9页。

家祭四时荐新而"曲尽诚洁","闻者始或疑笑,终乃信而从之"①。程颐(1033—1107)不但以鬼神为"造化之功"②,大胆否定了佛教"鬼神转化"之说,还考证木主制度,作《葬说》《葬法决疑》等篇讨论葬礼细节③。早期道学家的鬼神观与家礼实践为朱熹提供了丰富的思想资源。在朱熹处,宋儒对鬼神观的理学思辨与《家礼》的丧祭节文绾合在一起,而其中一以贯之的是"辟佛"的不懈努力。

二、朱熹鬼神观对佛教的批判

朱熹虽然继承了传统儒家"未知生焉知死"的基本态度,称鬼神事为"第二著"④,但也时常论及鬼神并启发弟子格致鬼神之理。在朱熹看来,鬼神之理之所以要看透,是为了看破佛教鬼神说的虚妄。因此,他说:"鬼神死生之理,定不如释家所云,世俗所见。"⑤又说:"前生后生,死复为人之说,亦须要见得破。"⑥通过整合先哲的思想资源,朱熹窥破了鬼神之理,在批判佛教轮回谬说的同时,为儒家丧祭之礼提供了理学说明。

(一)以阴阳二气论鬼神、魂魄

朱熹鬼神观的基本观点与张载、程颐相似,即肯定鬼神的本质是气。不过,他认为张载"二气之良能"之说胜过程颐"鬼神造化之迹"之论,理由在于:"程子之说固好,但只浑论在这里。张子之说分明便见有个阴阳在。"⑦可见,朱熹之所以更加推崇张载的说法,是因为其揭示了鬼神与阴阳二气的关系。

以阴阳二气论鬼神,正是朱熹鬼神观的首要论点。他说:"神,伸也。鬼,屈也。如风雨雷电初发时神也,及至风止雨过,雷住电息则鬼也。"⑧又说:"且就这一身看,自会笑语,有许多聪明知识,这是如何得恁地。虚空之中忽然有风有雨,忽然有雷有电,这是如何得恁地。这都是阴阳相感,都是鬼神。"⑨朱熹将鬼神定义为气的屈伸、往来、伸缩,从而将鬼神与阴阳联系

---

① 朱熹撰,戴扬本点校:《伊洛渊源录》卷6《横渠先生行状》,载朱杰人:《朱子全书》第12册,上海古籍出版社、安徽教育出版社2002年版,第995页。
② 程颢、程颐著,王孝鱼点校:《二程集》,中华书局2004年版,第1028页。
③ 程颢、程颐著,王孝鱼点校:《二程集》,中华书局2004年版,第622—629页。
④ 黎靖德编,王星贤点校:《朱子语类》卷3《鬼神》,中华书局1986年版,第33页。
⑤ 黎靖德编,王星贤点校:《朱子语类》卷3《鬼神》,中华书局1986年版,第35页。
⑥ 黎靖德编,王星贤点校:《朱子语类》卷3《鬼神》,中华书局1986年版,第35页。
⑦ 黎靖德编,王星贤点校:《朱子语类》卷94《孔孟周程张子》,中华书局1986年版,第2363页。
⑧ 黎靖德编,王星贤点校:《朱子语类》卷3《鬼神》,中华书局1986年版,第34页。
⑨ 黎靖德编,王星贤点校:《朱子语类》卷3《鬼神》,中华书局1986年版,第40页。

起来,一切由阴阳相感发生的现象都可以鬼神解释。以自然造化而言,风雨博施、雷电交加都是阴阳相感所化;以人之身体来看,耳聪目明、思维智慧皆为鬼神屈伸所致。万事万物不过阴阳二气之相感、鬼神屈伸之造化而已。因此,朱熹认为鬼神毫无神秘可言:"鬼神只是气。屈伸往来者,气也。天地间无非气。"①

基于此种观念,朱熹以阴阳、鬼神解释人的身体构造、行为活动乃至生死寿夭。他认为,人体秉气而生,气有阴阳、动静,故有魂魄之分。人体在生化孕育之时先逐渐长成形体,是为魄;"形既生矣,神发知矣",随后才有精神知觉,是为"魂"②。从人的生理行为来说,耳目口鼻中的暖气为魂,能聪能明、知味知臭的感官能力为魄③。就人的思维活动而言,主管思量讨度的是魂,主管记忆背诵的是魄④。通过这种崭新诠释,朱熹将鬼神问题纳入可以格致的"理"世界进行探索,从而与佛教在鬼神方面的神秘主义学说划清了界限。

(二)以彻底气散论批判轮回

对生死过程中的鬼神、魂魄情状,朱熹曾大段说破:

> 问生死鬼神之理。曰:"天道流行,发育万物,有理而后有气。虽是一时都有,毕竟以理为主,人得之以有生。明作录云:"然气则有清浊。"气之清者为气,浊者为质。阴之为也。气曰魂,体曰魄。高诱《淮南子注》曰:'魂者,阳之神;魄者,阴之神。'所谓神者,以其主乎形气也。人所以生,精气聚也。人只有许多气,须有个尽时。尽则魂气归于天,形魄归于地而死矣。人将死时,热气上出,所谓魂升也;下体渐冷,所谓魄降也。此所以有生必有死,有始必有终也。"⑤

从天地化生万物的角度上说,天道流行,以生生之理化生万物。精气聚而生人,本于阴阳往来、鬼神屈伸之理而生成人之魂魄。知觉运动是魂,属于阳;骨肉皮毛是魄,属于阴。两者共同构成了人。由于人在天地化生过程中所秉持的气是有限的,因此,人的生命过程本质上是一个精气不断耗散的

---

① 黎靖德编,王星贤点校:《朱子语类》卷3《鬼神》,中华书局1986年版,第34页。
② 黎靖德编,王星贤点校:《朱子语类》卷3《鬼神》,中华书局1986年版,第41页。
③ 黎靖德编,王星贤点校:《朱子语类》卷3《鬼神》,中华书局1986年版,第41页。
④ 黎靖德编,王星贤点校:《朱子语类》卷3《鬼神》,中华书局1986年版,第41页。
⑤ 黎靖德编,王星贤点校:《朱子语类》卷3《鬼神》,中华书局1986年版,第36—37页。

过程,当所秉之精气用尽,人必将面临死亡。死亡来临之时,魂气因自身轻盈、温暖的性质而上腾,重返于天;体魄则因其沉浊、寒冷的性质而下沉,重归于地。所秉之气一上一下,渐渐耗散而去。

人死之后,魂气形态如何,又去往何处?佛教轮回说以为主体能够维持自身的个体状态并去往来生。为批驳此说,张载曾设想一个名为"太虚"的气世界,以之为生化万物的总源(太极),认为人死后气将重返于此而参与新事物的生化。这一论点的本质在于以实有的"气"代替了佛教的"空",确立了质料在死生边界间的关键作用。然而,朱熹却敏锐地指出这种说法并不彻底,其间依稀有轮回说的影子,他说:"横渠辟释氏轮回之说。然其说聚散屈伸处,其弊却是大轮回。盖释氏是个个各自轮回,横渠是一发和了,依旧一大轮回。"[1]

朱熹所坚持的乃是一种"彻底的气散论",即认为人死后魂气散若风火、不知何至,既不能维持原有独立个体的存在状态,也没有一个固定的去处。显然,这一观点彻底否定了轮回之说的可能性:既然魂气不是一个独立的个体,那么轮回便失去了主体;既然魂气飘散无所之,那么便根本不可能有天堂、地狱等供主体驻留的异样空间。

(三)论死后气不散及佛老生死观

虽然坚持一种彻底的气散论,朱熹仍然为死后魂气不散的现象留下了解释空间。他这样诠释《系辞》中"游魂为变":"'游'字是渐渐散,若是为妖孽者多是不得其死,其气未散,故郁结而成妖孽。"[2]死后的魂气不是忽然飘散,而是渐渐散去,因此,现实生活中便有死后魂气暂时不散而为厉鬼之事。其中,载于坟典、广为人知的便是《左传》中伯有死后为厉追杀仇人的记载。对此,子产曾给出一个著名的解释:

> 及子产适晋,赵景子问焉,曰:"伯有犹能为鬼乎?"子产曰:"能。人生始化曰魄,既生魄,阳曰魂。用物精多则魂魄强,是以有精爽至于神明。匹夫匹妇强死,其魂魄犹能冯依于人以为淫厉,况良霄我先君穆公之胄、子良之孙、子耳之子,敝邑之卿,从政三世矣。郑虽无腆,抑谚曰'蕞尔国',而三世执其政柄。其用物也弘矣,其取精也多矣,其族又大,

---

① 黎靖德编,王星贤点校:《朱子语类》卷99《张子书二》,中华书局1986年版,第3537页。
② 黎靖德编,王星贤点校:《朱子语类》卷3《鬼神》,中华书局1986年版,第45页。

所冯厚矣,而强死能为鬼,不亦宜乎?"①

按子产的说法,伯有化为厉鬼原因主要有二:其一,"魂魄强",即所秉之气本来强劲,伯有为先君之后、世代执政、族大而强,故有死而为厉的可能性;其二,"强死",即不得善终、死于非命,伯有在政治斗争中为人所杀,不能不怨,故有化作厉鬼的必然性。前者是化为厉鬼的充分条件,后者则是必要条件。因此,族大而强的达官贵人未必为鬼,死于非命的一般百姓却可以化而为厉。

朱熹对这段话十分赞同,引用时常并举"不得其死""族大而强"而为说②,以此解释生活中的鬼怪现象。不过,他亦明确指出:"然不得其死者久之亦散,如今打面做糊,中间自有成小块核不散底,久之渐渐也自会散。"③死者的魂气就如同打面糊时渐渐稀释的面粉,尽管一时间也有结块的,久而久之也会散去。在这里,朱熹以"自会散"的说法强调了魂气不由自主的存在状态,用比喻形象说明了死者魂气必然消散的道理。

凭借这种观点,朱熹不但坚持了以往的彻底气散论,还在维护儒家正统观念的同时,将论锋直指佛教、道教生死观。他说:"人之所以病而终尽,则其气散矣。或遭刑,或忽然而死者,气犹聚集而未散,然亦终于一散。释道所以自私其身者,便死时亦只是留其身不得,终是不甘心,死御怨愤者亦然,故其气皆不散。"④在朱熹看来,唯有不得好死的"强死"之人和"务养精神"的僧道者流才会死而气不散,两者的共同点都是心有怨气、死有不甘。即便如此,这份郁结的怨气也终将沦于消散,因此根本不存在道教所说的长生不死的神仙。朱熹举例说,汉代盛传的神仙安期生到唐代时已经不见人提及,钟离权、吕洞宾至今也渐渐无人讲说,"看得来,他也只是养得分外寿考,然终久亦散了"⑤。

在朱熹看来,佛老生死观的最大问题在于不能格致"原始反终"之理,不能体察上苍生生之德。在人生实践中,因为贪生怕死,以超脱死生轮回为目标的佛教时时以生死为念,却不能坦然面对死亡;因为自私自利,以长生久视为鹄的的道教处处以养生为功,却终究无法摆脱死亡。与之形成强烈对

---

① 杜预注、孔颖达疏,浦卫忠等整理、胡遂等审定:《春秋左传正义》卷 44《昭公七年》,北京大学出版社 1999 年版,第 1248、1249 页。
② 黎靖德编,王星贤点校:《朱子语类》卷 3《鬼神》,中华书局 1986 年版,第 44 页。
③ 黎靖德编,王星贤点校:《朱子语类》卷 3《鬼神》,中华书局 1986 年版,第 45 页。
④ 黎靖德编,王星贤点校:《朱子语类》卷 3《鬼神》,中华书局 1986 年版,第 44 页。
⑤ 黎靖德编,王星贤点校:《朱子语类》卷 3《鬼神》,中华书局 1986 年版,第 44 页。

比的是,儒家圣贤的人生态度是顺天知命、安于死亡,正所谓"存,吾顺事;殁,吾宁也"①。因此,朱熹对佛老发出这样的诘问:"若圣贤则安于死,岂有不散而为神怪者乎? 如黄帝尧舜,不闻其既死而为灵怪也。"②

(四)以理气论儒家丧祭之礼

如前所论,朱熹认为人死后魂气上腾而飘散,并不能继续维持个体的存在状态。这种彻底的气散论犹如一把双刃剑,既成功否定了佛教轮回之说,也对儒家丧祭之礼造成了威胁——如果死者的魂气已然消散,那么祭祀祖先何以可能? 这一问题显然引人疑惑,于是有弟子问朱熹:祭礼是"表吾心之诚"(祭祀对象不实在)还是"真有气来格"(祭祀对象实在)? 朱熹当即反问道:"若道无物来享时,自家祭甚底?"③可见,朱熹并不同意否定祭祀主体实际存在的观点。为了避免古礼在意义上的"空壳化",将丧祭之礼落实在鬼神之理上,朱熹利用理气论展开了证明。

首先,朱熹解释说,魂气的"散"并不等于"无"。《朱子语类》中有这样一段对话,颇能说明朱熹观点的微妙处:

> 问:"黄寺丞云:'气散而非无。'泳窃谓人禀得阴阳五行之气以生,到死后,其气虽散,只反本还原去。"曰:"不须如此说,若说无便是索性无了。惟其可以感格得来,故只说得散。要之,散也是无了。"问:"灯焰冲上渐渐无去。要之不可谓之无,只是其气散在此一室之内。"曰:"只是他有子孙在,便是不可谓之无。"④

此处胡泳对黄榦"气散而非无"的观点作了近似于张载"大轮回"论的诠释,遭到朱熹的否定。但是,朱熹并未直接否定黄榦对"散"的理解,而是开释胡泳说,因为此气在祭礼之中可以感格得来,因此不称"无"而称"散"。当胡泳以灯焰为例说明气的飘散并非消失,而是充斥于"容器"中时,朱熹含蓄地予以肯定,认为只要有死者的子孙在,便不能说气"散"便是"无"。

朱熹这一番"散"而不"无"之论,为祖先之气的重新凝萃留下了可能性,其关键在于子孙的存续与媒介作用。因此,朱熹对子孙与祖先"气"的共通性作进一步论证:"毕竟子孙是祖先之气。他气虽散,他根却在这里,尽其诚

①　张载著,章锡琛点校:《张载集》,中华书局1978年版,第63页。
②　黎靖德编,王星贤点校:《朱子语类》卷3《鬼神》,中华书局1986年版,第39页。
③　黎靖德编,王星贤点校:《朱子语类》卷3《鬼神》,中华书局1986年版,第51页。
④　黎靖德编,王星贤点校:《朱子语类》卷3《鬼神》,中华书局1986年版,第43页。

敬,则亦能呼召得他气聚在此。如水波样,后水非前水,后波非前波,然却通只是一水波。子孙之气与祖考之气,亦是如此。他那个当下自散了,然他根却在这里。根既在此,又却能引聚得他那气在此。此事难说,只要人自看得。"①以水波为例,朱熹说明了子孙与祖先血脉相通的道理。凭借两者之气的高度相似性,即便祖先之气已然飘散,但仍可能在后代子孙的至诚感格下重新聚集。无疑,相通的气为子孙的祭祖活动提供了可能,而其中所蕴含的理则成为儒家丧祭之礼的终极依据。因此朱熹说:"看既散后,一似都无了。能尽其诚敬,便有感格,亦缘是理常只在这里也。"②

由此,朱熹以其独特的理气论重新为儒家丧祭之礼提供了理论支持。不过,祖考来格的可能性唯有在"诚"的条件下方可化作现实。这里所谓的"诚",不但是指思想上的专一与敬意,更是指仪式过程中的"三日斋,七日戒,求诸阳,求诸阴"③的种种诚敬合礼的行为。因此,朱熹十分重视在礼的研读与实践中格致鬼神之理,他嘱咐弟子说:"如鬼神之事,圣贤说得甚分明,只将《礼》熟读便见。"④

三、朱熹《丧礼》的礼文与理据

通过建构理学自身的鬼神观,朱熹有力批判了佛教的轮回说与道教的养生术。然而,由于佛教对于宋代丧葬典礼的影响已浸成风俗,对佛教思想的辩难并不能代替对现实礼俗的改造。因此,唯有通过修订儒家丧葬礼文并付诸实践,对佛教思想的批判才能真正落实。为此,朱熹根据司马光《书仪》修订了《家礼·丧礼》,其中既有"不作佛事"的消极规定,又有损益古今的积极规范。尤为可贵的是,《丧礼》贯彻了朱熹的鬼神观念,从而赋予丧葬仪节新的思想意义。

依据仪式对象与目的的不同,丧礼仪式可大致分为两类:一类以死者魂魄为对象,旨在招回、供养、安顿死者魂魄,使之有所依凭而不致耗散,此类仪式如复礼、设奠、立重、朝夕奠、启殡、朝祖、虞礼、祔、小祥、大祥、禫等;另一类以死者遗体为对象,旨在清洁、保全死者尸体,尽厚终之道不致毁伤,此类仪式如沐浴、袭、小敛、大殓、治棺、下葬等。其中,第一类仪式集中体现了丧礼的鬼神观念。朱熹曾与弟子就此类仪式的意义展开过讨论:

---

① 黎靖德编,王星贤点校:《朱子语类》卷3《鬼神》,中华书局1986年版,第47、48页。
② 黎靖德编,王星贤点校:《朱子语类》卷3《鬼神》,中华书局1986年版,第46页。
③ 黎靖德编,王星贤点校:《朱子语类》卷3《鬼神》,中华书局1986年版,第50页。
④ 黎靖德编,王星贤点校:《朱子语类》卷3《鬼神》,中华书局1986年版,第34页。

问:"死者魂气既散,而立主以主之,亦须聚得些子气在这里否?"
曰:"古人自始死吊魂、复魄、立重、设主,便是常要接续他些子精神在
这里。"①

"吊魂""复魄"是死者初终阶段对于死者魂魄统一形态的维护;"立重"
是沐浴、饭含、袭之后的仪式,旨在为死者魂魄提供物质载体的依凭,以便在
下葬前"一如平生"地供养;"设主"指下葬过程中题写木主代替"重",以及之
后虞祭、祔庙、小祥等一系列围绕木主展开的以安顿死者魂魄为目的的仪
式。从吊魂、复魄到立重再到设主,丧礼仪式实现了招回、供养、安顿死者魂
魄的三阶段任务。随着时间的流逝,死者魂气虽然不可避免地渐渐耗散,却
通过不间断的仪式在不断的空间位移(正寝—墓地—家庙)中维持了自身存
在,从而为丧祭之礼提供了可能。

(一)招魂合魄:复礼及其意义

复礼是死者刚刚逝去时的招魂仪式。按《仪礼》,侍者应携亡者常穿的
衣服登上东荣中屋,面朝北大声呼喊死者的名字三次以期待死者亡魂的归
来。据高闶《厚终礼》说,这种古老礼俗在宋代淮南路尚有残留,"亦有苏活
者"②。司马光《书仪》虽然也设有复礼仪式,但其行礼地点却由"东荣中屋"
改为"寝庭之南"。对此,司马光解释说:"今升屋而号,虑其惊众,故但就寝
庭之南面而已。"③

与《书仪》不同,《家礼》坚持升屋而呼。朱熹之所以宁可"惊众"也要坚
持采用古礼为死者登屋招魂,乃是因为他对复礼别有一番深刻理解:

人死,虽是魂魄各自飞散,要之,魄又较定。须是招魂来复这魄,要
他相合,复不独是要他活,是要聚他魂魄,不教便散了。圣人教人子孙
常常祭祀,也是要去聚得他。④

在朱熹的鬼神观中,魂魄在人死之后将会发生分离运动。魂气上腾,魄

---

① 黎靖德编,王星贤点校:《朱子语类》卷3《鬼神》,中华书局1986年版,第50—51页。
② 《家礼》杨复注引高闶《厚终礼》,载杨复、刘垓孙:《文公家礼集注》卷4《丧礼第四》,北京图书馆
出版社2005年据国家图书馆藏元刻本影印。
③ 司马光:《司马氏书仪》卷5《丧仪一》,《丛书集成初编》第1040册,中华书局1985年据学津讨原
本排印,第48页。
④ 黎靖德编,王星贤点校:《朱子语类》卷3《鬼神》,中华书局1986年版,第50页。

气下沉,两者在阴阳、冷暖、清浊上的差异导致了其耗散形态的不同。显然,魂气较魄气更加容易耗散。若欲令死者复生,就必须继续维持魂魄的统一形态,招回飘散的魂气,使之附着在尚未迅速离散的魄气之上。因此,复礼必须登高而呼,行礼所用衣物必须用以附着于尸体之上。朱熹相信,这些做法即便不能达到死而复生的神奇效果,也可以有助于维持死者魂魄的统一形态,最大限度地保存祖考精神,为此后的丧祭之礼提供可能。

(二)一如平生:亡魂的日常奉养

如复礼招魂未能成功,丧礼便正式开始。在为死者沐浴、袭衣之后,须置灵座、设魂帛、立铭旌。铭旌说明了死者的身份,魂帛依附了死者的魂魄,灵座则是供养死者亡魂的平台。显然,这一系列仪式目的在于为死者魂魄提供可以凭依的物质载体,以便在下葬之前对其一如平生地供养,所谓“事死如事生”。

魂帛是宋代家礼的重要创新,用来代替古礼中的重。《礼记·檀弓》云:“重,主道也。”①郑玄注称“始死未作主,以重主其神也”②,说明重是死者灵魂所依附之处,是木主的暂时替代物。唐《开元礼》本于古礼,规定不同品级官员应使用不同形制的重,这一做法延续到了宋代的官方礼典中。然而,宋代士庶人的丧葬习俗中并不用重,所谓“士民之家未尝识也”③,民间通用的依神器具是魂帛。司马光《书仪》使用魂帛代替重,并通过礼文考证发现古礼中也有“大夫无主者束帛依神”之说。于是,习俗中通行的魂帛得到了古礼仪文的合法性说明,故《书仪》称:“魂帛,亦主道也。”④朱熹《家礼》采用了司马光《书仪》的做法,并引述了相关文字。

在宋代,丧祭礼俗中普遍使用画有死者容貌的“影”(或称“真”)。在丧礼中,人们往往将影置于魂帛之后。对此,司马光颇有微词:“男子生时有画像,用之犹无所谓。至于妇人,生时深居闺门,出则乘辎軿,拥蔽其面。既死,岂可使画工直入深室,揭掩面之帛,执笔訾相画其容貌!此殊为非

---

① 郑玄注、孔颖达疏,龚抗云整理、王文锦审定:《礼记正义》卷9《檀弓下》,中华书局1999年版,第266页。
② 郑玄注、孔颖达疏,龚抗云整理、王文锦审定:《礼记正义》卷9《檀弓下》,中华书局1999年版,第266页。
③ 司马光:《书仪》卷5《丧仪一》,《丛书集成初编》第1040册,中华书局1985年据学津讨原本排印,第54页。
④ 司马光:《书仪》卷5《丧仪一》,《丛书集成初编》第1040册,中华书局1985年据学津讨原本排印,第54页。

礼。"①《家礼》虽然引用了《书仪》的意见,但是,朱熹对影的思考却与司马光不尽相同。在与友人的信函中,朱熹这样解释自己对影的不信任:

> 熹承询及影堂,按古礼,庙无二主。尝原其意,以为祖考之精神既散,欲其萃聚于此,故不可以二。今有祠版,又有影,是有二主矣。②

朱熹之所以反对画影,不仅是因为它是一种对死者不敬的"非礼"行为,更为重要的是,将祠版与影并置的做法将会使亡魂疑惑于是,最终因难以萃聚而归于消散。这种意见显然也适用于祠版与木主的替代品——魂帛。

死者魂魄既得以维持万一,其奉养供给便不可一日而间断,是为"朝夕奠"。宋代民俗中普遍以烧香酹酒为祭奠之法,对此,高闶《厚终礼》予以激烈批评:"既谓之奠,而乃烧香酹酒则非奠矣。世俗承袭久矣,非礼也。"③以烧香代替食物酒水,死者魂魄将无所饮食;以酒酹地,则是将死者视作已然死亡的庙中祖考。因此,"烧香酹酒"的习俗在根本上违背了古礼仪文及其"事死如事生"的礼义。

《书仪》《家礼》虽然都采用了古礼朝夕奠的仪式,但在仪文详略上显有差别。相较于《书仪》,《家礼》的朝夕奠仪式更为细致,其无所不至的关怀与日常奉亲毫无差别:每日清晨,主人以下各服其服入位而哭,侍者将平日里所用的盥、栉等物放置在灵床旁边,象征侍奉死者梳洗;然后奉出魂帛,置于灵座之上,设蔬果、脯醢等饮食并斟酒,在一片哭声中结束朝奠。食时上食、夕奠的礼仪与朝奠基本相同。朔日朝奠时的饮食要丰盛一些,而当有时新蔬果的时候也应该荐上以供歆享。无疑,细密的仪文设计取法于日常生活中晨省、昏定等仪式,在彰显作者诚敬态度的同时,亦不失为朱熹鬼神观的绝好诠释。

(三)安顿亡魂:从魂帛到木主

在朱熹《家礼》中,魂帛是死者精神得以凝萃的物质载体,用来替代古礼中使用的"重"。在正式下葬前,所有丧礼仪式都围绕魂帛来进行,对死者

---

① 司马光:《书仪》卷 5《丧仪一》,《丛书集成初编》第 1040 册,中华书局 1985 年据学津讨原本排印,第 54 页。
② 朱熹撰,刘永翔、朱幼文校点:《晦庵先生朱文公文集》卷 40《答刘平甫》,朱杰人主编《朱子全书》第 22 册,上海古籍出版社、安徽教育出版社 2002 年版,第 1795—1796 页。
③ 《家礼》杨复注引高闶《厚终礼》,载杨复、刘垓孙:《文公家礼集注》卷 6,北京图书馆出版社 2005 年据国家图书馆藏元刻本影印。

"事死如生"的奉养其实就是对魂帛的奉养。在及墓下棺的一系列仪式中，木主开始代替魂帛成为死者精神新的凭依物。自此，丧事渐渐由凶化吉，转化为以木主为中心的祭祀活动。

题主仪式在成坟之后进行。按《家礼》，行礼人员应在灵座东南西向设桌子，并在上面放好笔墨砚台，在桌子对面放置盥盆、帨巾。主人站在桌前面北而立，祝者将木主拿出放在桌子上，善书者盥手之后西向而立开始书写。书写次序是：先题写陷中，后写神主粉面，最后写神主左下角的"孝子某奉祀"。"孝子"指继祢之大宗，而"奉祀"的说法更是表现出题主仪式的祭礼意义，其中蕴含的宗法原则将在祭礼中得到贯彻。

题写完毕，祝者奉木主置于灵座，将魂帛收在箱子里放在后面，然后烧香、斟酒，站在主人之右跪读祝辞，主人再拜而哭尽哀。这一仪式的重要意义在于，死者之魂魄将在这一过程中由魂帛转向木主，所以能否成功实现这一转换对于以后的祭祀活动至关重要。因此，哀痛欲绝的孝子惶恐不已，通过言辞来感召祖考魂气来格。其所读祝辞为：

> 形归窀穸，神返堂室。神主既成，伏惟尊灵。舍旧从新，是凭是依。①

这一祝辞明确表现了形神相离的鬼神观念，形体将被埋于地下，而魂气则无所不之。为了使得游荡而易于消散的魂气得以接续，魂帛曾充当凝萃魂气的载体，而这种旧有载体将会被新的载体——木主所代替。因此，孝子希望亡灵能够舍旧从新，凭依木主而跟随他返回家中。

是否能够成功迎回先人魂灵呢？《礼记》描述孝子葬父后回家时的状态是"其返也如疑"②，即惶惶不安地疑虑先人灵魂是否已依附于木主而回归家中。因此，古礼有反哭、虞等仪式来保证先人精神的归来与安顿。在此，木主代替魂帛成为仪式的哭祭对象。在反哭仪式中，古礼所记的行礼地点是庙，而《书仪》本着"反诸其所作""反诸其所养"③的礼义，大胆进行了更革，将行礼之处改为厅事。朱熹《家礼》则进一步提出了男子与妇人相异的

---

① 朱熹：《家礼》卷4，《中华再造善本》一编，北京图书馆出版社 2004 年据中国国家图书馆藏宋刻本影印。

② 郑玄注、孔颖达疏，龚抗云整理、王文锦审定：《礼记正义》卷7《檀弓上》，北京大学出版社 1999 年版，第 206 页。

③ 司马光：《司马氏书仪》卷8《丧仪四》，《丛书集成初编》第 1040 册，中华书局 1985 年据学津讨原本排印，第 92 页。

规定,即男子入哭于厅事,女子入哭于堂。对此,朱熹有这样的解释:

> "反哭升堂,反诸其所作也。主妇入于室,反诸其所养也。"须知得
> 这意思,则所谓"践其位,行其礼"等事,行之自安,方见得继志述事
> 之事。①

杨复将朱熹的这段话编入《家礼》注文,并阐发师说:

> 按先生此言,盖谓古者反哭于庙。"反诸其所作",谓亲所行礼之
> 处。"反诸其所养",谓亲所馈食之处。皆指反哭于庙而言也。先生《家
> 礼》反哭于厅事,妇人先入哭于堂,又与古异者,后世庙制不立,祠堂狭
> 隘,所谓厅事者乃祭祀之地,主妇馈食亦在此堂也。②

朱熹之所以对《仪礼》经文做出大胆改造,乃是本着"反诸其所作,反诸其所养"的礼经大义,用当时的日常生活空间取代古礼的礼制空间。这种变礼合理、反经合道的做法更有利于安顿回归家中的亡魂,显示出朱熹在修订礼文时以鬼神之理损益丧祭之礼的良苦用心。

如果说,在死者未葬之前,孝子要本着"事死如事生"的精神,在朝夕奠等仪式中继续对死者平日的奉养;那么,在下葬之后,死者的死已是不可挽回的事实,形与神已经相互分离,留下的仅有在木主上得以接续的极易耗散的魂气。于是,酹酒陈馈的仪式被相应的祭祀仪式所代替,死者的魂气亦以木主为依托得到供养。在初虞仪式之后,魂帛将被掩埋在洁净之处,象征平日奉养的朝夕奠也随之停止。随着祔、小祥、大祥、禫等仪式的依次举行,木主在家庙中得到妥善安置,死者魂魄与先人魂魄亦在此得以"团圆"。

第三节　厚亲之道:丧礼对遗体的安置

"养生者不足以当大事,惟送死可以当大事。"(《孟子·离娄下》)儒家素来重视丧葬典礼,先秦时便已发展出成熟的"厚葬"学说,成为区别于墨家、

---

① 黎靖德编,王星贤点校:《朱子语类》卷87,中华书局1986年版,第2235页。
② 《家礼》杨复注,载杨复、刘垓孙:《文公家礼集注》卷5,北京图书馆出版社2005年据国家图书馆藏元刻本影印。

道家等其他学术流派的理论主张与行为方式。随着儒家在汉代地位的提升与巩固,厚葬渐成社会风尚,成为汉唐时期"自天子至于庶人"的普遍选择。然而,盗墓之风随之大起,每逢乱世,前代帝陵、冢墓无不惨遭盗掘,正所谓"无不发之墓"①。因此,每当秩序重建,人们痛定思痛,多能力矫厚葬之弊,主张薄葬、俭葬。

宋继五代而立国,于乱世破棺发冢之事记忆犹新,故士大夫多有主张薄葬之论。然而,当历史学者结合宋墓考古,试图"取地下之实物与纸上之遗文相互释证"②时,却因问题的复杂而产生分歧。有人指出,宋墓的规模与随葬品远薄于前代,宋代应该是一个薄葬盛行的社会③;另一些学者则认为,宋人治丧耗资巨大、讲究排场,仍属于厚葬④。虽然双方结论不同,却同样认可宋墓迥异于唐、五代墓以及同时期的辽、金、西夏墓葬的特殊性,即薄于陪葬而厚于治丧,重视对亡者身体的维护⑤。

本节不欲就事实层面继续探讨宋代社会是否厚葬,而希望从经常出现于宋人论著中的"厚亲"观念入手,探讨宋墓之所以异于前代的思想原因。我们将看到,宋儒的理想丧葬观念建构在反思墓葬安全的现实基础上,其思维方式仍然是在儒家经典内部寻找资源,经过饶有新意的诠释使之成为重建新时代丧葬典礼的指导思想。通过发掘"厚亲"礼义,宋儒不但未走向自我消解与否定⑥,还在继承"慎终"传统的前提下完成了厚葬的理论革新,编撰出不少家礼著作,对后世影响深远。在文献使用上,本节除司马光《书仪》、朱熹《家礼》等常用史料外,对已经亡佚的高闶《厚终礼》作了辑佚,力求完整展现宋儒重建儒家死亡关怀的卓越努力。

一、从"厚葬"到"厚亲"

五代时期,盗墓活动猖獗,最著名者当数后梁温韬(? —928)盗发关中地区唐代帝陵的事件。据《新五代史》记载,这位关中军阀在担任耀州节度

① 房玄龄:《晋书》卷51《皇甫谧传》,中华书局1974年版,第1417页。
② 陈寅恪:《金明馆丛稿二编》,生活・读书・新知三联书店2001年版,第247页。
③ 朱瑞熙:《宋代的丧葬习俗》,《学术月刊》1997年第2期,第69—74页。
④ 如张邦炜:《两宋时期的丧葬陋俗》,《四川师范大学学报》(社会科学版)1997年第3期,第100—107页;徐吉军:《中国丧葬史》,江西高校出版社1998年版,第449页。
⑤ 有学者径称其为"藏尸观念",见秦大树:《宋代丧葬习俗的变革及其体现的社会意义》,《唐研究》第11卷,北京大学出版社2005年版,第325页。
⑥ 魏晋时期的薄葬与玄学、佛学等非儒学思想的传播有关(刘选、辛向军:《魏晋薄葬成因的考察》,《甘肃社会科学》1994年第1期,第110—113页),而宋代的薄葬主张却是儒者践行己学、排斥异端的结果。

使的七年之间,"唐诸陵在其境内者,悉发掘之,取其所藏金宝",仅乾陵因"风雨不可发"①而幸免于难。这桩盗墓大案令人叹惋、愤恨之余,引发了时人对墓葬安全问题的思考。据说,周太祖(904—954)在西征之时便曾目睹"唐十八陵无不发掘"的惨状,于是"遗令用纸衣瓦棺"②,不修地宫,不役庶民,不作石虎,不置看守。这样的帝陵葬法在历代均属罕见,既说明郭威以俭立身的朴素作风,更凸显了那个时代对于盗墓行为的忌惮与焦虑。

北宋开国后,反对厚葬以防陵墓盗掘成为时人共识。宋代士大夫指出,正是汉唐时期庞大的墓葬规模与丰厚陪葬品启发了盗贼的贪婪之心,导致陵墓被盗。所谓"高为山陵,厚为斋送。建宫邑,徙百姓,出游衣。幽置嫔宦,卫以官司,屯以卒伍,与平居无异。是瘗金珠,埋贝玉,而表示其所也。其愚岂不甚乎?"③因此,每当朝廷有大型陵墓修建,大臣便多有薄葬、俭葬之论。庆历四年(1044),朝廷治荆王丧事,欧阳修(1007—1072)以俭葬是"古人之美节"④,上书要求速葬。嘉祐七年(1062)董氏(? —1062)薨,仁宗赠之淑妃并命百官议谥,司马光(1019—1086)认为"不宜更崇大后宫之丧,以横增烦费"⑤。仁宗崩,将葬永昭陵,欲用真宗永定陵故事为制,郑獬(1022—1072)上书,以为"褒君爱父,不在于聚财"⑥。甚至当时仅是庶人身份的苏洵(1009—1066)也上书宰相韩琦(1008—1075),劝其为朝廷早定薄葬之议,"上以遂先帝恭俭之诚,下以纾百姓目前之患,内以解华元不臣之讥,而万世之后以固山陵不拔之安"⑦。凡此种种,足见宋代士大夫反对厚葬的立场。

然而,厚葬毕竟是先秦以来的儒家传统,不但是儒家区别于墨家、道家等学术流派的重要理论依据,更是孝子表达对亡亲思怀之情的合礼行为。因此,当北宋中期儒学复兴运动全面展开后,如何调和自身薄葬主张与儒家

---

① 欧阳修:《新五代史》卷40《温韬传》,中华书局1974年版,第441页。
② 司马光编著、胡三省音注:《资治通鉴》卷291《后周纪二》太祖显德元年春正月戊子条,中华书局1956年版,第9500页。
③ 胡寅:《致堂读史管见》卷30《后周纪·太祖》,《续修四库全书》第449册,上海古籍出版社2002年版,第264页。
④ 欧阳修撰、李逸安点校:《欧阳修全集》卷104《奏议卷八·论葬荆王劄子》,中华书局2001年版,第1586页。
⑤ 司马光:《温国文正公文集》卷24《论董淑妃谥议策礼劄子》,《四部丛刊初编》第139册,上海书店1989年版。
⑥ 杜大珪:《名臣碑传琬琰集》下卷15《郑翰林獬传》,《景印文渊阁四库全书》第450册,台湾商务印书馆1986年版,第778页。
⑦ 苏洵著,曾枣庄、金成礼笺注:《嘉祐集笺注》卷13《上韩昭文论山陵书》,上海古籍出版社1993年版,第357页。

厚葬传统之间的矛盾便成为十分棘手的理论问题。对此,程颐(1033—1107)在治平四年(1067)写就的《为家君上神宗皇帝论薄葬书》具有划时代意义。其文劈头便说:

> 人无知愚,靡不知忠孝之为美也,然而不得其道则反害之。故自古为君者,莫不欲孝其亲,而多获不孝之议;为臣者莫不欲忠其君,而常负不忠之罪。何则?有其心,行之不得其道也。伏惟陛下以至孝之心尽至孝之道,鉴历古之失为先帝深虑,则天下臣子之心无不慰安。①

程颐所谓以孝之心获不孝之名,系指汉代霍光当政时为汉武帝行厚葬,终而被赤眉起义军盗掘的历史事件。在他看来,此事与其说是赤眉军残暴不仁,不如说是霍光不忠不孝,不能为先皇思虑深远。所以,他希望神宗能够参照魏文帝的葬制,用瓦木制作明器,不以金银铜铁等珍宝陪葬,并昭告天下、刻于金石,以绝盗贼贪鄙之心。尤为重要者,程颐在行文最后对葬礼中"厚"的含义作了辨析:

> 夫臣之于君,犹子之于父,岂有陛下欲厚其亲,而臣反欲薄于其君乎?诚以厚于先帝,无厚于此者也。遗簪坠履,尚当保而藏之,不敢不恭,况于园陵,得不穷深极远以虑之乎?②

按一般思路,"厚葬"本是"厚亲"的表达方式,所以寄托哀痛之思,成慎终追远之道。然而,程颐却将"厚葬"与"厚亲"对立起来,令人吊诡地制造了两者间不可调和的矛盾:如欲真正孝厚于亲,便不可厚于丧葬,否则不但威胁到墓葬安全,还将害及亡亲遗体。程颐反问道:既然孝子连先人的遗簪坠履都能够小心保存,怎能置遗体安否而不顾?

这种"厚亲而不厚葬"的观念进一步体现在宋儒对经典的解说中。作为宋人素来推重的儒家经典,《孟子》中有一则故事因主张厚葬而引发争论:

> 孟子自齐葬于鲁,反于齐,止于嬴。充虞请曰:"前日不知虞之不肖,使虞敦匠,事严,虞不敢请。今愿窃有请也:木若以美然。"曰:"古者

---

① 程颢、程颐著,王孝鱼点校:《二程集》,中华书局 2004 年版,第 527、528 页。
② 程颢、程颐著,王孝鱼点校:《二程集》,中华书局 2004 年版,第 529 页。

棺椁无度。中古，棺七寸，椁称之。自天子达于庶人，非直为观美也，然后尽于人心。不得不可以为悦，无财不可以为悦，得之为有财，古之人皆用之，吾何为独不然？且比化者，无使土亲肤，于人心独无恔乎？吾闻之也，君子不以天下俭其亲。"（《孟子·公孙丑下》）

这就是著名的"后丧逾前丧"事件。尽管孟子在此处为弟子详尽阐释了使用"美棺"的原因，乐正子也曾对鲁平公解释其中委曲（《孟子·梁惠王下》），但是，后人似乎更关注孟子厚葬其母的结果，以"君子不以天下俭其亲"为自身行为提供理据。在论仁宗山陵时，苏洵就指出当时存在一种观点："议者必将以为，古者'君子不以天下俭其亲'，以天下之大，而不足于先帝之葬，于人情有所不顺。"①皇帝富有四海，因此需要竭天下之财以奉山陵才能尽爱君之心；至于士庶，则需要散尽家财，大办丧事。绍兴二十一年（1151），钱万（生卒年不详）佐其父治祖母丧，"得吉地于黄奥之原以为藏室，极其工力而不计其费，又筑亭于其前以缭之"，王十朋（1112—1171）称其"用孟子不俭之训以治丧"②，颇为赞赏。此外，不少类书将其编入丧葬门，冠以"孟轲美棺"③、"美棺葬亲"④之题，作为常识在民间广泛传播。

但是，不少儒者不以为然，认为世俗之人并未看懂孟子这段话的真义。张九成（1092—1159）《孟子传》曰：

下锢九泉，上添南山，以金银为城郭，以水银为河汉，如秦之葬始皇，岂其本心哉？特以为侈大之观而已。孝子之心则不如是。其贫也，敛手足形，还葬而无椁，于心无悔焉者，则以贫故也；其达也，于礼可以备物，于财足以加厚，棺椁之大，丘封之度，吾当竭其力而尽其礼。使一物不备、一事不厚，于心有悔焉者，则非孝子也。夫人子之心，以谓吾起居饮食在地上，而以吾亲置之土中。冥冥长夜，其惨怛之心、痛疾之意，如刲如割。倘于礼无害，于财无乏，备七寸之棺、五寸之椁以葬，使化者

① 苏洵著，曾枣庄、金成礼笺注：《嘉祐集笺注》卷13《上韩昭文论山陵书》，上海古籍出版社1993年版，第356页。

② 王十朋：《梅溪集》卷17《追远亭记》，《景印文渊阁四库全书》第1151册，台湾商务印书馆1986年版，第268页。

③ 谢维新：《古今合璧事类备要》前集卷66《丧事门》，《景印文渊阁四库全书》第939册，台湾商务印书馆1986年版，第528页。

④ 祝穆：《古今事文类聚》前集卷57《丧事部》，《景印文渊阁四库全书》第925册，台湾商务印书馆1986年版，第888页。

安妥,使其遗体不至与土相亲,此亦少慰人子之心矣。至于此时,岂可论俭葬乎? 当从于礼,称家之有无可也。①

此论从"尽心"处着眼,批判了现实中实际存在的两种情形:一是大操大办、挥金如土的厚葬行为,一是一物不备、一事不厚都心存悔恨的心理状态。张九成指出,因治丧未尽一事一物而悔恨的心理并非为亡亲考虑,而是为满足自身对治丧丰厚程度的某种心理需求,本质上仍是"求以眩一时之目"②,与始皇厚葬务为"侈大之观"的做法同属人欲,绝非孝子由爱亲之心发动而来的天理之自然。他认为,孝子治丧不因富贵而奢侈,也不因贫贱而悔恨,其标准不在于丧器的美观与完备,而在于内心的哀恸与真诚。如果孝子以此为心,那么,他所痛苦之处便仅在于遗体保护本身,而无暇顾及其他。葬礼的目的仅为使亡亲遗体得到庇护,避免"狐狸食之,蝇蚋姑嘬之"(《孟子·滕文公章句上》)之苦。

张栻(1133—1180)也有相似观点,其论曰:

> 虽位有贵贱,而人子之心所以爱其亲则同也,是岂为观美哉? 其中心所以自尽者如此。有不得自尽,则中心有所不悦焉。盖欲使比及其化,而土不至于亲肤,而后庶几无所恨也。……墨子之薄葬,固贼夫良心,而后世厚葬之过,其失均也。盖曰尽于人心,则不可以有加也,过是而有加焉,则亦非天理矣。③

因爱亲之心而治丧,非为治丧之规模、器物而治丧。张栻所论依旧以"尽心"为原则,强调对于亡亲遗体的维护。由此开出的丧葬礼义处乎中道,既实现了对于世俗厚葬的批判,又与主张薄葬的墨家划清界限,不致走向否定自身的极端。经过这样一番诠释,孟子便不再是厚葬的支持者,而是"厚亲"礼义的阐发者。孔子"礼,与其奢也,宁俭;丧,与其易也,宁戚"(《论语·八佾》)的教导从此有了一番理学意义上的说明。

除《孟子》外,宋儒论《周易》棺椁之制取诸大过,《春秋》讥华元厚葬其

---

① 张九成:《孟子传》卷 8,《景印文渊阁四库全书》第 196 册,台湾商务印书馆 1986 年版,第 234—235 页。
② 倪思:《经鉏堂杂志》卷 8《李建勋戒家人》,《续修四库全书》第 1122 册,上海古籍出版社 2002 年版,第 242 页。
③ 张栻:《南轩先生孟子说》卷 2,载《张栻集》,岳麓书社 2010 年版,第 231、232 页。

君,《周礼》典瑞以璧、琮敛尸,《礼记》国子高藏尸之说等,多能从批判厚葬、称家有无着眼,以爱护亡亲遗体为孝亲之本。这些主张返古礼大义之本,开丧礼实践之新,为宋代家礼中丧葬礼文的制定提供了坚实理据。

二、重建袭、敛之礼

《礼记·檀弓上》中有一段名言,来自齐国大夫国子高(生卒年不详),其文曰:

> 葬也者,藏也。藏也者,欲人之弗得见也。是故衣足以饰身,棺周于衣,椁周于棺,土周于椁,反壤树之哉。[1]

对此,汉唐学者意见明确,都认为国子高之论近似墨者,非儒家正论。郑玄(127—200)注曰:“意在于俭,非周礼也。”[2]孔颖达(574—648)疏曰:“国子意在于俭,非周礼之法。”[3]然而,国子高的言论在宋代却颇受认同。司马光《葬论》说:“葬者,藏也。孝子不忍其亲之暴露,故敛而藏之。斋送不必厚,厚者有损无益,古人论之详矣。”[4]程颐《葬法决疑》称:“夫葬者藏也,一藏之后,不可复改,必求其永安。故孝子慈孙,尤所慎重。”[5]陈淳《答陈伯澡》曰:“葬者,藏也。要为耐久之计。”[6]这些议论所论之事不一,却都援引“葬也者,藏也”为据,认同其俭葬主张,并重视对亡亲遗体的维护。国子高提出的“棺周于衣,椁周于棺,土周于椁”,更是成为宋代家礼中丧葬典礼的改革大纲,对大小敛、棺椁、葬法等丧葬事务有明显的指导意义。

所谓“棺周于衣”,主要指袭、大小敛仪式中对于袭衣、敛衣的要求。这并非指衣物的华美程度,而是要求它能够在遗体与棺木之间构筑一道保护层,使遗体在棺木中不致因摇动而损伤,在厚庇之中自然腐化。在宋代的丧

① 郑玄注、孔颖达疏,龚抗云整理、王文锦审定:《礼记正义》卷 8《檀弓上》,北京大学出版社 1999 年版,第 239 页。
② 郑玄注、孔颖达疏,龚抗云整理、王文锦审定:《礼记正义》卷 8《檀弓上》,北京大学出版社 1999 年版,第 239 页。
③ 郑玄注、孔颖达疏,龚抗云整理、王文锦审定:《礼记正义》卷 8《檀弓上》,北京大学出版社 1999 年版,第 239 页。
④ 司马光:《温国文正司马公文集》卷 71《葬论》,影印上海涵芬楼借古里瞿氏铁琴铜剑楼藏宋绍兴刊本,《四部丛刊初编》第 139 册,上海书店 1989 年版。
⑤ 程颢、程颐著,王孝鱼点校:《二程集》,中华书局 2004 年版,第 625 页。
⑥ 陈淳:《北溪大全集》卷 27《答陈伯澡八》,《景印文渊阁四库全书》第 1168 册,台湾商务印书馆 1986 年版,第 717 页。

葬习俗中,袭、敛之礼已与古不同。司马光《书仪》指出:"今世俗有袭而无大、小敛,所阙多矣。"①高阅(1097—1153)《厚终礼》记载更详:

> 今之丧者,衣衾既薄,绞冒不施。惧夫形体之露也,遽纳之于棺。乃以入棺为小敛,盖棺为大敛。入棺既在始袭之时,盖棺又在成服之日,则是小敛、大敛之礼皆废矣。②
>
> 今也之袭者,不知此意,或止用单袷一称。虽富贵之家衣衾必备,皆不以袭、敛,又不能谨藏。古人遗衣裳必置于灵座,既而藏于庙中。乃或同与分之,甚至计直贸易以充丧费,徒加功于无用,摈财于无谓,而所以附其身者,曾不之虑。呜呼!又孰若用以袭、敛,而使亡者获厚庇于九泉之下哉?③

在此,高阅不但对当时丧俗详加描述,更试图探索宋代袭敛之礼崩坏的原因。他认为,问题的出现与袭礼所用衣物过于单薄有关。在宋代,即便富贵之家也仅用"单袷一称"作袭衣。这种"非礼"行为不但使死者的多余衣物难以处理(以致分与众人、卖充丧费),还导致丧礼仪式的紊乱。按古礼,遗体在小敛时纳于棺中,在大殓时加盖棺盖。然而,由于宋代习俗中袭衣轻薄,又无绞冒等缠绕尸身,人们往往害怕遗体暴露,在袭礼之后就将其草草纳入棺木。这样一来,非但"棺周于衣"的理想不能实现,小敛、大殓之礼也不复存在。

如欲实践"厚亲"之道,便须重建袭、敛之礼;而袭、敛礼重建的关键在于仪式中使用的衣物。北宋司马光《书仪》认为,袭衣应用深衣、大带、履,不宜使用幞头、公服等物,其原因既来自对于古礼仪文的考证,也来自对于袭、敛礼义的把握。他说:

> 古者死人不冠,但以帛裹其首,谓之"掩"。《士丧礼》:"掩,练帛广终幅,长五尺,析其末。"注:"掩,裹首也。析其末,为将结于头下,又还结于项中。"盖以袭敛主于保护肌体,贵于柔软紧实,冠则磊块难安。况

---

① 司马光:《司马氏书仪》卷5《丧仪一·小敛》,《丛书集成初编》第1040册,中华书局1985年据学津讨原本排印,第58页。
② 《家礼》杨复注,载杨复、刘垓孙:《文公家礼集注》卷4《丧礼第四》,北京图书馆出版社2005年据国家图书馆藏元刻本影印。
③ 《家礼》杨复注,载杨复、刘垓孙:《文公家礼集注》卷4《丧礼第四》,北京图书馆出版社2005年据国家图书馆藏元刻本影印。

今幞头以铁为角,长三尺;而帽用漆纱为之,上有虚檐。置于棺中,何由安帖。莫若袭以常服,上加幅巾、深衣、大带。若无深衣、带、屐,止用衫勒帛、鞋亦得。其幞头、公服、腰带、靴、笏,俟葬时置于棺上可也。①

以古礼为标准反思时俗是宋代家礼撰述的一般思路,《书仪》也不例外。不过,司马光并未执着于恢复古礼中以帛裹首之制,而是更加注重衣物保护肌体的功用。他认为,保护肌体、厚庇亡亲是袭、敛之礼的核心意义,唯有柔软紧实的衣物才可用作袭衣。所以,无论是易于摇动的冠帽还是用铁作角的幞头,都不可用以行礼。不过,司马光又说:"古者士袭衣三称、大夫五称、诸侯七称、公九称,小敛尊卑通用十九称,大殓士三十称,大夫五十称,君百称,此非贫者所能办也。今从简易,袭用衣一称,大小敛据死者所有之衣,及亲友所襚之衣,随宜用之。若衣多,不必尽用也。"②

到南宋,高闶《厚终礼》对袭、敛衣物的数量尤为重视。其论曰:

> 《礼》士袭衣三称,而子羔之袭也衣五称。孔子之丧,公西赤掌殡葬焉,袭衣十一称,加朝服一。《杂记》曰:"公袭九称。"盖袭数之不同如此,大抵衣衾唯欲其厚尔。衣衾之所以厚者,岂徒以设饰哉? 盖人死斯恶之矣,圣人不忍言也,但制为典礼,使厚其衣衾而已。③

> 敛以衣为主。小敛之衣必以十九称,大敛之衣多至五十称,夫既袭之后而敛衣若此之多,非绞以束之,则不能以坚实矣。凡物束练紧急则细小而坚实,夫然故衣衾足以朽肉,而形体深祕可以使人之勿恶也。④

高闶认为,关于袭衣之数,《仪礼》《孔子家语》《礼记》记载虽有不同,却同样是为了"厚其衣衾",不使亡亲遗体暴露。为达成此种目的,袭衣至少需要三称之数,至于大、小敛,则可多至数十,以束、练系之,而保持内外坚实。显然,《厚终礼》袭敛从厚的主张与司马光《书仪》"今从简易"的做法存在差

---

① 司马光:《司马氏书仪》卷5《丧仪一·袭》,《丛书集成初编》第1040册,中华书局1985年据学津讨原本排印,第58页。
② 司马光:《司马氏书仪》卷5《丧仪一·袭》,《丛书集成初编》第1040册,中华书局1985年据学津讨原本排印,第58页。
③ 《家礼》杨复注,载杨复、刘垓孙:《文公家礼集注》卷4《丧礼第四》,北京图书馆出版社2005年据国家图书馆藏元刻本影印。
④ 《家礼》杨复注,载杨复、刘垓孙:《文公家礼集注》卷4《丧礼第四》,北京图书馆出版社2005年据国家图书馆藏元刻本影印。

异。对此,朱熹虽然在《家礼》中尽录《书仪》之文,却在后来力主高闶之说,正合杨复所说"丧礼本之司马氏,后又以高氏为最善"①。

从宋墓考古的有关情况看,宋儒重建袭敛之礼的努力似乎在南宋得以实现。福建福州的黄昇墓中便出土大量袭敛衣物,保存完好。该墓棺内底部铺灯芯草及纸渣状物,上置三横四纵条木钉成之尸垫,其上铺有被子4条,用来包裹尸体与随葬品。被上包裹外绑丝带的敛尸,绑带交错打结如网状。死者头盖覆脸,全身穿戴完好,上身共9件,下体11件②。袭敛之衣服虽不及《厚终礼》所谓"小敛之衣必以十九称,大敛之衣多至五十称"③,但袭敛内外衣服却大致与"次布祭服,后布散衣"④的次序相合(礼图见图5.5),最外层的褐色罗镶花边广袖袍(图3.9)、烟色罗洒金双凤穿牡丹褶裥裙正是死者最华美、高贵的衣服。

三、改造棺、墓之制

如果说,重建袭敛之礼的目的在于解决"棺周于衣"的问题,那么,对棺木制作、穿圹之法的改造则指向"椁周于棺,土周于椁"的理念,同样体现了宋代丧礼的厚亲之道。关于棺木的制作问题,程颐曾作《记葬用柏棺事》,首陈葬礼治棺之义:

> 古人之葬,欲比化不使土亲肤。今奇玩之物,尚保藏固密,以防损污,况亲之遗骨,当如何哉?世俗浅识,惟欲不见而已,又有求速化之说。是岂知必诚必信之义?且非欲其不化也,未化之间,保藏当如是尔。⑤

---

① 朱熹:《家礼》,黄瑞节编:《朱子成书》第7册,《中华再造善本》,国家图书馆出版社2005年据中国国家图书馆藏元至正元年(1341)日新书堂刻本影印。
② 福建省博物馆编:《福州南宋黄昇墓》,文物出版社1982年版,第7页。
③ 《家礼》杨复注,载杨复、刘垓孙:《文公家礼集注》卷4《丧礼第四》,北京图书馆出版社2005年据国家图书馆藏元刻本影印。
④ 《家礼》杨复注,载杨复、刘垓孙:《文公家礼集注》卷4《丧礼第四》,北京图书馆出版社2005年据国家图书馆藏元刻本影印。
⑤ 程颢、程颐著,王孝鱼点校:《二程集》,中华书局2004年版,第626页。

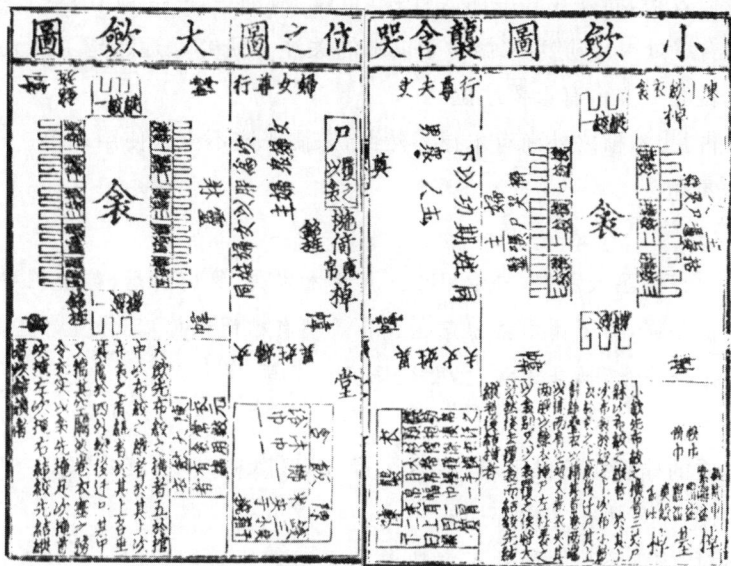

图 5.5　袭、敛之礼[1]

在当时的技术条件下,尸体不腐很难做到。程颐所思考的问题在于如何使棺木能够后于骨肉而腐朽,从而最大限度地保护死者遗体。据文章交代,程颐对该问题的探索有一个逐渐深入的过程。在其年少之时,曾祖去世,他便开始思考"何物能后骨而朽"[2]。后来听说盗墓贼在盗掘咸阳原上的东汉墓葬时发现其柏棺尚且保存完好,又听说韩修王城坍塌得到古时柏树,于是开始相信俗谚所谓"松千柏万"之说,主张用柏木作棺。此外,考虑到"虫之侵骨,甚可畏也"[3]的事实,程颐还试图寻找能够使棺木"木坚缝完"的胶合材料。后来,他在偶然看书时发现有"松脂入地,千年为茯苓,万年为琥珀"的说法,又听说嵩山法王寺出土了"裹以松脂"的古棺,于是认为松脂是涂抹棺木缝隙的最佳选择,遂定下"以柏为棺,而涂以松脂"的治棺之制。对此,程颐自信地认为,"求安之道,思之至矣。地中之事,察之详矣"[4]。

程颐对于棺木的细致研究对宋人贯彻厚亲之道具有启发性意义。高闶《厚终礼》进一步提出,程颐所说的松脂与柏木性质相合,就是当时所谓"沥青"。不过,单独使用松脂涂棺的效果并不好,可能会使其龟裂。如果想要

---

[1]　朱熹:《家礼》,黄瑞节编《朱子成书》第 7 册,国家图书馆出版社 2005 年据中国国家图书馆藏元至正元年(1341)日新书堂刻本影印。

[2]　程颢、程颐著,王孝鱼点校:《二程集》,中华书局 2004 年版,第 626 页。

[3]　程颢、程颐著,王孝鱼点校:《二程集》,中华书局 2004 年版,第 626 页。

[4]　程颢、程颐著,王孝鱼点校:《二程集》,中华书局 2004 年版,第 626 页。

达到最佳效果,尚须在其中加入蚌粉、黄蜡、清油等,一并煎煮,浇灌于棺木之间的合缝处①。显然,宋儒对棺木的关注与研究远远超越了前人,在中国古代丧葬史上占有重要地位。

按古礼,木棺之外尚有木椁。然而,宋儒普遍不主张使用木椁。司马光《书仪》便说:

> 椁虽圣人所制,自古用之。然板木岁久,终归腐烂,徒使圹中宽大,不能牢固,不若不用之为愈也。孔子鲤有棺而无椁,又许贫者还葬而无椁。今不欲用,非为贫也,乃欲保安亡者耳。②

木质的椁直接接触土壤,岁月久远,必然腐朽,导致墓穴塌陷。与其因好礼留用,不如因爱亲而弃用。

不过,宋人不用木椁并不意味着不采用其他质料的椁。尤其在南方多雨之地,直接接触潮湿土壤的棺木无法抵御虫蚁与水患的破坏,即便"木椁、沥青似亦无益"③。于是有所谓"灰隔法":

> 穿圹既毕,先布炭末于圹底,筑实厚二三寸。然后布石灰、细沙、黄土拌匀者于其上,灰三分,二者各一可也。筑实厚二三尺。别用薄板为灰隔,如椁之状。内以沥青涂之,厚三寸许,中取容棺。墙高于棺四寸许,置于灰上。乃于四旁旋下四物,亦以薄板隔之。炭末居外,三物居内,如底之厚。筑之既实,则旋抽其板近上,复下炭灰等而筑之,反墙之平而止。盖既不用椁,则无以容沥青,故为此制。又炭御木根,辟水蚁,石灰得沙而实,得土而黏,岁久结为全石,蝼蚁盗贼皆不能进也。④

在《家礼》撰成之后,朱熹对灰隔法的思考仍未结束,而是对其做出两点

---

① 《家礼》杨复注,载杨复、刘垓孙:《文公家礼集注》卷4《丧礼第四》,北京图书馆出版社2005年据国家图书馆藏元刻本影印。

② 此段为通行本《司马公书仪》所无,见于朱熹:《家礼》卷4,《中华再造善本》一编,北京:北京图书馆出版社2004年据中国国家图书馆藏宋刻本影印。

③ 朱熹撰、刘永翔、朱幼文校点:《晦庵先生朱文公文集》卷45《答廖子晦》,朱杰人主编《朱子全书》第22册,上海古籍出版社、安徽教育出版社2002年版,第2097页。

④ 朱熹:《家礼》卷4,《中华再造善本》一编,北京图书馆出版社2004年据中国国家图书馆藏宋刻本影印。

重要改进:其一,棺外用椁,墓制由两层变为三层,由于当时法令明文禁止一般士庶使用石椁,所以仅用石数片围成石椁形状①;其二,椁外只用灰沙筑实,而不用黄土,因为黄土将招引树根,破坏棺木②。显然,这一方法在当时的技术环境下最大限度地保护遗体不受地下水与蝼蚁侵蚀的影响,成为宋儒寄托"厚亲"之思的重要方式。

从宋墓考古情况来看,不少江南地区的墓葬都使用了柏棺、松脂(沥青)、石椁、灰沙等藏尸之法。如江西乐平王刚中(1103—1165)墓,"墓内底部以两层条砖铺地,上层砖横铺,砖长 0.41、宽 0.09、厚 0.07 米;下层砖纵铺,砖长 0.36、宽 0.18、厚 0.07 米。棺木四周充填石灰砂浆,封固结实,形成一个厚重的石灰椁,对棺木、壁画当起到良好的保护作用"③(见图 5.6)。这种夯筑方式在江西宋墓中并不少见,如南丰县桑田北宋晚期墓④、铅山县新安埠宋绍兴三十一年宰相陈康伯夫人何氏墓⑤等都属此类。

再如著名的福建福州黄昇墓,墓室是三圹并列的长方形平顶石砖椁,圹的上下及四壁外均铺填三合土一层,圹底四周铺长条形基石一层,在基石上用长方形石板两层合榫砌成圹壁,顶部覆盖带有榫槽相互扣压的块石三方。椁壁与圹壁之间灌注松香,椁顶亦浇盖松香。"从墓室结构来看,石圹外包含三合土,圹椁之间灌注松香,封闭严密。加上位于高处,土质干燥,使圹内不致积水,有利于对葬具和随葬品的保护。"⑥首先,圹穴之中加填三合土,"岁久结为全石",为第一层;其次,用石板筑成圹壁,为第二层;再次,用松香灌注并加石椁,为第三层;最后,最内用棺,为第四层(见图 5.7)。这种由外到内总计四层的藏尸之法,较朱子所谓"灰隔法"有过之而无不及,表现出"厚亲"观念在当时的流行。

① 朱熹撰,刘永翔、朱幼文校点:《晦庵先生朱文公文集》卷 45《答廖子晦》,朱杰人主编《朱子全书》第 22 册,上海古籍出版社、安徽教育出版社 2002 年版,第 2097 页。
② 黎靖德编,王星贤点校:《朱子语类》卷 89《礼六·冠昏丧》,中华书局 1986 年版,第 2287 页。
③ 陈定荣、詹开逊:《江西乐平宋代壁画墓》,《文物》1990 年第 3 期,第 14—18 页。
④ 陈定荣:《江西南丰县桑田宋墓》,《考古》1988 年第 4 期,第 318—328 页。
⑤ 陈定荣:《江西铅山宋淑国夫人墓》,《南方文物》1989 年第 2 期,第 33—37 页。
⑥ 福建省博物馆编:《福州南宋黄昇墓》,文物出版社 1982 年版,第 4 页。

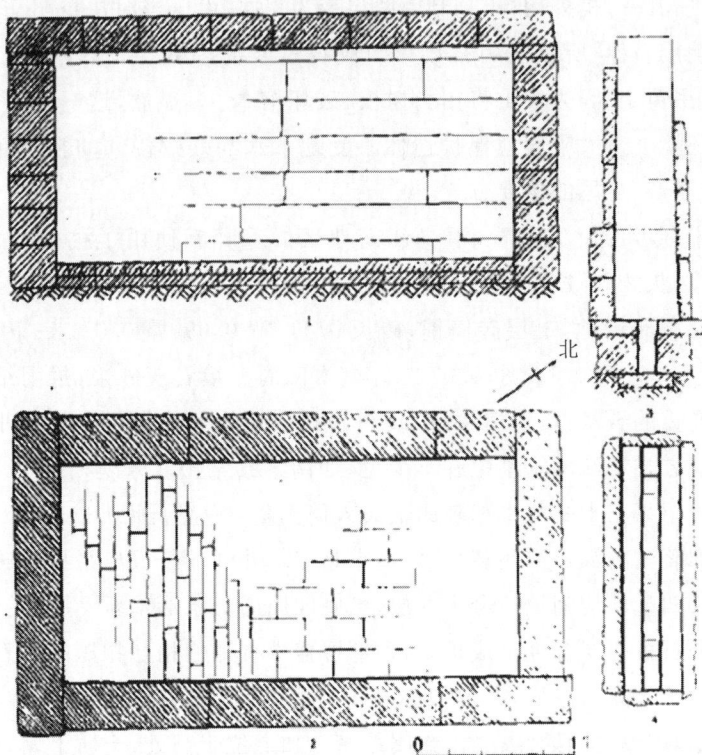

图 5.6　江西乐平宋代壁画墓平、剖面图①

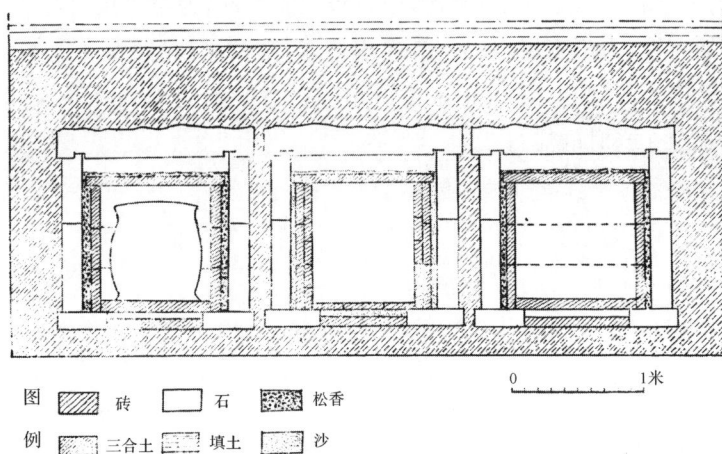

图 5.7　黄昇墓墓室横剖面图②

①　陈定荣、詹开逊:《江西乐平宋代壁画墓》,《文物》1990 年第 3 期,第 14—18 页。
②　福建省博物馆编:《福州南宋黄昇墓》,文物出版社 1982 年版,第 5 页。

本章小结

在宋代,佛教的思想创新虽然不及盛唐之时,但是,佛教的世俗化与平民化使其进入了一个更具影响力的"中兴时代"。这时的佛教逐步向"死亡宗教"靠近,不但表现为轮回说的广泛传播与信仰,还表现为七七、火葬等丧葬习俗的流行。这意味着,宋儒所面对的竞争者已不再是能够谈禅说理的高僧大德,而是胶固于民间社会的佛教信仰与习俗。如欲"辟佛老",必须改变"未知生焉知死"的死亡观念,积极建构自身的死亡关怀,从思想观念与礼仪实践双方面对佛教予以迎击。

整饬五服制度,将丧礼范围在家族亲属关系之中,为重建儒家丧礼提供可能。作为丧礼存在之前提的五服制度在宋朝立国之初表现出遵守不一的混乱局面,对此,宋朝政府颁行《五服敕》,以法律形式统一服制。到南宋,五服由"敕"入"格",表现出教化士庶的儒家法律特征。宋儒所定五服制度,多从当时法令中节录而来,保持着与官方礼法的一致性。对于法律并未明文规定的丧服形制,宋儒亦能考礼、俗而行,希望对于移风化俗有所裨益。宋儒的这些努力激发了丧服图书之学的兴盛,催生了《仪礼图》《内外服制通释》等重要著作,影响了元代之后的官方法典。

在思想上辨明轮回说之虚妄,在实践中积极构建与理学相贯通的丧葬仪式。宋儒一改儒家不言性与天道、讳谈死亡的传统,思辨鬼神之理,展开对于佛教轮回之说的批判。作为宋代道学的集大成者,朱熹以阴阳二气之功用论鬼神、魂魄,否定佛教鬼神之说的理论基础;以彻底的气散论解释死亡,否认轮回主体、空间的存在可能;以气之强弱、死者怨气解释厉鬼现象,批评佛老不安于死、自私自利的生死观。朱熹的鬼神观不仅驳斥了世俗笃信的佛教轮回之说,证明在丧葬礼俗中大作佛事的虚妄,还为儒家丧祭之礼提供了理学说明。在《家礼·丧礼》中,朱熹以不间断的仪式在不断的空间变化中接续死者魂魄,使之不致分离耗散。由于持有这样的鬼神观,《家礼》对古礼的去取损益独具特色。

扭转"厚葬"之风,确立"厚亲"的丧葬理念,重视对于尸体的保护与安置。相比唐代墓葬,宋墓的陪葬品及墓葬形制已发生显著变化,这种变化看似较唐代为"薄",实际却并非降低治葬的成本。宋代的"厚葬"主要表现为大作佛事、讲究排场。对此,宋儒深恶痛绝,认为此"厚"非彼"厚",唯有重视对遗体的保护与安置才是真正的"厚亲"。因此,宋儒于袭敛、治棺、穿圹等方面多有研究,发明了不少前所未有的新技术、新方法。

经过宋儒的努力,兼具思想与仪式、以"厚亲"为重的儒家式死亡关怀基本确立,并开始影响佛教礼仪(详后)。回看欧阳修《本论》中所谓"修本以胜之"的策略,令人慨叹这位北宋儒者的远见卓识。

第六章　祭礼:建构世俗家族的神圣性(上)

宋代祭礼可略分作家祭①、墓祭两类。从祭祀对象来看,家祭面对的是有代数限制的部分祖先的神主、位牌,墓祭则是没有代数限制的祖先坟墓。从行礼的空间、场所来看,家祭在祠堂、影堂等独立礼仪空间,以及在家中寝室、堂屋等处举行(祭于庙、祭于寝);墓祭在坟墓茔园举行(祭于野)。如果说,家祭的重构表现出宋儒重返经典的努力,那么,墓祭的风行更多体现了时俗的要求。本书祭礼两章分别从家祭、墓祭两方面展开论述,希望理清11至13世纪中国祭礼变革的历史线索。

第一节　家祭礼中的神圣之物(一)

对家祭来说,家庙、祠堂等行礼空间具有某种与世俗生活相分隔的神圣性②。因此,家庙、祠堂素来是家礼研究的重点,成果颇丰。然而从理论上说,无论家庙还是祠堂,其神圣性并不来自建筑学意义上的空间架构,而是源于其中供奉的"神圣之物"——"神主"或"影"③。就使用情况而言,"影"是唐宋时期士庶长期遵用的祭祀对象,而神主是学者通过考证与想象建构出来的"古礼"神圣之物。就表现力而言,"影"能够给人以直观感受、催生思亲之情,而神主仅为理论上凝萃祖考魂魄之物。因此,神主并不比影具备实践方面的优势,却在12世纪后广泛传播,成为这一时期祭礼变革中的谜题。探讨宋儒"复原"神主之制的过程不仅有助于解开这一谜题,还可探索宋儒建构祭礼神圣性的方法,对理解"理"与"礼"的内在联系、士大夫礼学与官方

---

① 大夫、士祭礼一般分为庙祭、墓祭,但就宋代实际而言,唐式的家庙制度始终没能建立。士大夫祭于家庙、祠堂、影堂、寝堂都很常见(见陆敏珍:《重写世界:宋人从家庙到祠堂的构想》,《浙江学刊》2017年第3期,第177—185页)。此种现象,实难以空间为标准作归类,姑且称之为"家祭",以与以坟墓为行礼场所的墓祭作一粗略区别。

② 陆敏珍:《重写世界:宋人从家庙到祠堂的构想》,《浙江学刊》2017年第3期,第177—185页。

③ 关于"影",学界有容像、写真、祖容像、祖宗画(像)、纪念性肖像画等多种称谓,本章所说的"影",主要指由家族(宗族)绘制、保存,以丧、祭礼仪实践为目的,刻、画在纸张、绢帛等载体上的,以一位或多位祖先人物为内容的图画作品,不包括壁画、塑像、照相等图像。
本章所谓"神主",专指宋代之后兴起的以程颐《作主式》为代表的神主。此类神主专称"主",与当时使用的"位牌""牌子"不同。

礼制的依违有所助益。本节先论真、影之流行,次论木主之立制,最后对两者在实践中的复杂关系予以说明。

一、悬影习俗的渊源与观念

沿袭唐、五代的官方礼制,并受禅宗丛林清规的影响,宋代朝廷上下都盛行悬挂真影以供祭祀的礼俗。在宋人看来,祖先画像具有神圣性,不仅是出于孝子思亲之情,更是因为画像本身即"分有"(participation)祖考精神。这种"分有"虽然会耗损生者神气,却可以在人死之后继续凝萃在画像之上,以血肉之躯的方式重新回到此世歆享祭品,甚至与家人团聚。

(一)奉安御容与悬影设祭

关于祖先画像的起源,学界有不同看法。从礼学变迁的历史脉络看,"尸礼废而像事兴"①,用于丧、祭之礼的祖先画像至迟在战国时代就已出现②。但是,习俗出现的时间考证并不能代替习俗传播过程的考察。从文献记载来看,宋代之后传播迅速的祖先画像有关习俗主要有两方面重要来源。

就国家礼制而言,宋代的御容供奉制度沿袭唐、五代礼典而来,并受到汉代原庙制度影响,所谓"国家推本汉仪,立郡国之庙;参用唐制,就佛老之祠"③。据《事类备要》记载,北宋初期沿袭五代之制,御容画像寓居于僧道之馆。元丰年间(1078—1085),神宗仿照汉代原庙制度,在景灵宫东西建六座殿宇,前殿供奉宣祖以下的先皇御容,后殿分别供奉先后御容,每殿各有"美名"。徽宗时,又在弛道西建"西宫",构成了东、西景灵宫的恢宏架构。南宋后,景灵宫制度虽然"无复东都之制",平常却也有掌宫内侍 7 人、道士 1 人、吏卒 276 人的庞大队伍护卫。每逢上元、寒食、七夕、忌日等时节则设祭供奉,其中最为盛大的岁终酌献之礼一次便要耗费 240 只羊④。

另一方面,士大夫以及一般士庶受禅宗丛林制度影响,往往悬真、影祭祖。唐代文集中常见的像赞、影堂题记,以及敦煌文书中的邈真画像说明,唐代僧人群体中已经流行生前写真,死后入影堂(真堂)供奉的制度。到宋

---

① 顾炎武著、黄汝成集释:《日知录集释》卷 14《礼制一·像设》,岳麓书社 1994 年版,第 528 页。
② 吴卫鸣:《民间祖容像的传承》,载《艺术史与艺术理论》,中国美术学院出版社 2004 年版,第 143—185 页。
③ 苏轼撰、孔凡礼点校:《苏轼文集》卷 44《西京会圣宫应天禅院奉安神宗皇帝御容前一日奏告》,中华书局 1986 年版,第 1290 页。
④ 谢维新:《古今合璧事类备要》外集卷 9《祭祀门·原庙》,《景印文渊阁四库全书》第 941 册,台湾商务印书馆 1986 年版,第 494 页。

代,由于士大夫家庙制度久议不定,悬影祭祖成为不少士庶人的选择。常见的悬影祭祀有两种情况:第一种是立影堂祭祀,如刘温叟(909—971)于其母生日时获赠先父遗物,遂"开影堂列祭,以文告之"①。按,温叟之父即刘岳(生卒年不详),曾撰《书仪》,至宋尚存,间有转引②,可知影堂于宋初便为好礼士大夫所采用。另一种是设影帐祭祀,如程颐(1033—1107)旧家供有高祖程羽(913—984)以及叔父七郎等人画像,设影帐以奉祭祀。这种悬影习俗虽然没有建造单独的家庙式建筑,却用帷帐在家中开辟出独立的行礼空间,可以看作影堂的权宜之制。

(二)"画杀"与"夺尽精神"

通过官方礼仪的传承与宗教世俗化浪潮,悬影设祭成为宋代"自天子以至于庶民"共同遵行的习俗。酌献频举的仪式背后,隐藏了宋人对于影、真的观想。程颐《家世旧事》曰:

> 少师影帐画侍婢二人:一曰凤子,一曰宜子。颐幼时犹记伯祖母指其为谁,今则无能识者。抱笏苍头曰福郎,家人传曰,画工呼使啜茶,视而写之。福郎寻卒,人以为画杀。叔父七郎中影帐亦画侍者二人:大者曰楚云,小者曰儴—一作赛奴,未几二人皆卒。由是家中益神其事。③

按此,程颐高祖、叔父的画像中不单画本人,而是另外画有侍婢、仆从。画工通过啜茶的时机观察仆从福郎,将其入画,竟然导致福郎的死亡。对此,家人首先想到的是所谓"画杀"之说。后来,程颐叔父画像中又画侍者二人,而又致死,于是程家对"画杀"之说深信不疑。可见在宋人观念中,祖先画像的绘制(画影)具备一种分有主体生命力的奇妙功能,将会折损生者寿命。折损的程度与绘画技巧之高下有关,邓椿(生卒年不详)《画继》卷六《人物传写》:

> 朱渐,京师人,宣和间写六殿御容,俗云:"未满三十岁,不可令朱待

---

① 脱脱:《宋史》卷262《刘温叟传》,中华书局1977年版,第9071页。
② 欧阳修《归田录》卷二:"刘岳《书仪·婚礼》有'女坐婿之马鞍,父母为之合髻'之礼,不知用何经义?据岳自叙云,以时之所尚者益之。"(欧阳修撰,李逸安点校:《归田录》卷2,载《欧阳修全集》,中华书局2001年版,第1940页)
③ 程颢、程颐著,王孝鱼点校:《二程集》,中华书局2004年版,第657页。

诏写真,恐其夺尽精神也。"①

可见,好的画师不但能够做到逼真,还可达到传神的艺术高度。臻于此境的画绝非要求入画者"正襟危坐,如泥塑人"般传写而来,而是画工在其"叫啸谈话之间"②仔细观察、细心捕捉而得。显然,程颐故家所请之画工对这种"捉神"之法十分精通,故可在福郎啜茶之际得其"本真性情"而画之。宋人认为,这种摹写并非复制入画者的精神,而是直取其精神作画。所以,民俗称年少之人不可画影,恐其神气不足,精神夺尽则将早亡。

(三)画像中的精神魂魄

如果说,生前画影将会夺人精神,那么,被"捉"到画像中的精神在主体死亡后仍可以某种方式延续其生命力。以台北故宫博物院藏《宋人着色人物图》③为例(见图 6.1、图 6.2)。细看此画布局:画中人高坐榻上,榻后屏障挂小影一幅,所画正是榻上人。小影中人面左,榻上之人面右,相觑、顾盼之间,有"是一是二"之思:

图 6.1 《清高宗是一是二图》局部④　　图 6.2 《宋人着色人物图》局部⑤

是一是二,不即不离。儒可墨可,何思何虑。那罗延窟题并书。⑥

---

① 邓椿:《画继》卷 6《人物传写》,《丛书集成新编》第 53 册,新文丰出版公司 1986 年据学津讨原本排印,第 233 页。

② 王绎:《写像秘诀》,载俞剑华《中国画论类编》,人民美术出版社 1957 年版,第 485 页。

③ 《清高宗是一是二图》素因"画中有画""相外添相"而备受瞩目。近来有学者指出,该画创意很可能来自台北故宫博物院藏《宋人着色人物图》。见李霖灿:《中国名画研究》,浙江大学出版社 2014 年版,第 291—295 页。

④ 台北故宫博物院藏,转引自李霖灿:《中国名画研究》,浙江大学出版社 2014 年版,第 292 页。

⑤ 台北故宫博物院藏,转引自李霖灿:《中国名画研究》,浙江大学出版社 2014 年版,第 293 页。

⑥ 乾隆画上题字。

恰如庄周梦蝶,主体所见之"我"与主体本身之"我"在《是一是二图》中奇妙对峙。画中人如蝶,栩栩如生;榻上人即我,蘧蘧梦醒。不知是我观画中人,抑或画中之人观我? 或者,画像是否"分有"了画中人的精神? 若是,是否意味着同时存在精神意义上的两个"我"? 如是,当画中人死去,是否意味着存在两个"我"的灵魂,一个随形体消亡而不知何之,另一个始终依附在画像之上? 由宋至清,这一饶有趣味的绘画主题仍然能够唤起皇帝的哲思,固然出于政治的需要,亦足以说明画像在宋、元、明、清这一长时段中具有的"魔力"。

更有甚者,宋人甚至相信画像中的精神在主体死亡后仍然可以以某种方式延续其生命力。在宋人文集中,朝廷奉安御容的过程中往往需要大量青词、祝文以备其礼。如王安石《西京应天禅院奏告太祖太宗真宗皇帝御容祝》:

> 伏以殊庭有侐、馆御如存。吉日既蠲,缮修惟谨。式陈嘉荐,以妥明灵。[1]

洛阳应天禅院是宋廷奉安御容的重要场所,年深日久,不免要修缮宫宇。这篇祝文正是殿宇修毕回迁御容时昭告祖先所用。文中所谓"式陈嘉荐,以妥明灵"的说法强调祭祀可以得到祖先灵魂的感知,并歆享祭品的效果。这种说法与太庙祭祀中所用祝文类似,说明行礼者相信御容画像也可以像木主一样具有凝萃祖先魂魄的作用。

民间传说进一步印证了宋人的这种观念。宋元话本有《杨思温燕山逢故人》故事,本事取自南宋洪迈(1123—1202)《夷坚志》中的《太原意娘》,《太原意娘》讲述了杨从善与其表兄韩师厚、表嫂王氏之间发生的神鬼怪异之事(见图6.3)。故事发生在靖康之难后,杨从善在金朝统治的北方饮酒,发现墙壁上有"太原意娘"所题小词,识得为表嫂王氏字体,寻迹追赶而至金朝韩国夫人宅院。王氏与之相认,告称韩国夫人救命之事,嘱托杨从善探寻丈夫踪迹。他日,杨从善又饮酒于酒楼,偶会自南宋来使的表兄韩师厚,为言此事。韩称亲见王氏于乱兵中自刎而死,在杨的一再坚持下,两人一同前往寻找王氏,却见:

---

[1] 王安石:《临川先生文集》卷46《内制》,上海古籍出版社1959年版,第484页。

图 6.3　杨思温燕山逢故人①

　　荒草如织。逢墙外打线媪,试告焉。媪曰:"意娘实在此,然非生者。昨韩国夫人闵其节义,为火骨以来,韩国亡,因随葬此。"遂指示窆处,二人逾垣入,恍然见从庑下趣室中,皆惊惧。然业已至,即随之,乃韩国影堂,傍绘意娘像,衣貌悉曩所见。②

　　旧宅虽在,却早已无人居住,成为韩国夫人与王氏的茔园。茔园中有韩国影堂,影堂一侧高悬王氏画像,衣服容貌正是前日所见。按此,王氏魂魄回到此世的怪异事件可能有两种媒介:其一是坟墓,即其火葬埋骨之处;其二是画像,即韩国影堂所悬挂者。故事后文交代,韩师厚"悲痛还馆,具酒肴作文祭酹",王氏终于又一次前来相会。而当韩发家反葬王氏后,王氏仅能入其夫梦境,再未于现实中出现。可见,虽然坟墓与画像都能诱导魂魄来格,唯有影堂画像可使死者由彼世回归此世。此类人鬼与形象模糊不定的鬼魂不同,言、谈、动、视都与生者无异。此类例证在《夷坚志》中不少,如《高氏影堂》:

---

① 冯梦龙:《喻世明言:绣像珍藏本》卷24《杨思温燕山逢故人》,岳麓书社2016年版,第239页。
② 洪迈撰,何卓点校:《夷坚志》丁志卷9《太原意娘》,中华书局1981年版,第608、609页。

鄱阳柴步龙安寺,元有高氏妇影堂,不记何时所立,寺轮拨童行分职香火。绍熙三年,当安净者主之,慕悦画像,因起淫佚之想,每夕祷之曰:"娘子有灵,不惜垂访。"如是累旬。一日黄昏后,遇妇人身披素衣,立于佛殿角……遂相与同寝。闻五更钟声遽起,约今晚再会,往反半月。……①

此处影堂与上例附于坟墓的情况不同,立于禅寺之中。花和尚见其中画像而起淫心,每日祷告,竟因"诚心"招致高氏鬼魂现身,一连半月与之同寝。这个故事一方面说明高氏画像之逼真、画工绘画技术之高妙;另一方面证明了由画像为媒介现身之"人鬼"是实在的个体,能被生者感知。

小说家言虽未必是实事,却反映出作者与传说者对影像的理解与认识,折射出时人对祖宗画像的诚挚信仰。以此为思想根基,宋代悬影习俗超越族群界限与政治边界,成为风靡大江南北、通行于天子士庶的重要民俗。

二、画师传神技法的成熟应用

随着悬影习俗盛行,宋元时人对祖先画像的绘制要求提高,促进了画工传写技巧的变革。在宋人眼中,一位好的画师不仅应注重面部特征细描,达到"逼真"的效果,还应讲究神韵、气质,精通"捉神"之法,臻于"传神"之境。虽然宋元祖先画像原版流传很少,但是,刊入家谱中的此类画像存世较多,或可为考察宋元祖先画像的绘画技法提供新证。

(一)结构化的传写秘法

画影与其他类型人物画最为直观的区别是面部所占画幅的比例。在山水画中,画中人如沧海一粟,面目模糊难辨,五官不画亦可。在人物组画中,人物面庞所占画幅仍然相对较小,人物的整体风韵可由动作、衣冠等因素表现,并不单纯依赖面部特征。然而在祖先画像尤其是半身像中,人物面部所占画幅巨大,直接关系到画像的成败。因此,掌握五官画法成为画影技巧中的首要问题。

由于相术对人物面部特征描写最细,宋元之人往往借用相术术语论画、作画。如苏轼(1037—1101)说:"传神与相一道。"②王绎(1333—?)称:"凡

---

① 洪迈撰,何卓点校《夷坚志》辛志卷9《高氏影堂》,中华书局1981年版,第1455页。
② 苏轼:《东坡论人物传神》,载俞剑华《中国画论类编》,人民美术出版社1957年版,第454页。

写像须通晓相法。"①因通晓相法而善于画影的画师不少,如牟谷(生卒年不详)"深相术,故于丹青尤长写貌"②,元霭(生卒年不详)"通古人相法,遂能写真"③,等等。

王绎《写像秘诀》后附《写真古诀》曰:

> 写真之法,先观八格,次看三庭。眼横五配,口约三均。明其大局,好定寸分。④

所谓"八格"乃是田、由、国、用、目、甲、风、申八种脸型。"三庭"用以观察面部纵向比例,分上、中、下:上庭为发际至印堂,中庭为印堂至鼻准,下庭为鼻准下至脸底。"五配""三均"用以观察面部的横向比例。其中,"五配"是两眼一线的横向比例,包括两眼、两眼之间的山根及其旁边鱼尾纹集中处。"三均"是嘴巴一线的横向比例,包括嘴巴侧之两颐。"五配""三均"连线之间距相同、左右对称。这一理论适合正面传写,试图将人脸圈定在方格之中工笔细绘,本质上是一种高度"结构化"的绘画技法。

以图6.4为例,三幅画像皆北宋时期人,亲笔像赞分别出自北宋名臣吴奎(1011—1068)、蔡挺(1014—1079)、郑侠(1041—1119)。三幅画像都是正面传写、左右对称。其中丁宗臣为"国"字脸,丁宝臣为"申"字脸,丁骘为"风"字脸。实测图四发现,三幅画像的"三庭"比例分别是:0.75∶0.75∶0.4,0.6∶0.6∶0.45,0.7∶0.7∶0.4。"五配"比例分别为:0.3∶0.6∶0.6∶0.6∶0.3,0.3∶0.4∶0.5∶0.4∶0.3,0.3∶0.6∶0.5∶0.6∶0.3。"三均"比例分别为:0.7∶0.7∶0.7,0.6∶0.6∶0.6,0.8∶0.8∶0.8。可见,画师正面传写时的确遵循了一定的比例。其中,"三庭""三均"各部分的比例基本相同,"五配"中两眼及其中山根部分比例基本相同。随脸型变化,各处比例也有少许差异,如丁宝臣脸颊稍宽,丁骘两腮宽大,等等。这说明,宋元画师在"八格"绘画比例方面可能有较《写像古诀》更为细致的归纳。

---

① 王绎:《写像秘诀》,载俞剑华《中国画论类编》,人民美术出版社1957年版,第485页。
② 刘道醇:《宋朝名画评》卷1《人物》,《景印文渊阁四库全书》第812册,台湾商务印书馆1986年版,第458页。
③ 刘道醇:《宋朝名画评》卷1《人物》,《景印文渊阁四库全书》第812册,台湾商务印书馆1986年版,第458页。
④ 王绎:《写像秘诀》,载俞剑华《中国画论类编》,人民美术出版社1957年版,第485页。

图 6.4　丁宗臣、丁宝臣、丁鹭像①

（二）从"传写"到"传神""写心"

宋人笃信画像与主体精神之关系，故于祖先画像特重"传神"。从画史角度看，"传神"是魏晋以来人物画家的一致追求。不过，宋元时期画影多正面、半身，且仪态庄重、不苟言笑。在这种情况下传写而得其精神，非常困难。对此，宋元画师特别注重神态、精神的捕捉，发展出一套"捉神"之法。苏轼《传神论》曰：

> 传神与相一道，欲得其人之天，法当于当中阴察之。今乃使人具衣冠坐，注视一物，彼敛容自持，岂复见其天乎？凡人意思各有所在，或在眉目，或在鼻口。……至使人谓死者复生，此岂举体皆是，亦得其意思所在而已。使画者悟此理，则人人可以为顾陆。②

在此，苏轼直呼画影为"传神"，与俗语所称之"传写"区别。在他看来，世俗画师令人正襟危坐、注视一处的做法容易导致入画者的紧张局促，不能捕捉到人物的精神风貌，只是"传写"之技，而非"传神"之法。所谓"传神"之法，要善于得人物之"意思"所在。苏轼强调，每人的"意思"所载不尽相同，或在眉目，或在脸颊，或在鼻口，不能以"传神写照，正在阿堵中"的论断盖之。他举例说："吾尝于灯下顾自见颊影，使人就壁模之，不作眉目，见者皆失笑，知其为吾也。"③可见，东坡自画像的"意思"所在乃是他因清瘦而隆起的面颊（见图 6.5）。因此，臻于"传神"之境的画师应该具体人物具体分析，

---

① 丁日溦等修：《重修丁氏宗谱》，光绪十年（1884）重修木活字本，载北京图书馆编《中华各姓祖先像传集》第 1 册，民族出版社 1999 年版，第 4—6 页。
② 苏轼：《东坡论人物传神》，载俞剑华《中国画论类编》，人民美术出版社 1957 年版，第 454 页。
③ 苏轼：《东坡论人物传神》，载俞剑华《中国画论类编》，人民美术出版社 1957 年版，第 454 页。

寻找人物最具特色、最显精神的面部特征进行重点刻画。一旦捉得此处,则可得此人之真精神,人人皆可为顾恺之。

图 6.5　苏东坡自画像(清摹本局部)①

画影须传神,传神必捉神。东坡只言片语虽已穷尽此理,却还不足以指导众多画师。对此,宋元论画者多有阐发,如陈造(1133—1203)《论写神》:

> 使人伟衣冠,肃瞻眠,巍坐屏息,仰而视,俯而起草,毫发不差,若镜中写影,未必不木偶也。著眼于颠沛造次、应对进退、颦频适悦、舒急倨敬之顷,熟想而默识,一得佳思,亟运笔墨,兔起鹘落,则气王而神完矣。②

又如王绎《写像秘诀》:

> 彼方叫啸谈话之间,本真性情发见,我则静而求之。默识于心,闭目如在目前,放笔如在笔底,然后以淡墨霸定,逐旋积起……近代俗工胶柱鼓瑟,不知变通之道,必欲其正襟危坐如泥塑,方乃传写,因是万无一得,此又何足怪哉?③

陈造所谓"木偶"与王绎所呼"泥塑",都是用以批判、嘲笑"俗工"传写技巧的比喻。此论与东坡相同,不同之处在于,两篇画论都从画师的绘画实践

---

① 李烈初:《书画鼓吹》,浙江大学出版社 2008 年版,第 145 页。
② 陈造:《江湖长翁集论写神》,载俞剑华《中国画论类编》,人民美术出版社 1957 年版,第 471 页。
③ 王绎:《写像秘诀》,载俞剑华《中国画论类编》,人民美术出版社 1957 年版,第 485 页。

着眼,详细论说了"捉神"之法。所谓"捉神",即于所画人物的日常生活中细加观察。短时期内,可于其呼喊谈话、应对进退之时观察神态,在其放松喜悦、急躁恼怒、拘谨礼敬之时观察容止。长时期内,可于此人颠沛流离时观察其操守,在其闲适安居时观察其气象。一旦捉到真精神,便须默记在心,以至于"闭目如在目前,放笔如在笔底",然后回家速写,必可成功。

这种"捉神"之法本质上是"察人"之法,因此东坡说"传神与相一道"。此法推至极端便是要识所画者之心,即"写心"。论见陈郁(? —1275)《论写心》:

> 写照非画科比,盖写形不难,写心惟难,写之人尤其难也。……盖写其形,必传其神,传其神,必写其心,否则君子小人,貌同心异,贵贱忠恶,奚自而别?形虽似何益?故曰写心惟难。夫善论写心者,当观其人,必胸次广,识见高,讨论博,知其人则笔下流出,间不容发矣。倘秉笔而无胸次,无识鉴,不察其人,不观其形,彼目大舜而性项羽,心阳虎而貌仲尼,违其人远矣。故曰写之人尤其难。[①]

尧与鲁僖公同样秀眉,舜与项羽都有重瞳,孔子与阳虎皆如蒙魌,这些人容貌相近,而贵贱不同、善恶迥异。即便能传写其形,也很难分别君子小人。所以,陈郁提出"写心"之说。他要求画师不但要观其形,还须知其人。而知人则要求画师拥有品评人物的能力,所谓"胸次广,识见高,讨论博"。这种观点将"形似"与"神似"之辨推至极端,达到合乎儒家伦理道德的地步,目的是使观其画者"可以观德"。

(三)书画合璧下的祖容观瞻

宋元祖先画像的绘制技法由"传写""传神"而最终落实于道德评价——"写心",使得本为"末技"的人物绘画调和于道德伦理,成为儒家祖先信仰体系的重要环节。在家族祭祀的礼仪实践中,祖先画像与名人赞语构成一个图文并茂的道德评价体系,并通过祝辞、祭文实现自身意义的不断再生。

以相州韩琦(1008—1075)家族为例。该家族本在相州,宋室南渡后移

---

① 　陈郁:《藏一话腴论写心》,载俞剑华《中国画论类编》,人民美术出版社 1957 年版,第 473 页。

居江南,虽然散处各地,却于南宋之后历代修谱连绵不绝①。其中,韩肖胄(1075—1150)一派后裔羊山韩氏的家谱中载有韩琦、韩忠彦(1038—1109)等人画像,后附名人亲笔像赞,可窥宋元祖先画像之一斑(见图6.6)。

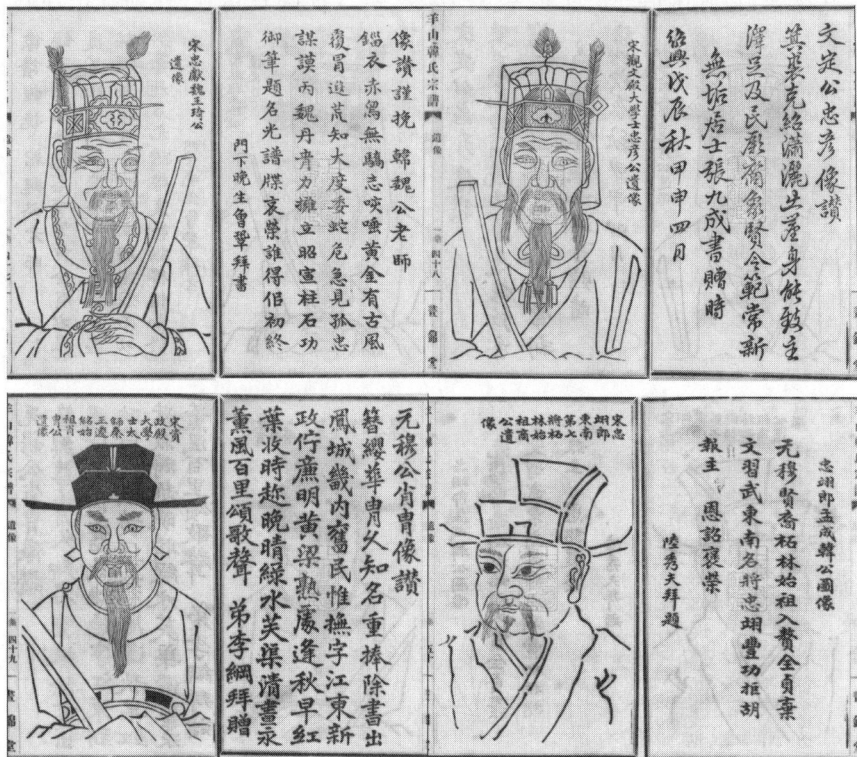

图6.6 《羊山韩氏宗谱》载祖先像、赞②

从左上起,四幅画像分别为韩琦、韩琦长子韩忠彦、韩忠彦长孙韩肖胄、韩肖胄曾孙韩商(生卒年不详);四篇像赞分别为曾巩《像赞谨挽韩魏公老师》、张九成《文定公忠彦像赞》、李纲《元穆公肖胄像赞》、陆秀夫《忠翊郎孟

---

① 相州韩氏家谱首次编纂于北宋,韩琦于嘉祐七年(1062)自为序。南渡后韩休卿重纂,有嘉定十七年(1224)真德秀序、宝庆二年(1226)韩休卿自序。三修于元韩次卿,有至大元年(1308)黄溍序。此后于元至正十九年(1359)、二十二年(1362),明景泰二年(1451)、万历二十五年(1597)、清康熙十五年(1676)、乾隆五十年(1785)不断重修,流传至今。景泰二年(1451)魏骥所作《萧韩重修家谱序》中言韩崇嘉所携之韩氏旧谱中已有韩琦“遗像及昌黎伯像传,并诸名贤之诗赞词章”[载韩嘉茂:《萧山一都韩氏家谱》,民国己巳年(1929)刻本,上海图书馆藏],说明元至正所修谱中很可能已有祖先画像。不过,由于派别众多,散处各地,清代、民国时期各种版本的韩氏家谱谱例不同,删削各异,仅有越城支系中的羊山、萧山支系中的一都两支所传家谱保存图像资料较为完整。对比可知源出同一画像体系。

② 韩百年等纂修:《羊山韩氏宗谱》,民国二十一年(1932)重修,上海图书馆藏铅印本。

成韩公图像》。

作为韩氏家族中最为显贵者,韩琦画像居首,着官服、执笏、微侧而立,如在庙堂。观其容止极为谦和、宽容,与其"临大事,决大议,垂绅正笏,不动声色,措天下于泰山之安"①的为政风度相表里,正是像赞所谓"无骄志""有古风"。此外,像赞还赞赏其内修政理、外御强敌、广纳人才、册立新君的功业,将其概括为道德品质上的"知大度"与"见孤忠"。画像与赞语并观,则韩琦德业、功勋可以想见。此幅画像可谓能"写心"者。

韩忠彦、韩肖胄两幅画像都是正面传写,面容端正、不苟言笑,神韵不及韩琦画像,而用笔细致、一丝不苟,臻于"逼真"之境。韩商画像与前三幅风格显然不同,用笔粗犷、不事雕琢。按,韩商为武将,曾任忠翊郎、东南第七将、德安府驻扎,颇有威名。这种画法虽然简略,却将韩商简单粗犷、威猛刚毅的性格表现出来,不失为"传神"之作。

可见,如果以道德评价作为终极目的,画像虽然表现力强,却终究不及文字所能提供的信息量大、准确。所以,即便祖先画像不能达到"传神""写心"的境界,只要能够取得"逼真"的效果,也可以以像赞、祭文等文字方式反复强化"祖德"的记忆。甚至,当世代遥远、祖容难忆之时,"画"与"赞"的功能都将弱化,唯有重复表演的礼仪才能真正达到"慎终追远而民德归厚矣"的教化目的。

三、丧、祭礼俗实践中的影

由于悬影习俗受到士大夫激烈批判②,《司马氏书仪》《朱子家礼》等宋代家礼著作中丧、葬礼仪皆不用影。即便使用"影堂",也仍然强调其中不可用"影",而只能使用木主、位牌。随着儒学重新成为强势话语,中唐、五代以来形成的以"影"为中心的习俗虽然还在民间使用,却已在礼仪书中难觅踪迹。不过,作为悬影习俗的重要来源之一,禅宗丛林清规在宋元时期不断"世俗化",与民俗的"佛教化"一体两面地形塑了宋元丧俗。笔者现以传世宋元丛林清规③中的亡僧礼仪为纲,参考民俗史料,对宋元时期围绕祖先画像展开的丧、祭习俗进行复原。

① 脱脱:《宋史》卷 312《韩琦传》,中华书局 1977 年版,第 1023 页。
② 参看刘永华:《明清时期华南地区的祖先画像崇拜习俗》,载刘钊等主编《厦大史学·第二辑》,厦门大学出版社 2006 年版,第 181—197 页。
③ 现存宋元清规共七部:《禅苑清规》(又称《崇宁清规》)、《入众须知》、《入众日用》、《丛林校定清规总要》(又称《咸淳清规》)、《禅林备用清规》(又称《至大清规》)、《幻住庵清规》、《敕修百丈清规》。

(一)入棺、寝堂陈设、挂影

南宋高闶说:"今之丧者……以入棺为小敛,盖棺为大殓。入棺既在始袭之时,盖棺又在成服之日,则是小敛、大殓之礼皆废矣。"①可知宋人丧俗无大、小敛之礼,人死之后即行袭礼而入棺,盖棺则在三日后成服之时。"入棺"于清规中相当于"入龛"。《敕修百丈清规》之入龛条略曰:

> 请小师侍者、亲随人安排洗浴,着衣净发,入龛。……安排寝堂,置龛、炉、烛、几筵供养。至时鸣僧堂钟,集众举佛事已,维那出念诵云……举《大悲咒》回向云……《楞严咒》回向云……当夜集众念诵云……二时上粥饭,三时上茶汤。大众讽经。②

初死之后,袭而入棺,随即安排寝堂陈设,布置一如生时。如是大举佛事之家,此时应即延请僧人至家,念诵《大悲咒》等经文,彻夜超度亡魂。在寝堂陈设方面,世俗之家与僧人相异。除饮食不同外,更会使用铭旌与魂帛。铭旌唯有官者可用,其长度视官品高低而定,受朝廷礼制约束。魂帛则为士庶所通用。按司马光(1019—1086)记载,当时的魂帛"用冠帽衣屦装饰如人状"③,而死者之画像(影)则"置于魂帛之后"④。如果死者生前未画影,家人往往在此时请画师为之补画,即使死者为深居闺阁的妇人,也"使画工直入深室,揭掩面之帛,执笔望相,画其容貌"⑤,毫不避讳。这正说明,民俗中的"影"一如古礼中的"主",具有接续祖先魂魄的功能,不可一日而无。

(二)盖棺、成服、设奠礼真

三日之后,移棺至中堂,行盖棺之礼,设奠、成服而哭。《敕修百丈清规》之移龛条略曰:

---

① 《家礼》杨复注,载杨复、刘垓孙:《文公家礼集注》卷4《丧礼第四》,北京图书馆出版社2005年据国家图书馆藏元刻本影印。
② 德辉:《敕修百丈清规》卷3《主持章》,蓝吉富编《禅宗全书》第81册,弥勒出版社1990年版,第42页。
③ 司马光:《司马氏书仪》卷5《丧仪》,《丛书集成初编》第1040册,中华书局1985年据学津讨原本排印,第55页。
④ 司马光:《司马氏书仪》卷5《丧仪》,《丛书集成初编》第1040册,中华书局1985年据学津讨原本排印,第55页。
⑤ 司马光:《司马氏书仪》卷5《丧仪》,《丛书集成初编》第1040册,中华书局1985年据学津讨原本排印,第55页。

入龛三日,掩龛铺设,法堂上间挂帷幕,设床座、槭架、动用器具,陈列如事生之礼。中间法座上挂真,安位牌。广列祭筵,用生绢帷幕,以备上祭。下间置龛,用麻布帷幕,前列几案炉瓶、素花、香烛不绝。二时上茶汤、粥饭供养。讽经。仍备挑灯、铙钹、花幡。鸣僧堂钟集众,请移龛。佛事罢,移龛下法堂,请锁龛。……佛事罢,举哀三声,大众同哭。小师列幕下哀泣,举奠茶汤。佛事。小师列真前礼拜,归幕下。主丧炷香礼真,两序、勤旧、大众以次炷香礼真。小师真左答拜,主丧人幕下吊慰小师。随礼主丧人三拜,次慰两序大众云……小师夜守龛帏,丧司列排祭次,见贴法堂下间幕上,凡祭文皆丧司书记为之,每日或两次三次上祭,无拘。……众散小师方丈行仆终夜守灵。[1]

引文之"法堂"相当于世俗之中堂,"锁龛"相当于世俗之盖棺,"小师"相当于世俗之孝子。礼仪次序是先设奠,次盖棺,次哭灵,最后礼真。此处尤须注意"影"与"位牌"的同时出现。据相关研究,早期清规中只有"真""影"而没有"位牌",直到宋末元初才出现与真同时使用的位牌[2]。不过从礼文来看,即便出现了位牌,清规丧仪仍然围绕"真""影"举行。

(三)遣奠、奠亭挂真、出丧

《敕修百丈清规》之出丧条:

挂真,奠茶汤。库司、丧司相关,提调丧仪。香亭、真亭、幢幡、呗乐,龛前伞椅、汤炉、挑灯、竹篦、主丈、拂子、香盒、法衣等物。小师随龛后。鸣大钟、诸法器。送丧起龛。……丧司维那进烧香,引小师拜,请起龛。佛事。龛至山门首,请奠亭挂真,奠茶汤。俱有佛事。两序、大众门列,俟龛出已山门,维那向内合掌,中立举《往生咒》或《四圣号》,大众齐念。主丧领众,两两分出左右,俟散雪柳,齐步并行。[3]

出丧之前挂真设奠。发引至山院门口,则奉真于真亭之中,所谓"奠亭

① 德辉:《敕修百丈清规》卷8《主持章》,蓝吉富编《禅宗全书》第81册,弥勒出版社1990年版,第43、44页。

② 位牌始见于《丛林校定清规总要》(《咸淳清规》)中规格较低的亡僧之礼,在元代《禅林备用清规》(《至大清规》)中始遍及丛林各阶层。见后文。

③ 德辉:《敕修百丈清规》卷8《主持章》,蓝吉富编《禅宗全书》第81册,弥勒出版社1990年版,第44、45页。

挂真"。火化后,将骸骨迎回寝堂,真则一同奉返,仍悬于寝堂之中,供养与前日相同。除去火葬之法外,此处丧仪大体仍与世俗相同。所谓"真亭"乃是世俗所用之"彩亭""魂亭""影亭"。按陆游(1125—1210)《放翁家训》,"近世出葬,或作香亭、魂亭",而以"僧徒引导"①,当即此物(见图6.7)。又《宋史·礼制》中有"影舆"之说,清儒翟灝(?—1788)认为是载有真、影的车,后因宋人喜乘轿,乃"以帛结小亭,舁以代舆"②。此说当是。

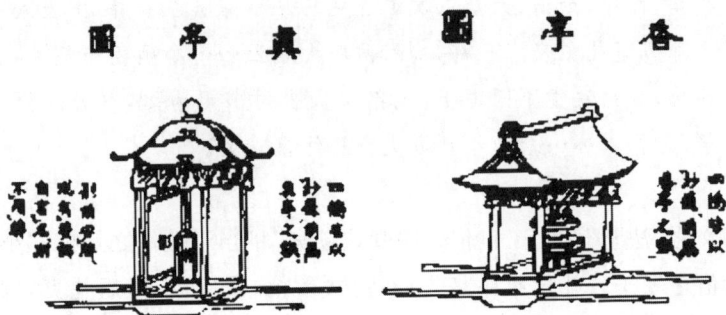

图6.7　真亭、香亭③

(四)下葬、入影堂、祭祀

南宋《丛林校定清规总要》(《咸淳清规》)曰:

> 茶毗毕,于寝堂内安排挂真。丧主已下次第礼真,相慰而散。两班孝子仍朝暮赴真前烧香,二时供。候新主持公举定,则移入祖堂。④

元《敕修百丈清规》之全身入塔条:

> 候掩壙一切毕备,然后请撒土。佛事。迎真回寝堂供养,主丧炷香,礼真。次诸山两序、大众、小师礼真。毕,小师插香,大展三拜,谢主丧,次两序、大众。……侍者侍真,侍者归,众寮每日三时上茶汤,集众

---

① 陆游:《放翁家训》,载鲍廷博《知不足斋丛书》第23辑,中华书局1999年版。
② 翟灝著,陈志明编校:《通俗编》,东方出版社2013年版,第164页。
③ 无著道忠:《小丛林略清规》卷下,《大正新修大藏经》第81册,佛陀教育基金会出版部1990年版,第723页。
④ 惟勉:《丛林校定清规总要》卷下《亡僧》,蓝吉富编《禅宗全书》第82册,弥勒出版社1990年版,第43页。

讽经,俟迎牌位入祖堂则止。或待新住持至,方入祖堂。有佛事。①
......

两段引文同为安葬之后迎返祖堂之礼,而最终奉入祖堂之物不同。《咸淳清规》为影,《百丈清规》为牌位。这固然与宋元清规儒家化的历史大势有关,却也一体两面地反映了当时民俗中祖先画像与牌位同时使用的情况。

宋元之人"观影",视影如生,可以凝神。在宋人看来,画像可以"分有"画中人的精神,为神气不足者画影可能导致画中人精神耗尽而死,是为"画杀"。在画中人死后,画像依然可以保留所分得的魂气。这种魂气与随死者形体消亡而散去的魂气不同,不仅可以通过祭祀、祷告等方式获得,还具有高度的自觉性与能动性,可由画像变化出具体可感的形体,言谈动视与生人相同。

宋元画师"画影",力求逼真,旨在传神。宋人对祖先画像的神秘信仰促进了当时人物画技法的提升:一方面表现为高度"结构化"的传写秘法,所谓"八格""五配""三均"等说法,都讲求面部比例特征的精准测绘,旨在取得画影的"逼真"效果;另一方面,宋人极为重视人物神韵、气质的表现,于是又"发明"各种"捉神"之技,以便"夺人精神"。宋人所谓"写心",本质是将画影上升至道德评价的高度,与同时流行的像赞一起构建了"可以观德"的儒家伦理。

宋元时期"用影",始于初死,终于祭祀。宋儒素来批判用影,故传世之宋元礼仪书中绝少"用影"之礼。然而,作为渊源之一的禅宗清规却保存了不少"世俗化""儒家化"后的丧祭民俗,使复原当时"用影"礼俗成为可能。宋人于初死时画影,目的是接续亡魂不使其离散;于盖棺后礼真,目的是供给饮食不使其冻饿衰弱;于发丧时置"影亭",目的是送骸骨而去,迎精神而归。最后,祖先画像进入影堂、影帐之中,受子孙瞻仰祭拜。

从这三方面来看,宋元祖先画像信仰以及习俗已经十分完整、成熟,与民间礼俗、日常生活牢牢相连、不可动摇。

第二节 家祭礼中的神圣之物(二)

16、17世纪,当耶稣会士来到中国并对其信仰状况进行评估时,木主

---

① 德辉:《敕修百丈清规》卷8《主持章》,蓝吉富编《禅宗全书》第81册,弥勒出版社1990年版,第45页。

（或称神主、牌位等）引起了他们的密切关注,他们认为这些成为这个国度"偶像崇拜"的显著标识。至今,"祖先崇拜"仍是不少文化学者眼中的"中国特色",似乎它从中华文明源头开始就不绝如线、传承至今。不过,耶稣会士所见的木主并非古之木主,其兴起时间不早于11世纪,是宋代儒家复兴运动重构的结果。这种以层层嵌套为特征、士庶都可使用的木主在形制、尺寸、意义、用途等方面与古礼记载迥然相异,却在11到13世纪的中国迅速传播,深刻影响了士庶的日常生活。

关于木主,国内学界虽关注较早,却主要集中在礼学研究、文字考证领域,对宋代之后的木主探讨较少①。相比之下,日本学者内野台岭、栗原朋信、吾妻重二等多有专门研究②。其中,吾妻重二《木主考》《近世儒教祭祀礼仪与木主牌位》两篇文章对各类神主制度作了精准考证,复原相关礼图,为本节研究提供了重要参考。不过,既往研究尚有未尽之处,比如:"大夫、士无主"是汉唐经学、国家礼制的主流观念,宋代士大夫是如何突破这些阻碍制作木主的? 在国家礼制之外,《作主式》等文本是如何运用理学建构木主的合法性、神圣性的? 以新式神圣物(木主、神位)为中心,这一时期的祭礼文本在礼仪规格、仪式过程等方面有何新特点? 本节试图针对这些问题展开探讨,庶希为观察11至13世纪中国祭礼变革提供一个新视角。

一、从"无主"到"有主"

"大夫、士无主"是汉代经学的主流观念,经典表述来自《五经异义》中的两句话:

> 按公羊说,卿大夫非有土之君,不得祫享昭穆,故无主。大夫束帛

---

① 陈梦家:《祖庙与神主之起源——释且宜俎宗祐示主室等字》,《文学年报》1937年第3期;唐兰:《怀铅随录下·释示宗及主》,原载《考古学社社刊》1937年第6期,见考古学社《亚洲民族考古丛刊》(第3辑)·南天书局有限公司,1979年,第328—332页;谭思健:《古代的"主"考》,《江西教育学院学报》1991年第4期,第33—38页;连劭名:《商代的神主》,《殷都学刊》1998年第3期,第4—7页;樊德昌:《神主探源》,《寻根》2007年第3期,第31—33页;高源:《魏晋太庙神主祭祀礼仪制度考》,山东大学硕士学位论文,2012年;杨家刚:《先秦神主制度研究》,西北大学硕士学位论文,2014年;等等。

② [日]内野台岭:《"主"考》,《内野台岭先生追悼论文集》,内野台岭先生追悼论文集刊行会,1954年;[日]栗原朋信:《木主考(试论)》,《上代日本对外关系の研究》,吉川弘文馆,1978年;[日]吾妻重二:《木主考——到朱子学为止》,《近世儒教祭祀礼仪与木主牌位——朱熹〈家礼〉的一个侧面》,载[日]吾妻重二著,吴震编译《朱熹〈家礼〉实证研究》,华东师范大学出版社2012年版,第159—200页。

依神,士结茅为蒸。①

　　　唯天子诸侯有主,卿大夫无主,尊卑之差也。卿大夫无主者,依神以几筵,故少牢之祭,但有尸无主。②

　　引文虽然只说卿大夫无主,实际上也包括位序在其之下的士。之所以认为大夫、士都"无主",主要有两方面理由:一方面,大夫、士不是封土建国之君,既无子民,便不能有主。这是把"主"的含义政治化,将其与"君主"相联系,理解为有土地、有人民的封建君主。另一方面,出于区分尊卑等级的需要,大夫、士不能有主。按许慎(58—147)的说法,"主之制正方,穿中央,达四方。天子长尺二寸,诸侯长一尺,皆刻谥于背"③。皮锡瑞(1850—1908)指出,如果按照"降杀以二"的方式为大夫、士作主,那么大夫木主应长八寸,士主应长六寸,会造成形制太小而无法使用的尴尬④。因此,大夫、士不应有主,只设几筵而依神。这些观点虽然在魏晋时期受到质疑,却因得到郑玄(127—200)、孔颖达(574—648)的认同,成为汉唐经学的通说。《大唐开元礼》规定,唯有三品以上的官员才能享有神主,四、五品设几筵依神,至于六品以下士庶则只能设神座,祭于寝。

　　不过,这种观点在 11 世纪却受到儒家士大夫的普遍怀疑。反对者来自新学、洛学、关学、朔学等不同学术派别,却同样对郑注、孔疏代表的汉唐经学持批判态度,同情徐邈(172—249)、蔡谟(281—356)、王怿(生卒年不详)等"异端之说"。综合宋儒有关"大夫、士有主"的论述,可将论证过程分为三个环节:

　　首先,从礼制角度看,宋儒试图突破汉唐经学以《礼记·祭法》《王制》为中心建构的等级制度格局,为大夫、士有主提供可能。陈祥道(1053—1093)《礼书》曰:"大夫、士之无禘、祫礼之节,然尔郑氏谓大夫、士无木主,误也。"⑤这种说法的本质是质疑《祭法》篇以庙、祧、坛、墠"为亲疏多少之数"

① 杜佑撰,王文锦等点校:《通典》卷 48《礼八·吉七·卿大夫士神主及题板》,中华书局 1988 年版,第 1346 页。
② 杜佑撰,王文锦等点校:《通典》卷 48《礼八·吉七·天子皇后及诸侯神主》,中华书局 1988 年版,第 1344 页。
③ 陈寿祺:《五经异义疏证》卷上,《续修四库全书》第 171 册,上海古籍出版社 2002 年影印清嘉庆刻本,第 45 页。
④ 皮锡瑞:《驳五经异义疏证》卷 8,《续修四库全书》第 171 册,上海古籍出版社 2002 年影印民国二十三年(1934)河间李氏重刻本,第 238 页。
⑤ 陈祥道:《礼书》卷 68《坛墠》,《景印文渊阁四库全书》第 130 册,台湾商务印书馆 1986 年版,第 436 页。

的祭礼体系，从而将木主问题从这一整套制度中剥离出来，不以禘、祫有无论木主有无。

其次，从仪式过程看，宋儒致力于在古礼中寻找与木主实质意义相符者（如"重"），作为大夫、士有主的旁证。司马光《书仪》曰："重，主道也。埋重而立主，大夫、士有重，亦宜有主。……祠版，主道也，故于虞亦用桑，将小祥则更以栗木为之。"①张载说："'重，主道也。'士大夫得其重应当有主，既埋重不可一日无主，故设苴，及其已作主即不用苴。"②在这些论述中，古礼中的"重""苴"、后世所用的"祠版"都被诠释为木主的近义词。既然《士丧礼》中有"重"，《士虞礼》中有"苴"，那么，士、大夫就应该有主，从而构成一个由"重"到"苴"再到"主"的完整仪式过程。在宋儒看来，鬼神、魂魄正是通过这些器物的兴造与接续才在丧、祭之礼中得以维持。

最后，追溯至礼义处，木主在宋儒看来具有他物不可比拟的"依神"功能，祭祀唯有用主才可能"有效"。程颐说："古人祭祀用尸，极有深意，不可不深思。盖人之魂气既散，孝子求神而祭，无尸则不飨，无主则不依。"③在此，"主"与"依"的含义与许慎、郑玄等汉儒观念有本质差别。《五经异义》说："主者，神象也。孝子既葬，心无所依，所以虞而立主以事之。"④可见，汉儒所谓"主"是神魂的象征物，而宋儒所谓"主"则是神魂的依附物；汉儒所谓的"依"乃是生者孝思的依靠物，宋儒所谓"依"乃是死者神魂的依附处。虽然这种差别并不代表所有汉唐经学家的观点，却着实折射出宋人独特的木主观念，成为宋代士大夫迫切"作主"需求的重要原因。

二、士大夫为自家"作主"

宋代祭礼多使用祠版、版位、神版（板）等物依神⑤，不过，几乎与"大夫、

---

① 司马光：《司马氏书仪》卷7《丧仪三·祠版》，《丛书集成初编》第1040册，中华书局1985年据学津讨原本排印，第81页。
② 张载著，林乐昌编校：《张子全书》，西北大学出版社2015年版，第106页。
③ 程颢、程颐著，王孝鱼点校：《二程集》，中华书局2004年版，第6、7页。
④ 杜佑撰，王文锦等点校：《通典》卷48《礼八·吉七·天子皇后及诸侯神主》，中华书局1988年版，第1344页。
⑤ 如司马光《书仪》用祠版，但形制、大小不明（《司马氏书仪》卷7《丧仪三·祠版》，《丛书集成初编》第1040册，中华书局1985年据学津讨原本排印，第81页）；孙伟《孙氏荐飨仪范》用版位，以栗木作，高一尺三寸半（佚名：《居家必用事类全集》乙集，《续修四库全书》第1184册，上海古籍出版社2002年版，第386页）。朝廷给赐家庙者多用神版（板），如文彦博立家庙，"不敢作主，用晋荀安昌公祠制作神板"（司马光：《温国文正司马公文集》卷79《文潞公家庙碑》）；秦桧家庙中"神板长一尺，博四寸五分，厚五寸八分"（脱脱：《宋史》卷109《礼志》，中华书局1977年版，第2633、2634页）；此后韦渊、吴益、杨存中等人立庙设神版，皆依此制。

士有主"的学术论证热潮同时，宋代士大夫开始为自家制作木主。龚鼎臣
（1010—1087）《东原录》记载：

> 邵亢（1014—1074）学士家作三代木主，大约依古制，而规模小也。
> 仍各用一小木室安木主，作一静室置之。不须更画影幨，盖非古礼。又
> 木主久而坏，可瘗而别制。①

这是一个宋代士大夫为自家"作主"的较早案例。考虑到嘉祐四年
（1059）文彦博（1006—1097）建造家庙时因"庙制未备"而"不敢作主"的情
况②，邵亢为自己家"作主"可谓十分大胆。文中称其所作木主形制仿古而
更为短小，外有小木室嵌套。由于不能确定引文所谓"古制"为何，邵家木主
形制仍然不得其详。

论说明确、流传更广的"作主"之法是《河南程氏文集》中的《作主式》。
其文曰：

> 作主式用古尺
> 作主用栗，取法于时月日辰。趺方四寸，象岁之四时。高尺有二
> 寸，象十二月。身博三十分，象月之日。厚十二分，象日之辰。身趺皆
> 厚一寸二分。剡上五分为圆首，寸之下勒前为颔而判之，一居前，二居
> 后。前四分，后八分。陷中以书爵姓名行，曰故某官某公讳某字某第几
> 神主。陷中长六寸，阔一寸。一本云长一尺。合之植于趺。身出趺上
> 一尺八分，并趺高一尺二寸。窍其旁以通中，如身厚三之一，谓圆径四
> 分。居二分之上。谓在七寸二分之上。粉涂其前，以书属称，属谓高曾
> 祖考，称谓官或号行，如处士秀才几郎几翁。旁题主祀之名，曰孝子某
> 奉祀。加赠易世，则笔涤而更之，水以洒庙墙。外改中不改。③

这里设计了一种类似"版位"的木主，与古制、唐制均有不同，既不是从
今、从俗的结果，也不属于复古派礼学。这种木主的神圣性与合法性来源并
非古礼经典、国家礼制或民间习俗，而是作者对于祭礼意义的独特理解。在
程颐看来，木主质料并无神秘意义，即便没有栗木，也可使用便于取材、质地

---

① 龚鼎臣：《东原录》，《丛书集成初编》第 281 册，中华书局 1985 年据艺海珠尘本排印，第 8 页。
② 司马光：《温国文正司马公文集》卷 79《文潞公家庙碑》，《四部丛刊初编》本。
③ 程颢、程颐著，王孝鱼点校：《二程集》，中华书局 2004 年版，第 627、628 页。着重号为笔者所加。

坚硬的其他木料代替①。与此形成鲜明对比的是,程颐十分讲究木主形制,《作主式》中关于尺寸的表述如此精确,令人想起今天的实用新型设计。因此,"礼数"是这种主式的核心概念,使木主构造具备深刻含义。

除"取法于时月日辰"的时间意义(详见后文)外,《作主式》具备开合、内外、阴阳之数,通过结构、空间的设计为神魂提供栖居之所。这种主式的主要特征是"判前后",即将木主剖为前后两片。前片厚度为 4 分,后片厚度为 8 分。在后片额处(圆首下 1 寸处)继续向下开凿深 4 分的凹槽,即"陷中"。"陷中"宽 1 寸,距离木主后片的两边各 1 寸;深 4 分,与其毗连的前片、后片厚度也都是 4 分。关于"陷中"的长度,引文有两种说法("长六寸"或"长一尺")。考插入跌中时后片总长 10 寸 8 分,陷中至圆顶长 1 寸,则陷中至跌共 9 寸 8 分,不及 1 尺之长,则陷中"长一尺"之说误,应从"六寸"之说(见图 6.8)。

这意味着,在圆顶以下 1 寸、跌上 3 寸 8 分、木主两竖边各 1 寸的区域内形成了一个长 6 寸、宽 1 寸、深 4 分的长方体"虚空"。这片"虚空"是木主真正的意义中心(meaning center)。"窍"直径 4 分,其下缘与"陷中"中间的 3 寸等分线相切,横穿中央。这是古礼主制"穿中央,达四方"的一种变形,目的是制造一个幽阴的魂气栖息之所。这种以"陷中"为核心的主式与此前实心穿孔结构的各种主式都不相同,既体现了理学对于气化鬼神的认知,也与一般庶人所使用的位牌(牌子)相区别②。所以朱熹说:"伊川木主制度,其剡刻开窍处,皆有阴阳之数存焉。信乎其有制礼作乐之具也。"③

12 世纪后,程颐的《作主式》快速传播,高闳《送终礼》、朱熹《家礼》、吕祖谦《家范》等私撰礼书以之为准则,并试图对未尽事宜做进一步考证。其中,"陷中"始终是礼家关注的重要问题。陈淳(1159—1223)说:

> 荀氏始有祠版,而温公因之,然字已舛讹,分寸不中度,难于据从。至程子始创为定式,有所法象,已极精确,然陷中亦不言定寸。至高氏仪始言"阔一寸,长六寸"。朱文公又云:"当深四分,若亡者官号字多,则不必拘六寸之制。"④

---

① "若四方无栗,亦不必用,但取其木之坚者可也。"见《二程集》,中华书局 2004 年版,第 241 页。

② "伊川制,士庶不用主,只用牌子。看来牌子当如主制,只不消做二片相合,及窍其旁以通中。"(黎靖德编,王星贤点校:《朱子语类》卷 90《礼七·祭》,中华书局 1986 年版,第 2311 页)

③ 黎靖德编,王星贤点校:《朱子语类》卷 90《礼七·祭》,中华书局 1986 年版,第 2311 页。

④ 陈淳:《北溪大全集》卷 35《答庄行之问服制主式》,《景印文渊阁四库全书》第 1168 册,台湾商务印书馆 1986 年版,第 782 页。

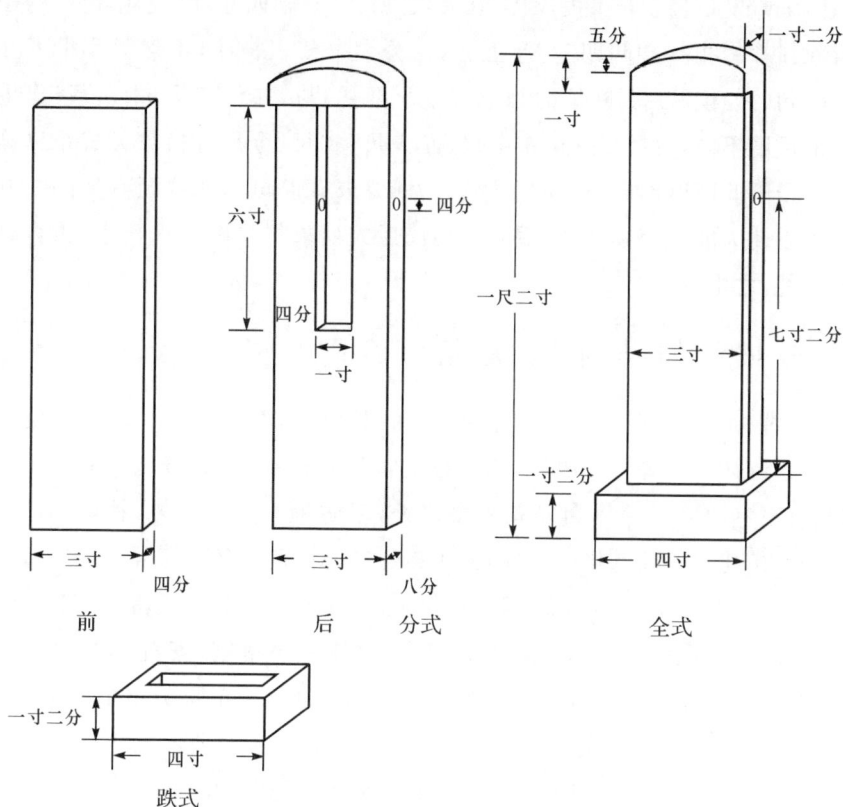

图 6.8　程颐主式复原图①

按此,程颐《作主式》原文并未对"陷中"作精确设定,高闶、朱熹都曾致力于该部分形制的补完工作。从《二程文集》中的附图来看,"陷中"的长度并非六寸②。这或许表明,无论是文字描述还是礼图绘制,目前所见的《作主式》都不是一人、一时的作品,而是经过长时期修订、补充的版本。

另外,《作主式》下虽然标有"用古尺"字样,却并未给出尺度规范及换算标准。当作主之事渐多,尺度考证也成为当务之急。朱熹坦言,他早年参考《司马氏书仪》所立的"牌子","不知用古尺,只用匠者尺,颇长大"③。通过

----

① 原图取自吾妻重二所绘《程颐及〈家礼〉木主(神主)》图,将其所用现代度量单位还原为原书尺寸。原图见[日]吾妻重二著、吴震编译:《朱熹〈家礼〉实证研究》,华东师范大学出版社 2012 年版,第 200 页。

② 《作主式》附图陷中长度与两说又不相同。量中华书局点校本《二程集》[清同治十年(1871)徐宗瀛刻本]中礼图比例计算,木主后式长 52mm,陷中长 39mm,考程颐《作主式》之后式长 10 寸 8 分。若按礼图比例计算,则陷中长度当为 8 寸 1 分左右。

③ 朱熹撰,刘永翔、朱幼文校点:《晦庵先生朱文公文集》卷 57《答李尧卿》,朱杰人主编《朱子全书》第 23 册,上海古籍出版社、安徽教育出版社 2002 年版,第 2704 页。

考证，朱熹发现过于长大的原因是《书仪》所作的"阔四寸，厚五寸八分"牌子错读《江都集礼》中"阔四寸，厚五寸，八分大书某人神座，不然只小楷书亦得"一句的句读①。更麻烦的是，《古今家祭礼》与《二程文集》中所载《作主式》的尺度不同，古尺与三司布帛尺、匠人尺、省尺、今尺等换算方式难以确定，弟子因此困惑不已，纷纷问询②。为此，朱熹说司马光曾画有尺图并刻石，当以此为准。后来，潘时举从司马氏后人处求得尺图，与《作主式》合刻于《家礼》之中。

三、嵌套结构与神圣性建构

在古礼中，有不少宗庙盛主之器，小者如"匰"，大者如"室"；石质如"祏"，木制如"匣"等。在唐代，三品以上官员有神主，其家庙北部的室中往往建有石室（"袝室"）作为安置神主之处，以防御火灾。据说，杜衍（978—1057）家始建于咸通八年（867）的家庙直到宋代石室尚存③。

到 12、13 世纪，士大夫之间流行作主，逐渐形成一套以韬藉、椟、龛等器物为代表的木主嵌套结构。如邵亢将木主"用一小木室"安置④，司马光将祠版"韬之以囊，藉之以褥"⑤，孙伟把版位"匣而藏"于正寝侧室⑥，朱熹《家礼》藏之于椟，并"为四龛以奉先世神主"⑦等，都旨在增加木主之外的空间层次，在起到保护作用的同时，表达孝心与诚敬。张载说：

---

① 黎靖德编，王星贤点校：《朱子语类》卷 90《礼七·祭》，中华书局 1986 年版，第 2312 页。

② 《答叶仁父》（"示喻祭礼曲折"）："示喻祭礼曲折，府中自有《古今家礼》印版，诸家之皆备，如伊川《主式》亦在其间，可令人置一本，试详考之，即可见矣。但古尺当时所传，恐或未真，今别画一样去，可更参考，如不同，即当以此为定也。"（《晦庵先生朱文公文集》卷 63《答叶仁父》，上海古籍出版社、安徽教育出版社 2002 年版，第 3060 页）

《答胡伯量》（"治丧不用浮屠"）："又按程先生定《主式》中，尺法注云：'当今省尺五分弱。'初欲用此，及以裁度，觉全然短狭。"（《晦庵先生朱文公文集》卷六 63《答胡伯量》，上海古籍出版社、安徽教育出版社 2002 年版，第 3041 页）

《答潘子善》（"《洪范》中休征"）："程先生文集中《主式》与《古今家祭礼》长短不同，所谓古尺，当今五寸五分弱，不知当用何尺？《古今家祭礼》中有古尺样，较之今尺又不止五寸五分，注云'省尺'。省尺莫是今准尺否？"（《晦庵先生朱文公文集》卷 60《答潘子善》，上海古籍出版社、安徽教育出版社 2002 年版，第 2923 页）

③ 张礼：《游城南记》，《丛书集成初编》第 3202 册，中华书局 1985 年据宝颜堂秘笈本排印，第 4 页。

④ 龚鼎臣：《东原录》，《丛书集成初编》第 281 册，中华书局 1985 年据艺海珠尘本排印，第 8 页。

⑤ 司马光：《司马氏书仪》卷 7《丧仪三·祠版》，《丛书集成初编》第 1040 册，中华书局 1985 年据学津讨原本排印，第 81 页。

⑥ 佚名：《居家必用事类全集》乙集，《续修四库全书》第 1184 册，上海古籍出版社 2002 年版，第 386 页。

⑦ 朱熹：《家礼》卷 1《通礼·祠堂》，《中华再造善本》一编，北京图书馆出版社 2004 年据中国国家图书馆藏宋刻本影印。

古人亦不为影像,绘画不真,世远则弃,不免于亵慢也,故不如用主。古人犹以主为藏之于椟,设之于位亦为亵慢,故始无设,为重鬲以为主道。其形制甚陋,止用苇篾为之,又设于中庭,则是敬鬼神而远之之义。①

这里谈到的"亵慢"木主的情况主要有两种:一种是因保护不够而造成的损毁现象,另一种是因使用次数增加、常见于日常生活而导致的随意、轻慢态度。因此,如欲达成"敬鬼神而远之"的礼经大义,就应当将木主置于安全且与日常生活保持距离的地方,用细密的仪式过程增加它的神秘感与神圣性。这就是宋元士大夫构想韬藉、椟、龛之制的理据。

韬藉之制,被认为是司马光的发明②,详见于元至正元年(1341)日新书堂所刻《朱子成书》中《家礼》所附《椟韬藉式》。题下小注说:

> 按《书仪》云"版下有趺,韬之以囊,藉之以褥,府君、夫人只为一匣",而无其式,今以见于司马家庙者图之。③

考《书仪》原文,"韬藉"本是动词,指衬垫、包裹某物。真正与神主相接触的物质是"囊"与"褥"。然而在《椟韬藉式》中,"韬藉"是名词,指由织物缝制而成的整体外观似"斗帐"的衬垫、包裹木主之物。具体而言,"韬"是总称,指由四片长方形布帛以及正方形上盖板缝制而成的布袋,称为"韬全式";"藉"是专名,指位于顶部的由数层厚布包裹木板而制成的正方形盖板。

值得注意的是,《椟韬藉式》参考朱熹"考用紫囊,妣用绯囊"④之说,用"考紫妣绯"之法选择"藉"的颜色。这说明,每个"韬藉"只容纳一个木主。按文中"藉"之"方阔与椟内同"的说法,"韬藉"之外的"椟"应该也只能容纳一个木主。因此,《椟韬藉式》虽然来自司马氏家庙,却与《司马氏书仪》"府君、夫人只为一匣"的说法不同,本质是"一椟一主一韬藉"(见图6.9)。

---

① 张载著,林乐昌编校:《张子全书》,西北大学出版社2015年版,第106页。标点略作厘正。
② 丘濬(1418—1495):"其说盖出温公《书仪》。"[《文公家礼仪节》,《四库全书存目丛书》经部第114册,齐鲁书社1995年影印北京大学图书馆藏明正德十三年(1518)常州府刻本,第460页]
③ 黄瑞节编:《朱子成书》第7册,《中华再造善本》,国家图书馆出版社2005年据中国国家图书馆藏元至正元年(1341)日新书堂刻本影印。
④ 朱熹撰,刘永翔、朱幼文校点:《晦庵先生朱文公文集》卷57《答李尧卿》,朱杰人主编《朱子全书》第23册,上海古籍出版社、安徽教育出版社2002年版,第2704页。

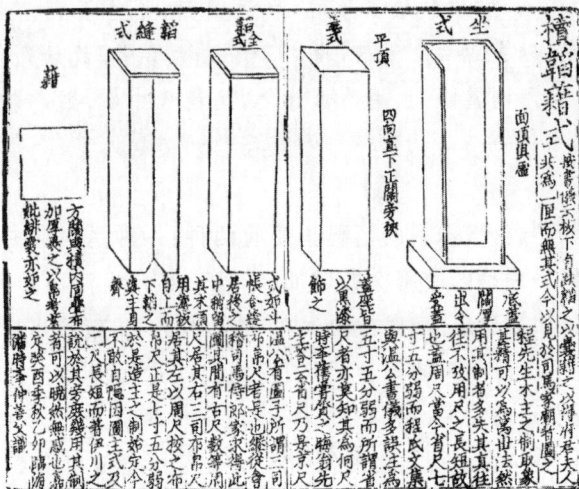

图 6.9　椟韬藉式①

　　或许是出于对这种形制的怀疑,黄瑞节所编《朱子成书》本《家礼》中还有另一种《椟式》(图 6.10),这种椟与图 6.9 形制相似,只是不采用嵌套式结构,从正面"作两窗启闭"。这种结构的特点在于,藏主之椟不必经常搬动,即便需要请出木主设祭,也可以不撼动藏主器。考朱熹《家礼》:

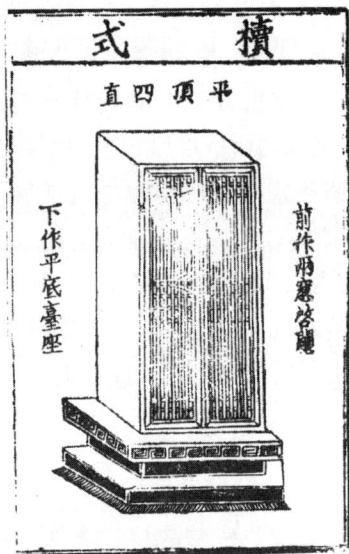

图 6.10　椟式

①　黄瑞节编:《朱子成书》第 7 册,国家图书馆出版社 2005 年据中国国家图书馆藏元至正元年(1341)日新书堂刻本影印。

神主皆藏于椟中,置于卓上,南向。龛外各垂小帘。帘外设香桌于堂中,置香炉、香盒于其上。两阶之间又设香桌,亦如之。①

朱熹构想的"椟"并不藏在偏狭的墙边石室,而是放置在祠堂北壁下的龛内,龛外设帘,帘外设桌,堂下两阶间又设桌。于是形成一种由香桌、门、垂帘等物为分隔线的,从两阶到堂中再到龛前的空间层次,神主安处里层,至为幽静。由此看来,《椟式》不仅在使用上更加简便,也更符合《家礼》的祠堂空间构想,接近神道尚幽的古礼含义。

如果说,这种由韬藉、椟、龛、堂组成的藏主制度加强了士大夫木主的神圣性,那么,这种神圣性构建了新时期的祭礼体统,具化为"周旋升降"的仪式过程。按木主有无及所处空间,《家礼》祭祀可分三种:一是"不出主"之祭,主要指正至、朔望、俗节之祭。此类祭祀在祠堂行礼,规模较小,更接近"荐新""告朔",严格意义上称不上"祭"。二是"出主"之祭,主要指四时祭、季秋祭祢、忌日。此类祭祀须将木主请至正寝行礼,规模较大。三是"无主"之祭,特指冬至初祖之祭、立春先祖之祭②。此类祭祀古礼本无,为程朱派祭礼所遵用,不立神主,只以木牌糊纸、设位而祭③。三种祭祀在祭祀对象、场所、祭馔等方面存在较大差别。(见表 6.1)

表 6.1 《家礼》中三种祭祀对比

	"不出主"之祭	"出主"之祭	"无主"之祭
祭祀种类	正至、朔望、俗节	四时祭、季秋祭祢、忌日	冬至祭初祖、立春祭先祖
祭祀对象	高、曾、祖、祢	高、曾、祖、祢	初祖、先祖
祭祀场所	祠堂	正寝	祠堂
祭馔	果、茶、时食等一大盘 随时之物	果、蔬菜、脯醢、肉、鱼、馒头、糕、羹饭、肝串、肉串等平日饮食	杀牲,用右胖十二体,毛血、首心、肝肺、脂膏等多古礼之物
仪式过程	先降神后参神④	先参神后降神	先降神后参神

① 朱熹:《家礼》卷《通礼·祠堂》,《中华再造善本》一编,北京图书馆出版社 2004 年据中国国家图书馆藏宋刻本影印。
② 墓祭虽然也不使用木主,却与本章所论无关,故排除在外。
③ 陈淳《祷山川事目》曰:"每位各用牌子,以纸粘上,书曰'天宝山神座'……"(陈淳:《北溪大全集》卷 48《祷山川事目》,《景印文渊阁四库全书》第 1168 册,台湾商务印书馆 1986 年版,第 882 页)
④ 此处陈淳未详言是非,礼文确否已不可知。或因从《祭礼》章拆出而未及修订。

就祭馔而言,"不出主"之祭所用只是随时之物一盘、一品,而"出主"之祭则多达十余品,至于"无主"之祭,所用多古礼之物,精致、烦琐至极。由此而论,"无主"之祭的祭祀规格最高,"出主"之祭次之,"不出主"之祭最低。这种情况与木主被移动、变造的情况正相关。换言之,圣物(木主或神位)被移动、变造的次数越多,相关仪式神圣性越强,祭祀规格越高;相反地,木主越是静止不动、未经变造,相关仪式的神圣性越弱,祭祀规格越低。

"有主"与"无主"的差别还反映在仪式过程中。比较著名的是"降神""参神"之辨。在现存诸本《家礼》中,"出主"之祭与"无主"之祭的降神、参神次序不同。这种差别是朱熹后学对《家礼》订正、修缮的结果。陈淳(1159—1223)《代陈宪跋家礼》说:

> 因以前后本相参订,所谓《时祭仪》纲目大概如临漳所传,但降神在参神之前,不若临漳传本降神在参神之后为得之。盖既奉主于位,则不可虚视其主,而必拜以肃之,故参神宜居于前,至灌则又所以为将献而亲飨其神之始也,故降神宜居于后。然始祖、先祖之祭只设虚位而无主,则又当降神而后参,亦不容以是为拘。[1]

对校五羊本、临漳本[2],陈淳以理为据,区分了四时祭("出主"之祭)与"无主"之祭的仪式过程。在他看来,"参神"并不意味着"有神可参","降神"也并不意味着"有神未降"。在四时祭中,木主被请至正寝,奉主就位之后,神魂或许已在,故应当先行参礼,以示严肃恭敬;后降神,以便神魂歆享。在始祖、先祖之祭中,由于仅设神位而无木主,神魂无主依附,唯有"广求其神"才可招致来格,所以需要先降而后参。这说明,不论是否"降神",木主都被视作载有魂气的圣物,需要参礼;而临时变造的神位只能通过"降神"仪式才能获得神圣性。

四、祭礼实践中的主、影并用

对于世俗将主与影兼用、混用、滥用的情况,儒家士大夫充满无奈。朱

---

[1] 陈淳:《北溪大全集》卷14《代陈宪跋家礼》,《景印文渊阁四库全书》第1168册,台湾商务印书馆1986年版,第609页。

[2] 临漳本("前本")指绍熙元年(1190)陈淳从朱熹处得到的"家岁时所常按用"的《时祭仪》;五羊本("后本")指嘉定四年(1211)之后发现并刊于广州的《家礼》亡本。

熹（1130—1200）说：

> 熹承询及影堂，按古礼，庙无二主。尝原其意，以为祖考之精神既散，欲其萃聚于此，故不可以二。今有祠版，又有影，是有二主矣。……
>
> 礼意终始全不相似，泥古则阔于事情，徇俗则无复品节。必欲酌其中制，适古今之宜，则宗子所在，奉二主以从之，于事为宜。盖上不失萃聚祖考精神之义，二主常相依，则精神不分矣。下使宗子得以田禄荐享，祖宗宜亦歆之。处礼之变而不失其中，所谓"礼虽先王未之有，可以义起"者盖如此。但支子所得自主之祭，则当留以奉祀，不得随宗子而徙也。所喻留影于家，奉祠版而行，恐精神分散，非神所安。①

在朱熹的鬼神观中，祭祀所感格的祖先魂魄是完整而不可分的。欲使丧、祭之礼"有效"，必须在礼仪实践中安排一个唯一且有效的依附物，以便魂魄凝萃于上。所以，世俗祭祀中"影"与"主"并存的现象本身即为"非礼"。但是正如前文所论，生前画影、死后留影、祭祀悬影已成为宋代士庶的一般观念与信仰，欲以主代影、革除旧俗，难度可想而知。面对难题，朱熹希望在礼义与民俗之间找到中点。他一方面坚持魂魄载体不可分离的原则，驳斥异地兄弟将影与主拆开以便祭祀的观点；另一方面，他承认了"影"作为依附物的合法性，主张将其与神主"常相依"，以便两者化为一体，"一而二，二而一"，更好地发挥凝萃祖先精神的作用。受朱熹观点的影响，后世不少祖先画像直接将木主画于影中，形成一种吊诡的图画结构（见图6.11）。

由上可见，宋代祭礼中祭祀对象的更革不仅是个学术问题，还是政治问题，在礼仪实践中情况尤为复杂。

首先，"士大夫是否有主"是个学术问题。从三礼文献看，享有木主、禘祫合食是天子、诸侯的专属权力，《特牲馈食礼》"结茅为蕝"行礼，《少牢馈食礼》"束帛依神"行礼，于是许慎、郑玄、孔颖达、贾公彦等汉唐名儒力主"大夫、士无主"之说。这种说法虽有部分学者反对，却被编入注疏，成为汉唐经学的普遍观念。不过，这种观念在11世纪却受到普遍怀疑。质疑声来自新学、朔学、洛学等多个学术派别，汇聚为一股强劲的"士大夫有主说"。从学术角度看，宋儒的论证过程不仅逻辑有失严密，还时常误读古礼文本。对

---

① 朱熹撰，刘永翔、朱幼文校点：《晦庵先生朱文公文集》卷40《答刘平甫》（"熹承询及影堂"），朱杰人主编《朱子全书》第22册，上海古籍出版社、安徽教育出版社2002年版，第1796页。

图 6.11　西安高家大院藏祖先画像局部（作者拍摄）

此,清儒皮锡瑞曾评论道:"舍许、郑之明说,从疑似之误文,是疑无主不近情也。"①换言之,宋儒得出错误结论的根本原因不是学术素养,而是其"不相信"的怀疑态度。

其次,"士大夫可否有主"是个政治问题。"士大夫有主说"的流行不但是宋学疑古风气的表现,还反映了宋代士大夫"作主"的要求,与其社会地位与政治诉求密切相关。正如前文所论,"主"在汉唐经学中有"君主"之意,体现了君(天子、诸侯)、臣(大夫、士)之间的身份等差。因此,士大夫对于木主的热衷恐怕不仅来自祭祀的实际需要,还来自对于自身政治、社会身份的考量,包含了"皇帝与士大夫共治天下"的热望。在科举体制下,"士大夫"不仅包括有官品之人,还包括有可能加入官僚体系的有学识、懂道术的举子、生员。正如朱熹所说,只要是士人,虽为庶民也不妨用主②。如此说,可以用主的范围空前扩大了。另一方面,宋儒反复强调"白屋之家"不可用主,希望以此划定"治人者"与"治于人者"的界限。

最后,"士大夫如何用主"是个实践问题。尽管儒家认为魂气只能有一

---

① 皮锡瑞:《经学通论》,中华书局 1954 年版,第 39 页。
② "问:'庶人家可用主否?'曰:'用亦不妨。且如今人未仕,只用牌子,到仕后不中换了。若是士人只用主,亦无大利害。'"见《朱子语类》卷 90《礼七·祭》,中华书局 1986 年版,第 2311、2312 页。

个物质载体,而木主是唯一的有效载体。但是,对于当时的悬影习俗,即便朱熹也只能妥协,主张将木主与影同置一处而祭,实质是在尊重民间习俗的前提下加入木主。这个现象反映出宋代四礼从理论走向实践的艰难,充满儒者的无奈。

第三节 宋代家祭礼文的重构

朱光庭对宋代祭礼实践有这样的描述:"春秋不知当祭之时,祭日不知早晚之节,器皿今古之或异,牲牢生熟之不同,则是何尝有祭礼也。"①可见,当时并非没有家祭,而是家祭之礼存在许多亟待商讨的问题:第一,祭祀时间无一定之则;第二,祭祀仪节无古之章法;第三,祭器、祭馔古今不同,莫知所遵行。在这种背景下,宋代出现了大量以规范家祭之礼为内容的礼书,在四礼著述中为数最多。虽然其中大多散佚,却仍可管窥 11 至 13 世纪祭礼变革的历史过程。

一、文本类型及其演变

在唐宋私撰礼书中,祭礼文献数量最多,类型也最为繁杂。按本书《礼书编》所考,宋代四礼著述中可能涉及祭礼的,北宋 16 种,南宋 27 种。这些文献在编撰旨趣、依据范本、去取标准、内容特点等方面不尽相同,深刻反映了唐宋时期士庶祭礼的历史变迁。

按唐代礼制,五品以上官员得立家庙,行庙祭之礼;一般士庶无庙,只祭于寝。这意味着,祭祀已经不再是世家大族的专利,而是建立在品官制度基础上的国家制度。因此产生两方面的问题:一方面,原为门阀士族而不得品官之任者,家族宗庙祭祀随之中断,却仍保持着礼仪的记忆、知识与风范。另一方面,新的品官士族尚无举行庙祭之礼的知识水准与实践经验。因此,朝廷在设置品官祭祀制度时亦有意提供仪注范本,是为《大唐开元礼》。然而,《开元礼》之规定毕竟与古礼、世风不同,不足为万世法。故唐代私撰祭礼蔚然成风。要之可分为两个传统:一是庙祭的传统,多本《大唐开元礼》,其撰述目的是补充、修正《开元礼》在具体实践中的不足,使之适应行礼实际。另一个是家祭的传统,多为不及五品的官员及一般士庶所制,目的是在庙祭之外建立一套既不违背国家礼制,又能维系家风、合宗睦族的礼仪。虽

---

① 赵汝愚:《宋朝诸臣奏议》卷 96《上哲宗乞详议五礼以教民》,上海古籍出版社 1999 年版,第 1033 页。

然这些文献多散佚难考,但从礼书名称上仍可窥得一斑。前一类著述多以
"祭"为名,如韦武《家祭仪》、孟诜《家祭礼》等;后一类则多以"荐享"为名,如
范传式《寝堂时飨仪》、郑正则《祠享仪》、贾顼《家荐仪》等。这些游离于官方
礼制之外的祭礼文本本是不合时宜、不得而已的创述,却多少保存了魏晋士
族的礼仪风范,为庙制不立的宋代祭礼提供了重要借鉴。

宋初私撰祭礼并未超出唐礼之藩篱。孙日用《孙氏仲享仪》成书于开宝
年间(968—976),涉及家祭与墓祭。其论家祭坚持使用席地而祭的方法,排
斥使用桌椅;其论墓祭引用唐代准许上墓祭扫的敕文,表现出与唐代祭礼的
延续性。另外,从"仲享"的题名推测,该书或主张于仲月祭祀,与《开元礼》
同。许洞《训俗书》成书不早于大中祥符四年(1011),该书"述庙祭、冠笄之
礼,而拜扫附于末"①。所谓庙祭,是以唐代家庙制度为前提的家祭礼仪;所
谓拜扫,即开元敕文所确定的上墓祭扫之礼,亦是唐礼旧制。最为典型的是
《杜氏四时祭享礼》,作者杜衍是杜佑的九世孙,祖先家庙至仁宗时尚存。该
书被认为是保存"唐之盛时公卿家法"②的典范之作,四时祭祀用分至,不用
桌椅而用平面席褥,不焚纸币③,礼仪"颇为近古"④。这些著述因袭了唐代
私撰祭礼的问题意识、内容特点,或可称作宋代祭礼中的"近古"类。

北宋中期,祭礼文本出现新变。一是"从俗"倾向凸显。较为典型的作
品是《韩氏古今家祭式》。该书成于熙宁三年(1070),是韩琦汇集七家唐代
私撰祭礼文献,"研详累月,粗究大方,于是采前说之可行,酌今俗之难废者,
以人情断之,成十三篇"⑤。可见,其编撰观念以唐礼为本,参入时俗。至于
何种习俗可以编入,则须以"人情"为标准。这种观念难免会导致缘俗入礼
的泛滥。徐度《却扫编》论《家祭式》曰:

> 如分至之外,元日、端午、重九、七月十五日之祭皆不废,以为虽出
> 于世俗,然孝子之心不忍违众而忘亲也。其说多近人情,最为可行。⑥

---

① 陈振孙撰,徐小蛮、顾美华点校:《直斋书录解题》卷6《仪注类》,上海古籍出版社1987年版,第
185、186页。
② 欧阳修撰,李逸安点校:《居士集》卷31《太子太师致仕杜祁公墓志铭》,载《欧阳修全集》,中华书
局2001年版,第466、467页。
③ 徐度:《却扫编》卷中,《丛书集成初编》第2791册,中华书局1985年影津逮秘书本,第155—156页。
④ 徐度:《却扫编》卷中,《丛书集成初编》第2791册,中华书局1985年影津逮秘书本,第155页。
⑤ 韩琦:《安阳集》卷23《〈韩氏参用古今家祭式〉序》,《景印文渊阁四库全书》第1089册,台湾商务
印书馆1986年版,第338页。
⑥ 徐度:《却扫编》卷中,《丛书集成初编》第2791册,中华书局1985年影津逮秘书本,第155—156页。

纳"节祠"之俗入礼,乃《家祭式》一大特色。其根据即"每逢佳节倍思亲"的孝子之思、常人之情。但是,将佛教色彩浓厚的中元纳入"节祠"范围显然是朱熹、张栻等儒家士大夫难以接受的。这种祭礼著述有鲜明的"缘情制礼""以俗合礼"特点,或可称作宋代祭礼中的"从今"类。

另一方面,"复古"之风亦浸入祭礼文本之中。胡瑗的《吉凶书仪》,"略依古礼,而以今体书疏仪式附之"①,可视作此种风格的先声。此后,程颐《祭礼》、张载《祭礼》、蓝田吕氏《祭礼》、司马光《书仪》等著述,亦多以古礼为去取折中的标准,"以礼论俗",试图重构新时代的祭礼。不过需要指出的是,"复古"作为一个宋学评价系统中"很好的词",并不足以简化对宋代祭礼著述的认识。实际上,除上述"近古"类、"从今"类祭礼外,几乎所有的宋代祭礼文本都可被视作"复古"类著述,被贴上"复古"的标签。若将这些著述进行礼经学意义上的考察,难免不合古礼、有杜撰的嫌疑。不过,当"回归三代"的大纛树立,古礼确有代替唐礼成为私撰祭礼撰述标准的趋势。此时的礼书作者多有治史之才(如司马光、范祖禹),所著礼书精于礼学考证,有很强的学术性。在他们看来,"超迈汉唐"的抱负既然以"回到三代"为旨归,礼仪方面自然应以"三礼"为准,正所谓"反本修古"②。

然而,宋儒关于"复古"的思考尚不止于此,以程颐为代表的道学家认为,"复古"绝非简单意义上对古礼礼文("笾豆之事")的回归,而是在古礼"礼义"指导下重建属于新时代的礼文。所谓"礼,时为大"的制礼原则不只是要求对时俗采取包容态度,更是要缘时之人情,以当时普遍使用的节庆、器物、衣冠等物质要素构造新礼,达成古礼的意义。到 12 世纪,一些名为"三家礼""四家礼""六家礼"的礼书汇编开始出现,所收书目多属于"复古派""礼义派"的祭礼著作,以唐朝祭礼为圭臬的著作退出历史潮流。有趣的是,虽然程颐《伊川程氏祭礼》的文本问题值得怀疑,却仍然成为朱熹《家礼》的大纲,在不断的"遗失"与"重现"中备受关注,成为后世四礼著述的典范之作。两宋祭礼文本之类型略见表 6.2。

---

① 晁公武撰,孙猛校证:《郡斋读书志校证》卷 8,上海古籍出版社 1990 年版,第 329 页。
② 吕祖谦撰,黄灵庚、吴战垒点校:《东莱吕太史别集》卷 4《家范四》,《吕祖谦全集》第 1 册,浙江古籍出版社 2008 年版,第 351、352 页。

表 6.2　11 至 13 世纪的祭礼文本类型

	近古派	从今派	复古派	
			复古之礼	复古之义
祭礼文本	《孙氏仲享仪》《训俗书》《杜氏四时祭享礼》等	《韩氏古今家祭式》《孙氏荐飨仪范》等	《吉凶书仪》《司马氏书仪》《范氏家祭礼》《高氏送终礼》等	《伊川程氏祭礼》《朱氏祭仪》《家礼》等
内容特点	恢复唐代祭礼	参酌使用时俗	恢复古礼之文	追求古礼之义

二、祭祀时间的厘定

《礼记·祭义》曰:"祭不欲数,数则烦,烦则不敬。祭不欲疏,疏则怠,怠则忘。是故君子合诸天道,春禘秋尝。"孔颖达疏"春禘秋尝"曰:"举春、秋,冬、夏可知。"①按此,古礼之所以定下春祠(周改"禘"为"祠")、夏禴、秋尝、冬烝之四时祭法,乃是本于祭祀频度对于行礼者身心的影响。过于频繁则心思容易烦乱,不能诚敬;间隔过长则难免有所倦怠,每致遗忘。所以,四时是最佳的祭祀时间②。

宋儒普遍希望恢复古礼之四时祭。不过,民间却习惯在元旦、端午、重阳、中元等节日进行祭祀,于是便出现了所谓"节祠"问题。对此,不少礼书明确表示不认同。作为唐代望族后裔,北宋杜衍著有《杜氏四时祭享礼》,其主旨即在抵制"节祠"风俗,坚守春禘秋尝的四时祭礼。欧阳修称赞说:"自唐灭,士丧其旧礼,而一切苟简,独杜氏守其家法,不迁于世俗。"③据徐度《却扫编》记载,该书以春分、秋分、夏至、冬至作为祭祀时间④,希望恢复四时祭之古礼。采取相似做法的还有《横渠张氏祭仪》。据说,张载深患当时"祭先之礼,一用流俗,节序燕亵不严"的现状,"家祭始行四时之荐,曲尽诚洁",尽管受到时人的嘲笑,却终究得到理解⑤。司马光《书仪》中的祭礼专

---

① 郑玄注、孔颖达疏、龚抗云整理、王文锦审定:《礼记正义》,北京大学出版社 1999 年版,第 1310 页。

② 四时祭本非古礼。按沈文倬考证,其流行当不早于战国,见沈文倬:《菿闇文存》,商务印书馆 2006 年版,第 362 页。

③ 欧阳修撰、李逸安点校:《居士集》卷 31《太子太师致仕杜祁公墓志铭》,载《欧阳修全集》,中华书局 2001 年版,第 466、467 页。

④ 徐度:《却扫编》卷中,《丛书集成初编》第 2791 册,中华书局 1985 年影印逮秘书本,第 155、156 页。

⑤ 朱熹撰、戴扬本点校:《伊洛渊源录》卷 6《横渠先生行状》,朱杰人主编《朱子全书》第 12 册,上海古籍出版社、安徽教育出版社 2002 年版,第 995 页。

指四时祭而言，所用时间为仲月，以筮日决定具体祭祀日期①。

不过，也有一些礼书将节祠纳入家祭礼中，著名的如韩琦《韩氏参用古今家祭式》。据说，该书所提出的祭礼"与杜氏大略相似，而参以时宜。如分至之外，元日、端午、重九、七月十五日之祭皆不废，以为虽出于世俗，然孝子之心不忍违众而忘亲也。其说多近人情，最为可行"②。可见，该书在四时祭仪文上与《杜氏四时祭享礼》并无巨大差别，所不同者在于该书将当时民俗纳入了祭礼仪文，在新年、端午、重阳、中元等民间重大节日都设有祭祀。尤为重要的是，韩琦提出这样做的理由在于孝子不忍心在他人皆有祭祀的情况下忘记先人。

此后，以四时祭为纲，兼容节祠便成为宋代家祭礼书的主要倾向。不过，二分二至日行四时祭，元旦、端午、重阳、中元又行节祠，祭祀似乎过于频繁而不合疏数之节。因此，将节祠与四时祭相结合便成为比较折中的做法。成书于绍兴三年（1133）的《孙氏荐飨仪范》这样设计祭祀时间：

> 正月朔旦，三阳交泰，万物发生，乃人道报本反始之时，为一岁初祭。○春荐以清明节日。○夏荐以五月五日。○秋荐以九月九日。○冬荐以冬至日并岁旦。一岁共五祭。……今于四时折中，以传禴、祠、烝、尝之义云。③

唐代以来，四时祭或用卜日，或用二分二至，未有一定之说。孙伟将古礼四时祭与节祠联系起来，除保留正月初一的岁旦之祭外，将春祠定于清明，将夏禴定于端午，将秋尝定于重阳，将冬烝定于冬至。一年一共五次大型祭祀，既保存了节祠之俗，又实现了"祭不欲数"的目标，似得"礼俗之中"。

这种做法伊川早年亦曾提出，不过朱熹并未接纳。《家礼·祭礼》所展现的是将节祠与四时祭，始祖、先祖、祢之祭，乃至朔望等大小祭祀兼取之的情况，于宋代四礼著述中最为繁数。（见表6.3）这种现象唯有对程朱祭礼作专门释读方可理解（详后）。

---

① 司马光：《司马氏书仪》，《丛书集成初编》第1040册，中华书局1985年据学津讨原本排印，第113、114页。

② 徐度：《却扫编》卷中，《丛书集成初编》第2791册，中华书局1985年影津逮秘书本，第155—156页。

③ 佚名：《居家必用事类全集》乙集，《四库全书存目丛书》子部第117册，齐鲁书社1995年版，第104页。

表 6.3　宋代家祭礼书中的祭祀时间

	四时祭	节祠					其他			总计
		岁旦	清明	端午	中元	重阳	始祖	先祖	祢	
《杜氏四时祭享礼》	二分二至	无	无	无	无	无	无	无	无	4
《韩氏参用古今家祭式》	二分二至	有	有	有	有	有	无	无	无	9
《横渠张氏祭仪》	二分二至	无	无	无	无	无	无	无	无	4
《司马氏书仪》	用仲月卜日	无	无	无	无	无	无	无	无	4
《伊川程氏祭礼》	有,具体时间未详	无	无	无	无	无	冬至	立春	季秋	7
《孙氏荐飨仪范》	春夏秋与节祠合,冬用冬至	有	无	无	无	无	无	无	无	5
《家范》	二分二至	无	无	无	无	无	无	无	无	4
《朱氏祭仪》初稿	二分二至	有	有	有	无	无	冬至	立春	季秋	12
《家礼》	用仲月卜日	有	有	有	无	无	冬至	立春	季秋	11
"朱子晚年定论"	二分二至	有	有	有	无	无	无	立春	季秋	10

＊本表不含日之祭。所谓"朱子晚年定论",指的是《家礼》纂成后朱熹对于祭礼的新思考。

三、祭器、祭服与祭馔

从礼文角度来看,宋代祭礼虽然在用尸等问题上与古不同,却在仪节上保持了与古礼的基本一致。因此,祭礼仪文既未展现出古今的激烈碰撞,也不是引发儒者热议的重要方面。相比之下,祭器、祭服与祭馔却颇能吸聚宋儒的讨论。

北宋初期的家祭礼书多承袭唐代礼书而来,对于礼器的使用亦然。例如,唐代祭礼中普遍流行兼用桌椅与席褥的做法,桌椅用于凶祭,席褥用于吉祭。作为北宋较早的家祭礼书,《孙氏仲享仪》继承了"床椅凶祭,席地吉祭"①原则,批判了当时用床椅设祭的做法。相似地,杜衍的《杜氏四时祭享礼》也"不设椅桌,唯用平面席褥。不焚纸币"②,坚持对于前代家法的传承。

随着儒学复兴运动在北宋中期的兴起,儒者不再满足于师法汉唐,而是

① 吕祖谦撰,黄灵庚、吴战垒点校:《东莱吕太史别集》卷4《家范四》,载《吕祖谦全集》第1册,浙江古籍出版社2008年版,第349页。
② 徐度:《却扫编》卷中,《丛书集成初编》第2791册,中华书局1985年影津逮秘书本,第155、156页。

希望返回三代礼乐治世。在这种背景下,家祭礼书表现出明显的复古倾向。据朱熹说,吕大临"曾立庙,用古器",并制古玄服为祭服①。由于蓝田吕氏《祭仪》已佚,具体情况不得而知。不过,范祖禹倒是留有关于祭馔、祭器的大段陈说:

> 反本修古,不敢用亵味而贵多品,交于神明之义也。鼎、俎、笾、豆、簠、簋、登、铏、爵、坫,古者存没通用。后世燕器从便,唯今国家祭祀则用古器。或谓生不用而祭用之,恐祖考不安,祖禹以为不然。昔三代之时,皆有所尚,而亦兼用前代之礼,故鲁兼四代服器。孔子曰:'行夏之时,乘商之辂,服周之冕。'此其意也。醴酒之美,玄酒之尚,贵五味之本,亦犹冠礼始冠缁布之冠。太古之礼存而不废,以明礼之所起,不敢忘其初也。后世去圣久远,典礼废坏,士大夫祭祀之礼,不出于委巷,则出于夷狄。牲牢器皿,无所法象。所谓燕器者,出于人情所便,非圣制也。若遂略去古礼,一切从俗,则先王之法不可复见。君子不宜以所贱事亲,犹须存之。②

《礼记·郊特牲》曰:"鼎俎奇而笾豆偶,阴阳之义也。笾、豆之实,水土之品也。不敢用亵味而贵多品,交于神明之义也。"郑玄注曰:"水土之品,言非人之所常食。"孔颖达疏曰:"神道与人既异,故不敢用人之食味,神以多大为功,故贵多品。"③按此,古礼本有神道与人道之分别,所以不应以人所喜爱的美味充当祭品。范祖禹指出,时人所谓"生不用而祭用之,恐祖考不安"的担心完全不必要,因为古礼本身就是杂用三代器物的典范。无论是麦芽酿造的甜淡醴酒,还是本为清水的质朴玄酒,抑或冠而弊之的缁布之冠,都是前代之物,已非周时日用之常。因此,范祖禹希望痛革时弊,制作古器、古服祭祀,以尽孝亲之思。

徽宗之后,朝廷的确常有赏赐大臣祭器的行为,不过,能够获得这种赏赐的毕竟是极少数的朝中重臣。一般朝官且无力置办古器、古服而祭祀,遑论士庶小民。因此,更多的家祭礼书使用当时通行之器物行礼。《韩氏古今

---

① 黎靖德编,王星贤点校:《朱子语类》卷89《礼六·冠昏丧》,中华书局1986年版,第2272页。

② 吕祖谦撰、黄灵庚、吴战垒点校:《东莱吕太史别集》卷4《家范四》,《吕祖谦全集》第1册,浙江古籍出版社2008年版,第351、352页。

③ 郑玄注、孔颖达疏,龚抗云整理、王文锦审定:《礼记正义》,北京大学出版社1999年版,第775页。

家祭式》"供床座椅代设席"①,使用当时常用的床椅作为行礼工具。相似地,《司马氏书仪》中的祭礼也"设椅桌",并使用了酒盏、匕箸、茶盏、酱碟等器物②。值得注意的是,司马光将茶具纳入祭馔,并创设了点茶的祭祀仪节:

> 执事者一人执器沥去茶清,一人随以汤斟之,皆自西而始。毕,皆出,祝阖门。③

虽然宋代饮茶之风盛行,不过,将这种流行饮品纳入礼书尚属首创。朱熹《家礼》因袭《书仪》,在朔望之祭中有主妇执茶筅,执事者执汤瓶,随之点茶的仪式④。另外,在四时祭终献之后也有"主人、主妇奉茶分进于考妣之前,祔位,使诸子弟妇女进之"⑤的仪文。这一节文的增设显非复古的需要,而是出于"事死如事生"考虑的结果。

不仅茶进入祭馔体系,不少当时的流行食物也从日常生活走向家庙祠堂,成为常用的祭品。关于四时祭所用祭品,司马光《书仪》这样写道:

> 时蔬、时果各五品,胾今红肉、炙今炙肉、羹今炒肉、肴今骨头、轩今白肉,音献、脯今干肉、醢今肉酱、庶羞猪羊之外珍异之味,面食如博饼、油饼、胡饼、蒸饼、枣糕、环饼、捻头、傅饦之类是也,米食谓黍、稷、稻、粱、粟所为饭,及枣糕、团粽、饧之类是也,共不过十五品。⑥

胾、炙、羹、肴等本是古礼之名,在司马光的诠释下转换为日常生活中的常见饮食。如果说,对于胾、炙、羹、肴、轩、脯、醢、庶羞的诠释是考礼所得,那么,对于面食、米食的注解更多是对当时流行食物采择的结果。其中贯穿

---

① 吕祖谦撰,黄灵庚、吴战垒点校:《东莱吕太史别集》卷4《家范四》,《吕祖谦全集》第1册,浙江古籍出版社2008年版,第349页。

② 司马光:《司马氏书仪》卷10《丧仪六·祭》,《丛书集成初编》第1040册,中华书局1985年据学津讨原本排印,第113—115页。

③ 司马光:《司马氏书仪》卷10《丧仪六·祭》,《丛书集成初编》第1040册,中华书局1985年据学津讨原本排印,第117页。

④ 朱熹:《家礼》卷1《通礼·祠堂》,《中华再造善本》一编,北京图书馆出版社2004年据中国国家图书馆藏宋刻本影印。

⑤ 朱熹:《家礼》卷5,《中华再造善本》一编,北京图书馆出版社2004年据中国国家图书馆藏宋刻本影印。

⑥ 司马光:《司马氏书仪》卷10《丧仪六·祭》,《丛书集成初编》第1040册,中华书局1985年据学津讨原本排印,第114、115页。

的仍是"事死如事生"之义。

与《书仪》不同,《孙氏荐飨仪范》分别四时而设馔,其依据乃是汉儒阴阳时令之说。《礼记·王制》曰:"庶人春荐韭,夏荐麦,秋荐黍,冬荐稻。韭以卵,麦以鱼,黍以豚,稻以雁。"(《礼记·王制》)按是书作于绍兴三年(1133),而孙伟受官在绍兴六年(1136)①,则孙伟作此书时尚是庶民。用《礼记》庶人之礼祭先可谓合礼。不过,这种区分四时的祭馔制度在宋代礼书中并不多见,对后世的影响亦十分有限。

如前所述,朱熹《家礼》在祭礼方面与程颐《祭仪》渊源颇深,是宋代家祭礼书中祭祀频度最高的著作,由此引发了一个祭祀等级的问题。通过区分祭祀空间、祭馔丰俭、祭服种类、仪式过程,《家礼·祭礼》形成了独特的祭礼体系,对后世影响巨大(见表 6.4、图 6.12、图 6.13)。

表 6.4　宋代家祭礼书中的祭馔

		《司马氏书仪》	《孙氏荐飨仪范》	《家范》	《家礼》
朔望	朔日	时果五品、盘饯三副。			新果一大盘,茶、酒。
	望日				新果一大盘,茶。
俗节					时食一大盘,间以蔬果。
四时	春	时蔬、时果各五品、脍、炙、羹、肴、轩、脯、醢、庶羞、面食、米食,共不过十五品。	以韭为菹,以卵馐馔。四时荐新外,兼以鸡、羊、鹿、豕共造熟食五品、时果五品、菜五品。	果六品。醢酱、蔬共六品。馒头、米食、鱼、肉、羹、饭共六品。	果六品,蔬菜及脯醢各三品,肉、鱼、馒头、糕各一盘,羹饭各一碗,肝各一串,肉各二串。茶、酒。
	夏		以新面为炊饼,以鲫鲤鱼馐馔。余同上。		
	秋		以新黍粟米炊饼,侑蒸豚。余同上。		
	冬		以新粳米炊饭,侑蒸雁。无雁则以鸡、鹅、鸭代之。余同上。		

_____

① 李心传:《建炎以来系年要录》卷 106 绍兴六年十一月戊寅条,中华书局 1956 年版,第 1732 页。

续表

	《司马氏书仪》	《孙氏荐飨仪范》	《家范》	《家礼》
始祖				毛血腥肉、蔬果、肝、米、玄酒等。
先祖				毛血、首心、肝肺、脂膏各一盘,切肝两小盘,切肉四小盘。
祢				如时祭之仪二分。
忌日		鸡、鱼、羊、豕随屠,肆所有之味造熟食五品。		如祭祢之馔一分。

图 6.12　《家礼》四时祭每位设馔之图①

————————

① 朱熹:《家礼》,黄瑞节编《朱子成书》第 7 册,国家图书馆出版社 2005 年据中国国家图书馆藏元至正元年(1341)日新书堂刻本影印。

图 6.13　曲阜孔庙东庑中所陈祭馔(作者拍摄)

第四节　程朱祭礼的构想与展演

伊川《祭礼》与朱熹《家礼》是"复古"类祭礼中"复古之义"的代表,在内容上表现出一贯性特征。就宋代四礼著述而言,此类祭礼本非主流,却在13世纪20年代之后广泛传播,成为四礼学之典范著作。因此,本节专就程朱祭礼为研究对象,试图揭示伊川祭礼的内在逻辑,及《家礼·祭礼》对伊川之制的补完历程。

一、祖先想象与大纲搭建

元祐元年(1086),司马光卒,程颐(1033—1107)、苏轼(1037—1101)为丧礼事宜产生分歧。时紫芝(生卒年不详)《程子微言》录之,载《二程外书》卷十一:

> 温公薨,朝廷命伊川先生主丧其事。是日也,祀明堂礼成,而二苏往哭温公,道遇朱公掞,问之。公掞曰:"往哭温公,而程先生以为庆吊不同日。"二苏怅然而反,曰:"鏖糟陂里叔孙通也。"言其山野。自是时时谑伊川。[1]

此事为洛党与蜀党交恶的标志之一。其中,苏轼戏谑程颐所用的"鏖糟

---

① 程颢、程颐著,王孝鱼点校:《二程集》,中华书局 2004 年版,第 415、416 页。

陂里叔孙通"尤其引人注意①。不过,当学者顺着引文提供的线索,通过辨析"鏖糟陂里"的含义来强调苏轼的不敬态度与谑浪行为时,偏正结构中的主词——"叔孙通"却少被注意。按《长编》所记,程颐"庆吊不同日"的理论主要来自对《论语·述而》中"子于是日哭则不歌"的理解,认为不应在明堂大礼、百官称贺的当日行哭吊之礼。苏轼等人则认为,"哭则不歌"不等于"歌而不哭",程颐的主张未必合乎古礼,不过是叔孙通般的杜撰。如果说,"鏖糟陂里"的说法表达了东坡对伊川的鄙夷态度,其中包含人身攻击色彩;那么,"叔孙通"的说法则旨在批判程颐的"非礼",多少肯定了程颐与"汉代儒宗"(《史记·叔孙通列传》)叔孙通的近似。实际上,朱光庭、胡安国、朱熹等人都曾盛赞程颐对礼学的精通,他们的说法是,程颐有"制礼作乐之具"②。两种提法虽然在价值评价上迥然有别,却在事实层面惊人相似。——正因为程颐是有为新时代制礼作乐之抱负的思想家,他才可能信古而不泥于古,根据自己对礼乐的理解制作新礼。当然,由于不是传统意义上的礼学家,这些设想难免有杜撰之嫌。

程颐究竟在礼乐制作方面有何造诣与见识,能受到时人如此称许?吴飞《祭及高祖——宋代理学家论大夫士庙数》探讨了 11 至 13 世纪中国的祭礼变革中的关键问题之一,即大夫、士庙数问题,揭示了程颐"祭及高祖"之论的内在原理,及朱熹对该论的反思与坚持③。拙文《自造圣物:十一至十三世纪中国的木主制度变革》以木主为中心,探索了程颐"大夫士有主"论,认为《作主式》对木主形制构想的核心是容纳祖先魂气,使之与理学的气化鬼神观念相合④。这些研究对当前的程颐礼学研究乃至宋代礼学研究提出了一个问题:如何在宋代礼学乃至"宋学"形成、变迁的脉络中理解伊川礼学。本节即以此为视角,继续探讨伊川礼学中原创性很强、争议较多的问题——祖先祭祀的构想与原理,以求深化对这位"宋代叔孙通"的认识与体悟。

(一)文本差异与伊川祭礼的成型

"礼,履也。"(《说文解字》)与其他类型的学问不同,四礼学兼具理论性

---

① 漆侠:《释"鏖糟陂里叔孙通"》,《河北大学学报》(浙学社会科学版)1999 年第 3 期,第 1、2 页;《苏轼"蜀学"与程颐"洛学"在思想领域中的对立》,《河北学刊》2001 年第 5 期,第 1、2 页。姜勇仲:《释"鏖糟"》,《周口师范学院学报》2008 年第 1 期,第 98—101 页。

② 黎靖德编,王星贤点校:《朱子语类》卷 90《礼七·祭》,中华书局 1986 年版,第 2311 页。

③ 吴飞:《祭及高祖——宋代理学家论大夫士庙数》,《中国哲学史》2012 年第 4 期。

④ 杨逸:《自造圣物:十一至十三世纪中国的木主制度变革》,《浙江学刊》2018 年第 5 期。

与实践色彩，故制礼者往往受自身礼学观念变迁的影响，在学礼、行礼中反思理论、观照现实，不断递修所撰文本。最好的例子莫过于朱熹（详见下文）。程颐亦然，虽然治学重点不无变化，礼学研究却是贯穿一生的重大课题。程颐关于祭礼的较早设想载于《二程外书》卷一：

> 士大夫必建家庙，庙必东向，其位取地洁不喧处。设席坐位皆如事生，以太祖面东，左昭右穆而已。男女异位，盖舅妇生无共坐也。姑妇之位亦同。太祖之设，其主皆刻木牌，取生前行第或衔位而已。妇各从夫。每月告朔，茶酒。四时：春以寒食，夏以端午，秋以重阳，冬以长至，此时祭也。每祭讫，则藏主于北壁夹室。拜坟则十月一日拜之，感霜露也。寒食则又从常礼。祭之饮食，则称家有无。祭器坐席，皆不可杂用。庙门，非祭则严扃之，童孩奴妾皆不可使亵而近也。①

这段文字为朱光庭（1037—1094）所录，时间虽不易考，然事必在元祐九年（1094）朱氏卒前，当无疑。朱熹在《与吴晦叔》（"文叔出示"）中曾探讨过该篇所载祭仪的问题，他认为其与程颐后来所论不同之处至少有三：其一，"庙必东向"；其二，以俗节作四时祭；其三，刻木牌而非木主。朱熹认为，"庙必东向"或是程颐"考之未详"，或是有"记录之误"，从下文主位来看，更可能是"东"字所记有误②。至于后两条，朱熹认为是"当时草创未定之论"③，不能代表程颐的成熟意见。最后的结论是："此皆《语录》之误也。"④朱熹揭示出《语录》前后不一的情况，为认识程颐祭礼观念变迁提供了线索。但是，或是因为太过强调《语录》的权威性，朱熹倾向于将"先后之别"视作"是非之辨"，为每条内容的正误贴标签。更重要的是，朱熹忽略了引文中能够确定程颐此阶段思考的性质、来源的关键信息，即"太祖"问题。

"太祖"之说，载于《礼记》。《王制》曰："大夫三庙，一昭一穆，与太祖之庙而三。"郑注："太祖别子始爵者。"⑤按《礼记正义》，大夫之称太祖者有三：

---

① 程颢、程颐著，王孝鱼点校：《二程集》，北京大学出版社 1999 年版，第 352 页。

② 朱熹撰，刘永翔、朱幼文校点：《晦庵先生朱文公文集》卷 42《答吴晦叔》（"文叔出示"），朱杰人主编《朱子全书》第 22 册，上海古籍出版社、安徽教育出版社 2002 年版，第 1906、1907 页。

③ 朱熹撰，刘永翔、朱幼文校点：《晦庵先生朱文公文集》卷 42《答吴晦叔》（"文叔出示"），朱杰人主编《朱子全书》第 22 册，上海古籍出版社、安徽教育出版社 2002 年版，第 1907 页。

④ 朱熹撰，刘永翔、朱幼文校点：《晦庵先生朱文公文集》卷 42《答吴晦叔》（"文叔出示"），朱杰人主编《朱子全书》第 22 册，上海古籍出版社、安徽教育出版社 2002 年版，第 1907 页。

⑤ 郑玄注、孔颖达疏，龚抗云整理、王文锦审定：《礼记正义》卷 12《王制》，北京大学出版社 1999 年版，第 382 页。

"一是别子,初虽身为大夫,中间废退,至其远世子孙,始得爵命者,则以为大祖,别子不得为大祖也。二是别子及子孙,不得爵命者,后世始得爵命,自得为大祖。三是全非诸侯子孙,异姓为大夫者,及它国之臣初来任大夫者,亦得为大祖。"①与程颐后论"始祖"不同,太祖突出的是"爵命",初授官爵或废退官爵之子孙重得官爵者皆为其子孙祭祀之"太祖"。从《大唐开元礼》对官制的比附来看,古之"大夫"相当于三品以上官员。这些官员当立家庙,身殁后,其庙不毁,是为"始祖庙"②,其人则为"始封祖"②。此处所论之"太祖",即唐礼之始封祖。由此观之,程颐所论尚未超出唐代家庙祭祀制度之窠臼,与韩琦《家祭式》、杜衍《四时祭飨礼》、司马光《书仪》等同时期著述无本质差别。

元祐(1086—1094)之后,程颐"礼以义起",发明出一套与前论迥然不同的祭祀理论。这套理论的代表性文本是《二程遗书》卷十八所载刘安节(1068—1116)所录"冠昏丧祭,礼之大者"一段。朱熹将之奉作程颐祭礼学的完成形态,赋予其权威性与经典性。

刘氏从学,陆敏珍师系之于绍圣年间(1094—1098)③。其首曰:

> 冠昏丧祭,礼之大者,今人都不以为事。某旧尝修六礼,冠、昏、丧、祭、乡、相见。将就后,被召遂罢,今更一二年可成。家间多恋河北旧俗,未能遽更易然,大率渐使知义理,一二年书成,可皆如法。礼从宜,使从俗,有大故害义理者,须当去。④

可知,该段论述与程颐所修《礼》书大有关联。考《二程遗书》同卷有曰:

> 问:"先生曾定六礼,今已成未?"曰:"旧日作此,已成七分,后来被召入朝,既在朝廷,则当行之朝廷,不当为私书,既而遭忧,又疾病数年,今始无事,更一二年可成也。"⑤

按此,程颐此期修礼当细分作三个阶段。第一阶段为元祐元年(1086)

---

① 郑玄注、孔颖达疏,龚抗云整理、王文锦审定:《礼记正义》卷12《王制》,北京大学出版社1999年版,第384页。
② 甘怀珍:《唐代家庙礼制研究》,台湾商务印书馆股份有限公司1991年版,第81页。
③ 陆敏珍:《宋代永嘉学派的建构》,浙江大学出版社2013年版,第97页。
④ 程颢、程颐著,王孝鱼点校:《二程集》,中华书局2004年版,第240、241页。
⑤ 程颢、程颐著,王孝鱼点校:《二程集》,中华书局2004年版,第239、240页。标点略作厘定。

三月之前,此时《礼》书"已成七分"。第二阶段为元祐元年至五年(1086—1090)在朝为官时期,此时《礼》书纂作虽暂被搁置,却通过实际行动转化为政治实践,所谓"行之朝廷"。第三阶段为元祐五年(1090)正月去朝之后,程颐在此段时间经历坎坷,先是在争议中丁忧去官。元祐七年(1092)服除之后,除直祕阁,判西京国子监。同年五月,改授管勾崇福宫,"未拜,以疾寻医"。元祐九年(1094),哲宗亲政,又授祕阁、西监的职位,程颐辞而不就。在绍圣年间(1095—1098),由于邢恕的谗言诋毁,程颐"以党论放归田里"①。从刘安节所记来看,这一阶段是程颐礼学的重要转折期、成熟期。可证,至晚在绍圣年间(1095—1098),程颐已对祭礼有系统思考。

需要说明的是,现存《二程文集》卷十的《祭礼》可能是伊川早年草成之本。朱熹在整理《文集》时指出:"罗氏本有此,诸本皆无之,恐未必先生所著,姑附于此。"②则罗本《祭礼》实为伊川祭礼之孤证,可靠性令人生疑。不过,其文字简略,只存大纲,却与程颐自谓元祐(1086—1094)入朝之前"已成七分"的礼书编纂情况相似,或是伊川早年草成之本,文本价值不容抹杀。从内容来看,《祭礼》中《四时祭》"降神"处曰:"孝孙某,今以仲春之祭,共请太祖某官、高祖某官、曾祖某官、祖某官、考某官,降赴神位。"③则是太祖之祭尚存。又,《祭礼》详于《四时祭》,略于《始祖》《先祖》《祢》,无忌日之祭。除四时祭外,其他内容反不及《遗书》卷十八所载之详。这或许说明,程颐早在构想始祖、先祖、祢祭之前,已对四时祭有较成熟的意见,伊川祭礼之重心有一个从"常祭"(四时祭)向"特祭"演变的过程。

所以,伊川祭礼之定论,犹当以《遗书》卷十八所载为式。因其重要,录全文于下,以待进一步释读:

> 每月朔必荐新,如仲春荐含桃之类。四时祭用仲月。用仲,见物成也。古者天子诸侯于孟月者,为首时也。时祭之外,更有三祭:冬至祭始祖,厥初生民之祖。立春祭先祖,季秋祭祢。他则不祭。冬至,阳之始也。立春者,生物之始,一作初也。季秋者,成物之始,一作时也。祭始祖,无主用祝,以妣配于庙中,正位享之。祭只一位者,夫妇同享也。祭先祖,亦无主。先祖者,自始祖而下,高祖之上,非一人也,故设二位。祖妣异坐,一云二位。异所者,舅妇不同享也。常祭止于高祖而下。自父而推,至于三而止者,缘

① 程颢、程颐著,王孝鱼点校:《二程集》,中华书局2004年版,第338—346页。
② 程颢、程颐著,王孝鱼点校:《二程集》,中华书局2004年版,第628页。
③ 程颢、程颐著,王孝鱼点校:《二程集》,中华书局2004年版,第628页。

人情也。旁亲有后者自为祭,无后者祭之别位。为叔伯父之后也。如殇,亦各祭。凡配,止以正妻一人,如诸侯用元妃是也。或奉祀之人是再娶所生者,即以所生母配。如葬,亦惟元配同穴。后世或再取皆同穴而葬,甚渎礼经,但于左右附葬可也。忌日,必迁主,出祭于正寝。今正厅正堂也。盖庙中尊者所据,又同室难以独享也。于正寝,可以尽思慕之意。①

(二)释读路径Ⅰ:物理与义理

伊川祭礼之内容涉及月朔荐新、四时祭、冬至祭始祖、立春祭先祖、季秋祭祢、忌祭等诸多祭祀品类。看似纷繁,实可按其所谓"常祭止于高祖而下"的说法,分作两类:一类是"常祭",祭祀对象为高祖以下四代,包括月朔荐新、四时祭;另一类是"非常祭"(或"特祭"),特点是一人(考、妣)一祭,包括"三大祭"和忌祭。考虑到忌祭的特殊性,"三大祭"是真正超越"常祭"规格的重要祭礼。故拙论先自此始。

其一,冬至祭始祖。

程颐所谓"始祖"究竟为何? 朱熹曾对弟子解释说:"或谓受姓之祖,如蔡氏,则蔡叔之类。或谓厥初生民之祖,如盘古之类。"②可见,朱熹并未直接采纳《遗书》卷十八"厥初生民之祖"的说法,而是试图使用在遗文、语录中寻找更多义的解读。所谓"受姓之祖",见于《遗书》卷二下、《外书》卷十,其大旨在说明某姓繁衍众多的原因是"由受姓之祖,其流之盛"③。故以"受姓之祖"释"始祖",不可谓无据。但是,此说亦有不足,即异姓不共始祖。故当弟子问道:"始祖是随一姓有一始祖? 或只是一始祖?"回答便只是:"此事亦不可得而见。想开辟之时,只是生一个人出来。"④于是,多义性的解释最终只能退回到"厥初生民之祖"的独断。不过,无论盘古,还是"开辟之时"生化的"某一人",都不能有效解决"生民"问题。弟子完全可以追问:最初之人是否是人? 如是,他(她)又是从何而来? 如不是,他(她)怎能被称作人类共祖? 或许正是因为这一难题,朱熹才试图对"始祖"给出更加多义的解读。

不过就程颐所论而言,朱熹的解读并不合适。他说:"祭始祖,无主用祝,以妣配于庙中,正位享之。祭只一位者,夫妇同享也。"⑤可知,始祖有妣

---

① 程颢、程颐著,王孝鱼点校:《二程集》,中华书局 2004 年版,第 240—241 页。
② 黎靖德编,王星贤点校:《朱子语类》卷 90《礼七·祭》,中华书局 1986 年版,第 2319 页。
③ 程颢、程颐著,王孝鱼点校:《二程集》,中华书局 2004 年版,第 55 页。
④ 黎靖德编,王星贤点校:《朱子语类》卷 90《礼七·祭》,中华书局 1986 年版,第 2319 页。
⑤ 程颢、程颐著,王孝鱼点校:《二程集》,中华书局 2004 年版,第 240 页。

配享,夫妇同位、同牢、合祭。在伊川祭礼中,这一做法十分特别。无论前文所引《外书》载程颐早年之论,还是此处先祖等其他祭祀,夫妇皆不同位。程颐为此曾激烈批判张载所定墓祭礼,说:"横渠墓祭为一位,恐难推同几之义。(同几唯设一位祭之,谓夫妇同牢而祭也。)"①可见,在程颐观念中,夫妇同位、同牢、合祭的情况仅有始祖之祭。这可能表明,程颐构想中的"始祖"虽有男女之分,却又处于亦男亦女、难相拆解的状态。

这种构想或与周敦颐(1017—1073)所传《太极图》及论说相关。该说本于易理,所谓"太极生两仪,两仪生四象,四象生八卦,八卦定吉凶,吉凶生大业"(《易传·系辞》)。《图说》曰:"无极而太极。""太极动而生阳,动极而静,静而生阴,静极复动,一动一静,互为其根,分阴分阳,两仪立焉。"两仪既立,阳变阴合,四象化生。二气氤氲相荡,于是"乾道成男,坤道成女",万物化生,人类遂成。这种理论可从气上论,亦可由理上说,但理气始终难相拆解,以理释图者亦不可绝口不谈气化问题。从这个意义上说,程颐所谓"厥初生民之祖"恐非具象的人类男女祖先,而是抽象的乾坤阴阳之气(或是气化所以然之理)。因为"阴阳一太极,太极本无极",二气之动静、来往、生化必须互相假借,故"祭只一位"。

"五气顺布,四时行焉。"无论"理本论"还是"气本论",《太极图》都可被理解为万物生化过程的具体演绎。在这个历程中,具象的物质出现在第三层。所谓"五行",既是具体的物质,又是进一步生成万物的质料,还是具有时间性的"四时"。相关研究指出,"播五行于四时"、以四时为四象(木春、火夏、金秋、水冬)是汉代至北宋时期诸儒的通解②。由此反观伊川始祖祭祀的时间,可谓极具深意。"冬至祭始祖。"程颐对此解释说:"冬至,阳之始也。"③《伊川易传》释《复卦》曰:

> 物无剥尽之理,故剥极则复来,阴极则阳生,阳剥极于上而复生于下,穷上而反下也,《复》所以次《剥》也。为卦,一阳生于五阴之下,阴极而阳复也。岁十月。阴盛既极,冬至则一阳复生于地中,故为复也。④

---

①　程颢、程颐著,王孝鱼点校:《二程集》,中华书局 2004 年版,第 51 页。
②　郭彧:《易图讲座》,华夏出版社 2007 年版,第 67 页。
③　程颢、程颐著,王孝鱼点校:《二程集》,中华书局 2004 年版,第 240 页。
④　程颐撰,王孝鱼点校:《周易程氏传》卷 2《复》,中华书局 2001 年版,第 133 页。

　　这段话就《序卦》而发,沿袭汉儒卦气说,以九月当剥卦,十月当坤卦,十一月当复卦。冬至一天,日最短,夜最长,本是阳消阴长之极。但阴盛稍过,阳即生发于众阴之中。所以"阴之极"也是"阳之始"。就生物而言,阳气复生,有渐盛并生育万物的可能,正与《太极图》第四层的浑沦状态相似。冬至祭始祖的物理本源即在于此(见图 6.14、图 6.15)。

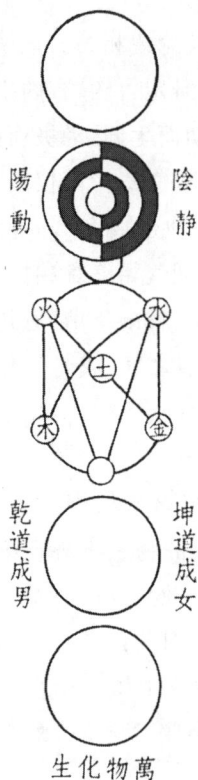

图 6.14　太极图①

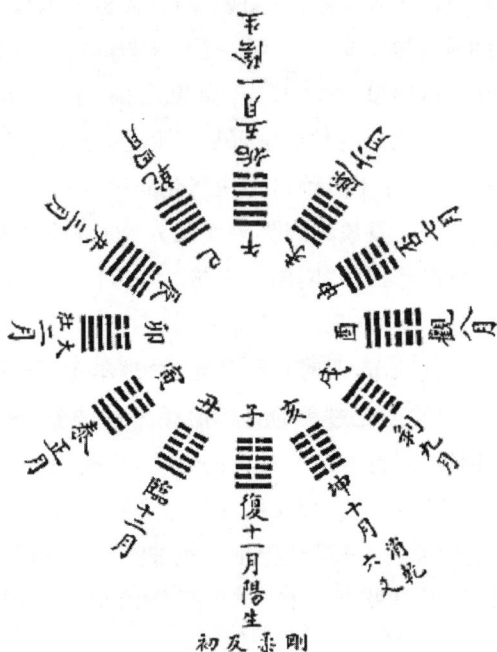

图 6.15　十二消息卦圆图②

　　其二,立春祭先祖。

　　不过,"一阳来复"之时尚未至"万物化生"之境。此时的阳气毕竟弱小,不足以胜阴,以成化育之功。"物之始生,其气至微,故多屯艰。阳之始生,其气至微,故多摧折。"③真正的繁衍生息还要等到"诸阳之来"后才能做到,

① 周敦颐著,陈克明点校:《周敦颐集》卷 1《太极图》,中华书局 1990 年版,第 1 页。
② 朱震:《汉上易传卦图》卷下《复七日来复图》,《景印文渊阁四库全书》第 11 册,台湾商务印书馆 1986 年版,第 350 页。该图为卦气理论之通说,本自汉代易学(见郭彧:《易图讲座》,华夏出版社 2007 年版,第 12 页)。
③ 程颐撰,王孝鱼点校:《周易程氏传》卷 2《复》,中华书局 2001 年版,第 134 页。

程颐说:

> 三阳子丑寅之气生成万物,众阳之功也。①

所谓"三阳",指的是上坤下乾的泰卦。所谓"子丑寅",按《周易》卦气说,复卦十一月为子,临卦当十二月为丑,泰卦当正月为寅,"子丑寅"即"一阳来复"后阳气渐长,经三个月而成泰卦阴阳交合、万物生长的情势,正与《太极图》第五层"万物化生"之象相合。故伊川曰:"立春者,生物之始也。"以立春祭先祖。

这种物理观念显然影响到程颐对"先祖"的构想。关于何为"先祖",他解释说:

> 先祖者,自始祖而下,高祖之上,非一人也,故设二位。祖妣异坐,一云二位。异所者,舅妇不同享也。②

此制的核心问题是如何理解并实践"二位"。对此,语录正文与小注给出了两种不同解释。第一种,"非一人也,故设二位",出自语录正文。朱熹曾解释说,这是将"自始祖下之第二世,及己身以上第六世之祖"合祭,至于为何设"二位",只是"以意享之"的缘故③。由于先祖之祭设位而无主,这种"二位"祭祀必然是将某世考妣合为一位,又将他世考妣合为一位,以全二位之数。这将带来一系列问题:

一、若是单祭,则夫妇同位,违背礼义。程颐并未明言先祖之祭是针对"二位"的单祭还是包容他祖的合祭。若是单祭,则必然奉考、妣于一位,造成夫妇同位的局面。按前文,程颐反对夫妇同位设祭,具象祖先皆不可同位同享。所谓"男男尸,女女尸""考妣当各异位"④。

二、若是合祭,则舅妇同坐,不合义理。程颐说:"人情亦无舅妇同坐之礼。"⑤既是"事死如事生""祭神如神在",便不应使异代考妣神主同坐设祭。

---

① 程颐撰,王孝鱼点校:《周易程氏传》卷2《复》,中华书局2001年版,第134页。
② 程颢、程颐著,王孝鱼点校:《二程集》,中华书局2001年版,第240页。
③ 黎靖德编,王星贤点校:《朱子语类》卷90《礼七·祭》,中华书局1986年版,第2319页。
④ 程颢、程颐著,王孝鱼点校:《二程集》,中华书局2004年版,第168页。
⑤ 程颢、程颐著,王孝鱼点校:《二程集》,中华书局2004年版,第168页。

　　三、祭祀与宗法的关系难以处理。按宗法祭祀原理,"支子不祭"。则某祖之祭当由继该祖之大宗主祭。今先祖之祭既是笼统对始祖以下、高祖以上的所有祖先设祭,则唯有世系完全、嫡庶分明、血统完整的家族方有可能祭祀。这种情况在皇室、孔孟家族中尚不存在,遑论一般士庶,故不具备实践之可能。如对该问题作模糊处理,宗法之义势难保全。

　　四、"位""主"的制作、排列困难重重。始祖之下、高祖之上,祖先众多,当以哪两世祖先为祭祀对象?若不取具象祖先为位,而以"二位"统摄所有,位上之尊号、名讳又当如何书写?若合祭,先祖之"位"与四世之"主"又当如何按昭穆次序排列?凡此种种,皆为实践难题。

　　第二种,"祖妣异坐,一云二位",出自语录小注。此段文字《诸儒明道》本《二程语录》亦有①,或为录者增注,亦不排除后人(包括朱熹)附注的可能。在这种构想中,先祖可以具象为某世之考、妣,也可抽象作始祖以下、高祖以上的历代考、妣。无论如何处理,都可回避前一种方案中的部分难题,更具可操作性,故朱熹《家礼》准此为制、展演为礼(详后)。

　　其三,岁、时、月、日之祭。

　　万物有万物之消息,人类有人类之消息,一人、一物又各自有其消息。二程曾以梅花譬喻此理:"早梅冬至已前发,方一阳未生,然则发生者何也?其荣其枯,此万物一个阴阳升降大节也。然逐枝自有一个荣枯,分限不齐,此各有一《乾》《坤》也。各自有个消长,只是个消息。惟其消息,此所以不穷。"②故伊川祭礼表现为岁时月日,由大至小的循环往复。读图 6.16 可知,左半区生、长,右半区收、藏,除始祖、先祖之祭外,其他祖先祭祀都属"成物之祭"的范畴,在阴阳消长循环的右半区。

　　"三大祭",冬至祭始祖,象征人类将生;立春祭先祖,象征人类生长;季秋祭祢,象征自身成形。由"一阳来复"(《复卦》)到"三阳开泰"(《泰卦》),再到"硕果不食"(《剥卦》),人类的消息历史被浓缩在一年三次最高规格的祭祀中,与四时物候、子孙感怀等因素和谐为一。

　　四时祭,祭祀时间皆用"仲月",以"见物之成"。其义与季秋祭祢相同,只是以"一季"的小周期代替一年的大周期,把一季理解为一个独立的消长周期,具备生物(孟)、长物(仲)、成物、藏物(季)的完整历程。四时祭的对象无涉远祖(包括始祖、先祖),而是被界定在五服的伦理界线中,只涵高、曾、

---

① 佚名:《诸儒明道》卷 35《二程语录》卷 17《伊川先生语四之一》,山东友谊出版社 1992 年据北京图书馆藏宋抄本影印,第 735 页。

② 程颢、程颐著,王孝鱼点校:《二程集》,中华书局 2004 年版,第 39 页。

祖、祢四代，是一部微缩的家族史。

每月荐新，时间在月朔，所荐是时新之物，如"仲春(夏)荐含桃之类"①。所以，虽然用月之朔日行礼，其本质仍是更小周期(一月)之内的成物之祭，义与四时同。(见图 6.16)

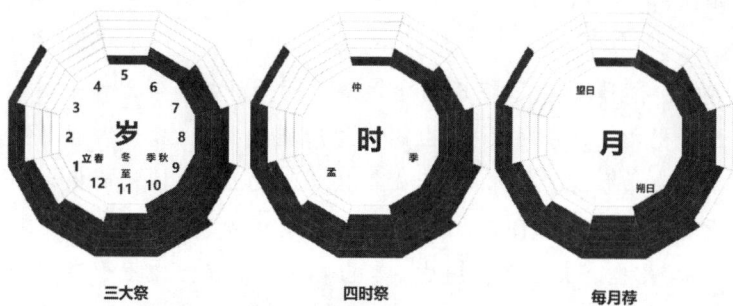

图 6.16　伊川岁时祭祀所用时间

(三)释读路径Ⅱ：礼制与礼学

以物理之学为基础，程颐构想了合乎"生长收藏"天地之理的祭礼大纲。不过，伊川祭礼并非"空中楼阁"，全由"自家体贴出来"，其立制还受到古礼、时制的影响，是唐宋礼制、礼学历史的一部分。从这个角度看，自可解伊川制礼"独撰"之疑。

其一，季秋祭祢。

伊川祭仪以季秋祭祢，理由是："季秋者，成物之始(一作时)也。"②若从正文之说，则是以季秋九月为万物成熟的开端，显然不合常识。按《礼记·月令》，孟秋七月"农乃登谷"，郑注曰："黍稷之属，于是始孰。"③则七月当为成物之始。以《周易》卦气论之，九月当《剥卦》，上艮下坤，已有众阴逼仄一阳、硕果不食之象，绝非成物之始，却是成物之终，稍后便是天地避藏的十月隆冬(当《坤卦》)。考《二程遗书》卷四："以季秋者，物成之时故也。"④则此处当从小注，校作："季秋者，成物之时也。"

考据固然可定文字纷争，却不足以诠释其中义理。季秋祭祢确有经典

---

① 程颢、程颐著，王孝鱼点校：《二程集》，中华书局 2004 年版，第 240 页。《礼记·月令》："是月(仲夏之月)也，天子乃以雏尝黍，羞以含桃先荐寝庙。"郑玄注："含桃，樱桃也。"按常理，樱桃成熟在五月，则《二程集》恐误。
② 程颢、程颐著，王孝鱼点校：《二程集》，中华书局 2004 年版，第 240 页。
③ 郑玄注、孔颖达疏，龚抗云整理、王文锦审定：《礼记正义》卷 12《王制》，北京大学出版社 1999 年版，第 522 页。
④ 程颢、程颐著，王孝鱼点校：《二程集》，中华书局 2004 年版，第 70 页。

依据。《诗经·我将》之诗序曰：

> 《我将》，祀文王于明堂也。①

孔颖达《正义》曰：

> 《我将》诗者，祀文王于明堂之乐歌也。谓祭五帝之神于明堂，以文
> 王配而祀之。以今之太平，由此明堂所配之文王，故诗人因其配祭，述
> 其事而为此歌焉。经陈周公、成王法文王之道，为神祐而保之，皆是述
> 文王之事也。此言祀文王于明堂，即《孝经》所谓"宗祀文王于明堂，以
> 配上帝"是也。文王之配明堂，其祀非一。此言祀文王于明堂，谓大享
> 五帝于明堂也。《曲礼》曰，"大飨不问卜"，注云："大飨五帝于明堂，莫
> 适卜。"《月令》"季秋，是月也，大享帝"，注云："言大享者，遍祭五帝。"
> 《曲礼》曰"大飨不问卜"，谓此也。是于明堂有总祭五帝之礼，但郑以
> 《月令》为秦世之书，秦法自季秋，周法不必然矣。……又以《孝经》言
> 之，明堂之祀，必以文王为配，故知祀文王于明堂，是大享五帝之
> 时也。②

这是以《周颂·我将》为基础，配合《孝经·圣治章》与《礼记·月令篇》
相关文字给出的体系化阐释。《诗序》与《孝经》皆言祀文王于明堂，而未言
其为何礼。郑注《曲礼》乃言其为祭五帝于明堂之礼，以文王配，然于《月令》
所载之祭祀时间犹有怀疑。不过从国家礼制而言，季秋大享明堂却是定制，
宋代亦然。

如前所论，程颐礼学之演变有一从"近古"（唐代礼制）而"复古"（古礼之
义）的变迁过程，其酝酿、成熟所历的仁、英、神、哲四朝，是北宋礼制更革频
繁、论争不断的时期。明堂大享恰是英宗登极后的首次议礼内容。在英宗
之前，明堂大享礼，真宗以太宗配，仁宗以真宗配，按照《孝经》"严父"的说
法，英宗当以仁宗配。不过，当王珪（1019—1085）提出以仁宗配享的请求
时，知制诰钱公辅（1021—1072）表示反对，他认为《孝经》所谓"严父"，对成

---

① 毛亨传、郑玄笺、孔颖达疏，龚抗云等整理：《毛诗正义》卷19《我将》，北京大学出版社1999年
版，第1299页。
② 毛亨传、郑玄笺、孔颖达疏，龚抗云等整理：《毛诗正义》卷19《我将》，北京大学出版社1999年
版，第1299、1300页。

王而言恰为"严祖"。"配天之祭不胶于严父,而严父之道不专乎配天。"①于是,孙抃(996—1064)上言,以为《孝经》之严父,历代循守,不为无说",且仁宗"继体守成,置天下于泰安四十二年","功德可谓极矣",应当配祭"以宣章严父之大孝"②。对此,司马光(1019—1086)与吕海(1014—1071)反问道:"孝子之心,孰不欲尊其父?"认为《孝经》中孔子之言专就"有圣人之德,成太平之业"的周公而言,并非所有祀明堂者都应"以其父配上帝"。大享礼仍应以真宗为配。③ 这场风波的结果是曹太后"诏从抃议",以仁宗配祭季秋的明堂大享礼。

这场论争不及濮议参与之广、影响之巨,却对《孝经》"严父配天"问题做了反思,影响了此后明堂大享的礼制格局。对此,程颐的意见是:

> 万物成形于地,而人成形于父,故以季秋享帝而父配之。以季秋者,物成之时故也。④

朱熹录程颐遗文中有《禘说》一篇,亦曰:

> 祭祀宗祀九月,万物之成,父者我之所自生,帝者生物之祖,故推以为配,而祭于明堂也。⑤

可见,程颐主张以父配祭,所论与钱公辅、司马光、吕海不同,与王珪、孙抃较为接近。有所不同的是,程颐并未从仁宗是否有功业的角度谈论此事,而是认为:"今日天下基本,盖出于此人,安得为无功业?"⑥只要有生育之恩,便是有功,当受孝敬,用以配天。这种以人情、血缘为本议礼的观念与后来濮议中欧阳修的观念相近,实际上成为伊川濮议的理论基石⑦。

其二,四时祭。

---

① 脱脱:《宋史》卷 101《礼志》,中华书局 1977 年版,第 2468、2469 页。
② 脱脱:《宋史》卷 101《礼志》,中华书局 1977 年版,第 2469 页。
③ 脱脱:《宋史》卷 101《礼志》,中华书局 1977 年版,第 2469、2470 页。
④ 程颢、程颐著,王孝鱼点校:《二程集》,中华书局 2004 年版,第 70 页。
⑤ 程颢、程颐著,王孝鱼点校:《二程集》,中华书局 2004 年版,第 670 页。
⑥ 程颢、程颐著,王孝鱼点校:《二程集》,中华书局 2004 年版,第 670 页。
⑦ 张钰翰:《北宋中期士大夫集团的分化:以濮议为中心》,《宋史研究论丛》第 14 辑,2013 年,第 19—41 页。

在礼学层面,时祭(荐享)是一个繁难问题,历来争论不断①。在礼制层面,由于缺乏统一标准,官方礼制与私撰礼书对此的设想也存在差别②。伊川四时祭便是在这种礼学、礼制背景下构想、撰述的。首先,从祭祀时间来看,伊川对四时的理解有一个从"时节"向"卜日"的转变过程。程颐早年论"四时"曰:

> 春以寒食,夏以端午,秋以重阳,冬以长至,此时祭也。③

在唐宋祭礼著述中,有"节祠"的说法,至晚出现在孟诜《家祭礼》中。《直斋书录解题》:"《孟氏家祭礼》一卷。唐侍御史平昌孟铣撰。曰《正祭》《节祠》《荐新》《义例》,凡四篇。"④至宋,韩琦(1008—1075)《古今家祭式》亦有"节祠","如分至之外,元日、端午、重九、七月十五日之祭皆不废"⑤。可见,所谓"节祠"只是"正祭"之外的补充,并不与之混同。将寒食、端午、重阳、冬至等俗节作为时祭时间,是唐宋家礼中颇具创意的设想,是"以俗合礼"制礼逻辑的表现⑥。不过,程颐并未坚持这种构想,而是舍"节祠"而用"仲月"。《遗书》卷十八:

> 四时祭用仲月。用仲,见物成也。古者天子诸侯于孟月者,为首时也。⑦

---

① 黄以周(1828—1899)《礼书通故》中有《时享礼通故》一篇,条陈文献并作分析,归纳起来大略有四:其一,祭时争议。郑玄以为"祭以首时,荐以仲月",但是后世之说颇有异同,大夫、士当用孟月还是仲月,并无定说。其二,祭数争议。《王制》天子四祭四荐,诸侯三祭三荐,大夫、士祭、荐之数则无明文。何休以为当为"再祭再荐",亦无别证。其三,祭名争议。《诗经·小雅》曰"禴祠烝尝",《周礼》《尔雅》《春秋公羊传》则曰"春祠,夏禴,秋尝,冬烝",《礼记·王制》曰"春礿,夏禘,秋尝,冬烝",诸经记载不同,郑玄以为此三代制度有别,然自孔疏已疑之,难有定论。其四,祭种争议。"有田则祭,无田则荐。"而祭、荐之别,不在田而在祭馔。所谓"有牲为祭,无牲为荐"。或以羔豚而祭为小祭祀,太牢为大祭祀。后世大夫、士祭祀多无牲牢,祭、荐几乎无别。
② 翻检魏晋以下至于宋代的私撰祭礼著述可发现,祭时有用分、至日(如孟诜《家祭礼》),也有卜日的(如朱熹《家礼》);有用孟月的(如贺循《祭仪》),有用仲月的(如缪袭《祭仪》、孙日用《孙氏仲享仪》);有一岁四祭的(如杜衍《杜氏四时祭享礼》),有一岁五祭的(如贺循《祭仪》);有分别祭、荐的(如贺循《祭仪》),有混淆、合并祭、荐的(如卢谌《杂祭注》);有在家庙行礼的(如杜衍《杜氏四时祭享礼》),有在寝堂行礼的(如范传式、范传正《寝堂时飨仪》,孙伟《孙氏荐飨仪范》)。祭馔有牲牢、时新,乃至小吃;祭名有祭、荐、享、祠等等。可谓"家各有礼"。
③ 程颢、程颐,王孝鱼点校:《二程集》,中华书局 2004 年版,第 352 页。
④ 陈振孙撰,徐小蛮、顾美华点校:《直斋书录解题》卷 6《仪注类》,上海古籍出版社 1987 年版,第 186 页。
⑤ 徐度:《却扫编》卷中,《丛书集成初编》第 2791 册,中华书局 1985 年影津逮秘书本,第 155、156 页。
⑥ 杨逸:《复礼抑或从俗:宋代家礼中的婚礼》,《民俗研究》2016 年第 2 期。
⑦ 程颢、程颐著,王孝鱼点校:《二程集》,中华书局 2004 年版,第 240、241 页。

《礼记·王制》郑注"大夫士宗庙之祭，有田则祭，无田则荐"曰："祭以首时，荐以仲月。"①《礼记正义》所载诸家，异论纷纭，大体有三：其一，从郑注者，以天子以下（诸侯、大夫、士）祭用孟月，义载《晏子春秋》《礼记·明堂位》《礼记·杂记》。其二，非郑注者，服虔注昭元年传："祭，人君用孟月，人臣用仲月。"其三，调和论者，南师解云："祭以首时者，谓大夫、士也。若得祭天者，祭天以孟月，祭宗庙以仲月。"这些说法的焦点在于如何理解《春秋》中鲁国祭时的问题。由于文献不足，《正义》只得说："既无明据，未知孰是，义得两通，故并存焉。"②可知，程颐用"仲月"的礼学依据是服虔的《春秋》传注，而非《礼记》郑注。当然，这种转变可看作是对古礼的回归，亦可解读为对时制的顺从。在《大唐开元礼》中，品官庙祭之礼便是用仲月行礼，具体日期则由卜日决定。宋初的《开宝通礼》很可能沿袭了这一制度③，从而构成伊川祭礼构想的渊源。

有趣的是，伊川四时祭之纲虽取自古礼、时制，其文却来自唐宋私撰祭礼文献。《文集》卷十《四时祭》"降神"之后的仪式过程是：

> 奠酒焚香，跪执事者过酒，左手把盘，右手以酒浇酹于灌盆茅缩处。俛伏兴，再拜，左避位，遂行献。执事者注酒，下食二味，或一味，随人家贫富。顷之再拜，亚献如前。事毕，焚香曰："祭事已毕。"揖执事者撤馔。祭祖妣亦如前式。④

若以前引郑注论，"士荐牲用特豚，大夫以上用羔"，既是祭祀，当具牲牢。引文仅"下食二味，或一味"，即便富贵之家也未明言具牲牢之事，说明程颐对此礼的理解根本与古礼不同，很可能另有来源。考唐代私撰礼书本有两个系统：一是庙祭的系统，多为拥有家庙的品官（五品以上）家族所拟，如韦武《家祭仪》、孟诜《家祭礼》等；另一是家祭的系统，多为无资格立庙的品官、士庶所定，如范传式《寝堂时飨仪》、郑正则《祠享仪》、贾顼《家荐仪》等。这种差别直接反映在书名上，构成"有庙则祭""无庙荐享"的等差格局。

① 郑玄注、孔颖达疏，龚抗云整理、王文锦审定：《礼记正义》卷 12《王制》，北京大学出版社 1999 年版，第 391 页。

② 郑玄注、孔颖达疏，龚抗云整理、王文锦审定：《礼记正义》卷 12《王制》，北京大学出版社 1999 年版，第 392 页。

③ 朱熹称《开宝通礼》"多本《开元》，而颇加详备"。黎靖德编，王星贤点校：《朱子语类》卷 84《礼一·论考礼纲领》，中华书局 1986 年版，第 2182 页。

④ 程颢、程颐著，王孝鱼点校：《二程集》，中华书局 2004 年版，第 628 页。

但是,北宋家庙之制未立,大夫、士庶祭礼的差别模糊,"祭"与"荐享"遂渐无差别。宋初尚有以"荐享"为名的著述,如《孙氏仲享仪》;有分别"祭""享"的著述,如《杜氏四时祭享礼》。至北宋中期,私撰祭礼著述多径以"祭"为名,伊川《四时祭》产生于这种背景下,不再强调古礼、唐制中庙制与牲牢对"祭""荐"的区分,也就可以理解了。

二、纲举目张与礼文填充

由上所述,朱熹《家礼》仅是宋代重构祭礼的诸多方案中的一种。不过,《家礼·祭礼》祭祀种类多、间隔短、过于繁密,展现出与同时代四礼著述不同的特征。后学或以此说明《家礼》仪文缺乏深思、不够成熟,试图以朱熹晚年观点纠正《家礼》相关仪文。笔者则认为,这种过于繁密的祭祀现象恰是继承伊川祭礼并加以补充的结果,整体上多而不乱、繁而有序,体现了朱熹的整合能力与巧妙运思。

(一)祭礼递修中的内容变易

在冠、昏、丧、祭"四礼"之中,祭礼是朱熹最为重视的典礼。因此,朱熹终其一生都十分关注祭礼仪注的编撰,所著之书有《祭仪》《古今家祭礼》《家礼》等,无论哪一部著作均是数易其稿的心血之作。关于这些著作的成书过程,既往研究已有涉及,兹不赘述,此处仅就祭礼递修中的内容变化加以考述,以求展现朱熹编修《家礼·祭礼》过程中的问题意识。

据《语类》记载,朱熹最早关注祭礼是由亡父之痛激发:

> 某自十四岁而孤,十六而免丧。是时祭祀,只依家中旧礼,礼文虽未备,却甚齐整。先妣执祭事甚虔。及某年十七八,方考订得诸家礼,礼文稍备。[1]

虽然没有证据表明朱熹在此时就开始编订祭礼文稿,但是,通过考订诸家礼书而整饬家中祭祀之礼却是事实。这次经历不但成为《家礼》等书的滥觞,还奠定了参酌诸家的编礼思路。

朱熹最早编撰的祭礼著作是《祭仪》,见朱熹《答林择之》("熹奉养粗安")、《答张敬夫》("祭说编订精审")、张栻(1133—1180)《答朱元晦秘书》。

---

[1] 黎靖德编,王星贤点校:《朱子语类》卷 90《礼七·祭》,中华书局 1989 年版,第 2316 页。

关于几封书信的写作时间，学者意见不一。束景南认为是在乾道五年（1169）[1]，陈来认为是在乾道四年（1168）[2]。笔者认为陈说近是。按《朱文公文集》卷四十三《答林择之》书二言"熹奉养粗安"，并提及张栻反对墓祭、节祠的情况[3]，则此书当作于乾道五年（1169）九月五日祝氏亡前[4]，《答张敬夫》书后。又，张栻书中言"须自今岁冬至行之乃安"[5]，则此书当作于冬至之前。《祭仪》草成于乾道四年（1168）冬至前。

关于《祭仪》初稿的内容，张栻《答朱元晦秘书》曾论及：

> 示以所定祭礼，……考究精详，甚慰。论议既定，须自今岁冬至行之乃安。但其间未免有疑，更共酌之。古者不墓祭，……此所疑一也。……时祭之外，冬至祭始祖，立春祭先祖，季秋祭祢，义则精矣。元日履端之祭，亦当然也。而所谓岁祭节祠者，亦有可议者乎。若夫其间如中元，则甚无谓也，……此所疑二也。[6]

可知，《祭仪》除四时祭之外，还包含冬至祭始祖、立春祭先祖、季秋祭祢，元日、中元等节日祭祀，以及墓祭。从张栻的赞许来看，《祭仪》初稿已是一部考证精详的佳作。不过，朱熹对初稿并不自矜，而是不断修改。在《答张敬夫》（"祭说编订精审"）中，朱熹除一再申明对墓祭、节祠的坚持态度，还介绍了修改成果：

> 其他如此修定处甚多，大抵多本程氏而参以诸家，故特取二先生说今所承用者，为《祭说》一篇，而《祭仪》《祝文》又各为一篇，比之昨本稍复精密。[7]

---

[1] 束景南：《朱熹年谱长编》（增订本），华东师范大学出版社2014年版，第416页。

[2] 陈来：《朱子书信编年考证（增订本）》，生活·读书·新知三联书店2007年版，第49页。

[3] 朱熹撰，刘永翔、朱幼文校点：《晦庵先生朱文公文集》卷43《答林择之》（"熹奉养粗安"），朱杰人主编《朱子全书》第22册，上海古籍出版社、安徽教育出版社2002年版，第1963、1964页。

[4] 朱熹撰，刘永翔、朱幼文校点：《晦庵先生朱文公文集》卷94《尚书吏部员外郎朱君孺人祝氏圹志》，朱杰人主编《朱子全书》第25册，上海古籍出版社、安徽教育出版社2002年版，第4342页。

[5] 张栻撰，朱熹编：《南轩集》卷20《答朱元晦秘书》，《景印文渊阁四库全书》第1167册，台湾商务印书馆1986年版，第585页。

[6] 张栻撰，朱熹编：《南轩集》卷20《答朱元晦秘书》，《景印文渊阁四库全书》第1167册，台湾商务印书馆1986年版，第585、586页。

[7] 朱熹撰，刘永翔、朱幼文校点：《晦庵先生朱文公文集》卷30《答张敬夫》（"祭说编订精审"），朱杰人主编《朱子全书》第21册，上海古籍出版社、安徽教育出版社2002年版，第1326页。

　　此处所说的修定处主要是调整时祭时间,使之疏数有节。按信中所说,《祭仪》初稿时祭用分至,但考虑到与冬至祭始祖的时间重合,有一日数祭之嫌,故改用卜日之法。从体例上看,此时《祭仪》已与陈淳所记王子正传本的《祭仪》一致,"上卷编《程子祭说》及《主式》,中卷自《家庙》《时祭》以至《墓祭》,凡九篇,而《时祭》篇中又分卜日、斋戒、陈设、行事,凡四条。为文盖一统而无分纲目。下卷则列诸祝词而已"①。可见,中卷是《祭仪》的核心,载有可供行礼的仪文。据该书内容推测,所谓中卷九篇可能是:家庙、朔望、节祠、时祭、初祖、先祖、祢、忌日、墓祭②。可以说,朱熹祭礼的主体框架在此已然粗具规模。

　　作为《祭仪》初稿中卷的独立篇章,《家庙》篇是朱熹关注的重点问题。从《与吴晦叔》("文叔出示近与诸公更定《祭仪》")③两书来看,朱熹在乾道六年(1170)对家庙之制已有定见。因此,当吴晦叔等据《程氏外书》"庙必东向"一句更定《祭仪》时,遭到朱熹的强烈反对。朱熹通过考证《仪礼》《诗经》《通典》《开元礼》诸书,证成古礼"庙皆南向而主皆东"的结论,认为《外书》所载与程颐(1033—1107)《作主式》不合,不是当时程颐"考之未详",就是朱光庭(1037—1094)"记录之误"④。这说明,朱熹在作《祭仪》初稿时对古今祭礼已有考据,并不专以程说为是。

　　乾道九年(1173),《祭仪》的修订已涉及许多细密问题。其中,汪应辰(1118—1176)起到关键作用。在《答汪尚书》("伏蒙垂谕")中,朱熹向汪氏请教正庙配食、墓祭焚黄、忌日变服三事⑤。汪应辰答书专论忌日变服,并请朱熹参考诸书⑥。经过讨论,朱熹不但坚定了正庙配食用原配、墓祭不焚

①　陈淳:《北溪大全集》卷14《代陈宪跋家礼》,《景印文渊阁四库全书》第1168册,台湾商务印书馆1986年版,第608页。
②　在通行本《家礼·祭礼》中,朔望、节祠有大段仪文。由于《家礼》使用纲目体,朔望、节祠需要服从于整个《祠堂》章的纲目体系。"正至朔望则参"是"纲",以大字书,而本应大字书写的"降神""参神""辞神"等则被调整为小字,杂于具体仪文之中。虽然,仍然可从文路中窥见朔望之礼的独立性。以此推测,二礼当在《祭仪》中卷为独立篇章。至于忌日之祭,朱熹《答汪尚书》中论忌日变服之事,说"熹前日所定,则与士庶吉服相乱",说明之前《祭仪》中已有忌日之祭。
③　陈来系此书于乾道六年(1170),见陈来:《朱子书信编年考证(增订本)》,生活·读书·新知三联书店2007年版,第78页。
④　朱熹撰,刘永翔、朱幼文校点:《晦庵先生朱文公文集》卷42《与吴晦叔》("文叔出示"),朱杰人主编《朱子全书》第22册,上海古籍出版社、安徽教育出版社2002年版,第1906页。
⑤　朱熹撰,刘永翔、朱幼文校点:《晦庵先生朱文公文集》卷30《答汪尚书》("伏蒙垂谕"),朱杰人主编《朱子全书》第21册,上海古籍出版社、安徽教育出版社2002年版,第1311、1312页。
⑥　汪应辰:《文定集》卷15《与朱元晦》("某屏居如故第"),《景印文渊阁四库全书》第1138册,台湾商务印书馆1986年版,第726页。

黄的观点,还在疑惑未决的忌日变服问题上取得进展,按照汪应辰的意见对
《祭仪》作了补正。此外,朱熹还托陈明仲在汪氏处"就借古今诸家祭仪"①。
淳熙元年(1174),朱熹将四处裒辑之十六家祭仪付梓,刻成《古今家祭礼》一
书。后来又收入四家,共成二十家之数②。这一工作无疑极大地丰富了朱
熹祭礼的资料来源,为祭礼的进一步修订准备了条件。

　　约在乾道末淳熙初(1173—1174)朱熹《祭仪》定稿,寄送张栻、吕祖谦。
其中,张栻所得《祭仪》由韩元吉(1118—1187)转寄,张栻对其赞不绝口,称
其"甚有益于风教"③。吕祖谦之书则起初由汪应辰转寄。按朱熹《答吕伯
恭》("便中连辱手教")一书,"祭礼已写纳汪丈处,托以转寄,不知何为至今
未到。然其间有节次修改处,俟旦夕别录呈,求订正也"④。陈来系此书于
乾道九年(1173),则朱熹初寄吕祖谦《祭仪》可能尚未受汪应辰影响而修改。
由于初寄未遂,朱熹才有机会将修定之后的新本《祭仪》再寄吕祖谦。这就
是吕氏编修《家范》时所经常参考的《朱氏祭仪》。由于《祭仪》已佚,《家范》
转引之《朱氏祭仪》便成为管窥该书的重要素材。考《家范·祭礼》共引用
《朱氏祭仪》三次,其中两次为与其他礼书一并参定,一次为全文引用,其
文曰:

　　　　设香案于庙中,置香炉、香合于其上,束茅于香案前地上。设酒架
　　于东阶上,别以桌子设酒注一、酒盏盘一、匙一、盘一、匙巾一于其东,对
　　设一桌于西阶上,以置祝版。设火炉、汤瓶、香匙、火匙于阶下。以上
　　《朱氏祭仪》。⑤

　　此段仪文正可与今本《家礼》相比较。按《家礼·祭礼》:

　　　　设香案于堂中,置香炉、香盒于其上。束茅聚沙于香案前,及逐位
　　前地上。设酒架于东阶上,别置桌子于其东。设酒注、酹酒盏一,盘一,

---

①　朱熹撰,刘永翔、朱幼文校点:《晦庵先生朱文公文集》卷30《答汪尚书论家庙》("癸巳"),朱杰人
　　主编《朱子全书》第21册,上海古籍出版社、安徽教育出版社2002年版,第1308页。
②　吴其昌:《朱子著述考》,《国学论丛》1927年第1卷第2号,第147—224页。
③　张栻撰、朱熹:《南轩集》卷22《答朱元晦》("某守藩"),《景印文渊阁四库全书》第1167册,台
　　湾商务印书馆1986年版,第606页。
④　朱熹撰,刘永翔、朱幼文校点:《晦庵先生朱文公文集》卷33《答吕伯恭》("便中连辱手教"),朱杰
　　人主编《朱子全书》第21册,上海古籍出版社、安徽教育出版社2002年版,第1464页。
⑤　吕祖谦撰,黄灵庚、吴战垒点校:《东莱吕太史别集》卷4《家范四》,载《吕祖谦全集》第1册,浙江
　　古籍出版社2008年版,第350页。

受胙盘一,匕一,巾一,茶盒、茶筅、茶盏、托、盐楪、醋瓶于其上。火炉、汤瓶、香匙、火筯于西阶上,别置桌子于其西,设祝版于其上。①

相关研究指出,今本《家礼》大体上沿袭了五羊本,即嘉定四年(1211)复出的《家礼》版本②,而五羊本与陈淳在临漳收得的《时祭仪》基本相同。那么,今本《家礼》应该与淳熙三年(1176)遗失于僧寺的《家礼》版本出入不大。因此,比较《家范》转引之《朱氏祭仪》与今本《家礼》可以帮助我们了解乾道九年(1173)《祭仪》与淳熙二年(1175)《家礼》草稿的异同。从祭器陈设的方位来看,两段引文基本一致。不同之处在于:第一,"庙中"改作"堂中",行礼地点从家庙转向祠堂;第二,"束茅"改作"束茅聚沙",降神仪式的媒介更为复杂;第三,增加了茶盒、茶筅、茶盏、托、盐楪、醋瓶等器物,祭馔更为丰富,增加了点茶环节。

其中,《家礼》祠堂制度的出现引人注目。在既往研究中,由于《语类》《文集》中并无家庙式"祠堂"的用法,《家礼》的祠堂制度备受质疑,有人甚至据此认为今本《家礼·祠堂》章系后人作伪③。不过,吕祖谦《家范》为《家礼》草稿中含有祠堂制度提出了佐证。考《家范·祭礼》有《庙制》篇,文末曰:"谨仿《王制》'士一庙'之义,于所居之左,盖祠堂一间两厦,以为藏主时祀之地,存家庙之名,以名祠堂,使子孙不忘古焉。"④这是现存宋代文献中最早使用"祠堂"作为家庙的主张。笔者认为,这一观点很可能来自朱熹。虽然吕祖谦没有见到《家礼》原本,也没有文献证据证明朱熹曾对吕祖谦提及祠堂之制,但是,从淳熙三年(1176)《家礼》遗失到淳熙七年(1180)《家范》纂成的四年时间里,朱、吕二人毕竟论学不断,朱熹不大可能有意隐瞒如此重大的学术变革。吕氏《家范》中的祠堂之制极可能来自朱熹。

此外,《家礼》还在编撰体系、方法上有所创新。一方面,朱熹在将《祭仪》纳入《家礼》四礼体系的过程中,将一部分内容从《祭礼》中移至《通礼》,组成《祠堂》章,从而拆散了原有《祭仪》中卷的9篇体系。另一方面,《家礼》

---

① 朱熹:《家礼》卷5,《中华再造善本》一编,北京图书馆出版社2004年据中国国家图书馆藏宋刻本影印。文下着重号为笔者所加,用以标明改写之处。

② [日]吾妻重二著、吴震编译:《〈家礼〉的刊刻与版本》,载氏著《朱熹〈家礼〉实证研究》,华东师范大学出版社2012年版,第79页。

③ 粟品孝:《文本与行为:朱熹〈家礼〉与其家礼活动》,《安徽师范大学学报》(人文社会科学版)2004年第1期,第99—105页。

④ 吕祖谦撰,黄灵庚、吴战垒点校:《东莱吕太史别集》卷4《家范四》,载《吕祖谦全集》第1册,浙江古籍出版社2008年版,第348页。

在编撰仪文过程中使用了纲目体，即陈淳所说"纲为正文大书，目则小注于其下"①。这种变化的灵感很可能来自乾道八年（1172）成书的《资治通鉴纲目》。朱熹认为，纲目体"大书以提要，分注以备言"，在表述繁复内容时可以收得"大纲概举，众目毕张"的良好效果②。

在《家礼》遗失后，朱熹家中尚有可供行礼参考的本子，即陈淳所见的临漳本《时祭仪》。据陈淳观察，《时祭仪》与《家礼》仪文大体一致，而与乾道末《祭仪》迥然相异。这说明，朱熹在《家礼》亡后重新编写了《时祭仪》，除少数仪文变化外，大体仍循《家礼》而来。由于此时双亲已亡、子女已婚，冠、昏、丧三礼已无行礼需要，朱熹并未编齐四礼之书。《时祭仪》也就成为他在祭礼方面的封笔之作。此后，虽然又有取消冬至、立春之祭，时祭用分至等做法，朱熹却再未重纂祭礼。

从《祭仪》到《家礼》，朱熹关于祭礼的观点几经变异，仪文也一再修改，造成了不同本子之间的明显差异（见表6.5）。即便是礼书停编后，朱熹仍然带有很强的问题意识，不断在行礼过程中实践自己的新想法。在朱熹殁而《家礼》出之后，这种"苟日新，又日新"的风格为后学理解、领会《家礼》的祭礼体系造成了困难，同时也激发了四礼学研究（见本书《礼行编》）。

表6.5 《祭仪》《家礼》编纂、修订与刊刻过程

事件	时间	体例	仪文修改
《祭仪》草成	乾道四年（1168）	未详。	四时祭、冬至祭始祖、立春祭先祖、季秋祭祢、节祠（元日、中元等）、墓祭。 时祭用二分二至。
修订《祭仪》	乾道四年（1168）至五年（1169）间	分三卷，祭说、祭仪、祝文各一卷，不分纲目。	时祭改用卜日。
修订《祭仪》成书	乾道末淳熙初（1173—1174）	同上。	正庙配食只用原配。墓祭不焚黄。忌日变服。
《古今家祭礼》初成	淳熙元年（1174）	共十六家，分十六卷。	

① 陈淳：《北溪大全集》卷14《代陈宪跋家礼》，《景印文渊阁四库全书》第1168册，台湾商务印书馆1986年版，第609页。
② 朱熹撰，刘永翔、朱幼文校点：《晦庵先生朱文公文集》卷75《资治通鉴纲目序》，朱杰人主编《朱子全书》第24册，上海古籍出版社、安徽教育出版社2002年版，第3633页。

续表

事件	时间	体例	仪文修改
《家礼》草成	淳熙二年(1175)	不分祭礼内容并入《通礼·祠堂》章。使用纲目体。	改家庙为祠堂。"束茅聚沙"以降神。增加了茶盒、茶筅、茶盏、托、盐楪、醋瓶等器物。
《家礼》遗失	淳熙三年(1176)		
陈淳眼见《时祭仪》	绍熙元年(1190)	纲目体,与五羊本《家礼》略同。	降神在参神之后。
《家礼》复出	嘉定四年(1211)	与临漳本略同。	降神在参神之前。
余杭本刊刻	嘉定九年(1216)		以临漳《时祭仪》补《家礼》四时祭,并移参神在降神之前。删去冬至、立春二祭。

(二)《祭礼》九篇的礼文组成

由于成书过程曲折,《家礼·祭礼》的材料来源十分复杂,不同篇章史源并不一致。现以《家礼》篇目先后略作分类言之:

第一,四时祭。

四时祭,主要取自司马光《书仪》卷十《丧仪六·祭》。《文集》《语类》中大量论及因司马氏说作祭礼的说法,如"《祭礼》只是于《温公仪》内少增损之"①、"只就温公《仪》中间行礼处分作五、六段"②等,皆系指此而言。对照读《家礼·祭礼》与《书仪·祭仪》可知,两书内容极为接近,从开头的"祭用仲月"到文末的"凡祭,主于尽爱敬之诚而已"云云,《家礼》都在《书仪》所设的仪文基础上删修。不过,这不意味着朱熹《家礼》仅是司马光《书仪》的"纲目版"。实际上,两书在细节上有不少差异,恰能体现朱熹当时制礼之意。

其一,祭馔。虽然《语录》中记载了朱熹对于《书仪》品馔过多,难以办备的问题,《家礼》的祭馔也并不简单。读表 6.6 可知,《家礼》祭馔共计 20 品左右,而《书仪》仅为 15 品。这说明,两书差别并非祭馔是否丰盛,而主要是品物是否常见、易办。《书仪》虽然以小注形式解释了古时所谓胾、炙、羹、肴等为何物,却仍然名目繁多、难于备办。《家礼》则将其悉数代以时食。这或是朱熹参酌己意而修,或是参考他家祭礼而得,不可详考。

---

① 朱熹撰,刘永翔、朱幼文校点:《晦庵先生朱文公文集》卷 44《答蔡季通书》("人还承书"),朱杰人主编《朱子全书》第 22 册,上海古籍出版社、安徽教育出版社 2002 年版,第 1997 页。

② 黎靖德编,王星贤点校:《朱子语类》卷 90《礼七·祭》,中华书局 1986 年版,第 2313 页。

表 6.6 《家礼》与《书仪》时祭祭馔比较

	《家礼》	《书仪》
祭馔	每位果六品,蔬菜、脯醢各三品	时蔬、时果各五品,脯(今干肉)、醢(今肉酱)
	肉、鱼、馒头、糕各一盘	脍(今红肉)、面食(如博饼、油饼、胡饼、蒸饼、枣糕、环饼、捻头、馎饦之类是也)、米食(谓黍、稷、稻、粱、粟所为饭,及粢糕、团粽、饧之类皆是也)
	羹、饭各一碗	羹(今炒肉)
	肝各一串	
	肉各两串	炙(今炙肉)
		肴(今骨头)
		轩(今白肉,音献)
		庶羞(猪羊之外珍异之味)
品数	二十品左右	共不过十五品

其二,降神。《书仪》焚香酹酒,《家礼》灌于茅沙。《司马氏书仪》曰:"古之祭者,不知神之所在。故灌用鬱鬯,臭阴达于渊泉。萧合黍、稷,臭阳达于墙屋,所以广求神也。今此礼既难行于士民之家,故但焚香酹酒以代之。"[1]此处所言古制来自《礼记·郊特牲》,司马光之所以不坚持使用鬱鬯而灌,是因为它是天子、诸侯之礼,不可行于士庶之家。《家礼》降神则有灌茅之说,其文曰:

> 主人升,搢笏焚香,出笏,稍退立。执事者一人开酒,取巾拭瓶口,实酒于注。一人取东阶桌上盘盏,立于主人之左,一人执注,立于主人之右。主人搢笏,跪。奉盘盏者亦跪,进盏盘,主人受之。执注者亦跪,斟酒于盏中。主人左手执盘,右手执盏,灌于茅沙上,以盘盏授执事者。出笏,俛伏兴,再拜,降复位。[2]

---

[1] 司马光:《司马氏书仪》卷 10《丧仪六·祭》,《丛书集成初编》第 1040 册,中华书局 1985 年据学津讨原本排印,第 116 页。

[2] 朱熹:《家礼》卷 5,《中华再造善本》一编,北京图书馆出版社 2004 年据中国国家图书馆藏宋刻本影印。

此制不见于古礼,当是从程颐《祭礼》增广而来的。程书曰:

> 莫酒焚香,跪执事者过酒,左手把盘,右手以酒浇爵于灌盆茅缩处。俛伏兴,再拜,左避位,遂行献。①

前文提及,从《祭仪》到《家礼》,朱熹祭礼的降神仪式有一个从"灌茅"到"灌于茅沙"的演变过程。程书爵于茅缩之法,可能是将古礼"缩酌用茅"(《礼记·郊特牲》)误解为灌爵之礼的结果。这点,朱熹晚年也曾意识到错误,并向弟子坦然承认②。

其三,三献。《家礼》初献炙肝,亚献、终献炙肉,《书仪》仅爵酒而已。此文或来自《仪礼》及诸家祭礼。可见,《家礼》并非专宗《书仪》,而是在仪文制定过程中有一个参酌古今、错综诸家的过程。

第二,冬至祭初祖、立春祭先祖、季秋祭祢。

此制传自伊川,但只存大纲,礼文不备。在此基础上,《家礼》作了"填腔子"的工作,将其补完。从《家礼·祭礼》来看,初祖之祭"并如时祭之仪",先祖之祭"并如祭初祖仪",祭祢之祭"并如时祭之仪"③。则初祖、先祖为一类,祭祢为一类,其规格隆杀都以四时祭为标准,本质上仍属《书仪》体统。然而,冬至、立春两祭在祭器、祭馔、祭仪等方面都有特殊之处,绝非《书仪》本节所能赅全。

以祭馔品数及进馔仪式为例。冬至祭初祖的祭馔陈列是:割毛血为一盘,首、心、肝、肺为一盘,脂杂以蒿为一盘,右胖十一体,饭米一杆置于一盘,蔬果各六品,切肝一小盘,肉一小盘④。在进馔时,先进毛血、腥肉,次进熟肉,最后进肉湆不和者、肉湆以菜者。立春祭先祖的祭馔陈列与祭初祖略同,只是毛血为一盘,首、心为一盘,肝、肺为一盘,脂膏为一盘,切肝两小盘,切肉四小盘。在进馔时,先诣祖考位,瘗毛血,奉首心、前足上二节、脊三节、后足上一节。次诣祭妣位,奉肝肺、前足一节、胁三节、复足下一节。这些仪

---

① 程颢、程颐著,王孝鱼点校:《二程集》,中华书局 2004 年版,第 628 页。
② 《语类》卷八十一:"又问:'醮酒,云缩酌用茅,是此意否? 恐茅乃以酌。'曰:'某亦尝疑。今人用茅缩酒,古人乌狗乃爵酒之物。则茅之缩酒,乃今之醉酒也。想古人不肯用绢帛,故以茅缩酒也。'王星贤点校本将"某亦尝疑今人用茅缩酒"连读,笔者以为当于"疑"字后点断。见黎靖德编,王星贤点校:《朱子语类》卷 81《诗二·伐木》,中华书局 1986 年版,第 2118、2119 页。
③ 朱熹:《家礼》卷 5,《中华再造善本》一编,北京图书出版社 2004 年据中国国家图书馆藏宋刻本影印。
④ 朱熹:《家礼》卷 5,《中华再造善本》一编,北京图书出版社 2004 年据中国国家图书馆藏宋刻本影印。

节显非来自《书仪》，更可能是朱熹按照《仪礼》等书在四时祭的基础上增补的结果。

第三，忌祭。

忌日之祭是乾道末淳熙初(1173—1174)《祭仪》修订的重点内容。朱熹《答汪尚书》("伏蒙垂谕")曰：

> 又见王彦辅《尘史》记富文忠、李文定忌日变服事，横渠《理窟》亦有变服之说，但其制度皆不同。如熹前日所定，则与士庶吉服相乱，恐不可行。不知三家之说当从何者为是？亦乞批诲，当续修正也。①

引文提及，关于"忌日变服"有三种说法：其一，张载(1020—1077)之说，见于《经学理窟》，"忌日变服，为曾祖、祖布冠带麻衣，为曾祖、祖之妣皆素冠布带麻衣，为父布冠带麻衣麻履，为母素冠布带麻衣麻履，为伯叔父素冠带麻衣，为伯叔母麻衣素带，为兄麻衣素带，为弟侄易褐不肉，为庶母及姊亦不肉。"②其二，富弼(1004—1083)之事，见于《尘史》，"在洛时闻富郑公私忌裹垂脚黪纱幞头，黪布衫，系蓝铁带，此乃今之释服。黪，禫服也"③。其三，李迪(971—1047)之事，同出《尘史》，"又在闽，同官李世美，文定之犹子也。问所服云何，世美曰：'冠以帽，衣白纻衫，系黑角带。'"④

《家礼》变服之制曰："祢则主人、兄弟黪纱幞头，黪布衫，布裹角带。祖以上则黪纱衫。旁亲则皂纱衫。主妇特髻去饰，白大衣，淡黄帔。余人皆去华盛之服。"⑤从仪文来看，《家礼》在使用富弼衣黪布衫做法的同时，借鉴了张载的礼仪构思，将忌日变服扩展到祖以上之亲，形成一个类似五服的降杀体系。

第四，墓祭。

墓祭是否为古礼，历来争论不断。不过可以确定的是，古礼中并无墓祭之详细仪文。最早将墓祭纳入祭祀体系的是《开元礼》，该书卷七十八有《王公以下拜扫》一篇，仪文详细可据。此后，不少家礼著作包含墓祭仪文。如

---

① 朱熹撰，刘永翔、朱幼文校点：《晦庵先生朱文公文集》卷30《答汪尚书》("伏蒙垂谕")，朱杰人主编《朱子全书》第21册，上海古籍出版社、安徽教育出版社2002年版，第1312页。

② 张载著，章锡琛点校：《张载集》，中华书局1978年版，第292页。

③ 王得臣：《尘史》卷上《仪礼》，上海古籍出版社1986年版，第12页。

④ 王得臣：《尘史》卷上《仪礼》，上海古籍出版社1986年版，第12页。

⑤ 朱熹：《家礼》卷5，《中华再造善本》一编，北京图书馆出版社2004年据中国国家图书馆藏宋刻本影印。

孙日用《孙氏仲享仪》有寒食"遣子弟亲仆奠献"①之文,许洞《训俗书》"撰述庙祭、冠笄之礼,而拜扫附于末"②,张载《横渠张氏祭礼》"于墓祭合一,分食而祭之"③,等等。这些礼书虽然皆收入《古今家祭礼》,却并不是《家礼·墓祭》篇的主要来源。从仪文框架上看,《家礼》墓祭的仪式过程"一如家祭之仪",是在《四时祭》基础上修改的结果。唯有两处比较特别:其一,洒扫之礼,有"奉行茔域内外环绕哀省三周"④之文,可能来自《开元礼》;其二,祭后土,按《周礼》有"祭于墓为尸"之文,朱熹认为是祭后土之礼⑤,故《家礼》墓祭之后又有祭后土之仪,仪文与时祭略同。

第五,节祠。

《家礼》节祠之制载于《通礼·祠堂》章,所谓"俗节则献以时食"⑥。此制可能源自韩琦(1008—1075)《韩氏参用古今家祭式》。据《却扫编》记载,该书"分至之外,元日、端午、重九、七月十五日之祭皆不废,以为虽出于世俗,然孝子之心不忍违众而忘亲也。其说多近人情,最为可行"⑦。《朱子语类》卷九十:

> 叔器问:"行正礼,则俗节之祭如何。"曰:"韩魏公处得好,谓之节祠,杀于正祭。某家依而行之,但七月十五素馔用浮屠,某不用耳。向南轩废俗节之祭,某问于端午能不食粽乎,重阳能不饮茱萸酒乎,不祭而自享,于汝安乎?"⑧

《答叶仁父》:

> 诸家之礼唯韩魏公、司马温公之法适中易行。今皆见印本中。

---

① 陈元靓:《岁时广记》卷16《遣奠献》,《续修四库全书》第885册,上海古籍出版社2002年据复旦大学图书馆藏清光绪十万卷楼丛书本影印,第266页。
② 脱脱:《宋史》卷204《艺文志》,中华书局1977年版,第5133页。
③ 程颢、程颐著,王孝鱼点校:《二程集》,中华书局2004年版,第6页。
④ 朱熹:《家礼》卷5,《中华再造善本》一编,北京图书出版社2004年据中国国家图书馆藏宋刻本影印。
⑤ 黎靖德编,王星贤点校:《朱子语类》卷90《礼七·祭》,中华书局1986年版,第2321页。
⑥ 朱熹:《家礼》卷1《通礼·祠堂》,《中华再造善本》一编,北京图书出版社2004年据中国国家图书馆藏宋刻本影印。
⑦ 徐度:《却扫编》卷中,《丛书集成初编》第2791册,中华书局1985年据津逮秘书本,第155、156页。
⑧ 黎靖德编,王星贤点校:《朱子语类》卷90《礼七·祭》,中华书局1986年版,第2320、2321页。

但品味之属，随家丰约，或不必如彼之盛。而韩氏斋享一条不可用耳。[1]

引文中说"韩魏公处得好，谓之节祠"，说明"节祠"之名直接源自《韩氏参用古今家祭式》。前文提及，乾道四年（1168）《祭仪》草成之时，朱熹与张栻曾就"节祠"问题发生争论。可见，节祠早在此时便已入礼。

第六，告朔。

古礼无朔日祭祀之说，最早将"告朔"作为士庶家祭之礼的是程颐。《程氏遗书》卷十八："每月朔必荐新。"[2]《程氏外书》卷一："每月告朔，茶酒。"[3]在此，程颐将原本没有关联的荐新与告朔联系起来，创造了一种新型祭祀。《家礼》因循此说，在《通礼·祠堂》章立"正至朔望则参"[4]之纲，其后所载礼文堪称《祠堂》章中小字（"目"）最为密集的部分。从礼文内容看，告朔没有献礼，只备茶、酒参拜而已。至于降神、参神、辞神的仪式次序[5]，也较四时祭简略很多，当是在时祭基础上减杀的结果。

（三）《家礼》祭祀体系的隆杀次第

繁多的祭祀种类本应造成混乱，但《家礼》却呈现出一套尊卑分明、秩序井然的结构。从朱熹与张栻、林择之的书信往来看，这一体系早在乾道四年（1168）《祭仪》修订时就已具有雏形。

《答张敬夫》（"《祭说》编订精审"）曰：

> 愚意时祭之外，各因乡俗之旧，以其所尚之时、所用之物，奉以犬盘，陈于庙中，而以告朔之礼莫焉，则庶几合乎隆杀之节，而尽乎委曲之情，可行于久远而无疑矣。至于元日履端之祭，礼亦无文，今亦只用此例。[6]

---

[1] 朱熹撰，刘永翔、朱幼文校点：《晦庵先生朱文公文集》卷63《答叶仁父》，朱杰人主编《朱子全书》第23册，上海古籍出版社、安徽教育出版社2002年版，第3060页。

[2] 程颢、程颐著，王孝鱼点校：《二程集》，中华书局2004年版，第240页。

[3] 程颢、程颐著，王孝鱼点校：《二程集》，中华书局2004年版，第352页。

[4] 朱熹：《家礼》卷1《通礼·祠堂》，《中华再造善本》一编，北京图书馆出版社2004年据中国国家图书馆藏宋刻本影印。

[5] 此处降神在参神之前，正与陈淳所言五羊本相同，可证今本《家礼》确是五羊本系统。

[6] 朱熹撰，刘永翔、朱幼文校点：《晦庵先生朱文公文集》卷30《答张敬夫》（"祭说编订精审"），朱杰人主编《朱子全书》第21册，上海古籍出版社、安徽教育出版社2002年版，第1326页。

《答林择之》("熹奉养粗安")曰:

> 但旧仪亦甚草草,近再修削,颇可观。一岁只七祭为正祭,自元日以下皆用告朔之礼,以荐节物于隆杀之际,似胜旧仪。①

由于在礼书中纳入节祠、墓祭等古礼所无的祭祀种类,朱熹必须设定它们的礼仪规格("合乎隆杀之节"),使之服从于新时代的祭礼体系。按朱熹当时的设想,《祭仪》中的祭祀分两类:第一类是七大祭,包括四时祭、冬至祭始祖、立春祭先祖、季秋祭祢;第二类是其他大小祭祀,包括元日、寒食、清明、端午、重阳等民间节日,以及每月朔望。朱熹认为,只有七大祭属于"正祭",其他则不能算作严格意义上的祭祀,故只用"告朔"之仪。

在《家礼·祭礼》中,朱熹对于祭礼体例的构思更加精密,每一种祭祀的规格定位更明确。不同种类祭祀在祭馔、祭服、祭器、祭仪等方面并不相同,展现出一种颇为齐整的隆杀次第。从表 6.7 可见,朱子祭祀体系具体分为六个层次:

一、冬至祭初祖、立春祭先祖。这两种祭祀位于《家礼》祭祀体系的顶端,规格最高,不仅祭馔用牲、多用古礼,进馔的仪式过程也最为繁复、近于古礼。就祭馔而言,此类祭祀不但使用了蔬果、米等常见祭馔,还使用了玄酒、肝、毛血腥肉等生鲜祭品。玄酒即古礼中所谓"清涤",乃是太古无酒时之"酒"。肝、肉则将于初献、亚献中烤熟加盐,仪文见于《特牲馈食礼》。

二、四时祭。此祭虽然也在祠堂举行,但祭祀不用牲牢、多取时食,表现出从今从俗的倾向,无法与冬至、立春二祭相比。祭馔有果蔬、脯醢、鱼肉、羹饭等,共 18 品。

三、季秋祭祢。此祭虽仍属于"七大祭"体系,却行于正寝,较时祭有所降杀,与忌祭、墓祭已十分相近。祭馔"如四时之仪两分"。

四、忌祭、墓祭。忌祭于正寝,墓祭在坟墓,已非传统意义上的"庙祭"。从祭服角度看,忌祭所服近于禫服,大体仍属凶服体系。墓祭之服则是深衣,仅相当于祠堂祭祀中的次等礼服。

五、朔望、节祠。从仪式过程看,两祭并无献礼,仅降神而参;从祭馔品

---

① 朱熹撰,刘永翔、朱幼文校点:《晦庵先生朱文公文集》卷 43《答林择之》("熹奉养粗安"),朱杰人主编《朱子全书》第 22 册,上海古籍出版社、安徽教育出版社 2002 年版,第 1964 页。

数看,两祭不过茶酒,献以节食。可以说,两祭实非严格意义上的祭礼,较忌祭、墓祭又降矣。

六、晨谒。此礼每日清晨行之,仅着深衣,于祠堂大门内焚香再拜而已。

从冬至之祭到晨谒祠堂,朱熹通过礼物、礼文的隆杀实现礼义的融贯,曲折表达了自身对于尊卑、古今、经传、日常与非常的理解。越是"敬而远之"的祖先,所享受的祭祀规格越高,礼仪越古老繁复,与日常生活的距离越远;越是亲近的先考妣,所享受的祭祀规格越低,礼仪越切近简明,与日常生活的距离越近。这样的精妙构思使《家礼·祭礼》在折中古今之后自成一家,形成了一个圆融自足的体系(见表 6.7、图 6.17)。

表 6.7　《家礼》建构的祭礼体系

		祭所	祭仪	祭服、祭器、祭馔
七大祭	冬至祭初祖	祠堂	大略如时祭。 所异者:进馔有毛血腥肉、熟肉、肉湇不和者、肉湇以菜者、大羹等等;初献炙肝加盐,再献炙肉加盐;等等。	盛服。割毛血为一盘,首、心、肝、肺为一盘,脂杂以蒿为一盘。右胖十一体。饭米一杆置于一盘,蔬果各六品,切肝一小盘,肉一小盘。
	立春祭先祖	祠堂	大略如祭初祖。 所异者:进馔先诣祖考位,瘗毛血,奉首心、前足上二节、脊三节、后足上一节。次诣祭妣位,奉肝肺、前足一节、胁三节、复足下一节。	如祭初祖之仪,但毛血为一盘,首心为一盘,肝肺为一盘,脂膏为一盘。切肝两小盘,切肉四小盘,余并同。
	四时祭	祠堂	奉主就位,参神,降神,进馔,初献,亚献,终献,侑食,启门,辞神,纳主,馂。	盛服。每位果六品,蔬菜、脯醢各三品,肉、鱼、馒头、糕各一盘,羹、饭各一碗,肝各一串,肉各两串。
	季秋祭祢	正寝	如时祭于正寝之仪。	如时祭之仪二分。
其他祭祀	忌祭	正寝	如祭祢之仪。	变服,祢、祖以上、旁亲各有隆杀。 如祭祢。
	墓祭	坟墓	参神,降神,初献,亚献,终献,辞神,撤,祭后土。	深衣。 如时祭之品。

续表

		祭所	祭仪	祭服、祭器、祭馔
其他祭祀	正至朔望则参	祠堂	奉主就位,参神,降神,辞神。	盛服。每龛设新果一大盘,每位茶盂、托酒、盂盘各一。酒注盏盘一,酒一瓶,盥盆帨巾各二。
				望日不设酒,不出主。
	俗节献以时食	祠堂	如正、至、朔日。	盛服。节所尚者一大盘,间以蔬果。
	晨谒	于祠堂大门内	再拜。	深衣。焚香。

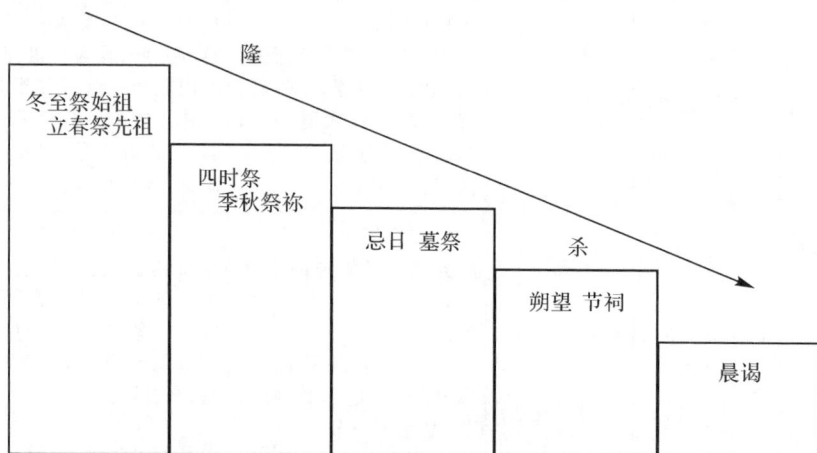

图 6.17 《家礼》祭礼的隆杀体系

三、《家礼·祭礼》的遗留问题

在以往的《家礼》研究中存在一种倾向,即把《家礼》当作宋代家礼乃至中国古代家礼的集成之作,认为《家礼》一经撰成便意味着"礼下庶人"过程在理论上终结,有所待者仅是国家认可和士庶遵行而已。然而从本节的研究来看,《家礼》绝非一部完美的书。一方面,该书的成书过程数易其稿、编撰来源杂出诸家,与朱熹晚年言行多不一致,足以启发门人、后学的怀疑与反思;另一方面,该书毕竟只是草稿,许多具体问题尚有可继续推敲之处。

第一,祠堂与家庙关系暧昧不明,家祭不免僭越嫌疑。祠堂之制是《家礼》的一大特色,不但影响了吕祖谦《家范》等宋代家礼,还对后世的民间祭祀产生重要影响。这一制度的原意是回避国家礼制中家庙等级制度的问题,为士庶行礼提供相应空间,所谓"今士庶人之贱,亦有所不得为者,故特以祠堂名之"①。不过,祠堂毕竟与家庙极其相近,改动名称并不足以避免对国家礼制的僭越嫌疑。如毛奇龄(1623—1716)说:"祠堂似庙而实非庙。庙只一主而祠堂无限主,庙必有名而祠堂无可名。其中所祭之主与主祭之人俱周章无理,即揆之于今,准之于古,而百不一当。然且聚族祭赛,事近蛮俗,而况其实则仍与帝王禘祫之礼显相僭越。"②毛氏指出,祠堂之名虽与家庙相异,功能却远远超过了家庙"一庙一主"所能容纳的范围,本质上是对国家礼制的僭越。此外,《家礼》冬至、立春二祭直逼天子禘祫之制,虽然晚年朱熹不敢再行,《家礼》文本却远播四海,被士庶奉为圭臬,终而在明代中期酿成关于祭祀礼仪的大争论。

第二,宗子主祭的制度难于实践,宗法权威不易树立。杨复在《家礼》注中说:"若夫明大宗、小宗之法,以寓爱礼存羊之意,此又《家礼》之大义所系。盖诸书所未暇及,而先生于此尤拳拳也。"③《家礼》以宗子主祭,试图恢复宗法,建立宗子在日常生活中的权威。然而,这一设想必将面临两方面难题:其一,宗子未必贵、未必贤、未必长。在科举时代,官无世爵、贵贱无常,宗子未必是家中最为显贵之人,因而往往不主家政。例如,浦江郑氏十分重视《家礼》实践,其家规中处处可见"并遵《文公家礼》"④字样,不过,《规范》第七条明确指出:"宗子上奉祖考,下壹宗族。家长当竭力教养,若其不肖,当遵横渠张子之说,择次贤者易之。"⑤可见,宗子仅是象征意义上的主祭者,并非家长,如其不肖,家长有权另立他人。其二,四世而祧的制度对宗法维系不利。吕坤(1536—1618)《四礼疑》曰:"大宗,小宗以下之所宗也,世尽而迁,则无以统小宗而宗法乱。小宗,玄孙之所宗也,五世不迁,则家家有大宗而宗法僭。"⑥换言之,大宗只有在远祖神主不祧的情况下才能彰显其主祭

① 朱熹:《家礼》卷1《通礼·祠堂》,《中华再造善本》一编,北京图书馆出版社2004年据中国国家图书馆藏宋刻本影印。
② 毛奇龄:《家礼辨说》卷11《辨定祭礼通俗谱·祭所》,《丛书集成续编》第66册,新文丰出版公司1989年影印同治甲子(1864)明辨斋刻本,第387页。
③ 《家礼》杨复注,载黄瑞节编《朱子成书》第7册,《中华再造善本》,国家图书馆出版社2005年据中国国家图书馆藏元至正元年(1341)日新书堂刻本影印。此段为《纂图集注》本所无。
④ 郑涛:《浦江郑氏家范》,《续修四库全书》第935册,上海古籍出版社2002年据北京图书馆藏清初毛氏汲古阁抄本影印,第278页。
⑤ 郑涛:《浦江郑氏家范》,《续修四库全书》第935册,上海古籍出版社2002年据北京图书馆藏清初毛氏汲古阁抄本影印,第271页。
⑥ 吕坤:《四礼疑》卷1《通礼》,载王国轩、王秀梅整理《吕坤全集》,中华书局2008年版,第1291页。

的特殊身份,否则便与小宗之子无异,无法起到合宗聚族的治家目的。如欲真正树立宗子的权威,必须建立家族共同的大宗祠,由宗子主祭百世不祧之祖。

第三,不适合同爨聚居的大家族,与宗祠祭祀相疏离。按《家礼》的构想,宗子各主本宗之祭,继高祖之宗、继曾祖之宗、继祖之宗与继祢之宗各有自己的祭祀对象。小宗成家后有一个不断外迁、分家的过程,所谓"若与嫡长同居,则死而后其子孙为立祠堂于私室,且随所继世数为龛,俟其出而异居,乃备其制"①。这种做法立足于小家庭,试图建立严格意义上的宗法制度。然而在"大礼议"后,民间涌现出大量"宗祠",同一家族中的不同派系共用一座祠堂的情况十分常见。如浦江龙溪张氏的祭祖:

> 及祭之日,各派又自为祭,五派有祭,十甲有祭,永和又有祭,以及新祭长牌神。一日之间,几筵迭献,执事者几有跋倚以临之诮。②

张家并非同爨聚居的大家族,却共用同一座祠堂。于是便有了祭祀当天各派轮流设祭、执事疲于应对的乱象。显然,这不是《家礼》所构想的祭礼,也非《家礼》所能规范,其立制之义已然超越朱熹所能预料的范围。

第四,制礼之义湮没于仪文度数,体系框架不够分明。上文提及,《家礼》的确具有某种礼仪框架,形成了一个隆杀有序的祭祀体统。但是,由于没有提纲挈领的说明,这一制礼大义湮没于繁复礼文,反而使读者生杂乱无章、祭祀过数之感。吕坤便说:"《家礼》:'正旦、冬至、朔望行参礼,皆用果酒菜肴十二拜。'计四时之祭,俗节之献,有事之告,岁不啻四十祭矣。大数则敬难继,有家之常,日不暇给,令废业而日有事于祖考焉,诚不为过,但不知家家能如是否乎?"③吕氏委婉指出,《家礼》祭祀次数太多,于疏数之节把握不当,不但将影响祭祀专一主敬之义,还会对日常生活造成严重打扰。这种说法虽对《祭礼》体系存在误解,却诚实表达了自己对《家礼》仪文的困惑。显然,我们无法要求行礼者像学术研究一般细细品味《家礼》的"微言大义",事实是,即便如吕坤一般终身留意《家礼》的士人,也未必洞悉其祭礼体系,

---

① 朱熹:《家礼》卷1《通礼·祠堂》,《中华再造善本》一编,北京图书馆出版社2004年据中国国家图书馆藏宋刻本影印。

② 张景青:《永绵祭议》,《龙溪张氏八甲宗谱》卷首《永绵祭条规》,金华浦江张氏家族藏光绪甲辰(三十年,1904)重修刻本。

③ 吕坤:《四礼疑》卷1《通礼》,载王国轩、王秀梅整理《吕坤全集》,中华书局2008年版,第1307页。

反生"礼不欲数"之叹。

　　这些问题都是祭礼理论体系中的大问题，直接影响行礼实践。因此在《家礼》复出后，朱熹门人中即产生两种倾向：其一是删改、重修《家礼》，以朱熹晚年关于祭礼的言行为"定论"，对《家礼》进行删修，以成新礼。其二是注解、诠释《家礼》，在朱熹文集、语录以及行事中选取可以"发明《家礼》之意"①者编成注疏附于书后。前一种倾向以陈淳为开端，经吕坤、毛奇龄诸家，最终在王懋竑（1668—1741）处酿成"《家礼》伪书说"的思潮；后一种倾向以杨复为开端，经丘濬（1418—1495）《家礼仪节》，终而导致李光地（1642—1718）《朱子礼纂》的编写。与其说《家礼·祭礼》是一部毕其功于一役的伟大著作，不如说它抛出了为新世界制礼的划时代问题，加速了"四礼学"成为一种专门学问的历程。

---

① 《家礼》杨复注，载黄瑞节编《朱子成书》第 7 册，《中华再造善本》，国家图书馆出版社 2005 年据中国国家图书馆藏元至正元年（1341）日新书堂刻本影印。

第七章　祭礼:建构世俗家族的神圣性(下)

第一节　墓祭礼中的神圣空间

如果说,家祭仪式过程的中心是木主,那么,墓祭礼仪活动的中心就是坟墓。本节关注家族墓地,探讨代数较多的家族墓地的排列原则,以及这一原则在元代的极端表现。"兆域图"或称"族葬图""昭穆葬图",出自《周礼·春官》中《冢人》《墓大夫》两节,指的是以昭穆为墓葬排列原则的茔园布局图。五代之前,这类礼图著录不多、传世绝少,至宋元时期方于葬书、礼书及碑刻中大量出现。尤有趣味的是,这一时期的儒者与术士虽然常常针锋相对,却都声称自己所绘兆域图"本诸古礼",是对《周礼》文本的忠实模仿。在竞争中,宋儒通过考礼、议礼,以族葬之说"复原"《周礼》兆域图,提出了多种画图方案。最终,元儒赵居信(生卒年不详)的《族葬图说》因不拘古今、易于施行而胜出,被广泛编入日用类书、家礼家训,成为明清士人"心向往之"的族葬之法。

一、兆域图源流与文献类型

现存最早的兆域图当数战国中山王馨墓出土的《兆域图》,该图刻于金银错铜版之上,描述了陵园的平面布置,为《周礼》记载提供了实物支撑①。宋代之前兆域图多已失传,一鳞半爪或可见于他书。此类文献略可分为两类:

一类是卜葬之书,往往著录于子部五行类,属于术数类文献。阮孝绪《七录》有"《黄帝葬山图》四卷""《五音图墓书》五卷""《五音图山龙》一卷",皆载于《术技录·形法部》②。《隋书·经籍志》有"《五姓墓图》一卷""《黄帝葬山图》四卷""《五音相墓书》五卷""《五音图墓书》九十一卷""《五

---

① 傅熹年:《战国中山王馨墓出土的〈兆域图〉及其陵园规制的研究》,《考古学报》1980 年第 1 期,第 97—118 页。
② 任莉莉:《七录辑证》,上海古籍出版社 2011 年版,第 369 页。

姓图山龙》一卷"，载于《子部·五行类》①。《旧唐书·经籍志》有"《墓图五阴》一卷""《杂墓图》一卷""《墓图立成》一卷""《五姓墓图要诀》五卷"，分别载于《子部·五行类》②。另外，敦煌写本葬书 P.2550B、P.2831、P.3647、P.3387、S.2263 等也载有多幅"冢图"③，说明民间存在多种抄本的兆域图。

另一类是礼学图谱，往往著录于经部礼类，仍属礼学文献系统。《隋志》载有《周官礼图》十四卷、《三礼图》九卷，后者为"郑玄及后汉侍中阮谌等撰"④。《旧唐书·经籍志》有《三礼图》十二卷，为"夏侯伏朗撰"⑤。《新唐书·艺文志》有夏侯伏朗《三礼图》十二卷、张镒《三礼图》九卷⑥。从宋代有关记载看，这些文献虽无"冢墓"之名，却可能载有兆域图，成为宋代纂制《三礼图》等"新图"的重要渊源⑦。

宋元时期，自汉代以来流行的五音五姓墓图仍占重要地位。其中，北宋官修《重校正地理新书》(简称《新书》)保存较好，向为学界所珍视。该书卷十三《步地取吉穴》章载有《商角昭穆葬》《徵羽宫昭穆葬》《商角贯鱼葬》《徵羽宫贯鱼葬》《昭穆葬图》等葬图 9 幅，对探讨北宋五音昭穆葬有重要价值。《永乐大典》卷八一九九收有《大汉原陵秘葬经》⑧，有学者认为它的内容与《新书》大体相同而互有详略，应是金元时期的作品⑨。该书《辨八葬法篇》收有《宫羽姓贯鱼葬》《商姓贯鱼葬》《角姓贯鱼葬》《徵姓贯鱼葬》等葬图共 8幅，可与《新书》对比研究。另外，随着风水学的兴盛，形法、理气诸说兴起，宋元风水文献中的兆域图趋于多元化。除前已著录者外，郑樵《通志》载有"《历代山形图》一卷""《山形总载图》一卷""一行《吉墓图》一卷""《八山图局》一卷"⑩。《宋史·艺文志》载有"《地理八卦图》一卷"⑪。

①　魏徵:《隋书》卷 34《经籍三》,中华书局 1973 年版,第 1039 页。

②　刘昫:《旧唐书》卷 47《经籍志下》,中华书局 1975 年版,第 2044 页。

③　金身佳:《敦煌写本宅经葬书校注》,民族出版社 2007 年版。

④　魏徵:《隋书》卷 32《经籍一》,中华书局 1973 年版,第 924 页。

⑤　刘昫:《旧唐书》卷 46《经籍上》,中华书局 1975 年版,第 1975 页。

⑥　欧阳修:《新唐书》卷 57《艺文志一》,中华书局 1975 年版,第 1433、1434 页。

⑦　如聂崇义《新定三礼图》是"由旧图六本参定"(陈振孙撰,徐小蛮、顾美华点校:《直斋书录解题》卷 2《礼类》,上海古籍出版社 1987 年版,第 50 页)而成,其中兆域图或即来自"旧图"。见聂崇义纂辑,丁鼎点校:《新定三礼图》卷 19《丧器图下》,清华大学出版社 2006 年版,第 607 页。

⑧　解缙:《永乐大典》卷 8199,中华书局 1959 年影印本,第 91 册。

⑨　徐苹芳:《唐宋墓葬中的"明器神煞"与"墓仪"制度——读〈大汉原陵秘葬经〉札记》,《考古》1963年第 2 期,第 87—107 页。

⑩　郑樵撰,王树民点校:《通志二十略》卷 68《艺文略第六》,中华书局 1995 年版,第 1701 页。

⑪　脱脱:《宋史》卷 206《艺文五》,中华书局 1977 年版,第 5260 页。

另一方面,随着图学兴起,宋元礼学重视礼图的绘制与考证,撰述了一批《周礼》图谱。《宋史·艺文志》载有聂崇义《三礼图集注》二十卷、余希文《井田王制图》一卷、龚原《周礼图》十卷、郑景炎《周礼开方图说》一卷、郑氏《三礼图》十二卷、《江都集礼图》五十卷、《三礼图驳议》二十卷等。这些文献中传世者仅聂崇义《新定三礼图》,其中《丧器图》中载有昭穆葬图,对《周礼》昭穆葬制作了考证。程颐《二程文集》卷十有《礼》数篇,其中《葬说并图》有《下穴昭穆图》,解说甚详。元儒赵居信著有《族葬图说》,后世日用类书、家礼家训多载之,对明清葬俗影响巨大。

此外,宋元昭穆图史料尚有礼失而可求诸野者。元代潘昂霄《金石例》卷一《墓图》曰:

> 作方石碑,先画墓图,有作圆象者,内画墓样,各标其穴某人。其石嵌之祭堂壁上,无祭堂则嵌围墙上。韩魏公墓图今有此石,岁久卧之墙外。①

按此,绘制墓图乃是宋元家族墓葬的一般制度,用来标注墓穴方位、墓主身份,以便后世祭祀。载有此图的方形石碑或藏于墓祭建筑(祭堂)中,或嵌于茔园围墙上。潘氏特别提到,韩琦之父韩国华墓园中便有墓图,当时因年岁已久而倒卧于墙外。这类碑刻史料长年暴露在野外,极易受到破坏,因而很少保存至今。不过,宋元文集中的墓志、宋墓考古的发现可以帮助我们确定一些茔园墓葬的埋葬方位、墓主身份,从而为复原、研究这类兆域图提供线索。

二、五音昭穆葬图及其问题

对比敦煌写本葬书与宋元官私地理书可发现,五音墓图在唐宋变革之际保持了相当的延续性②。不过,敦煌葬书中至今尚未发现带有明确文字信息的"昭穆葬图"。从现存文献看,最早载有此类图谱并援引《周礼》昭穆葬制的著作是北宋王洙所编《重校正地理新书》。考《新书》卷十三《步地取吉穴》有五音"昭穆""贯鱼"之图:

---

① 潘昂霄:《金石例》卷1《墓图》,《景印文渊阁四库全书》第1090册,台湾商务印书馆1986年版,第295页。

② 参看宿白《白沙宋墓》,文物出版社2002年版,第102、103页。金身佳《敦煌写本宅经葬书研究》,兰州大学博士学位论文,2006年。

八曰昭穆,亦名贯鱼,入先茔内葬者,即左昭右穆,如贯鱼之形,仍避廉路、地轴、阴尸、阳尸、雄辕、雌辕,惟河南、河北、关中、垅外并用此法。①

篇后附五音昭穆葬、五音鱼贯葬图各四幅,图后小注内容相似而方位各异。以《商姓昭穆图》(图7.1)、《商姓贯鱼图》(图7.2)②为例,其图小注分别曰:

乔道用添:商姓坟壬、丙、庚三穴,葬毕,再向正东偏南乙地作一坟,名昭穆葬,不得过卯地分位,仿此。

乔道用添:商姓祖坟下壬、丙、庚三穴,葬毕,再于正南偏东丙地作坟一座,谓之鱼贯葬,不得过于午地分位,仿此。③

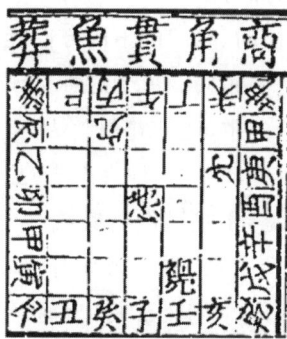

图7.1 商姓昭穆图   图7.2 商姓贯鱼图   图7.3 昭穆葬图

其后另有《昭穆葬图》(图7.3),图后小注曰:

昭穆亦名贯鱼者,谓左穴在前,右穴在后,斜而次之,如条穿鱼之

① 《重校正地理新书》卷13《步地取吉穴》,《续修四库全书》第1054册,上海古籍出版社2002年版,第97页。
② 该图上标"商角昭穆图"乃是兼下图而言,从内容上说当是"商姓昭穆图"。
③ 《重校正地理新书》卷13《步地取吉穴》,《续修四库全书》第1054册,上海古籍出版社2002年版,第98页。

状也。又《礼》曰："冢人奉图,先君之葬君居其中,昭穆居左右也。"①

这几条资料素来为考古学者所珍视,用以论证北宋皇陵以及士庶墓葬的布局,推测家族墓地内某些墓葬年代与墓主身份②。不过,有几个问题尤须辨明。

第一,"昭穆"与"贯鱼"是族葬布局之法,均以"左前右后"为布局原则。祖穴应布置于本姓最吉之处(如商姓壬位),其他墓葬按照左穴在前(丙位)、右穴在后(庚位)的方式交错安排,形成类似"以条穿鱼"之状。如此看来,《地理新书》所载昭穆、贯鱼之法与敦煌文书 S. 2263《茔地图》中父叔四人依次并排的方式并不相同,与 S. 3387《祖墓图》左穴在后、右穴在前的排列方式也有差别。

第二,"昭穆"与"贯鱼"并非同一葬法。虽然引文一再强调"昭穆"与"贯鱼"的关系是异名而同实,但是细读墓图小注可发现,两者理想中的第四穴位置并不相同。按图 7.1,昭穆葬中商姓第四穴应该从第三穴(庚)正东偏南乙地作坟,经界不可超过地心的东西线(卯位);按图 7.2,贯鱼葬中商姓第四穴则是从第三穴(庚)正南偏东丙地作坟,经界不可超过地心的南北线(午位)。以此类推,昭穆葬与贯鱼葬茔园的布局虽然都是一种类似"如条穿鱼"的交错结构,却是以横向、纵向的不同方向延伸,世久日远后将分别形成或东西长、或南北长的茔园布局。由于这种茔园布局要求地形尽量平坦,所以引文说"惟河南、河北、关中、垅外并用此法"。

第三,附会《周礼》昭穆葬制。《地理新书》虽乃汇编成,却似对"昭穆""贯鱼"两法矛盾有所察觉,于是试图将其统一于《周礼》昭穆葬制之下。图 7.3 所绘《昭穆图》对五音昭穆、贯鱼葬图作了抽象处理,突出了昭穴在左前、穆穴在右后的方位次序,并引《冢人》为据。不过,该书对《周礼》引用片面、不求甚解,对何谓"昭穆"等重大问题不以为意。此外,《昭穆图》以"尊穴"替代"祖穴",将墓葬排列原则从辈分大小改为尊卑次第,无疑会进一步加剧族葬茔园位次的混乱。

可见,《新书》虽然试图以《周礼》弥合昭穆葬与贯鱼葬的差异,却无法真正贴合《周礼》做到墓葬布局的"昭穆有序"。从宋墓考古来看,这种葬法在排列三座墓葬时成效明显(如白沙宋墓),却无法处理世代久远、冢坟众多的

---

① 《重校正地理新书》卷 13《步地取吉穴》,《续修四库全书》第 1054 册,上海古籍出版社 2002 年版,第 98 页。

② 最典型的如宿白:《白沙宋墓》,文物出版社 2002 年版,第 102、103 页。

家族茔园①。另外,"左前右后"的布局原则将亲属关系接近者(服重者)置于远处,远者(服远者)反置于近处,与儒家"近者近,远者远"的葬礼大义不相适应,遭到北宋儒者批判。

三、宋儒礼图的绘制与实践

随着儒家复兴运动的兴起,五音葬法受到儒家士大夫猛烈批判②。宋儒深知,世俗笃信五音风水之说已久,如欲拨乱反正,一方面要在理论上攻乎异端、辨明其伪,另一方面则须定立新制度、画定礼图而身体力行。于是,《周礼》族葬之制成为有识之士推尊的"拔本塞源"之论。通过考礼,宋儒希望辨明昭穆葬制度,复原《冢人》《墓大夫》中的《周礼》兆域图。

北宋最早从事这项工作的是聂崇义,他所编《三礼图》中有《兆域图》(图7.4),图后文字在引述《周礼·春官·冢人》文字后,对所谓"先王之葬居中,以昭穆为左右"一句做了详尽考证,以《周礼》贾疏、《左传·文公十年》论证了兄弟相继为君、以兄弟为昭穆的问题,并对封丘度数做了说明。《三礼图》绘《兆域图》载有大型坟墓 8 座,大小不一、形制有等。按其文中所引《春秋纬》:"天子坟高三仞,树以松。诸侯半之,树以柏。大夫八尺,树以药草。士四尺,树以槐。庶人无坟,树以杨柳。"③位于中央的坟墓封土最高,所植之树于冬季尚且丰茂,当是松柏之类。其他坟冢或大或小、植物凋零,则当是药草、槐树之属。以此推测,中央大墓当是天子、诸侯,其他则为大夫、士。中央大墓后有坟墓 2 排,每排 2 座,分列左右。前方有坟墓三座,其中一座位于图最下方中轴线位置,与大墓正对,另 2 座则分列左右。按照五音择穴之法,这一布局显然"冲犯"了在地心(明堂位)及南北轴线下葬的禁忌,显然与《地理新书》属于不同系统。

---

① 如河南安阳韩琦家族墓地,虽然《安阳集》与出土墓志都可证明它使用了五音葬法,该墓地仍然表现出与《新书》颇不相合的布局原则(金连玉:《试论北宋相州韩氏家族墓地的墓葬位序与丧葬理念》,《故宫博物院院刊》2015 年第 1 期,第 102—116 页)。

② 参看徐吉军:《中国丧葬史》,江西高校出版社 1998 年版,第 424、425 页。

③ 聂崇义纂辑,丁鼎点校:《新定三礼图》卷 19《丧器图下》,清华大学出版社 2006 年版,第 608 页。

图 7.4　《新定三礼图》中的《兆域图》　　图 7.5　程颐《下穴昭穆图》①

　　到北宋中期,儒家士大夫究心家族礼仪建设,相关讨论更加深入、细致。程颐所撰《礼》书中有《葬说》一篇,并附《下穴昭穆图》(图 7.5)。该图整体上虽然以五音地理书中的墓图方位作为底版,却在墓穴位置的安排上与之迥然有别。一方面,墓穴尊位非五音所定,而是布置在茔园最北端正中处;被奉为地心(明堂)的墓地中心位置被用以行礼的"券台"代替。另一方面,墓葬排列包含两种不同的下穴方法:第一种为南北走向,第二穴下于祖穴正东,是为"左昭",第三穴下在祖穴正西,是为"右穆",第四穴下于第二穴正南为"昭",第五穴下在第三穴正南为"穆",以此类推,构成一种南北长、东西窄的家族墓地。第二种为东西走向,第二、三穴位置不变,第四穴位于第二穴正东。按此,第五穴当下于第三穴正西,从而形成一种东西长、南北窄的茔园形态。这种方法打破《地理新书》中左昭在前、右穆在后的吉凶定穴模式,墓葬排列更为齐整有序。不过,程颐并未交代昭穆与行辈的关系,为后人留下了诠释与实践的空间。

　　从宋墓考古来看,一些士大夫家族墓地的墓葬排列异于《地理新书》,对昭穆葬制有自己的理解。如富弼家族墓地兆域图(图 7.6),茔园葬三代、分为三排:第一排为富弼、富鼎两兄弟墓,兄居北,为尊位,弟墓居西,少退;第二排为子辈墓葬,兄之子辈在西,弟之子辈在东,以年龄长幼依次排列;第三排为孙辈墓葬,兄之孙辈在东,弟之孙辈在西。由于富弼父不在茔域之中,

---

① 程颢、程颐著,王孝鱼点校:《二程集》,中华书局 2004 年版,第 623 页。

茔园正中、正北之尊位并无墓葬。富弼墓处于茔园次尊之位,偏北偏东,为"昭",是东区墓葬之首。富鼎墓在其次,略偏南偏西,为"穆",是西区墓葬之首。此后,弟之子辈为"昭",兄之子辈为"穆";兄之孙辈为"昭",弟之孙辈为"穆",依次由北向南安葬。整座茔园群辈界限清晰,昭穆秩序井然,表现为兄弟二支子孙左右昭穆不断交换的逻辑。

作为与关学、洛学渊源颇深的世家大族,蓝田吕氏家族墓地不惑风水,尤其注意宗法、昭穆问题。吕氏茔园除殇者外,葬四代、分为四排:第一排吕通墓(M8)位于墓地中轴线最南部,为尊位。第二排子辈吕英墓(M9)、吕蕡墓(M17),前者位于中轴线吕通墓前,后者在其东南与之并排。第三排孙辈人数众多,其中吕通嫡长孙吕大圭墓(M12)位于中轴线乃父墓前,位置最尊;其他兄弟不论出自何支,一律以长幼为序,左昭右穆排列。吕大忠(M20)最长,在左为昭;吕大防(M3)次之,在右为穆;吕大钧(M22)再次,在左为昭;吕大临(M2)复次,在右为穆;吕大观(M28)又次,在左为昭;吕大雅(M1)最幼,在右为穆。第四排曾孙辈为吕仲山(M6)、吕省山(M5)、吕景山(M4)等人之墓,各安葬于乃父之后。这种排列方式突出嫡系的家族地位,在此原则上序齿以辨昭穆,葬位、葬法极为规范、严整,达到了"人有定穴""穴有定位"的程度。(图 7.7)

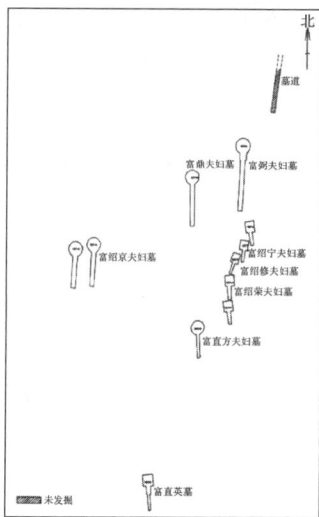

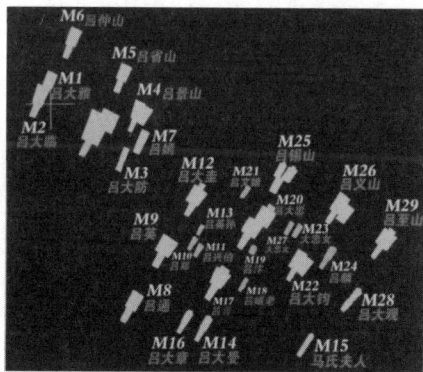

图 7.6 富弼家族墓地兆域图(复原)①　图 7.7 蓝田吕氏家族墓地兆域图(复原)②

① 洛阳市第二文物工作队:《富弼家族墓地发掘简报》,《中原文物》2008 年第 6 期,第 4—8 页。
② 张蕴:《陕西蓝田北宋吕氏家族墓园考古发掘综述与研究》,载陕西省考古研究院等编:《异世同调——陕西蓝田吕氏家族墓地出土文物》,中华书局 2013 年版,第 10 页。

四、《族葬图说》与兆域"祠堂化"

到元代，一些儒者希望将族葬上升为官方礼制，以政治权力禁绝风水择穴之术，于是绘制族葬图便成当务之急。泰定二年（1325），时任山东廉访使的大儒许衡"请颁族葬制，禁用阴阳相地邪说"①。"时同知密州事杨仲益撰《用周制国民族葬昭穆图》，师敬韪其言，奏请颁行天下焉。"②杨氏之图虽佚，元儒赵居信撰绘的《族葬图说》却保存下来，成为元代兆域图典范之作，对后世影响深远。关于《图说》作者，明清学者多以为是赵炳。此说可追溯至谢应芳，其《龟巢稿》卷十八有《跋〈族葬图〉》：

> 河南保定赵先生所著《族葬图》……先生讳炳，字季明，其经学德望为中州儒宗。至元、大德间七聘方起，官至翰林承旨学士。平居多著述，若《四书选注》等书，皆有功斯文。愚恐东南之人有未知程伯淳者，故粗述于《图说》之后，镂版而传之，详见《元史》。③

引文中，谢应芳称赵炳事迹详见《元史》。在氏著《辨惑编》中，谢氏又称《族葬图说》为"赵忠愍公（昞）《族葬图说》"④，进一步将《元史·赵炳传》之赵炳确认为《族葬图说》作者。但细读本传便可发现，《元史》所记与引文颇不相同：其一，表字不同，《元史》赵炳字彦明，引文则字季明；其二，籍贯不同，《元史》赵炳为惠州滦阳人，引文则为河南保定人；其三，出身不同，《元史》赵炳为"勋阀之子"，因"侍世祖于潜邸"⑤而得官，引文则为七次受聘而起；其四，年龄有差，《元史》赵炳于至元十七年（1280）亡，终年五十九，引文则于至元、大德间（1298—1307）方起。可见，《族葬图说》作者非《元史》之赵炳，而是另有其人。

考《族葬图说》当为元儒赵居信所作，理由有三：第一，赵居信字季明，与跋文所称表字相同，且与《居家必用事类全集》中"季明赵氏族葬图说"⑥相

---

① 柯劭忞：《新元史》卷 90《礼志》，上海古籍出版社 1989 年版，第 424 页。
② 柯劭忞：《新元史》卷 90《礼志》，上海古籍出版社 1989 年版，第 424 页。
③ 谢应芳：《龟巢稿》卷 18《跋〈族葬图〉》，《丛书集成续编》第 67 册，上海书店出版社 1996 年版，第 597 页。
④ 谢应芳：《辨惑编》卷 2，《丛书集成初编》第 988 册，中华书局 1985 年版，第 30 页。
⑤ 宋濂：《元史》卷 163《赵炳传》，中华书局 1976 年版，第 3837 页。
⑥ 佚名：《居家必用事类全集》乙集，《北京图书馆古籍珍本丛刊》第 61 册，书目文献出版社 1988 年版，第 82 页。

合。第二,《元史·世祖本纪》载至元二十九年(1292)曾召胡祇通、赵居信等十人至翰林以备顾问①,英宗至治三年(1323)赵居信与吴澄一同加官,官至翰林学士承旨②。这点可与胡祇通(1227—1293)《送赵季明赴召北上》③、吴澄(1249—1333)《题〈东溪耕乐图〉后》④相佐证,与跋文所记相同。第三,赵居信与吴澄为"有德老儒"⑤、德望超群,可当"中州儒宗"之名,撰有"《经说》《史评》《燕谈》《家训》《蜀汉本末》《理学正宗》《礼经葬制》《追达录》《四道辩》等书"⑥,可见其深于道学,对葬制尤其措意。

赵居信治学"不拘今古"⑦,所作《族葬图说》则"本乎《周官》,参诸众论"⑧,而不失新意。该书首先论及兆域的范围问题。

> 凡为葬五世之茔,当以祖墓分心,南北空四十五步,使可容昭穆之位;分心空五十四步,可容男女之殇位。东西不必预分,临时量所葬人数裁酌。⑨

引文首句"五世之茔",《居家必用事类全集》作"九世之茔"。观《赵氏族葬之图》(图 7、8)所画仅祖、子、孙、曾孙、玄孙五代人,则"五世"之说近是。考五世族葬之法出自《周礼》疏,《墓大夫》有"令国民族葬,而掌其禁令"一句,郑玄注曰:"族葬,各从其亲。"贾公彦释曰:"经云'族葬',则据五服之内亲者共为一所而葬,异族即别茔。知族是五服之内者,见《左传》哭诸之例云:'异姓临于外,同姓于宗庙,同宗于祖庙,同族于祢庙。'故知族是服内,是以郑云各从其亲也。"⑩

赵氏以五服为族葬范围不但合乎《周礼》注疏,更与当时流布日广的朱

---

① 宋濂:《元史》卷 17《世祖十四》,中华书局 1976 年版,第 361 页。

② 宋濂:《元史》卷 28《英宗二》,中华书局 1976 年版,第 627 页。

③ 胡祇通著、魏崇武、周思成校点:《胡祇通集》卷 3《送赵季明赴召北上》,吉林文史出版社 2008 年版,第 64 页。

④ 吴澄:《吴文正集》卷 62《题东溪耕乐图后》,《景印文渊阁四库全书》第 1197 册,台湾商务印书馆 1986 年版,第 609、610 页。

⑤ 宋濂:《元史》卷 28《英宗二》,中华书局 1976 年版,第 627 页。

⑥ 张良知:《(嘉靖)许州志》卷 6《人物志》,《明代天一阁方志选刊》,上海古籍书店 1961 年版。

⑦ 张良知:《(嘉靖)许州志》卷 6《人物志》,《明代天一阁方志选刊》,上海古籍书店 1961 年版。

⑧ 谢应芳:《龟巢稿》卷 18《跋族葬图》,《丛书集成续编》第 67 册,上海书店出版社 1996 年版,第 597 页。

⑨ 谢应芳:《辨惑编》卷 2,《丛书集成初编》第 988 册,中华书局 1985 年版,第 30 页。

⑩ 郑玄注、贾公彦疏,赵伯雄整理、王文锦审定:《周礼注疏》卷 22《春官宗伯第三·墓大夫》,北京大学出版社 1999 年版,第 571 页。

熹《家礼》祭祀制度有关。按《家礼》,祠堂祭祀当以高、曾、祖、祢四世为限。这种说法虽然突破了当时祭三世的朝廷法度,却为程颐所主张。朱熹早年取程子之说,认为高祖因在五服范围之内,理当祭祀,故《家礼·祭礼》祭及四世①。《族葬图说》之所以大段引述《家礼·祠堂》章,正是希望借助古今礼仪的权威,以庙祭、家祭之制整饬墓祭,建构"墓祭祭四世、族葬葬五服"的族葬、族祭之礼。

在这种思路指引下,赵氏绘制了《族葬图》(见图7.8)。此图上北下南、左西右东。葬图以祖墓居中而北首,"祖"即"从他国迁于此地"②的始迁祖。以祖墓为东西中轴线("分心"),兆域分为南北两区,南区葬子孙及妻室之属,北区葬殇者、妾之类。南区墓葬每排南北间距9步,由祖墓算起共留空45步,祖墓前留5步宽为神道;北区墓葬每排间距6步,由祖墓算起共留空54步,祖墓后留3步为东西间距。按赵氏所说,南区法阳数,用9、5;北区法阴数,用6。所以用3,乃是象天、地、人三才之数。

南区以"左昭右穆"的方式下葬。与宋代诸家兆域图不同的是,《族葬图》中所谓"昭穆"非一人、一穴之昭穆,而是以行辈为昭穆。按图,子辈为昭、孙辈为穆、曾孙为昭、玄孙为穆,形成"同排同辈同昭穆、异排异辈异昭穆"的局面,即所谓"昭与昭并,穆与穆并"。在同辈之中,不别嫡庶贵贱,一律以长幼论先后埋葬。按"近祖为尊"的原则,昭辈尚左,以靠西者为尊;穆辈尚右,以靠东者为尊,各以序列。妻、继室、有子之妾祔葬,位置在夫墓旁距祖墓稍远处。

北区殇者仍以行辈为序,但不分昭穆。以祖墓南北中轴线为界,东部为男殇,西部为女殇,嫁女还家者以殇论。不论男女殇者,一律以先殁者近祖而葬,不再序齿。赵氏称,不用序齿原则的原因是不为殇者"预留"墓地,以免有期待早夭之意。为表达对祖墓的尊重,不以"其趾之向尊",北区墓葬葬位与南区相反,一律南首而葬。另外,北区最西为妾之葬地,以行辈分排而葬,也不序齿,先殁者先葬,以东为上。

---

① 吴飞:《祭及高祖——宋代理学家论大夫士庙数》,《中国哲学史》2012年第2期。
② 谢应芳:《辨惑编》卷2,《丛书集成初编》第988册,中华书局1985年版,第30页。

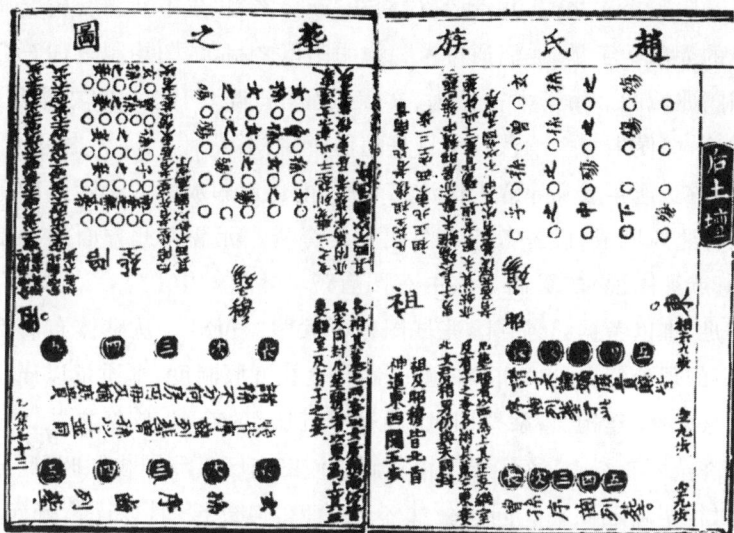

图 7.8　《赵氏族葬之图》①

　　《族葬图说》对明清兆域图的绘制影响巨大。王应电《周礼图说》以它为蓝本,绘制《周礼》之《族葬图》。陈确对《族葬图说》十分推崇,将其"急刻以救世"②,并在《葬书》中采用。其余如丘濬《家礼仪节》、吕坤《丧礼翼》、李濂《族葬论》、黎景义《宋书冢茔图说》、柴绍炳《族葬祔葬说》等,或取其说,或辨其图;方弘静《家训》、方苞《记百川先生遗言》、纪昀《长白苏公新阡墓位记》等,或疑其非古,或以为难行,然如盘之走丸,皆不能出其范围。可以说,《族葬图说》在明清已有"经典化"趋势,成为《家礼》的重要补充,对士庶葬俗颇有影响。

　　兆域图是《周礼》所记重要图谱。此类图像虽古已有之,却在宋元时期受到格外关注与讨论。从源流与类型看,宋元兆域图文献主要分为葬书、礼图两个知识系统。前者属子部五行类,以五音阴阳之说为主;后者归经部礼类,以儒家礼学之论为宗。两类兆域图虽渊源有自,却同样声称是《周礼》图的复原。宋初,《地理新书》中的五音《昭穆葬图》为北宋皇家所遵用,在士庶间很有影响。不过,该图仅是附会《周礼》之说,实则与儒家丧葬礼义不合。到北宋中期,随着儒家复兴运动的展开与族葬实践的深入,儒家士大夫激烈

---

① 　佚名:《居家必用事类全集》乙集,《北京图书馆古籍珍本丛刊》,书目文献出版社 1988 年版,第83 页。

② 　陈确:《陈确集》,中华书局 1979 年版,第 86 页。

批判五音阴阳择穴之说,并希望以《周礼》族葬之制"拔本塞源",树立属于儒家自身的葬制。于是,他们通过考礼辨明昭穆之制,试图绘制更加符合古意的《周礼》兆域图。由于去古已远、文献难征,宋儒关于这一问题意见纷纭、并无定论,即便朱熹也承认自家只是随俗而葬、不曾细考,亦无书可考①。

到元初,连年战乱导致人民流离失所,能克族葬成为孝子孝孙的重要标识。族葬之风既成,儒者考礼绘图便责无旁贷。元儒在此方面的贡献集中表现为《族葬图说》的纂制。该书有图有说,"本乎《周官》,参诸众论"②,对文献不足、难以考据的《周礼》兆域图作了大胆"复原"。从整体布局看,《族葬图说》的理论依据是《家礼》祠堂之制与丧礼五服制度,本质是以庙祭之制整饬墓祭之制,建构"墓祭祭四世、族葬葬五服"的族葬、族祭之礼。这种构思体现在茔园布局上,落实于昭穆葬制。该图南区墓葬同排同昭穆、异排异昭穆,以行辈确定昭穆。同排位次不论嫡庶,但分长幼,以序齿确定位次。这种设计真正践行了"昭常为昭,穆常为穆"的行辈伦理,将《周礼》族葬"葬有定位"③的理论价值转化为打击风水择穴之术的强大武器。从这个角度说,《族葬图说》可谓北宋以来儒家将家族墓地"家庙化""祠堂化"观念推到极端的产物,适可补《家礼》之缺。因此,明清儒者对此书推尊备至,影响绵亘至今。

第二节　墓祭之争与礼文建构

中国古代士庶的祭祀活动主要有家祭与墓祭。在宋代,由于家庙制度近乎崩坏,家祭对一般士庶的影响十分有限,相比之下,墓祭源远流长、绵亘唐宋,为时人所普遍遵行。对此,学界早有关注,或从民俗史视域描述宋代墓祭风俗的普遍特征,或从社会经济史角度探讨墓上建筑的形制、功能,或

---

① 《语类》卷89:"尧卿问合葬夫妇之位。曰:'某当初葬亡室,只存东畔一位,亦不曾考礼是如何。'"(黎靖德编,王星贤点校:《朱子语类》,中华书局1986年版,第2286页)卷84:"礼学多不可考,盖其为书不全,考来考去,考得更没下梢,故学礼者多迂阔。一缘读书不广,兼亦无书可读。如《周礼》'仲春教振旅,如战之陈',只此一句,其间有多少事。其陈是如何安排,皆无处可考究。其他礼制皆然。大抵存于今者,只是个题目在尔。"(黎靖德编,王星贤点校:《朱子语类》,中华书局1986年版,第2177页)
② 谢应芳:《龟巢稿》卷18《跋〈族葬图〉》,《丛书集成续编》第67册,上海书店出版社1996年版,第597页。
③ 罗璧:《罗氏识遗》卷5《地理》,《丛书集成初编》,中华书局1991年版,第69页。

从宗族史维度阐发墓祭与家祭的关系，揭橥其"合宗睦族"的重要意义①。尽管成果丰硕，对宋代墓祭的研究仍有未尽之处。如果将这一课题回置于宋代儒学复兴运动的时代背景中则会发现，墓祭不仅是浸而成俗的民俗现象，还是一个引发儒者热议的文化现象。实际上，无论仪式过程，还是其背后的思想与信仰，墓祭习俗都与传统儒家祭礼存在深刻矛盾。这意味着，如欲恢复三代礼乐之治，重建儒家在日常生活中的指导作用，宋儒就必须对墓祭现象有所回应，并对其在祭礼中的位置进行妥善安置。

在对这一问题的探索与争鸣中，宋儒逐步从"古不墓祭"的礼学考证转为对人情、义理的思辨，最终"缘情制礼"，为墓祭习俗制定详尽的仪式方案，将其纳入新时代的家礼文本。值得一提的是，儒家不但将不合古礼的俚俗转化为有礼可依、不害义理、顺于人情的新礼，还对具有佛教色彩的坟庵、坟寺作工具性解读，从而将这一原本不合古礼、杂于佛老的民间习俗转化为服务于儒家孝道的新时代祭礼。经过宋儒的阐释与改造，墓祭以礼的形式延及明清，成为当今中国人所普遍认同的祭祀礼俗。

一、宋代的墓祭习俗与信仰世界

墓祭起源于先秦②，并在秦汉时进入国家祀典。魏晋时薄葬之风大兴，但墓祭现象却不绝如缕，在民间显示出强大生命力。至唐代，从高宗开始规范墓祭时的娱乐行为，到玄宗以诏令肯定士庶寒食上墓的孝道价值，墓祭已然浸成风俗，只可规制而不可禁绝。宋代墓祭习俗虽继承唐代而来，却具备时代特色。这不但体现为上墓时间因素的多样化，还表现为行礼空间的多层次性，其中蕴含的士庶人一般知识、思想与信仰的世界值得探究。

---

① 如［日］竺沙雅章：《宋代坟寺考》，《东洋学报》第 61 卷第 1、2 号，1979 年。刘德谦：《扫墓探源》，《社会科学战线》1986 年第 3 期，第 322—328 页。宋三平：《试论宋代墓祭》，《江西社会科学》1989 年第 6 期，第 104—107 页。黄敏枝：《宋代的功德坟寺》，载氏著《宋代佛教社会经济史论集》，台湾学生书局 1989 年版，第 241—300 页。常建华：《宗族志》，上海人民出版社 1998 年版，第 108—152 页。王善军：《宋代的宗族祭祀和祖先崇拜》，《世界宗教研究》1999 年第 3 期，第 114—124 页。周赟：《庙祭还是墓祭——传统祭祖观念之争论及其现时代之价值》，《鹅湖月刊》2012 年第 446 期，第 55—64 页。李旭：《宋代家祭礼及家祭形态研究》，《武汉大学学报》2014 年第 2 期，第 65—72 页。

② 自东汉蔡邕（132—192）提出"古不墓祭"的说法以来，墓祭的起源问题便一直是学界聚讼的重要话题。学者或忙于爬梳文献，以精审的礼学考证立论辩说（如顾炎武、赵翼、皮锡瑞、阎若璩、孙诒让、钱玄、吕思勉等）；或穷乎碧落黄泉，用最新之出土文物往复驳难（如杨宽、杨鸿勋等）。虽然学界对此众说纷纭、莫衷一是，却基本认同墓祭在春秋战国实际存在与传播流行的事实。

(一)墓祭时令的多样化

"寒食上墓"是风行于唐代,并得到官方认可的墓祭习俗。与前代相似,宋代墓祭最为盛大者也是在寒食期间。在宋代,寒食是历时一月之久的重要节日。在这一个月里,"人家出修墓祭祀,如是经月不绝",故又称"一月节"①。据《东京梦华录》记载,宋代的寒食节是冬至后第一百零五日,清明节在此后第三天。清明多用于拜扫新坟,而寒食则是老坟拜扫最为集中的一天。在"两节"期间,士人庶民纷纷涌出都市前往郊区祭扫,以致郊野之地喧闹如市井②。从《梦粱录》对南宋杭州城的类似记载可知,两宋间"寒食上墓"风俗保持了很大程度的连续性。

"每逢佳节倍思亲",在正月、中元等重大节日诣墓祭扫,也是宋人表达思怀的常见方式。如莆田方氏在祖先坟墓附近建立祠堂,"每岁中元祀于祠,六房子孙预拜者数千人,香火三百年如一日"③。琅溪余氏在家族墓地建立坟庵,除"春秋设馔外,每岁孟春,则轮差子孙,同院僧遍诣余氏之先茔"④。由于正月、寒食与中元三个节日均有墓祭活动,宋人便有"春秋展省""春秋祭祀"之说。如陈氏在其父墓前作"永慕亭",以"为春秋祭祀之所"⑤。宣溪王氏葬父之后在墓前营建"春雨亭","春秋率子弟展省,竣事则休焉"⑥。

除上述节日外,宋代尚有忌日拜墓的习俗。如李吕(1122—1198)与族人修葺先祖墓亭,并筹集"忌日斋享、清明拜扫之费"⑦。万竹王氏"置田若干亩归之寺"⑧,以为其祖考忌日修梵事之费。有的甚至将忌日拜扫作为世代相传的家法,如四明大族汪氏"奉坟墓尤谨,遇忌日必躬至墓下,为荐羞之礼,遂为汪氏家法"⑨。

最后,作为一种家族荣耀,宋代官员的祖先考妣受到追封,按例应亲诣先人墓前拜扫,并焚黄以告。现存宋人文集中保存有大量名为"焚黄""焚告"的祭文,多属此类情况。

---

① 金盈之撰,周晓薇校点:《新编醉翁谈录》,辽宁教育出版社1998年版,第12页。
② 孟元老撰,伊永文笺注:《东京梦华录笺注》,中华书局2007年版,第626页。
③ 林希逸:《竹溪鬳斋十一稿续集》,《景印文渊阁四库全书》第1185册,台湾商务印书馆1986年版,第667页。
④ 方逢辰:《蛟峰文集》,《景印文渊阁四库全书》第1187册,台湾商务印书馆1986年版,第543页。
⑤ 胡寅撰,容肇祖点校:《斐然集》,中华书局1993年版,第426页。
⑥ 杨万里撰,辛更儒笺校:《杨万里集笺校》卷71《春雨亭记》,中华书局2007年版,第3009页。
⑦ 李吕:《澹轩集》,《景印文渊阁四库全书》第1152册,台湾商务印书馆1986年版,第239页。
⑧ 陈著:《本堂集》,《景印文渊阁四库全书》第1185册,台湾商务印书馆1986年版,第242页。
⑨ 楼钥:《攻媿集》卷60《长汀庵记》,《四部丛刊初编》第187册,上海书店1989年版。

(二)墓上建筑的多层次性

墓祭习俗的盛行要求坟墓周边具备相应的行礼场所,以供陈设祭品、焚化冥物、休憩饮馔之用。对此,宋末舒岳祥(1219—1298)曾有细致爬梳:

> 古不墓祭,故庵庐之制未之闻也。后世以庐墓为孝,于隧外作飨亭,为岁时拜扫一席地。其后,有力者又为庵于飨亭之左。近使僧徒守之,以供焚修洒扫之役。又其后,仕宦至将相勋阀,在宗社者得请赐寺院,为灯香之奉,其事侈矣。[①]

按此,宋代的墓祭建筑可被划分为若干层次:

墓亭、墓庐。这是结构最为简单、造价最为低廉的墓祭建筑,一般士庶皆可营造。宋人认为,侍奉先人坟墓不可"祭不亭,守无庐"[②],则这类建筑实为宋墓的最基本设施。从宋人文集中的大量记载看,这类建筑多以亭、庐、室、舍为号,名称中往往带有"芝""应"(表感召祥瑞),"安""宁"(表祈求安息),"望""思""怀""感""慕""追远""思终"(表缅怀之情),"种德""慈教"(表追念德行)等字样。其营造者既有知名士人(如苏洵)、地方大族(如四明汪氏),又有普通庶民,在宋墓中十分普遍。

祠堂、庵舍。这种建筑往往具备房屋架构,由多间组成,位于墓前或墓侧。如北宋石介(1005—1045)所建"拜扫堂"位于墓前十四步,共有堂屋三楹,"一以覆石,一以陈祭,因谓之拜扫堂"[③]。南宋浦城徐氏在墓前建陟思庵,"前后各五间,虚其中三间以酌献酢饮,而止客于东西房"[④]。从宋墓的考古发掘情况来看,墓祠往往位于墓道正前方,或三开间或五开间的中小型建筑,进一步印证了文献的相关记载[⑤]。为了尽孝致哀,宋人营造的祠堂、庵舍往往"极其工力,而不计其费"[⑥],极尽奢华。正所谓:"延之而宇之,翼之而榭之。缭之而港之,规之而湖之。千嶂所环,岚暝喷薄。迤青远碧,紫幽逗深。吾所不能言者,工所不能画也。"[⑦]显然,这样的茔园是普通士庶无

---

① 舒岳祥:《阆风集》,《景印文渊阁四库全书》第 1187 册,台湾商务印书馆 1986 年版,第 436 页。
② 叶适撰,刘公纯等点校:《叶适集》卷 11《宋吏部侍郎邹公墓亭记》,中华书局 1961 年版,第 189 页。
③ 石介撰,陈植锷点校:《徂徕石先生文集》,中华书局 1984 年版,第 236 页。
④ 刘克庄:《后村集》,四部丛刊初编本。
⑤ 郑嘉励:《南宋的墓前祠堂》,载《浙江宋墓》,科学出版社 2009 年版,第 164—171 页。
⑥ 王十朋:《梅溪集》,《景印文渊阁四库全书》第 1151 册,台湾商务印书馆 1986 年版,第 268 页。
⑦ 方岳:《秋崖集》卷 36《在庵记》,《景印文渊阁四库全书》第 1182 册,台湾商务印书馆 1986 年版,第 586 页。

法营办的。

坟庵、坟寺。这是极具宋代特色的墓祭建筑,一般由僧道主持。尽管有学者指出,士大夫请赐坟寺的行为有着攫取经济利益的动机①,但是,利益因素却无法很好地解释一般士庶"其爵算有不得命为寺,则亦自筑精舍,选择一二(僧人)而处焉"②的大量事实。实际上,无论是向朝廷请赐坟寺,还是自建坟庵,其重要目的都是令僧人"日谨焚修,以资冥福"③,延续丧礼大做佛事的超度、祈福仪式。这也正是坟寺引发儒者聚讼的重要原因(详后)。

(三)墓祭背后的一般信仰世界

墓祭在宋代的流行与时人对坟墓的认知有关。虽然传统儒家理论认为神主是先人灵魂所在,但是,宋代士庶更倾向于将坟墓当作灵魂安居之所。从宋墓考古情况看,宋人不但在墓中置有麦穗形的魂瓶④,还往往凿有魂道以便合葬墓主魂灵相通⑤。如果死者未被及时安葬,那么灵魂将四处游荡、不得安息。南宋李石(生卒年不详)《方舟集》中有一则《冯氏三鬼求葬》的传说,记载了冯氏夫妻三人死后因无人安葬而暴棺于野,最后通过托梦求告儒者杨深得以俱礼而葬的故事。对此,作者评说道:

> 死而欲葬,鬼之情也;欲葬不得而巧自托以说其情,鬼之急也。……冯氏三丧不举,不记年,而举于吾友杨伯远之手,则鬼之用搜尤其巧者。⑥

故事里的冯氏三鬼为了求得入土的安宁,可谓用心良苦。为避免出现死者灵魂无所皈依的情况,宋人常对无法正常安葬的死者实行招魂葬。招魂葬的对象除阵亡将士外,还有坟墓无所追踪的先祖。如淳熙五年(1178),史浩(1106—1194)获赐家庙,得祀五世祖先。然而由于其五世祖系火葬而无坟墓,"遂诹吉壤,以图安措"⑦,置办棺椁衣冠、肖像灵柩,对其进行了招魂葬。其祝文中有这段话:

---

① 黄敏枝:《宋代的功德坟寺》,载氏著《宋代佛教社会经济史论集》,台湾学生书局1989年版,第241—300页。

② 韩元吉:《南涧甲乙稿》,卷15《崇福庵记》,中华书局1985年版,第285页。

③ 李纲:《李纲全集》,岳麓书社2004年版,第1275页。

④ 江西省文物管理委员会:《江西永新北宋刘沆墓发掘报告》,《考古》1964年第11期,第561—563页。

⑤ 张合荣:《黔北宋墓反映的丧葬心理与习俗》,《贵州文史丛刊》1998年第6期,第77—82页。

⑥ 李石:《方舟集》,《景印文渊阁四库全书》第1149册,台湾商务印书馆1986年版,第752页。

⑦ 史浩:《鄮峰真隐漫录》,《景印文渊阁四库全书》第1141册,台湾商务印书馆1986年版,第861页。

迎致英灵，归歆安处。祈招之辞，载之别楮。灵其来兮，旌旗掀与。
既宅斯藏，妥宁千古。祐我后人，益昌厥绪。蠲洁致告，奠兹有醑。惟
灵歆之，悉如辞语。①

这一案例说明，即便立有供奉神主的家庙，史浩仍然坚信坟墓在安顿祖
先灵魂上的作用，认为其祖先灵魂将借由招魂仪式而在墓庐中享受千古
安宁。

宋代相似的现象尚有冥婚。据《昨梦录》所记北方风俗，"男女年嫁娶，
未婚而死者，两家命媒互求"②，从而结成冥婚。冥婚仪式在男性死者墓前
举行，墓前设两座椅，各立一小幡作为灵魂依附之物，类似当时丧礼中的魂
帛。"奠毕，祝请男女相就，若合卺焉。其喜者，则二幡微动，以致相合。若
一不喜者，幡不为动且合也。"③若冥婚礼成，死者双方往往会被合葬，两家
随之结为亲家。当然，如果仪式进展得不顺利，死者便极可能化为祟鬼（男
祥女祥），为害家人。可见，举办冥婚的重要目的是安顿亡魂、驱除鬼祟。

上述例证说明，在宋人的一般知识、思想与信仰世界中，亡魂依附于坟
墓，其安宁与否与坟墓的状况密切相关。一方面，妥善安葬死者、营造并维
护坟墓才能为死者灵魂提供住所；另一方面，关乎死者灵魂安宁的仪式活动
必须在墓上举行才被认为有效。正是在这种语境下，宋人不但重视坟墓及
茔园的营建与维护，坚持重大节日的墓祭活动，还将许多本应在家庙进行的
参告、祭拜活动转移至坟墓。显然，这些思想与行为与传统儒家产生了
冲突。

二、墓祭与家祭内在矛盾的揭示

面对当时盛行的墓祭风俗与信仰，宋儒的首要关切是辨析墓祭是否符
合古礼。这不但需要礼学考证与历史梳理，还需要在礼义上格致鬼神之理，
以辨明墓祭是否违背古礼之义。这一学术工作始于程颐，而集成于胡寅、张
栻所代表的湖湘学派。不过在朱熹看来，这种学术研究对家礼的传播与实
践并无益处，恢复儒家三代礼治社会需要重视"人情"的因素，讲求策略，循
序渐进。

---

① 史浩：《鄮峰真隐漫录》，《景印文渊阁四库全书》第 1141 册，台湾商务印书馆 1986 年版，第 861 页。
② 康誉之：《昨梦录》，新文丰出版公司 1986 年版，第 656 页。
③ 康誉之：《昨梦录》，新文丰出版公司 1986 年版，第 656 页。

（一）古不墓祭的历史考证

自东汉蔡邕（132—192）提出"古不墓祭"的说法以来，魏晋学者杨泉（生卒年未详），隋朝大儒王通（584—617），唐代儒者韩愈（768—824）、李翱（772—841）等纷纷附会，都曾明确表达过赞同该说的意见。到宋代，这一说法虽仍是学者思考墓祭问题的起点，但思维范式已发生根本变化。面对墓祭习俗，宋儒所持态度十分严谨，或可称作"以礼论俗"。其特点是以经典为据，通过文献考证爬梳墓祭起源问题，以期论定该习俗合礼与否。在这方面，程颐（1033—1107）堪为表率，其议论道：

> 嘉礼不野合，野合则秕稗也。故生不野合，则死不墓祭。盖燕飨祭祀，乃宫室中事。后世习俗废礼，有踏青，藉草饮食，故墓亦有祭。如《礼》望墓为坛，并墓人为墓祭之尸，亦有时为之，非经礼也。①

所谓"嘉礼不野合"，出自杜预对《左传·庄公二十三年》经文"公及齐侯遇于穀，萧叔朝公"的注解，意在讽刺附属国在郊野之地行朝会之礼的行为。程颐认为，古礼的燕飨、祭祀等仪式活动都是在宫室中举行，否则便是亵渎（秕稗即表轻贱之义）大礼。由于后来有踏青、野餐等风俗，所以才开始出现在野外坟冢行墓祭的现象。他坚持说，即便《礼记》《周礼》之中都有墓祭的相关记载，却绝非古礼，仅为后世流俗。在这里，其裁断墓祭现象是否合礼的终极依据乃是《仪礼》（经礼、礼经）。因此，程颐斩钉截铁地说："礼经中既不说墓祭，即是无墓祭之文也。"②

围绕"古不墓祭"的命题，宋儒展开了考证与争论。刘恕（1032—1078）与胡宏（1102—1161）从"舜禹南巡，崩不返葬"的历史记载出发，认为上古并无对坟墓的特殊尊崇，墓祭是秦汉以下才出现的鄙俚民俗，其"违经弃礼，远事尸柩，难以语乎理矣"③。赵彦卫（生卒年不详）从《左传》"嘉礼不野合"的考证出发，批判程颐曲解经传，以《周礼》冢人之文证明墓祭合乎古礼的事实④。其他反对"古不墓祭"说的学者亦多以《周礼》为据。由于正反两方都

---

① 程颢、程颐著，王孝鱼点校：《二程集》，中华书局 2004 年版，第 6 页。又见卫湜：《礼记集说》卷49，国家图书馆出版社 2003 年据国家图书馆藏宋嘉熙四年(1240)新定郡斋刻本影印。文字稍异。
② 程颢、程颐著，王孝鱼点校：《二程集》，中华书局 2004 年版，第 6 页。
③ 胡宏：《五峰集》卷4《舜禹崩葬》，《景印文渊阁四库全书》第 1137 册，台湾商务印书馆 1986 年版，第 196 页。
④ 赵彦卫撰，傅根清点校：《云麓漫钞》卷6，中华书局 1996 年版，第 103、104 页。

能够从经典中找到依据,墓祭起源问题成为学者聚讼之处,绵亘至今。

(二)不可墓祭的理学依据

所谓"礼者,理也",在宋儒看来,"古不墓祭"不但是一个历史事实的考证问题,还是一个涉及儒家鬼神观念的思辨课题。以理学思辨批判墓祭者,如大儒胡寅(1098—1156):

> 予考诸礼,庙以存神,墓藏体魄,神伸魄死,圣人达之。故古者有庙享,无墓祭。而后世道晦礼失,以寒食拜扫为达孝之典常。先儒因谓礼虽未之有,亦同乎俗,而不害于理。此说将以诱夫不知追远者耳,非经礼也。①

这段引文明确指出,墓祭之所以与古礼相违,其根本原因在于传统儒家的魂魄二元论。这种理论认为,人死后魂魄发生了分化,灵魂依附于神主而安顿在家庙,体魄则藏乎坟墓。由于"神伸魄死",祭祀安藏体魄的坟墓并无感格灵魂以致歆享的可能。于是,胡寅进一步批判了以二程为代表的"墓祭不害义理"的说法,要求对这一俚俗彻底加以禁断。

相似的观点来自南宋大儒张栻。乾道四年(1168),朱熹(1130—1200)编成《祭仪》,将墓祭之礼纳入书中②。不过,当他将书稿寄给好友张栻(1133—1180)时,遭到后者的激烈反对:

> 古者不墓祭,非有所略也。盖知鬼神之情状,不可以墓祭也。神主在庙,而墓以藏体魄。体魄之藏而祭也,于义何居,而乌乎飨乎?若知其理之不可行,而徇私情以强为之,是以伪事其先也。若不知其不可行,则不知也。人主缘陵之礼始于汉明帝,蔡邕盖称之,以为盛事。某则以为,与原庙何异?情非不笃也,而不知礼。不知礼而徒徇乎情,则隳废天则,非孝子所以事其先者也。某谓时节展省,当俯伏拜跪,号哭洒扫。省视而设席,陈馔以祭后土于墓左可也。③

这段议论继承胡寅而来,行文激切。在作者看来,由于缺乏"理"的基

---

① 胡寅撰,容肇祖点校:《斐然集》卷21《会享亭记》,中华书局1993年版,第445页。
② 陈来:《朱子书信编年考证》,生活·读书·新知三联书店2007年版,第49页。
③ 张栻撰、朱熹编:《南轩集》卷20《答朱元晦秘书》,《景印文渊阁四库全书》第1167册,台湾商务印书馆1986年版,第585、586页。

础,墓祭祖先既不可能,也不必要。如果不明鬼神魂魄之理而随俗墓祭,则未谙先圣大道,是不智;如果徇于私情而逆理为之,则是"伪事其先",是不诚。不智不诚,岂是儒者作为? 在此,"理"("礼,理也")与"情"之间产生了激烈矛盾。墓祭不但被斥为溺于情欲的非礼行为,还是"隳废天则"的不孝行径。

(三)墓祭风俗中的佛教色彩

墓祭风俗往往与佛教信仰关系密切。在宋代,墓祭建筑中不乏僧人主持的坟庵、坟寺,其修造、请赐的重要原因之一便是以礼佛成就孝道。这一现象早已引起儒家士大夫的关注,有些儒者,如欧阳修(1007—1072),便明确表达了反对意见。按例,官至两府者都有向朝廷请赐坟寺的特权,但是欧阳修却因"素恶释氏,久而不请"①,后在韩琦(1008—1075)的劝说下才请赐一座道观作为本家坟寺。

除朝廷赏赐的高规格坟寺,由自家出资修建的祠堂、庵舍往往也与佛教关系密切。例如,杨时(1053—1135)《白云庵记》称:"(廖氏)结屋数楹,杂莳松桂,间以奇花异卉,以为岁时展省少休之地。未几而先君殁,既襄事,乃因其旧而扩之,作慕堂以奉其像真,佛其旁,命僧正持居之。"②李纲(1083—1140)《报德庵芝草记》称:"邓纯彦昆弟相与筑庵于先运使公新坟,使释氏之徒焚修以资冥福,予为名之曰'报德庵'。"③楼钥(1137—1213)《长汀庵记》:"别为屋数楹于外……已戒僧徒日谨焚修,以资冥福。"④方逢辰(1221—1291)《思堂记》称:"(余氏)于院左辟一室,曰'思堂',为奉先之所,俾院僧主之。春秋设馔外,每岁孟春,则轮差子孙,同院僧遍诣余氏之先茔,所诵佛经,以代俎豆展省之礼。是举也,余氏有孙曰振玉者,出家于本院,实纲维是,此报本反始之心欤!"⑤

可见,令僧人主持坟庵的目的并不仅仅是维护墓葬的清洁与安全,更是寄希望于僧人的日夜焚修以增加亡者的福报。从《思堂记》所记琅溪余氏的例子来看,佛教信徒完全可以将本已非礼的寒食展省之礼也废置不用,改为诵读佛经,甚至令子孙出家于坟庵以尽"孝道"。这种极端做法显然已经威

① 曾敏行撰,朱杰人点校:《独醒杂志》卷2,上海古籍出版社1986年版,第12页。
② 杨时:《龟山集》卷24《白云庵记》,《景印文渊阁四库全书》第1125册,台湾商务印书馆1986年版,第339页。
③ 李纲:《李纲全集》卷132《报德庵芝草记》,岳麓书社2004年版,第1275页。
④ 楼钥:《攻媿集》卷60《长汀庵记》,《四部丛刊初编》第187册,上海书店1989年版。
⑤ 方逢辰:《蛟峰文集》卷5《思堂记》,《景印文渊阁四库全书》第1187册,台湾商务印书馆1986年版,第543页。

胁到儒家祭礼，无怪乎车若水疾呼："自先王之礼不行，人心放恣，被释氏乘虚而入，而冠礼、丧礼、葬礼、祭礼皆被他将蛮夷之法来夺了。"[1]

三、朱熹的观点与张栻的转变

作为理学大师，朱熹对墓祭自有一番见解。他认为，《周礼》冢人之职所说"墓祭为尸"并非指墓祭而言，更可能是祭后土之礼[2]。因此，他倾向于肯定"古不墓祭"之说。但是，朱熹并未因历史事实的考证而主张废除墓祭之礼。事实上，朱熹不但随俗墓祭[3]，还屡次肯定弟子的墓祭行为[4]。乾道四年(1168)，朱熹(1130—1200)完成《祭仪》初稿，便将墓祭之礼纳入书中[5]。

面对张栻的尖锐批评(见前文)，朱熹的答复是："此二事初亦致疑，但见二先生皆有随俗墓祭、不害义理之说，故不敢轻废。"[6]面对激烈质疑，朱熹托二程之见作答，言辞简略，似有回避之意。但若将该信笺所示问题(墓祭与节祠)综合考虑，便不难发现朱熹的思考超越既往的考据与思辨，进入一种讲求礼仪复兴策略的新境界：

> 世俗之情，至于是日不能不思其祖考，而复以其物享之。虽非礼之正，然亦人情之不能已者，但不当专用此而废四时之正礼耳。故前日之意，以为既有正祭，则存此似亦无害。今承诲谕以为黩而不敬，此诚中其病。然欲遂废之，则恐感时触物，思慕之心，又无以自止，殊觉不易处。且古人不祭则不敢以燕，况今于此俗节既已据经而废祭，而生者则饮食宴乐随俗自如，殆非事死如事生、事亡如事存之意也。必尽废之然后可，又恐初无害于义理，而特然废之，不惟徒骇俗听，亦恐不能行远。则是已废之祭，拘于定制，不复能举，而燕饮节物渐于流俗，有时而自如也。此于天理亦岂得为安乎?[7]

① 车若水：《脚气集》卷下，中华书局 1991 年据宝颜堂秘笈本排印，第 25 页。
② 黎靖德编，王星贤点校：《朱子语类》卷 90《礼七·祭》，中华书局 1986 年版，第 2321 页。
③ 朱熹撰，刘永翔、朱幼文校点：《晦庵先生朱文公集》卷 86《墓祭文》《又墓祭文》，朱杰人主编《朱子全书》第 24 册，上海古籍出版社、安徽教育出版社 2002 年版，第 4058 页。
④ 朱熹撰，刘永翔、朱幼文校点：《晦庵先生朱文公集》卷 57《答李尧卿》、卷 62《答王晋辅》，朱杰人主编《朱子全书》第 23 册，上海古籍出版社、安徽教育出版社 2002 年版，第 2705、2999 页。
⑤ 陈来：《朱子书信编年考证》，生活·读书·新知三联书店 2007 年版，第 49 页。
⑥ 朱熹撰，刘永翔、朱幼文校点：《晦庵先生朱文公集》卷 30《答张钦夫》，朱杰人主编《朱子全书》第 21 册，上海古籍出版社、安徽教育出版社 2002 年版，第 1325 页。
⑦ 朱熹撰，刘永翔、朱幼文校点：《晦庵先生朱文公集》卷 30《答张钦夫》，朱杰人主编《朱子全书》第 21 册，上海古籍出版社、安徽教育出版社 2002 年版，第 1325 页。

在此,朱熹诚挚道出了自己的困惑与为难,并委婉表达了意见:其一,于寒食、时节感念先人属于人的自然情感,沛然如水,莫之能御,禁断废除将有违人情;其二,墓祭、节祠虽非古礼之文,却合乎古礼"事死如事生""事亡如事存"的礼义;其三,从制礼角度看,只要存有古礼四时正祭,那么墓祭、节祠便无大害处;其四,"据经而废祭"将影响《祭仪》的传播流行,无助于复兴古礼。可见,面对墓祭问题,朱熹的思考已然超越事实层面的考证与观念层次的思辨,进入了如何实现儒家礼乐文明全面复兴的理想与实践中。在他看来,如果完全不考虑"情"的因素,不但有失圣人制礼之本意,还将不利于礼的复兴与实践。因此,朱熹才自信满满地说:"正使圣人复起,其于今日之议亦必有所处矣。"①

虽然经过朱熹开释,张栻却并未立即放弃自己的主张。在给吕祖谦的信中,他仍不无犹豫地说:"但墓祭一段鄙意终不安,寻常到山间只是顿颡哭,洒扫而已。"②后来,张栻对墓祭的态度发生了转变,其《省墓祭文》揭示了这一转变的过程与原因:

> 某往者惟念古不墓祭之义,每来展省,号哭于前,不敢用世俗之礼。以行其所不安,而其中心终有所未满者。近读《周官》有"祭于墓为尸"之文,乃始悚然。深惟先王之意,存世俗之礼,所以缘人情之不忍。而使之立尸以享,所以明鬼神之义,盖其处之者精矣。今兹用是敬,体此意,为位于亭。具酒肴之荐,以写其追慕之诚。惟事之始,不敢不告。俯伏流涕,不知所云。惟考妣之神,实鉴临之。③

从这篇特别的祭文我们发现,张栻的转变并非朱熹说服的结果,而是出于自身的所学所思。对他来说,只有在经典中找到理据,才能随俗墓祭。否则,不论抗拒流俗带来何种痛苦,也要忠于儒经、笃守师说。因此,当他发现《周礼》中有关墓祭的文字时不觉悚然开悟。对张栻而言,《周礼》经文不但证明成周盛时墓祭习俗的实然存在,还为墓祭提供了一种义理层面的说明。其关键在于对"立尸"的解读。张栻强调,"其必立之尸者,乃亦所以致其精

---

① 朱熹撰,刘永翔、朱幼文校点:《晦庵先生朱文公集》卷30《答张钦夫》,朱杰人主编《朱子全书》第21册,上海古籍出版社、安徽教育出版社2002年版,第1325页。
② 张栻:《南轩集》卷25《寄吕伯恭》,《景印文渊阁四库全书》第1167册,台湾商务印书馆1986年版,第624页。
③ 张栻:《南轩集》卷44《省墓祭文》,《景印文渊阁四库全书》第1167册,台湾商务印书馆1986年版,第777、778页。

神而示飨之者,非体魄之谓"①。这是说,因为坟墓并非神魂所在之处,所以唯有立尸以祭,才能保证祖先的来格与歆享。显然,这种解读既坚持了儒家鬼神观,又为墓祭提供了难得的理据,直接促成了张栻的转变。

如果说朱熹重"情",超然于"古不墓祭"的考证与思辨,而更多着眼于儒家礼仪的复兴与实践,那么,张栻则重"理",念念不忘对鬼神魂魄之理的格致与思辨。虽然进路不同,但两人的墓祭观殊途同归。这说明,理学有能力在其理论与价值系统中妥善安措墓祭现象,以实现古礼与时俗的对接。

四、宋代礼书中的墓祭仪式

张栻的转变已然证明墓祭的"合理",朱熹的陈说又申明了墓祭的"合情",这便从根本上扫清了墓祭入礼的障碍。当然,这项工作并非没有先例,《大唐开元礼》、郑正则《祠享仪》、周元阳《祭录》、徐润《家祭仪》等唐代礼典与私撰家礼著作中都载有拜扫之礼。在宋代,孙日用《孙氏仲享仪》与许洞《训俗书》是较早的载有墓祭仪式的著作。据说,前者有寒食"遣子弟亲仆奠献"②的仪文,后者则"撰述庙祭、冠笄之礼,而拜扫附于末"③。惜乎两部著作均已散佚,其仪式细节不得而知。尚可窥得一二者,如张载(1020—1077)《横渠张氏祭礼》、吕大防(1027—1097)《吕氏家祭礼》。程颐曾就两书墓祭之礼评论道:

> 张横渠于墓祭合一,分食而祭之,故告墓之文有曰"奔走荆棘,淆乱杯盘之列"之语,此亦未尽也。如献尸则可合而为一,鬼神如何可合而为一?④
>
> 横渠墓祭为一位,恐难推同几之义。同几唯设一位祭之,谓夫妇同牢而祭也。吕氏定一岁,疏数之节,有所不及,恐未合人情。一本作吕氏成时失之疏。雨露既濡,霜露既降,皆有所感。若四时之祭有所未及,则不得契感之意。一本作疏则不契感之情。⑤

① 张栻:《南轩集》卷13《思终堂记》,《景印文渊阁四库全书》第1167册,台湾商务印书馆1986年版,第553页。
② 陈元靓:《岁时广记》卷16《遣奠献》,《续修四库全书》第885册,上海古籍出版社2002年据复旦大学图书馆藏清光绪十万卷楼丛书本影印,第266页。
③ 脱脱:《宋史》卷204《艺文志》,中华书局1977年版,第5133页。
④ 程颢、程颐著,王孝鱼点校:《二程集》,中华书局2004年版,第6页。
⑤ 程颢、程颐,王孝鱼点校:《二程集》,中华书局2004年版,第51页。

由此可知,张载的墓祭活动特点是设席于一处而合祭诸坟。这种做法比《开元礼》所采取的分祭之礼更加简便。然而,程颐却认为其既缺乏义理基础,又没有经典依据。至于《吕氏家祭礼》,程颐说其墓祭之法是一岁一祭,显得过于稀疏,不合孝子四时感念之心。

关于《吕氏家祭礼》,尚可辑得佚文一条。据陈元靓《岁时广记》卷十六《遣奠献》条转引:"《吕氏家祭仪》云:'凡寒食展墓,有荐一献,守官者遣其子弟行。'"①可见,该书一岁一次的墓祭活动是在寒食节进行,仪式仅行一献之礼,较《开元礼》的三献仪式要简略。

至南宋,吕祖谦《家范》虽然也有寒食上墓的相关仪文,但是颇为简略,只是提醒家众在十月时便要"检校墙围享亭,如有损阙,随事修整"②。相比之下,朱熹《家礼》的墓祭仪文更为详尽,其仪式过程大体可分为洒扫、墓祭、祭后土三个环节。

洒扫。这既是墓祭的准备环节,又是颇为程式化的独立仪式。《家礼》并未采用寒食作为行礼时间,而是要求在三月上旬择日行礼。行礼的前一日,家众须斋戒以存诚敬。用于墓祭的祭品与时祭相同,另须鱼、肉、米、面食各一大盘以祭祀后土。洒扫仪式于清晨举行,主人穿深衣帅执事者至坟上参拜。再拜之后环绕坟茔瞻省三周,拔除杂草荆棘,而后回到原位再拜。

墓祭。洒扫之后,在墓前布置新席一张,按家祭次序陈设馔食。参神、降神、初献都仿照家祭进行,只是祝辞有所变化:"某亲某官府君之墓,气序流易,雨露既濡。瞻扫封茔,不胜感慕。"③亚献、终献之后,辞神乃撤。

祭后土。此礼虽在最后,却极为重要。朱熹曾特别叮嘱儿子说:"比见墓祭土神之礼全然灭裂,吾甚惧焉。既为先公托体山林,而祀其主者岂可如此。今后可与墓前一样,菜果、鲊脯、饭、茶汤各一器,以尽吾宁亲事神之意,勿令其有隆杀。"④《家礼》中的祭后土仪节与此相似:将鱼、肉、米、面四个大盘置于席子南端,设盘盏匙箸于其北。降神、参神之后行三献之礼。祝辞须调整为:"某官姓名,敢昭告于后土氏之神。某恭修岁事于某亲某官府君之

① 陈元靓:《岁时广记》卷16《遣奠献》,《续修四库全书》第885册,上海古籍出版社2002年据复旦大学图书馆藏清光绪十万卷楼丛书本影印,第266页。
② 吕祖谦撰,黄灵庚、吴战垒点校:《东莱吕太史别集》卷1《家范一》,《吕祖谦全集》第1册,浙江古籍出版社2008年版,第300页。
③ 朱熹:《家礼》卷5,《中华再造善本》一编,北京图书馆出版社2004年据中国国家图书馆藏宋刻本影印。
④ 《家礼》杨复注,载杨复、刘垓孙:《文公家礼集注》卷10,北京图书馆出版社2005年据国家图书馆藏元刻本影印。

墓，惟时保佑，实赖神休，敢以酒馔，敬伸奠献，尚飨！"①

《家礼》的墓祭仪式有两点鲜明特色：其一，仪文仿照家祭而制，斋戒、布席陈馔、参神降神、三献之礼都"如家祭之仪"②；其二，"简于四时之祭"，祭祀规格较四时祭有所降杀，表现为墓祭的主祭者并未盛服行礼，而是穿着了较为便宜的深衣。通过这种形式，《家礼》实际形成了以古礼四时祭为骨干，兼容节祠与墓祭并有所降杀的祭礼体系，对后世祭礼影响深远。

五、墓祭礼中的情、礼/理之辨

"礼"与"情"是礼学中的基本范畴。为了肯定"礼"在日常生活中的合理性，建构合乎儒家伦理的社会秩序，儒家一方面将制礼过程视为圣王对于人情的体察、安置过程，所谓"礼义文理之所以养情也"（《荀子·礼论》）；另一方面肯定礼教对于人情的节制作用，所谓"夫礼，先王以承天之道，以治人之情"（《礼记·礼运》）。于是，"礼"与"情"之间始终含有一种张力，并化作礼制变革的内在动力。每当改革者指摘当前礼乐制度的弊病时，往往以"不合人情"为据；每当守礼者为维护古礼而力争时，常常以"溺于人情"为说。

至宋代，这种观念被新的学术话语重构。由于视"礼"为"天理之节文"③，宋儒视域下的"礼"与"情"的关系已经转化为"理"与"情"的矛盾，具有鲜明的时代特色。在朱熹等道学家看来，"存天理，灭人欲"是修养功夫的大节目，对于不合于理的情欲应当时刻保持警醒（"常惺惺"）。因此，宋儒在撰述家礼过程中对"人情"的肯定绝非无原则、无边界，唯有符合儒家伦理价值规范的人情才可能被包容，否则或遭反对、批判，或被有意忽略，或被创造性转化。

如前所述，宋代墓祭建筑中不乏僧人主持的坟庵、坟寺，其修造、请赐的重要原因之一便是礼佛奉先，以全孝子思亲之情。由于染有异端色彩，这一现象引起了儒家士大夫的警惕，有些儒者明确表达了反对意见，如欧阳修（1007—1072）。按例，官至两府者都有向朝廷请赐坟寺的特权，但是他却因"素恶释氏，久而不请"④，后在韩琦（1008—1075）的劝说下才请赐一座道观作为本家坟寺。比起欧阳修的情绪化反应，司马光（1019—1086）的分析更

---

① 朱熹：《家礼》卷5，《中华再造善本》一编，北京图书馆出版社2004年据中国国家图书馆藏宋刻本影印。
② 朱熹：《家礼》卷5，《中华再造善本》一编，北京图书馆出版社2004年据中国国家图书馆藏宋刻本影印。
③ 朱熹：《四书章句集注》，中华书局2012年版，第133页。
④ 曾敏行撰，朱杰人点校：《独醒杂志》卷2，上海古籍出版社1986年版，第12页。

为理性：

> 凡臣僚之家无人守坟，乃于坟侧置寺，啖以微利，使之守护种植而已。至于国家守卫山陵，有司备具，置寺之处何较近远。若云资荐求福，则死生之际，人不能知，释氏所言，虚实难验。使亡者冥然无知，则资荐之事有何所益。果然有知，如释氏所言，则仁宗皇帝宽慈恭俭，好生恶杀，恩浃四海，泽被万物，岂待别置一寺，更度数僧，然后得生天堂乐处也。[①]

引文指出坟寺有两方面作用：一方面是守护坟墓、种花植树的工具性作用，另一方面是超度亡魂、广求冥福的信仰性功能。对崩逝的仁宗皇帝来说，陵墓已有守陵人守护固不待言，至于所谓冥福，司马光认为即便是有，以仁宗的仁德作风也不需凭借超度才可升天。

在实践中，儒家士大夫往往有意忽略坟庵、坟寺的信仰功能，倾向于从"守护种植"的工具性角度表彰孝子之情，将其化为儒家孝道的表现。这种事例在其为新造坟庵、坟寺所写的记文中不胜枚举。儒者或是引《诗经·蓼莪》之诗以表达对父母养育之恩的追怀，或是以《孟子》"大孝终身慕父母"之说强调追思先人的正当性，文字中充溢着理学意味的说教。有趣的是，在这类文章中，守庵僧人不是被刻画为"颇知书，识理道"[②]的得道高士，就是被书写为"身在曹营心在汉"，不忘父母养育之恩的至孝僧侣。许多明显带有佛教色彩的行为也被曲折解读为孝行，从而整合入儒家价值系统。例如，琅溪余氏建立"思堂"作为家族墓地的祭祀之所，请僧人主持。为求取冥福，余氏家族不但以诵佛经替代俎豆、展省之礼，还准许子孙在坟庵中出家。对此，方逢辰（1221—1291）评说道：

> 是举也，余氏有孙曰振玉者，出家于本院，实纲维是，此报本反始之心欤。厥孙洙请余记其本末。余惟义理之教，行于尧舜三代之时；祸福之说，兴于石姚之世。天下治少乱多，家之贫富不常，子孙之贤不肖不齐。是以尧舜三代之所宗主者有兴有废，而石姚之所兴起者则有兴而

---

① 司马光：《温国文正司马公文集》卷 28《永昭陵寺劄子》，《四部丛刊初编》第 139 册，上海书店 1989 年版。

② 刘宰：《漫塘集》卷 23《白云精舍记》，《景印文渊阁四库全书》第 1170 册，台湾商务印书馆 1986 年版，第 610 页。

无废。于是孝子顺孙欲报其先者，悉托诸石姚之所教者焉。盖祸福之说可行于乱世。庶彼之教不废，则吾之祠堂亦可托之而不坠焉尔。若振玉为浮屠氏，而有孝弟心，此则尤可书者。[①]

吊诡的是，身为理学名家的方逢辰并未对上述佞佛现象大加挞伐，而是讲出一套精致理论，试图将佞佛行为转化为一种合乎儒家孝道的做法。在这套理论中，"义理之教"指儒家纲常伦理的教化方法，"祸福之说"指佛教因果报应的宗教信仰。前者盛行于尧舜之时，后者兴起于衰乱之世。由于历史上总是治世少、乱世多，赖于治世才能推行的"义理之教"往往无法保持连贯性。一旦遇到家景炎凉之时、子孙不肖之事，祖先坟墓的维护与祭祀将无法维持。因此，子孙的奉先愿景唯有托付佛教方能庶乎久远。在这里，佛教被视为子孙侍奉先人坟墓、祭祀的工具，最终服务于儒家孜孜以求的孝道精神。

这个例子说明，宋儒的家礼实践对"不害义理"的人情具有高度包容性。即便这些民间仪式杂有异端成分，只要顺于孝子的爱敬之情，合于儒家的孝悌之理，也可以被接受乃至褒奖。或许这就是朱熹在母丧时大作佛事的原因吧。

本章小结

礼制现状是儒家礼仪实践的基本出发点。在宋代，墓祭习俗的风行与家祭之制的衰微并存，此消彼长之间，古礼已系于苞桑。为整饬祭礼以完"慎终追远"之义，儒家士大夫展开了以考礼、论礼、制礼、行礼为形式的礼学实践活动。在这一过程中，儒者的努力不仅体现为对于传统家祭之礼的重构，还体现为对墓祭之礼的积极规范。两者之兼存塑造了家祭、墓祭并重的双重礼仪格局。

从宗教学角度看，宋元时期的家祭、墓祭都已形成富于神圣感的祭祀对象。在道学家的设计中，无论木主还是兆域都存乎阴阳之数、气化之理，兼具"物理之学"与"义理之学"的特点。这种将自然之"理"与人伦之"理"打通，并凝萃于物的做法无疑提升了器物的神圣性。此外，神圣性还通过层层

---

① 方逢辰：《蛟峰文集》卷5《思堂记》，《景印文渊阁四库全书》第1187册，台湾商务印书馆1986年版，第543页。

嵌套的保存方式、重复繁杂的仪式过程得到提升。从结构上看,圣物外在的包裹越多、层次越多,就越显珍贵、神圣。从仪式来看,圣物被移动、变造的次数越多,相关仪式神圣性越强,祭祀规格越高。

墓祭的礼仪空间、仪式过程有"家庙化""祠堂化"的倾向。从宋元时期的兆域图来看,儒家对于家族墓地排列的要求与神主在家庙、祠堂中的排列方式越来越接近。人们希望恢复《周礼》昭穆葬的制度,确定"昭常为昭,穆常为穆"的行辈伦理。从祭祀角度来说,这种排列方式酷似禘、祫合食之礼,可以突破家祭对于祭祀祖先代数的限制,进行最大限度的合宗睦族。另一方面,宋代墓祭的仪式过程与唐代"拜扫"之仪已有明显不同。这种将墓祭"家祭化"的倾向或许说明,宋儒已处于突破官方礼制的边界,寻求某种更大范围的祭祀。

值得注意的是,宋代祭礼著作经常在礼学与礼制间徘徊,时而表现出制礼作乐的豪情,时而陷入欲言又止的惶恐。所谓"礼制",指的是作为国家法律、典章制度的"礼";所谓"礼学",指的是作为学术形态、伦理规范、宗教信仰的"礼"。两者在中国传统社会既相区别,又有联系;时而疏离,时而紧密。就11、12世纪而言,官方礼制与士大夫礼学处于互动过程中,表现出一定程度的疏离。一面是礼制下移、更革不断,另一面却是批判质疑、议礼如讼;一面是官方礼典的不断编纂,另一面却是私撰礼书盛行于民间。由于士大夫礼学缺乏国家权力作为合法性保障,只能从文献传承、学术考证、义理思辨、人生信仰等方面塑造自身的神圣性。直到13世纪,士大夫礼学已经形成比较成熟的传统,拥有独立的经典文本、研究范式、实践场域,开始以强势话语塑造官方礼制。至此,士大夫的制作早已不需要国家礼典的认可,朝廷能做的只是将这些"经典化",进而追认合法性而已。

礼行编

第八章 "朱子授礼"的历史考察

在宋代道学的历史上,朱熹堪称集大成的学者;在四礼学的历史脉络中,《家礼》既是集成之作,又是典范之作。一般认为,《家礼》的学术地位和指导意义确立于明初,主要受政治因素的影响。在这种观念影响下,学界热衷于谈论《家礼》之前的历史,忽略《家礼》重现之后的脉络。具体说,从朱子易簀(庆元六年,1200)到明洪武元年(1368)诏令民间嫁娶一准《家礼》,超过一个半世纪的四礼学很少受关注。这种"断裂"并非由历史本身造成的"本体断裂",而是来自研究不足造成的"认知断裂"。因此,本编以《家礼》为中心,探讨13世纪四礼学的理论与实践问题。

"朱子礼学"不等于"朱熹的礼学"。它与其说是朱熹个人的学问,不如说是在继承司马光、程颐等人礼学成就的基础上,在与前辈、讲友、弟子论辩、讲习的过程中,由门人、后学整理、续写、传注、实践所取得的共同结果。如欲对朱子礼学进行更为深入的研究,必须打破"某人、某派、某思想"的思维定式,从以人物(学派)为中心的思想史研究跃入以学术群体为中心的思想史研究,细致考证、分析以朱熹为中心的礼学学者社群。

在这方面,朱彝尊(1629—1709)可视作先驱,氏著《经义考》卷二百八十五有"朱子授礼弟子"一节,收刘爚、杨复等朱熹弟子60人。朱氏的研究备受后人批判,陈荣捷不止一次指出,《经义考》存在滥收、误收、漏收现象。如陈文蔚,"朱子曾评其以右手拽衫左袖口偏于一边,便以为授礼",而余正父"助朱子修礼书,《语类》问答与《文集》答书均言礼,明是礼学专家,而授礼弟子表竟无其名"[1]。陈氏所论皆中肯綮,可惜有关朱子门人的考证类研究非专为"朱子授礼"而发,虽对朱门礼学偶有涉及,目前尚未形成系统[2]。有鉴

---

[1] 陈荣捷:《朱子门人》,华东师范大学出版社2007年版,第14页。

[2] 相关研究如[日]田中谦二:《朱门弟子师事年考》,《东方学报》1973年第44卷,第147—218页;1975年第48卷,第261—357页;陈荣捷:《朱子门人》,华东师范大学出版社2007年版;高令印、高秀华:《朱子学通论》,厦门大学出版社2007年版;方彦寿:《朱熹书院与门人考》,华东师范大学出版社2000年版;陈国代:《朱子学关涉人物裒辑》,大众文艺出版社2008年版;许家星:《〈朱子门人〉补证》,《中国哲学史》2010年第4期,第71—79页;邓庆平:《朱子门人群体特征概述》,《中国哲学史》2012年第6期,第74—78页;石立善:《朱子门人丛考》,《湖南大学学报》(社会科学版)2014年第3期,第10—18页;徐公喜:《朱熹九江门人举例》,载黎华、胡青主编《中国书院论坛》第10辑,江西人民出版社2017年版,第161—171页。

于此,本章试图回归《经义考》的问题意识,以语类、文集为基础对授礼弟子群体作可靠考证,建立关系数据库,并利用社会网络分析(social network analysis)的方法分析授礼弟子群体的网络特征、集聚过程、空间扩散等问题,庶希深化对"朱子授礼"的认识。

第一节 "朱子授礼弟子"考

在朱子门人研究中,文集、语类是基本、可靠的文献资料。近来朱子学文献的整理取得了不少新成果。在文集方面,顾宏义《朱熹师友门人往还书札汇编》收录迄今所见之朱熹与他人往还书札 2950 余通,时间跨度从绍兴十七年(1147)到庆元六年(1200),涉及朝中公卿、师友故旧、乡亲门人等530 余人①。在语类方面,在通行本《朱子语类》(黎靖德编,王星贤点校,中华书局 1986 年版)之外,学界已重视朱熹语录、语类的编撰、刊刻问题,整理、出版了李道传所编的《朱子语录》("池录")②、黄士毅所编的徽州本《朱子语类》(古写徽州本)③,使朱熹语录、语类的编纂历史有迹可循。尤为重要的是,"池录""徽类"保存了不少记录的原始面貌,可以觅得不少通行本不载的问者、录者信息,为朱子门人的研究提供了宝贵线索。

以文集、语类为基础文献,可避免《经义考》界定"朱子授礼弟子"的主观性、随意性,划定研究对象与群体范围。作为本节研究对象的"朱子授礼弟子"至少应有以下五种情形之一:其一,问礼,即文集、语录中向朱熹问礼、论礼的弟子;其二,录礼,即语录、语类中记录朱熹讲礼的弟子;其三,编礼,即参与编写、续编《仪礼经传通解》的弟子;其四,撰礼,即曾撰述礼学相关著作的弟子;其五,行礼,即能够在家中、乡里、官任等不同场域践行礼学的弟子。

录朱子论礼者 R、非录者□,问朱子礼者(包括语录、文集)●、非问者○,参与《仪礼经传通解》编撰※。另按陈著体例标明身份,讲友△,()友人(非弟子,亦非讲友),* 有官职。以录者为中心,统计记录、同学、本人发问、同学发问等情况。非录者统计同学、本人提问情况。另外,以文集为中心,整理与朱熹往还书札中的问礼、论礼情况,以作补充。经考证,得到以朱熹为中心的礼学团体成员 154 人,其中朱子门人 120 人,列为"传礼弟子"而未

---

① 顾宏义:《朱熹师友门人往还书札汇编》,上海古籍出版社 2017 年版,第 1 页。

② 李道传编,徐时仪、潘牧天整理:《朱子语录》,上海古籍出版社 2016 年版。

③ 黄士毅编,徐时仪、杨艳点校:《朱子语类汇校》,上海古籍出版社 2014 年版。

习礼者3人,虽曾论礼而非弟子者31人。分述于下。

1.R○※＊吴必大(?—1197),字伯丰,兴国军(故治在今湖北阳新县)人,曾任吉水丞(庆元二年,1196年罢官),参修《仪礼经传通解》祭礼部分,且著《祭礼从宜》。《经义考》列为"朱子授《礼》弟子""朱子传《易》弟子""朱子授《诗》弟子"。录"戊申(淳熙十五年,1188)、乙酉(淳熙十六年,1189)所闻",在礼类者18条。同学万人杰(3次)。本人、同学发问情况不详。《晦庵文集》卷五十二《答吴伯丰》("长沙除命""熹始计不审""又闻摄事郡幕""熹前日奉书""编礼有绪"等)书,皆论《仪礼经传通解》祭礼部分编纂事宜。从学始于淳熙七年(1180)于南康军①。

2.R●黄义刚,字毅然,黄义勇弟,抚州临川县(今属江西)人。《经义考》列为"朱子授《礼》弟子""朱子传《易》弟子""朱子授《诗》弟子"。录"癸丑(绍熙四年,1193)以后所闻",在礼类者87条。同学胡安之(9次)、陈华(2次)、林用中(3次)、李唐咨(11次)、陈淳(9次)、黄榦(6次)、刘子寰(1次)、林夔孙(9次)、包扬(2次)、符叙(2次)、张以道(1次)、李闳祖(1次)、万人杰(1次),共13人。本人发问9次,同学中除万人杰外均有发问。其中,《语类》86三1.2.6问《周礼·篇章》,《语类》86三1.4.1问《周礼·地官》之教,《语类》86三1.7.2问《周礼·秋官》五服之制,《语类》86三1.8.2问《周礼·冬官·匠人》注侯国乡遂、都鄙之制,《语类》87四1.2.9问《礼记·曲礼》"年长以倍,则父事之",《语类》89六1.3.9问婚礼古礼实践难易,《语类》90七1.34问汉儒、今儒说庙制,《语类》90七1.42问井田等,《语类》90七1.112问祭礼代数、东坡小宗之论、中霤、腊祭等。黄录朱子语特色鲜明,有不同他录者处:

一、务于实用,意在行礼。举其大者,如问《周礼》诸条,所涉皆当时国家大政,事关国是,非专为考礼而发。举其小者,如问《礼记·曲礼》"年长以倍,则父事之":

> 义刚问:"'年长以倍则父事之',这也是同类则可行此礼否?"曰:"他也是说得年辈当如此。"又问:"如此则不必问德之高下,但一例如此否?"曰:"德也隐微难见。德行底人,人也自是笃敬他。"又问:"如此则不必问年之高下,但有德者皆笃敬之?"曰:"若是师他则又不同,若朋友

---

① 方彦寿:《朱熹书院与门人考》,华东师范大学出版社2000年版,第70页。

中德行底也是较笃敬也。"义刚。①

引文三问三答，环环相扣，生动如见其人。第一次问答并未溢出注疏范畴，朱熹所谓"说得年辈如此"即郑玄所谓"年二十于四十者"之意。黄义刚的第二问将此次问答提升到新高度，他所抛出的问题揭示了"德"与"齿"的矛盾，直接关系到日常礼仪行为：对年长的不德之人是否仍要"父事之"？对此，朱熹委婉开释，称有德者隐微难知，终获尊敬。黄义刚遂将其推至极端，问道：尊敬的标准是否在德不在齿？这无异于否定了《礼记》原文。不过从朱熹最后的回答来看，两人并未在礼文确否一事上纠缠，而是实事求是地探讨伦理实践问题。师徒关于礼的这段问答堪与孔子与子夏论《诗》相媲美。

二、气氛活跃，讨论热烈。其论《礼钥》，论婚礼践行难易，黄榦参与；论《周礼·地官·司徒》，陈淳、黄榦参与；问祭礼代数、东坡小宗之论、中霤、腊祭等，胡安之、陈华、张以道参与。录者、问者、听者互相讨论，气氛活泼。如论婚礼：

> 问："今有士人对俗人结姻，欲行昏礼，而彼俗人不从，却如何？"先生微笑，顾义刚久之，乃曰："这也是费力，只得宛转使人去与他商量。古礼也省径，人也何苦不行！"直卿曰："若古礼有甚难行者，也不必拘。如三周御轮，不成是硬要扛定轿子旋三匝！"先生亦笑而应。义刚曰："如俗礼若不大段害理者，些小不必尽去也得。"曰："是。"久之，云："古人也有不可晓。古人于男女之际甚严，却如何地亲迎乃用男子御车，但只令略偏些子？不知怎生地。"直卿举今人结发之说为笑。先生曰："若娶用结发，则结发从军，皆先用结了头发后，方与番人厮杀耶？"②

这段记述细描朱熹、黄义刚、黄榦三人论学时的语言、神态、动作、节奏，读来画面感极强。与前相似，此问亦就行礼而发，是朱熹与人反复讨论的难题。不过，在主题问答结束后，随即进入轻松、随性的讨论阶段，黄榦的生动譬喻与黄义刚的直陈义理相得益彰，最后以朱熹的幽默回答结束。

三、参与讨论，议论有据。据说，黄义刚"事文公最久，议论尤有根

① 黄士毅编，徐时仪、杨艳汇校：《朱子语类汇校》卷87《小戴礼·总论》，上海古籍出版社2014年版，第2261页。中华书局本《语类》无问者，文辞稍异。
② 黎靖德编，王星贤点校：《朱子语类》卷89《礼六·冠昏丧》，中华书局1986年版，第2274页。

据"①。如前论婚礼,说"如俗礼若不大段害理者,些小不必尽去也得",所论与朱熹相同,又如张以道问腊祭一节:

> 张以道问:"蜡便是腊否?"曰:"模样腊自是腊,蜡自是蜡。"义刚曰:"腊之名,至秦方有。"②

此段黄义刚代师回答,揭示腊祭乃晚出之礼,所谓"至秦方有"之说虽有不确,足见其对自身礼学的自信。并观引文数条,这种学术自信并非来自读礼、考礼后的精通,而是出于对朱子礼学的同情了解。"义刚录"中频次颇高的"先生笑曰"不正是最好的说明吗?

3. R●※＊叶贺孙(？—1234),字味道,温州(治今浙江省永嘉县)人,曾任朝奉郎、殿中省尚辇奉御、承议郎、著作佐郎、鄂州教授(1220)、屯田司郎官、太学博士、崇政殿说书、秘书省著作郎等职,参修《仪礼经传通解》。《经义考》列为"朱子授《礼》弟子""朱子传《易》弟子""朱子授《诗》弟子"。录"辛亥(绍熙二年,1191)以后所闻",在礼类者95条。同学14人:曹叔远(2次)、杨楫(1次)、徐寓(3次)、陈埴(2次)、黄榦(2次)、赵师夏(1次)、邓子礼(1次)、余正甫(2次)、廖德明(1次)、辅广(5次)、孙自修(1次)、陈淳(1次)、杨道夫(1次)、包扬(1次)。本人发问14次,同学中发问者9人:曹叔远(2次)、杨楫(1次)、徐寓(3次)、陈埴(2次)、黄榦(2次)、赵师夏(1次)、邓子礼(1次)、余正甫(2次)、廖德明(1次)。

问礼精深,考究细致。叶贺孙问礼14次:《语类》84—3.3(表示《朱子语类》卷84《礼一》第三论题《论修礼书》的第三条,资料后仿此)问立丧服今制,《语类》84—3.4问《礼书》(观朱熹答,当是问读礼书),《语类》84—3.6问《礼》书可读者,《语类》84—3.10问《仪礼经传通解》祭礼部分编纂等,《语类》87四1.1.13问《礼记》句读,《语类》87四1.8.8问七情,《语类》89六1.1.4问冠婚可行,《语类》89六1.4.7问丧服,《语类》89六1.4.45问禫祭,《语类》89六1.4.47问君临臣丧,《语类》90七1.48问家庙方位,《语类》91八1.8问衣冠服制,《语类》91八1.22问拜礼,《汇校》89 1.4.7与万人杰同问三年之丧。观其所问,多涉精深,引据注疏,颇见用功。《晦庵文集》卷五十八《答叶味道》("所喻既祔之后""祔说向尝细考")载朱熹答其问丧礼祔

① 童范俨修、陈庆龄纂:《(同治)临川县志》卷42下《人物志·儒林》,同治九年(1870)刻本。
② 黎靖德编,王星贤点校:《朱子语类》卷90《礼七·祭》,中华书局1986年版,第2317页。

与迁主事,涉及与陆九龄、钱君等人论祔事,乃朱熹论礼中一公案。同卷《答叶味道》("五服饮食")载师徒问答,所问丧礼数事,细致零碎,务于践履,非精于考礼者不能问。

观礼仔细,记录平实。《语类》本以录朱子语训为主,而"贺孙录"中却有数条以"先生"起句,记朱子行礼之事,很少录及语言。

> 先生以子丧,不举盛祭,就影堂前致荐,用深衣幅巾。荐毕,反丧服,哭奠于灵,至恸。贺孙。[1]

> 先生以长子大祥,先十日朝暮哭,诸子不赴酒食会。近祥则举家疏食,此日除祔。先生累日颜色忧戚。贺孙。[2]

> 先生殡其长子,诸生具香烛之奠。先生留寒泉殡所受吊,望见客至,必涕泣远接之;客去,必远送之。就寒泉庵西向殡。掘地深二尺,阔三四尺,内以火砖铺砌,用石灰重重遍涂之,棺木及外用土砖夹砌。将下棺,以食五味奠亡人,次子以下皆哭拜。诸客拜奠,次子代亡人答拜。盖兄死子幼,礼然也。贺孙。以下殡。[3]

> 先生葬长子葬仪:铭旌,埋铭,魂轿,柩止用紫盖。尽去繁文。埋铭石二片,各长四尺,阔二尺许,止记姓名岁月居里。刻讫,以字面相合,以铁束之,置于圹上。其圹用石,上盖厚一尺许,五六段横凑之,两旁及底五寸许。内外皆用石灰、杂炭末、细沙、黄泥筑之。贺孙。[4]

> 先生以岁前二十六夜祭先。云:"是家间从来如此。这又不是新安旧俗。某尝在新安间祭享,又不同。只都安排了,大男小女都不敢近。夜亦不举烛,只黑地,主祭一人自去烧香祷祝了。祭馔不撤,闭户以待来早,方撤。其祭不止一日,从二十六日连日只祭去。大纲如今俗所谓"唤福"。贺孙。[5]

> 先生为无后叔祖忌祭,未祭之前不见客。贺孙。[6]

绍熙二年(1191)一月,朱熹长子朱塾亡。朱熹为之治丧,至绍熙四年(1193)大祥。叶贺孙备载由殡、受吊、葬至大祥、祔的礼仪程序,叙述简练、

---

[1] 黎靖德编,王星贤点校:《朱子语类》卷89《礼六·冠昏丧》,中华书局1986年版,第2282页。

[2] 黎靖德编,王星贤点校:《朱子语类》卷89《礼六·冠昏丧》,中华书局1986年版,第2283页。

[3] 黎靖德编,王星贤点校:《朱子语类》卷89《礼六·冠昏丧》,中华书局1986年版,第2284页。

[4] 黎靖德编,王星贤点校:《朱子语类》卷89《礼六·冠昏丧》,中华书局1986年版,第2286页。

[5] 黎靖德编,王星贤点校:《朱子语类》卷90《礼七·祭》,中华书局1986年版,第2321页。

[6] 黎靖德编,王星贤点校:《朱子语类》卷90《礼七·祭》,中华书局1986年版,第2323页。

细致、平实,保存了朱熹在丧礼实践方面的材料。其录祭礼则涉及节祠、忌日,虽不成系统,却也随事记述,饱含爱礼存羊之意。

行礼诚敬,深明礼义。竹林精舍成,赞礼。《语类》卷九十:

> 新书院告成,明日欲祀先圣先师,古有释菜之礼,约而可行,遂检《五礼新仪》,令具其要者以呈。先生终日董役,夜归即与诸生斟酌礼仪。鸡鸣起,平明往书院,以厅事未备,就讲堂行礼。宣圣像居中,兖国公颜氏、郕侯曾氏、沂水侯孔氏、邹国公孟氏西向配北上。并纸牌子。濂溪周先生、东一。明道程先生、西一。伊川程先生、东二。康节邵先生、西二。司马温国文正公、东三。横渠张先生、西三。延平李先生、东四。从祀。亦纸牌子。并设于地。祭仪别录。祝文别录。先生为献官,命贺孙为赞,直卿、居甫分奠,叔蒙赞,敬之掌仪。堂狭地润,颇有失仪。但献官极其诚意,如或享之,邻曲长幼并来陪。礼毕,先生揖宾坐,宾再起,请先生就中位开讲。先生以坐中多年老,不敢居中位,再辞不获,诸生复请,遂就位,说为学之要。午饭后,集众宾饮,至暮散。贺孙。[1]

绍熙五年(1194)十二月,竹林精舍(后改名沧州精舍)成,朱熹率诸生祭告孔子。朱熹亲献,叶贺孙为赞;黄榦、徐寓分奠,蒋舒贤为赞。贺孙所录,主祭、所祭、祭所、祭仪等详细如前,尤可叹服者,叶贺孙以赞礼者的身份评礼、议礼,所论"诚"者,深得祭礼大义。

编礼有序,兼有家学。考叶贺孙曾编两部礼书:其一为《仪礼解》二卷,《世善堂藏书目录》《经义考》著录,《温州经籍志》曰:"南宋初治《仪礼》者莫如张忠父,文修为忠父之甥,其礼学当亦传之忠父者。"[2]则此书编撰与张淳之《仪礼》学甚相关,贺孙礼学亦非独宗朱子一家。其二为《祭法宗庙庙享郊祀外传》,较早见于《宋史》本传,考《语类》卷八十四贺孙问《祭礼》附《祭义》事,叶贺孙当负责编纂《仪礼经传通解》祭礼部分,此书之编当与此相关。

4. R●沈僩,字庄仲,温州永嘉县(今属浙江)人。《经义考》列为"朱子授《礼》弟子""朱子授《诗》弟子"。录"戊午(庆元四年,1198)以后所闻",在礼类者65条。同学8人:李闳祖(2次)、陈文蔚(1次)、胡泳(3次)、刘砺(2次)、"子约"(或为吕祖俭,1次)、黄卓(3次)、甘节(1次)、"简"(或是林易

① 黎靖德编,王星贤点校:《朱子语类》卷90《礼七·祭》,中华书局1986年版,第2296页。
② 孙诒让:《温州经籍志》卷4《经部》,《续修四库全书》第918册,上海古籍出版社1995年据上海辞书出版社图书馆藏民国十年(1921)浙江公立图书馆刻本影印,第192页。

简,1次)。本人发问2次:《语类》86三1.4.6问土圭之法,《语类》91八1.11问古今服制。同学中发问者5人:李闳祖(2次)、陈文蔚(1次)、胡泳(3次)、刘砺(2次)、"子约"(或为吕祖俭,1次)。观其所问,似非深于礼学者。

5.R○※＊李方子(1169—1226),字公晦,邵武光泽(今属福建)人,曾任泉州观察推官(1196—1206)、国子监录、辰州通判,助黄榦修《仪礼经传通解》。《经义考》列为"朱子授《礼》弟子""朱子传《易》弟子""朱子授《诗》弟子"。录"戊申(淳熙十五年,1188)以后所闻",在礼类者27条。同学8人:"黄丈"(1次)、万人杰(1次)、叶贺孙(1次)、程沙随(1次)、杨至(4次)、辅广(2次)、李辉(1次)、池从周(1次)。本人并未发问,同学中发问者4人:"黄丈"(1次)、万人杰(1次)、叶贺孙(1次)、程沙随(1次)。观语录、书信,李方子似非深于礼者,其助黄榦修礼之深浅亦难细考。

6.R○杨至,字至之,泉州晋江(今属福建)人,蔡元定之婿。《经义考》列为"朱子授《礼》弟子""朱子传《易》弟子""朱子授《诗》弟子"。录"癸丑(绍熙四年,1193)甲寅(绍熙五年,1194)所闻",在礼类者5条。同学2人:李方子(4次)、甘节(1次)。观语录、书信,杨至似非深于礼者。

7.R○＊郑可学(1152—1212),字子上,兴化军莆田县(今属福建)人,曾任忠州(今属四川)文学(嘉定四年,1211)、衡州司护参军、漳州知州。《经义考》列为"朱子授《礼》弟子""朱子传《易》弟子""朱子授《诗》弟子"。录"辛亥(绍熙二年,1191)所闻",在礼类者15条。同学2人:符叙(1次)、"伯谟"(或为方士繇,1次)。本人并未发问,发问者2人同上。郑氏论著不少,有《春秋博议》十卷、《三朝北盟举要》一卷、《师说》十卷,礼学似非其兴趣所在。从学始于淳熙十四年(1187)于武夷精舍①。

8.R●辅广,字汉卿,嘉兴府崇德县(今属浙江)人,著《六经集解》,其中有《礼记解》,后世间有引用。《经义考》列为"朱子授《礼》弟子""朱子传《易》弟子""朱子授《诗》弟子"。录"甲寅(绍熙五年,1194)以后所闻",在礼类者27条。同学3人:万人杰(1次)、叶贺孙(5次)、李方子(2次)。本人发问1次。《语类》87四1.20.14问《礼记·祭义》鬼神。同学中未知有发问者。

9.R●＊钱木之,字子升,晋陵(治在今江苏常州)人,寓温州永嘉(今属浙江),曾任衢州签判(嘉定四年,1211)。《经义考》列为"朱子授《礼》弟子""朱子传《易》弟子""朱子授《诗》弟子"。录"丁巳(庆元三年,1197)所闻",在

---

① 方彦寿:《朱熹书院与门人考》,华东师范大学出版社2000年版,第116页。

礼类者 6 条。同学未知。本人发问 3 次:《语类》84 — 3.7 问《仪礼》传记作者,《语类》86 三 1.1.8 问《周礼》读法,《语类》89 六 1.4.3 问丧服古今。朱熹曾问钱木之:"向见考祔礼,煞子细。不知其他礼数,都考得如此否?"①可见,朱熹对钱木之的考礼功夫十分认可。结合诸条来看,钱木之于礼学颇为用心,读礼、考礼贯穿古今,"问题意识"颇强。此外,钱氏于《礼书》编纂颇有见地。《语类》卷八十四:

> "《周礼》自是全书。如今《礼书》欲编入,又恐分拆了《周礼》,殊未有所处。"因说:"《周礼》只是说礼之条目,其间煞有文字,如'八法'、'八则'、'三易'、'三兆'之类,须各自别有书。"子升问:"《仪礼》《传》《记》是谁作?"曰:"《传》是子夏作,《记》是子夏以后人作。"子升云:"今《礼书》更附入后世变礼亦好。"曰:"有此意。"木之。②

从现存朱熹编、黄榦续编、杨复续编的《仪礼经传通解》文本看,《周礼》与后世礼书很少编入,成为后世批判、补编《礼书》的重要方面。引文所论正就此而发,直指《礼书》编纂核心问题,非知礼者不能论。遗憾的是,这一讨论似乎并未对《礼书》编纂产生影响,钱木之也似乎未实际参与《礼书》编纂③。

10. R●万人杰,字正淳,兴国军大治县(今属湖北)人,先从陆九渊学,后从朱熹学。《经义考》列为"朱子授《礼》弟子""朱子传《易》弟子""朱子授《诗》弟子"。录《语类》"庚子(淳熙七年,1180)以后所闻",在礼类者 37 条。同学 6 人:辅广(2 次)、陈文蔚(2 次)、金去伪(2 次)、周谟(2 次)、吴必大(3次)、黄义刚(1 次)。本人发问 2 次:《汇校》89 1.4.7(《朱子语类汇校》卷八十九《冠昏丧》第四论题《丧礼》的第七条资料,后仿此)与叶贺孙同问三年之丧,《语类》91 八 1.46 问拜礼。同学中未知有发问者。《晦庵文集》卷五十一《答万正淳》("谢氏曰""《通书·谨独》章")载其与朱熹问答丧、祭事,所问引证古今,论说颇详,可见其精于考礼。所问妇人丧服之制、妾祖姑附祭等事细致入微,非意在践礼者不能问。从学始于淳熙七年(1180)于南康军④。

---

① 黎靖德编,王星贤点校:《朱子语类》卷 89《礼六·冠昏丧》,中华书局 1986 年版,第 2276 页。
② 黎靖德编,王星贤点校:《朱子语类》卷 84《礼一·论修礼书》,中华书局 1986 年版,第 2187 页。
③ 束景南:《朱熹年谱长编》,华东师范大学出版社 2001 年版,第 1253 页。
④ 方彦寿:《朱熹书院与门人考》,华东师范大学出版社 2000 年版,第 83 页。

11. R●陈文蔚(1154—1239),字才卿,信州上饶县(今属江西)人。《经义考》列为"朱子授《礼》弟子""朱子传《易》弟子""朱子授《诗》弟子"。录"戊申(淳熙十五年,1188)以后所闻",在礼类者 26 条。同学 5 人:刘砺(1 次)、沈僩(2 次)、余大雅(1 次)、"简"(或为林易简,1 次)、林子蒙(1 次)。本人发问 12 次:《语类》84 一 3.11 问《礼书·学礼》"五教",《语类》85 二 1.1.7 问《礼书》补《士相见义》,《语类》86 三 1.4.34 问《周礼·地官·师氏》,《语类》87 四 1.2.2 问《礼记·曲礼》,《语类》87 四 1.2.6 问《礼记·曲礼》,《语类》87 四 1.2.13 问《礼记·曲礼》,《语类》87 四 1.12.3 问《礼记·玉藻》,《语类》87 四 1.17.5 问《礼记·学记》,《语类》87 四 1.18.17、《语类》87 四 1.18.18 问《礼记·乐记》,《语类》87 四 1.20.9 问《礼记·祭义》,《语类》90 七 1.113 问祭数。同学中发问者 1 人:刘砺(1 次)。《晦庵文集》卷五十九《答陈才卿》("傅簿赴部")、《克斋集》卷四《十月廿一日拜先生书》、《文集》卷五十九《答陈才卿》("知看《仪礼》有绪""精舍朋友"),往还书札,皆涉及礼。从学始于淳熙十一年(1184)于武夷精舍①。

合观语录、文集,知陈文蔚于《仪礼》《礼记》研读甚详,所问多涉古礼经文,却于礼经大义、古今礼变有所不达。如《语类》卷九十:

> 问:"天子七庙,诸侯五庙,大夫三庙,士二庙,官师一庙。若只是一庙只祭得父母,更不及祖矣,无乃不尽人情?"曰:"位卑则流泽浅,其理自然如此。"文蔚曰:"今虽士庶人家亦祭三代,如此,却是违礼。"曰:"虽祭三代,却无庙,亦不可谓之僭。古之所谓庙者,其体面甚大,皆是门、堂、寝、室,胜如所居之宫,非如今人但以室为之。"文蔚。②

首问当非陈文蔚所发,从人情角度议论古礼庙制、祭祀世数的合理性。朱子所答就古礼而发,并未明确表达意见。陈文蔚则纯粹从古礼出发,批判"不尽人情"之说,否定当时士庶祭三代的合礼性("违礼"),将问题从"古礼是否合情"推进到"今制是否合礼",讲论氛围也变得紧张起来。对此,朱熹只得回避祭祀世数的古今矛盾,将论题拉回到庙制,以终结讨论。由此可见,陈氏对古礼十分执着,所论与朱熹礼学旨义甚不相合。

《文集》卷五十九《答陈才卿》("傅簿赴部"):

---

① 方彦寿:《朱熹书院与门人考》,华东师范大学出版社 2000 年版,第 95 页。
② 黎靖德编,王星贤点校:《朱子语类》卷 90《礼七·祭》,中华书局 1986 年版,第 2317 页。

礼学是一大事,不可不讲,然亦须看得义理分明,有余力时及之乃佳。不然,徒弊精神,无补于学问之实也。①

陈文蔚《十月廿一日拜先生书》:

《仪礼》方借得一疏参究,有少文义疑惑,谨具别纸求教。②

《文集》卷五十九《答陈才卿》("精舍朋友"):

《礼书》得直卿、刘用之在此,渐可整顿。然亦多费功夫,甚恨相去之远,不得贤者之助也。所示《仪礼》所疑,此等处难卒说,但看时随手札记,向后因读他处邂逅,或有发明,自不费力。今徒守此一处,反成担阁,虚度光阴,不济事也。其他更读何书?子融相聚,有何讲论?因笔及之,所愿闻也。③

上述三书出自庆元五年(1199)。在第一书中,朱熹虽劝其读《礼》,却开示两个条件、方法:一是"看得义理分明",二是"有余力时及之"。并提醒陈文蔚,如若不然,将白费心力,无益于学。然而吊诡的是,陈文蔚似乎未将朱子的提醒放在心上,而是急于读礼,执拗文义,将注疏中不明之处条陈朱熹。朱熹答书令人玩味:一方面陈说《仪礼经传通解》少有贤者相助;另一方面委婉批评陈文蔚执拗经文、虚度光阴,询问他《仪礼》之外还读何书?这似乎表明,朱熹并不认同陈文蔚读《礼》的方式、方法,而陈文蔚也终未参与《仪礼经传通解》的编纂活动。

12.R●※胡泳,字伯量,南康军建昌(今江西永修)人,参修《仪礼经传通解》,撰有《丧礼》《南康胡氏乡约》。《经义考》列为"朱子授《礼》弟子""朱子授《诗》弟子"。录"戊午(庆元四年,1198)所闻",在礼类者8条。同学1人:沈僴(2次)。本人发问3次:《语类》84—3.15问学礼、编礼,《语类》89六1.4.31问行母丧,《语类》89六1.4.50问殡礼是否可行。《晦庵文集》卷六十三《答胡伯量》("治丧不用浮屠""《丧大记》")载其与朱熹往还问答丧祭之礼,所论详细,几乎涉及所有丧礼环节,可作《家礼》注解。据黄榦《跋南康

---

① 顾宏义:《朱熹师友门人往还书札汇编》,上海古籍出版社2017年版,第409页。
② 顾宏义:《朱熹师友门人往还书札汇编》,上海古籍出版社2017年版,第411页。
③ 顾宏义:《朱熹师友门人往还书札汇编》,上海古籍出版社2017年版,第412页。

胡氏乡约》记载,胡泳"兄弟孝友,同居合爨,人无间言"①,是聚居合爨、讲究礼法的大家族。故其礼学的问题意识多来自家族礼仪实践,深得朱熹赞许。

13. R○＊汤泳,字叔永,镇江府丹阳县(今属江苏)人,为庶官。《经义考》列为"朱子传《易》弟子"。录"乙卯(庆元元年,1195)所闻",在礼类者 5 条,皆关《礼记》。同学未知。发问者不详。当非深于礼者。

14. R○李儒用,字仲秉,岳州平江县(今属湖南)人。《经义考》列为"朱子授《礼》弟子""朱子授《诗》弟子"。录"己未(庆元五年,1199)所闻",在礼类者 3 条。同学 1 人:"庚"(1 次)。发问情况不详。

从学始于庆元三年(1197)于武夷精舍②。

15. R○吕焘,字德昭,南康军建昌(今属江西)人,兄弟三人吕炎、吕焘、吕焕同学于朱子。《经义考》列为"朱子授《礼》弟子""朱子授《诗》弟子"。录"己未(庆元五年,1199)所闻",在礼类者 17 条。同学 1 人:"元德"(或为张洽)。发问情况不详。

16. R●徐寓,字居甫,温州永嘉县(今属浙江)人。《经义考》列为"朱子授《礼》弟子""朱子传《易》弟子""朱子授《诗》弟子"。录"庚戌(绍熙元年,1190)所闻",在礼类者 8 条。同学 4 人:"施"(1 次)、刘砥(1 次)、"杨"(1 次)、陈淳(1 次)。本人发问 5 次:《语类》84 一 3.10 与叶贺孙、陈埴同问《仪礼经传通解》祭礼部分编纂等,《语类》85 二 1.2.4 问《仪礼·士冠礼》,《语类》87 四 1.3.19 与黄榦同问丧服,《语类》87 四 1.8.4 问《礼记·礼运》,《语类》90 七 1.125 问祖妣配祭。同学中发问者 3 人:"施"(1 次)、刘砥(1 次)、"杨"(1 次)。《晦庵文集》卷五十八《答徐居甫》("寓向看五峰言")载其问亲迎、主祭、吊丧等事。文中有"近见乡里诸贤颇信左氏""寓见乡里有一人家"云云,可知其所问由乡风民俗而发,意在行礼化俗。

17. R●陈淳(1159—1223),字安卿,漳州龙溪县(今属福建)人,安溪县主簿,著有《礼诗》《女学》。《经义考》列为"朱子授《礼》弟子""朱子传《易》弟子""朱子授《诗》弟子"。录"庚戌(绍熙元年,1190)、己未(庆元五年,1199)所闻",在礼类者 90 条。同学 9 人:曾祖道(1 次)、李闳祖(12 次)、黄义刚(45 次)、胡安之(4 次)、黄榦(1 次)、林用中(2 次)、"一之"(或为林易简,1 次)、童伯羽(1 次)、徐寓(2 次)。本人发问 12 次:《语类》85 二 1.8.5 问丧服,《语类》86 三 1.4.16、《语类》86 三 1.4.17、《语类》86 三 1.4.19、《语类》

① 黄榦:《勉斋集》卷 22《跋南康胡氏乡约》,《景印文渊阁四库全书》第 1168 册,台湾商务印书馆 1986 年版,第 238、239 页。
② 方彦寿:《朱熹书院与门人考》,华东师范大学出版社 2000 年版,第 205 页。

86 三 1.4.32、《语类》86 三 1.4.39 问《周礼·地官》,《语类》88 五 1.5 问《大戴礼记·保傅》篇创作时间,《语类》89 六 1.3.4 问婚礼亲迎,《语类》89 六 1.4.54 问合葬夫妇,《语类》90 七 1.42 问庙制昭穆,《语类》90 七 1.84 问木主鬼神,《语类》91 八 1.20 问拜礼。同学中发问者 8 人:曾祖道(1 次)、李闳祖(12 次)、黄义刚(5 次)、胡安之(4 次)、黄榦(1 次)、林用中(2 次)、"一之"(或为林易简,1 次)、童伯羽(1 次)。《晦庵文集》卷五十七《答陈安卿》("'仁'字近看""淳前日疑")两书载师生问答,内容涉及婚礼礼服、葬礼墓志、昭穆、明器问题,多与自身行礼相关①。近来,学界关注陈淳礼学及其实践,阐扬"北溪学派"在礼学方面的成就,可参考②。

18. R○林赐,字闻一,里籍不详。《经义考》列为"朱子授《礼》弟子"。录"乙卯(庆元元年,1195)以后所闻",在礼类者 6 条,多关《礼记》。同学 3 人:李儒用(1 次)、林夔孙(3 次)、黄义刚(1 次)。问者情况不详。

19. R○"庚",待考。录语录 11 条。同学 2 人:李儒用(1 次)、"曹"(1 次)。本人未发问。同学中问者 1 人,"曹"(1 次)。考李儒用从学于庆元五年(1199),朱熹授礼"庚"或在同时。

20. R●※﹡李闳祖,字守约,光泽(今属福建)人,曾任临桂县主簿(嘉定四年,1211)、古田知县、广西帅司干办公事,参修《仪礼经传通解》。《经义考》列为"朱子授《礼》弟子""朱子传《易》弟子""朱子授《诗》弟子"。录"戊申(淳熙十五年,1188)以后所闻",在礼类者 18 条。同学 4 人:黄榦(1 次)、陈淳(1 次)、黄义刚(2 次)、林夔孙。本人发问 3 次:《语类》85 二 1.8.5 与陈淳同问丧服,《汇校》85　1.11.2 问未葬而祔,《语类》89 六 1.3.10 问姑舅之子为婚,《语类》89 六 1.4.2 问丧服,《语类》89 六 1.4.57 问葬法,《语类》90 七 1.8 问社主藏处,《语类》90 七 1.42 陈淳、黄义刚、胡安之、林用中问庙制昭穆,《汇校》90　1.66 问《祭仪》修改,《汇校》90　1.84 问立春先祖之祭,《语类》90 七 1.129 问祭殇。同学中发问 1 人:黄榦(1 次)。《晦庵文集》卷五十

① 顾宏义:《朱熹师友门人往还书札汇编》,上海古籍出版社 2017 年版,第 180、225 页。

② 许哲娜:《南宋时期理学家在闽南地区的劝俗活动》,《南昌大学学报》(人文社会科学版)2004 年第 3 期,第 68—73 页;许哲娜:《两宋理学思想与闽南地区的官方雩祀文化》,载常建华主编《中国社会历史评论》第 8 卷,天津古籍出版社 2007 年版,第 327—348 页;殷慧:《陈淳的礼乐思想与实践》,载陈明、朱汉民主编《原道》第 20 辑,华东师范大学出版社第 2013 年版,第 184—195 页;陈支平:《陈淳的神明崇拜观述论》,载陈支平、刘泽亮主编《展望未来的朱子学研究:朱子学会成立大会暨朱子学与现代跨文化意义国际学术研讨会论文集》,厦门大学出版社 2012 年版,第 416—427 页;王志田、周璇璇、陈曦:《陈淳的经学思想及其影响研究——以〈礼〉〈易〉二经为中心》,《乐山师范学院学报》2012 年第 10 期,第 74—79 页;李毅婷:《礼制下移:陈淳礼学思想与实践》,《集美大学学报》(哲社版)2018 年第 1 期,第 13—20 页。

五《答李守约》（"所问丧礼"）载朱熹答其丧礼之问，批评李闳祖所寄丧礼"已失其大体"。同卷"所喻庶母之名"一书论庶母。

21.R〇＊李文子，字公谨，邵武光泽（今属福建）人，李方子弟，曾任郴州司法参军、知大安军［治在今陕西宁强西北，嘉定十二年（1219）金破大安］、潼川府路转运判官（宝庆元年，1225）、四川宣抚司参议、直宝章阁、成都府路转运判官。《经义考》列为"朱子授《礼》弟子"。录语录 1 条。同学未知，发问情况不详。

22.R〇吴雉，字和中，建宁府建阳县（今属福建）人。《经义考》列为"朱子授《礼》弟子"。录语录 1 条。同学未知，发问情况不详。

23.R〇游敬，字敬仲，南剑州剑浦县（今福建南平市）人。《经义考》列为"朱子传《易》弟子""朱子授《诗》弟子"。录"辛亥（绍熙二年，1191）所闻"，在礼类者 2 条。同学未知，发问情况不详。

24.R〇＊吴振，字伯起，建昌军南城县人，曾任秘书丞（嘉定十七年，1224）、知信州（同年）。《经义考》列为"朱子授《礼》弟子""朱子授《诗》弟子"。录语录 1 条。同学未知，发问情况不详。

25.R〇＊郭浩，字叔义，婺州东阳人，江山县令（淳熙十二年，1185）。《经义考》列为"朱子授《礼》弟子""朱子传《易》弟子""朱子授《诗》弟子"。录"丙午（淳熙十三年，1186）所闻"，在礼类者 1 条。同学未知，发问情况不详。

26.R〇金去伪，字敬直，饶州（今江西）人。《经义考》列为"朱子授《礼》弟子""朱子传《易》弟子""朱子授《诗》弟子"。录《语类》"乙未（淳熙二年，1175）所闻"，在礼类者 6 条。同学 2 人：周谟（3 次）、万人杰（2 次）。发问情况不详。

27.R〇杨道夫，字仲思，建宁府浦城（今属福建）人。《经义考》列为"朱子授《礼》弟子""朱子传《易》弟子""朱子授《诗》弟子"。录"乙酉（淳熙十六年，1189）以后所闻"，在礼类者 15 条。同学 2 人：叶贺孙（1 次）、杨骧（1 次）。发问情况不详。

28.R●＊黄督（1147—1212），字子耕，隆兴府分宁县（今江西修水）人，朝请郎（1210）、大理寺簿军器监丞、知台州（故治在今浙江临海）。《经义考》列为"朱子授《礼》弟子""朱子传《易》弟子""朱子授《诗》弟子"。录《语类》"戊申（淳熙十五年，1188）所闻"，在礼类者 3 条。同学未知，发问情况不详。《晦庵文集》卷五十一《答黄子耕》（"祭极难处"）答其问祭礼。

29.R〇※＊黄榦（1152—1221），字直卿，福州闽县（今福建闽侯）人，曾任监台州酒务（绍熙五年，1194）、监嘉兴石门酒库、江西临川令、新淦令及安徽丰安军通判(嘉定元年,1208)、知湖北汉阳军(嘉定八年,1215)、知安庆府(嘉定十年,1217)等职,主持续编《仪礼经传通解》。《经义考》列为"朱子授《礼》弟子""朱子传《易》弟子""朱子授《诗》弟子"。录语录 1 条。《语类》86三 1.2.6 与黄义刚同问《周礼·籩章》,《语类》86 三 1.4.2 问《周礼·地官·司徒》,《语类》86 三 1.4.18 问"百步为亩",《语类》86 三 1.4.32 与陈淳问《周礼·地官·司徒》,《语类》87 四 1.3.19 与徐寓同问丧服,《语类》89 六1.3.9 与黄义刚同问婚礼古礼实践难易,《语类》90 七 1.81 问木主,《语类》113 问廖德明为官不参事。同学 5 人:黄义刚、陈淳、徐寓、李闳祖、叶贺孙。朱子与之书信多及《仪礼经传通解》之编纂,少有论礼内容者。黄榦来信往往有所质询,如《勉斋集》卷四《与晦庵朱先生书》("榦门户衰替")问丧服之制,《全宋文》卷六五三六《与晦庵朱先生书》("列荐之地")问葬礼之制。关于黄榦续编《仪礼经传通解》及其礼学实践相关情况,近来研究颇多,可参考①。

考黄义刚从学于绍熙四年(1193)以后,陈淳从学于绍熙元年(1190)、庆元五年(1199),徐寓从学于绍熙元年(1190),李闳祖从学于淳熙十五年(1188)以后,叶贺孙从学于绍熙二年(1191)以后,则朱熹授礼黄榦约在淳熙十五年(1188)到庆元五年(1199)间。从学始于淳熙三年(1176)于崇安五夫②。

30.R●童伯羽(1144—1190 后),字飞卿,建宁府瓯宁县(今福建建瓯市)人。《经义考》列为"朱子授《礼》弟子""朱子传《易》弟子"。录语录"庚戌(绍熙元年,1190)所闻",在礼类者 3 条。同学 1 人:刘砥(2 次)。《语类》90七 1.133 问节祠。

31.R○黄卓,字先之,南剑州延平府剑浦县(今属福建)人。《经义考》列为"朱子授《礼》弟子""朱子传《易》弟子""朱子授《诗》弟子"。录语录 8条。同学 2 人:沈僩(3 次)、"曹兄"(1 次)。发问情况不详。考沈僩从学于庆元四年(1198)以后,朱熹授礼黄卓约在同时。从学始于绍熙二年(1191)于沧州精舍③。

32.R○潘植,字立之,福州怀安县(今福建闽侯县)人。《经义考》列为

① 如单晓娜:《理念与行止——黄榦研究》,华中师范大学博士学位论文,2012 年;朱广龙:《从"援理入礼"到"以礼化俗"——黄榦礼学的生活化特征》,浙江大学博士学位论文,2016 年;王志阳:《论黄榦的礼学思想——以礼例为考察对象》,《社会科学论坛》2017 年第 12 期,第 29—40 页;等等。

② 方彦寿:《朱熹书院与门人考》,华东师范大学出版社 2000 年版,第 67 页。

③ 方彦寿:《朱熹书院与门人考》,华东师范大学出版社 2000 年版,第 146 页。

"朱子授《礼》弟子""朱子授《诗》弟子"。录"癸丑(绍熙四年,1193)所闻",在礼类者 2 条。同学未知,发问情况不详。

33.R●※甘节,字吉甫,抚州临川县(今属江西)人,参修《仪礼经传通解》。《经义考》列为"朱子授《礼》弟子""朱子传《易》弟子""朱子授《诗》弟子"。录"癸丑(绍熙四年,1193)以后所闻",在礼类者 6 条。同学 3 人:晏渊(1 人)、沈僴(1 人)、杨至(1 人)。本人发问 3 次:《语类》87 四 1.1.1 问读《礼记》,《语类》87 四 1.18.20 问《礼记·乐记》,《语类》89 六 1.1.2 问家礼用书。其他问者不详。

34.R○晏渊,字亚夫,涪州涪陵县(今属重庆)人。《经义考》列为"朱子传《易》弟子""朱子授《诗》弟子"。录"癸丑(绍熙四年,1193)所闻",在礼类者 1 条。同学 1 人:甘节(1 次)。其余不详。

35.R●窦从周,字文卿,镇江府丹阳县(今属江苏)人。《经义考》列为"朱子授《诗》弟子"。录"丙午(淳熙十三年,1186)以后所闻",在礼类者 2 条。同学 1 人:李方子(1 次)。《晦庵文集》卷五十九《答窦文卿》("夫为妻丧")载朱熹答其问丧祭之事。

36.R●汪德辅,字长孺,饶州鄱阳县(今属江西)人。《经义考》列为"朱子授《礼》弟子""朱子传《易》弟子"。录"壬子(绍熙三年,1192)所闻",在礼类者 1 条。本人发问 1 次:《语类》87 四 1.1.3 问编《礼书》。其余不详。

37.R●※＊廖德明,字子晦,南剑州(今福建南平)顺昌县人[1],曾任莆田知县、广东提举刑狱、广州知州、吏部左选郎官、宣教郎,参修《仪礼经传通解》,刻五羊本《家礼》。《经义考》列为"朱子授《礼》弟子""朱子传《易》弟子""朱子授《诗》弟子"。录《语类》"癸巳(乾道九年,1173)以后所闻",在礼类者 9 条。本人发问 1 次:《语类》91 八 1.38 问官员礼。《晦庵文集》卷四十五《答廖子晦》("所喻礼文""庙议当时")两书载朱熹答其问丧礼、葬法。在官多有政绩,庆元四年(1198)在潮州,"日与庠校师生讲明圣贤心学之要,农桑抑末作,使民皆以其暇日讲习礼义"[2]。后在南粤,"立师悟堂,刻朱熹《家礼》及程氏诸书,公余延僚属及诸生亲为讲说,远近化之"[3]。可谓力行古礼者。从学始于绍熙三年(1192)于沧州精舍[4]。

38.R○＊余大雅(1138—1189),字正叔,信州上饶县(今属江西)人,官

---

① 陈荣捷《朱子门人》认其为南剑州顺昌县(今安徽阜阳)人,恐误。
② 郭春震:《(嘉靖)潮州府志》卷 7《人物志·隐逸》,明嘉靖二十六年(1547)刻本。
③ 脱脱:《宋史》卷 437《廖德明传》,中华书局 1977 年版,第 12972 页。
④ 方彦寿:《朱熹书院与门人考》,华东师范大学出版社 2000 年版,第 58 页。

至经略使。《经义考》列为"朱子授《礼》弟子""朱子传《易》弟子""朱子授《诗》弟子"。录《语类》"戊戌(淳熙五年,1178)所闻"①,在礼类者3条。同学1人:陈文蔚(1次)。

39. R●※ * 林夔孙,字子武,福州古田县(今属福建)人,曾任县尉(嘉定七年,1214),参修《仪礼经传通解》。《经义考》列为"朱子授《礼》弟子"。录"丁巳(庆元三年,1197)以后所闻",在礼类者17条。同学3人:李闳祖(3次)、黄义刚(9次)、林赐(3次)。本人发问2次:《语类》87四1.17.2问《礼记·学记》,《语类》87四1.18.22问《礼记·学记》"《宵雅》肆三,官其始也"。同学中发问者1人:李闳祖(3次)。其余不详。

40. R○包扬,字显道,南康军建昌县(今江西永修)人。《经义考》列为"朱子授《礼》弟子""朱子传《易》弟子""朱子授《诗》弟子"。录"癸卯(淳熙十年,1183)、甲辰(淳熙十一年,1184)、乙巳(淳熙十二年,1185)所闻",在礼类者50条。本人发问1次:《语类》89六1.4.17问服制。同学2人:黄义刚(1次)、叶贺孙(1次)。其余不详。

41. R●李辉,字晦叔,南康军建昌县(今江西永修县)人。《经义考》列为"朱子授《礼》弟子""朱子传《易》弟子""朱子授《诗》弟子"。录语录1条。同学1人:李方子(1次)。《晦庵文集》卷六十二《答李晦叔》("持敬读书""辉向者因举")载其问祭礼数条,涉及祭祀配享、兄弟异居之祭等问题,皆因自身家礼实践而发。考李方子从学于淳熙十五年(1188)以后,朱熹授礼李辉或在同时。

42. R●* 董铢(1152—1214),字叔重,饶州德兴县(今属江西)人,曾任婺州金华县尉。《经义考》列为"朱子授《礼》弟子""朱子传《易》弟子""朱子授《诗》弟子"。录"丙辰(庆元二年,1196)以后所闻",在礼类者11条。同学2人:"潘"(1次)、詹体仁(1次)。本人发问1次:《语类》87四1.20.6问《礼记·祭义》。同学中发问者2人如上。《晦庵文集》卷五十一《答董叔重》("程先生论《中庸》")关于宗法;"'君子务本'一章"论及丧服、祭服。事多具体,往返问答中见其功力。从学始于淳熙十一年(1184)②。

43. R●曾祖道,字择之,吉州庐陵县(今属江西)人,先后从刘清之、陆九渊学。《经义考》列为"朱子授《礼》弟子""朱子传《易》弟子""朱子授《诗》弟子"。录"丁巳(庆元三年,1197)所闻",在礼类者1条。本人发问1次:

---

① 方彦寿以为当在次年(1179)朱熹到任南康军时,见氏著《朱熹书院与门人考》,华东师范大学出版社2000年版,第74页。

② 方彦寿:《朱熹书院与门人考》,华东师范大学出版社2000年版,第96页。

《语类》85 二 1.3.1 问《仪礼·士昏礼》。《晦庵文集》卷六十《答曾择之》（"仁者，心之德也"）载其问卒哭。

44. R● 程端蒙（1143—1191），字正思，鄱阳县（今属江西）人。《经义考》列为"朱子授《礼》弟子"。录《语类》"己亥（淳熙六年，1179）以后所闻"，在礼类者 2 条。其余不详。《晦庵文集》卷五十《答程正思》（"设启奠""示喻日用操存之意"）三书乃其就母丧之事发问。同卷"所示礼文考订详悉"曰："所示礼文考订详悉，上合《礼》意，下适时宜，甚善甚善。其间小未备处，已辄补之矣。幸详择而勉行之，使州里之间有所观法，非细事也。"①按此，程端蒙当著有礼书，朱熹曾为之诠补。观"设启奠"一书中两人问答，该书多引高闶《送终礼》，而朱熹所诠补者，似就此中一二不妥者而发。后又有迁葬之事，亦相问询。从学始于淳熙三年（1176）于婺源②。

45. R〇※ 刘砥（1157—1201），字履之，福州长乐县（今属福建）人，参修《仪礼经传通解》，著《王朝礼编》。《经义考》列为"朱子授《礼》弟子""朱子传《易》弟子""朱子授《诗》弟子"。录"庚戌（绍熙元年，1190）所闻"，在礼类者 5 条。同学 3 人："杨"（1 次）、徐寓（1 次）、童伯羽（2 次）。本人发问 1 次：《语类》87 四 1.13.1 问《礼记·明堂位》。同学中发问者 1 人："杨"（1 次）。

46. R〇 "辛"（或为辛适正）。录语录 1 条。同学 1 人："曹"（1 次）。其余不详。

47. R〇 林子蒙，字不详，湖南人。《经义考》列为"朱子授《礼》弟子""朱子授《诗》弟子"。录语录 3 条。同学 2 人：陈文蔚（1 次）、"用之"（或为刘砺，1 次）、"陈丈"（1 次）。本人未发问。同学中发问者 2 人："用之"（或为刘砺，1 次）、"陈丈"（1 次）。考陈文蔚从学于淳熙十五年（1188）以后，刘砺从学于庆元五年（1199）以后，则朱熹授礼林子蒙当在庆元五年（1199）左右。

48. R〇＊ 滕璘（1150—1229），字德粹，徽州婺源县（今属江西）人，曾任鄞县尉（淳熙八年，1181），鄂州教授，四川制置司干官，知嵊县，四明签判，隆兴府通判，浙东，福建安抚司参议官，朝奉大夫等职。《经义考》列为"朱子授《礼》弟子"。录"辛亥（绍熙二年，1191）所闻"，在礼类者 1 条。同学 1 人：杨楫（1 次）。本人未发问。同学杨楫发问 1 次。从学始于淳熙三年（1176）于婺源③。

49. R〇＊ 黄升卿，字里不详。《经义考》列为"朱子授《礼》弟子"。录

---

① 顾宏义：《朱熹师友门人往还书札汇编》，上海古籍出版社 2017 年版，第 440 页。
② 方彦寿：《朱熹书院与门人考》，华东师范大学出版社 2000 年版，第 70 页。
③ 方彦寿：《朱熹书院与门人考》，华东师范大学出版社 2000 年版，第 71 页。

"辛亥(绍熙二年,1191)所闻",在礼类者 1 条。其余不详。

50. R●※＊潘时举,字子善,天台(今浙江)人,曾任无为军(今属安徽)教授、国子正录,参修《仪礼经传通解》,参注《家礼》。《经义考》列为"朱子授《礼》弟子""朱子授《诗》弟子"。录"癸丑(绍熙四年,1193)以后所闻",在礼类者 5 条,多涉冠昏丧祭之礼。同学不详。本人发问 1 次:《语类》89 六1.4.4问丧服古今。其余问者不详。潘时举于木主制度特别究心,曾于朱熹殁后详加考证,于嘉定六年(1213)形成定论,"图《主式》及二尺长短,而著伊川之说于其旁"①,即今宋本《家礼》前之《木主》图文。

51. R○孙自修,字敬父,宁国府宣城县(今属安徽)人。《经义考》列为"朱子授《礼》弟子"。录"甲寅(绍熙五年,1194)所闻",在礼类者 2 条。同学1 人:叶贺孙(1 次)。其余不详。

52. R○周谟(1141—1202),字舜弼,南康军建昌县(今江西永修县)人。《经义考》列为"朱子授《礼》弟子""朱子传《易》弟子""朱子授《诗》弟子"。录《语类》"己亥(淳熙六年,1179)以后所闻",在礼类者 4 条。同学 2 人:金去伪(3 次)、万人杰(2 次)。黄榦《周舜弼墓志铭》称其"居家孝友。母丧,疏食三年,治丧悉用古礼,斥去浮屠老子法,乡人多效之。先生没,伪禁方严,君冒隆寒,戴星徒走,偕乡人受业者往会葬,年逾六十矣。家故贫,事孀嫂,抚兄之子,极其敬爱,交朋友,处乡间无间言"。评价其学曰:"修诸身,行于家,又取信于乡人。"②《晦庵文集》卷五十《答周舜弼》("葬事不易")载朱熹慰劳其治丧。从学始于淳熙六年(1179)于南康军。

53. R○周明作,字元兴,建宁府建阳(今属福建)人。《经义考》列为"朱子授《礼》弟子""朱子传《易》弟子""朱子授《诗》弟子"。录"壬子(绍熙三年,1192)以后所闻",在礼类者 3 条。其余不详。

54. R○"毕"。录语录 1 条。其余不详。

55. R●＊黄灏,字商伯,南康军都昌县(今属江西)人,朝请郎(1193)、隆兴府(今江西南昌)教授、太常寺丞、知常州(故治在今江苏省常州市武进区,1193—1194)、两浙西路提举常平茶盐公事、婺州知州(1217),编《政和冠昏丧祭礼》。《经义考》列为"朱子授《礼》弟子""朱子传《易》弟子"。录语录1 条。《晦庵文集》卷四十六《答黄商伯》("熹请祠人未还")"示喻向来丧服

① 朱熹:《家礼》卷首《木主全式》,《中华再造善本》一编,北京图书馆出版社 2004 年据中国国家图书馆藏宋刻本影印。

② 黄榦:《勉斋集》卷 38《周舜弼墓志铭》,《景印文渊阁四库全书》第 1168 册,台湾商务印书馆 1986年版,第 456 页。

制度,私固疑之"云云,则黄灏曾问及丧服制度。《答黄商伯》("方丧无禫")答其问禫祭。《答黄商伯》("'心丧'问大意甚善")答其问服制。杜范《清献集》卷十九《黄灏传》备载事迹,其编礼书:"又论今之风俗礼教废阙,士庶之家冠昏丧祭皆不复讲,请敕有司,于《政和新仪》掇取品官庶人冠昏丧祭仪,刊印颁降,乃许采司马光、高阅等书参订行之。"其归故里:"幅巾深衣,徜徉庐阜。时乘只耳骡,缓辔徐驱,若素隐者。"其奔师丧:"闻朱熹讣,为位哭之哀。时伪禁尚哗,其徒或有闻葬而不敢讣者。灏单车儋簦,扶曳千里。既卒葬,徘徊不忍去者旬日。"①可谓知礼、行礼者。从学始于淳熙六年(1179)于南康军②。

56.R○※＊杨方,字子直,长汀县(今属福建)人,曾任信州弋阳(江西)尉、提刑广西、知建昌军(1192—1193)等职,参修《仪礼经传通解》。《经义考》列为"朱子授《礼》弟子"。录《语类》"庚寅(乾道六年,1170)所闻",在礼类者1条。从学始于乾道六年(1170)于崇安五夫里潭溪③。

57.R●王过,字幼观,饶州府鄱阳县(一说德兴县,今属江西)人。《经义考》列为"朱子授《礼》弟子"。录"甲寅(绍熙五年,1194)以后所闻",在礼类者3条。本人发问1次:《语类》90七1.145记朱子忌祭。其余不详。

58.R○杨骧,字子昂,杨道夫族兄,建宁府浦城(今属福建)人。《经义考》列为"朱子授《礼》弟子""朱子传《易》弟子"。录"己酉(淳熙十六年,1189)、甲寅(绍熙五年,1194)所闻",在礼类者1条。同学1人:杨道夫(1次)。

59.R●郭友仁,字德元,楚州山阳县(今江苏淮安)人。《经义考》列为"朱子传《易》弟子""朱子授《诗》弟子"。录"戊午(庆元四年,1198)所闻",在礼类者1条。本人发问1次:《语类》90七1.143问忌日之服。其余不详。

60.R○※＊张洽(1161—1237),字元德,临江军清江县(今属江西)人,临江军清江县松滋(今属江西)尉、袁州(今属江西)司理参军、知永新县(今属江西)、池州通判、白鹿洞书院长、直祕阁主管建康崇禧观,参修《仪礼经传通解》。《经义考》列为"朱子传《易》弟子"。录"丁未(淳熙十四年,1187)、癸丑(绍熙四年,1193)所闻",在礼类者1条。其余不详。按《宋史》本传,张洽有《春秋集注》《春秋集传》传世,传、注颇涉于礼。

---

① 杜范:《清献集》卷19《黄灏传》,《景印文渊阁四库全书》第1175册,台湾商务印书馆1986年版,第758、759页。
② 方彦寿:《朱熹书院与门人考》,华东师范大学出版社2000年版,第139页。
③ 方彦寿:《朱熹书院与门人考》,华东师范大学出版社2000年版,第53页。

61.R○※林学蒙,字正卿,福州永福县(今福建永泰县)人,参修《仪礼经传通解》。《经义考》列为"朱子授《礼》弟子"。录"甲寅(绍熙五年,1194)以后所闻",在礼类者1条,涉及衣冠制度。其余不详。

62.R○"简",不知何人,《语类》仅出现1次,夹在小注中。同学2人:陈文蔚、沈僴。本人未发问。同学中问者1人:陈文蔚(1次)。考陈文蔚从学于淳熙十五年(1188)以后,沈僴从学于庆元四年(1198)以后,则朱熹授礼"简"当在庆元四年(1198)左右。

63.□●胡安之,字叔器,袁州萍乡县(今属江西)人。同学6人:黄义刚(9次)、陈淳(4次)、符叙、李唐咨、陈华、张以道。本人发问9次:《语类》84一2.5问四先生(二程、司马光、张载)礼、木主,《语类》87四1.10.5问《礼记·郊特牲》"魂气归于天",《语类》89六1.3.8问婚礼夫妇拜法,《语类》89六1.4.22问服制今用墨衰不合古礼,《语类》90七1.11与符叙同问五祀之祭,《语类》90七1.34与黄义刚同问汉儒、今儒说庙制,《语类》90七1.42与李唐咨、陈淳、黄义刚、林用中同问井田诸事,《语类》90七1.112与陈华、张以道、黄义刚同问祭礼代数、东坡小宗之论、中霤、腊祭等,《语类》90七1.132问节祠。考黄义刚从学于绍熙四年(1193)以后,陈淳从学于绍熙元年(1190)、庆元五年(1199),则朱熹授礼胡安之约在绍熙元年(1190)至庆元五年(1199)之间。

64.□●陈华,字仲蔚,陈萃弟。同学3人:胡安之、张以道、黄义刚(2次)。本人发问2次:《语类》85二1.2.5问冠仪,《语类》90七1.112与胡安之、张以道、黄义刚同问祭礼代数、东坡小宗之论、中霤、腊祭等。考黄义刚从学于绍熙四年(1193)以后,朱熹授礼陈华当在同时。

65.□●李唐咨,字尧卿,漳州龙溪县(今属福建)人,陈淳岳父。同学4人:黄义刚(11次)、陈淳、胡安之、林用中。本人提问11次:《语类》85二1.8.5与陈淳同问丧服经带之制,《语类》87四1.19.1问《礼记·祭法》祫礼昭穆,《语类》89六1.3.10问姑舅之子为婚,《语类》89六1.4.54与陈淳同问夫妇合葬之位,《语类》90七1.8问社主平时藏处,《语类》90七1.31问太庙堂室之制,《语类》90七1.42与陈淳、黄义刚、胡安之、林用中同问井田诸事,《语类》90七1.67问祭用尸,《语类》90七1.80问士人木主牌子,《语类》90七1.116祭始祖,《语类》90七1.131问生母归家之祭。《晦庵文集》卷五十七《答李尧卿》("《集注》""《禘说》")载其所问家祭、墓祭、忌日等事。观其所问,集中于行礼中所遇到的实际问题。考黄义刚从学于绍熙四年(1193)以后,陈淳从学于绍熙元年(1190)、庆元五年(1199),则朱熹授礼李唐咨约在绍熙元年(1190)至庆元五年(1199)之间。

66.□●＊刘子寰,字圻父,建宁府建阳县(今属福建)人,官至观文殿学士。同学1人:黄义刚(1次)。本人提问1次:《语类》87四1.8.10问《礼记·礼运》七情、四端。录"己未(庆元五年,1199)所闻",无在礼类者。

67.□●＊符叙,字舜功,南康军建昌县(今江西永修)人,初年曾为官。同学3人:黄义刚(2次)、郑可学、胡安之。本人提问3次:《语类》89六1.1.5问行冠昏丧祭礼,《语类》90七1.11与胡安之同问五祀之祭,《语类》91八1.9问衣冠。考黄义刚从学于绍熙四年(1193)以后,郑可学从学于绍熙二年(1191),则朱熹授礼符叙当不晚于绍熙二年(1191),绍熙四年(1193)以后尚在讲论。

68.□●张以道,名里不详。同学3人:胡安之、陈华、黄义刚(1次)。本人发问1次:《语类》90七1.112与胡安之、陈华、黄义刚同问祭礼代数、东坡小宗之论、中雷、腊祭等。考黄义刚从学于绍熙四年(1193)以后,朱熹授礼张以道当在同时。

69.□●＊曹叔远(1159—1234),字器远,温州瑞安(今属浙江)人,徽猷阁待制、朝请大夫(1226),初师陈傅良,著《周礼地官讲义》等。同学2人:叶贺孙(2次)、"辛"。本人发问1次:《语类》89六1.4.11问丧服。《经义考》卷一百二十三录有曹氏叔远《周官讲义》《周礼地官讲义》两书,考后书曰:"永嘉曹叔远,字器远,有《地官·遂人》至《稿人》讲义。"同卷著录陈傅良《周礼说》,谓"旧刊于《止斋文集》中,曹叔远别为一书而刻之,且为之说"[1]。可知曹叔远精于《周礼》。考叶贺孙从学于绍熙二年(1191)以后,朱熹授礼曹叔远当在同时。

70.□●※杨楫(1142—1213),字通老,福州长溪县(今福建霞浦县)人,司农寺簿、国子博士、湖南提刑、江西运判、莆田县尉、舒州知州。同学2人:叶贺孙(1次)、滕璘(1次)。本人发问2次:《语类》84一3.4与叶贺孙同问《礼书》(观朱熹答,当是问读礼书),《语类》90七1.88问家祭礼。考叶贺孙从学于绍熙二年(1191)以后,滕璘从学于绍熙二年(1191),朱熹授礼杨楫当在绍熙二年(1191)以后。从学始于淳熙十四年(1187)于武夷精舍[2]。

71.□●陈埴,字器之,世称潜室先生,温州永嘉县(今属浙江)人,著《王制章句》。《经义考》列为"朱子传《易》弟子""朱子授《诗》弟子"。同学2

① 朱彝尊著,许维萍等点校:《点校补正经义考》卷123《周礼三》,中国文哲研究所1997年版,第408页。
② 方彦寿:《朱熹书院与门人考》,华东师范大学出版社2000年版,第100页。

人:叶贺孙(2次)、徐寓。本人发问2次:《语类》84一3.10与叶贺孙、徐寓同问《仪礼经传通解》祭礼部分编纂等,《语类》89六1.4.7与叶贺孙同问丧服。陈埴有《木钟集》传世,卷七《周礼》、卷八《礼记》,《礼记》中有《王制封国辨》《王制建学法》两篇,另附问答多条,或即已佚之《王制章句》。考叶贺孙从学于绍熙二年(1191)以后,徐寓从学于绍熙元年(1190),则朱熹授礼陈埴当不晚于绍熙元年(1190)。从学始于淳熙五年(1178)于武夷精舍①。

72. □●※＊赵师夏,字致道,宗室,知兴国军(1212—1213)、知南康军(1214—1216)、湖北提举常平茶监、朝奉大夫、抚州知州(1217—1218)、知西外宗正事、大理寺司直,参修《仪礼经传通解》。《经义考》列为"朱子传《易》弟子"。同学1人:叶贺孙(1次)。本人发问1次:《语类》90七1.29问礼官。考叶贺孙从学于绍熙二年(1191)以后,朱熹授礼赵师夏或在同时。从学始于淳熙十四年(1187)于武夷精舍②。

73. □●邓子礼,名里不详。同学1人:叶贺孙(1次)。本人发问1次:《语类》90七1.38问庙主位次。考叶贺孙从学于绍熙二年(1191)以后,朱熹授礼邓子礼或在同时。从学始于淳熙十六年(1189)于武夷精舍③。

74. □●※余正甫,名里不详。同学1人:叶贺孙(2次)。本人发问2次:《语类》90七1.58问宗法,《语类》90七1.117问士大夫祭数。《晦庵文集》卷六十三《答余正甫》("受吊""某昨谓《礼经》缺略")载其问丧礼事。同卷《答余正甫》("示喻编礼""亡状黜削")载论《仪礼经传通解》编纂事。考叶贺孙从学于绍熙二年(1191)以后,朱熹授礼余正甫或在同时。

75. □●※刘砺,字用之,刘砥弟,长乐(今属福建)人,参修《仪礼经传通解》,嘉泰二年(1202)协助黄榦续修《仪礼经传通解》④。《经义考》列为"朱子传《易》弟子""朱子授《诗》弟子"。同学4人:叶贺孙(1次)、沈僩(2次)、林子蒙(1次)、陈文蔚(1次)。本人发问4次:《语类》90七1.120问祭礼,《语类》86三1.4.4、《语类》86三1.4.6问土圭之法,《语类》90七1.65问祭祀用尸。录"己未(庆元五年,1199)所闻",无在礼类者。

76. □●方士繇(1148—1199),字伯谟,兴化军莆田县(今属福建)人,后寄居邵武外婆家。《经义考》列为"朱子传《易》弟子"。同学1人:郑可学(1

① 方彦寿:《朱熹书院与门人考》,华东师范大学出版社2000年版,第78页。
② 方彦寿:《朱熹书院与门人考》,华东师范大学出版社2000年版,第115页。
③ 方彦寿:《朱熹书院与门人考》,华东师范大学出版社2000年版,第130页。
④ 郑元肃录、陈义和编,吴洪泽校点:《勉斋先生黄文肃公年谱》,载吴洪泽、尹波主编《宋人年谱丛刊》第11册,四川大学出版社2002年版,第7208页。

次)。本人发问 1 次:《语类》89 六 1.4.51 问除服而未葬。考郑可学从学于绍熙二年(1191),则朱熹授礼方士繇不晚于此时。从学始于乾道六年(1172)于建阳崇泰里寒泉精舍①。

77.□●"施",不知何人。同学 1 人:徐寓(1 次)。本人发问 1 次。考徐寓从学于绍熙元年(1190),朱熹授礼"施"或在此间。

78.□●※＊詹体仁(1143—1206),字元善,建宁府浦城县(今属福建)人,左朝奉郎(1173)、轻车都尉、信州知州、台州知州(1173—1175)、中大夫、徽猷阁待制、敷文阁直学士、集英殿修撰、知静江府(1183)、太常博士、金部郎官、司农少卿、太常少卿、太府卿、直龙图阁知福州(今属福建),参编《仪礼经传通解》。《经义考》列为"朱子传《易》弟子"。同学 1 人:董铢(1 次)。本人发问 1 次:《语类》90 七 1.21 问冕服。詹体仁家中以俗乐奏风雅篇章,以古礼论孝宗陵寝选址,陈荣捷因此盛赞"其人对于礼乐之特性"②。考董铢从学于庆元二年(1196)以后,詹体仁或在同时。从学始于乾道五年(1169)③。

79.□●※蔡元定(1135—1198),字季通,蔡渊、蔡沈父,建宁府建阳县(今属福建)人,精律吕之学,著《律吕新书》,参修《仪礼经传通解》。《晦庵文集》续集卷二《答蔡季通》("律管分数"):"《祭仪》《深衣》纳去,录毕却示及也。"④续集卷二《答蔡季通》("《礼记》纳去"):"《礼记》纳去,归来未暇子细再看。恐可抄出,逐段空行剪开,以类相从。盖所取之类不一故也。四十九篇昨来分成七类,《曲礼》《冠义》《王制》《礼运》《大学》《经解》《丧大纪》。试用推排喻及,以参得失如何?"⑤《晦庵文集》卷四十四《答蔡季通》("修历事若下"):"祭法须以宗法参之,古人所谓始祖,亦但谓始爵及别子耳。非如程氏所祭之远,上僭则过于禘,下僭则夺其宗之为未安也。"⑥又同卷《答蔡季通》("历事不知后来有何施行"):"祭法世数,明有等差,未易遽改。古人非不知祖不可忘,而立法如此,恐亦自有精意也。"⑦察其文意,乃是就历法而论祭法。《晦庵文集》续集卷二《答蔡季通》("庙议亦不尽记"):"庙议亦不尽记,若士大夫以下,自有定制。但今庙不成庙,即且依程夫子说,自高祖以

① 方彦寿:《朱熹书院与门人考》,华东师范大学出版社 2000 年版,第 45 页。
② 陈荣捷:《朱子门人》,华东师范大学出版社 2007 年版,第 196、197 页。
③ 方彦寿:《朱熹书院与门人考》,华东师范大学出版社 2000 年版,第 55 页。
④ 顾宏义:《朱熹师友门人往还书札汇编》,上海古籍出版社 2017 年版,第 40 页。
⑤ 顾宏义:《朱熹师友门人往还书札汇编》,上海古籍出版社 2017 年版,第 41 页。
⑥ 顾宏义:《朱熹师友门人往还书札汇编》,上海古籍出版社 2017 年版,第 89 页。
⑦ 顾宏义:《朱熹师友门人往还书札汇编》,上海古籍出版社 2017 年版,第 89 页。

下,亦未为僭也。"①似是就所问家庙而答。另外,《晦庵文集》续集卷二《答蔡季通》("旋晕之疾")、同卷"二变之说",卷三"《礼书》附疏未到"、同卷"所需《律序》"等篇论及《仪礼》《仪礼经传通解》事宜。蔡元定《西山公集》谈及江默"择父母葬地",请朱熹商议、贲临②。

《宋史》本传称其"于书无所不读,于事无所不究。义理洞见大原,下至图书、礼乐、制度,无不精妙。古书奇辞奥义,人所不能晓者,一过目辄解"③。《仪礼经传通解》卷十三《学礼六之下·钟律义》中有《律寸新法》《黄钟寸分数法》两篇,皆用蔡元定说。从学始于乾道五年(1169)寒泉精舍建成前④。

80.□●蔡渊(1156—1236),字伯静,蔡元定长子。《经义考》列为"朱子授《礼》弟子""朱子传《易》弟子"。《晦庵文集》续集卷三《答蔡伯静》("前日八哥来访")言居丧杂仪。据载,"西山春陵之谪,仲默从侍,先生奉母家居,……讣音闻,先生哀毁骨立,一以文公《家礼》为准,庐于墓侧,泣血三年,与当世绝。丁母忧,年及耳顺,哀毁逾礼。……西山留意宗法。先生绎先志而修明之,建祠堂,立仪约,规条整然,其谨于礼有如此者"⑤。从学始于淳熙十三年(1186)于武夷精舍⑥。

81.□●蔡沈(1167—1230),字仲默,蔡元定次子,建宁府建阳县(今属福建)人。《晦庵文集》续集卷三《答蔡仲默》("周纯臣书荷留念")曰:"《冠义》曾寻得否？幸因便寄及。"⑦又续集卷三《答蔡仲默》("年来病势交攻")曰:"诸书且随分如此整顿一番,《礼书》大段未了,最是《书说》未有分付处。"⑧可知,蔡沈虽主要负责撰写《书传》,却曾参与《仪礼经传通解》的材料收集工作。《宋史》本传:"始,从元定谪道州,跋涉数千里,道楚、粤穷僻处,父子相对,常以理义自怡悦。元定殁,徒步护丧以还。"⑨朱熹病重,蔡沈在旁,殁则主丧。可见其人、其礼皆为诸生所推重。从学始于绍熙四年(1193)

① 顾宏义:《朱熹师友门人往还书札汇编》,上海古籍出版社2017年版,第139、140页。
② 顾宏义:《朱熹师友门人往还书札汇编》,上海古籍出版社2017年版,第100页。
③ 脱脱:《宋史》卷434《蔡元定传》,中华书局1977年版,第12876页。
④ 方彦寿:《朱熹书院与门人考》,华东师范大学出版社2000年版,第42页。
⑤ 李清馥撰,徐公喜等点校:《闽中理学渊源考》卷25《处士蔡节斋先生渊学派》,凤凰出版社2011年版,第342、343页。
⑥ 方彦寿:《朱熹书院与门人考》,华东师范大学出版社2000年版,第104页。
⑦ 顾宏义:《朱熹师友门人往还书札汇编》,上海古籍出版社2017年版,第11页。
⑧ 顾宏义:《朱熹师友门人往还书札汇编》,上海古籍出版社2017年版,第12页。
⑨ 脱脱:《宋史》卷434《蔡元定传》,中华书局1977年版,第12877页。

或稍后于沧州精舍①。

82.□●＊陈孔硕，字肤仲，福州府侯官（今福建福州）人，曾任邵武知县、赣州知州、提举淮南东路常平、广南西路运判、中大夫祕阁修撰等职，吕祖谦弟子，后从学朱熹，著《释奠仪礼考证》。《晦庵文集》卷四十九《答陈肤仲》（"讲说次第"）载朱熹答所问释奠礼，当与之相关。从学始于约淳熙十四年（1187）②。

83.□○程永奇（1151—1221），字次卿，徽州休宁（今属安徽）人。《经义考》列为"朱子传《易》弟子"。"居家尝仿伊川宗会法，以合族人。又举行《吕氏乡约》。冠婚丧祭悉用朱氏《礼》，乡族化之。"③从学始于绍熙二年（1191）于沧州精舍④。

84.□●＊范念德，字伯崇，范如圭子，建宁府建安县（今福建建瓯市）人，曾任庐陵龙泉县主簿、吉州从事、平阳府长洲县令、宜黄县令等职。《晦庵文集》卷三十九《答范伯崇》（"《王制》：'丧三年不祭'"）载其问丧中之祭事，引《王制》《曾子问》注疏，辨析上千言，可谓深于礼者。按蔡沈《梦奠记》，朱熹临终曾"作范伯崇念德书，托写《礼书》，且为冢孙择配"⑤。从学始于隆兴元年（1163），崇安五夫⑥。

85.□●＊方耒，字耕道，兴化军莆田县（今属福建）人。《晦庵文集》续集卷六《与方耕道》（"问礼之意甚善"）载朱熹答问礼语，称："旧所遵守者，温公《书仪》、程氏《新礼》耳。"⑦则其所问当为家礼之属。据载，方耒"乾道中登第，调善化尉，历知潭州、攸县，邑有茅将军祠，愚民岁取人子女杀以祭，名曰'乐神'，耒始至，牒诸保，聚稿于祠中，遣吏酹以文而焚之，其害遂绝"⑧。朱熹赞其果敏，往往如此。从学始于乾道六年（1170）于崇安⑨。

86.□●郭叔云，字子从，潮州潮阳县（今属广东）人。从学始于绍熙四

---

① 方彦寿：《朱熹书院与门人考》，华东师范大学出版社 2000 年版，第 179 页。

② 方彦寿：《朱熹书院与门人考》，华东师范大学出版社 2000 年版，第 109 页。

③ 赵宏恩修、黄之隽等纂：《（乾隆）江南通志》卷 164《人物志》，《景印文渊阁四库全书》第 511 册，台湾商务印书馆 1986 年版，第 702 页。

④ 方彦寿：《朱熹书院与门人考》，华东师范大学出版社 2000 年版，第 69 页。

⑤ 蔡有鹍辑、蔡重增辑：《蔡氏九儒书》卷 6《朱文公梦奠记》，《四库全书存目丛书》集部第 346 册，齐鲁书社 1995 年影印清雍正十一年（1733）蔡重刻本，第 793 页。

⑥ 方彦寿：《朱熹书院与门人考》，华东师范大学出版社 2000 年版，第 38 页。

⑦ 顾宏义：《朱熹师友门人往还书札汇编》，上海古籍出版社 2017 年版，第 661 页。

⑧ 宋端仪撰、薛应旂辑：《考亭渊源录》卷 20《方耒传》，《四库全书存目丛书》史部第 88 册，齐鲁书社 1995 年影印明隆庆三年（1569）林润刻本，第 788 页。

⑨ 方彦寿：《朱熹书院与门人考》，华东师范大学出版社 2000 年版，第 54 页。

年(1193)于沧州精舍①。

《(嘉靖)潮州府志》卷七载其事迹曰：

> 以礼教久废,慨然欲讲求而举行之,其问《礼经》所疑二十余条,见《晦翁集》中。晦翁没,与其同门北溪陈淳书札往返相讲论先后天太极图、易书之旨。尝考小宗法,定世嫡主之议。撼程子所取家宗会之说,又取《礼经》族食、族燕之义,编《宗礼》《宗义》二篇,及晦翁、蒙谷二先生《宗法》各一册,并藏诸家。②

按此,郭叔云之礼学成就有：

学礼、问礼于朱熹。考《晦庵文集》卷六十三有《答郭子从》("复,男子称名""古人六礼")两书：前书载问答 28 条,以丧祭为主；后书载问答 3 条,皆涉婚礼。两书共计问答 31 条,当即所谓"《礼经》所疑二十余条"者。书信往还本不成书,而《(道光)广东通志》《经义考》均著录《礼经疑》一书,稍涉漫烂。两书约撰于庆元四年(1198)③。

考宗法,编礼书。陈淳《北溪大全集》卷九《宗会楼记》《食燕堂记》、卷二十五《答郭子从三》载郭子从考礼、编礼、行礼之事。《食燕堂记》曰："子从又尝编《宗礼》《宗义》二篇,附以立宗文约、公状、家约、家谱于其后,及晦庵、蒙谷二先生《宗法》各一册,并藏诸堂中。"④可知,《宗礼》《宗义》仅为郭氏家族文献的一部分,其后尚有立宗文约、公状、家约、家谱。这种文献编纂方式很像元、明之后家族文献(尤其是家谱)的编纂次序,充分考虑后世宗支对族产的合法持有与家族礼仪的接续。从陈淳的表述看,《宗礼》《宗义》的内容主要有：

第一,述家世渊源,论定始迁祖。"推原本姓出于虢叔之后,自太原阳曲分徙颍川、华阴、昌乐、中山。唐末,华阴之族有避地游宦于南,而本宗始祖盖自漳来,失其名位,且非世家,不敢僭祖。其次据大父广莱府君讳近者,实始基产业,为继祢之嫡,越考至已,又皆居长。"⑤

---

① 方彦寿：《朱熹书院与门人考》,华东师范大学出版社 2000 年版,第 177 页。
② 郭春震：《(嘉靖)潮州府志》卷 7《人物志·隐逸》,明嘉靖二十六年(1547)刻本。
③ 顾宏义：《朱熹师友门人往还书札汇编》,上海古籍出版社 2017 年版,第 798 页。
④ 陈淳：《北溪大全集》卷 9《食燕堂记》,《景印文渊阁四库全书》第 1168 册,台湾商务印书馆 1986 年版,第 572 页。
⑤ 陈淳：《北溪大全集》卷 9《宗会楼记》,《景印文渊阁四库全书》第 1168 册,台湾商务印书馆 1986 年版,第 571 页。

　　第二,立小宗之法,定主祭之人。"放小宗法,与其弟某割先业潮阳汶沟田充蒸尝,定为世嫡主祭之议。"①

　　第三,订宗田契约,修祭祀之礼。"子从所为宗田之约,嫡子不得出粥,诸子不得均分。专修四代坟忌,及时祭各族之费,忌日一按礼书,不用浮屠。"②可知郭氏祭先有墓祭、时祭、忌日之礼,其制一遵古礼。

　　第四,借鉴韦氏宗会法,行族食、族燕礼。即引文所谓"摭程子所取家宗会之说,又取《礼经》族食、族燕之义,编《宗礼》《宗义》二篇"。

　　此外,郭氏还将"晦庵、蒙谷二先生《宗法》各一册"藏在堂中供族众查览。朱熹《宗法》不知为何书,疑是《仪礼经传通解》卷五《五宗》篇。"蒙谷先生"当指古田人邵整,字宋举,自号蒙谷遗老,"少尝从合沙郑少梅学《易传》、《六十四卦图说》及《春秋元经》。其纂集图序,甫讫而卒"③。或有《宗法》之作。

　　为践行《宗礼》《宗义》,郭氏兴土木,以合家族,建宗会楼"以为岁时会合宗人之所"④,造食燕堂"以为祭后与宗人馂之地"⑤。按陈淳记文,其事当在嘉定十三年(1220),距问礼朱熹时已过二十载,后世称郭叔云"熟于礼学"⑥、"于晦翁之学得之最深"⑦,良有以也。

　　87.□●※＊李燔(1166—1235),字敬子,南康建昌(今江西永修)人,参修《仪礼经传通解》。《经义考》列为"朱子传《易》弟子""朱子授《诗》弟子"。《晦庵文集》卷六十二《答李敬子、余国秀》("燔气质躁迫")载其问《祭义》之事。《宋史》本传:"熹嘉之,凡诸生未达者先令访燔,俟有所发,乃从熹折衷,诸生畏服。熹谓生曰:'燔交友有益,而进学可畏,且直谅朴实,处事不苟,它日任斯道者必燔也。'熹没,学禁严,燔率同门往会葬,视封窆,不少怵。及诏访遗逸,九江守以燔荐,召赴都堂审察,辞,再召,再辞。郡守请为白鹿书院

---

① 陈淳:《北溪大全集》卷9《宗会楼记》,《景印文渊阁四库全书》第1168册,台湾商务印书馆1986年版,第571页。

② 陈淳:《北溪大全集》卷9《宗会楼记》,《景印文渊阁四库全书》第1168册,台湾商务印书馆1986年版,第571页。

③ 陈道:《(弘治)八闽通志》卷62《人物》,明弘治刻本。

④ 陈淳:《北溪大全集》卷9《宗会楼记》,《景印文渊阁四库全书》第1168册,台湾商务印书馆1986年版,第571页。

⑤ 陈淳:《北溪大全集》卷9《食燕堂记》,《景印文渊阁四库全书》第1168册,台湾商务印书馆1986年版,第571页。

⑥ 宋端仪撰、薛应旂辑:《考亭渊源录》卷20《郭叔云传》,《四库全书存目丛书》史部第88册,齐鲁书社1995年影印明隆庆三年(1569)林润刻本,第791页。

⑦ 郭春震:《(嘉靖)潮州府志》卷7《人物志·隐逸》。

堂长,学者云集,讲学之盛,它郡无与比。""史臣李心传以燔对,且曰:'燔乃朱熹高弟,经术行义亚黄榦,当今海内一人而已。'""居家讲道,学者宗之,与黄榦并称曰'黄李'。"①

88.□●※＊李如圭,字宝之,吉州庐陵(今江西吉安)人,参修《仪礼经传通解》。陈振孙《直斋书录解题》著录《集释古礼》十七卷、《释宫》一卷、《纲目》一卷②。马端临《文献通考》引《中兴艺文志》曰:"《仪礼》既废,学者不复诵习,或不知有是书。乾道间,有张淳始订其讹,为《仪礼识误》。淳熙中,李如圭为《集释》,出入经传;又为《纲目》,以别章句之指;为《释宫》,以论宫室之制。朱熹尝与之校定《礼书》,盖习于礼者。"③《宋会要辑稿》选举卷九称:"如圭六岁诵《诗》《书》《易》《论语》《孝经》《老子》全,摘诵《三礼》《春秋》《孟子》及御制诗赋三百篇,各《礼记》篇名,《周礼》三百六十官,……群书大义皆通。"④则其熟稔诸经,自童子时已然。其精深礼学,虽清儒亦多赞美之辞。《晦庵文集》卷五十九《答李宝之》("《祭礼》略看")载朱熹吩咐《仪礼经传通解》祭礼部分编撰次第之事。

89.□●＊李孝述,字继善,李燔从子,建昌(今江西永修)人。《晦庵文集》卷六十三《答李继善》("嫡子已娶")、《晦庵文集》续集卷10《答李孝述继善问目》("孝述尝求夫心之为物")载其问立嫡、丧服、丧礼、婚礼等事,反复涉及嫡子无子而殁的问题,皆是其居家行礼之疑。

90.□●王力行,字近思,泉州同安县(今属福建)人。《经义考》列为"朱子授《礼》弟子"。《晦庵文集》卷三十九《答王近思》("前此欲铭先夫人之墓")朱熹痛斥其母丧中所记祭文事。录《语类》"辛亥(绍熙二年,1191)所闻",无在礼类者。

91.□●＊王阮(？—1208),字南卿,江州德安县(今属江西)人,曾任南康都昌主簿,永州教授,濠州、抚州知州。《晦庵文集》卷六十《答王南卿》("熹方幸闲中")答其问《周礼》军制。王阮所问《队图》似非就礼而发,而朱熹据礼而答。《宋史》本传载其试礼部对策,纵论恢复形势,可知其兴趣在军事。从学始于淳熙七年(1180)于南康军⑤。

92.□●王岘,字晋辅,吉州(今江西吉安)人。陈著不载,观朱熹书信口

① 脱脱:《宋史》卷430《李燔传》,中华书局1977年版,第12783—12785页。
② 陈振孙撰,徐小蛮、顾美华点校《直斋书录解题》卷2《礼类》,中华书局1987年版,第43页。
③ 马端临:《文献通考》卷180《经籍考》,中华书局1986年据万有文库十通本影印,第1552页。
④ 徐松辑:《宋会要辑稿·选举九》乾道九年三月二日条,中华书局1957年版,第4411页。
⑤ 方彦寿:《朱熹书院与门人考》,华东师范大学出版社2000年版,第140页。

吻,亦是弟子之属,而问学于朱子晚年者。《晦庵文集》卷六十二《答王晋辅》("示喻卒哭之礼""所喻跋语")载朱熹答其问丧礼、墓祭之事,由其父丧而发。

93.□● * 王遇(1142—1211),字子合,漳州龙溪(今属福建)人,官临江军和蕲州教授、长乐知县、赣州通判、尚书吏部右曹郎中。《经义考》列为"朱子传《易》弟子"。《晦庵文集》卷四十九《答王子合》("前书所喻祭礼之位""前书所喻实地功夫者"),别集卷三《答王子合》("别纸所论甚悉")往还问答祭礼,以家庙、祠堂之制为中心问题。黄榦为之作《行状》,曰:"家之吉凶丧祭一以古礼,斥去巫觋老佛之陋,故公之殁,其子治丧,悉遵公命。"①

94.□●魏应仲,字不详,建宁(今属福建)人。《晦庵文集》卷三十九《与魏应仲》载朱熹劝读《礼记》。

95.□●严世文,字时亨,临江军新喻县(今江西新余)人。《经义考》列为"朱子传《易》弟子"。《晦庵文集》卷六十一《答严时亨》("问目各已批出""'生之谓性'一章")载朱熹答其祭五祀、丧礼等问。

96.□○※杨复,字志仁,福州长溪县(今属福建)人,著《仪礼图》《家礼附注》《仪礼经传通解续卷祭礼》等书。《经义考》列为"朱子授《礼》弟子"。按序文时间,杨复《仪礼图》完成于绍定元年(1228),《祭礼》十四卷完成于绍定四年(1231)。《家礼附注》完成于绍定四年至五年间(1231—1232)。近来,叶纯芳、乔秀岩从日本录回杨复续编《祭礼》,并作充分考证,可参考②。作为朱熹身后对《家礼》《仪礼经传通解》等礼书作继续研究的门人,杨复礼学值得深入探讨。从学始于绍熙四年(1193)于沧州精舍③。

97.□●杨履正,字子顺,泉州晋江县(今属福建)人。《晦庵文集》卷五十九《答杨子顺》("所喻数条皆善")与之言《仪礼经传通解》编撰事宜。

98.□●叶仁父,名不详。《晦庵文集》卷六十三《答叶仁父》("示喻祭礼曲折")载朱熹答其祭礼之问颇详。

99.□●余范,字彝孙,福州古田县(今属福建)人。《晦庵文集》卷六十《答余彝孙》载朱熹答其问《周礼·司服》。

100.□● * 曾兴宗(1146—1212)字光祖,赣州宁都(今属江西)人,曾任

---

① 黄榦:《勉斋集》卷37《朝奉郎尚书吏部右曹郎中王公行状》,《景印文渊阁四库全书》第1168册,台湾商务印书馆1986年版,第434页。
② 叶纯芳:《朱熹、黄榦及杨复祭礼学的形成》,《文史》2013年第4期,第145—162页;乔秀岩:《仪礼经传通解丧、祭礼编刊年表》,载叶纯芳、乔秀岩编《朱熹礼学基本问题研究》,北京大学出版社2015年版,第115—123页。
③ 方彦寿:《朱熹书院与门人考》,华东师范大学出版社2000年版,第191页。

南昌主簿、肇庆府节度推官。黄榦为之撰行状,曰:"居家动遵古礼,冠昏丧祭不肯杂以世俗之仪。"又记其遗言曰:"我死勿用浮屠氏,陷我于不知道之域。丧事宜遵古,参用《仪礼》,非礼勿为,非道勿学,乃吾子孙。"①《晦庵文集》卷六十一《答曾光祖》("所示问目")载朱熹答其问木主事,同卷《答曾光祖》("所询丧祭之礼")载朱熹答其丧祭之礼。

101.□●※＊赵师邺,字恭父,台州(今属浙江)人。《经义考》列为"朱子传《易》弟子""朱子授《诗》弟子"。《晦庵文集》卷五十九《答赵恭父》("所示诸说""谨终追远")载其问《礼记》《仪礼》事。从学始于淳熙十四年(1187)于武夷精舍②。

102.□○＊赵师渊,字几道,台州黄岩(今属浙江)人,参修《资治通鉴纲目》。《资治通鉴纲目》卷首下《与讷斋帖》("所补《纲目》今附还")言及《仪礼经传通解》事,然非就问而发。

103.□●周介,字叔谨,处州(今浙江丽水)人。《晦庵文集》卷五十四《答周叔谨》("丧礼前书已报大概")载丧礼服制事,似就其所问而发。

104.R●林用中,字择之,一字敬仲,福州古田县(今属福建)人。《经义考》列为"朱子传《易》弟子"。同学4人:陈淳(2次)、黄义刚(2次)、李闳祖(1次)、胡安之(1次)等。本人发问3次:《语类》85二1.3.1问陈祥道、陆佃礼学,《语类》90七1.42与李唐咨、陈淳、黄义刚、胡安之同问井田诸事,《语类》90七1.138问墓祭。《晦庵文集》卷四十三《答林择之》("熹奉养粗安")载朱熹与之论墓祭、节祠事,乃就张栻所论而发。《晦庵文集》卷四十三《答林择之》("'不仁者不可以久处约'")载朱熹答其关于出母丧服之问。

考陈淳于绍熙元年(1190)、庆元五年(1199)从学,黄义刚于绍熙四年(1193)以后从学,李闳祖于淳熙十五年(1188)以后从学,则朱熹授礼林用中约在淳熙十五年(1188)至庆元五年(1199)间。从学始于乾道二年(1166)三月崇安五夫屏山下③。

105.R●林易简,字一之,漳州(故治在今福建龙溪县)。同学1人:陈淳(1次)。本人发问1次:《语类》90七1.130问祭嫂。考陈淳于绍熙元年(1190)、庆元五年(1199)从学,朱熹授礼林易简或在同时。

① 黄榦:《勉斋集》卷37《肇庆府节度推官曾君行状》,《景印文渊阁四库全书》第1168册,台湾商务印书馆1986年版,第436页。
② 方彦寿:《朱熹书院与门人考》,华东师范大学出版社2000年版,第113页。
③ 方彦寿:《朱熹书院与门人考》,华东师范大学出版社2000年版,第45页。

106.□○※路德章,字里不详,参编《仪礼经传通解》①。

107.□○※＊潘友恭,字恭叔,婺州金华县(今属浙江)人,参编《仪礼经传通解》②。从学始于淳熙初于建宁③。

108.□○※杨简(1141—1226),字敬仲,慈溪(今属浙江)人,著有《冠祭家记》《婚礼家记》《丧礼家记》,参编《仪礼经传通解》④。

109.□○※刘光祖(1142—1222),字德修,简州阳安(故治在今四川简阳)人,参编《仪礼经传通解》⑤。

110.□○※＊刘起晦,字建翁,兴化军莆田县(今属福建)人,参编《仪礼经传通解》⑥。

111.□○※孙枝,字吉甫,庆元府(本明州)鄞县(今属浙江)人,参编《仪礼经传通解》⑦。

112.□○※潘柄,字谦之,怀安(今福建闽侯)人,潘植弟,参编《仪礼经传通解》⑧。录"癸卯(淳熙十年,1183)以后所闻",无在礼类者。

113.□○※黄义勇,字去私,抚州临川县(今属江西)人,参编《仪礼经传通解》⑨。《考亭渊源录》称其"执亲丧敦行古礼"⑩。从学始于淳熙十五(1188)、十六年(1189)于武夷精舍⑪。

114.□○※蔡念诚,字元思,江州德安县(今属江西)人,参编《仪礼经传通解》⑫。从学始于淳熙七年(1180)于南康军⑬。

115.□○※黄士毅,字子洪,居吴中(今江苏苏州),参编《仪礼经传通

---

① 束景南:《朱子大传:"性"的救赎之路》(增订版),复旦大学出版社 2016 年版,第 821 页。
② 束景南:《朱子大传:"性"的救赎之路》(增订版),复旦大学出版社 2016 年版,第 821 页。
③ 方彦寿:《朱熹书院与门人考》,华东师范大学出版社 2000 年版,第 87 页。
④ 束景南:《朱子大传:"性"的救赎之路》(增订版),复旦大学出版社 2016 年版,第 821 页。
⑤ 束景南:《朱子大传:"性"的救赎之路》(增订版),复旦大学出版社 2016 年版,第 821 页。
⑥ 束景南:《朱子大传:"性"的救赎之路》(增订版),复旦大学出版社 2016 年版,第 821 页。
⑦ 束景南:《朱子大传:"性"的救赎之路》(增订版),复旦大学出版社 2016 年版,第 821 页。
⑧ 黄榦:《勉斋集》卷 13《复李贯之兵部》,《景印文渊阁四库全书》第 1168 册,台湾商务印书馆 1986 年版,第 172 页。
⑨ 黄榦:《勉斋集》卷 13《复李贯之兵部》,《景印文渊阁四库全书》第 1168 册,台湾商务印书馆 1986 年版,第 172 页。
⑩ 宋端仪撰、薛应旂辑:《考亭渊源录》卷 11《黄义勇传》,《四库全书存目丛书》史部第 88 册,齐鲁书社 1995 年影印明隆庆三年(1569)林润刻本,第 702 页。
⑪ 方彦寿:《朱熹书院与门人考》,华东师范大学出版社 2000 年版,第 78 页。
⑫ 黄榦:《勉斋集》卷 13《复李贯之兵部》,《景印文渊阁四库全书》第 1168 册,台湾商务印书馆 1986 年版,第 172 页。
⑬ 方彦寿:《朱熹书院与门人考》,华东师范大学出版社 2000 年版,第 141 页。

解》①,著有《仪礼类注》,编《朱子语类》。

116.□○※郑文通,字成叔,福州闽县(今福建闽侯县)人,参修《仪礼经传通解》,嘉泰二年(1202)协助黄榦续修《仪礼经传通解》②,著有《礼记集解》《丧礼长编》。《考亭渊源录》卷十九:"文公晚年编集《仪礼经传》,分畀门人,而取丧礼、仪礼以属榦,以丧礼委文通,乃为考经证传,旁通子史,引比条律,纲目凡例纤悉。文公见之大喜曰:'直卿称成叔之贤且好学,今果然。'"③

117.□○※郑宗亮,字惟忠,嘉泰二年(1202)协助黄榦续修《仪礼经传通解》④。《朱子门人》未收,陈国代以为朱熹孙女婿⑤,似为再传弟子而未及门者。

118.□○※潘儆,字茂修,嘉泰二年(1202)协助黄榦续修《仪礼经传通解》⑥。《朱子门人》未收,似未及门。

119.□○苏龄,字寿卿,古田(今属福建)人。《(民国)古田县志》:"受业朱晦翁,习《易》《礼》。"⑦

120.□○*刘爚(1144—1216),字晦伯,建宁府建阳县(今属福建)人,曾任山阴主簿,连城、闽县令,著有《礼记解》。《经义考》列为"朱子授《礼》弟子"。从学始于乾道六年(1170)于寒泉精舍⑧。

名为"授礼弟子",实则未有问礼、学礼、编礼之事者:

□○*熊以宁,建宁府建阳县(今属福建)人。《经义考》列为"朱子授《礼》弟子",陈荣捷指其无据⑨。

□○△孙调(1126—1204),字和卿,福州长溪县(今福建霞浦县)人。

---

① 黄榦:《勉斋集》卷13《复李贯之兵部》,《景印文渊阁四库全书》第1168册,台湾商务印书馆1986年版,第172页。

② 郑元肃录、陈义和编,吴洪泽校点:《勉斋先生黄文肃公年谱》,载吴洪泽、尹波主编《宋人年谱丛刊》第11册,四川大学出版社2002年版,第7208页。

③ 宋端仪撰、薛应旂辑:《考亭渊源录》卷18《郑文通传》,《四库全书存目丛书》史部第88册,齐鲁书社1995年影印明隆庆三年(1569)林润刻本,第772页。

④ 郑元肃录、陈义和编,吴洪泽校点:《勉斋先生黄文肃公年谱》,载吴洪泽、尹波主编《宋人年谱丛刊》第11册,四川大学出版社2002年版,第7208页。

⑤ 陈国代:《朱子学关涉人物裒辑——拱辰集》,大众文艺出版社2008年版,第794页。

⑥ 郑元肃录、陈义和编,吴洪泽校点:《勉斋先生黄文肃公年谱》,载吴洪泽、尹波主编《宋人年谱丛刊》第11册,四川大学出版社2002年版,第7208页。

⑦ 黄澄渊修、余钟英纂:《(民国)古田县志》卷27《儒林传》,民国三十一年(1942)铅印本。

⑧ 方彦寿:《朱熹书院与门人考》,华东师范大学出版社2000年版,第50页。

⑨ 陈荣捷:《朱子门人》,华东师范大学出版社2007年版,第199页。

《经义考》列为"朱子授《礼》弟子",陈荣捷指其无据①。

□○刘黻,字季文,吉州庐陵县(今江西吉安)人。《经义考》列为"朱子授《礼》弟子",陈荣捷指其无据②。

虽有论礼之事,然非弟子者:

□●△＊吕祖俭(? —1196),字子约,吕祖谦弟,婺州金华(今属浙江)人。同学1人:沈僩(1次)。本人发问1次:《语类》86 三1.4.40问井田、乡遂。

□○△＊程迥,字可久,号沙随,朱熹讲友,应天府宁陵(今属河南)人,著《淳熙三器图义》。《语类》90 七1.9李方子录程氏语,论木主。程氏论古今尺度甚精,朱子及门人多有借用,所谓"沙随尺法"是也。《晦庵文集》卷三十七《答程可久》("熹昨承宠示公剳")与之论古尺。

□●△陈旦(1123—?),字明仲,朱熹讲友、同年、同乡,建宁府建阳县(今属福建)人。《晦庵文集》卷四十三《答陈明仲》("丞事如过割一条""灵席居中堂""喻及丧礼""祭礼比得书""丧服")五封书札皆论丧、祭,朱熹曾以所编丧礼寄送,并逐条说明。

□●＊△范如圭(1102—1160),字伯达,建州建阳县(今属福建)人。《晦庵先生语录大纲领》附录上载其与朱熹就《礼记》问答。陈著不载其人,观其文辞,当是讲友之属。

□●＊△何镐(1128—1175),字叔京,邵武人,曾任汀州上杭丞、善化县令,朱熹讲友。《经义考》列为"朱子传《易》弟子""朱子授《诗》弟子"。《晦庵文集》卷四十《答何叔京》("未发之前")载其与朱熹问答,内容涉及丧服者,文中说"出母有服,所论得之"③,则何镐来书当有详论。从学始于乾道二年(1166)④。

□○＊△黄樵仲(? —1191),字道夫,龙溪(今属福建)人,著有《礼记解》。《闽中理学渊源考》卷十三:"谢事归,每晨兴,率子弟衣冠见家庙,退而默坐,或至终日。饮食衣服,不求鲜美,曰:'无过吾分。'居丧三年,无笑容。乡里有为非者,惟恐樵仲知之也。邓司谏守漳,辟郡学,行乡饮,皆请樵仲主之。"⑤

---

① 陈荣捷:《朱子门人》,华东师范大学出版社2007年版,第118页。

② 陈荣捷:《朱子门人》,华东师范大学出版社2007年版,第220页。

③ 顾宏义:《朱熹师友门人往还书札汇编》,上海古籍出版社2017年版,第860页。

④ 方彦寿:《朱熹书院与门人考》,华东师范大学出版社2000年版,第44页。

⑤ 李清馥撰,徐公喜等点校:《闽中理学渊源考》卷13《录参黄道夫先生樵仲》,凤凰出版社2011年版,第211页。

　　□●＊△刘玶(1138—1185),字平甫,建宁府崇安(今福建武夷山市)人。朱熹为之撰墓志铭,称其"天资孝友,事世母庆国夫人及忠肃公甚谨,服其丧皆过礼。嗣主家政,聚族众多而法度修整,恩意均洽"①。《晦庵文集》卷四十《答刘平甫》("墓表须看令式""熹承询影堂")载朱熹答其问墓表形制、影堂木主之事,皆就其治丧、家祭而发。

　　□●＊△刘清之(1134—1190),字子澄,吉州庐陵(今江西吉安)人,著有《训蒙新书外书》《戒子通录》《祭仪》等。《晦庵文集》别集卷三《答刘子澄》("某幸如昨")载朱熹寄送《祭礼》事。《晦庵文集》卷三十五《与刘子澄》("诸书今岁")向其介绍《小学》书的编写次第。刘清之颇重行礼,以《宋史》本传言之:

　　一、合宗睦族,谨于祭先。南宋初年,战乱不止,族人离散;加之长年在外为官,忠孝难全。《宋史》本传称:"母不逮养,每展阅手泽,涕泗交颐。从兄肃流落新吴,族父晔寓丹阳、艾寓临川,皆迎养之。从祖子侨为邵州录事参军,死吴锡之乱,清之遣其孙晋之致书邵守,得其遗骨归葬焉。族人自远来,馆留之,不忍使之遽去。尝序范仲淹《义庄规矩》,劝大家族众者随力行之。"②另外,刘氏还撰有《祭仪》,即本传所谓"本之家法,参取先儒礼书,定为祭礼行之"③。

　　二、善为循吏,以礼谕民。在鄂州任上,刘清之以礼化俗。"州有民妻张以节死,嘉祐中,诏封旌德县君,表其墓曰'烈女',中更兵火,至是无知其墓者,清之与郡守罗愿访而祠之。鄂俗计利而尚鬼,家贫子壮则出赘,习为当然,而尤谨奉大洪山之祠,病者不药而听于巫,死则不葬而畀诸火,清之皆谕止之。"④又至衡州,"尝作《谕民书》一编,首言畏天积善,勤力务本,农工商贾莫不有劝,教以事亲睦族,教子祀先,谨身节用,利物济人,婚姻以时,丧葬以礼。词意质直,简而易从。邦人家有其书,非理之讼日为衰息⑤。

　　三、善始善终,治丧以礼。"光宗即位,起知袁州,而清之疾作,犹贻书执政论国事。诸生往候疾,不废讲论,语及天下,孜孜叹息,若任其责者。病且革,为书以别向浯、彭龟年,赋二诗以别朱熹、杨万里。取高氏《送终礼》以授

---

①　朱熹撰,刘永翔、朱幼文校点:《晦庵先生朱文公文集》卷92《从事郎监潭州南岳庙刘君墓志铭》,朱杰人主编《朱子全书》第25册,上海古籍出版社、安徽教育出版社2002年版,第4265页。
②　脱脱:《宋史》卷437《刘清之传》,中华书局1977年版,第12956、12957页。
③　脱脱:《宋史》卷437《刘清之传》,中华书局1977年版,第12957页。
④　脱脱:《宋史》卷437《刘清之传》,中华书局1977年版,第12955页。
⑤　脱脱:《宋史》卷437《刘清之传》,中华书局1977年版,第12955页。

二子曰:'自敛至葬,视此从事。'"①从学始于绍兴末或隆兴初年(约1162—1163)刘氏官建德主簿之时②。

□ * △陆九韶(1128—1205),字子美,抚州金溪(今属江西)人。陆氏家族自五代之后迁居金溪,在陆九韶父陆贺时注重家礼,"采司马氏冠昏丧祭仪行于家"③。至陆九韶、陆九龄、陆九渊一代,学术昌明,并称"金溪三陆"。陆九韶所撰涉乎家礼著作有三:

一是《居家正本》《居家制用》,见《梭山日记》卷八,相关研究颇多,可参考④。

二是《终礼》。《陆九渊集》卷三十九《年谱》言其"临终自撰终礼,戒不得铭墓"⑤。此书不传,所谓"不可铭墓"当据古礼而言,推测《终礼》乃复古之制。

三是家中训戒韵文。《宋史》本传称:"其家累世义居,一人最长者为家长,一家之事听命焉。岁迁子弟分任家事,凡田畴、租税、出内、庖爨、宾客之事,各有主者。九韶以训戒之辞为韵语,晨兴,家长率众子弟谒先祠毕,击鼓诵其辞,使列听之。子弟有过,家长会众子弟责而训之;不改,则挞之;终不改,度不可容,则言之官府,屏之远方焉。"⑥所谓"以训戒之辞为韵语",载于《鹤林玉露》卷五:

> 晨揖,击鼓三叠,子弟一人唱云:"听听听听听听听,劳我以生天理定。若还惰懒必饥寒,莫到饥寒方怨命。虚空自有神明听。"又唱云:"听听听听听听听,衣食生身天付定。酒肉贪多折人寿,经营太甚违天命。定定定定定定定。"又唱云:"听听听听听听听,好将孝弟酬身命。更将勤俭答天心,莫把妄思损真性。定定定定定定定,早猛省。"食后会茶,击磬三声,子弟一人唱云:"凡闻声,须有省,照自心,察前境,若方驰骛速回光,悟得昨非由一顷,昔人五观一时领。"乃梭山之词也。⑦

---

① 脱脱:《宋史》卷437《刘清之传》,中华书局1977年版,第12956页。

② 方彦寿:《朱熹书院与门人考》,华东师范大学出版社2000年版,第48页。

③ 脱脱:《宋史》卷434《陆九龄传》,中华书局1977年版,第12877页。

④ 如赵振:《中国历代家训文献叙录》,齐鲁书社2014年版,第75页。

⑤ 陆九渊撰,钟哲点校:《陆九渊集》卷35《年谱》,中华书局1980年版,第480页。

⑥ 脱脱:《宋史》卷434《陆九韶传》,中华书局1977年版,第12879页。

⑦ 罗大经撰,王瑞来点校:《鹤林玉露》丙编卷5《陆氏义门》,中华书局1983年版,第324页。

相比同时的聚居家族(如九江陈氏),金溪陆氏家族更重视家礼建设,堪称"以礼治家"的典范,为元代之后聚居家族(如浦江郑氏)的家礼实践提供了重要借鉴。

□●＊△陆九龄(1132—1180),字子寿,陆九韶弟。《宋史》本传称:"九龄尝继其父志,益修礼学,治家有法。阖门百口,男女以班各供其职,闺门之内严若朝廷。而忠敬乐易,乡人化之,皆逊弟焉。"①《晦庵文集》卷三十六《答陆子寿》("蒙喻及祔礼""先王制礼")两书皆论礼,涉及丧祭诸多问题,往还问难,此亦朱陆交锋之一侧面也。

□●＊(汪应辰)(1118—1176),字圣锡,信州玉山(今属江西)人,可称讲友。《晦庵文集》卷三十《答汪尚书论家庙》《答汪尚书》("前蒙垂谕庙制""伏蒙垂谕")载朱熹答其问家庙、墓祭、《祭仪》事。

□○＊(王炎)(1137—1218),字晦叔,婺源(今属江西)人。今存《双溪类稿》中无解经著作,唯卷二十六有论数篇,涉及礼者有《禘祫论》《郊祀论》《周礼论》《明堂论》《宗子论》,或是诸书之遗?又《双溪类稿》卷二十一有《答朱侍讲》,论三年之丧。

□●△吴仁杰,字斗南,居昆山(今属江苏),著述颇多,涉礼者有《禘祫绵蕞书》《乐舞新书》《庙制罪言》《郊祀赘说》。《晦庵文集》卷五十九《答吴斗南》("所示《庙议》")对其所论庙制委婉批评。

□●△吴翌(1129—1177),字晦叔,建宁府建阳县(今属福建)人。《经义考》列为"朱子传《易》弟子"。《晦庵文集》卷四十二《答吴晦叔》("文叔出示"):"文叔出示近与诸公更定《祭仪》,其间少有疑,辄以请教,幸与诸公评之。"②所论两事,一驳"庙必东向",一驳冬至祭始祖等。乃就所见"文叔"等编《祭仪》所发,本非吴翌所问,而幸与有闻。考《文集》有黄文叔(度)、梁文叔(璪)、范文叔(仲黼)、李文叔(未详其名)、潘文叔(友文),《祭仪》作者待考。

---

① 脱脱:《宋史》卷434《陆九龄传》,中华书局1977年版,第12878、12879页。

② 顾宏义:《朱熹师友门人往还书札汇编》,上海古籍出版社2017年版,第2821页。

□●△向浯（？—1195），字伯元。《晦庵文集》别集卷四《答向伯元》（"纸尾批诲饮食必祭之说"）载朱熹答其论饮食必祭之论。

□●△许升（1141—1185），字顺之，泉州同安县（今属福建）人，著有《礼记文解》。《晦庵文集》卷三十九《答许顺之》（"《檀弓》篇云"）载朱熹答其问丧礼，乃由其读《礼记·檀弓》所激发。书中又称："前书因见读《礼》，故劝以致详微细，因有'损所有余，勉所不足'之言。来书乃谓：'本末精粗本无二致，何用如此分别？'"①则朱熹曾悉心传授读礼之法，而许升不愿如此细致读书，经朱熹教训乃有此书所问之功。绍兴二十三年（1153）于同安从学②。

□●△＊颜度（1124—1198），字鲁子，苏州昆山（今属江苏）人。《晦庵文集》卷三十七《答颜鲁子》（"熹昨蒙喻及深衣""蒙喻深衣约组"）两书载朱熹答其问深衣事。

□●（俞庭椿），字寿翁，抚州临川（今属江西）人，著《周礼复古编》，有"《冬官》不亡"之说，深得朱熹赞许。《晦庵文集》续集卷七《答俞寿翁》（"兴国盗铸曲折""示喻刚气未能自克之病"）两书谈及《复古编》，说"其间数处向亦深以为疑"。

□●（曾极），字景建，抚州临川（今属江西）人，以诗闻名。《晦庵文集》卷六十一《答曾景建》（"季通远役"）与之论及《尔雅·释亲》，以及《仪礼经传通解》编写事宜。按《通解·家礼》编《释亲》于婚礼之后，该论或为编礼所发。

□●＊（曾集），字致虚，赣州赣县（今属江西）人。《晦庵文集》卷四十六《答曾致虚》（"南康从祀画像"）载朱熹答其从祀之制。按《（嘉靖）江西通志》卷九十四记其绍熙间（1190—1194）知南康军，"修刘涣墓，割公田以奉其祀，故朱子称其有尊贤尚德之心，为政知所先后"③。云疑即此事。

□●△＊张栻（1133—1180），字敬夫。张栻《南轩集》卷二十《答朱元晦

---

① 顾宏义：《朱熹师友门人往还书札汇编》，上海古籍出版社 2017 年版，第 2907 页。

② 方彦寿：《朱熹书院与门人考》，华东师范大学出版社 2000 年版，第 37 页。

③ 林庭㭚修、周广编纂：《（嘉靖）江西通志》卷 13，明嘉靖刻本。

秘书》("示以所定祭礼"),朱熹《晦庵文集》卷三十《答张敬夫》("《祭说》编订精审")往还论祭礼事。张栻《南轩集》卷二十四《答朱元晦》("奉教以《礼书》中")载往还论《三家婚丧祭礼》中未编冠礼事。《南轩集》卷二十三《答朱元晦》("尊嫂已遂葬事否")载其与论葬礼择穴事。《南轩集》卷二十四《答朱元晦》("《语说》荐荷指论")言岭外风俗之化。

□○ * (章颖)(1141—1218),字茂献,临江军(今江西清江西)人。《晦庵文集》别集卷二《答章茂献》("所需庙议""庙议固可恨")载论庙议事。

□○ * (赵汝愚)(1140—1196),字子直,饶州余干县(今属江西)人。《晦庵文集》卷二十九《与赵丞相书》("熹窃以献岁发春")载庙议事。

□●△ * 赵彦肃(? —1196),字子钦,严州(今浙江建德梅城镇)人,著有《士冠士昏馈食图》。《晦庵文集》卷五十六《答赵子钦》("自反研几之喻")、论《司马氏书仪》。同卷"礼图未暇详考"一书曰:"礼图未暇详考,亦是素看此篇不熟,猝乍看未得。若更得冠、婚二图,容并考之,乃为幸耳。"[1]后书赞道:"礼图甚精,……不得子细商订。"[2]则知赵彦肃《士冠士昏馈食图》撰于两书之间,约在绍熙三年(1192)末。

□●△ * 郑伯熊(1127—1181),字景望,永嘉(今属浙江)人。《晦庵文集》卷三十七《答郑景望》("《家祭礼》三策并上")载朱熹论《古今家祭礼》次第,嘱其补入编次,而郑氏亡,不及此。

□○ * (周必大)(1126—1204),字子充,吉州庐陵(今江西吉安)人。《文忠集》卷一百九十三《与朱元晦待制》("某窃以夏暑浸溽")言新补《祭礼》为全书事。

□○※△应恕,字仁仲,处州丽水县(今属浙江)人,参编《仪礼经传通解》[3]。

---

[1] 顾宏义:《朱熹师友门人往还书札汇编》,上海古籍出版社 2017 年版,第 3513 页。

[2] 顾宏义:《朱熹师友门人往还书札汇编》,上海古籍出版社 2017 年版,第 3514 页。

[3] 束景南:《朱子大传:"性"的救赎之路》(增订版),复旦大学出版社 2016 年版,第 821 页。

□○(詹子厚)，名里不详。《晦庵文集》卷五十六《答詹子厚》（"罪戾之余"）言《仪礼经传通解》编纂事宜。

第二节　朱熹授礼活动剖析

通过考证，"朱子授礼弟子"的范围得以确定。这种以零碎个体为单位的表达固然有益于了解弟子门人的礼学研习、授受、实践等活动的基本情况，却无法拼成"朱子授礼"的整体图景。如欲通观朱熹授礼活动之历史，尚须将"有效信息"从考证中剥离出来进一步研究。本节以群体、时间、空间三个维度展开分析，尽可能勾勒、复原出"朱子授礼"的历史过程。

一、数据采集、方法与算法

（一）研究对象与群体边界

按上节考证修正《经义考》开列名单，可将其分作三类：

一是收录而未说明的，共 56 人。其中，语录、语类中录礼者 52 人：吴必大、黄义刚、叶贺孙、沈僩、李方子、杨至、郑可学、辅广、钱木之、万人杰、陈文蔚、胡泳、李儒用、吕焘、徐寓、陈淳、林赐、李闳祖、李文子、吴雉、吴振、郭浩、金去伪、杨道夫、黄窖、黄榦、童伯羽、黄卓、潘植、甘节、汪德辅、廖德明、余大雅、林夔孙、包扬、李辉、董铢、曾祖道、程端蒙、刘砥、林子蒙、滕璘、黄杲、潘时举、孙自修、周谟、周明作、黄灏、杨方、王过、杨骧、林学蒙。此外，补入往还书札中问礼，论礼者 4 人：蔡渊、王力行、杨复、刘爚。

二是未收而实是者，共 64 人。其中，语录、语类中录礼者 12 人：汤泳、"庚"、游敬、昼渊、窦从周、"辛"、"毕"、郭友仁、张洽、"简"、林用中、林易简。此外，补入非录者的问礼者 16 人：胡安之、陈华、李唐咨、刘子寰、符叙、张以道、曹叔远、杨楫、陈埴、赵师夏、邓子礼、余正甫、刘砺、方士繇、"施"、詹体仁。补入往还书札中问礼、论礼者 21 人：蔡元定、蔡沈、陈孔硕、范念德、方耒、郭叔云、李燔、李如圭、李孝述、王阮、王岘、王遇、魏应仲、严世文、杨履正、叶仁父、余范、曾兴宗、赵师垕、赵师渊、周介。补入参与修编、续编礼书者 13 人：路德章、潘友恭、杨简、刘光祖、刘起晦、孙枝、潘柄、黄义勇、蔡念诚、黄士毅、郑文通、郑宗亮、潘徽。补入行礼者 2 人：程永奇、苏龄。

三是滥收而无据的，共 4 人。其中未授礼的弟子 3 人：熊以宁、孙调、刘黻。往还书札中论礼而非弟子者 1 人：许升。

除去滥收的 4 人,补入漏收者 64 人,可得"朱子授礼弟子"120 人。从上述统计结果来看,《经义考》考证"朱子授礼弟子"的主要依据是《语类》卷八十四至九十一中的录礼者。惜其所收不全,且未能利用池录、徽类、文集等其他资料,故有失精当。

(二)资料来源与方法分殊

往还书札与语录、语类虽可用作考证"朱子授礼弟子",但是两类资料的性质毕竟不同,使用方法也随之产生差异。往还书札属于私人信件,内容丰富、细致,且一般只涉及寄信、收信双方,当时被他人阅读、研究的可能性较小,具有双向性、私密性的特征。相比之下,语录、语类作为"课堂笔记",内容不及书信精详,往往涉及朱熹、问者、录者、其他同学等不同身份的人,当场就有不少听众,随后又被反复阅读、复习,具有多向性、开放性的特征。因此,前者适合用作具体内容的分析,属于定性研究范畴;后者适合用作朱子授礼群体的分析,可以用作定量研究。另外,两种资料所显示的朱熹礼学传播、实践的画面不尽相同。书信往还在师友之间,具备调整弟子"私的圈域"的能力;而语类所记载的会讲则指向性不强,多少属于"公的圈域"[1]。礼学知识有可能通过书信往还达到宣讲难以企及的传播深度,进入弟子家族、乡里,转化为移风易俗的礼仪实践。与既往的书信研究不同,本节希望将视角从"以朱熹为中心"转换到"以弟子为中心",充分重视弟子在家族、乡里礼仪实践中所遭遇的礼仪难题、争论及最终解决,由此揭橥朱熹授礼的独特特征。

对语录、语类所描绘的"公的圈域",本节尝试使用社会网络分析方法(social network analysis),用以研究群体中不同成员之间的行为、互动、关系。在历史研究领域,该方法已有应用,成果卓著、发人深省[2]。不过,由于目前学界对社会网络分析工具的认识与掌握尚有不足,加之以支撑该方法的大型数据库(如中国历代人物传记资料库 CBDB)远未完善,学者很少直接利用数据库,也几乎不使用 Pajek、Ucinet 等分析工具。鉴于此,本节首先通过整理既往研究、继续考证获取弟子信息、关系数据;其次,使用 Pajek 绘

---

[1] 日本学者浅见洋二认为宋代士大夫书信可分作"私"与"公"的两种圈域,见[日]浅见洋二:《言論統制下の文学テキスト——蘇軾の創作活動に即して》,《大阪大学大学院文学研究家紀要》2017 年第 57 期。

[2] 日本宋代史研究会编:《宋代社会のネットワーク》,汲古書院 1998 年;[日]市来津由彦:《朱熹門人集団形成の研究》,創文社 2002 年版;[日]平田茂樹:《略探南宋士大夫复合、多重的社会网络构造——以书信史料为线索》,《中国宋史研究会第十八届年会会议论文集》,2018 年。

制关系图形,对群体的整体状况以及其中的成员、关系作进一步分析;最后,通过定性的研究,印证既得的分析结果。

语录、语类所涉及的朱子授礼弟子有 80 人。其中,录礼者 64 人:吴必大、黄义刚、叶贺孙、沈僩、李方子、杨至、郑可学、辅广、钱木之、万人杰、陈文蔚、胡泳、李儒用、吕焘、徐寓、陈淳、林赐、李闳祖、李文子、吴雉、吴振、郭浩、金去伪、杨道夫、黄㽦、黄榦、童伯羽、黄卓、潘植、甘节、汪德辅、廖德明、余大雅、林夔孙、包扬、李辉、董铢、曾祖道、程端蒙、刘砥、林子蒙、滕璘、黄昊、潘时举、孙自修、周谟、周明作、黄灏、杨方、王过、杨骧、林学蒙、汤泳、"庚"、游敬、晏渊、窦从周、"辛"、"毕"、郭友仁、张洽、"简"、林用中、林易简。非录者的问礼者 16 人:胡安之、陈华、李唐咨、刘子寰、符叙、张以道、曹叔远、杨楫、陈埴、赵师夏、邓子礼、余正甫、刘砺、方士繇、"施"、詹体仁。

这份名单以录者为中心,试图构造朱子授礼门人群体关系网络。在编织这一网络的过程中,录者(A)作为节点,连接了发问者(B)、同录者(C)、同学(D)不同身份的朱门弟子。四者之间的关系可见于改造后的文氏图(图 8.1)。

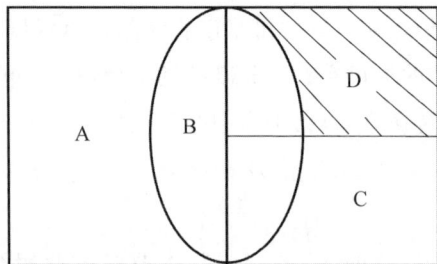

图 8.1　语录、语类中弟子的角色扮演

一是录者,即记录朱子讲说的弟子,图中用 A 表示,占据图左侧二分之一的矩形区域。

二是发问者,即提出问题的朱门弟子,图中用 B 表示,占据图中央呈椭圆形的区域。可能是录者本身,也可能是其他同学。

三是同录者,即与录者一起聆听朱子传授,而又记录的人,图中用 C 表示,占据图右下四分之一的矩形区域。可能是提出问题的人。

四是录者的同学,包括同录者、非录者本人的发问者,以及文献不载的其他录者同学,图中用 D 表示,占据图右侧二分之一的矩形区域。

读图可知,四者之间的关系错综复杂。首先,录者(A)与同学(D)是不相包含的两个群,组成了朱子授礼门人之总体。其次,发问者(B)可能是录者(A)，也可能是录者的同学(D)。再次，同录者(C)全部属于录者同学的范畴，是 D 的子群；同录者(C)可能是发问者(B)。最后，有一部分既不属于同录者(C)，又不属于发问者(B)的同学，图中用阴影表示，占据右上角的不规则区域。此类弟子往往为文献所不载，相关信息只能推知。

(三)方法局限与路径选择

以录者为中心的数据采集方式有其局限性。在录者、同录者都被当作采集数据"主体"的情况下，两人的关系数据实际是被重复计算的。如黄义刚与陈淳同样记录了"《语类》84 — 1.11"(《汇校》84　1.1)的语录条目，陈淳是黄义刚的同学，黄义刚也是陈淳的同学。但是，同样作为"同学"的问者角色则有被单向度计算的危险。这带来了三个数据采集难题：

一是关系数据遗漏，主要存在于非录者的问者之间的同学关系。如"《语类》85 二 1.8.5"(《汇校》85　1.10.4，《语录》黄录 157)中陈淳与李唐咨同为问者，分别被计算为黄义刚的同学，两人之间的关系并未计算。此类情况，应单独整理关系数据，对以录者为中心的网络进行补充。

二是线值计算失准，主要存在于录者与非同录者的发问者之间。如《语类》87 四 1.18.22(《汇校》87　1.15.17，《语录》黄录 216)条，林夔孙为发问者，而非同录者，则录者黄义刚对林夔孙之间产生一条单向度的弧，两人虽为同学关系，却因林夔孙不是录者而只被计算 1 次关系。

三是难以有效分区，主要是因为弟子角色复杂、多样、有重叠。由于整体网络覆盖面广，涵盖内容多，社会网络分析方法关注点、线的平面表达方式不能满足如此复杂的人物关系。许多弟子既是录者又是问者、他人的同录者，从而取消了通过分区来表示某点独立身份意义的可能。相似地，带有方向的弧也无法通过指向全面、周延表达复杂关系的意义。

有鉴于此，笔者在整体网络的绘制、分析过程中未对群中点进行分区，或使用有方向的弧表示更为复杂的关系意义，或标注点与点之间的线度。换言之，朱熹授礼弟子中的角色、身份在整体网络的构建过程中暂被搁置，代之以宏观的、整体的考察。这种考察在形成整体认知后将凸显中心与边缘的群体差异。以此为基础，展开局部视角分析，加入时间、空间元素，将有助于理解朱熹授礼的历史过程。

二、授礼弟子群体的网络结构

(一)整体网络分析

以上文从语录、语类中考证出的 80 位朱子授礼弟子为顶点(vertex)，录

人顶点之间所存在的关系数据(同学关系),可以编织得到一个有 92 条边
(双向弧,edge)的朱子授礼弟子群体网络。使用社会网络分析软件 Pajek
对该网络进行初步分析,可以测出网络密度(density)约为 0.029,平均点度
(average degree)约为 2.300。这意味着每位弟子与其他弟子之间存在 2.3
条左右的关系连线。

进一步分析点度的分布状况发现,虽然该网络的密度、平均点度都不算
高,点度频数的分布(frequency distribution of cluster values)却很不平衡。
在所有的 92 条关系连线中,叶贺孙、黄义刚、陈淳等人的点度远远超过 2,分
别为 17、14、12。而钱木之等 19 人处于孤立,点度为 0,占所有顶点的
23.75%;胡泳等 23 人只与 1 人相关,点度为 1,占所有顶点的 28.75%;吴
必大等 16 人只与 2 人相关,点度为 2,占所有顶点的 20%。这说明,在平均
点度 2.3 之下的顶点共占所有顶点数量的 72.50%。语录、语类朱子授礼弟
子网络是一个中心与边缘地位很不平衡的网络,部分顶点的中心度极高。

就点度中心势(Complete-All neighbours)而言,叶贺孙、黄义刚、陈淳 3
人的点度较高,处于网络的中心位置。测量 3 人到达其他顶点之间的距离,
即他们与其他弟子发生关联所需要的媒介次数,将有助于进一步了解 3 人
在群体中的重要性。在 80 个点中,与 3 人存在联系的有 56 个(包含自身),
其中:叶贺孙与 17 人直接相关,与 23 人距离为 2,与 10 人距离为 3,与 5 人
距离在 3 以上;黄义刚与 14 人直接相关,与 15 人距离为 2,与 23 人距离为
3,与 3 人距离在 3 人以上;陈淳与 12 人直接相关,与 24 人距离为 2,与 16
人距离为 3,与 3 人距离在 3 以上。若以 1 次媒介(距离为 2)产生的联系作
为标准可知,叶贺孙与其他弟子的直接关系比较多,黄义刚与其他弟子的间
接关系比较多,陈淳则介于两者之间,特征不太明显。

在联通其他弟子之间关系方面,中介性(betweenness centrality)提供了
相应数据支撑。总体上看,有 53 个顶点没有发挥过中介作用,25 个顶点中
介势在 0 至 0.0737 之间,2 个顶点中介势在 0.0737 至 0.1473 之间,2 个顶
点中介势在 0.1473 至 0.2210 之间。处于第一区间的是叶贺孙(0.2210)、
黄义刚(0.1541),处于第二区间的是陈淳(0.1142)、万人杰(0.1104)、沈僴
(0.0633)。以中介性大小标志顶点大小,孰轻孰重一望而知(见图 8.2)。

通过密度、点度、距离与中介性的分析可知,朱熹授礼弟子群体并非一
个交流关系均匀的网络。相反地,它是一个中心与周边差异明显的,由若干
位弟子主导的网络社群。位于周边的若干弟子与他人保持着极为有限的关
系,以致陷于独学无友的境地。这种现象要求我们采用局部视角,对整体网

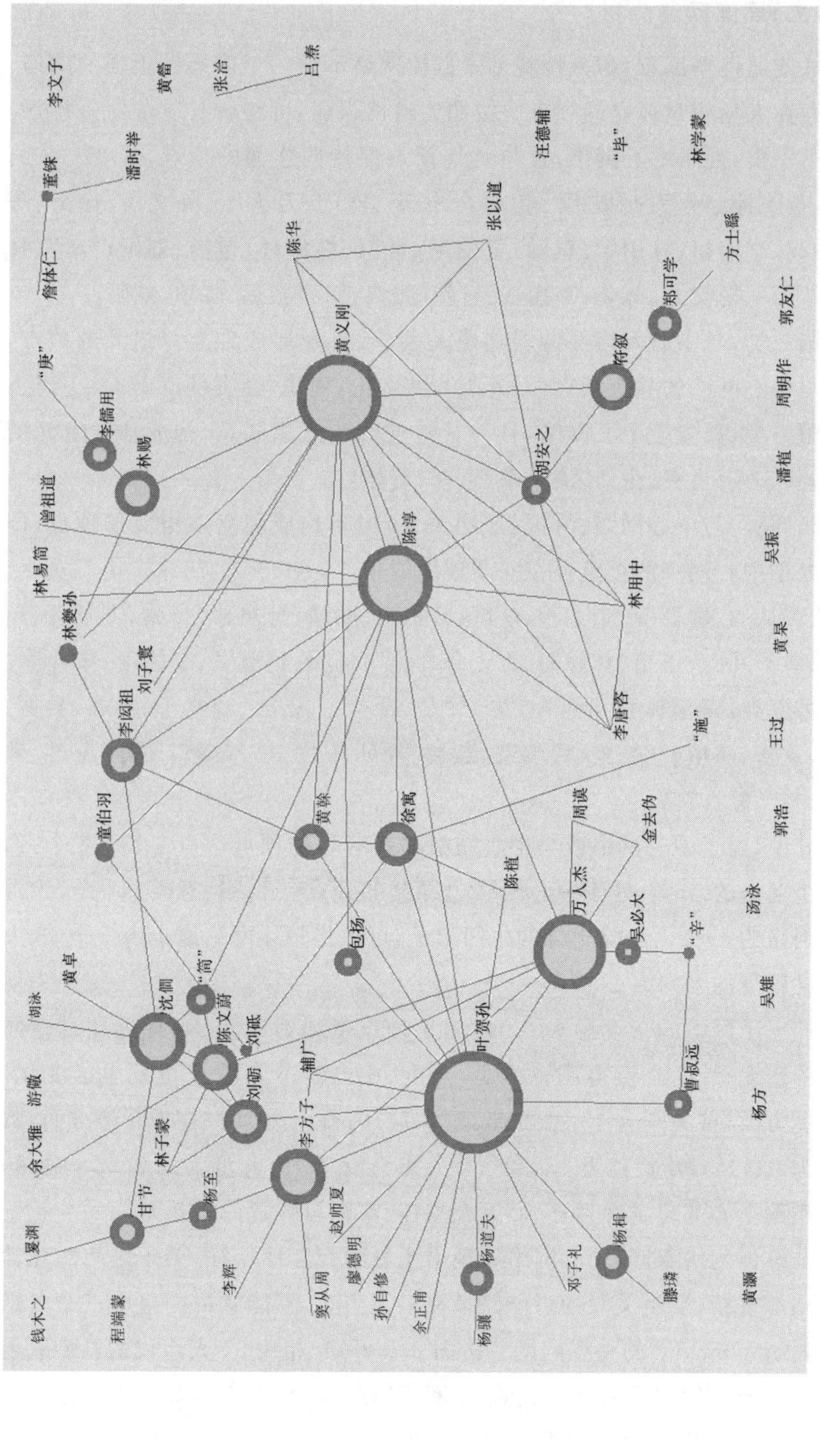

图 8.2 语录、语类朱子授礼弟子网络图

络进行更加微观的分析。

(二)局部网络分析

从连通性角度看,朱熹授礼弟子群体网络不是一个联通性很强的网络,而是存在大量相对孤立的顶点。按照连通性强弱,可将所有顶点分为五类:

第一类,处于中心网络,且与其他顶点保持弱连通的顶点,共 31 人:吴必大、黄义刚、叶贺孙、沈僴、李方子、杨至、辅广、万人杰、陈文蔚、徐寓、陈淳、林赐、李闳祖、林用中、黄㽦、童伯羽、甘节、林夔孙、包扬、刘砥、"辛"、林子蒙、"简"、胡安之、陈华、李唐咨、符叙、张以道、曹叔远、陈埴、刘砺。

第二类,与中心网络保持弱连通关系,且自身形成独立双组元的顶点,除去与中心网络的共有顶点(万人杰),共 2 人:周谟、金去伪。

第三类,孤立于中心网络,且与其他类似顶点相联系,构成独立组元的顶点,共 5 人:吕焘、张洽、潘时举、董铢、詹体仁。

第四类,与中心网络保持弱连通关系,但不构成独立双组元的顶点,即仅与处于中心网络的顶点存在一条连线的顶点,共 23 人:胡泳、"庚"、黄卓、晏渊、窦从周、廖德明、余大雅、李辉、曾祖道、滕璘、孙自修、杨骧、刘子寰、赵师夏、邓子礼、余正甫、林易简、方士繇、"施"、杨楫、杨道夫、李儒用、郑可学。

第五类,完全孤立于他人,共 19 人:钱木之、汤泳、李文子、吴雉、吴振、郭浩、黄鲁、潘植、汪德辅、程端蒙、黄杲、周明作、"毕"、黄灏、杨方、王过、郭友仁、林学蒙、游儆。

其中,处于中心网络或与中心网络联系密切的顶点(一、二类)33 个,约占整个网络的 41%;处于中心网络边缘此的顶点(三、四、五类)47 个,约占整个网络的 59%。去除边缘的朱门弟子,可以将整体网络缩小为一个 33 人的密度较高的子网络。

这一子网络的密度约为 0.1176,平均点度约为 3.8824,远远超过整体网络的密度、点度。值得注意的是,点度、中介性分布状况也发生了变化。在点度方面,黄义刚为 13,叶贺孙、陈淳为 10,万人杰为 8;在中介势方面,黄义刚为 0.3243,叶贺孙为 0.2905,万人杰为 0.2879,陈淳为 0.2786。显然,黄义刚的中心度超越叶贺孙,而万人杰、陈淳则与叶贺孙相差无几。

与整体网络不同,中心网络展现出明显的交互性特征,弟子之间的互动关系错综复杂,发生关联的可能路径很多。当然,不能忽视网络中三个双组元(bi-components)的关系问题。由图 8.2 可知,相比 31 人组成的巨型双组元,周谟、金去伪与万人杰组成的"小圈子"在连通性方面不如他人。作为双组元之间的关节点,万人杰把持了中心网络与小圈子之间信息流,从而有增加自身地位、威望的可能①。

朱子授礼弟子的中心群体是以黄义刚、叶贺孙、陈淳、万人杰为核心的由 33 人构成的关系多向、互动频繁的群体。按照上文提出的录礼、问礼、编礼、撰礼、行礼的标准,对 80 人名单进行分类考察,发现录者共计 65 人,其中属于中心网络第一类弟子的 23 人,第二类网络的 2 人,边缘网络第三类 4 人,第四类 17 人,第五类 19 人,中心群体录者约占总数的 39％。问者共计 44 人,其中属于中心网络第一类弟子的 20 人,第二类网络 1 人,边缘网络第三类 3 人,第四类 13 人,第五类 7 人。参编、修编《仪礼经传通解》者共计 20 人,其中属于中心网络第一类弟子的 9 人,第二类网络的 0 人,边缘网络第三类 3 人,第四类 5 人,第五类 3 人。自撰礼学著述者共计 8 人,其中属于中心网络第一类弟子的 6 人,第二类网络的 0 人,边缘网络第三类 0 人,第四类 1 人,第五类 1 人。行礼者共计 21 人,其中属于中心网络第一类弟子的 10 人,第二类网络的 1 人,边缘网络第三类 2 人,第四类 6 人,第五类 2 人。中心群体的弟子数占总数的 37％,在五种角色时约占总数的比例分别为 39％、48％、45％、75％、52％。朱子授礼弟子中心群体的确在礼学研究与实践方面更加有代表性。

三、授礼时间与群体凝聚过程

朱熹授礼是一个动态的历史过程,可由弟子从学时间的先后反映出来。为确定朱熹授礼某弟子的时间,本节虽然参考白寿彝《朱子语录诸家汇辑序目》②、田中谦二《朱门弟子师事年考》③、徐公喜《朱子门人学案》④等著述,但仍坚持"在场"原则,以语录、语类录者本人所记听闻年岁为准,将朱子授礼弟子分作三类,分别考证:第一类是自述精确到年的录者,年岁清晰,不必再考;第二类是自述"某某年以后所闻"的录者,当以第一类为基准,通过同学关系推算授礼时间;第三类是非录者,通过与前两类弟子的同学关系推算

---

① 考虑到历史文献所提供的关系数据不完整的情况,陈淳、万人杰等在事实层面上的重要性不能高估。不过,录者、编者所书写的历史至少说明建构者的意向与努力。

② 白寿彝:《白寿彝史学论集》,北京师范大学出版社 1994 年版,第 1078—1099 页。

③ [日]田中谦二:《朱门弟子师事年考》,《东方学报》1973 年第 44 卷,第 147—218 页;1975 年第 48 卷,第 261—357 页。

④ 徐公喜:《朱子门人学案》,江西人民出版社 2018 年版。

授礼时间①。因数据整理需要,每位弟子的授礼时间以节点方式呈现,如遇时间段则提取最早的年岁作为时间节点,语类失载的若干弟子虽有大致的从学时间,亦悉所不取,阙疑附后。

80 位弟子的顶点序号及授礼时间为:吴必大(1,1188)、黄义刚(2,1193)、叶贺孙(3,1191)、沈僩(4,1198)、李方子(5,1188)、杨至(6,1193)、郑可学(7,1191)、辅广(8,1194)、钱木之(9,1197)、万人杰(10,1180)、陈文蔚(11,1188)、胡泳(12,1198)、李儒用(14,1199)、吕焘(15,1199)、徐寓(16,1190)、陈淳(17,1190)、林赐(18,1195)、李闳祖(20,1188)、李文子(21)、吴雉(22)、吴振(24)、郭浩(25,1186)、金去伪(26,1175)、杨道夫(27,1189)、黄㽦(28,1188)、黄榦(29,1188)、童伯羽(30,1190)、黄卓(31,1198)、潘植(32,1193)、甘节(33,1193)、汪德辅(36,1192)、廖德明(37,1173)、余大雅(38,1178)、林夔孙(39,1197)、包扬(40,1183)、李辉(41,1188)、董铢(42,1196)、曾祖道(43,1197)、程端蒙(44,1179)、刘砥(45,1190)、林子蒙(47,1199)、滕璘(48,1191)、黄杲(49,1191)、潘时举(50,1193)、孙自修(51,1194)、周谟(52,1179)、周明作(53,1192)、黄灏(55)、杨方(56,1170)、王过(57,1194)、杨骧(58,1189)、林学蒙(61,1194)、汤泳(13,1195)、"庚"(19,1199)、游儆(76,1191)、晏渊(34,1193)、窦从周(35,1186)、"辛"(46)、"毕"(54)、郭友仁(59,1198)、张洽(60,1187)、"简"(62,1198)、林用中(23,1188)、林易简(77,1190)。胡安之(63,1190)、陈华(64,1193)、李唐咨(65,1190)、刘子寰(66,1199)、符叙(67,1191)、张以道(68,1193)、曹叔远(69,1191)、杨楫(70,1191)、陈埴(71,1190)、赵师夏(72,1191)、邓子礼(73,1191)、余正甫(74,1191)、刘砺(75,1199)、方士繇(78,1191)、"施"(79,1190)、詹体仁(80,1196)。

以授礼时间为标准对整体网络、中心网络、边缘网络进行分区,利用 pajek 生成的分区数据(frequency distribution of cluster values)描绘朱熹授

---

① 本章所说的"朱子授礼某弟子的时间"不同于"某弟子的从学时间",旨在考证语录、语类中礼类条目的讲说时间,与其他内容无关。因此,本章仅使用《语类》卷 84—91 的同学关系数据推测时间。例如,黄榦从学始于淳熙三年(1176),在礼类中同学 5 人:黄义刚、陈淳、徐寓、李闳祖、叶贺孙。黄义刚从学于绍熙四年(1193)以后,陈淳从学于绍熙元年(1190)、庆元五年(1199),徐寓从学于绍熙元年(1190),李闳祖从学于淳熙十五年(1188)以后,叶贺孙从学于绍熙二年(1191)以后,则朱熹授礼黄榦约在淳熙十五年(1188)到庆元五年(1199)间。时间节点数据录作淳熙十五年(1188),其从学情况可经同学关系网络拓展,至少可绵延至绍熙四年(1193)。当然,由于每位弟子都采用最早的授礼时间节点,一些长期师事朱熹的弟子有授礼时段被缩短的情况(如黄榦的授礼时段终点被提前)。考虑到本章主旨主要在于揭示授礼弟子不断增加的情况,只得允许这一误差的存在,特别说明。

礼的历史过程,得到图8.3。

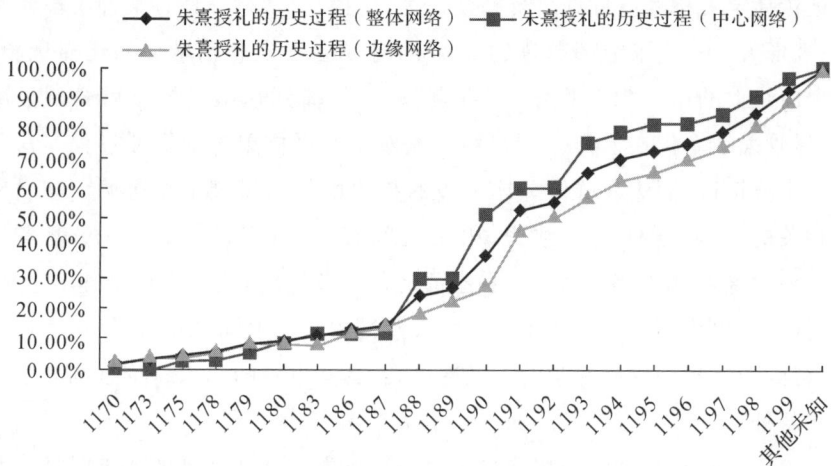

图8.3 朱熹授礼的历史过程

从时间维度看,语录、语类中所记载的朱熹讲礼、授礼活动从乾道六年(1170)开始,至庆元五年(1199)终止,前后长达30年。在这不算短的时间里,身边日渐增多的弟子构成朱熹授礼最基本的特征。上面的折线图数据取自根据时间分区的pajek文件,菱形、方形、三角形分别表示整体网络、中心网络、边缘网络朱熹授礼的历史过程。可以发现,整体网络中弟子数量的增加并不均匀,从乾道六年(1170)到淳熙十四年(1187)的18年里,朱熹虽然完成了《古今家祭礼》《家礼》等礼学著作,对《仪礼经传通解》的编纂也有大体想法,但是授礼弟子仅有12人,占总数的14.81%。不过,从淳熙十五年(1188)到庆元五年(1199)的12年里,授礼弟子数量大幅增加,终至80位。作为拐点,淳熙十四年(1187)地位十分突出,这种情况在中心、边缘群体也有体现,不过略有不同。由图8.3可知,在淳熙十四年(1187)前,边缘群体弟子的采纳率普遍高于中心群体弟子,这种情况直到淳熙十五年(1188)开始改变。从淳熙十四年(1187)到绍熙二年(1191),中心群体授礼弟子从4人增加到25人,采纳率增加约63%,远远高于边缘群体的42%。如此看来,整体网络曲线呈现出的平缓增长趋势很大程度上是混同中心、边缘群体差异性之后的结果。所以,应将朱熹对中心群体授礼过程细分为三阶段:

第一阶段为平缓增长期,从乾道六年(1170)到淳熙十四年(1187);

第二阶段为加速增长期,从淳熙十五年(1188)到绍熙二年(1191);

第三阶段为增长放缓期,从绍熙三年(1192)到庆元五年(1199)。

这种先平缓,在冲破某个临界点(1187)后急剧增加,终于平缓的曲线走势被传播学者称为 S 曲线。传播学认为,传播、扩散过程具有某种阶段性特征,表现为:一、当采纳率越过约 20% 的时候会出现急剧增加的传播现象,这个曲线上的第一拐点称作"引爆点";二、传播到达第二拐点后会明显减缓,尽管采纳率仍在上升①。显然,朱熹对中心群体弟子的授礼过程与这种模型十分接近,而边缘群体总体平缓的趋势则与该模型不相协调。与之密切相关的,中心群体网络致密,弟子之间存在 66 条连线,网络密度高达 0.125;边缘群体网络稀疏,弟子之间仅有 7 条连线,网络密度低至 0.006。这说明,与边缘网络较为依赖朱熹个人授受的情况不同,中心网络通达性更佳,得到朱熹集中讲授礼学的可能性更大,具有更好的学术讨论氛围与学术团体特征。

淳熙十五年(1188)至绍熙二年(1191)是朱熹授礼活动的关键时期。此时他身处道学与反道学的政治风波之中,主张虽遇挫折,但在学术上却广有建树。淳熙十五年(1188)、十六年(1189),朱熹始与陆九渊辩无极太极,作《太极图说解》《西铭解》《皇极辨》《养生主说》,完成《周易本义》,定《大学章句》《中庸章句》,与陆九渊、林栗等人往还论辩,俨然已经成为道学领袖。仕途浮沉之中,从学弟子日众。然而,由于朱熹此间学术重心不在礼学,授礼活动仍然呈现出与早年相似的零散特征。年末,朱熹闻漳州命而将行,成行前对镜写真,自警曰:"从容乎礼法之场,沉潜乎仁义之府。是予盖将有意焉,而力莫能与也。佩先师之格言,奉前烈之余矩。惟暗然而日修,或庶几乎斯语。"②绍熙元年(1190)四月,朱熹始至漳州,除厘正经界、整顿吏治两件大事外,以礼化俗是朱熹在漳州任上的一项重大变革。其节目有三:一是拜先贤,接续地方文脉。始到任,朱熹就谒孔子祠、高登祠、李弥远祠、蔡襄祠,作《漳州守臣题名记》。二是除恶俗,复兴儒家礼仪。先后发布《晓谕居丧持服遵礼律事》《劝女道还俗榜》《揭示古灵先生劝谕文》《劝谕榜》。三是刻礼书,以为行礼之需。先后所刻有《礼记解》《小学》《家仪》《乡仪》《献寿仪》等。

这些举措虽可视作南康军任上为政风格的延续,不过,此时的朱熹已非孑然独行的理想政治家,而是弟子环立的道学大宗师。这群弟子被朱熹分

① [美]罗杰斯著、唐兴通等译:《创新的扩散(第五版)》,电子工业出版社 2016 年版,第 364—373 页。

② 朱熹撰,刘永翔、朱幼文校点:《晦庵先生朱文公文集》卷 85《书画像自警》,朱杰人主编《朱子全书》第 24 册,上海古籍出版社、安徽教育出版社 2002 年版,第 4005 页。

作两批,一批负责丈量田地,以正经界;另一批负责整饬郡学,以礼化俗。前者如蔡元定、黄查、郑子上、范伯崇、杨元礼、林井伯、退翁、刘仲则、游诚之、蔡用等人[1],皆非授礼门人。后者中如李唐咨、林易简、陈淳、徐寓,皆曾于绍熙元年(1190)受礼于朱子。可见,朱熹漳州之任有着清晰的施政主张与讲学思路,将礼教从政事中剥离出来,对若干弟子进行集中、专门的讲授,继而任之以事,使为学官。按照关系数据提供的信息,此间朱熹讲授礼学的最大规模至少可达 10 人[2]。这也许是朱熹授礼活动在这一时段取得突破的重要原因。朱熹漳州之任仅一期,但授礼群体迅速扩增的势头并未受影响,而是随叶贺孙、黄义刚的加入一直延续至绍熙四年(1193)。此后,随着党禁来临,朱熹的讲学授礼活动受到较大影响,趋于停滞。

四、离散空间与礼学知识扩散

如果说,有意识的礼学宣讲、课堂问答体现了师生"聚会"时的热烈场面,那么,当讲筵撤去,朱熹与诸生随即进入"离散"状态。受年龄、党禁等诸多因素影响,在朱熹生前为官的授礼弟子不多[3],大多数弟子从学一段时间后仍会重返日常生活,从而在精舍与家乡的连线上留下轨迹。因此,考察朱熹授礼弟子的籍贯分布及返乡后弟子交流礼学的情况十分重要。目前朱熹授礼弟子籍贯可考者 69 人,来自 9 个路中的 29 个州(府、军)、42 个县,总体呈现出零散特征。不过观察下图可见,零散之中亦有小规模的聚合现象。其中汇聚较多的地点有:福建路邵武军光泽县(3 人),漳州龙溪县(3 人),福州闽县(2 人)、古田县(2 人)、长乐县(2 人),建宁府建阳县(4 人)、浦城县(3 人),兴化军莆田县(2 人),南剑州剑浦县(2 人);江南西路抚州临川县(2 人);江南东路信州上饶(2 人),饶州鄱阳县(3 人),南康军建昌县(6 人);浙东路温州永嘉县(4 人);浙西路镇江府丹阳县(2 人)。(见图 8.4)值得注意的是,父子、兄弟同学的情况在同籍弟子中比较常见,按此可将同籍弟子进

---

[1] 束景南:《朱子大传:"性"的救赎之路》(增订本),复旦大学出版社 2016 年版,第 653 页。

[2] 绍熙元年(1190)从学弟子点度分别为:陈埴(2)、李唐咨(4)、胡安之(7)、陈淳(12)、童伯羽(2)、刘砥(2)、徐寓(5)。去掉 7 人之间的连线,以及与此后从学弟子的连线,可以发现此年之前从学的弟子有人尚在漳州授礼于朱子,即林用中、李阂祖、黄榦。共计 10 人。

[3] 大致时间可考的如李方子(泉州观察推官,1196—1206)、黄榦(监台州酒务,1194)、詹体仁(台州知州,1173—1175)、郭浩(江山县令,1185)、滕璘(鄞县尉,1181)、黄灏(常州知州,1193—1194)、廖德明、杨方等。

一步分作"家族弟子"和"非家族弟子"①,分别考察他们在返乡后的礼学交流活动以及朱熹的态度。

(一)非家族弟子与乡贤交锋

对非家族弟子而言,朱熹礼学时常作为故乡礼俗的映鉴,引发"乡里诸贤"的议论。例如徐寓(字居甫,温州永嘉人)绍熙元年(1190)从学朱熹于漳州,次年为漳州郡学学官。返乡后见乡间礼俗与讲论不合,致函朱熹问曰:

> 寓向在道院问亲迎礼,先生言亲迎以来从温公,妇入门以后从伊川。云庙见不必候三月,只迟之半月亦可,盖少存古人重配著代之义。今妇人入门即庙见,盖举世行之。近见乡里诸贤颇信左氏先配后祖之说,岂后世纷纷之言不足据,莫若从古为正否?②

此处所引的朱熹亲迎之论当指《语类》卷 90 陈淳所录婚礼之条③,陈淳、徐寓授礼同在绍熙元年(1190)朱熹漳州任上。随后,徐寓返乡,并于庆元元年(1195)至庆元四年(1198)间写下问卷④。从所问来看,徐寓的困惑一方面来自礼仪实践,另一方面来自"乡里诸贤"的说服。与一般庶民不同,"乡里诸贤"的意见本于《左传》,与司马光《书仪》、吕祖谦《家范》的主张相一致,本质是将世俗礼仪"合礼化"的一种尝试,代表了相当一部分士大夫的见解。所以,由于徐寓不曾听闻程颐、司马光亲迎礼的古礼渊源问题,故而当对方祭出"古礼"旗号时被说服,遂将"二先生礼"视作不足为据的"后世纷纷之言"。对此,朱熹的回答极具策略性:

> 永嘉有《仪礼》之学,合见得此事是非。左氏固难尽信,然其后说亲

---

① 陈荣捷指出朱子门人有两大特征:一是集体来学;二是父子、兄弟同学。(《朱子门人》,华东师范大学出版社 2007 年版,第 11、12 页)此就"聚会"而论,若从"离散"的视角来看,集体来学散时如分星野,或多或少,散落各处;父兄同学则散时如初来日,箪食壶浆,提携而归。

② 朱熹撰,刘永翔、朱幼文校点:《晦庵先生朱文公文集》卷 58《答徐居甫》("寓向看五峰言"),朱杰人主编《朱子全书》第 23 册,上海古籍出版社、安徽教育出版社 2002 年版,第 2790 页。

③ 黎靖德编,王星贤点校:《朱子语类》卷 90《礼六·冠昏丧》,中华书局 1986 年版,第 2273 页。

④ 《语类》同卷后条有黄卓录一条,专论《左传》"先配后祖"之说(黎靖德编,王星贤点校:《朱子语类》卷 90《礼六·冠昏丧》,中华书局 1986 年版,第 2274 页),适可解徐寓此问所惑,而徐氏未及闻。考黄卓授礼始于庆元四年(1198),可知徐寓返乡当在绍熙二年(1191)至庆元四年(1198)间,问书中避宁宗讳,故当作于庆元元年(1195)至庆元四年(1198)间。

迎处,亦有布几筵告庙而来之说,恐所谓后祖者,讥其失此礼耳。①

在此,朱熹没有像在精舍问答一般直接给予答案,而是向徐寓介绍了一种永嘉本地的学问传统。所谓"永嘉《仪礼》之学",指的是以张淳为代表的《仪礼》经学,朱熹授礼弟子叶贺孙乃是张淳之甥,亦精此学。这种介绍不但打击了信中所谓"举世行之""后世纷纷"的绝对说法,更为永嘉本地的礼学交流提供了可能。可以想见,朱熹的这些主张可能会通过徐寓向"乡里诸贤"进一步传播,从而在意见趋同的乡里社会掀起波澜。

(二)家族弟子的家礼纠葛

对家族弟子来说,朱熹礼学往往在家事纠葛中扮演着特殊角色。以黄东、黄榦兄弟关于考妣葬地争论为例。闽县黄瑀有三子从学朱熹,长子黄杲、仲子黄东、季子黄榦。其中,黄杲、黄榦俱为授礼弟子,且属中心群体范围。黄瑀卒于乾道四年(1168),同年十一月葬于怀安县灵山乡长箕山,朱熹为之作墓志铭②。长子黄杲卒于淳熙六年(1179)四月。庆元三年(1197)七月,黄瑀妻叶氏卒,时黄东在庐陵任官,黄榦从行,两人共同护丧而归。据载,由于家境贫寒,治丧非常困难,以致黄榦"鬻所跨驴,制衰服,从仲兄徒步以丧归"③。同月,朱熹赴顺昌吊丧。此后至次年(1198)六月,黄东、黄榦兄弟在葬地问题上发生争议。《勉斋集》卷二有《与晦庵朱先生书》,记载此事颇详。最初,蔡元定曾为黄氏兄弟物色了一块风水宝地,此时却因维护不力而出现水痕,加之黄东素来反感风水择穴之说,于是主张再行择地。在"行视数处"后,选定"庵前""后窟"两处,以为"合宗庙水法",将要下葬。黄榦则认为此两处形尖势反、不合风水,"虽村夫牧童亦知其不可"。与黄榦持相同意见的还有陈孔硕、余元一、潘柄、陈埴、郑湜等乡里亲旧,此事遂变为乡里热议的公共事件。面对阻力,黄东一概以"无风水,无祸福"之说拒绝,定六月十六日将亡父母合葬于"后窟"之穴。对此,黄榦对朱熹哭诉:

其地头全无可取,全不成形势,但欲幸其说之胜,而不思亲体之安;

① 朱熹撰,刘永翔、朱幼文校点:《晦庵先生朱文公文集》卷58《答徐居甫》("寓向看五峰言"),朱杰人主编《朱子全书》第23册,上海古籍出版社、安徽教育出版社2002年版,第2790页。
② 朱熹撰,刘永翔、朱幼文校点:《晦庵先生朱文公文集》卷93《朝散黄公墓志铭》,朱杰人主编《朱子全书》第23册,上海古籍出版社、安徽教育出版社2002年版,第4284—4289页。文中提及淳熙六年(1179)长子黄杲卒事,则该书之作当在此后。
③ 郑元肃录、陈义和编,吴洪泽校点:《勉斋先生黄文肃公年谱》,载吴洪泽、尹波主编《宋人年谱丛刊》第11册,四川大学出版社2002年版,第7205页。

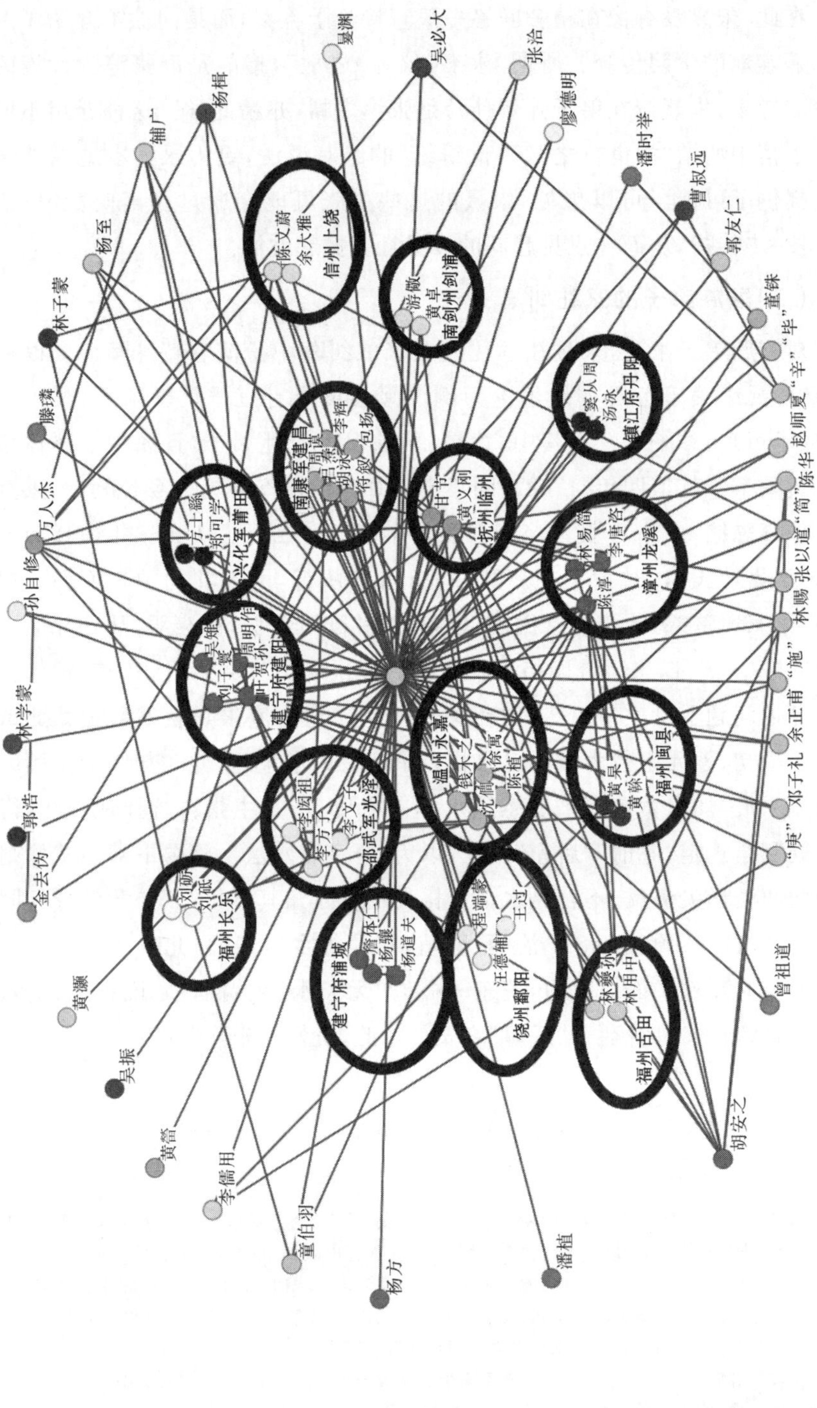

图 8.4 朱熹授礼弟子的籍贯分布

但以为无水,而不思水之外尤有可虑。所幸葬期尚宽,犹可商议。但家兄既坚不用蔡丈之穴,以为便试得无水,亦不可用,则无复可言者矣。日夜思之,心神昏乱,无以处此。以兄弟论之,则止得顺从;以父母遗体论之,则人子直心实有所不忍;以目前未葬论之,则不可以不速葬;以既葬而又水蚁之患论之,则不如缓葬之为愈。咈长上之意以不葬其亲,其名固不美;欲兄弟之欢以亏父母之遗体,其实又不安。智识浅陋,莫能决此,欲望先生为熟思之,赐以一言。若为家兄言之,以释其惑。幹亦率亲故力言之,少迟一二年,一俟其定。①

黄幹将与黄东的分歧理解为"孝亲"与"敬兄"之间的矛盾,试图请朱熹以先生的身份出面,说服兄长接受自己的主张。朱熹答书今虽未见,但黄幹之后来书曰:"以尊长之意,止有抑遏含忍而已。"②可知,朱熹并不赞同黄幹与诸贤的主张,认为身为卑幼的黄幹应该尊重兄长的决定。十一月,迁葬克成,一场家族危机得以化解。"抑遏含忍"的黄幹则因"不胜哀感"而大病一场,服下大量疏导药物方才缓解。

两例表明,授礼弟子在返乡之后多少介入了地方礼仪的重构过程。相较而言,非家族弟子由于相对孤立,容易被乡贤、民俗说服,进而引发对朱熹礼学的反思;家族弟子则身处尊卑长幼的伦理关系之中,在处理家族事务中遭遇学术与家事的矛盾。从实践角度看,这些反思与争论尚未形成某种行动逻辑,直接将知识转化为实践。不过,在观礼、评礼、论礼、争礼的过程中,朱子书信往往发挥着证据、媒介、标准的作用,促使朱熹礼学在不同的空间场域再次扩散。

本章小结

作为一种历史研究的概念、工具、方法,社会网络分析的目的不仅在于解决问题,更在于提出问题,增加阐释的可能性与文本的多义性。本章尝试使用该方法对朱熹授礼问题作系统研究,试图在时空中定位人群,在人群中发现个体,通过分析个体重估群体的历史价值。研究结论如下:

---

① 黄幹:《勉斋集》卷4《与某书失名》,《景印文渊阁四库全书》第1168册,台湾商务印书馆1986年版,第51页。
② 黄幹:《勉斋集》卷4《与某书失名》,《景印文渊阁四库全书》第1168册,台湾商务印书馆1986年版,第52页。

第一,与道统传承的脉络不同,朱熹授礼的线索有自身特点。授礼弟子群体网络存在中心与边缘的巨大差异。中心群体网络致密、关系复杂,通达性好;边缘群体网络稀疏、关系不多,通达性差。身处中心群体的授礼弟子往往在录礼、问礼、编礼、撰礼、行礼等礼学研究与实践中地位重要,贡献突出。其中,黄义刚、叶贺孙、陈淳、万人杰四人占据核心地位,展现出一幅与传统认识有所不同的授礼画面。按照《语类》的分类法,朱熹礼学由"三礼"(《仪礼》《周礼》《礼记》)之学与"四礼"(冠昏丧祭)之学构成,分别对应《语类》卷85到88、卷89、卷90。相应地,朱熹礼学的传承也大略分为两个支流:一是传统认识上黄榦所接受的三礼学传统,作为朱熹选定的道统传人,勉斋继先师未完之志,续编《仪礼经传通解》,确为紫阳嫡传、朱门正宗;另一是授礼弟子网络显示出的黄、叶、陈、万四人所接受的四礼学传统,观黄义刚之问礼,务于实用、意在行礼,读叶贺孙之观礼,观察仔细,记录平实,陈淳是朱熹《家礼》最早的校订者与研究者,万人杰则曾为金溪陆氏义门(陆九渊兄弟)高足。可见道统之外,朱熹授礼活动的历史画面更为复杂、多元。其中所涉问题颇多,容笔者另文详述。

第二,与朱熹礼学变迁历程不同,授礼弟子的凝聚有自身脉络。从时间维度看,朱熹授礼弟子群体凝聚的历史过程呈现为传播学意义上的S形曲线状。乾道六年(1170)到淳熙十四年(1187)为第一期,弟子数量平缓增长;淳熙十五年(1188)到绍熙二年(1191)为第二期,弟子数量加速增长;绍熙三年(1192)到庆元五年(1199)为第三期,弟子数量增长放缓。这种情况与朱熹个人礼学著述、思想的发展轨迹并不同步,而是与朱熹学术地位的上升、任官讲学时的作为密切相关。就中心群体而言,绍熙元年(1190)是授礼弟子迅速增加的"引爆点"。时朱熹到任漳州,纲举目张,锐意更革,手下弟子受到任用者极多。朱熹量才而用,将弟子分作两拨:一拨以蔡元定为首,主持经界事宜;另一拨以陈淳为首,负责整饬郡学。正经界者不授礼,授礼者不正经界。对李唐咨、林易简、陈淳、徐寓等弟子进行集中、专门的讲授,继而任之以事,以礼化俗。漳州任上,先后发布礼俗劝谕榜文4道,刊刻礼书5种。此类作为,当是朱熹师徒的共有成绩。可以说,经世致用、以礼化俗是朱熹授礼弟子凝聚的内在动力。

第三,与史、志的追溯叙事不同,朱熹礼学知识扩散过程复杂。正史、方志中载有不少弟子在授礼于朱熹后力行古礼的例子,为学者建构知识与实践关系、书写朱熹礼学传播实践的历史提供了方便。不过,礼学知识的习得并不等于礼仪实践的开展,两者之间尚且存在反思、认识、再反思、再认识的循环过程。因此,当精舍聚讲的场景切换到居家行礼时,争论、交锋与受挫不可避免。从本节的研究来看,地域相近、关系亲密的授礼弟子在行礼过程中更可能发生再次交流,促使礼学知识的再扩散。其中,非家族弟子更容易受到乡贤群体的压制,而家族弟子则往往面临家族伦理关系与礼仪正当性之间的矛盾问题。在争议中,朱熹礼学对授礼弟子的"私的圈域"发生影响。在书信尚可送达的远方,朱熹的态度复杂而具有策略性,多少反映出新知识在达到扩散远端时的无可如何境遇。

本章 pajek 分析数据见表 8.1。

表 8.1 有关 Pajek 数据分析表

1. 整体网络密度、平均点度

Density1 [loops allowed]   = 0.02875000
Density2 [no loops allowed] = 0.02911392
Average Degree = 2.30000000

2. 整体网络点度分布情况

= =

Dimension:80
The lowest value: 0
The highest value:17

Frequency distribution of cluster values:

Cluster	Freq	Freq %	CumFreq	CumFreq %	Representative
0	19	23.7500	19	23.7500	钱木之
1	23	28.7500	42	52.5000	胡泳
2	16	20.0000	58	72.5000	吴必大
3	8	10.0000	66	82.5000	辅广
4	3	3.7500	69	86.2500	林用中
5	2	2.5000	71	88.7500	李闳祖
6	3	3.7500	74	92.5000	李方子
7	2	2.5000	76	95.0000	沈僩
8	1	1.2500	77	96.2500	万人杰

12	1	1.2500	78	97.5000 陈淳
14	1	1.2500	79	98.7500 黄义刚
17	1	1.2500	80	100.0000 叶贺孙

- -

Sum   80   100.0000

3. 整体网络中叶贺孙到他人的距离

= =

Dimension：80

The lowest value：0

The highest value：5

Number of values larger than 999999997 (missing values)：24

Frequency distribution of cluster values：

Cluster	Freq	Freq%	Valid%	CumFreq	CumFreq%
CumValid%	Representative				
0	1	1.2500	1.7857	1	1.2500	1.7857 叶贺孙
1	17	21.2500	30.3571	18	22.5000	32.1429 李方子
2	23	28.7500	41.0714	41	51.2500	73.2143 吴必大
3	10	12.5000	17.8571	51	63.7500	91.0714 胡泳
4	3	3.7500	5.3571	54	67.5000	96.4286 郑可学
5	2	2.5000	3.5714	56	70.0000	100.0000 "庚"

- -

Sum   56   70.0000   100.0000

Unknown   24   30.0000

- -

Total   80   100.0000

4. 整体网络中黄义刚到他人的距离

= =

Dimension：80

The lowest value：0

The highest value：4

Number of values larger than 999999997 (missing values)：24

Frequency distribution of cluster values：

Cluster	Freq	Freq%	Valid%	CumFreq	CumFreq%	CumValid%	Representative
0	1	1.2500	1.7857	1	1.2500	1.7857	黄义刚
1	14	17.5000	25.0000	15	18.7500	26.7857	万人杰
2	15	18.7500	26.7857	30	37.5000	53.5714	吴必大
3	23	28.7500	41.0714	53	66.2500	94.6429	杨至
4	3	3.7500	5.3571	56	70.0000	100.0000	晏渊

Sum	56	70.0000	100.0000				
Unknown	24	30.0000					

Total	80	100.0000					

5. 整体网络中陈淳到他人的距离

= =

Dimension：80

The lowest value：0

The highest value：4

Number of values larger than 999999997 (missing values)：24

Frequency distribution of cluster values：

Cluster	Freq	Freq%	Valid%	CumFreq	CumFreq%	CumValid%	Representative
0	1	1.2500	1.7857	1	1.2500	1.7857	陈淳
1	12	15.0000	21.4286	13	16.2500	23.2143	黄义刚

2	24	30.0000	42.8571	37	46.2500	66.0714	沈俱
3	16	20.0000	28.5714	53	66.2500	94.6429	吴必大
4	3	3.7500	5.3571	56	70.0000	100.0000	"庚"

- -

Sum	56	70.0000	100.0000
Unknown	24	30.0000	

- -

Total	80	100.0000

6. 整体网络的中介势分析

Dimension：80

The lowest value：	0.0000
The highest value：	0.2210

- -

Sum (all values)：   1.1019

Arithmetic mean：	0.0138
Median：	0.0000
Standard deviation：	0.0353
2.5 % Quantile：	0.0000
5.0 % Quantile：	0.0000
95.0 % Quantile：	0.0657
97.5 % Quantile：	0.1152

Vector Values		Freq %	CumFreq	CumFreq %	Frequency	
(...	0.0000]	51	63.7500		51	63.7500
(0.0000 ...	0.0737]	25	31.2500		76	95.0000
(0.0737 ...	0.1473]	2	2.5000		78	97.5000
(0.1473 ...	0.2210]	2	2.5000		80	100.0000

- -

Total   80   100.0000

7. 中心网络的点度分布情况

= =

Dimension：34

The lowest value：2

The highest value：13

Frequency distribution of cluster values：

Cluster	Freq	Freq%	CumFreq	CumFreq% Representative
2	15	44.1176	15	44.1176 吴必大
3	6	17.6471	21	61.7647 辅广
4	4	11.7647	25	73.5294 李方子
5	4	11.7647	29	85.2941 沈㑼
7	1	2.9412	30	88.2353 胡安之
8	1	2.9412	31	91.1765 万人杰
10	2	5.8824	33	97.0588 叶贺孙
13	1	2.9412	34	100.0000 黄义刚
Sum	34	100.0000		

8. 局部网络的中介势分析

= =

Dimension：34

The lowest value：	0.0000
The highest value：	0.3243

Sum (all values)：	1.7311

Arithmetic mean：	0.0509
Median：	0.0117
Standard deviation：	0.0919

2.5% Quantile:	0.0000
5.0% Quantile:	0.0000
95.0% Quantile:	0.2888
97.5% Quantile:	0.2964

```
        Vector Values                              Frequency
 Freq%    CumFreq  CumFreq%
 - - - - - - - - - - - - - - - - - - - - - - - - - - - - - -
 (                      ...              0.0000]        11
 32.3529          11  32.3529
 (              0.0000 ...              0.1081]        19
 55.8824          30  88.2353
 (              0.1081 ...              0.2162]
 0     0.0000       30  88.2353
 (              0.2162 ...              0.3243]
 4   11.7647          34  100.0000
 - - - - - - - - - - - - - - - - - - - - - - - - - - - - - -
 Total                                                 34
 100.0000
```

9. Frequency distribution of cluster values：朱熹授礼历史过程（整体网络）

Cluster	Freq	Freq%	CumFreq	CumFreq%	Representative
0	1	1.2346	1	1.2346	朱熹
1170	1	1.2346	2	2.4691	杨方
1173	1	1.2346	3	3.7037	廖德明
1175	1	1.2346	4	4.9383	金去伪
1178	1	1.2346	5	6.1728	余大雅
1179	2	2.4691	7	8.6420	程端蒙
1180	1	1.2346	8	9.8765	万人杰
1183	1	1.2346	9	11.1111	包扬

1186	2	2.4691	11	13.5802 郭浩
1187	1	1.2346	12	14.8148 张洽
1188	8	9.8765	20	24.6914 吴必大
1189	2	2.4691	22	27.1605 杨道夫
1190	9	11.1111	31	38.2716 徐寓
1191	12	14.8148	43	53.0864 叶贺孙
1192	2	2.4691	45	55.5556 汪德辅
1193	8	9.8765	53	65.4321 黄义刚
1194	4	4.9383	57	70.3704 辅广
1195	2	2.4691	59	72.8395 汤泳
1196	2	2.4691	61	75.3086 董铢
1197	3	3.7037	64	79.0123 钱木之
1198	5	6.1728	69	85.1852 沈僩
1199	6	7.4074	75	92.5926 李儒用
2000	6	7.4074	81	100.0000 李文子

Sum   81   100.0000

10. Frequency distribution of cluster values:朱熹授礼历史过程（中心网络）

Cluster	Freq	Freq%	CumFreq	CumFreq% Representative
1175	1	3.0303	1	3.0303 金去伪
1179	1	3.0303	2	6.0606 周谟
1180	1	3.0303	3	9.0909 万人杰
1183	1	3.0303	4	12.1212 包扬
1188	6	18.1818	10	30.3030 吴必大
1190	7	21.2121	17	51.5152 徐寓
1191	3	9.0909	20	60.6061 叶贺孙
1193	5	15.1515	25	75.7576 黄义刚
1194	1	3.0303	26	78.7879 辅广
1195	1	3.0303	27	81.8182 林赐

Cluster	Freq	Freq%	CumFreq	CumFreq%	Representative
1197	1	3.0303	28	84.8485	林夔孙
1198	2	6.0606	30	90.9091	沈僴
1199	2	6.0606	32	96.9697	林子蒙
2000	1	3.0303	33	100.0000	"辛"

Sum 33 100.0000

11. Frequency distribution of cluster values：朱熹授礼历史过程(边缘网络)

Cluster	Freq	Freq%	CumFreq	CumFreq%	Representative
1170	1	2.1277	1	2.1277	杨方
1173	1	2.1277	2	4.2553	廖德明
1178	1	2.1277	3	6.3830	余大雅
1179	1	2.1277	4	8.5106	程端蒙
1186	2	4.2553	6	12.7660	郭浩
1187	1	2.1277	7	14.8936	张洽
1188	2	4.2553	9	19.1489	黄嚞
1189	2	4.2553	11	23.4043	杨道夫
1190	2	4.2553	13	27.6596	林易简
1191	9	19.1489	22	46.8085	郑可学
1192	2	4.2553	24	51.0638	汪德辅
1193	3	6.3830	27	57.4468	潘植
1194	3	6.3830	30	63.8298	孙自修
1195	1	2.1277	31	65.9574	汤泳
1196	2	4.2553	33	70.2128	董铢
1197	2	4.2553	35	74.4681	钱木之
1198	3	6.3830	38	80.8511	胡泳
1199	4	8.5106	42	89.3617	李儒用
2000	5	10.6383	47	100.0000	李文子

Sum 47 100.0000

12. 授礼弟子籍贯分区网络 Frequency distribution of cluster values：

Cluster	Freq	Freq%	CumFreq	CumFreq%	Representative
0	1	1.2346	1	1.2346	朱熹
1	3	3.7037	4	4.9383	李方子
2	1	1.2346	5	6.1728	杨至
3	3	3.7037	8	9.8765	陈淳
4	2	2.4691	10	12.3457	黄榦
5	2	2.4691	12	14.8148	林用中
6	2	2.4691	14	17.2840	刘砥
7	1	1.2346	15	18.5185	潘植
8	1	1.2346	16	19.7531	林学蒙
9	1	1.2346	17	20.9877	杨楫
10	1	1.2346	18	22.2222	童伯羽
11	4	4.9383	22	27.1605	叶贺孙
12	3	3.7037	25	30.8642	杨道夫
13	2	2.4691	27	33.3333	郑可学
14	1	1.2346	28	34.5679	吴振
15	2	2.4691	30	37.0370	黄卓
16	1	1.2346	31	38.2716	廖德明
17	1	1.2346	32	39.5062	杨方
18	1	1.2346	33	40.7407	吴必大
19	2	2.4691	35	43.2099	黄义刚
20	1	1.2346	36	44.4444	胡安之
21	1	1.2346	37	45.6790	黄㽦
22	1	1.2346	38	46.9136	曾祖道
23	1	1.2346	39	48.1481	张洽
24	2	2.4691	41	50.6173	陈文蔚
25	1	1.2346	42	51.8519	金去伪
26	3	3.7037	45	55.5556	汪德辅
27	1	1.2346	46	56.7901	董铢
28	6	7.4074	52	64.1975	胡泳

29	1	1.2346	53	65.4321 黄灏
30	1	1.2346	54	66.6667 滕璘
31	1	1.2346	55	67.9012 孙自修
32	4	4.9383	59	72.8395 沈僴
33	1	1.2346	60	74.0741 曹叔远
34	1	1.2346	61	75.3086 潘时举
35	1	1.2346	62	76.5432 郭浩
36	1	1.2346	63	77.7778 辅广
37	2	2.4691	65	80.2469 汤泳
38	1	1.2346	66	81.4815 万人杰
39	1	1.2346	67	82.7160 林子蒙
40	1	1.2346	68	83.9506 李儒用
41	1	1.2346	69	85.1852 晏渊
42	1	1.2346	70	86.4198 郭友仁
50	11	13.5802	81	100.0000 林赐

Sum　81　100.0000

第九章　13世纪四礼学的争论与裂变

借助社会网络分析工具,前文从群体、时间、空间维度对"朱子授礼"的历史过程作了钩沉,得到了一些基本观点。其中尤可注意者,是"紫阳嫡传"黄榦及其他《仪礼经传通解》编写者在授礼过程中的边缘地位。笔者无意争辩黄榦的道统地位,或《仪礼经传通解》的学术价值,而是希望指出,朱熹授礼弟子群体比传统认识[以黄榦(1152—1221)为中心人物、以《仪礼经传通解》编纂为中心工作]更为复杂。这种特征帮助我们在组织化程度较高的黄榦学派之外逐渐理清一条多元的、复杂的四礼学演进线索。本章以此为基础,探讨朱子身后的四礼学变迁脉络,描绘四礼学与礼经学在学者群体、学术观点、学派建构等方面分离、裂变的历史过程。

如欲理清13世纪四礼学的演变历史,文献仍是首要问题。本节所利用的四礼文献有两种:一种是《家礼》注释。无论是周复本、《纂图集注》本,还是《朱子成书》本、《性理大全》本,都包含丰富的《家礼》注释。注家有杨复、周复(生卒年不详)、刘垓孙(生卒年不详)、黄瑞节(生卒年不详)、刘璋(生卒年不详),以及不知名字的"王氏"等人,时间绵延整个13世纪。若以《五经正义》中唐儒孔颖达所定的"疏不破注"的标准来看,《家礼》诸家注文时而顾左右而言他,时而补原文之不足,甚至存在不少反驳原文、另立新说的现象,与传统礼学注疏区别明显。本节对《性理大全》本之前的《家礼》诸家注文作了辑佚、整理,得杨复注107条,周复注56条,刘垓孙注14条,此外,黄瑞节、"王氏"补注22条,刘璋等《大全》补注50条,利用注文的层累现象探究南宋中后期以《家礼》为中心的四礼学变迁历史。

另一种是宋元类书。由于很少全文引用,既往研究较少注意类书中《家礼》的文献价值。不过从思想史角度看,类书反而价值较高。递修者往往根据自己的理解,对原文进行节略、损益,或将其与其他著述混编,以生成一套新的礼仪知识系统。由于编纂、刊刻、售卖有很强的目的性,类书具有与学问家的考证、注疏全然不同的问题意识,《家礼》或被用作一般士人诗文构思、科场对策的常识,或被化为庶民居家日常必备的行礼标准与指南。本节使用的类书主要有《新编纂图增类群书类要事林广记》(简称《事林广记》)、《新编事文类要启札青钱》(简称《事文类要》)、《新编婚礼备用月老新书》(简称《月老新书》)、《古今合璧事类备要》(简称《事类备要》)、《居家必用事类全集》(简称《居家必用》)、《新编事文类聚翰墨全书》(简称《翰墨全书》)。凡立论,先考其递修过程,再论其内容特点。

第一节　朱熹授礼弟子群体的分化(1200—1220)

庆元六年(1200)三月,朱熹病重。在初二至初九的八天内,弟子聚集于考亭精舍,聆听遗训,商议后事。十一月二十日,众弟子会葬于建阳大林谷,《家礼》始出,朱子礼学由此进入争论与定论并存的阶段。对此,后世学者的关注点主要在《家礼》真伪问题上,一千年来,争论不休。不过,如果把《家礼》复出与这二十天中发生的系列事件作完整观察,则可发现,《家礼》在此时重现是朱门治师丧过程的一环,其中隐藏的信息耐人寻味。

关于这段历史,记载甚夥,众说纷纭。仅在 13 世纪前半叶这段不算短的时间里,便有蔡沈《梦奠记》、黄榦《行状》、李心传《道命录》、李方子《紫阳年谱》、祝穆《朱文公易箦辨》等书迭出,门人、后学之间论辩不息、"反复诘难"[1],为后人认识朱熹礼学提供了前提,同时也增添了障蔽。朱子晚年学术旨趣究竟如何,绝笔书信孰先孰后,临终治丧有何主张,易箦之后是否天变,等等,此方面的记录,充满了扭曲的记忆、建构的曲笔,以及不可避免的讨论与质疑。

蔡沈《梦奠记》曰:

> 平明,精舍诸生复来问病,味道云:"先生万一不讳,礼数用《书仪》何如?"先生摇首。益之云:"用《仪礼》何如?"先生复摇首。沈曰:"《仪礼》《书仪》参用何如?"先生首肯之,然不能言,意欲笔写,示左右以手版托纸近。先生执笔如平时,然力不能运。[2]

黄榦《行状》则曰:

> 翌旦,门人侍疾者请教,先生曰:"坚苦。"问温公《丧礼》,曰:"疏

---

[1] 黄榦:《勉斋集》卷 34《朝奉大夫华文阁待制赠宝谟阁直学士通议大夫谥文朱先生行状》,《景印文渊阁四库全书》第 1168 册,台湾商务印书馆 1986 年版,第 428 页。

[2] 蔡沈:《梦奠记》,载王懋竑《朱子年谱》卷 4,《景印文渊阁四库全书》第 447 册,台湾商务印书馆 1986 年版,第 357 页。此文亦载明蔡有鹍辑《蔡氏九儒书》,惜未见。

略。"问《仪礼》,颔之。已而正坐整冠衣,就枕而逝。①

按《庆元党禁》,蔡沈与黄榦,一主丧役,一主丧礼,却对朱熹的治丧主张记述不同如此。从当时情况看,蔡沈亲侍朱熹左右,录文中时间、地点、人物皆可详考,所记本应可信,李方子《紫阳年谱》信用不疑。黄榦当时并不在场,何以在嘉定十四年(1221)撰成的《行状》中摒弃不用?从黄榦在文后所写按语来看,《行状》史料来源丰富,涵盖了"平日之闻见"与"叙述奠谋之文",蔡氏、李氏之说应有所闻。草稿撰成后又经过反复讨论,"一言之善,不敢不从",不过,黄榦同时承认:"亦有参之鄙意而不敢尽从者,不可不辨也。"②

可以说,黄榦对朱子行实的书写早已超越"历史编纂"的范畴,进入了"历史书写"的维度。这种书写的主体不是黄榦一人,而是以他为中心的朱门弟子群;客体不是历史本身,而是这群弟子所期待建构的完满的朱熹礼学系统。当然,不是所有朱门弟子都参与了这一建构过程。实际上,有更多的弟子游离在以黄榦为中心的"紫阳正传"弟子的边缘,他们在这场学术运动中保持相对独立,促使朱熹礼学内部出现了裂变,最终导致13世纪的四礼学从传统礼学研究中分化出来,成为宋明时期的专门之学。

一、以黄榦为中心的学者群

朱熹去世前,曾手书黄榦,"令收《礼书》底本,补葺成之"③。此后,黄榦以之为志业,开始了长达二十多年的《通解》续编工作。这一过程与对朱熹礼学的认知、总结过程同步,构造了后人对朱熹礼学的一般印象。

黄榦续编《通解》分作三个阶段。第一阶段,自嘉泰二年(1202)九月至三年(1203)冬,刘砺、郑宗亮、潘微、郑文遹助修,主要任务是"与诸君子商榷其目"④,主体工作尚未展开,便告中止。第二阶段,自嘉定八年(1215)十二月至嘉定十年(1217),参与讨论、助修者除前四人外,可能还有潘柄(生卒年

① 黄榦:《勉斋集》卷34《朝奉大夫华文阁待制赠宝谟阁直学士通议大夫谥文朱先生行状》,《景印文渊阁四库全书》第1168册,台湾商务印书馆1986年版,第427页。
② 黄榦:《勉斋集》卷34《朝奉大夫华文阁待制赠宝谟阁直学士通议大夫谥文朱先生行状》,《景印文渊阁四库全书》第1168册,台湾商务印书馆1986年版,第428页。
③ 蔡沈:《梦奠记》,载王懋竑《朱子年谱》卷4,《景印文渊阁四库全书》第447册,台湾商务印书馆1986年版,第357页。
④ 郑元肃录、陈义和编,吴洪泽校点:《勉斋先生黄文肃公年谱》,载吴洪泽、尹波主编《宋人年谱丛刊》第11册,四川大学出版社2002年版,第7236页。

不详)、杨复、林学蒙(生卒年不详)、林夔孙(生卒年不详)、李闳祖(生卒年不详)、李方子(1169—1226)等人①,规模较第一次更为宏大。第三阶段,自嘉定十一年(1218)年末至嘉定十三年(1220)夏,在"四方生徒会聚"的盛况下,最终完成《丧礼》《祭礼》的续编工作。②

其中,嘉定八年(1215)十二月至嘉定十年(1217)是以黄榦为中心的学者群形成的关键时期。此期间内,黄榦不但继续主持编纂《礼书》,还修葺了颇有象征意义的竹林精舍,召集同门,读朱子之书,论朱子之学,开始撰写《行状》。关于《行状》之编纂过程,黄榦在文末所附的按语中说:

> 行状之作,非得以也,惧先生之道不明,而后世传之者讹也。追思平日之闻见,参以叙述奠诔之文,定为草稿,以谂同志,反复诘难,一言之善,不敢不从,然亦有参之鄙意而不敢尽从者,不可不辨也。有谓言贵含蓄,不可太露,文贵简古,不可太繁者。……又有谓年月不必尽记,辞受不必尽书者。……又有谓告上之语,失之太直,记人之过,失之太讦者。……又有谓奏疏之文,记述太繁,申请之事,细微必录,似非行状之体者。……甚矣圣贤之难知也。知不知,不足为先生损益,然使圣贤之道不明,异端之说滋炽,是则愚之所惧,而不容于不辨也。故尝太息而为之言曰:"是未易以口舌争,百年论定,然后知愚言之为可信。"遂书其语,以俟后之君子。③

按语劈头直陈作《行状》的目的是彰明朱子之学,断绝后世传闻讹误之可能。在黄榦看来,这种"讹误"不但有可能来自道学家群体之外("异端"),更可能来自朱熹门人群体之内("不知")。他紧张地觉察到,对《行状》草稿的"反复诘难"之中,既有善言,也有恶语。从善自当如流,疾恶更须如仇。所以,他条陈反对意见,一一反驳。按引文,反对意见似乎主要指向文体、繁简问题。但从文末"口舌争"的鲜活描述来看,争论可能早已超越文字本身,进入对朱子及其学术认知、评价的广阔范畴。礼学作为朱子晚年致力的学问,自然也在争论之中。关于《通解》与《家礼》优劣,《行状》说:

---

① 《答李贯之兵部》:"昧道、子洪皆有志于此者,独恨道远,难相屈致,榦亦无力远出,不能携书以就朋友。"可知,黄榦所开具的"庆元三年朱先生所书编礼人"的健在者名单不可能就是当时续编者的名单,其中至少叶贺孙、黄士毅等"道远"者不能助修。

② 参考李少鹏:《〈仪礼经传通解〉研究》,吉林大学博士学位论文,2017年。

③ 黄榦:《勉斋集》卷34《朝奉大夫华文阁待制赠宝谟阁直学士通议大夫谥文朱先生行状》,《景印文渊阁四库全书》第1168册,台湾商务印书馆1986年版,第428页。

又尝编次《礼书》,用工尤苦,竟亦未能脱稿。所辑《家礼》,世多用之,然其后亦多损益,未暇更定。①

《通解》与《家礼》,同为未成之作。但在黄榦看来,两者在朱子礼学中的地位并不平衡。《通解》是贯穿朱子晚年的学术事业,代表了朱熹礼学的最终指向与关怀。而《家礼》即便在当时广泛流传,士庶参用,也不过是早年未成之本,很多内容经过损益,没有一定之说。

这种观点同样反映在嘉定九年(1216)撰成的《家礼》跋文之中。文章在大段辨析"礼"与"理"的关系之后,一方面肯定《家礼》之类著述的切实思虑,另一方面对朱熹礼学的晚年定论作了申述:

> 先生教人,自格物、致知、诚意、正心以修其身,皆所以正人心复天理也。则礼其可缓与?迨其晚年,讨论家、乡、侯、国、王朝之礼,以复三代之坠典,未及脱稿而先生殁矣,此百世之遗恨也。则是书已就,而切于人伦日用之常,学者其可不尽心与?②

与其他不少《家礼》序跋不同,黄榦并未认可《家礼》从俗、变通、易于施行,而是强调它的价值在且仅在于完整性。当他表达对《通解》未成的叹惋的时候,文字中隐藏的意思是,如果《通解》撰写成书,士人自可按《通解》行古礼,作为早年未定之论的《家礼》,也就没有继续遵行的必要。

事实上,黄榦很少在礼仪实践中依《家礼》行事,而是以《仪礼》作为行礼的旨归,表现出强烈的复古特征。嘉定十三年(1220)三月,黄榦弟子陈仍(生卒年不详)"以古冠礼冠其长子",向他请教。黄榦"为之正其仪法,且莅其事"。这场冠礼在嘉福寺举行,陈仍之兄陈伟(生卒年不详)为主人,杨复为宾,黄榦、赵师恕(生卒年不详)、张元简(生卒年不详)等人参礼。③《年谱》粗略,所谓"古冠礼"不得其详。不过,《勉斋集》中有《答林公度》一书,详细可按。其文略曰:

---

① 黄榦:《勉斋集》卷 34《朝奉大夫华文阁待制赠宝谟阁直学士通议大夫谥文朱先生行状》,《景印文渊阁四库全书》第 1168 册,台湾商务印书馆 1986 年版,第 427 页。
② 黄榦:《勉斋集》卷 22《书晦庵先生家礼》,《景印文渊阁四库全书》第 1168 册,台湾商务印书馆 1986 年版,第 240 页。
③ 郑元肃录、陈义和编,吴洪泽校点:《勉斋先生黄文肃公年谱》,载吴洪泽、尹波主编《宋人年谱丛刊》第 11 册,四川大学出版社 2002 年版,第 7236 页。

承垂谕以令从子加冠，冠礼之废久矣，欲举而行之，甚善甚善，榦愚不敏，何足以知此，但顷从朱先生游，见其家所行冠礼，全依司马公所定，而公之书即《仪礼》之节略也。亦尝获预于宾、赞之末矣，初习其仪，虽若繁缛，然行之顷刻可毕，且冠礼在六礼中最为易行。盖人家闺门，父子所自行，不与他人相干涉，而质明行事，不数刻而礼成，亦初无艰难辛苦之事。但得一庄重好礼者为宾，则登降揖逊自然中节，不可先惮其难，乐为简便也。榦尝谓古人处事，全是烦碎中方有深意……观此两三节，稍从简易，便觉失古人严肃详密之意，况于其它，岂可略乎？试断然行之，然后知其非难也。但司马公《书仪》难得善本，而建本尤多错误，更以《仪礼》参校而是正之为佳。①

文中提及"获预于宾、赞之末"的经历，或即《年谱》所载陈仍长子之冠礼。在谈论冠礼事宜时，黄榦话语的权威性来自"从朱先生游"的光辉经历。在他看来，朱熹的行礼依据是《司马氏书仪》，其根本则在《仪礼》。由于坊间所刻《书仪》错误不少，黄榦建议林宪卿（1148—1217）以《仪礼》为据，校正《书仪》之后方可采用。为了打消顾虑，黄榦提出了复兴古礼的三条理由：第一，古冠礼琐碎的礼文中藏有深意，不容从简；第二，从他自己的行礼经验来看，古冠礼对冠者有教育意义；第三，只要决心行礼，冠礼只是自家事，士人自然做得主。全文没有一处提及《家礼》。

这种"礼是古礼"的观念渗透在黄榦思想的方方面面，使"以古礼""行古礼"成为《勉斋集》中的常见语词。在周谟（1141—1202）的墓志铭中，黄榦称他"居家孝友。母丧，疏食三年，治丧悉用古礼，斥去浮屠老子法，乡人多效之"②。在王遇（1142—1211）的行状里，黄榦称他"家之吉凶丧祭一以古礼，斥去巫觋、老佛之陋。故公之殁，其子治丧，悉遵公命"③。在曾兴宗（1146—1212）的行状中，黄榦说他"居家动遵古礼，冠昏丧祭不肯杂以世俗之仪"④。其实，"古礼"从来都是个模糊的概念，这些传主未必都能像黄榦

---

① 黄榦：《勉斋集》卷13《答林公度》，《景印文渊阁四库全书》第1168册，台湾商务印书馆1986年版，第153页。
② 黄榦：《勉斋集》卷38《周舜弼墓志铭》，《景印文渊阁四库全书》第1168册，台湾商务印书馆1986年版，第456页。
③ 黄榦：《勉斋集》卷37《朝奉郎尚书吏部右曹郎中王公行状》，《景印文渊阁四库全书》第1168册，台湾商务印书馆1986年版，第434页。
④ 黄榦：《勉斋集》卷37《肇庆府节度推官曾君行状》，《景印文渊阁四库全书》第1168册，台湾商务印书馆1986年版，第436页。

那样以《仪礼》作为践行的标准模板。或许在黄榦的思想世界中,"古礼"是一个极好的词,将其加诸行状、墓志是对亡者的最好褒奖。

二、以陈淳为代表的学者群

虽然黄榦以《行状》《通解》的讨论、编撰逐步将朱子门人整合成"紫阳嫡传"的新兴学派,但是值得注意的是,在朱子生前比较活跃的授礼弟子很少参与续编工作,在新学派建构中的角色也十分模糊。实际上,有大量游离在新学派周围的朱子门人以自己的方式继续朱熹礼学的研究与实践。其中,陈淳、潘时举(生卒年不详)、廖德明(生卒年不详)、郭叔云(生卒年不详)、胡泳(生卒年不详)、黄士毅(生卒年不详)等人重视《家礼》为范本的四礼学研究,表现出与黄榦不同的学术取向与实践旨趣。

陈淳(1159—1223),字安卿,漳州龙溪县(今属福建)人,有"紫阳别宗"之号,《经义考》列为"朱子授《礼》弟子"。录"庚戌(绍熙元年,1190)、己未(庆元五年,1199)所闻",在礼类者多达 90 条,其中问礼 12 次,多涉冠昏丧祭之事,表现出对家礼研究与实践的浓厚兴趣。

据自述,陈淳早在从学之前便关注朱熹四礼之学,从同乡王遇(1142—1211)处得到《朱氏祭仪》,即所谓"王郎中子正传本"①。绍熙元年(1190),陈淳见朱熹于临漳,即"以冠昏丧祭礼请诸先生"。朱熹答道:

> 温公有成仪,罕见行于世者,只为闲词繁冗,长篇浩瀚,令人难读,往往未及习行,而已畏惮退缩。盖尝深病之,欲为之裁订增损,举纲张目,别为一书,令人易晓而易行。旧亦略有成编矣,在僧寺为行童窃去,遂亡本子,更不复修。②

这段话不见于《语类》,颇能引起后世学者的联想、质疑。本节无意讨论《家礼》真伪,只想指出,朱熹有此答,必是陈淳有此问。换言之,陈淳"以冠昏丧祭礼请诸先生"的问题意识并不是学术意义上的理论探讨,而是礼仪实

---

① 按《代陈宪跋家礼》,陈淳曾得两种《祭仪》,一是王子正传本的三卷本《祭仪》,一是绍熙庚戌(元年,1190)从朱在处得到的《时祭仪》。此处所引当是前者,理由有二:一、从书名来看,绍熙所得《时祭仪》的主要内容是四时祭,而引文主要内容为忌日之祭;二、从篇章结构来看,三卷本《祭仪》中卷礼文、下卷祝文,不是纲目体,正与引文相似,而《时祭仪》为纲目体,与此初本体例迥然不同。

② 陈淳:《北溪大全集》卷 14《代陈宪跋家礼》,《景印文渊阁四库全书》第 1168 册,台湾商务印书馆 1986 年版,第 609 页。

践中遇到的现实问题,如此繁多的礼仪著述,究竟何书可以作为行礼依据?对此,朱熹给出的答案指向《家礼》。此行,陈淳从朱在处得《时祭仪》一篇,成为日后研习《家礼》的重要基础。

庆元六年(1200)《家礼》复现。嘉定四年(1211),陈淳在泉州从朱在处首次见到此书,以《家礼》为中心的四礼学研究正式开始。陈淳清楚,《家礼》不是一部完备的著述。

> 惜其书既亡而复出,不出于先生无恙之前,而出于先生既没之后,不幸而不能垂为一定之成仪,以幸万世,而反为未成之缺典,至贻后世千古无穷之恨,甚可痛也。予闻其言慨然为之有感,因识诸编末以示来者,使读是书而有志焉者,知始末之所由。其于宏纲大节之昭昭不可拚者,既得以从容从事而无所疑。而于一二疑义之未定,及讹缺脱漏之多错见者,亦有以考核折衷,而为至当之归。不至于一直例行按用之,或有误焉而不自觉也。呜呼!于以助成斯世礼俗,而推广圣朝道化之美,尚有以庶几先生之志乎哉。①

不过,关于《家礼》是未成之作的认识并未改变陈淳对《家礼》价值的判断。相反,他充分认可该书"助成礼俗""推广圣化"的意义,认为它"诸仪大概皆已简洁明白可按",足以作为行礼典范。基于这种认识,陈淳开始借助从学朱熹的经历,以二十年来搜集的《祭仪》《时祭仪》《家礼》等书,在比较与回忆中补完、参订《家礼》仪文。

嘉定十年(1217)八月,陈淳受郑之悌(生卒年不详)邀请至严州讲学,将数年以来的研究心得融入《家礼》的修订工作。在原本(五羊本)与改本(余杭本)的基础上,陈淳"复精加校",著成严州本《家礼》。按佚书跋文,陈淳此次修订《家礼》以余杭本为底本,弃用五羊本。余杭本是《家礼》最早的修订本,其与五羊本的显著区别是:

> 《时祭》一章,乃取先生家岁时所用之仪入之,准此为定说,并移其诸参神在降神之前。②

---

① 陈淳:《北溪大全集》卷14《代陈宪跋家礼》,《景印文渊阁四库全书》第1168册,台湾商务印书馆1986年版,第609页。

② 陈淳:《北溪大全集》卷14《家礼跋》,《景印文渊阁四库全书》第1168册,台湾商务印书馆1986年版,第610页。

考"先生家岁时所用之仪"既非王子正传本《祭仪》，又非朱在所传《时祭仪》，而是朱熹晚年家中所行之祭礼。它与五羊本之不同有两方面：一是祭不卜日，而用二分二至；二是废除了冬至、立春二祭。除这两点外，余杭本还以朱在所传《时祭仪》为准，将参神移至降神之前。这种改写虽出自赵师恕刊本，其构想实来自陈淳：

> 降神在参神之前，不若临漳传本降神在参神之后为得之。盖既奉主于位，则不可虚视其主，而必拜以肃之。故参神宜居于前，至灌则又所以为将献，而亲缲其神之始也。故降神宜居于后。然始祖、先祖之祭，只设虚位而无主，则又当降神而后参，亦不容以是为拘。①

这种构想虽然有朱在传本《时祭仪》作为经典依据，但更多来自作者对礼义的理解。陈淳精通鬼神之理，将祖考魂气是否能够来格作为衡量祭礼仪文的标准。作为魂气的凝萃物，木主的移动、变造直接决定降神、参神的先后。在始祖、先祖之祭中，由于"有位而无主"，位牌是临事制作，所以要先降下祖先之神，然后参之；在其他祖考祭祀中，由于木主已经被奉至祭所，必须先以礼敬之心参之，后降其神。当然，在严州本的修订中，由于底本（余杭本）直接删去了始祖、先祖之祭，先降神后参神的情况便不复存在，故"诸参神"皆当至于降神之前。

另一处重大修订出现在《丧礼》"题主"一节。早在之前阅读五羊本时，陈淳就表达过对此的不满：

> 题主一节只依温公行于墓所，而不行于反哭入室之后，疑失之少早。则于礼之既亡而后以鬼缲者为不合，恨不及面订于先生耳。②

至严州本，陈淳将题主移于反哭入室之后，并作详细解释：

> 至题主一节，按《礼记·问丧》："送形而往，迎精而反，其往也如慕，其反也如疑，入门而弗见也，上堂又弗见也，入室又弗见也。曰：'亡矣。

---

① 陈淳：《北溪大全集》卷14《代陈宪跋家礼》，《景印文渊阁四库全书》第1168册，台湾商务印书馆1986年版，第609页。
② 陈淳：《北溪大全集》卷14《代陈宪跋家礼》，《景印文渊阁四库全书》第1168册，台湾商务印书馆1986年版，第609页。

丧矣。不可复见已矣。'然后祭之宗庙,以鬼飨之。"盖丧礼自既敛,尸枢在堂,以后事死如事生,凡朝夕纯用生前奉养之礼,及既葬入室弗见以后,则事亡如事存,以鬼神之道接之。今方奉枢入圹,未及迎精而反,以伸夫如疑之情,而遽为决辞以神之,恐失之少早。于孝子痛割之情为未安。或曰:"此正所以为迎精,而亦主人赠而祝宿虞尸之比。"不思迎精固已有魂帛,而虞尸之宿,乃祝者先归私自备之,非行于墓所,而主人盖无与焉。窃以为,此节当移于反哭入室之后行之,然后虞祭,乃于礼为有合,而于情为得宜,惜不及面订此明证耳。①

按古礼,大夫、士无主,宋儒程颐撰《作主式》,士大夫始为自家作主(见前)。但何时作主、何人作主、如何祧主等问题,程颐皆未涉及。在《开元礼》中,三品以上丧礼仿诸侯之礼而有主,虞主由"国官若僚佐之长与祝"预造,先置于别所,待虞祭时出之②。然而,按司马光《书仪》,下棺、祭后土之后题虞主于墓所,而后反哭。《家礼》采用《书仪》,题主于墓所,题毕,祝奉神主升车,反哭。正如引文中"或曰"所说,这种礼仪的义理在于,希望木主能够在不断变易的空间与时间中接续亡者魂气,为之后的丧、祭之礼提供可能。但是,深谙鬼神之理的陈淳并未从这个角度思考,他的关注点是,题主于下葬之后、茔域之旁违背了"事死如事生"的礼义,瓦解了反哭的礼与义。

陈淳关于《家礼》诸本的比较、议论,见表 9.1。

表 9.1　陈淳对《家礼》诸本内容的比较

朱在所传《时祭仪》(绍熙元年,1190)	朱子晚年居家所行之礼(庆元五年,1199)	《家礼》五羊本(嘉定四年,1211)	《家礼》余杭本(嘉定九年,1216)	《家礼》严州本(约嘉定十二年,1219)	《家礼》周复本(淳祐五年,1245)
卜日	二分二至	卜日	二分二至	二分二至	卜日
冬至、立春二祭	废止	存	废止	废止	存

---

① 陈淳:《北溪大全集》卷 14《家礼跋》,《景印文渊阁四库全书》第 1168 册,台湾商务印书馆 1986 年版,第 610 页。

② 萧嵩:《大唐开元礼》卷 139《凶礼·三品以上丧礼二》,民族出版社 2000 年据东京大学东洋文化研究所藏光绪二十年(1894)氏公善堂校刊本影印,第 668 页。

续表

朱在所传《时祭仪》（绍熙元年，1190）	朱子晚年居家所行之礼（庆元五年，1199）	《家礼》五羊本（嘉定四年，1211）	《家礼》余杭本（嘉定九年，1216）	《家礼》严州本（约嘉定十二年，1219）	《家礼》周复本（淳祐五年，1245）
先参神、后降神		先降神、后参神	先参神、后降神	先参神、后降神	时祭先参神、后降神
					冬至、立春先降神、后参神
		题主于墓所	题主于墓所	题主于反哭入室之后	题主于墓所
		治葬用石灰	治葬用石灰	同，但称："非通行之制，各等正在人参酌审处。"	治葬用石灰
		注酒亲不亲	注酒亲不亲		注酒亲不亲
		告筵祝词未填	告筵祝词未填		告筵祝词未填

　　与黄榦相比，陈淳更加重视《家礼》，其研究的深度、广度都超过以黄榦为中心的新学派，代表了朱熹礼学演进的另一种方向。其他游离于新学派的朱门弟子在《家礼》上亦多创获，使《家礼》逐渐成为礼学研究的新课题。嘉定四年（1211），廖德明首次刊刻《家礼》，以广其传。嘉定六年（1213），潘时举在《作主式》基础上，从司马光后人处得古尺图，确定木主形制。嘉定九年（1216），赵师恕修订《家礼》，在余杭付梓。嘉定十一年（1218）间，陈汲（生卒年不详）刊《家礼》于莆田，陈宓（1171—1230）作序。嘉定十三年（1220），郭叔云作《宗礼》，并以《家礼》小宗之法，设祭田，定宗子主祭之法。

　　就两派而言，具有划时代意义的是黄士毅《朱子语类》的编纂。该书刊于嘉定十三年（1220），是第一部试图将诸家朱子语录分门别类的语录体著述。其中卷84至91为礼类，分8个大类，55个小类。大体而言，卷84为总论，包括论考礼纲领、论后世礼书、论《仪礼经传通解》三部分；卷85至88为三礼类，以《仪礼》《周礼》《大戴礼记》《小戴礼记》篇章为目，内容多是对三礼经文的解说；卷89至90为四礼类，以冠、昏、丧、祭为目，问题意识主要与四礼实践相关；卷91为杂仪类，论及日常生活中的诸多礼节。

　　这种分类不但是弟子所录内容的一种反映，更表达了弟子在乃师殁后20年间对朱熹礼学的整体认知。虽然内容相近、区分困难，黄士毅仍然试图将冠、昏、丧、祭与礼经中的《士冠》《士昏》等篇章分隔开，将其平行放置在"四礼"与"三礼"的不同学术门类中。这种工作的意义在于确定朱熹礼学的体系中包含两种礼学:一种是以古礼为对象、注疏为表征的传统礼学——"三礼学",另一种是以通今为宗旨、实践为指向的新型礼学——"四礼学"。如果说,以黄榦为中心的新学派继承朱熹"三礼学"的衣钵,那么,以陈淳为代表的礼学研究则是朱熹"四礼学"的演进的结果。

第二节 《家礼》经典化与传注纷争(1221—1250)

据统计,宋代四礼著述有40余种,约是《新唐书·艺文志》所载前代相关著述的4倍。其中,影响较大的有韩琦《古今家祭式》、司马光《书仪》、高闶《送终礼》、张栻《三家昏丧祭礼》等,朱熹《家礼》作为其中之一,本无特别的典范意义。不过,进入13世纪20年代,朱熹弟子开始注意《家礼》的特殊性,试图将其与《书仪》等著述区别开,进而确立它在宋代四礼学中的经典地位。与不少经典的情况相似,《家礼》的经典化运动也以注疏层层累积的形态出现。其中,嘉定十六年(1223)成书的杨复注、淳祐五年(1245)刊刻的周复注分别代表了"三礼学"与"四礼学"诠释《家礼》的不同进路,对《家礼》的文本定型、理论实践意义重大。

一、杨复《家礼附注》

"杨信斋《附注》出,而当时损益折衷之意始见。"[①]作为朱熹、黄榦的弟子,续修《通解》工程的骨干,杨复与黄榦一样,认为《家礼》是朱熹早年未定之书。然而,与陈淳改编《家礼》文本的做法不同,杨复试图在尽可能保存《家礼》原本的基础上,通过注释的方式补完《家礼》。从国家图书馆藏宋刻本《纂图集注文公家礼》[②]来看,《家礼附注》没有采用经过改编的余杭本、严州本,而是大体接近五羊本(见表9.2)。这种方式,对《家礼》文本的稳定性与经典地位的形成有积极意义。但是,细看《附注》文字可以发现,它与经学注疏差别明显。若以《五经正义》中唐儒孔颖达所定的"疏不破注"的标准来看,《家礼附注》的目的显然不止于"解经",而是"以朱释朱""以古释朱",将《家礼》解释、补充、改写为更为符合"古礼学派"精神的行礼指南。

《郡斋读书志附志》云:"《家礼》附《注》五卷。右陈雷刻于温州学宫者,

---

① 方大琮:《家礼附注后序》,载朱熹《家礼》,国家图书馆所藏明刻本。
② 吾妻重二据书中图、文内容推断其为宋刻,今从之。见氏著《朱熹〈家礼〉实证研究》,华东师范大学出版社2012年版,第85页。

凡九十九条。"①考国图藏本《纂图集注文公家礼》共有 98 条，其中通礼附注 11 条，冠礼附注 9 条，昏礼附注 13 条，丧礼附注 49 条，祭礼附注 16 条。然据《朱子成书》《性理大全》本《家礼》注，可辑杨复佚注 9 条，其中序 1 条，通礼 3 条，丧礼 5 条。则杨复《家礼》注可考者至少 107 条。按照与原文之间的关系，可以将注文分作三类。

第一类：释注。

所谓释注，即不改动《家礼》仪文，对礼文、礼义作解释说明。据杨复说，释注的基本方法是"取先生平日去取折衷之言，有以发明《家礼》之意者"（杨 1）②，以次编入。不过由于《家礼》与古礼、当时四礼著述关系密切，《附注》在《语类》《文集》外还博采《仪礼》《礼记》《说文》《书仪》《高氏厚终礼》以及二程、张载的语录著作，并在旨义未尽时自出注解。具体情况又可分为三种。

第一种是礼文阐释。与汉唐儒者的经学注疏不同，《附注》很少在文字的音、形、字上作考证、阐释，而是注重仪式细节依据的解释、说明。有以《语类》《文集》印证《家礼》仪文的，如《通礼》祠堂"西上"的木主次序排列（杨 3.1—3.3），《祭礼》"为位"祭初祖（杨 104），等等。更为常见的是释以《仪礼》《书仪》诸书，为《家礼》礼文提供依据。如以《说文》释《深衣制度》"中指中节为寸"（杨 9），以《书仪》释《冠礼》用"醮"不用"醴"（杨 22），等等。这些诠释不见于《语类》《文集》，不属于"以朱释朱"，却解释力很强，为《家礼》提供了礼源意义上的支持。

第二种是礼义阐释。在《附注》中，礼义阐释有大小之别。大者通说一篇之义，或奠定对《家礼》某篇宗旨的理解，如《冠礼》注引《语类》卷二十三辅广录将《冠礼》篇的主旨定为复古（杨 16）；或勾画某一完整仪式过程的框架，如《昏礼》注引《语类》卷八十九叶贺孙录解释《昏礼》亲迎的仪式次第（杨 34.2—34.3）。小者阐释某一具体仪节的机理，如注《居家杂仪》"出必告，反必面"的义理为"事亡如事存"（杨 14），注《冠礼》"陈冠服"的义理为"用时之服"（杨 18），注《昏礼》"婿乘马先妇车"的义理为"女从男"（杨 31），《祭礼》初献斟酒之礼不用《书仪》的义理为"礼严而意专"，等等。这种诠释在《附注》中所占比例虽然不高，却尝试在"礼"与"理"之间搭建桥梁，对后世影响深远。

---

① 赵希弁：《郡斋读书志附志》卷上《仪注类》，载晁公武撰，孙猛校证《郡斋读书志校证》，上海古籍出版社 1990 年版，第 1348 页。

② 杨复：《家礼附注》第一则，载杨复、刘垓孙：《文公家礼集注》，北京图书馆出版社 2005 年据国家图书馆藏元刻本影印。本章凡遇杨复注皆据此本，序号于正文径直标出，不再出注。

　　第三种是体系化阐释。旨在将礼文放置在某一体系内考察,阐释内容随着体系范围的变化而变化。属于"释注"的体系化阐释是一种狭义的体系化阐释①,特点是"以《家礼》释《家礼》",通过《家礼》前后章节的比较释读《家礼》仪文的未尽之处。如《家礼》文本中本无清楚的墓祠堂制度,却在《通礼》祠堂章有"始祖亲尽,则藏其主于墓所"的注文,《附注》将其与《丧礼》章相互参考,予以补完(杨8)。又如《丧礼》篇丧服制度本无对尺度的特殊规范,而《附注》以《通礼》篇《深衣制度》对此做出解释(杨49)。当体系化的阐释方法从《家礼》本节进一步向朱子礼学乃至宋代四礼学的范围扩展时,《家礼》与《语类》《文集》及《仪礼》《书仪》等的差异便会突破"释注"的范畴,向"补注""改注"演化。

　　第二类:补注。

　　所谓补注,是在对文本不作实质性改动的前提下试图补完《家礼》的注释。此处所说的"实质性改动"是对礼文本身的变动,任何关于仪式细节的更改都是对文本的实质性更改。补注主要有两种形式:

　　一是补其未尽,即补充《家礼》不及之处,使仪式过程更加完整、可行。在《附注》中,用以补完《家礼》的数据很多,且有逻辑上的先后之别。最先使用的材料来自《语类》《文集》,如《丧礼》注以《语类》补夫妇合葬方位(杨70),以《语类》《文集》补牌子之制(杨73),《祭礼》注以《语类》补忌日变服之事(杨106),等等。其次补以当代四礼著述,如《书仪》《厚终礼》之类。如《丧礼》注以《高氏送终礼》补"废床寝于地"之礼(杨37),以《书仪》补立丧主之法(杨39),《祭礼》注以《书仪》补主妇祭祀之事(杨94),等等。最后补以古礼或自注,如以《仪礼》补冠礼再加、三加宾盥(杨20、21),补婚礼请期之礼(杨25),补丧礼五服(杨54—61、63),等等。引古礼补注《家礼》的现象最常见,反映出杨复注的复古特征。

　　二是并置异议,即征引差异内容,而不表明注者自身意见。作为体系化阐释的延伸,礼文差异首先发生在朱子礼学体系之内。如《祠堂》章主张与嫡长子同居的兄弟在死后由子孙"立祠堂于私室",是空间上的分祭,而注引《语类》卷九十则主张时间上的分祭,与《家礼》不同(杨3.4);《丧礼》大轝之制,注引朱子语称"某旧为先人饰棺,考制度,作帷幔,延平先生以为不切"(杨72);《丧礼》袝、迁在祥祭时一并进行,注引《文集》卷六十三《答李继善》

---

① 更大范围的体系化阐释发生在朱子学内部,用《语类》《文集》与《家礼》相互参照、印证;最大范围的体系化阐释是将《家礼》放置于整个礼学系统中的定位、解释,与以《仪礼》为代表的古礼、《书仪》等后世四礼著述比较研究。

则称"祔与迁是两项事"（杨88），等等。另有在礼学体系内并置异议的，这种情况尤以《书仪》《高氏厚终礼》为多，如《通礼》祠堂章注引《书仪》影堂制度（杨2），《丧礼》治棺一节注引《厚终礼》棺木之制（杨40），《丧礼》袭立注引《书仪》《厚终礼》袭衣多少（杨42），等等。虽然既未改动原文，也未表达明确意见，并置异议的方法毕竟包容了《家礼》之外的其他意见。所谓"并述其说，以俟参考"（杨88）的本质是令读者在不同见解中继续研求真理，自行选择行礼方案。

第三类：改注。

所谓改注，即对《家礼》做出实质性改动的注解，对仪式整体或某一仪节做出改写。《附注》尽力保持《家礼》的原文风貌，但是在面对《家礼》与《语类》、《文集》、《书仪》、《厚终礼》、古礼的差异时，也并非简单地并置异议，而是经常给出"定论"。可以作为定论的主要是朱子晚年议论及《仪礼》。前者如以蔡渊所问朱子晚年所论深衣"方领""曲裾"之说改《家礼》深衣制度，后者如以《仪礼》妇人丧服之说改《家礼》丧服制度。值得注意的是，黄榦的行礼实践也被视作订正《家礼》的依据。嘉定十二年（1219）十二月，黄榦弟子张元简"以古昏礼归其女弟"，向他请教。黄榦"为之正其仪法行之"。据《年谱》，"张氏姻家龚君□□，人共贤之"[1]。杨复《附注》引文曰：

> 勉斋先生定龚氏亲迎礼，主人迎于门外，西面再拜。宾东面答拜。主人揖，入。三揖，三让。主人升，西面。宾升，北面，奠雁。（杨30）

所谓"龚氏亲迎礼"，当即张元简与姻亲龚家共行之"古昏礼"。《家礼》原文曰：

> 主人迎婿于门外，揖让以入。婿执雁以从，至于厅事。主人升自阼阶，立西向。婿升自西阶，北向，跪，置雁于地。[2]

此段礼文可与《仪礼》对读。《仪礼·士昏礼》："主人玄端迎于门外，西面再拜。宾东面答拜。主人揖，入。宾执雁从。至于庙门，揖入，三揖至于阶，三让。主人升，西面。宾升，北面，奠雁。"（《仪礼·士昏礼》）在此，《家

---

① 郑元肃录、陈义和编，吴洪泽校点：《勉斋先生黄文肃公年谱》，载吴洪泽、尹波主编《宋人年谱丛刊》第11册，四川大学出版社2002年版，第7236页。

② 朱熹：《家礼》卷3《昏礼》，北京图书出版社2004年据中国国家图书馆藏宋刻本影印。

礼》原本省略了《仪礼》"三揖三让"的烦琐仪式,将其损益为从主人而入的简略做法。黄榦所定亲迎礼以《仪礼》为准,并未采纳《家礼》以从简便。在《附注》中,杨复采纳黄说,对《家礼》做出改注。

从"以古释今"到"以古补今"再到"以古改今",《附注》以《仪礼》为中心对朱熹《家礼》进行了全面、系统、细致的阐释,将宋代四礼研究推向新高度。不过,由于注文烦冗、征引量大,《附注》的理论价值远远高于实践价值,很难被一般士庶阅读,遑论作为行礼指南。更严重的是,作为"古礼学派"的成果,《附注》以古礼为原则审视《家礼》,常常表现出纠正的意图。这显然对《家礼》的经典性建构十分不利。因此,《附注》并未得到朱熹门人后学的广泛接纳,于是有了周复《家礼附录》的编撰。

杨复《家礼附注》之分类情况,见表9.2。

表 9.2 《家礼附注》释注、补注、改注分类

释注			补注		改注
礼文阐释	礼义阐释	体系化阐释	补其未尽	并置异议	
3.1—3.3、 6、7、9、19、22、23、 24、 33、34.2—34.3、35、36、38、45、48、53、64、65、66、 71、 74、102、104	13、14、15、16、18、31、32、47、78、79、 81.1、82、 84、95.1—95.2、 96、97、98、99	8、49	4、20、21、25、26、29、34.1、37、39、54、55、56、57、58、60、61、62、63、69、70、73、77、80、83、86、87、90、 91、 92、 94、95.3—95.4、 100、105、106、107.2	2、3.4、5、17、28、40、 41、 42、 43、44、46、68、72、76、81.2、88、89、93、103、107.1	10、 11、27、 30、50、 51、52、 59、67、 75、85

二、周复《家礼附录》

一般认为,周复《家礼附录》是杨复注的节略本,其最大特点是将分散在各条之下的注文移至《附录》,从而保持了《家礼》原貌①。但是,细读杨、周两家注后可知,《家礼附录》中不仅普遍存在对杨复注增补、删削、改写的情况,还包括周复本人的一些注解②。读周注深衣、丧服,知周复亦深于礼学,在杨注之外颇多创获。从这个意义上说,《家礼附录》是一部独立的、自成体系的作品。它通过对杨注的去取、改编,完成了属于自己的《家礼》叙事,发

---

① [日]吾妻重二著、吴震编译:《朱熹〈家礼〉实证研究》,华东师范大学出版社2012年版,第83、84页。

② 由于两人同名异姓,周注往往湮没在杨注之中,非细究不能考掘。

出不同于古礼学派的声音。

淳祐五年(1245)，周复刻《家礼》及附录于上饶，其跋曰：

> 右文公门人三山杨复所附注于逐条之下者，可谓有功于《家礼》矣。复别出之以附于书之后，恐其间断文公本书也。抑文公此书欲简便而易行，故与《仪礼》或有不同。如妇人用今之衰裳，吊丧者徇俗而答拜之类。其所同者，又不能无详略之异。如昏礼之六礼，丧礼袭敛用衣多少之类。杨氏往往多不满之意。复窃谓《仪礼》存乎古，《家礼》通于今。《仪礼》备其详，《家礼》举其要。盖并行而不相悖也。故文公虽著《家礼》，而尤拳拳于编集《仪礼》之书。遗命治丧必令参酌《仪礼》《书仪》而行之，其意盖可见矣。好古而欲尽礼者，固有《仪礼》在。杨氏之说有不得而尽录云。淳祐五年乙巳岁二月既望，上饶周复谨书。(周56)[1]

周复虽然肯定杨复注《家礼》的学术成绩，不过，他对杨注"必欲从古"的价值取向并不满意，试图树立《家礼》超越古礼的典范意义。从形式上，以"附录"取代"附注"，将原本分散在文本逐条之下的注释附在《家礼》原文之后。周复解释说，这种改变的目的是使注释不致"间断本书"。在《易》《礼》的整理与研究中，朱熹曾分析《经》《传》，将传、注、疏等阐释内容附在整部(篇)经文之后，从而保证经典的独特价值。"附录"的文本整理方法背后，是编者对文本准确性、经典性的尊敬与致意。

在内容、旨义上，周复辨析了《家礼》与《仪礼》的异同问题。在此之前，家礼学者虽然也热衷于比较两者不同，却很少在同一层次上谈论两部著述。尤其在古礼学派(黄榦、杨复等)看来，《仪礼》是超越时空的礼学典范，一切后世礼书都应以《仪礼》为最高原则、标准，即便《家礼》也是如此。对此，周复提出了《仪礼》《家礼》"并行不悖"之论。

一方面，"《仪礼》存乎古，《家礼》通于今"。朱熹撰作《家礼》的目的是礼学实践，不是为《仪礼》作注立疏。因此，《家礼》之文"简便易行"，往往与《仪礼》不同。在此，周复举了两个例子，一是"妇人用今之衰裳"，见《家礼》丧礼篇斩衰三年条："妇人则用极粗生布为大袖长裙、盖头，皆不缉，布头，竹钗，麻屦。众妾则以背子代大袖。"[2]杨注在考证《仪礼》后，表示对《家礼》"妇人

---

[1] 周复：《家礼》附录第56则，载朱熹《家礼》，北京图书馆出版社2004年据中国国家图书馆藏宋刻本影印。下文凡遇周复《附录》皆据此本，序号于正文径直标出，不再出注。

[2] 朱熹：《家礼》卷4《丧礼》，北京图书馆出版社2004年据中国国家图书馆藏宋刻本影印。

不用古制"的做法不理解,并称"当以礼经为正"(杨51)。另一是"吊丧者徇俗而答拜",见《家礼》丧礼篇吊条:"主人哭,出,西向,稽颡再拜。宾亦哭,东向答拜。"①杨注以《仪礼》为据,开释宾不当拜之义,并曰:"今世俗吊宾来见几筵哭拜,主人亦拜,谓代亡者答拜,非礼也。既而宾吊主人,又相与交拜,亦非礼也。"(杨68)这两例皆为《仪礼》《家礼》差异,而杨注据《仪礼》批评《家礼》者。周复对这两则杨注悉数删去。在他看来,《家礼》"简便易行",不当受"非礼"之责,如有好古之人欲行古礼,则"固有《仪礼》在"。

另一方面,"《仪礼》备其详,《家礼》举其要"。在周复看来,《家礼》还有一些礼文在大体上与《仪礼》无异,但是详略又有不同,所谓"举其要"。在周复看来,"举其要"有两种,一是礼文繁缛,仅举其纲。如《士昏礼》有纳采、问名、纳吉、纳征、请期、亲迎六礼,而《家礼》仅有纳采、纳征、亲迎三礼。三礼不是对六礼的删削,而是仅举"六礼"之大要。欲观其详则需读《仪礼》。这种观点旨在突出《家礼》的"简易"风格。二是礼数繁多,行其大略。如《士丧礼》袭衣三称(爵弁服、皮弁服、褖衣),《家礼》袭衣仅用"深衣一"②;小敛衣十九称,《家礼》"据死者所有之衣,随宜用之"③;大殓衣三十称,《家礼》则"衣无常数"④。这些对古礼器物度数的删减,不合《仪礼》本节,不过周复认为它不构成对古礼的本质修改,是为达成"简便易行"目标所做的调整。

周复的"并行不悖"之论,本质是将《家礼》从《仪礼》为中心的朱熹"三礼学"体系中分离出来,将其归属于与之并列的其他知识系统。作为渊源之一,《仪礼》固有其自身价值,却根本不能作为《家礼》编撰的原则与标准。这种观念不仅确立了《家礼》的独创性、经典性,还试图在理论上建构以《家礼》为代表的四礼学体系,与黄士毅、黎靖德编纂《语类》的旨趣如出一辙。

由于持有以上观念,周复并未将杨复注视作完善的《家礼》注本,而是在杨注基础上进行了大规模改编。在《家礼附录》中,与杨注相同或大体相同的注文共17条,仅占总数的30%左右,其他注文都经过改编,略可分作三类。

第一类:缩写。

这是《附录》中最常用的改编方式,对杨注原文作节略处理,不增加其他内容,且节略内容不会造成文意差别。由于使用了释注、补注、改注的复杂

---

① 朱熹:《家礼》卷4《丧礼》,北京图书馆出版社2004年据中国国家图书馆藏宋刻本影印。
② 朱熹:《家礼》卷4《丧礼》,北京图书馆出版社2004年据中国国家图书馆藏宋刻本影印。
③ 朱熹:《家礼》卷4《丧礼》,北京图书馆出版社2004年据中国国家图书馆藏宋刻本影印。
④ 朱熹:《家礼》卷4《丧礼》,北京图书馆出版社2004年据中国国家图书馆藏宋刻本影印。

方法,杨注最大限度地包容其他相关文献的内容,加之自家的解说、阐释,行文繁缛、内容驳杂。对追求"简便易行"的周复来说,杨注必须经过缩写才能适应一般士庶读者的习惯与要求。

文字缩写。杨注在征引《语类》《文集》《书仪》等文献时,忠实原文,少做改动。周注则大量删削无关宏旨的文字,使注文更为洗练。如杨注引《文集》卷五十八《答徐居甫》("寓向看五峰言")释婚礼"主人告于祠堂",其文曰:

> 问:"今妇人入门即庙见,盖举世行之。近见乡里诸贤颇信左氏先配后祖之说,岂后世纷纷之言不足据,莫若从古为正否?"曰:"左氏固难尽信,然其后说亲迎处,亦有布几筵,告庙而来之说。恐所谓后祖者,讥其失此礼耳。"(杨 28.2)

周注缩写作:

> 问左氏先配后祖之说。先生曰:"左氏固难尽信,然其后说亲迎处,亦有布几筵,告庙而来之说。恐所谓后祖者,讥其失此礼耳。"(周 14.2)

徐寓以乡贤《左传》之说为古,以《书仪》等书为"后世纷纷之言",问题的本质是礼俗矛盾。而朱熹的回答旨在辨析《左传》"先配后祖"之说,将问题转化为经典诠释。周注从答出发,对徐寓的问题进行了缩写。

删去诠释性内容。如《祭礼》阖门之礼曰:"主人以下皆出。祝阖门,无门处即降帘可也。主人立于门东西向,众丈夫在其后。主妇立于门西东向,众妇女在其后。如有尊长,则少休于他所。此所谓厌也。"① 杨注曰:

> 愚按,《士虞礼》无尸者,祝阖牖户,如食间。注:"如尸一食九饭之倾也。"又曰:"祝声三启户。"注:"声者,噫歆也。"今祭即无尸,故须设此仪。(杨 101)

周注将"又曰"之后的解释性内容悉数删去。此类情况在缩写中比较常

---

① 朱熹:《家礼》卷 5,北京图书馆出版社 2004 年据中国国家图书馆藏宋刻本影印。

见,往往是大段、整篇的删除,旨在适应《家礼》"简便易行"的目标,将杨注"为什么"的逻辑转变为"怎么做"的思路。

第二类,改写。

在一些情况下,周注删除的内容导致原注文意变化,这种节略不应视作缩写,而应视作对杨注的改写。如《丧礼》妇人丧服之制,杨复注曰:

> 愚按,《仪礼·丧服记》载丧负版、辟领之制甚详,但有阙文,不言衰、负版、辟领何时而除。司马公《书仪》云:"既练,男子去首绖负版、辟领、衰。"故《家礼》据《书仪》云:"小祥去首绖、负版、辟领、衰。"但《礼经》既练男子除首绖,妇人除腰带。《家礼》于妇人成服时,并无妇人绖带之文,此为疏略,故既练亦不言妇人除带。当以礼经为正。(杨85)

周注节略曰:

> 杨氏曰:《仪礼·丧服记》载丧负版、辟领之制,而不言衰、负版、辟领何时而除。《家礼》并首绖并去于小祥之时,盖用司马公《书仪》云。按间《传》云"期而小祥,男子除乎首(谓首绖也),妇人除乎带(谓腰绖也)",故《家礼》《书仪》以小祥去首绖也。(周40)

与不少缩写的方法相同,周注对杨复征引的《书仪》原文作了节略处理,揭示出《家礼》立制的渊源为《书仪》。不过,"但礼经"一句之后的内容经过了周复改写。虽然同样征引了经传"男子除乎首,妇人除乎带"的说法,杨、周两家注文意指却并不相同。杨注的原意是突显《家礼》与《仪礼》在妇人丧服之制问题上的差别,以《仪礼》替代《家礼》。但是,周注却有意忽略了"妇人除乎带",单纯强调"男子除乎首"作为《家礼》小祥除服的理由,从而避免了对妇人服制的探讨。

使用相似方法,周复删除、省略了大量杨注原文。在四礼中,《冠礼》杨注共9条,周注悉数删去。原因是杨注《冠礼》以"古冠礼亦自简易"为宗旨,多处引用《仪礼》,实质上架空了《家礼》文本。在《昏礼》篇,杨复以《仪礼》请期补《家礼》,对此,周复不满地说:

> 按杨氏于《家礼》多欲从《仪礼》,及温公《书仪》之详。愚谓文公固曰:"略浮文,务本实,以自附于孔子从先进之意矣。"故今不得而悉录之

也。（周 11.2）

其他如昏礼用命服"不若从古之为正"，引《书仪》补婚礼"不用乐"之类，周复悉数删去，一以《家礼》本节为准。

第三类，自注。

当"不若从古""须从礼经为正"等说法被删去，杨注"《家礼》今皆不用，何也"的诘问随之被转化为"今《家礼》皆不用"的陈述。此外，周复还以按语的方式，批判杨注，直接陈说自己的见解。

杨复的《家礼》学以"朱子晚年定论"为基础，其经典表述是：

> 先生初述《家礼》，皆取司马公《书仪》，后与学者论礼，以高氏丧礼为最善，遗命治丧，俾用《仪礼》。此可以见其去取折衷之意矣。（周42.3）

从《书仪》到《厚终礼》再到《仪礼》，杨复把朱熹礼学视作一个不断"复古"的动态过程。它的终点是遗命治丧用《仪礼》。如前所述，这种观点绍述黄榦《行状》，与李方子《年谱》、蔡沈《梦奠记》并不相同。周复敏锐地抓住了这种区别，注曰：

> 复按，李方子述先生《年谱》云："诸生入问疾，叶味道因请曰：'先生之疾革矣，万一不讳，当用《书仪》乎？'曰：'疏略。'范元裕请曰：'用《仪礼》乎？'先生摇首。蔡沉复请曰：'《仪礼》《书仪》参用如何？'乃颔之。"然则通古今之变，参详略之中，酌贫富之宜，学礼者不可以不谨也。（周19.3）

利用不同文献，周复讲述了与杨复不同的朱子临终故事，试图瓦解杨注"复古"的理论基础，将朱子礼学定性为"同古今之变"的综合性学问。从这个意义上说，杨、周两家的《家礼》注可视作黄榦、陈淳礼学分歧的延续。周注之学术成就或许不如杨注，但是，它毕竟将《家礼》从传统礼学的评价体系中分析出来，在古礼学派之外开创了四礼学演进的另一种进路，对树立《家礼》的经典性质、强化仪文的可行性意义重大。

第三节　学派建构与两派礼学的分流（1251—1300）

在南宋的最后三十年，《家礼》的经典化与杨注的流传成为四礼学史上密切相关的现象。一方面，刘垓孙（生卒年不详）、潘时举（生卒年不详）等人在杨注基础上进一步对《家礼》全文或若干专门问题作注释，产生了汇集注释的需要；另一方面，杨复《仪礼图》被用作《家礼》配图，是为"纂图"。《纂图集注文公家礼》的出现以图文并茂的方式从古礼的视角阐释《家礼》，标志着古礼学派在四礼学研究领域的胜出。在这段时期，古礼学派仍然保持了鲜明的组织化特征，黄榦弟子何基（1188—1269）在金华地区开创的"北山学派"，通过"礼仪之争"强调了古礼学派的旨趣与精神，对元代乃至明初的四礼学影响深远。相比之下，一些四礼学者倾向于以《家礼》为纲，以民俗为目，通过"打包裹"的方式完成朱熹"以礼化俗"的目标。

一、礼仪复古与学派建构

北山学派由何基之号得名，因传自朱熹大弟子黄榦，故被《学案》称作"紫阳之嫡子"①。作为朱子学的重要支脉，该派一开始即带有朱子晚年学术的旨趣与精神。据亲侍弟子蔡沈（1167—1230）记载，朱子易簀前一天精舍诸生曾来探望，朱子教诲说："误诸生远来，然道理只是恁地，但大家倡率仿些坚苦工夫，须牢固著脚力，方有进步处。"②这是朱子为弟子上的最后一课，内容无关乎性命之理，只是嘱托大家力行。这一方面是因时立言，鼓励门人能够在党禁风波中屹立不倒，另一方面则体现了朱子晚年对于道学的反思：唯有脚踏实地、持之以恒的实践才能收取道学涵养之功。所以，晚年的朱熹特重考礼，临终不忘嘱托黄榦、范念德（生卒年不详）编修礼书。

黄榦继承了朱子晚年之学，编纂《仪礼经传通解》的丧礼部分，并在地方官任上传播朱子学③。在他任临川令时，收何基为徒，开启了北山之学。据说，黄榦初见何基便教诲他治学须有"真实心地、刻苦功夫"④，重视践履。

---

① 黄宗羲原著、全祖望补修，陈金生、梁连华点校：《宋元学案》卷 82《北山先生学案》，中华书局 1986 年版，第 2727 页。

② 束景南：《朱熹年谱长编》，华东师范大学出版社 2001 年版，第 1412 页。

③ 详见单晓娜：《理念与行止——黄榦研究》，华中师范大学博士学位论文，2012 年。

④ 王柏：《何北山先生行状》，载何基《何北山先生遗集》卷 4《附录》，《丛书集成初编》第 2039 册，中华书局 1985 年据金华丛书本排印，第 27 页。

此外,黄榦之妻(即朱子之女)经常与何母蒋氏谈及朱子,于是,何基时常"得闻紫阳家庭之训"①。此后,北山笃守师说,逐渐形成了熟读四书、不务发明、重视践履的学术风格,所谓"充其知而反于身者,莫不践其实"②。何基进而将这一治学方法归结为"居敬持志",以教导弟子王柏(1197—1274)。王柏受教之后,将自己的号由"长啸"改为"鲁斋"。为此,何基特作《鲁斋箴》以勉之:

> 王子会之名其斋曰鲁,既为记以自警,复俾其友人何某子恭父作箴揭之。某谓王子非鲁者也,而自以为鲁,岂不以昔者曾子之在孔子,见谓为鲁,而一贯之妙独参得之。盖将从事于笃实坚苦之学,以收曾氏之功也欤?其志可谓远矣。③

在其弟子中,王柏著述不少、发明尤多,显非愚鲁之人。以"鲁"为号,在何基看来乃是以曾子笃实之学为榜样,志在躬行。这点,何基自然赞赏。不过,王柏在师训之外,尚别有所得。在《复吴太清书》中,他一面绍述"居敬持志"的师说,一面益之以"博文约礼"之教,其文略曰:

> 以"寻乐"匾其读书之室,恐未合乎平实之训也。似觉求上达之意多,于下学之意少。窃谓苟无下序之工,决无上达之理。朱子于此一段公案固曰:"学者但当从事于博文约礼,以至于欲罢不能,而既竭吾才,则庶乎有以得之。"吁!此千古不可易之教,而传之无弊者也。更望于博文约礼、居敬持志益加勉焉,何患不真见孔颜之乐也。④

依朱熹解释,"博学是致知,约礼则非徒知而已,乃是践履之实"⑤。在王柏看来,这一说法不但指出了一条由下学而上达的路径,还为"居敬持志"

① 郑远:《遗事》,载何基《何北山先生遗集》卷4《附录》,《丛书集成初编》第2039册,中华书局1985年据金华丛书本排印,第47页。
② 王柏:《何北山先生行状》,载何基《何北山先生遗集》卷4《附录》,《丛书集成初编》第2039册,中华书局1985年据金华丛书本排印,第27页。
③ 何基:《何北山先生遗集》卷1《鲁斋箴》,《丛书集成初编》第2039册,中华书局1985年据金华丛书本排印,第3页。
④ 王柏:《鲁斋集》卷8《复吴太清书》,《景印文渊阁四库全书》第1186册,台湾商务印书馆1986年版,第122页。
⑤ 黎靖德编,王星贤点校:《朱子语类》卷33《论语十五·雍也篇四·君子博学于文章》,中华书局1986年版,第836页。

提供了寻常日用间切实可行的做法。因此,王柏十分重视礼学考证,并将考礼作为议礼、行礼的依据(详见下文)。此外,王柏平常也重视整饬礼仪,"凡日用从事,夙兴见庙,治家严饬。闭阁清坐,子弟白事,非衣冠不见也"①。如果说,黄榦的"刻苦功夫"主要针对读书穷理而言,何基的"居敬持志"主要针对功夫涵养而发,那么,"博文约礼"则试图统摄两者,旨合内外之道,得一贯之功。

受学派传承影响,北山后学普遍重视儒学实践,而尤以躬行礼仪为著。如何、王弟子金履祥(1232—1303),则既长于理学思辨,又重视礼仪践履,曾考证《家礼》深衣制度,作《深衣小传》《深衣外传》;又曾考证师丧之服,作《为师吊服加麻议》,使"观者始知师弟子之繁于常伦也"②。何基弟子张润之(生卒年不详)参加北山先生葬礼,"为定士礼,不用品官之仪,以成其志"③。倪公晦(生卒年未详)善于"迁善改过,专志于下学"④。王柏再传弟子周仁荣(生卒年未详)任美化书院山长,"举行乡饮酒礼,士俗为变"⑤。叶仪(生卒年不详)在其师许谦殁后"率同门以义制服,经纪其丧"⑥。吕溥(生卒年不详)师从许谦,"冠昏丧祭,一依朱子所定礼行之"⑦。

至于后学中以辞章见长者,如柳贯(1270—1342)、吴莱(1297—1340)、揭傒斯(1274—1344)、欧阳玄(1273—1357)、朱公迁(生卒年不详)、朱震亨(1281—1358)、宋濂(1310—1381)等,虽然今人多以文学家视之,亦往往留意地方文化建设,通过文学参与、记录、评价当地家族的礼仪,实际上起到了以礼化俗、劝善惩恶的作用。他们的作品不但"以文载道",希望"一切文词必根柢于理"⑧,还"以文行道",试图将文学作为与地方社会互动的媒介。从这种意义上说,北山后学中的文士与王柏、金履祥等儒者并无二致,对朱

---

① 吴师道:《礼部集》卷20《节录何王二先生行实寄史局诸公》,《景印文渊阁四库全书》第1212册,台湾商务印书馆1986年版,第195页。
② 宋濂:《元史》卷189《金履祥传》,中华书局1976年版,第4317页。
③ 卢标:《何文定弟子》,载何基《何北山先生遗集》卷4《附录》,《丛书集成初编》第2039册,中华书局1985年据金华丛书本排印,第51页。
④ 卢标:《何文定弟子》,载何基《何北山先生遗集》卷4《附录》,《丛书集成初编》第2039册,中华书局1985年据金华丛书本排印,第51页。
⑤ 宋濂:《元史》卷190《周仁荣传》,中华书局1976年版,第4346页。
⑥ 黄宗羲原著、全祖望补修,陈金生、梁连华点校:《宋元学案》卷82《北山先生学案》,中华书局1986年版,第2770页。
⑦ 黄宗羲原著、全祖望补修,陈金生、梁连华点校:《宋元学案》卷82《北山先生学案》,中华书局1986年版,第2789页。
⑧ 黄宗羲原著、全祖望补修,陈金生、梁连华点校:《宋元学案》卷82《北山先生学案》,中华书局1986年版,第2799页。

子礼学在地方社会的传播与实践有重要意义。

由"居敬持志"到"博文约礼",北山学派将对"敬"的内在追求逐步转化为对"礼"的外在实践,丰富了自身的功夫论体系。这一转变由王柏倡导并完成,其标志是北山丧礼的举行。咸淳戊辰十二月十九日,何基卒。弟子王柏(1197—1274)闻讣,次早往吊。袭、敛之后,王柏着深衣入哭,"隐之于心,疑所服之未称"①,欲复位吊服。于是他嘱咐金履祥(1232—1303):

> 北山先生,当世之巨人也,四方之观瞻系焉。今制门人之服而非古,则无以示四方矣。布襕,今之缌服。凉衫,前辈之燕服。是皆不可。子其思之,且问伯诚。②

可见,王柏所思并非考订自身所服,而是厘定北山一门之服,扩大学派影响力,为四方之人树立师道典范。因此,非但布襕、凉衫等俗服不可用,未经详考的深衣也不是最佳选择。为此,王柏遍考诸书,撰为《朋友服议》。其略曰:

> 因思《仪礼·丧服》有"朋友麻"三字,此岂非朋友之服乎?郑康成云:"朋友虽无亲,有同道之恩,相为服缌之经带。"又曰:"士以缌衰为丧服,其吊服则疑衰。"疑之为言拟也,缌麻之布十四升,疑衰十五升,即白布深衣,拟于吉服也。盖缌衰,服之极轻者也,他无服矣,只有吊服,所以拟之注云:"吊服加麻,其师与朋友同,既葬,除之。"疏云:"以白布深衣,庶人之常服,又尊卑未成服以前服之,故庶人得为吊服。"素冠吉履无绚。其《吊服图》云:"庶人吊服,素委貌,白布深衣。士朋友相为服,吊服加麻。"加麻者,即加缌之经带,是为疑衰。③

为师心丧之服,经传记载不明,向来是礼学聚讼之处。王柏的方案以《仪礼·丧服》"朋友麻"作经典依据,从朋友服制出发论为师心丧之服。他

---

① 王柏:《鲁斋集》卷10《朋友服议》,《景印文渊阁四库全书》第1186册,台湾商务印书馆1986年版,第164页。
② 金履祥:《仁山先生金文安公文集》卷2《为师吊服加麻议》,《丛书集成初编》第2001册,中华书局1985年据金华丛书本排印,第42、43页。
③ 王柏:《鲁斋集》卷10《朋友服议》,《景印文渊阁四库全书》第1186册,台湾商务印书馆1986年版,第164、165页。

的考证主要以黄榦、杨复所编《仪礼经传通解续》为依据,该书卷十六有《吊服图》曰:"士朋友相为服,吊服加麻。缌经带(疑衰素裳)。庶人吊服,素委貌(白布深衣)。"①王柏认为"素委貌"即素武,士之吊服"疑衰"即深衣。因为注疏以深衣素纯者为长衣,以麻纯者为麻衣,王柏不主张使用纯素深衣,而只以普通深衣布带加葛经,于是定下了"元冠端武加帛,深衣布带加葛经"的门人服制,告知同道"约日成服"。

这种观点虽然颇有礼据,却是奇谈怪论,不但与当地风俗习惯存在明显差异,还违背了《家礼》以白生绢为幞头、衫带的制度②,受到张润之的质疑。金履祥《为师吊服加麻议》曰:

> 伯诚子相见恸哭,而其说则不以为然。曰:"北山之生不为绝俗之事,而吾辈之服,殊诡于俗,非北山之意也。为吾辈者,以学问躬行自勉,有以发明北山之学可矣,不必为是服也。生绢白衫加布带,而帛如常,庶可表此心,而亦不甚骇于俗。且今为古服,鲁斋服之可也。今朋友之中有义利不明,出处失节者,见吾辈之服亦服之,则反玷北山矣。"……既而汪功父以书来,谓鲁斋先生定议元冠端武加帛,深衣布带加葛经……约日成服,不受是说。既成服,履祥请问焉。曰:"伯诚不俱来成服,是耻与吾人党乎?"履祥曰:"伯诚非耻与先生为党,耻与履祥辈朋友为党耳,且伯诚丈之说,存之以为朋友之纠弹可也。"③

张润之师从何基三十余年,深知北山之学,他提出的意见无疑具有一定代表性。在他看来,何基生前从未做过标新立异、迥异于俗的事,在其丧礼中穿着惊世骇俗之服是违背师心。所以,他主张以俗服会葬,"为定士礼,不用品官之仪,以成其志"④。张润之进一步指出,王柏的考礼、行礼只是一种个人行为,不宜向师门推广,以免有滥竽充数者玷污北山之教。不过,张润之并未说服同道遵从己见,反而是王柏会同北山门人,最终完成了约日成服、整齐行礼的心愿。在此次争论中,是否能够践行古礼不仅是辨析北山之

① 朱熹、黄榦编纂,乔秀岩、叶纯芳编辑:《影印宋刻元明递修本仪礼经传通解正续编》,北京大学出版社 2012 年版,第 1674 页。
② 朱熹:《家礼》卷 4《丧礼》,北京图书馆出版社 2004 年据中国国家图书馆藏宋刻本影印。
③ 金履祥:《仁山先生金文安公文集》卷 2《为师吊服加麻议》,《丛书集成初编》第 2001 册,中华书局 1985 年据金华丛书本排印,第 43 页。
④ 黄宗羲原著、全祖望补修,陈金生、梁连华点校:《宋元学案》卷 82《北山先生学案》,中华书局 1986 年版,第 2736 页。

学的标准,还成为区分"吾党"与"他者"的重要依据,重新划定了学派范围。认同并继续跟随王柏的金履祥等人成为北山嫡传,跻身"北山四先生"之列,张润之则因未参加会葬而被排除在"吾党"之外。此后,北山学派逐渐形成了重视师丧的传统。金履祥率诸生临王柏之丧,吊服加麻;叶仪率同门经纪许谦之丧,以义制服;戴良(1317—1383)闻恩师柳贯(1270—1342)之卒,心丧三年。凡此种种,都说明礼于建构、维系北山学派的重大意义。

从北山的"不为绝俗之事"到鲁斋的不徇流俗、力行古礼,北山学派经历了一次重要分化,同时也加深了自我认同。黄榦、何基所传授的实践儒学品格进一步被确认为对礼仪的躬行,集中体现为对冠昏丧祭等礼仪的践履。四礼之中,唯冠礼"旷古莫行"①、"未能遽复"②,北山学者却多见行冠礼之事。保存于文集中的大量字辞、字说,其创作的直接目的便是作为冠礼仪式"命字"环节主宾向冠者诵读的祝辞。仅就王柏一人,便作有字辞、字说 11篇,其中专为冠礼而作者 6 篇,行礼年月可考者共 4 篇,分别为宝祐元年(1253)十二月、景定二年(1261)二月、咸淳六年(1270)二月、咸淳八年(1272)八月。字辞带有厚重的理学色彩,试图将教化蕴于礼仪之中,实现"理"与"礼"的汇通。

北山学派的礼仪复古导入地方家族,对浦江郑氏的四礼实践产生影响。其中,郑泳的《郑氏家仪》在《家礼》《书仪》之外,犹能参考《礼记》《通典》等书进行礼学考证,将《家礼》祠堂木主"以西为上"改为"以中为上"的古礼昭穆之制,表现出崇古、复古的特征。此外,《家仪》重视对仪式过程的描述,不但试图以宾、赞的导引为行礼者提供程序化的仪礼方案,还配有多幅礼图。这些礼图部分来自《纂图集注》的《家礼》版本,也有不少是结合郑家实际而绘制,礼器摆放、家众序立、周旋向背,乃至行礼过程都可按图索骥。这种"仪节化"的礼书编纂方式对明代四礼学有影响,可视作《家礼仪节》之类著作的先声(详后)。

二、"双轨制"的《家礼》改本

随着《家礼》传播渐广,类书中开始出现四礼的相关内容,以节略、改编的方式将《家礼》"知识化"为一般士庶共有的常识与信仰。其中,《事林广

---

① 刘安上:《给事集》卷 3《贺皇太子冠礼》,《景印文渊阁四库全书》第 1124 册,台湾商务印书馆1986 年版,第 25 页。

② 张栻:《南轩集》卷 33《跋三家昏丧祭礼》,《景印文渊阁四库全书》第 1167 册,台湾商务印书馆1986 年版,第 698 页。

记》《事文类要》《月老新书》《事类备要》《居家必用》《翰墨全书》等存世类书多立"四礼门""家礼门",保存了宋末四礼学变迁的宝贵材料。与《锦绣万花谷》《事文类聚》之类用以炮制诗文的类书不同,这些类书预设的读者群体是一般士庶,其目的同样是为日常生活提供切实可靠的指导,或可称作"家庭百科全书"。不过,不同著述仍然表现出相异的价值取向。

第一类,全文引用。

在《家礼》重现之前,《书仪》是一般士庶行礼的重要选择之一,版本多且杂。宋末,类书中开始普遍征引朱熹《家礼》。以婚礼为例。近年整理出的丁升之《婚礼新书》原藏国家图书馆,为宋福建坊刻本①。其书卷首先列司马光《书仪》婚礼部分,其次书仪、典故以次编类,是目前可见的较早的南宋婚礼类书。从征引内容上看,可谓集庆元之前婚礼材料之大成。

可资比较者为《月老新书》,现藏台北,为南宋末年建刊本。该书虽残,前集目录尚存,表现出与《婚礼新书》不同的编纂旨义。按目录,该书前集共十二卷,其中:卷一《婚姻礼法门》,载《文公家礼》《圣贤训诫》;卷二至六《姓氏源流门》,分宫商角徵羽五音姓氏;卷七至九《故事备要门》,分《前定类》《媒妁类》《自媒类》《择妇类》《择婿类》《卜相择妇》《卜相择婿》等;卷十《事实备要门》,下仅有《男女年岁类》;卷十一、十二《事实摘奇门》,分《合姓类》《警语类》。这种礼为先、姓氏次之、典故最后的编纂方式使礼在整个系统中的位置更加分明,突出了"合两姓之好"的功能性意义,弱化了掌故趣事的原有地位。卷一所载《文公家礼》《圣贤训诫》的结构仿照《仪礼经传通解》的经传、礼义次第,将《礼记·昏义》《郊特牲》《程氏遗书》等记载礼义的内容置于《家礼》仪文之后。另外,原在卷首的《司马氏书仪》婚礼仪文被置换为《家礼·昏礼》。较其文字,与今存宋本《家礼》(周复本)基本相同,唯细枝末节有异②。从《婚礼新书》到《月老新书》,士庶婚礼的知识系统实现了由《书仪》到《家礼》的更新,说明《家礼》经典地位与指导意义的加强。

还有一种全文引用,在《家礼》纲目体例的基础上,进一步将大纲内容简单化、明确化。如《事类备要》。该书成于宝祐五年(1257),谢维新(生卒年不详)自序称"吉凶庆吊、冠昏丧祭之仪","莫不类而得其备,备而得其要"③。所谓"备要",旨在赅博适中,在博采诸家的基础上做到存其大要。

---

① 丁升之辑,柳建钰校注:《婚礼新编校注》,上海古籍出版社2016年版。
② 如"亲迎"作"亲迎之礼"。
③ 谢维新:《古今合璧事类备要》,《景印文渊阁四库全书》第939册,台湾商务印书馆1986年版,第2页。

《事类备要》前集卷五十九《冠礼门》对《家礼》冠笄之礼作了全文引用,可谓详备。难能可贵的是,谢氏将《家礼》大纲归纳为 16 个小标题:筮日、筮宾、宿宾、设盥帨、陈冠服、迎宾赞、加冠巾、加帽子、幞头、行醮礼、宾告字、请礼宾、告祠堂、拜尊长、醴宾赞、见执友。这种"备要"手法将《家礼》化作一般士人方便记忆的知识结构,对四礼的传播、实践颇有价值。

第二类,节略本。

有些类书没有悉载《家礼》文本,而是选择对其作略写。这种情况又分作两种:一种是存《家礼》之大纲,略去本注,如《事文类要》;另一种是对《家礼》进行损益,"存其大要,略去浮文",如《居家必用》。与前者相比,后者更能反映编者的礼学意见,具有思想史价值。以《居家必用》为例。该书乙集载有《家礼略》一篇,其跋犹存:

> 冠婚丧祭四礼之废已久,是可哀已。按季氏《居家必用》初卷略载《文公家礼》,其意甚善。又按秦氏本不载,别载《孙氏荐飨仪范》。今观《文公家礼》非可妄损益。近世士大夫家能行之者,详见本书全帙。于祭礼一条,孙氏《家仪》亦可参择用之。故并存于右。[①]

按此,该书至少拥有季氏、秦氏及引文作者三位编者。其中,季氏初编《家礼略》在秦氏二编时以《孙氏仲享仪范》取代。后来编者充分认可季氏的工作,将其重新纳入《居家必用》书中,并为"节略"的做法开释说,欲闻其详者须读《家礼》本书。这种意见一方面肯定了《家礼》"不可损益"的绝对经典地位,另一方面则与周复"自有《仪礼》在"的说法相似,旨在支持《家礼》节略本。

季氏的《家礼略》,略去礼文,存其大纲。其一,行礼年龄与条件。如《冠礼略》正文仅三则,其中冠礼两则,笄礼一则,各有附注。就冠礼而言,第一则:"男子年十五至二十,皆可冠。"本注引司马光论"二十而冠"之法,解释礼义。第二则:"必父母无期以上丧,始可行之。"本注引朱子"大功未葬者,亦不可行",申明冠礼举行的条件。这种节略与仅存《家礼》之纲而全部略去本注及其他注说的做法不同,标示出编者去取折中之中对四礼学的理解。

其二,礼义与礼翼。有些内容不属于典礼仪式,却在日常生活中意义重

---

① 　佚名:《居家必用事类全集》乙集《祭礼略》,《续修四库全书》第 1184 册,上海古籍出版社 2002 年版,第 384 页。

大,后来学者将其称作"礼翼"(如吕坤《四礼翼》)。如《婚礼略》在婚龄、条件之后大段保存了本注所引《书仪》关于"议婚"的文字,对择妇择婿之法、指腹为婚、婚娶论财等问题做了批判性思考,树立起"士大夫婚姻"的标杆。这些内容几乎占整个《婚礼略》的一半内容,虽与"六礼"的仪式过程无关,实则真正表达了"合两姓之好,上以事宗庙,下以继后世"的婚礼意义。

其三,礼时与礼器。冠昏丧祭之中,丧礼跨越时间最长、礼仪最烦琐,对行礼人要求相对较高。《丧礼略》略去礼文,重点强调了重要礼仪的时间节点、丧礼器物。其大纲为:治棺;置灵座,设魂帛;立铭旌;父丧用竹,母丧用木;成服;五服;作神主式;三月而葬;穿圹、刻志石;坟高;三虞;卒哭;袝祭;小祥;大祥;禫。这种结构实际上将丧礼分作三个阶段:第一阶段是初终,贯穿此段礼仪的是棺、魂帛、铭旌、丧服、神主等一系列器物;第二阶段是成坟,三月而葬,葬日当天虞祭,遇柔日、刚日再虞,三虞,三虞后刚日卒哭。第三阶段是丧终,卒哭明日袝庙,期而小祥,再期大祥,大祥后中月而禫,丧礼毕?共计二十七个月。

值得注意的是,《家礼略》以节略方式对《家礼·祭礼》进行了实质性的改写。虽然从纲目上看仍然是时祭、冬至、立春、季秋、忌日、墓祭,但是,《家礼略》在冬至、立春二祭注中只引程子之言,之后以朱子废祭之语作结,实际上坚持了朱熹晚年不祭始祖、先祖的主张。这种做法构建出祭礼前后递修的思想脉络,与陈淳修严州本大旨相同。

第三类,混编本。

由于内容驳杂,类书往往在《家礼》之外存有其他文本。博采诸家论著融为一编的《家礼》本子,或可称作混编本。这种情况以陈元靓《事林广记》为代表。该书前集卷十有《家礼类》,分冠昏丧祭四礼。其中,冠礼《总叙》用吕大钧(1031—1082)《乡仪》,礼文用司马光《书仪》;婚礼杂用《乡仪》《家礼》及俗礼、律敕;丧礼以《家礼》之《居丧杂仪》开篇,礼文杂用诸书,《居丧杂仪》、礼文大纲取自《家礼》,《居丧仪说》《吊丧》取自《乡仪》,《五服年月》出自《书仪》,《神主说》《葬说》《柏棺说》皆为程颐所作;祭礼则仅存《总叙》,取自《礼记·祭义》及《二程遗书》卷十八。这是目前所见宋元类书中对家礼(四礼)内容所做的最大程度混编。

与《通典》般的考证类著作不同,《事林广记》的编纂没有按时间先后,而是有所取舍,显得相当灵活、自由。在此,笔者重点谈论婚礼中《家礼》与俗礼的关系问题。《事林广记》中的《婚礼》大体由四部分构成:首先是《婚礼总叙》,引自《吕氏乡仪》;其次为《家礼·昏礼》礼仪大纲(后文简称"《昏礼》大纲"），共七条；再次为俗礼；最后为《嫁娶新训》，为大德八年（1304）所颁行。从内容上看，该篇至少经过三次编纂：第一次编入《总叙》《家礼·昏礼》，以及俗礼《拦门诗》前的部分[1]；第二次补入俗礼《拦门诗》及撒张致语；第三次再补入《嫁娶新训》。

　　这部分内容虽然看似混杂，兼用俗礼，实则试图寻找某种礼俗兼容的方式。在编纂第二、三部分内容时，《事林广记》采取了一种"添腔子"的方式，先以《家礼·昏礼》为纲，开列议婚、纳采、纳币、亲迎、妇见舅姑、庙见6个标题，后附以俗礼作为填充。从内容上看，俗礼的编排大体按照文书在前、礼仪在后的次序。文书包括《婿告庙祝文》《女告庙祝文》《婿庙见祝文》以及草帖、定帖图示，礼仪有《唱拜致语》、《撒帐致语》、拦门诗等，俱非《家礼》所有。在亲迎前"三礼"（议婚、纳采、纳币）中，男女两家由媒人、使者为中介，往来全凭书信。《家礼》中常见的"具书""奉书告祠堂""受书""复书"等文字说明书札在婚礼前"三礼"中十分重要。然而，《家礼》并未在婚书方面做出规定，凡遇相关内容往往仅称"如世俗之礼"，给一般士庶行礼造成了不便。因此，《事林广记》补入男、女家《草帖正式》，《婚书》第一、二、三幅式，《聘定礼物状新式》，共六封书札。虽不算多，却已可大略勾勒出议婚、定婚、下聘礼等礼俗环节，补《家礼》大纲之缺略。

　　文书之外，《事林广记》补入多项礼仪。亲迎前礼补入请期告庙。

　　　婿告庙祝文

　　　维年月日，嗣子其敢昭告于位次某官、高祖位次某官、高祖妣某氏夫人曾祖及其余依上闻：

　　　右某今以小孙某年已弱冠，礼当有室。今娶某氏之女，以兹吉日备礼就成，敢伸虔告，尚飨。[2]

　　《女告庙祝文》大体与之相同。按《家礼》婚礼告祠堂有三：一是纳采男、女家奉书告祠堂，二是亲迎男、女家告祠堂，三是三日庙见于祠堂。此文所告既非纳采，又非亲迎、庙见，而是"吉日"，则该文应是亲迎时间确定后两家

---

[1]　其文曰："此后固非古礼，今徇俗，姑存于右。"（陈元靓：《新编纂图增类群书类要事林广记》前集卷10《家礼类》，《续修四库全书》第1218册，上海古籍出版社2002年版，第283页）则前后文字非一时所编。

[2]　陈元靓：《新编纂图增类群书类要事林广记》前集卷10《家礼类》，《续修四库全书》第1218册，上海古籍出版社2002年版，第282页。

告祠堂的祝文。这意味着,此前尚有"请期"之礼。如前文所论,杨复在《家礼附注》中曾补入"请期"一节,但没有论及告庙之礼。此处请期告庙,虽于古礼无据,却是世俗所通行的,无伤于《家礼》大纲与古礼之义。

亲迎礼补充最多,如唱拜天神、地祇、内外诸亲尊长之礼,拦门、索请利市、簪花、请傧相之礼,请开门、请卷幔、请揭帐、请下床、请交拜、请解襟、撒帐之礼,等等,都通过"致语""俗诗"的方式表现。除拜尊长礼外,这套礼俗没有与《家礼》大纲的仪式过程发生相冲突,却根本上违反了《总叙》所论礼义,实际上在《家礼》建构的礼学系统之外并置了另一套礼仪系统。由于仅存大纲,《家礼》没有能力指导具体的礼仪实践,有不断被外化的趋势;而俗礼则内卷为实际发挥作用的隐形系统。这样的礼不但无法达成"谨夫妇,严宗庙"的礼义,还会消解《家礼》的价值,将其外翻为"钟鼓玉帛"的躯壳。不过,它毕竟代表了四礼学演进的一种方向,在明代发扬光大。

本章小结

四礼学奠基于宋,繁荣于明,延续于清。清人对礼学的判断与认识深刻影响了对宋代四礼学的研究。如对清人视野中的朱子礼学作一整体考察可知,本来具备"三礼"与"四礼"两种面相、两重进路的朱子礼学被片面处理作以礼学文献整理与考证为中心的"三礼"之学,纳入江永(1681—1762)、秦蕙田(1702—1764)、徐乾学(1631—1694)等人庞大的文献编纂系统之中。相应地,《仪礼经传通解》被奉作经典,《家礼》则被视作伪书;黄榦及其门人后学被视作"紫阳嫡传",陈淳、叶贺孙等人则或被视为"别传",或被有意遗忘。

这种认知固然与清代学术之大势相关,却也是南宋以来黄榦学派努力建构的结果。若对这个建构过程作思想史意义上的考掘,可以发现朱子礼学在朱熹殁后尚有两条并行不悖的传统,贯穿整个 13 世纪。

一是"三礼学"的传统,是以黄榦学派为中心的以礼学编纂、考证为工作,具有鲜明复古特征的礼学传统。13 世纪的前 20 年是朱子学总结的关键时期。通过《朱子行状》的讨论、撰写与《仪礼经传通解》的续编,黄榦建立起自身"紫阳嫡传"的学术地位,并试图以《仪礼》为中心重构朱熹礼学的理论框架。对《家礼》,黄榦虽曾作跋,却从未将其作为礼仪实践的指南。相反,他教导弟子冠、婚以古礼为本,力行古礼。进入 20 年代,随着《家礼》流布的广泛,黄榦学派已无法忽略这部经典。在《仪礼》学研究的基础上,杨复为《家礼》作注,形成首部完整的《家礼》注本。无论释注、补注还是改注,杨注都表现出礼学考证的学术特征,有舍《家礼》而用《仪礼》的复古倾向。这种倾向在宋末元初为北山学派所继承。通过北山丧礼,王柏、金履祥树立了《通解》在礼学纷争、礼仪实践中的至高地位,对明代四礼学产生影响。

二是"四礼学"的传统,是以陈淳、周复等为代表的以礼仪实践为目的,具有"参古今之道,酌礼令之中,顺天地之理,合人情之宜"(《司马氏书仪》)的问题意识的礼学传统。对《语类》涉及的问者、录者、同录者、同学作量化分析可发现,叶贺孙、陈淳、黄义刚、万人杰在朱熹授礼弟子中具有中心地位。事实上,四人都未参加《通解》续编项目,在黄榦学派的建构过程中保持相对独立。其中,陈淳对《家礼》研究有重大推动作用。在13世纪前20年,他搜罗资料最广,礼文研究最细,辨析礼义最精,终于在嘉定十年(1217)完成了当时最大规模的《家礼》改本——严州本。相比杨复的四礼研究,陈淳的《家礼》改编不以古礼为据,而是以礼义作标准,试图打通"礼"与"理"的关系。周复《家礼附录》进一步提出《仪礼》与《家礼》并行不悖之说,用缩写、改写、自注的方式解构杨注,试图在"三礼学"之外确立"四礼学"的独立价值。由于古礼的标准意义被取消,"什么是礼""如何评价一部礼书"随即成为礼学家必须反思的问题。宋元类书中的节略、混编《家礼》的现象说明,四礼学甚至可以不受《家礼》束缚,将其外翻为"钟鼓玉帛"的躯壳,不断内卷的仍是不合礼义的胶固民俗。

在明清时期,这两条线索继续存在,在相互竞争中此消彼长。大体而言,明代四礼学主要继承了陈淳以后的"四礼学"传统。由于并无文本上的绝对标准,四礼著述中经常出现"要""略""翼""疑"等字眼,四礼学表现出活跃、自由、多元、个性化的面相。清代四礼学主要继承了黄榦学派的"三礼学"传统。四礼学依附"三礼"而存在,表现为凝滞、僵化、复古的特征。从整个传统四礼学的演进历史来看,它们皆是13世纪礼学"大分流"时代的进一步展开。

第十章 《家礼》传播、实践的个案分析

四礼学形成于宋,而盛行于明。故欲明宋代四礼的"源"与"流",既要谈"唐宋",也须谈"宋明"。良可庆幸的是,明史学界在这方面并不缺乏讨论,无论是《家礼》的版本与传播、在明代社会的实践情况,还是家族构建过程中的《家礼》实践等问题,都取得不少重要成果[①]。但是,目前研究仍然存在一些不足:其一,泛论明代社会对于《家礼》的依违情况,忽视礼仪实践中《家礼》所遭遇的具体问题及其解决;其二,重视政治事件(如大礼议)、思想变迁(如阳明学)等外部因素的影响,忽视明代家礼学变迁的内在问题与逻辑;其三,重视宋、明两代的礼书编纂与实践,很少涉及南宋后期到元代《家礼》的传播与实践问题。有鉴于此,本节试图从个案出发,研究《家礼》在宋明浦江地区传播与实践的历史过程,揭示《家礼》在乡里实践中暴露出的问题及其解决方式,为宋明四礼学的变迁提供一种微观、具体的解读。

本章所讨论的浦江地区在宋元属婺州,于明代属浙东道金华府。该县下辖 4 隅 30 都,虽然规模不大,却多名家大族,如长陵祝氏、吴溪吴氏、蜀山柳氏、麟溪郑氏、龙溪张氏、仙华方氏、合溪黄氏、深溪王氏等。这些家族虽然聚散不一,却多有编纂族谱、祭簿、文集的习惯,家族文献十分丰富[②]。此外,浦江在宋明时期人才辈出,不仅在举业上表现不俗,还与陈亮(1143—1194)、吕祖谦、朱熹等道学家渊源颇深。尤其是柳贯(1270—1342)、吴莱(1297—1340)、宋濂(1310—1381)等人,系北山学者金履祥一脉相承,素来

[①] 如 Ebrey, P. B. *Confucianism and Family Rituals in Imperial China : A Social History of Writing about Rites*. Princeton: Princeton University Press,1991. 科大卫著、卜永坚译:《皇帝和祖宗——华南的国家与宗族》,江苏人民出版社 2009 年版。赵克生:《修书、刻图与观礼:明代地方社会的家礼传播》,《中国史研究》2010 年第 1 期;《明代士人对家礼撰述与实践的理论探索》,《明清论丛》2012 年。[日]吾妻重二著、吴震编译:《朱熹〈家礼〉实证研究》,华东师范大学出版社 2012 年版。Liu Yonghua. *Confucian Rituals and Chinese Villagers : Ritual Change and Social Transformation in a Southeastern Chinese Community*,1368—1949,Leiden and Boston: Brill,2013. 王志跃:《推崇与抵制:明代不遵循〈朱子家礼〉现象之探研》,《求是学刊》2013 年第 5 期,第 163—169 页。吴丽娱主编:《礼与中国古代社会》,中国社会科学出版社 2016 年版。等等。

[②] 本章所参考的宗谱类文献主要来自上海图书馆馆藏,共 120 余部。方志、文集等文献主要来自黄灵庚主编:《重修金华丛书》,上海古籍出版社 2015 年版。方凤、柳贯、吴莱、宋濂等人著述使用点校本。

被视作"紫阳嫡子",十分重视儒家礼仪的整饬与建构。可以说,浦江是研究宋明《家礼》传播与实践不可多得的个案。

第一节 士人群体的形成与学风嬗变

从方志来看,宋代之前的浦江在经济、文化等方面并不发达。直到北宋之后(尤其是两宋之际)本地家族以举业起家、外来大族依次迁入,该地的文化氛围才渐趋醇厚,逐渐形成士人群体。这一群体的形成、变迁反映了浦江地区社会、文化的变迁,为探讨《家礼》传播、实践问题铺垫了底色。

一、浦江士人社群的分析

依据地方文献,笔者对浦江士人社群成员进行了立意抽样(purposive sampling)。所选样本以宋濂《浦阳人物记》、毛凤韶《浦江志略》、应廷育《金华先民传》为基础,以《康熙浦江县志》《宋元学案》为补充,力求体现嘉靖之前当地士人对地方文化的认知①。非浦江籍士人多取自《光绪浦江县志》中的《留寓》一节。

为理清 102 位士人之间的关系,笔者进一步建立了关系数据库。关系数据一部分直接取自"中国历代人物传记资料库"(CBDB),一部分来自方志、文集、家谱等文献资料,得益于黄灵庚主编的《重修金华丛书》。利用社会网络分析工具 Pajek,笔者对浦江士人群体关系数据库进行了可视化处理,绘制了可供进一步分析的《浦江士人群体关系网络图》(图 10.1)。

为研究便利,102 位士人按时间顺序被分为 5 个区间,延 x 轴从左向右依次排列。按此,浦江士人群体关系网络可粗略分为五个子群:第一子群是以倪朴、郑绮、张祚等为代表的南宋中前期士人,包括曾在浦江讲学收徒的朱熹、陈亮、吕祖谦等;第二子群是以方凤、吴谦、张森等为代表的宋末元初士人,包括留寓此地与浦江士人相唱和的吴思齐、谢翱,以及对后来浦江学术发生影响的金履祥等人;第三子群是以柳贯、吴直方、吴莱等为代表的元代士人,包括与当地联系密切的许谦等人;第四子群是以宋濂、戴良、方孝孺等为代表的元末明初士人,包括苏伯衡、胡翰等长期留寓者;第五子群是洪

---

① 宋《记》作于元末明初,毛《志》、应《传》作于嘉靖年间,相对万历、康熙、乾隆、光绪方志及张应槐《浦阳人物续记》、应鉴《浦阳人物补遗》等书,更能表现嘉靖之前浦江士人群体的自我认识。例如,后出诸书大幅补入元明时期龙溪张氏家族成员,重要原因是前人著述不能满足张氏家族在明清时期显贵后追溯祖先的实际需要。

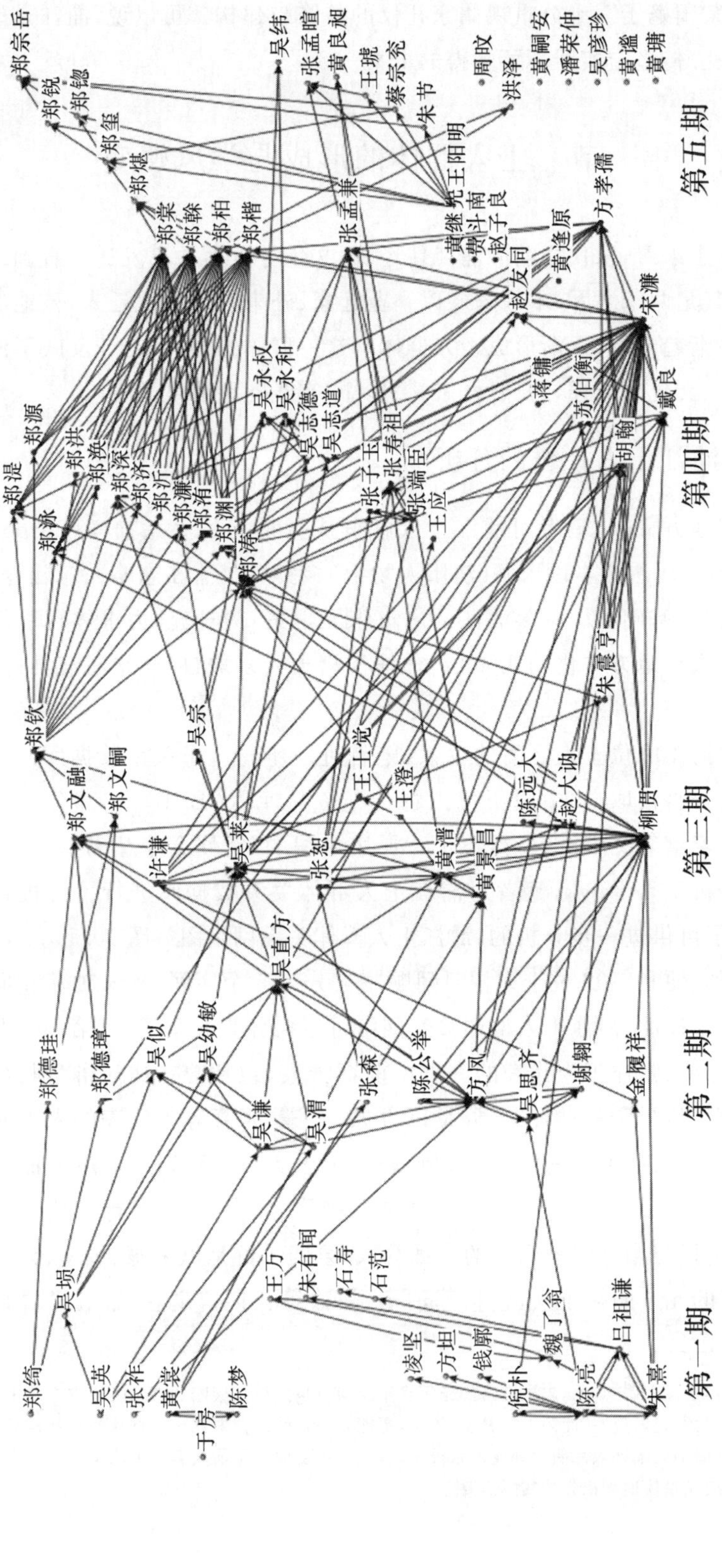

图 10.1 浦江士人群体关系网络

武之后、嘉靖之前的浦江士人,包括与之发生联系的王阳明、蔡宗充等人。

图 10.1 中士人间的关系用有方向的弧表示,具体分为两种情况。第一种情况是单向弧,通常代表双方不对等的关系,如郑绮指向郑德珪的弧。另一种情况是双向弧,表示连线两端的士人之间存在对等的交游关系。如果两人关系为同辈亲属,则略去两人之间的连线。决定单向弧指向的是关系类型:

一是师承关系,既包括师徒之间的从学关系,也包括服膺前人之学而效法(所谓"私淑")。弧的发出者是师,接受者是徒,如陈亮指向方坦的弧。

二是代际关系,指同家族中不同辈分士人之间的关系。弧的发出者是长辈,接受者是晚辈。需要注意的是,代际关系不一定是直系亲属关系(如爷孙),也不一定是临近的两代人关系(如父子)。出于绘图可视性与计量可靠性考虑,上图只保存家族中代际最近者(至少相差一代)之间的连线①。

三是请托关系,主要指某人在他人的请托下为其作文,包括撰写墓志铭、墓表、行状,作碑记、建筑物记、字辞、字说、序文等。弧的发出者是受托人(作者),接受者是委托人。需要说明的是,墓志铭、行状一类文章有一定复杂性,其作者中不乏逝者的门人弟子、族中晚辈。遇到这种情况,笔者将优先采用前两种关系类型,将作者作为弧的接受者(而非发出者)。

通过计算可知,浦江士人群体关系图密度(density)比较低,只有约 0.026。但是,该图的平均点度(average degree)却高达 5.39,这意味着每一个顶点所拥有的连线数量在 5 条之上。也就是说,每位士人与他人之间平均存在 5 条以上的关系线路。观察图 10.1 可知,浦江士人之间的关系数量并不平衡。在 269 条连线弧中,宋濂(33 条)、柳贯(20 条)、吴莱(14 条)等人的点度远远超过 5,而于房、陈远大、周戭、黄嗣安、潘荣仲等 12 人却处于孤立,点度为 0。这说明,浦江士人群体的关系网络是一个中心与边缘地位很不平衡的网络,中心度(centrality)很高。

一方面,中心度表现为点度(degree),即每位士人与他人关系数量的多少。从网络整体来看,宋濂点度高达 33,是浦江士人群体的中心人物。从不同历史时期来看,每时期内点度最高者分别是:陈亮(10)、方凤(17)、柳贯(20)、宋濂(33)、郑柏(16)。不过,除了方凤、柳贯、宋濂三人在各自所属时期内拥有明显高于他人的点度外,陈亮、郑柏两人在各自分区内的中心度并

---

① 如郑绮是郑德珪、郑德璋的前辈,郑德珪、郑德璋是郑文融的前辈,那么图中只画出郑绮指向郑德珪、郑德璋的弧,以及郑德珪、郑德璋指向郑文融的弧,省略郑绮与郑文融之间的连线,及郑德珪、郑德璋之间的连线。

不能有效说明问题。第一时期内陈亮与朱熹(7)、吕祖谦(6)的差别并不大。第五时期内郑柏、郑楷(15)、郑榦(13)、郑棠(13)四人点度十分接近,若进一步排除家族内部的代际关系,则王阳明占有 7 个点度的事实不容忽略。

另一方面,中心度还表现为中介性(betweenness centrality),即每位士人连接其他两位士人的能力。通过计算可知,102 人中中介势超过 0.1 的只有 1 人,即宋濂(1.141)。第 1 子群内最高的是陈亮(0.051),其次是倪朴(0.045)、朱熹(0.026)。第 2 子群中最高的是方凤(0.034),其次是吴谦(0.011)、郑德璋(0.010)。第 3 子群中最高的是柳贯(0.086),其次是吴莱(0.056)、郑文融(0.036)。第 4 子群中最高的是宋濂,其次是方孝孺(0.036)、胡翰(0.034)。第 5 子群中最高的是郑楷(0.023),其次是郑玺(0.018)、郑柏(0.013)。

对比以上两项数据可发现,与他人关系数量较多的士人往往也承担他人之间关系桥梁的作用,中介性较高。分析这些士人在浦江的文化活动,足以窥见宋明时期浦江士人群体的形成过程,及其学术风格的嬗变。

二、地方文脉的传承与转变

浦江之学有三次转型:南宋事功之学于元初一变而为遗民文学,吴氏家族是文学唱和的主要场所;至元代,在北山学者的努力下,朱子学在当地传播并成大宗;元末明初,浦江确立了以麟溪郑氏为典范家族、朱子学为正宗学术的文化品格。柳贯、吴莱等朱子后学的努力通过这些新家族的崛起化作人伦日用。

在南宋中前期,陈亮是浦江士人社群的中心人物,影响与威望在朱、吕之上。据《宋元学案》卷五十六《龙川学案》记载,陈亮与倪朴交游甚密、互相砥砺,又曾讲学于浦江月泉之上,钱廓、方坦、凌坚、吴深等人俱从其学。其中,吴深颇受赏识,陈亮"以子妻之,遂家永康"[①]。吴深传其学于其子吴遂,再传至吴思齐,于是有方、吴、谢月泉吟社之事。所以,陈亮可说是宋元浦江学术的开启者。从学术倾向、行事风格来看,陈亮所主张的事功之学也颇能概括浦江早期的学术品格,倪朴与早年方凤就是典型。据《浦阳人物记》记载,倪朴"豪隽不羁,喜舞剑谈兵,弃其无用之学,必欲见之于事功",曾于绍

---

① 黄宗羲著、全祖望修补,陈金生、梁运华点校:《宋元学案》卷 56《龙川学案》,中华书局 1986 年版,第 1851 页。

兴间"草书数千言,历陈征讨大计"①。方凤"常出游杭都,尽交海内知名士",在王斌为家教,得与丞相陈宜中相见,遂"三以策告"②,书中备言"家国机宜,兵食大计"③。这种讲究事功之学,上书言事、直干云霄的行事风格,与陈亮的人生经历可谓相映生辉。

不过,这种事功之学的风气随南宋灭亡而消沉,其标志即方凤学术旨趣由事功向文学的转变。据说,方凤刚被授以容州文学,南宋即亡,"凤自是无仕志,益肆为汗漫游。北出金陵、京口,南过东瓯、海上,类皆悼天堑不守,翠华无从,顾盼徘徊,老泪如霰"④。事功之学既已无用,寄情山水以全士节便成为恰当选择。于是,在方凤的积极参与下,一个以征诗、评诗为表面活动,实则以联络遗老、永不叛宋为目的的诗社——月泉吟社出现了。诗社不但征集了大量诗歌予以赏鉴,还组织诗人同游金华洞天、登钓台悼文天祥、为爱国志士徐应镳举丧⑤。在这些活动中,吴溪吴氏家族扮演了组织者与出资人的重要角色。此外,吴家还是当时浦江经学的中心。据说,吴幼敏"家富于书而好客,乡先生方凤、丽水吴思齐、浦城谢翱,咸主其家,相与纵谈名理,及古今成败治乱"⑥。这些举措不但直接培养了吴直方、吴莱、吴宗等家族俊秀,为浦江"后进之士争亲炙之"⑦提供了条件,还开创了浦江家族延纳贤士的风气,使浦江士人与地方家族的关系异常密切。

元代(图10.1中第二、三期)是浦江士人群体形成的关键时期,也是浦江文化转型的关键时期。一方面,事功之学已在浦江难觅传人;另一方面,方凤重视诗文创作的学风成为传统,并逐渐突破黍离之悲的题材界限,与朱子学产生联系。在该阶段,柳贯扮演了"守门人"(Gatekeeper)的代理角色,"把持着从外界指向自身群体的信息流"⑧。浦江士人之所以能够被视作朱

---

① 宋濂:《浦阳人物记》卷下《倪朴传》,《丛书集成初编》第3387册,中华书局1985年据《知不足斋丛书》本排印,第22页。

② 宋濂:《浦阳人物记》卷下《倪朴传》,《丛书集成初编》第3387册,中华书局1985年据《知不足斋丛书》本排印,第22页。

③ 方凤著,方勇辑校:《方凤集》,浙江古籍出版社1993年版,第61页。

④ 宋濂:《浦阳人物记》卷下《方凤传》,《丛书集成初编》第3387册,中华书局1985年《据知不足斋丛书》本排印,第24页。

⑤ 施新:《"月泉吟社"活动形式考》,《浙江社会科学》2007年第2期。

⑥ 屠寄:《蒙兀儿史记》卷137《吴直方传》,载《元史二种》第2册,上海古籍出版社2012年版,第819页。

⑦ 黄溍:《金华黄先生文集》卷17《送吴良贵诗序》,《续修四库全书》第1323册,上海古籍出版社2002年据清景元抄本影印,第256页。

⑧ [荷]沃特·德·诺伊等著、林枫译:《蜘蛛:社会网络分析技术》(第二版),世界图书出版公司2014年版,第150页。

子后学,很大程度上是因为柳贯对北山学者金履祥的绍述。据宋濂记载,柳贯"少受经于兰溪金履祥,学文于方凤、吴思齐、谢翱"①,兼传朱子学及浦江地方流行之文学。至吴莱、宋濂、方孝孺,朱子学作为地方学术典范的地位终于确立。

与这一过程相表里的,是聚居风气兴起、典范家族确立和《家礼》传播。《(嘉靖)浦江志略》卷二《风俗》说:

> (浦江)习俗醇厚。人才辈出。以义居闻者三。效义同居者三。②

所谓"以义居闻"者,指南朝何千龄、宋淳熙年间(1174—1189)的钟宅,以及麟溪郑氏家族。所谓"效义同居者",指深溪王氏、合溪黄氏、吴溪吴氏。不过,三家所效仿的不是何千龄与钟宅,而是较为晚近的麟溪郑氏。关于郑氏家族典范地位的确立,笔者将在下节详细讨论。此处希望指出的是,在郑氏的典范地位确立后,"效义同居"的三个家族中只有吴溪吴氏在浦江士人群体中拥有重要地位,而仙华方氏、蜀山柳氏在方凤、柳贯之后,已无闻人。诚如宋濂所感叹的,这些身处显贵的士人"曾未百年,声消响绝,虽其子孙亦有不能道其名若字者矣"③。相比之下,那些本身并无"惊世动俗"之功的聚居家族却得到了朝廷旌表、史官实书、士人称颂。

在三个家族中,深溪王氏是最早的效仿者。据载,王氏本家义乌,后迁"浦江之峻岭",直到王菱时才迁居深溪,其六世孙王澄始有同居之事。"勇于行义,与其弟汝不分财、不异居。濒终,戒诸子士觉等曰:'同里麟溪郑氏合族同居,久而弥笃,若等克似之,即吾瞑目奚憾。'言讫而逝。"④合溪黄氏聚居始于明初,黄逢原与其弟逢昌同居三世。观宋濂所记,黄氏是"贵且富"者,其聚居之目的或是维系富甲一方的家族地位⑤。吴溪吴氏是最晚的效仿者,其聚居始于明初吴志德、吴志道兄弟。据《吴氏家乘》记载,吴志德(谱名作瑗)是吴似之孙、吴贽之子。六岁丧父,既而祖父又殁,"数为强族所凌,兄弟茕茕,家业削弱莫能守",本是吴氏家族中颇为衰弱的一支,但是,他受

---

① 宋濂:《浦阳人物记》卷下《柳贯传》,《丛书集成初编》第 3387 册,中华书局 1985 年据《知不足斋丛书》本排印,第 26 页。
② 毛凤韶:《(嘉靖)浦江志略》卷 2《风俗》,明嘉靖五年(1526)刻本。
③ 宋濂:《浦阳人物记》卷上《孝友》,《宋濂全集》第 5 册,中华书局 1985 年据《知不足斋丛书》本排印,第 2029 页。
④ 毛凤韶:《(嘉靖)浦江志略》卷 7《人物》,明嘉靖五年(1526)刻本。
⑤ 毛凤韶:《(嘉靖)浦江志略》卷 7《人物》,明嘉靖五年(1526)刻本。

到致仕归乡的从祖父吴直方的怜爱,"遂蒙提携而有成立"。后聚集兵丁,立有战功,于明初受封"浦江翼元帅",终于光耀门楣,使吴氏家族继续维持自身的辉煌历史①。他与弟之族同居五世之事亦受到褒奖。

发人深思的是,第三、四期崛起的聚居家族多属平民家族。即便是吴溪吴氏,也没有出现由具有影响力的士人(如吴直方、吴莱)主张的同居现象,而是由较为衰落的支派在较小范围内推行同爨聚居的生活方式。这或许表明,麟溪郑氏般的聚居生活对新兴家族比较有吸引力。这些家族未必有煊赫祖先以及在当地长期生活的历史,却显示出较强的家族文献编纂意识(包括家谱、家训、家范、家族文集等),以及《家礼》践行的渴望。除麟溪郑氏外,效义三家莫不如此。王澄之子王士觉等损益"郑氏成规",编《家则》一卷,凡九类,184条,"勒于石"。黄逢原之弟黄逢吉"殚志竭虑,按为教条",内容以"应酬庶务""钱尺布帛"为主,"勒于石"。吴志德与弟志道亦立《家范》,"勒于石"②。按知县程汝器所撰《浦阳吴溪吴氏同居家范叙》,吴氏《家范》"婚姻丧祭之礼井井","克遵文公朱子之教"③,忠实践行了朱熹《家礼》。通过勒石刻碑,这些家族希望永久保持同爨聚居的生活方式、高度集中的权力结构和井然有序的家族礼法。这种将生活、权力、礼法相结合的文化形态成为明清浦江的显著标识。

第二节 麟溪郑氏、龙溪张氏比较研究

元代之后,朱子学、麟溪郑氏是浦江文化之大宗。但不可忽视的是,就在元末明初大量义居家族崛起的时候,尚有一些家族游离于"义居"模式之外,却并不妨碍其成为望族。龙溪张氏即属此类。郑氏家族因"九世同居"而屡受表彰,影响力波及整个明清江南社会;张氏家族则在明代后专意科举,大量出仕,"与麟溪郑氏声闻并冠江南"④。两家拥有相似的背景、规模、声望,却在南宋至明清的长期生活中逐渐形成了迥然相异的生活方式、祭祀礼仪、家族结构。解读这些差异有助于理解《家礼》对家族兴衰的意义,为反思宋明四礼学提供一个研究视角。

① 吴初振等纂修:《吴溪吴氏家乘》卷首《记赞》,光绪壬午(1882)刊木活字本。
② 毛凤韶:《(嘉靖)浦江志略》卷7《人物》,明嘉靖五年(1526)刻本。
③ 程汝器:《浦阳吴溪吴氏同居家范叙》,载吴初振等纂修《吴溪吴氏家乘》卷首《家范》,上海图书馆藏光绪壬午(1882)刻本。
④ 叶希典:《十修序》,载《龙溪张氏八甲宗谱》卷首,张氏家族藏光绪甲辰(三十年,1904)重修刻本。

一、动必循礼：麟溪郑氏的家礼实践

经由王柏、金履祥的努力，北山学派形成了躬行礼仪的儒学品格，不但重视格物穷理、博学于文，更注重踏实践履、约之于礼。至柳贯、吴莱，践行的重心由主敬功夫转变为礼仪实践，开始影响地方社会的风俗人情。在不断"向外推"的学术转变历程中，以麟溪郑氏为代表的新家族势力在浦江崛起。一方面，北山学者积极参与家族礼仪活动，帮助郑家制定冠昏丧祭之礼；另一方面，家族成员不断加入北山学派，通过学礼、考礼不断实现家族礼仪的修正、损益。

（一）聚居历史与家学传承

关于郑氏家族与北山学派的关系，清人戴殿泗（1746—1825）曾有明言：

> 郑氏来浦阳自淮巨渊始，同居自绮宗文始，至顺卿六世矣。前乎此不闻有规，至顺卿以刚毅厚重之资，享耆寿之年，锐然一遵朱子，行冠婚丧祭之礼，食指数千，门风日扩，且迭邀朝廷旌表……顺卿之朴茂，迹其生平所敬事，终始不替者，则有若柳道传氏、黄晋卿氏。其延之家塾，资训课之益，始则有若吴立夫氏，继则有若宋景濂氏。至先祖九灵山人金华胡邦衡氏，天台方希直氏，皆久住其家。而家规之作，柳、宋商定者居多，是宜其淳厚不让古人也。盖吾婺自徽国文公、东莱成公倡道以来，四传而至文安金公，厥后柳、黄、宋、戴遵衍其绪，而皆于郑氏有胶漆之契。以是而订为规，岂惟家哉？虽达之天下可也。故吾以为，郑氏之孝义，实婺州正学躬行之一派，至今有耿光者也。①

郑氏始迁祖郑淮在北宋末年定居浦江，后因其子郑绮倡导，家族开始聚居生活。不过，郑氏家族直到六世祖郑大和（又名文融，字顺卿）之前都没有制定任何家规、家范，遑论冠昏丧祭之礼。郑家的家礼、家范之所以能够在郑大和主持家政时忽然出现并体系化，和家族与北山学者的交游有直接关系。引文所提及的柳贯、黄溍、吴莱、戴良、宋濂等人，正是由金履祥一支传承而来的北山后学中之翘楚。他们都与郑氏家族有极为密切的来往（"胶漆之契"），为郑家几代人所师事。郑氏家族能够建构完整的家族礼仪系统，并

---

① 戴殿泗：《风希堂文集》卷3《郑氏家规跋》，《续修四库全书》第1471册，上海古籍出版社2002年据道光八年（1828）九灵山房藏版影印本影印，第89、90页。

受到朝廷的旌表,与北山后学的努力密不可分。所以戴氏认为,郑家诸贤也可归入北山学派之中,作为"正学躬行"的典范。虽然如此,郑氏家族在聚居初期并未体现出更多与众不同的家族特色,这一情况直到宋元之际家族聚居五世时才发生了变化。

郑氏家族的五世祖郑德璋曾任处州青田县尉,是家族中的关键人物。他因为人耿直而遭人陷害,兄长郑德珪为了营救他,亲赴扬州代死,在德璋赶到时德珪已死,他抱尸痛哭,"气绝数四,收骨归葬,结庐墓侧凡二年"①。二人的孝义事迹感人至深,被郑家后代不断传诵,成为家族"孝友"传统的重要标志。此外,最早自觉借鉴宋人经验建设郑氏家规、家法的也是郑德璋。黄溍(1277—1357)所撰的郑德璋墓志铭载:

> (郑德璋)晨兴必具冠服诣祠堂展谒,退坐一室,随事巨细,处之咸中肯綮。夜则秉烛呼子弟诵孝弟故实。仿象山《陆氏家制》训词百余言,每月旦望令子弟一人读之,家人悉拜而听焉。②

现存《浦江郑氏家范》中有朔望日家长率领家中男女击鼓二十四声并唱家中规范、诵孝弟故实的记载,其来源当即郑德璋依《陆氏家制》所行的家中仪式。郑德璋的治家经验被其子郑文融(大和)所继承,郑氏家族的家礼建设亦于此时开始与朱熹《家礼》发生密切联系,进入了不断体系化的新阶段。

《元史·孝友传》称郑大和为人"方正,不奉浮屠、老子教,冠昏丧葬必稽朱熹《家礼》而行"③。揭傒斯所撰《孝友传》更为详尽地描述了郑大和辞官回家后的治家活动:

> 龙湾解官归,忽长叹曰:"吾家自建炎聚食至今日,吾不思继承之,即一旦死,人谓我何?"遂不仕。日坐庭内,以礼法驭群众,指朱熹《家礼》言曰:"假我二三年,吾当无愧于此。"乃制古器服,命子孙讲肄之。亲与之升降周旋,度可用。宿翰林待制柳贯为宾,行冠礼。礼废久,见者交病之,文融持益力。若婚,若丧、祭,次第行,卒不负所言。家人素

---

① 揭傒斯:《孝友传》,载郑文融编《麟溪集》丑卷,1987年元月"江南第一家"文史研究会据民国十四年(1925)版翻印,第5页。

② 黄溍:《故处州青田县尉郑府君墓志铭(并序)》,载郑文融编《麟溪集》寅卷,1987年元月"江南第一家"文史研究会据民国十四年(1925)版翻印,第5页。

③ 宋濂:《元史·孝友传》,中华书局1976年版,第4452页。

媚浮屠神,文融曰:"吾方学礼,可溺淫祀乎?"命悉撤之,屏钱寓马不用。文融正身帅下,内外雍肃,似不闻人声。入其庭,上其堂,如在春风中,吴越之士多感化兴起。①

解官归来的郑大和忽发长叹,将重心从在外任官转移到在家行礼,以朱熹《家礼》整饬家众。不过,他"以礼治家"的设想并非灵光乍现,而是与师友柳贯长期交游的结果。作为同里,柳贯对郑氏家族十分熟悉,曾在至元元年(1335)以太常博士的身份上书朝廷,要求再次旌表郑氏义门②。在获得恩准后,柳贯受郑大和之邀作《郑氏旌表义门记》,盛赞郑大和"方以逾七望八之年,益经纪其家事,润饰其门户,凡欲纳之于礼,而范之于义而后己"③。更重要的是,柳贯亲自参与郑氏家族的冠礼仪式,与郑大和一起力排众议、克复古礼。引文中提及的那场冠礼由家长郑大和为主人,柳贯为主宾,冠者正是后来跟随宋濂学礼的郑泳。在柳贯《待制集》中有《郑泳加冠祝辞》一篇,亦见于郑氏家族文献《麟溪集》,文中说:

> 吾里义门郑氏之老顺卿者,吾友也。筮得穆日,始用三加之礼,冠其诸孙泳,而责之以成人之道焉。不鄙戒宾,过采衰陋。夫既与闻酌礼,字实予责。④

这是郑氏家族第一次以三加之礼为子弟加冠,而实际主持这场冠礼的正是柳贯。此外,柳贯还曾为郑涛冠礼作祝辞,文见《麟溪集》。这两位冠者都是郑大和诸孙中的贤达之士。郑涛年长,从学于柳贯,见诸《北山先生学案》;郑泳年轻,执经从学于柳贯弟子宋濂⑤。在郑大和之后,郑涛、郑泳继续投身家族礼仪构建,整饬家礼、家法并使之系统化。

浦江郑氏的家族文献中有两部著作受到后人的追慕、模仿,即《郑氏家范》与《郑氏家仪》。其中,《郑氏家范》历经郑家三代人而成书。起初是郑太

---

① 揭傒斯:《孝友传》,载郑文融编《麟溪集》丑卷,1987 年元月"江南第一家"文史研究会据民国十四年(1925)版翻印,第 6 页。

② 宋濂:《浦阳人物记》卷上《孝友》,《丛书集成初编》第 3387 册,中华书局 1985 年据《知不足斋丛书》本排印,第 6 页。

③ 柳贯著,柳遵杰点校:《柳贯诗文集》卷 15《郑氏旌表义门记》,浙江古籍出版社 2004 年版,第 315 页。

④ 柳贯著,柳遵杰点校:《柳贯诗文集》卷 13《郑泳加冠字辞》,浙江古籍出版社 2004 年版,第 271 页。

⑤ 宋濂:《浦江郑氏家范引》,载郑涛《浦江郑氏家范》,《续修四库全书》第 935 册,上海古籍出版社 2002 年据北京图书馆藏清初毛氏汲古阁抄本影印,第 270 页。

和编纂《前录》58 则,后来郑钦、郑铉又编《后录》70 则、《续录》92 则。至元末明初,郑涛以为"阅世颇久,其中当有随时变通者,乃率诸弟泳、涣、湜等白于二兄濂、源,同加损益,而合于一"[1],终成 168 则的定本。不过,《家范》的主要内容并非礼仪,其论及冠昏丧祭之礼往往只注以"并遵《文公家礼》"[2]的字样,至于具体仪节则不暇讲求,真正规范郑氏家族礼仪的乃是郑泳所著《郑氏家仪》。

郑泳受学于柳贯弟子宋濂,"于书未尝一日不观,尤好礼法"[3],所著《家仪》"损益司马氏、朱子《家礼》"[4]而来,对朱熹《家礼》作了不少变通,使之更加适应家族聚居的实际(详后)。由于旨在指导家众行礼,《家仪》在考礼之外,尤其重视对仪式过程的描述,不但试图以宾、赞的导引为行礼者提供程式化的仪礼方案,还配有多幅礼图。这些礼图部分来自纂图集注的《家礼》版本,也有不少是结合郑家实际而绘制,礼器摆放、家众序立、周旋向背,乃至行礼过程都可按图索骥。这种"仪节化"的礼书编纂方式是郑家礼学实践的产物,后来成为明代家礼学的一种趋势,可视作《家礼仪节》之类著作的先声。无怪乎欧阳玄对《家仪》有这样的评价:"是编也,宁独郑氏一家可行,将见于二书并传于世,岂曰少补之哉。"[5]

从第六世的郑大和到第八世的郑泳,《家礼》都是郑氏家族日常生活中不可或缺的要素。明初,濡养于礼乐教化中的郑家子弟受拔擢而大量出仕洪武朝,其中缘由固然复杂,但重要原因之一便是朝廷赏识郑家的家礼、家法,进而认定其有治国理政的才能。例如,郑沂被朱元璋任命为礼部尚书,在他以恐不胜任而辞谢时,朱元璋鼓励道:"你休没志气,你是义家,与我掌天下礼仪,只把守家法这六十年与义掌一颗印。"[6]可见,在朱元璋眼中,家与国之间有着某种同构性联系,因此,出自孝义之家的郑沂既然能够六十年

---

① 宋濂:《浦江郑氏家范引》,载郑涛《浦江郑氏家范》,《续修四库全书》第 935 册,上海古籍出版社 2002 年据北京图书馆藏清初毛氏汲古阁抄本影印,第 270 页。

② 郑涛:《浦江郑氏家范》,《续修四库全书》第 935 册,上海古籍出版社 2002 年据北京图书馆藏清初毛氏汲古阁抄本影印,第 278 页。

③ 王景:《故承务郎温州路总管经历郑君墓志铭》,载郑文融编《麟溪集》寅卷上,1987 年元月"江南第一家"文史研究会据民国十四年(1925)版翻印,第 35 页。

④ 王景:《故承务郎温州路总管经历郑君墓志铭》,载郑文融编《麟溪集》寅卷上,1987 年元月"江南第一家"文史研究会据民国十四年(1925)版翻印,第 35 页。

⑤ 欧阳玄:《义门郑氏家仪序》,载郑文融《麟溪集》卯卷,1987 年元月"江南第一家"文史研究会据民国十四年(1925)版翻印,第 6 页。

⑥ 郑崇岳编:《圣恩录》,民国十一年(1922)重刊本,1994 年 8 月"江南第一家"文史研究会据郑氏第廿九世孙郑期银藏本翻印,第 28—30 页。转引自梁敬明:《走近郑宅:乡村社会变迁与农民生存状态(1949—1999)》,中国社会科学出版社 2005 年版,第 32、33 页。

如一日地把守家礼,那么也就一定可以胜任执掌天下礼仪的重任。

明朝对于郑氏家族的重视似乎并未因政局变化而改变,在永乐八年(1410),郑家九世孙郑楷以文学征授蜀府教授,他敦厚的性情与博雅的学问赢得了蜀王尊敬,以至被赐予"醇翁"的称号①。更为重要的是,郑楷在蜀府期间参与了商定祭祀之礼的活动:

> 永乐八年(1410)冬十一月,贤王以为祭祀之礼版位、仪式古今不同,宜依仿《家礼》直述,令易知易行。于是命纪善臣子仪、臣□、伴读臣立我、教授臣楷即迩英堂,取唐宋诸家礼仪,据《家礼》荟萃考正。……既而以义门郑氏十二世同居,最号为有礼法,特命教授条录岁时祭祀、冠婚丧葬庆吊之费,延师待宾、给公上、睦乡里、来姻娅、送迎宴会之仪,以及闺门内外饮食防闲之道、长幼相聚训告之词。无不曲尽其义者,覆于至当而后已。遂每事各为一节,每节各为一图,明白简易,虽五尺童子执之于以行事。五礼之用固已得其大概,而于今行仪注朱子之说咸不悖焉。②

这次编纂礼书的基本原则是以朱熹《家礼》为准绳,令人易晓易行。由于郑楷出自以礼法自持的义门郑氏,蜀王便命其悉数家中诸项典礼仪式,设每一事为一节,每一节配一图,务使明白简易连孩童也能按图而行。在完成此书后,诸人发现,该书不但范围远远超出祭祀而得五礼之大概,内容也与当时颁行天下的朱熹《家礼》没有背离之处。对此,蜀王十分高兴,不但认为此书可行之于天下,还进一步产生了对郑家的仰慕、向往之情,以至令郑楷画《麟溪图》详载家中房屋景致,虽"微而草木,必记其名",说:"使我梦游其地,又今世之华胥也。"③此时,因实践《家礼》而产生的人文风俗之美的赞叹已使人进一步产生了对自然景观之美的联想,郑氏家族俨然化作一个儒家伦理的乌托邦。

在此之后,尽管郑氏家族由大同居变为小同居,经历了不少考验,但是,《家礼》对于郑氏家族的影响却并未迅速消亡。直到清代,由于世代遥远,郑

---

① 黄立我:《赐问义门礼仪图记》,载郑文融编《麟溪集》未卷,1987年元月"江南第一家"文史研究会据民国十四年(1925)版翻印,第21页。

② 李子仪:《敬题问义门礼仪手教后》,载郑文融编《麟溪集》已卷,1987年元月"江南第一家"文史研究会据民国十四年(1925)版翻印,第26页。

③ 李子仪:《敬题问义门礼仪手教后》,载郑文融编《麟溪集》已卷,1987年元月"江南第一家"文史研究会据民国十四年(1925)版翻印,第26页。

氏子孙逐渐忘记自身"最有礼法"的家族传统。《家礼》祭田制度的消亡与捐
助祠产制度的建立使得郑氏家族的权力结构出现了变化,随之而来的,郑氏
的《家礼》实践渐趋世俗化、娱乐化,失去古礼"敬"的内涵,而蜕变为死而不
僵的躯壳。

(二)从"祭田"到"祠产"

家族祭祀需要有稳定的资金来源作保障。按照朱熹《家礼》的祭田制
度,浦江郑氏家族在元末明初建立了自己的祭田,并按照"世远逐增"的原则
加以扩充,其最盛时数量多达二百二十四亩。到明代中期,家族因分居异财
而逐渐走向衰落,祭田也多为"不肖"子孙占为私有。为了维持家族祭祀开
销并恢复原有的祭田规模,这时期的郑氏家长不断试错,逐渐探索出一种由
捐助祠产与原有祭田地租相结合的混合型祭产模式。由于祭田地租的不断
缩水与募捐祠产的持续增加,祭田制度最终在道光四年(1824)被彻底废止,
高度依靠捐助祠产的新祭产制度正式建立。新的祭产制度更新了家族的权
力结构,并深刻影响了郑氏家族的祭祀活动。

第一,祭田的建立与兴衰。

朱熹《家礼》创立了祭田制度。按《家礼》,一个家族建立祠堂后便须计
算现有田地数量,每龛取二十分之一作为祭田。无论是神主处于正位还是
祔位的家族成员,只要没有后嗣祭祀,即将其田划为墓田。这些田地均由宗
子执掌,以给祭之用。如果原来并未置办祭田,则将先祖考子孙的田地按照
二十分之一的比例交割给宗子作为祭田。为了保证这些田地提供祭祀费用
的稳定性,所有田地都要立下契约报予官府,任何人不得典卖①。

《家礼》的祭田制度为祭祀提供了物质基础与资金保障。作为一个累世
同居的大家族,郑家十分清楚祭田的重要性。谙通《家礼》的郑泳对祭田有
着这样一段理论性说明:

> 家有分则庙有宗。宗明分序,礼之质也;升降俯伏,礼之文也;笾豆
> 罍斝,礼之器也;牲醪粢盛,礼之物也。器备物丰,礼文粲然;器败物微,
> 文无所施,而质亦渐至于沦废。故必以田为基者,器物之所出也。器物
> 常备则我之祭可常有,祭可常有则宗明分序莫得而烦素。岂细故哉?
> 今以祭视礼,礼为祭之本;以祭视田,田为祭之末。然无礼不可以成祭,
> 无田不可以成礼,二者交相须而相为用者也。事固有由末以治其本者,

---

① 朱熹:《家礼》卷1《通礼·祠堂》,北京图书馆出版社 2004 年据中国国家图书馆藏宋刻本影印。

犹今有田以治其祭也,亦犹礼之治外以及其内也。足以承制礼者之意,有弗信矣乎。①

礼有质,有文,有器,有物。唯有器物丰富周备,向背曲折的礼文才能得到彰显;唯有礼文粲然可观,宗法分明、尊卑有序的礼仪本质才能得由表达。因此,礼的器物乃是礼仪得以施行的基本条件,而礼器、礼物又须祭田的供给才能完备。正是在这种意义上,郑泳才提出祭田为末,礼为本,礼仪的实践需要"由末以治其本"的观点。

约在元末明初,郑氏家族根据朱熹《家礼》建立了自己的祭田制度。据《郑氏祭田记》记载:

> 祭必有宗,宗则统族,礼之分序也。故族大而不烦,世远而无紊。士大夫之家有庙有祭者或不一,再传而遂不继,由其无田以为基,无法以为守,散漫无统,必沦于废坠。吾家同居十有余世,每急于奉先,固不必致虑于后,亦拨近家常稔之田一百五十亩,名曰"祭田",别贮所入之租,专充岁时祭祀。更为条陈继守之法,乃立石于祠堂之侧。②

在作者郑泳看来,那些拥有家庙的士大夫家族没能维持累世的祭祀并不奇怪,因为他们没有作为祭祀物质基础的祭田和可以长远遵循的家规家法。为此,郑氏家族拨出家中旱涝保收的良田一百五十亩作为祭田,以其地租为祭祀开支。为了确保这一制度得以世代遵行,郑氏家族将祭田的田亩字号刻于碑阴,立于祠堂之侧,庶希子孙能够在增广祭田数量("益厚其基")的基础上,使得祭祀之礼更加丰厚("益厚其礼")。

郑泳的期待似乎得到了实现,郑氏家族的祭田数量确有增加。到天启七年(1627)郑崇岳重刻祭田号亩,清理家族祭田数量之时,家族的祭田共有二百二十四亩,其中一百五十亩用于春夏秋冬四仲月的大型祭祀活动,而其余的七十四亩则用于四时荐享、明谱、中雷、祀灶,以及龙湾、金事、庶子、贞

① 郑隆经等:《郑氏祭簿·郑氏祭田记》,民国壬戌(1922)重刊,浦江郑氏家藏本。亦载郑泳:《义门郑氏家仪·祭礼》,《丛书集成续编》第60册,新文丰出版公司1989年影印续金华丛书本,第517页。《郑氏祭簿》一书由于历次增订,目录与实际标题不尽相同,本章所引俱以书中实际标题为准,后仿此。
② 郑隆经等:《郑氏祭簿·郑氏祭田记》,民国壬戌(1922)重刊,浦江郑氏家藏本。亦载郑泳:《义门郑氏家仪》,《丛书集成续编》第60册,新文丰出版公司1989年影印续金华丛书本,第517页。

义四位先祖、宋濂等的祭祀①。

然而，这种情况在明代中期发生了变化。天顺三年(1459)的一次大火打破了郑氏家族合居共财的聚居生活，从此，郑氏家族"离居析处，涣而不能复萃"，而分居异财给家族祭祀活动带来的影响则是"世远风微，礼制寝弛，祭田几为乌有"②。二百余亩的祭田，何以竟在家族分居异财之后化为乌有？《祭簿》中作于明天启丁卯(1627)至乾隆五年(1740)的几篇序文为我们提供了线索。这些序文刻画了两种相互对立的形象——力图"悉复旧典"的家政执掌者，以及与对此不断加以阻挠的"不肖"子孙。在这一百余年间，分居各家对祭田的侵占造成了祭田的流失，而围绕祭田而发生的家族纠纷直到清乾隆年间亦未能停歇。在这一意义上，《祭簿》之所以在这一时段中不断增广，原因之一即是以其划定祭田范围的功能为家长提供一种使"不肖者无所诡避"的斗争武器。

据《祭簿》所记，郑家从仲潜祖到西华公，"中间废弛，覆其租之所入已减旧之半"③。西华府君按照《祭簿》稽查家族祭田的存有情况，虽然能够查清天地号亩("悉复旧典")，但是所收上来的田租也仅有原来的十分之一二。不久，"一二不肖"便"复踵故辙"，私占祭田，田租仍旧难以上缴。到怀东府君主家政时，虽然"锐力绍述"，却仍遭"不肖者"阻挠，事情不了了之。随后的中宪府君主理家政，"始恢旧额"，但是田租收入又减少了十分之四。在康熙三十五年(1696)编纂《祭簿》时，祭田数量已"大非昔日比"，祭田制度不可避免地衰落了。

因此，明末清初的郑氏家族遭遇着前所未有的困局：一面是不断受到"不肖"子孙侵占而大量减少的祭田数量，一面是逐渐增加的祭祀种类与名目(详后)。对这种矛盾，肩负家族兴衰之责的郑氏家长必须予以应对。如果说在天启丁卯岁(1627)，郑崇岳尚且以《祭簿》为武器，用"逐亩挨蹑，一遵古簿号亩"的旧办法考证那些失落的家族祭田，梦想"幸假余年得以经营，使诸田尽归公款，以为久远谋"④的话，那么，到了清朝初期，郑氏家长已然放弃了恢复家族祭田的宏大抱负，一场祭产制度的改革逐渐在实践中酝酿成熟。

---

① 郑隆经等：《郑氏祭簿·重刻祭田号亩序》(天启丁卯)，民国壬戌(1922)重刊，浦江郑氏家藏本。
② 郑隆经等：《郑氏祭簿·重刻祭田号亩序》(天启丁卯)，民国壬戌(1922)重刊，浦江郑氏家藏本。
③ 郑隆经等：《郑氏祭簿·重刻祭田号亩记》(康熙三十五年)，民国壬戌(1922)重刊，浦江郑氏家藏本。
④ 郑隆经等：《郑氏祭簿·重刻祭田号亩序》(天启丁卯)，民国壬戌(1922)重刊，浦江郑氏家藏本。

第二,祠产的出现与混合式祭产。

康熙三十五年(1696),十八世祖郑应友重刊《祭簿》,在序文中,他回顾了家族祭田的建立、兴废,并谈及十余年来家族中祭祀资金情况:

> 自珠严公主家政后,有志复古,俾余同叔守元、守诰,兄应乐、应朝、应球,侄思相等数人佐理祠事,欲尽复祭产之旧,而卒未能也。然十数年间所置祠产亦已得十之一二,诚恐后来任事者无所稽考,使不肖者复得侵蚀,其可不思详载以永其传乎? 故于修辑谱牒之余重刻祭产簿籍……镂印以垂诸后,且以恢复之意俟诸后来云。①

作为家中的后起之秀,郑应友奉家长珠严公之命帮助管理祭祀之事。珠严公最初的想法与之前数代家长相同,即"尽复祭产之旧",希望将被"不肖者"占为己有的祭田作为家族共有财产全部收回。虽然这一努力以失败告终,但珠严公并非碌碌无为,而是在经理家政的十几年中置办了十之一二的"祠产"充当祭祀之用。因此,此次重刊《祭簿》的直接目的已经不仅是对祭田存"恢复之意",而且是保护新置的"祠产",使其不再因"不肖者"的侵蚀而丧失。

由此可知,约在康熙二十年(1681)后,郑氏家族祭祀活动的资金来源发生了变化,由单独依靠祭田地租的单一模式一变而为祭田地租与新置祠产的混合模式。随着时间的推移,祭田在祭产中的份额越来越少:

> 簿载祭田旧例每斗出纹银三分,于祭祀前五日当应者交清,旧管备办祭品。自康熙丙子(康熙三十五年,1696)以后渐减而为纹银八折。今且用时银八折矣。积弛已久,难复旧例……②

另一方面,新置祠产却在不断地增加:

> 逮孝廉、文玉二公增建祠宇,创造香亭,合族捐田以修公所,而祠产一增。自若梁、若奇二侄理祠经营增置,复于乾隆庚申(乾隆五年,1740)创捐修谱田而祠产再增。至庚午(乾隆十五年,1750)重新祠庙,

---

① 郑隆经等:《郑氏祭簿·重刻祭田号亩记》(康熙三十五年),民国壬戌(1922)重刊,浦江郑氏家藏本。

② 郑隆经等:《郑氏祭簿·祠公祭产》,民国壬戌(1922)重刊,浦江郑氏家藏本。

因祭胙微薄,设法劝捐,乐助者众而祠产又一增。[1]

由此可知,郑氏家族的家长虽然没有能够恢复祖上的祭田制度,却利用增减祠堂、修造香亭等活动对家族成员展开募捐,并以未用完的资金经营增置更多田地。在这一过程中,"产渐益,祭渐加"[2],祠产不断被新募资金扩充并在良好经营下不断增值,《祭簿》也逐渐从对"不肖"子孙的大加挞伐转变为对"乐善好施"者的表彰、褒奖。当恢复祭田的主张逐渐从一种"复古"的理想化作"泥古"的梦想,祭田的废除便不可避免。

第三,祭田制度的废止与新型祭产制度的确立。

道光四年(1824),郑氏家族正式废止了存在四百余年的祭田制度,以祠产作为祭祀活动的唯一资金来源,建立了全新的祭产制度。在这年重刻的《祭簿》序文中详尽说明了事情原委:

> 宜于古者或不宜于今,何也?物有盈虚,家有隆替。明季迄今二百有余载矣。生齿日益繁则子姓日益众、贫富日益殊。应祭之项在殷实之家取携甚便,而贫者拮据之形时见于眉睫,甚至需岁月以偿之皇皇焉犹惧不给。夫为子孙者以贫窭之故使祖宗之明禋不备,非奉先思孝之忱也;为祖宗者以陟降之期而视子孙之竭蹶以供,非垂裕后昆之意也。道光甲申三月,诸理事者悉心筹画,议另捐田产名曰"免应田",族中子姓咸踊跃乐捐,不数日告竣。因议重刊《祭簿》,存其号亩,志不忘本也;删其绘图,示不复应也。[3]

郑氏家族之所以最终选择废止祭田制度,直接原因是在分居异财之后家族间产生了严重的贫富两极分化。虽然每家摊派的祭祀资费仅为祭田田租的一小部分,贫穷的家庭仍然难以负担。为了兼顾祖先祭祀与生者的实际生活状态,家族号召大家单独捐出一部分田地作为"免应田",来代替原由祖先划定的承担祭祀开支的祭田。之所以称为"免应田",显然是因为这部分田地帮助私占祖先祭田的家庭免除了祭祀出资。从此之后,原有祭田悉数"免应",不再承担祭祀开支,而载有祭田四至的田地绘图也被删除,祭田制度被彻底废除。

---

① 郑隆经等:《郑氏祭簿·重刻祭簿叙》(乾隆廿二年),民国壬戌(1922)重刊,浦江郑氏家藏本。
② 郑隆经等:《郑氏祭簿·重刻祭簿序》(嘉庆十年),民国壬戌(1922)重刊,浦江郑氏家藏本。
③ 郑隆经等:《郑氏祭簿·重刻祭簿序》(道光四年),民国壬戌(1922)重刊,浦江郑氏家藏本。

这种"乐善好施"的慷慨行为在帮助贫穷之家免除一部分开支的同时，实际上造成了家族成员"观念上"的贫富两极分化。随着平均缴纳祭田地租的祭产制度的终结，新建立的祭产制度强调了捐助资金的重要性，重构了家族内部的权力关系。富裕的家族成员凭借其财富掌握了比贫困者更多的干预乃至决定家族事务的权力。因此，郑氏家族的捐助活动也表现出了新特点。越来越多的捐助来自于家族成员的自发行为，捐助者不但可以自主设计捐助项目，还可以通过拟制捐助项目的章程来自行规定受资助者的范围，决定该笔资金的具体用途。比如，专门用于资助赶考家族成员路费的"与贤产"便定有《与贤产章程》，详细规定捐助者所捐事项、路费金额、发放时间、管理记录等。这种家族内部的新型权力结构同样影响到了家族的祭祀活动，康熙之后不断增加的祭祀种类与郑家淫祀现象的出现均与此有紧密关联。（表 10.1）

表 10.1 郑氏家族祭产制度变迁

时期	祭田	用途	祠产
元末明初	150 亩	"专充岁时祭祀"	
天启七年 (1627)	224 亩	150 亩用于四仲月祭祀；74 亩用于四时荐享、明谱、中霤、祀灶，以及龙湾、金事、庶子、贞义四位先祖、宋濂等的祭祀	
西华公时期	"减旧之半"，仅是原有十之一二		
怀东公时期	"不肖者"阻挠，不了了之		
中宪公时期	"始恢旧额"，但又减少十分之四		
珠严公时期			十数年间所置祠产亦已得十之一二
康熙三十五年 (1696)	每斗出纹银三分减而为纹银八折，后又减为时银八折		
乾隆五年(1740)			"创捐修谱田而祠产再增"

时期	祭田	用途	祠产
乾隆十五年(1750)			"重新祠庙,因祭胙微薄,设法劝捐,乐助者众而祠产又一增"
道光四年(1824)	"免应",祭田废止		

　　* 该表据《祭簿》中《郑氏祭田记》《重刻祭田号亩序》(天启丁卯)、《重刻祭田号亩记》(康熙三十五年)、《重刻祭簿叙》(乾隆廿二年)、《重刻祭簿序》(嘉庆十年)、《重刻祭簿序》(道光四年)、《祠公祭产》制成,以时间次序排列。本节主旨在于揭橥祭产制度的变迁,故于道光四年(1824)祭田废止后的祠产情况一概略去。

(三)家族权力与祭礼嬗变

　　按《家礼》,四时祭用仲月卜日而行,冬至祭始祖,立春祭先祖,季秋祭祢。此外,又有三月上旬择日墓祭。一年之中,大型祭祀活动不过数次。《郑氏家仪》原本《家礼》而作,而以祭礼"事亡如事存"之意增入忌日、生日,祭祀已然增多。后世增补《郑氏家仪》,又补入数条,其数又增。至《祭簿》数次增纂,条目又渐渐加多。随着捐助祠产的增加与祭田的衰微,捐助者敬仰的祖先及信奉的神灵也被纳入家族的祭祀体系中,祭祀活动亦出现一种娱乐化倾向。郑氏家族的祭礼变迁不但反映了郑氏家族在《家礼》实践过程中发生的变化,还深刻反映了儒家精英文化坠入民间信仰时发生的变异,由此折射出的《家礼》实践与家族兴衰的关系耐人寻味。

　　第一,损益《家礼》祠堂制度。

　　《郑氏家仪》以《家礼》为范本,结合家族实际,在不少问题上做出了损益。就祭礼而言,最重要的当数祠堂制度。据郑泳所撰《祠堂记》记载,元至正十年(1350),朝廷下达了蠲复郑家徭役的诏令,为了纪念朝廷恩典,郑泳的伯祖贞和府君在家族门前立碑纪念。随后,伯父青槎府君建立了家族祠堂,以供奉先世神主。文中,郑泳考证了古代庙制,并对朱熹《家礼》的祠堂制度做出评价:

　　　　至朱子著《家礼》始有祠堂之制,无贵贱皆祭四世,盖服穷于四世,世满则祧,此足为后世之常法矣。……近世司马氏《书仪》祭三世南向中为上,朱子定为四世高曾祖考亦南向,却自西以次而东,似为未稳。若曰西为尊位,此东向者之所尊。若南向,固当以中为上,但依《书仪》

置高祖之位于曾祖之右则允当矣。惜乎一时之见已定,而使后人之疑也。①

郑泳认为,朱熹《家礼》所制定的祠堂制度按照五服穷尽于四世的原则而祭高祖、曾祖、祖、祢四世,世满则祧,足以作为"后世之常法"。但是,郑泳并不认同《家礼》将高祖、曾祖、祖、祢由西向东排列的做法,认为其于古无稽,令人质疑。因此,他在《家仪》中采用了《书仪》神主南面、以中为上的原则。郑泳之所以舍《家礼》而从《书仪》,很重要的原因之一就是郑氏家族的实际情况:

> 吾家同居十又余世,宗支既多,位次难依《家礼》自西而东,以四世为序。又难排日分宗而祭,但同堂南向,以中为上,男女分左右。祭则于祝文上各见所继之宗,满四世者依朱子例祧。如此则宗法既明,而位叙亦无不稳。以吾同居,则同堂而祭,乃"事亡如事存"之义,礼有所据也。②

《家礼·祭礼》以宗子为中心,适合脉络清楚的小家族使用,却难以适应如郑家一般的大家族祭祀需要。郑氏家族成员众多、支脉关系复杂,如果按照《家礼》仪文由西向东排列神主,那么势必出现位次先后难以排列、祖妣混杂不清、周旋向背不便等实际问题。如果放弃同堂而祭,改由各家自行祭祀祖先,又与郑氏家族同爨聚居的生活形态不相协调。因此,《家仪》将诸多神主同堂祭祀,南面而立,以中为上,男女分列两侧。祝文以各家所继之宗署名,祭满四世则依《家礼》之法而祧。这一做法既不失《家礼》要义,又合乎家族实际,可谓深得制礼之意。后世民间多舍《家礼》而就《郑氏家仪》(见图10.2)。

---

① 郑泳:《义门郑氏家仪》,《丛书集成续编》第60册,新文丰出版公司1989年影印续金华丛书本,第517页。
② 郑泳:《义门郑氏家仪·祠堂记》,《丛书集成续编》第60册,新文丰出版公司1989年影印续金华丛书本,第517页。

图 10.2　河南信阳罗山李氏家族木主(作者拍摄)①

第二,扩增祭祀的对象、种类。

按朱熹《家礼》,四时祭用仲月卜日而行,冬至祭始祖,立春祭先祖,季秋祭祢;此外还有三月上旬的择日墓祭,以及端午、重阳等俗节之祭,一年之中的大型祭祀活动共 12 次。郑氏家族的祭礼虽然根据《家礼》而定,却经历了一个祭祀对象、种类不断扩增的过程。

从"四世而祧"到"百世不祧"。祭四世是朱熹《家礼》的重要原则之一,然而,为了重温家族的煊赫历史,永远铭记功名显赫的列祖列宗,四世而祭的做法并未得到郑氏家族的一贯坚持。在明代中期开始正式编纂的家族文献《郑氏祭簿》中规定了新的家族祭祀原则:"先祖寔行彪炳史册、见诸传志者,后世子孙永宜追慕,百世不祧。"②至此,凡是见诸家族著作的祖先,都被纳入郑氏家族的祭祀体系,其神主永远不祧。随着时间的推移,《祭簿》中开列的祭祀名录结构不断完善,内容不断充实。到民国十一年(1922)最后一次修订时,已有《孝友题名》41 人,《忠义题名》6 人,《义行题名》3 人,《政事题名》15 人,《文学题名》29 人,《隐逸题名》2 人,《卓行题名》7 人,《列女题名》42 人,共计 8 类题名,145 人。这是以《宋史》《元史》《明史》等正史,省志、县志等地方志,《旌义编》《麟溪集》等家族文献共同书写了一部信而有征的家族史。

生辰、忌日之祭不断增加。忌日之祭虽然见于《家礼》,但将某位先人作为家族共同祭祀对象的做法则始见于明初郑泳《家仪》。至于生辰设祭,更是浦江郑氏新定之制。《家仪》曰:

---

① 按照"以中为上"的原则排列。与程颐《作主式》中所载木主制作方法相同、大小不同,且底座用梓木,上端用椿木。

② 郑隆经等:《郑氏祭簿·孝友题名》,民国壬戌(1922)重刊,浦江郑氏家藏本。

龙游县丞、青田县尉兄弟让死,旌表为孝义门,又东埜、贞和、平山皆积功于公堂,德业垂后者,忌日皆如冲素之仪,后有继之皆然。此为礼以义起,崇德报功,子孙敬而守之也。[①]

有功绩德业的家族成员可以被纳入忌日祭祀的范畴,得以世代血食于家族之中,其规格与始迁祖冲素府君相同。这不但是对家族功臣的一种莫大褒奖,还是对后世子孙的一种激励措施——只要致力于出仕并有功业于家族,那么就可以与祖先一起被世代祭祀。

明末郑崇岳重刻《家仪》时,又补入了一些祭祀种类,列入忌日祭祀的有冲素、龙游、青田、东埜、贞和、平山、贞义等 7 位府君,列入生辰祭祀的有金事、庶子 2 位府君,家族的祭祀队伍不断壮大。《祭簿》的记载显示出这种现象的延续性,到民国十一年(1922)最后一次修订时,祖先生辰、忌日祭祀的数量已增至 11 项,占郑氏家族一年祭祀总数的 1/3(见表 10.2)。

表 10.2　郑氏家族一年的祭祀活动

祭祀种类	仪式内容	流变
每月初一荐享		《家仪》《祭簿》略同。
每月十五诣祠堂上香荐茗		《家仪》《祭簿》略同。
立春祭先祖郑淮	一世祖冲素府君郑绮、五世祖龙游县丞郑德珪、青田县尉郑德璋祔食,行三献礼。"祭毕,祭无后宗祠",行三献礼。	《家仪》《祭簿》略同。
元宵早晨荐享	行一献礼。荐享后祭宋文宪公遗像于师俭厅,行二献礼。	《家仪》《祭簿》略同。
正月二十八祭六世祖平安府君		《家仪》所无,为郑崇岳之后增入。"向未立祭,光绪戊戌(二十四年,1898)义十四、十六公派下将牛形松木二株助祠,特祭。"

① 郑泳:《义门郑氏家仪》,《丛书集成续编》第 60 册,新文丰出版公司 1989 年影印续金华丛书本,第 516 页。

祭祀种类	仪式内容	流变
二月初三祭梓潼帝君、关圣帝君、文昌帝君生诞		《家仪》所无,为郑崇岳之后增入。"祠中向未立祭,乾隆乙巳(五十年,1785)祖鉴捐下溪湾田六斗,新立二月初三日、五月十三日两祭其祖,银每年三两正二祭拍用。另祖鉴交出钱二千文,祠中放作完粮之资。二祭各给鉴熟胙八两、馒首两双。"
二月初八祭再传祖考曜父府君诞辰	行三献礼。再祭八世祖郑涛之墓。"同日,家长率祠院管理书祝旧管往双溪上博士府君坟","就墓所祭之"。	《家仪》所无,为郑崇岳之后增入。
二月十五日仲春大祭	行三献礼。	该祭祀属于四时祭,《家仪》将其祭祀对象限制在高祖、曾祖、祖、祢四代,合乎《家礼》。《祭簿》所祭祀的祖先有始迁祖、再传祖、同居第一世祖、第二世祖、高祖。又设《给馒首》《仕宦祠祝文》《助祭祠祝文》三节,祭祀遍于前代仕宦之祖先以及曾为家族祭祀捐献资金的祖先。
二月十六日往庶子府君郑济墓处上坟		《家仪》《祭簿》略同。按《祭簿》称:"庶子府君坟。……在前明首膺征辟……崇祯庚午(1630),告官理复久例,配享金事府君。"考郑泳为明初人,柳贯曾为其作冠礼祝辞,而柳贯死于元至正二年(1342),郑泳之寿必不能至崇祯庚午(1630)。则庶子府君郑济的祭祀必是在郑济之后增入。又从郑崇岳刊刻郑泳《家仪》补入此条时尚有"庶子府君入圣朝"(而非《祭簿》中"前明")的文字来看,庶子府君最早纳入家族祭祀当不早于崇祯三年(1630),不晚于明代灭亡(1644)。后文贞义府君郑洧、金事府君郑深祭祀仿此。
二月二十八日九世祖长史府君郑楷生辰	"是日,于、黄子孙往石姆岭迎接府君遗像,悬挂有序堂祭奠",行三献礼。	仅见于《祭簿》,当为郑崇岳之后补入。

续表

祭祀种类	仪式内容	流变
清明上墓	祀后土于墓左。	《家仪》《祭簿》略同。
三月初三龙游府君（郑德珪）代弟青田府君（郑德璋）死难	素服祭拜，行三献礼。	仅见于《祭簿》，当为郑崇岳之后补入。
四月初一遂阳府君生辰	行一献礼。"未冠笄者立侍左右，从者鸣鼓一十五声，举明宗谱。择声音清朗者读《郑氏明谱录》。读毕，寝室荐享，点谱不到与欠数者照谱例重罚。"	《家仪》无，《郑氏规范》文略同。
四月初八日荐享		仅见于《祭簿》，当为郑崇岳之后补入。
四月初十日祭天神阁，祭忠孝之神	行三献礼。	仅见于《祭簿》，当为郑崇岳之后补入。
太史府君郑文融（大和）忌辰	由于"措葬龙游府君墓左"，并祭龙游公、龙湾公。	仅见于《祭簿》，当为郑崇岳之后补入。
五月初五端阳节荐享	行一献礼。	《家仪》《祭簿》略同。
五月初九日冲素府君生辰	行三献礼。	仅见于《祭簿》。"向惟十二月廿二日忌辰一祭，后因公孝义格天，为同居第一世祖，特更立一祭，将后忌辰祝文内'兹辰俨逢'改作'生辰俨逢'。"搭台唱戏，合宗睦族，后在乾隆乙巳（五十年，1785）因"五月天气炎热，豫于二月初八初九两日庆祝"。
五月十三日祭关夫子圣诞	行三献礼。	仅见于《祭簿》。乾隆五十一年（1786），经过大家讨论决定"后祠中于十三日昼夜演戏二台"
五月十五日仲夏大祭		属四时祭。《家仪》《祭簿》略同。
六月十五日祭中雷之神	祭毕，寝室荐享，行一献礼。	《家仪》亦有祭中雷而无荐享。
七月初八日贞义府君郑涓代死之日		《家仪》《祭簿》略同。当是明末清初时郑崇岳补入。
七月十五早晨荐享	夜祭无嗣宗祠，行三献礼。祝辞与立春祭祀相同。	此即中元节。仅见于《祭簿》，当为郑崇岳之后补入。

续表

祭祀种类	仪式内容	流变
八月初十日金事府君郑深生辰	行三献礼。	《家仪》《祭簿》略同。当是明末清初时郑崇岳补入。
八月十五仲秋大祭	行三献礼。	属四时祭。《家仪》《祭簿》略同。
九月初九祭重阳节	行一献礼。	《家仪》《祭簿》略同。
九月十六日闵子坞上坟,七世祖青樃府君郑钦讳辰		仅见于《祭簿》,当为郑崇岳之后补入。
十月十三日,合族往青萝山祭宋文宪公	行三献礼。	"《家仪》载明供奉宋文宪公神主,今谨遵古式。"宋濂神主盖指《家仪》中图而言。
十月十四日,祭山长	行一献礼。曹、王、董三公。	仅见于《祭簿》,当为郑崇岳之后补入。
十月十九日祭十三贤祠诸公	"祠院管理二人往城中会同各派贤裔"进行祭祀。	仅见于《祭簿》,当为郑崇岳之后补入。
冬至祭始祖	行三献礼。祭毕寝室荐享,行一献礼。	《家仪》《祭簿》略同。
十一月十五日仲冬祭		《祭簿》有《仲冬给生胙账》一篇。该篇详细载明大祭之后应当如何分配胙肉。

* 此表据《祭簿》《家仪》制成。《家仪》为元末明初郑泳所作,明末清初郑崇岳重编时有所增补。《祭簿》初编于明代天启七年(1627),后来历经增删。郑氏家族的祭祀变迁可粗略分为三期:第一期从郑大和创立《郑氏规范》到元末明初郑济撰《家仪》;第二期从郑济撰《家仪》至明末清初郑崇岳重编此书;第三期为郑崇岳重编《家仪》后。有关考证见上表。

第三,出现淫祀与祭祀娱乐化。

明末清初,郑氏家族的诸位家长整饬旧有祭田,并开始使用募捐的方法来筹集祭祀资金。祭产出资结构的变化赋予捐助者更多干预家族祭祀事务的权利,捐助者可以根据自己对于家族史的理解以及生活需要增加祭祀种类。传统的祖先生辰、忌日祭祀仍为捐助者所关注,因崇仰某位祖先而捐助将其纳入家族祭祀体系的情况时而有之。如六世祖平安府君"向未立祭,光绪戊戌(二十四年,1898)义十四、十六公派下将牛形松木二株助祠,特祭"[1]。

一些普遍存在的民间信仰也随之进入郑氏家族的祭祀活动中。例如二

---

[1] 郑隆经等:《郑氏祭簿·祭期及规则》,民国壬戌(1922)重刊,浦江郑氏家藏本。

月初三祭梓潼帝君、关圣帝君。"祠中向未立祭,乾隆乙巳(五十年,1785)祖鉴捐下溪湾田六斗,新立二月初三日、五月十三日两祭其祖,银每年三两正二祭拍用。另祖鉴交出钱二千文,祠中放作完粮之资。二祭各给鉴熟胙八两、馒首两双。"①梓潼帝君即文昌帝君,是道教尊奉的掌管士人功名禄位之神;关羽信仰在宋代之后流行民间且形式多样,道教将其奉为"关圣帝君",作为道教的护法之神。可见,这两位神祇都极具道教色彩,一主文,一主武,寄予了郑氏家族渴望出仕为官的良好愿望,祈神求福的祭祀用意十分明显。

按照宋儒的界定,"非所当祭而祭"②便是"淫祀",事神事佛等民间信仰都属淫祀范畴,无福可祷。郑氏家族自宋元以来以儒家孝义传家,借鉴宋代家礼、家训的治家经验,明确提出"子孙不得惑于邪说、溺于淫祀,以邀福于鬼神"③。如果说乾隆时期出现的文昌帝君与关圣帝君的淫祀现象说明郑氏家族"孝义传家"的儒家传统已然失落,那么,甄村殿的建设则进一步打破了"不得修造异端祠宇,桩塑土木形象"④的古老家训,与明代家族在为僧人悟空修建白麟庵时的反复辩解形成了强烈对比⑤,显示出清代之后家族成员身份认同的普遍混乱。

另一值得关注的现象是祭祀的娱乐化倾向。据《祭簿》记载,五月初九日为冲素府君生辰,家族应行三献礼祭祀之。然而,这一祭祀活动并非原来便有:

> 向惟十二月廿二日忌辰一祭,后因公孝义格天,为同居第一世祖,特更立一祭,将后忌辰祝文内"兹辰俨逢"改作"生辰俨逢"。⑥

接下来的文字详细记载了这一祭祀活动的变迁。在这天,郑氏家族会演戏庆祝,但"因未立资产,故久事废"。在乾隆壬寅(四十七年,1782),"公议特整遗像于五月初八、初九二日悬挂和义中庭祭奠,族众踊跃,各出资一两二钱,聚会一座计六十五人,备办祭品,恭祝诞辰"⑦。这些出资除了用于

---

① 郑隆经等:《郑氏祭簿·祭期并规则》,民国壬戌(1922)重刊,浦江郑氏家藏本。
② 陈淳著,熊国祯、高流水点校:《北溪字义》卷下《鬼神》,中华书局1983年版,第61页。
③ 郑涛:《浦江郑氏家范》,《续修四库全书》第935册,上海古籍出版社2002年据北京图书馆藏清初毛氏汲古阁抄本影印,第283页。
④ 郑涛:《浦江郑氏家范》,《续修四库全书》第935册,上海古籍出版社2002年据北京图书馆藏清初毛氏汲古阁抄本影印,第283页。
⑤ 郑隆经等:《郑氏祭簿·白麟庵记》,民国壬戌(1922)重刊,浦江郑氏家藏本。
⑥ 郑隆经等:《郑氏祭簿·祭期并规则》,民国壬戌(1922)重刊,浦江郑氏家藏本。
⑦ 郑隆经等:《郑氏祭簿·祭期并规则》,民国壬戌(1922)重刊,浦江郑氏家藏本。

演习搭台、发箱油烛等外又有结余,便更置产业"以为久远计"。此时,冲素府君的生辰已经成为一场规模盛大的家族聚会,演戏更是成为聚会中不可缺少的庆祝项目。

然而,接下来的变化非常吊诡,到了乾隆乙巳(五十年,1785),因为"五月天气炎热,豫于二月初八初九两日庆祝"[①]。天气炎热居然成为更换家族祭祀活动时间的主要理由,这说明,这项活动的性质已经由严肃的祭祀仪式逐渐转化为家族成员共同庆祝的狂欢节。在此,"因祭祀而庆祝"的逻辑次序被偷换成了"为庆祝而祭祀"。带着这种思维方式,郑氏族人索性将"向未立祭"的冲应公也放在二月初九日与冲素公一并祭祀。在这里,郑泳《家仪》"事亡如事存"的礼义已然全盘失落,严肃的祭祀活动蜕变为一种高度娱乐化的家族聚会。

二、何必如仪:龙溪张氏的仪式表演

麟溪郑氏的个案说明宋代四礼对元之后的家族建构有重大影响,但是,这项研究尚不足以说明《家礼》已成为"民间通用礼"。本节以同在浦江的望族——龙溪张氏为例,研究其与郑氏迥然相异的聚居形态、礼仪实践、权力结构,以期深化对四礼传播、实践问题的探讨。

(一)派系分化与合族之法

相比之下,龙溪张氏家族自迁居浦江以来不断分家,从未实行过像麟溪郑氏一般的大家族聚居。据《浦江县志》及《张谱》记载,张氏始迁祖张祚初居东阳白鹿山,自幼便崇尚气节,散尽资财以结交宾客,于是"士多乐为之用"。在淳熙年间(1174—1189),他出仕为承信郎,任浙东安抚司提镇督兵,镇守浦阳。由于果敢勇毅、赈恤灾荒,张祚在浦江任上颇得爱戴。方凤(1241—1322)曾作诗赠之,称其"长驱誓捣燕幽北,大纛旋移浦沔东。重巩河山襄帝力,时垂竹帛励臣忠"[②]。由于"士民怀之,不忍其去"[③],张祚遂定居浦江。

张祚有二子,即张祐、张森。张森官至潭州儒学教授,有《静轩诗集》一部。到张森之子张恕,家族定居浦江已历三世,为保证家族的持续繁荣,张

① 郑隆经等:《郑氏祭簿·祭期并规则》,民国壬戌(1922)重刊,浦江郑氏家藏本。
② 方凤:《存雅堂遗稿》卷 2《赠张叔元镇帅》,《丛书集成续编》第 132 册,新文丰出版公司 1989 年据金华丛书排印,第 572 页。
③ 《龙溪张氏八甲宗谱》卷首《始祖小序》,张氏家族藏光绪甲辰(1904)重修刻本。亦见毛文垩修、张一炜纂:《浦江县志》卷 9《人物·政事》,清康熙十二年(1673)刻本。

家开始编纂宗谱,于至正元年(1341)完成初修。张恕在序文中说:"自府君而下,盖三世于兹矣。世系之推原者,上逮弗远。族属之登载者,下逮未蕃。然今日之近,后日之远也。今日之寡,岂不为后日之蕃哉。吾惟尽造瑞托始之意,使后人为可继而已。"①次年,柳贯(1270—1342)为张谱作序称:

> 自恕而溯之源,世虽不远,而大宗、小宗固有在矣。提镇公积德累仁、恩泽绵远,他日子孙必至繁昌不可胜记。于是乎考之则宗法可明,人伦可厚,风俗可美,亲族可以不离,而恩义可以不疏矣。②

与郑绮相似,张恕对家族抱有深沉的忧患意识。所以,当发现始迁祖的子孙已然开始分宗别派时,他希望以编纂宗谱的方式明宗法、厚人伦、美风俗、聚宗族。不过,这位颇受当时文人、学者推崇的张家三世祖并未试图建立聚族而居的祖训。他似乎相信,只要通过编谱,张氏后裔便能凝聚为一,达到"亲族不离、恩义不疏"的愿望。

诚如所料,此后的张氏家族迅速繁衍,至明代中期已经成为"族党食指可千计"③的大家族。族人不但延续着良好的编谱传统,还试图完善张祚以上的宗谱世系。在《张谱》五修前,张子疑因"谱中世系始于提镇,止于浦阳"而"慨然有感,奋乎其行。至吴宁之东百会其宗人,而得其世者凡五。复至剡之珏芝会其族人,而得其世者凡二十焉"④。之后,张家又与嵊县宗人商议,在万历元年(1573)共同完成了《张谱》的第九次修订。此时的张氏已然是当地官宦大族,"修家政之肃肃,敦族好之雍雍,直与麟溪郑氏声闻并冠江南"⑤。不过,就在家族声望日隆之时,纷争亦开始出现。据康熙五年(1666)《张谱·十一修序》:

> 修谱之难,非谱难修也。草率挂漏,端绪相淆,穿凿附会,滋惑弥甚。或撮影而遗真,或矫饰而成诬。既秒芜而失理,更揠苗以罔功。筑舍道谋,不溃于成,厥有由也。张氏宗谱修于万历丁未,嗣后虽递修有人,而支离分析,臆见自用,甚至妄改祖茔,迄无成业。今兹甲辰,因十

① 《龙溪张氏八甲宗谱》卷首《初修序》,张氏家族藏光绪甲辰(1904)重修刻本。
② 柳贯:《龙溪张氏宗谱序》,载《龙溪张氏八甲宗谱》卷首,张氏家族藏光绪甲辰(1904)重修刻本。为柳贯手书。
③ 王琥:《五修序》,载《龙溪张氏八甲宗谱》卷首,张氏家族藏光绪甲辰(1904)重修刻本。
④ 王琥:《五修序》,载《龙溪张氏八甲宗谱》卷首,张氏家族藏光绪甲辰(1904)重修刻本。
⑤ 叶希典:《十修序》,载《龙溪张氏八甲宗谱》卷首,张氏家族藏光绪甲辰(1904)重修刻本。

甲已自为修,我八甲十五世孙宇一、淑一、瀛,十六世孙德润、翘楚,竟起
号召。鸠众分房、分路,各自为董。率列款、列例,各自为勘磨事。必录
其实迹……①

引文所提及的种种乱象,实际上是"族大人繁"之后"宗系不易平""贤愚
不相似""贵贱不相侔""富贵不相敌"②的必然结果。由于对宗支世系、坟墓
田产、仕宦题名等问题存在争议,各支派的矛盾日益严重,最终导致八甲派、
十甲派分立宗谱。此后,张氏宗谱先是一分为六,后又一分为八(见表
10.3、图10.3)。张氏家族修谱以聚族的努力终于归于失败。

表 10.3　《张谱》历代编修简表

修谱次数	完成时间	序文作者及重点内容
初修	元至正元年(1341)	三世孙张恕、柳贯分别作序,言及修谱目的。
再修	明永乐四年(1406)	六世孙张景瑑、郑楷分别作序。
三修	天顺二年(1458)	张仕业序,言及宗谱"尊祖敬宗、正名分、辨尊卑,以相睦族"的作用。
四修	正德元年(1506)	冯珝、孙世美分别作序,孙序称张氏"五世同居,汲汲以义门自期"。
五修	嘉靖元年(1522)	十世孙张子疑、王递分别作序,王序称:"浦阳张氏族党食指可千计。"并载有张子疑前往吴宁之东百、剡之珤芝会族人修张祚之前宗谱之事。
六修	嘉靖十年(1531)	十一世孙张文梗序,力主一体之说:"窃谓是书何书也,系吾之思也。吾思何思也,思吾之始也,思吾始祖以及吾祖之遗体也。思吾祖之遗体以及吾身,而族属亲疏皆是也。"
七修	嘉靖二十四年(1545)	商大辂、孙克容分别作序。商序称"余尝恨世之作谱者有二病焉,贤知者多自诬愚,不肖者多自绝",似有所指。孙序揭示了家族疏远的必然性:"亲者不常亲,有时而疏。疏者本非疏,而初实亲也。故大宗、小宗服尽,而长幼自如。族繁而宗系不易平,居惟其相忘也,故或至相犯。特未溯而上之,以致贤愚不相似而欺心生,贵贱不相侔而骄心起,贫富不相敌而妒心萌。族大人繁,易于此。"
八修	嘉靖三十三年(1554)	十二世孙张孟智序。

① 张应锡:《十一修序》,载《龙溪张氏八甲宗谱》卷首,张氏家族藏光绪甲辰(1904)重修刻本。
② 张克容:《七修序》,载《龙溪张氏八甲宗谱》卷首,张氏家族藏光绪甲辰(1904)重修刻本。

续表

修谱次数	完成时间	序文作者及重点内容
九修	万历元年(1573)	十二世孙张孟昂序,此次编修有嵊县宗人东湖君相助,再次订正始迁祖前的宗谱世系。
十修	万历三十五年(1607)	叶希典序。
十一修	康熙五年(1666)	十四世孙张应锡序,称因修谱产生的家族矛盾,十甲已经自立宗谱,于是八甲派也自立之。
十二修	康熙三十六年(1697)	十六世孙张德旭序,慨叹道:"谱者,义在联宗,而吾族之谱反析而为六……先君靖基公素欲辑而联之,而惧其势有不能也。"于是采用合族字母之法,"缀行则异,冠名则同。意异者,或以别孝宗;而同者,仍以统大宗"。
十三修	康熙五十七年(1718)	曾安世序。
十四修	乾隆十八年(1753)	十七世孙张以玢序,称冠名字母之法亦不能行。
十五修	乾隆四十年(1775)	十八世孙张守涝序:"更有大力者挺生仍会分而复合,如万派之朝宗,悉寻源而溯本,曷胜幸甚!"
十六修	乾隆四十九年(1784)	十八世孙张守涝序:"今因族中好义捐助田地、银钱,立约归入派中,每年会计生息,以为修谱之费。"
十七修	乾隆五十年(1785)	"董事人公纪",不具作者,改正了大量错误。
十八修	嘉庆九年(1804)	十八世孙张舟序。
十九修	嘉庆十九年(1814)	二十世孙张文治、郭象生分别作序。
二十修	道光四年(1824)	二十世孙张可陛、虞协分别作序。张序记载了养老产、永也祭的设置情况,以及与十甲人房总理的争论。认为宗谱分立的原因是:"始由于人心之不齐,继由人心之不和。"
二十一修	道光十四年(1834)	朱能作序。
二十二修	道光二十四年(1844)	二十世孙张可寄、二十一世孙张埔分别作序,记载了谱会资材不足及其补充情况。
二十三修	咸丰四年(1854)	二十一世孙张致蜂序。
二十四修	同治六年(1867)	二十二世孙张景青序,太平天国运动后首次修谱,"合族中男妇计口出钱"。
二十五修	光绪二年(1876)	二十二世孙张景青序。
二十六修	光绪十年(1884)	二十二世孙张景青序,重建谱会,不用丁钱。
二十七修	光绪二十年(1894)	二十二世孙张景青序。
二十八修	光绪三十年(1904)	二十一世孙张应铨序。

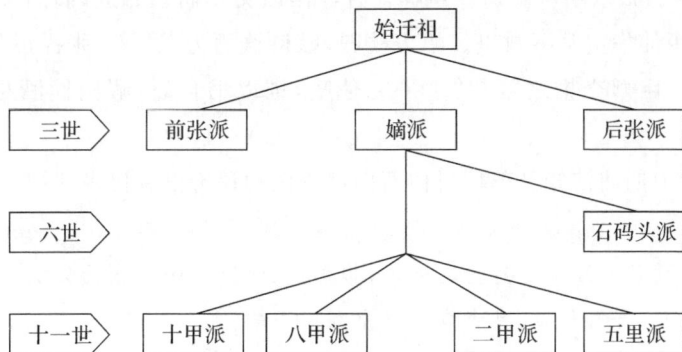

图 10.3 龙溪张氏派系分化图

* 该图根据《张谱》卷首《合族字母》制作,分派止于十一世。此后分流
更多,独八甲一派便又分作岩坞、寿溪、中、东、西等房、派,分化世数多不可
考,姑置之。另,十一世分出四派未详孰为嫡派。

由上可知,麟溪郑氏、龙溪张氏虽然都十分希望家族能够紧密联系、合
为一体,却在方式、方法上有很大区别。郑氏家族选择了共财聚居,造就了
"九世同居"的奇迹;张氏家族则不限制分家,希望通过编纂宗谱实现"辨尊
卑、正名分、合亲族"的目的。然而在明代中期之后,两个家族却同样遭遇了
前所未有的危机:郑氏家族经历了由"大同居"到"小聚居"的剧变,原有的家
族制度受到普遍冲击;张氏家族则面临派系众多、矛盾丛生的局面,造成了
"以谱聚族"设想的破灭。两家人在新的生活方式中不断试错,试图寻找合
宗睦族的新方法,由此造成的家族权力结构变化进一步反映在礼仪的更
革中。

(二)诗文传家与仪式表演

与郑氏家族"最有礼法"的儒家风格不同,张氏家族似乎更青睐于文章
辞赋,并不十分注重家族礼仪建设。虽然三世祖张恕"居家悉从《文公礼》,
治丧勿用浮屠"[1],却并未像郑德璋、郑大和一般严厉整饬家族礼法,倒是颇
有诗名、长于书法,著有《东庵诗集》。至于后世子孙或以官声显者,归家之
后往往寄情山水、书画。如张以瑄"独喜恬适,琴书之外,寓物养心,凡一花
一石,必手自位置,乐此不疲。暇则拂笺挥翰摹文徵明书。其行书最工,人

---

[1] 《龙溪张氏八甲宗谱》卷首《始祖小序》,张氏家族藏光绪甲辰(1904)重修刻本。亦见毛文堃修、
张一炜纂:《浦江县志》卷 9《人物·政事》,清康熙十二年(1673)刻本。

珍藏之"①。张以珸从霸州牧州解官后,"惟以文章倡率后进,而浦又多佳山水,所居距仙华宝掌不数里。幅巾杖履,赋诗饮酒为乐"②。张铎虽然"遨游京师,名公巨卿交推之",却"生平无他嗜,惟以书自娱,暇则饮酒尽醉"③。等等。

清代中期浦江知县彭坊对白石山房支派的评价很有代表性:

> 近日浦江前贤后裔之盛,则推郑氏、张氏。……张氏以文章称浦邑百载矣,迹君行事,其孝友亦岂出郑氏下哉?④

可见,"文章"是当地人对张家的一般印象,而"孝友"则更使人联想到郑家。这种重文章品格不必然导致家族对于礼教的忽视,实际上,张家曾受"纯孝门"的旌表,文人之中涌现了不少孝子。不过,张氏家族在张恕的"居家悉从《文公礼》"⑤之后并无明确记载表明历代家长对于"礼"有着自觉的认识与实践。虽然张氏家族也建有祠堂,举行祭祀,却更多是嘉靖后从俗、跟风的结果。直到清代中后期第二十二世孙张景青,始有整饬家族礼仪之志。

张景青是张致崒长子,道光二十九年(1849)拔贡生,"授小官,为座师曾文正公藩所推许"。同治元年(1862),张致崒与太平军作战阵亡(见后文)。张景青丁忧回家,前往衢州拜谒左宗棠,"流襄军务",后因功加四品卿衔、赏顶戴花翎。据说,张景青在归家后完成了从"善词章"到"重义理"的转变,不但"辑录性理诸书以资循省"⑥,还先后四次主持宗谱编纂,并在同治六年(1867)设立"永绵祭"。在《永绵祭议》中,张景青这样描述此前的家族祭祀:

> 祭礼之略有未尽善者,不能无待于后人之考订也。如春秋二祭止祭始迁祖提镇公,而以派下有功于祠者配之,其自高祖至祢,虽送主入祠,并无所谓四仲之祭,亦无亲尽则祧之文。其他冬至至立春、季秋之祭,概乎未之有闻。呜呼!何其疏也!及祭之日,各派又自为祭,五派

① 《龙溪张氏八甲宗谱》卷首《澹宁公传》,张氏家族藏光绪甲辰(1904)重修刻本。
② 《龙溪张氏八甲宗谱》卷首《华麓公传》,张氏家族藏光绪甲辰(1904)重修刻本。
③ 《龙溪张氏八甲宗谱》卷首《觉斋公传》,张氏家族藏光绪甲辰(1904)重修刻本。
④ 《龙溪张氏八甲宗谱》卷首《东峰张君传》,张氏家族藏光绪甲辰(1904)重修刻本。
⑤ 《龙溪张氏八甲宗谱》卷首《始祖小序》,张氏家族藏光绪甲辰(1904)重修刻本。亦见毛文埜修、张一炜纂:《浦江县志》卷9《人物·政事》,清康熙十二年(1673)刻本。
⑥ 善广修、张景青纂:《浦江县志》卷9《人物·政事》,清光绪三十一年(1905)刻本。

有祭,十甲有祭,永和又有祭以及新祭长牌神。一日之间,几筵迭献,执事者几有跋倚以临之诮。祭毕而给胙则又不归于一,零星分割,甚有多给少领,为他人冒取者,非所以肃体统、重神惠也。由前之说则嫌于疏,由后之说则嫌于数。祭礼之不讲久矣!……因陋就简,昧大礼而不知其原,岂所称善继善述者乎?①

引文所提及的问题主要有三:其一,家族祭祀的主体框架不合于礼。读谱可知,张家一年之中的祭祀主要有两次,分别设于仲春、仲秋的望日,祭祀对象是始祖②。既没有建立祭祀高、曾、祖、祢四世的四时祭,也没有冬至祭始祖、立春祭先祖、季秋祭祢的家祭纲目。所谓的始祖之祭其实是对始迁祖张祚的祭祀,而非受姓之祖。因此,张家的祭祀完全不具备《家礼》之纲维,与郑氏家族可谓迥然不同。其二,行礼之中有失疏数之节。《礼记·祭义》曰:"祭不欲数,数则烦,烦则不敬。祭不欲疏,疏则怠,怠则忘。"③如果说,前一问题主要涉及祭祀过于稀疏的问题,那么,当祭祀来临,张家族众又将面对一日数祭的窘况。由于派别众多,张家各派之间并无统一的行礼安排,而是由各派自己祭祀。于是,出现了一派献后他派再献,礼生一日之间数次相礼的乱象。其三,长牌设置冗滥,胙肉分配混乱(详后文)。

张景青认为,凡此种种,都是家族以往徇于流俗("因陋就简"),不懂礼("昧大礼而不知其原")、不考礼("不能无待于后人之考订也")的恶果。虽然族中尊长赞同张景青的想法,但因掣肘于太平天国后贫乏的家族财力,原有的祭祀模式并未改变,张家的祭祀乱象伴随了家族始终。

对比郑、张两家的家族祭祀活动可以发现,前几任家长在家族礼仪建构中往往有关键作用。由于出身儒学世家,郑氏家长郑绮、郑德璋、郑大和等人对礼仪实践有很强的自觉意识,他们通过演礼、行礼树立了一种礼教传统,深刻影响了后辈的学礼、考礼、制礼、行礼。而张氏家族世代以科举为业,重视文章之学,后人中虽有不少达宦显宦,归乡后却多以饮酒、作诗、书法、山水为事,无意于家族礼法的修饬,于是便有了上文中种种祭祀乱象。尤须注意的是,当家长的个人努力逐渐变为某种家族传统,这种传统将会对后来者造成巨大影响,这或许就是明代中期后郑家能够继续保持礼仪传统,而张景青整饬家族祭礼以失败告终的重要原因。

---

① 张景青:《永绵祭议》,《龙溪张氏八甲宗谱》卷首《永绵祭条规》,清光绪三十一年(1905)刻本。
② 《龙溪张氏八甲宗谱》卷首《旧五派祭规》,张氏家族藏光绪甲辰(1904)重修刻本。
③ 郑玄注、孔颖达疏,龚抗云整理、王文锦审定:《礼记正义》,北京大学出版社1999年版,第1310页。

(三)捐助祭祀与决策机制

与郑家相似,明清时期的张氏家族也面临祭祀费用难题。然而,由于分门别派、族大人繁,张氏家族既没有郑门那样统一的家族管理模式,也没有能够号令各派的权威家长。每逢家族中有建造、修葺、编谱等事务,往往由各派协商,通过摊派丁口钱的方式解决资金问题(见表10.4)。不过,张氏族人很快认识到"诚以义助则易为力,科种则难为功"①,于是在乾隆二十九年(1764)修缮宗祠时采取了募捐的办法。据乾隆三十一年(1766)《重修宗祠纪事》记载:

> 癸未年,劝得以标、以珏、守颐令嗣各捐己田二十五亩,并各捐资百金……议以标、以珏、守颐配食始祖中龛,以酬其功。外复议派下子姓捐资二十五两以资修祠之用者,公设主座于东西两龛,以缯配食……于是急公慕义,踊跃乐输者遂得七十余家,共收资一千七百两有余。②

可以说,募捐进行得并不顺利。最初,董事者仅找到三位捐助者,所集资材尚不足以毕修祠之事。于是,董事一方面商议将其纳入始祖中龛中配享,以褒奖三位乐捐者,另一方面明确对外声明,凡是捐助二十五两者皆可设位于祠堂东西两龛。这种政策激发了族众的捐助热情,募集了前所未有大量资金。因为从中尝到甜头,张家在维修宗祠、修建小宗祠等兴建项目中广泛使用了这种"长牌捐助"之法,获得的大笔资金除用于项目外,往往会增加一些前所未有的祭祀种类。——永和祭、永绵祭、八甲祭、旧五派祭、新五派祭,这些名目繁多的祭祀叠床架屋,造成了张家祭祀愈发混乱的局面(表10.5)。

长牌捐助法对张家的祭祀传统造成了巨大冲击,促使家族矛盾进一步激化。首先,它认可富裕族户的优越性,加深家族内部贫富两极分化。所谓"长牌"本质上是董事对捐助者的一种酬劳("酬庸")。在这种交换关系中,董事为家族取得了财产,而捐助者则得到了配享始祖、事神致福的权利。当然,在以结余资产设立的种种"新祭"中,捐助者的权利远不止于此。以永和祭为例,每位捐助者的子孙后代不但可以在春秋祭毕始祖之后单独祭祀龛中配享的祖先,还可分得数量不等的胙肉,参加祭祀结束后举行的家族宴会

---

① 《龙溪张氏八甲宗谱》卷首《新长牌纪事》,张氏家族藏光绪甲辰(1904)重修刻本。
② 《龙溪张氏八甲宗谱》卷首《重修宗祠纪事》,张氏家族藏光绪甲辰(1904)重修刻本。

（"散席"）。此外,他们中的"殷实劝敏者"还有权经过选举升任"总理""监视",直接支配、监管祭产有关事务,参与族中大事的商议与决策①。显然,长牌捐助加深了富户与贫户间的不平等关系,悄然改变着家族权力结构。

更为严重的是,长牌捐助颠覆了张氏家族尊贤重道的"科举世家"传统,导致家族精英与祠长、董事间的离心离德。光绪八年（1882）,由于宗祠在兵灾后损毁严重,张氏祠长主持商议修缮之事,却引起轩然大波:

> 自乙丑距今未及二十载,上漏下泾,不急修之,倾坏可立待也。缘是贤功祠议开合食之例。铨举炳奎、邦财、益三、宪文、可檍、致珪、旭辰、时意、镜清、望霖、咸鑑、嵩孚十二人董厥事。无何挤排者出,顿生异议。诸董虑奏续之艰也,咸固辞。②

在此之前,张家已有数次捐助长牌的先例,却在此次募捐伊始便遭到族众的激烈反对,这与贤功祠的家族象征意义有关。据《张谱》记载,贤功祠建于康熙十九年（1680）,唯有"族中孝友、忠义、科甲、仕宦,以及建祠有功者"③方可送入祠中受飨,象征着张氏家族赖以自豪的忠孝传统。将捐助者大量纳入贤功祠既不合于建祠宗旨,又不合于家族传统,所以遭到反对。作为饶有声望的族中贤达,张景青便曾言辞激烈地批评当时长牌制度的冗滥,力主"配食长牌之宜有限制"④。不过,在祠长经敩"无稽之言弗听"的教训与坚持下,贤功祠立长牌捐助的项目还是予以施行。"虽未必贤,独非功也乎哉"的辩言貌似合理,却实际上削弱了家族的自我认同,造成家族精英与掌权者间的疏离。

表 10.4　张氏宗祠数次修建出资方式

修成时间	出资方式
万历二十六年 （1598）	《浦阳张氏祠堂记》:"元正首捐金二百为倡,孟智、元京、元庠各捐资称是,孟鏓暨诸孙若,而人以次输直,而孟悦、孟昂、孟彪、元荣、元偕、元烛相继润色之。"

---

① 《龙溪张氏八甲宗谱》卷首《续议永和祭定章》,张氏家族藏光绪甲辰（1904）重修刻本。
② 《龙溪张氏八甲宗谱》卷首《重修宗祠创立劝贤祭记事》,张氏家族藏光绪甲辰（1904）重修刻本。
③ 《龙溪张氏八甲宗谱》卷首《贤功祠议约》,张氏家族藏光绪甲辰（1904）重修刻本。
④ 《龙溪张氏八甲宗谱》卷首《永绵祭议》,张氏家族藏光绪甲辰（1904）重修刻本。

续表

修成时间	出资方式
康熙十八年（1679）	《重建张氏宗祠记》："谋集金可丁，有征亩，有征以隶。"难寻任事者，后经商议由尚洲、长庚领事，"二子让者三，强之亦三曰：'董非难，有以共成乎！'"可见难度之大。
雍正五年（1727）	《重建张氏宗祠碑记》："规男丁每丁科银四分，妇女每口科米一斛、豆半斛，绅衿每位八分。"
乾隆三十一年（1766）	《重建宗祠序》："昔条款大约主重照丁，绅衿次之，乐助又次之，虽事不即叙，知创始之难。……于是合族设法捐资，乐输恐后。"又《重修祠纪事》："癸未年，劝得以标、以珗、守颐令嗣各捐己田二十五亩，并各捐资百金……议以标、以珗、守颐配食始祖中龛，以酬其功。外复议派下子姓捐资二十五两以资修祠之用者，公设主座于东西两龛，以飨配食……于是急公慕义，踊跃乐输者遂得七十余家，共收资一千七百两有余。"
咸丰五年（1855）	《新长牌纪事》："议仍前义助之例，捐钱二十五两者准予公设长牌，春秋附祭。自丙辰冬设局，至丁巳秋截止，共得八十位，收钱一千四百千。……尚有剩钱，则公同置产，为设祭给胙计。"
同治五年（1866）	同治四年（1865），张景青作《捐修宗祠启》募捐。《重修宗祠纪事》："爰集衿耆，请宗长，告祖庙，议成规。拟捐腴田六石、钱八十千者予配食，钱十四千者予合食……不数月而得捐配食者四家，捐祔食者四十家，续捐者复二十家。……开一祭名曰'永绵'。"
光绪八年（1882）	《重修宗祠创立勋贤祭记事》："自乙丑距今未及二十载，上漏下泾，不急修之，倾坏可立待也。缘是贤功祠议开合食之例。……以修祠余资特开一祭曰'勋贤'。"

* 此表仅录宗祠历次修缮，至于龙溪、寿溪等派小宗祠则不在此列。

表 10.5　张氏家族祭祀条目

祭祀名称	立祭时间	主要内容
追远会	康熙四十七年（1708）	始祖生辰之祭。《追远会序》："族属创为是举，俱欣然解囊，汇资百有余金，分为五扇，暂行输借，量所出之息，以奉俎豆。俟置产定规，以垂不朽。"
贤功祠祭、新祭	康熙十九年（1680）	《贤功祠议约》："族中孝友、忠义、科甲、仕宦，以及建祠有功者，例应入祠。"《新祭祭约》："八甲靖基公向有令德，康熙十九年间助银二百两，众议以六十两起造贤公祠，余存一百四十两买田办祭，宗人德之，以其神主配食。"
五派祭、八甲祭	乾隆二年（1737）	《八甲创祭记》："乾隆丁巳岁，合族共商，体先祖敬宗收族之心，将遗田三亩归入大宗，与前宅、二甲、五里、石马头共创一祭，以祀始祖，名'五派祭'。又议中、东、西三房，并寿溪一派，各出己产，更劝子姓随力捐输，共立一祭以祀富二府君，名'八甲祭'。"

祭祀名称	立祭时间	主要内容
永和祭	乾隆二十九年 (1764)	春秋配享始祖之祭。《重修宗祠纪事》:"至甲申年而百废俱举矣……计三人所助之田并各家抵捐银之田地共得八十八亩有奇,遂年租息自国课岁修而外,议于春秋二仲设祭于中寝之东西龛前,名曰'永和祭',自始祖考妣而下得均享之。"
永绵祭	同治五年(1866)	见表 10.4 同年修祠事。
继绝祠祭	嘉庆九年(1804)	清明、冬至前二日祭,见《继绝祠记》。
勋贤祭	光绪八年(1882)	见表 10.4 同年修祠事。
节孝祠	未知	《节孝列名》中载有祭田号亩,并称"节孝祠会户共三十四人",则必有节孝祠祭。

本章小结

与中国南方的不少地区相似,浦江开发于宋代。宋代学术赋予这个小邑道学文化底色,并在中华帝国晚期延续、发展了自身。从士人群体的情况看,浦江的地域文化大体经历了三个阶段:第一阶段是南宋,陈亮代表的事功之学在浦江富有影响;第二阶段是元初,以月泉吟社为中心的遗民文学占据主流;第三阶段是元代中期之后,北山学者柳贯、吴莱、宋濂等在浦江推广朱子学,确立了以麟溪郑氏为典范家族、朱子学为正宗学术的文化品格。一批合爨聚居、躬行礼教、权力集中的新型家族在此期间崛起,成为明清时期浦江社会、文化的主导力量。

通过对比研究可以发现,虽然麟溪郑氏、龙溪张氏都以"敬宗收族"为志业,希望后代能够"不无舍择,比族同之,一贫贱贵富"[1],却走出了迥然相异的家族建构道路。在居住形态、生活方式方面,郑家共财同爨,造就了"九世同居"的家族奇迹;张家则不限制分家立派,希望通过编修宗谱的方式敬宗收族。在礼仪实践、管理方式方面,郑家以朱熹《家礼》建构家族冠昏丧祭之礼,经历了从"一遵《朱子家礼》"到损益《家礼》以"求可行于今"的转变;张家则随俗设祭,没有建立完整、系统的祭祀之礼。在家族权力的组织分配方面,郑家拥有完整的权力运行体系,家长对于族众的管理犹如"臂之使指";张家则不具备统一的家长威权,每逢大事往往由各派商议后推选一个项目

---

[1] 《龙溪张氏八甲宗谱》卷首《重建张氏宗祠记》,张氏家族藏光绪甲辰(1904)重修刻本。

组("会")负责实施,具有现代法人特征。通过比较这些差异,我们可建立一种以家族文化认同为核心的"日常生活—仪式表演—权力结构"的模型(见图10.4)。

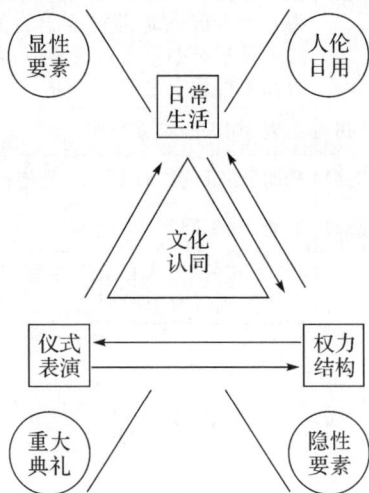

图 10.4　影响家族历史变迁的内部诸要素

文化认同(cultural identity)是整个模型的核心,专指经由数代人建立的家族文化传统与自我认同。这种自我认同通常由始迁而来的几代人所开创,经过不断讲述与实践沉淀为一种深厚的家族文化,成为区分"吾家"与"他家"的重要标志。文化认同对日常生活方式、礼仪实践、家族权力有决定性作用。

日常生活(daily life)主要指家庭成员数量、组合与居住方式、生活开支的负担等情况。这些方面有明显的物质性特征,不过从上文研究看来,它们并不是决定家族文化认同的主要因素。相反,正是家族文化认同深刻影响了族众的居住形态、生活方式。

仪式表演(ritual performance)主要指家族中一年若干次的大型祭祀活动,当然也包括婚丧嫁娶等重要典礼。这些活动不是日常性的,却是将家族文化传统、权力结构等隐性要素导入日常生活的最佳方式。从两家来看,郑家不但比张家更了解儒家礼仪,还存在一种行礼的迫切需求。这种需求显然与其合爨聚居的生活方式,以及由此产生的家族权力结构有关。

权力结构(power structure)主要指家族日常生活中对家族成员、财产、行为方式等的支配与控制。作为一种隐性要素,权力结构弥散于整个日常生活,并集中体现在仪式表演过程中的尊卑秩序。族众的日常生活方式直接决定了家族权力的内容与范围。聚居生活有利于催生家长制的权力结构,而不断分家则有利于形成民主协商的权力组织方式。这与市场经济、资本主义等无关。

在这个三角形模型中,(1)日常生活与仪式表演属于显性因素,可以被细描;权力结构属于隐性因素,只能被分析。(2)日常生活与权力结构系于人伦日用,比较常见;仪式表演属于重大典礼,并非常有。(3)日常生活的方式决定了家族权力结构的形成。反之,(4)家族权力结构支配、控制族众的日常生活。此外,仪式表演与其他两者之间的关系较为复杂:一方面,(5)家族权力结构更集中表现在非日常的仪式表演当中,并(7)通过这种方式指导、规范日常生活;另一方面,(6)仪式表演对权力结构有不可替代的塑造作用。

由于各要素间彼此关联的关系,由家族文化认同伸展出的日常生活、仪式表演、权力结构构建了稳定家族生活模式。只要不触及核心要素——文化认同,该结构便不会轻易动摇甚至崩溃。在此,礼仪活动虽然占据了重要位置,但是,《家礼》并非家族礼教的唯一选择,只要能够达到"礼之用",礼义、礼文似乎并不如儒家士大夫想象的那般重要。这或许就是郑、张两家能够在明代中期家族剧变后维持稳定生活、保有精英身份的原因。

第十一章　宋代四礼学中的儒佛关系

宋代儒学复兴运动的兴起与佛教关系密切。宋儒既批判佛教,又学习、借鉴佛教;既拒斥佛教,又出入、浸淫佛教。宋代道学"阳儒阴佛""缘佛入儒",通过吸收佛学宇宙论、心性论与功夫论,将其熔铸为新时代的官方正统儒学。可以说,一部宋代儒学思想史就是一部儒学与佛教在竞争中加深理解、在攻讦中走向融合的历史。舍弃对儒佛关系的探索,宋代儒学的研究几乎无由谈起。就本书内容而言,佛教是宋代四礼学演进过程中不可忽略的因素,前文已有涉及。但是,究竟两者有何竞合关系,尚须专门说明。本章以双向关系作为视角,先考察宋儒对佛教礼俗的态度,再论宋代儒家复兴运动对佛教丛林的影响。为避免将这种关系"平面化",笔者以宋元作为研究单元,庶希为儒佛两家在这一历史时期内的势力消长勾勒一幅尽量完整的画卷。

第一节　宋儒视域下的佛教礼俗

在北宋,佛教迎来了五代乱世之后的"中兴期"。不但僧侣的数量迅速增加,佛教的世俗化、平民化的倾向也不断加强①。从其影响范围而言,涉及学术、风俗、典籍、宗教、居庐、礼乐、文章、衣服、饮食、祭祀等社会生活的方方面面②。就其传播受众来说,遍及大人、小儿、官员、村人、商贾、男子、妇人等宋代社会的各个阶层。无论是喜欢玄妙哲理的学者士大夫,还是关心自身幸福安康的普通民众,无论是诚敬礼佛的善男信女,还是追逐私利的投机信徒,都可如鼹鼠饮河般,饥渴而至,满腹而归。在此背景下,宋儒眼中的佛教礼俗充满了复杂性。

一方面,宋儒高举"辟佛老"的旗帜,排斥佛教习俗。此类例子很多,如丧礼中的大作佛事(第五章第二节)、火葬,祭礼中的功德坟寺(见第七章第二节),中元节的节祠(第六章第四节),等等。车若水甚至说:"自先王之礼

---

① 参见刘浦江:《宋代宗教的世俗化与平民化》,《中国史研究》2003 年第 2 期,第 117—128 页。
① 参见刘浦江:《宋代宗教的世俗化与平民化》,《中国史研究》2003 年第 2 期,第 117—128 页。
② 石介撰,陈植锷点校:《徂徕石先生文集》卷 11《中国论》,中华书局 1984 年版,第 116、117 页。

不行，人心放恣，被释氏乘虚而入，而冠礼、丧礼、葬礼、祭礼皆被他将蛮夷之法来夺了。"①按此，佛教礼俗之影响力波及四礼中的三礼，已对儒家礼文明构成全面威胁。此说或是言过其实，不过毕竟反映出儒家士大夫在面对佛教礼俗时的紧张心理与战斗态度。可以说，宋代四礼学之兴起是儒家排佛运动的一个结果。

另一方面，宋儒又常常表现出对丛林礼俗的向往，态度暧昧。这自然与北宋丛林清规的编纂、实践相关。佛教的丛林清规始于百丈怀海创立的《禅门规式》（又称《百丈清规》），中唐以来对禅宗僧团的维系与修持意义重大②。到宋代，随着禅宗势力的不断扩大，清规的编纂与践行成为风潮。在北宋景德元年（1004），杨亿（974—1020）在整理《景德传灯录》时见到《禅门规式》，即作《古清规序》，其结尾说：

> 今禅门若稍无妨害者，宜依百丈丛林规式，量事区方。且立法防奸，不为贤士。然宁可有格无犯，不可有犯无教。唯大智禅师护法之益，甚大矣哉。禅门独行，自此老始。清规大要，遍示后学，令不忘本也。其诸轨度，集详备焉。③

在这位佞佛士大夫看来，《百丈清规》是丛林清规之渊薮，为禅院树立了可供遵行的普适法则。其旨义在于惩治禅门败类以肃清禅宗门户，而不在拘束贤良手足。因此，宁可因无人违反而备而不用，不可使违犯者逃脱规训，扰乱正常的清修秩序。赞叹之余，他希冀将这一独行于禅门的详备礼法"遍示后学"，推荐寺院笃行之，以达到"虽千百群居同堂，合席齐一寝食，翕然成伦，不混世仪"④的良好秩序。

这样的秩序即便是"辟佛"的士大夫都感慨不已。据《二程外书》：

> 明道先生尝至禅寺，方饭，见趋进揖逊之盛，叹曰："三代威仪尽在是矣。"⑤

① 车若水：《脚气集》卷下，中华书局1991年据宝颜堂秘笈本排印，第25页。
② 黄奎：《中国禅宗清规》，宗教文化出版社2008年版，第37—54页。
③ 杨亿：《古清规序》，德辉：《敕修百丈清规》卷8，载蓝吉富《禅宗全书》第81册，弥勒出版社1990年版，第107页。
④ 德辉：《敕修百丈清规》卷8，载蓝吉富《禅宗全书》第81册，弥勒出版社1990年版，第110页。
⑤ 程颢、程颐著，王孝鱼点校：《二程集》，中华书局2004年版，第443页。

吴曾《能改斋漫录》中也载有此事,略有差别:

> 明道先生尝至天宁寺,方饭,见趋进揖逊之盛,叹曰:"三代威仪,尽在是矣。"①

无独有偶,张载(1020—1077)也有类似的传说。据史绳祖《学斋占毕》:

> 余尝观张横渠语云:曾看相国寺饭僧,因嗟叹以为三代之礼尽在是矣。诚哉斯言也! 余曾观成都华严阁下饭万僧,始尽得横渠之所以三叹。②

值得注意的是,程颢(1032—1085)、张载(1020—1077)、史绳祖(生卒年不详)三人的观礼地点并不相同。程颢观礼于禅寺,或天宁寺。"禅寺"是宋人对寺院的统称,当时不少华严、净土的寺院也改称禅院、禅寺③。因此,称天宁寺为禅寺是完全可能的。这里所记的天宁寺,很可能位于北宋东京开封,后在靖康元年(1127)十二月二十五日夜毁于大火④。张载观礼的相国寺,也位于东京,是北宋皇家寺院。史绳祖所谓成都华严阁,显为华严宗的修持之所。可见,无论是位于东京还是远在川蜀,无论禅宗还是华严,佛教寺院中的礼俗都同样整齐而肃穆,令人赞叹。

程颢、张载是北宋儒学复兴运动中的重要人物,力主排佛、辟佛,以重新接续孟子以来失落的儒家道统。但是,当他们与佛教礼俗"不期而遇",见到禅寺饭僧仪式时,却因其整齐肃穆、揖逊有度而深受震撼,以致有"三代威仪尽在是"的感叹。显然,这声慨叹意味深长,不但包含对丛林生活秩序的肯定与向往,还寄予了宋儒对儒家礼教重建的深刻反思。身为道学后学,史绳祖这样阐释先贤的感叹:

> 盖其席地而坐,不设椅桌,即古之设筵敷席也。未食先各出,盖孔子《乡党》所谓:"蔬食菜羹瓜祭,必齐如也。"朱文公注曰:"陆氏曰:'《鲁

---

① 吴曾:《能改斋漫录》卷 12《三代威仪尽在是》,上海古籍出版社 1979 年版,第 346 页。
② 史绳祖:《学斋占毕》卷 2《饮食衣服今皆变古》,《丛书集成初编》第 313 册,中华书局 1985 年版,第 22 页。
③ 林科棠:《宋儒与佛教》,弥勒出版社 1984 年版,第 52 页。
④ 丁特起《靖康纪闻》曰:"二十五日,大雪。……是夜大火烧开宝寺、天宁寺及居民五百家。"丁特起著,徐沛藻整理:《靖康纪闻》,《全宋笔记》第 4 编第 4 册,大象出版社 2008 年版,第 114 页。

论》瓜作必。古人饮食，每种各出少许，置之豆间之地，以祭先代始为饮食之人，不忘本也。齐，严敬貌。孔子虽薄物必祭，其祭必敬，圣人之诚也。'"又《礼记》及《家语》有云："子曰：'吾食于少施氏而饱，少施氏食我以礼。吾祭而辞曰：疏食不足祭也。'"古人以此为礼，今之腐儒，匪惟不能祭，见有学者行之，则指以溺佛为笑，是不曾读书也，而反使髡徒得窃吾教而坚持之。又终食之间，寂然无声，此子所谓"食不语"也。只此三者，非三代之礼而何？①

史绳祖结合自己的观礼体会，对"三代威仪尽在是"的命题提供了三点证明：其一，席地而坐、不用桌椅与上古的坐法一致；其二，出生之礼与《论语》《礼记》《左传》中所载的祭礼暗合；其三，饮食期间沉寂无声与《论语》所谓"食不语"相符。所以，三代之礼虽然早已退出民众的日常生活，却奇迹般地在佛教丛林保存下来。最为关键的是，史氏指出，儒礼与丛林礼俗之所以相似，是因为佛教窃取了儒家古礼而坚执不变。因此，儒者评判佛教礼俗时不能以当时日常生活为标准，盲目地对它们"贴标签"，从而全盘否定其合理性。而是应当以儒家经典为依据，通过学术考证使客居丛林的儒家古礼明晰起来。遗憾的是，与排佛的主张不同，这方面努力在宋代四礼著述中很少直接得到说明。在宋代四礼著述中区分儒礼与佛教礼俗，并将佛教礼俗剥离出来，尚须进一步研究。

第二节　宋元丛林清规的儒家化

在北宋佛教中兴之时，儒家士大夫向往丛林秩序。在南宋四礼学成型之时，丛林反而开始受到儒礼的影响，有日益"儒家化"的趋势。本节所谓"儒家化"，专指丛林清规对于儒家之"礼"的认同、整合与吸收。考虑到儒佛两家在宋代的进退消长，笔者从话语转换的视角展现宋元清规"儒家化"的历史过程。所论涉及七部现存宋元清规：《禅苑清规》（又称《崇宁清规》）、《入众须知》、《入众日用》、《丛林校定清规总要》（又称《咸淳清规》）、《禅林备用清规》（又称《至大清规》）、《幻住庵清规》、《敕修百丈清规》。

---

① 史绳祖：《学斋占毕》卷 2《饮食衣服今皆变古》，《丛书集成初编》第 313 册，中华书局 1985 年版，第 22 页。

一、从"随机设教"到"礼者从宜"

清规创自百丈怀海,至宋元时已不足以适应丛林生活的现实需要。于是,对古清规进行增订、修改成为宋元高僧的共识。从宋元诸清规的序跋中可发现,作者为清规重纂而提供的理据已发生根本性变化。禅宗"随机设教"的表述方式已被转换为"礼者从宜"的儒家式话语,这种话语转换的历史过程与该期间儒、佛势力的消长过程相表里,为佛教清规博采儒礼提供了理论依据。

在景德元年(1004)写就的《古清规序》中,杨亿(974—1020)试图将《百丈清规》的内容条分缕析地概括出来,并给予合乎禅意的解读。在这位集"两怪"于一身的佞佛士大夫笔下,百丈怀海创立禅宗清规的过程被叙述为一个不拘一格、自出新意、极具禅味的过程:

> 或曰:"《瑜伽论》《璎珞经》,是大乘戒律,胡不依随哉?"师曰:"吾所宗非局大小乘,非异大小乘。当博约折中,设于制范,务其宜也。"①

弟子之所以有这样的问题,表明戒律在其心中的位置十分崇高、确乎不拔。然而,怀海对此却不以为然,自信地开导弟子,认为清规的宗旨应是切于日用,不应囿于印度佛教的戒律,需要根据中国本土的实际情况创因时、因地之法。

怀海之所以能不囿于大小乘宗派之分,与禅宗"随机设教"的觉悟之法很有关系。在禅宗看来,对于心性的当下了悟是修成正果的必要条件,需要通过一些颇具戏剧性的媒介方能触发。机锋棒喝、话头公案都是禅师用来启发学者觉悟的方法。禅宗悟道方法的特点在于对偶然性、随机性的强调,禅师对弟子的指导也应因时制宜、因人而异,随机设教。这一原则对清规编纂的趋时更新同样有效。

在成文于崇宁二年(1103)的《崇宁清规序》中,宗赜正是用"随机设教"来概括编修禅宗清规的宗旨的。其文曰:

> 噫!少林消息已是剜肉成疮,百丈规绳可谓新修特地。而况丛林

---

① 杨亿:《古清规序》,德辉:《敕修百丈清规》卷8,蓝吉富编《禅宗全书》第81册,弥勒出版社1990年版,第106页。

蔓衍,转见不堪,加之法令滋彰,事更多矣。然而庄严保社,建立法幢,佛事门中,阙一不可,亦犹菩萨三聚,声闻七篇,岂立法之贵繁,盖随机而设教。①

宗赜回顾百丈以来禅宗丛林发生的深刻变化,有感于当时丛林齐整肃穆面貌的衰微,修编切于实际的新清规。在他看来,虽然《崇宁清规》不免有烦冗之嫌,却是规制新时代丛林问题的一剂良方,是禅宗随机设教方法的典范。可见,在号称佛教中兴期的北宋,禅宗清规的编纂因现实需要而愈加繁密,支撑这一行为的内在理据是禅宗"随机设教"的方法。

这种情况在南宋末年发生了变化。随着两宋道学的不断成熟与其在南宋官学地位的确立,儒学的强势话语日趋回归,并开始对丛林清规发生深刻影响。同样是清规因时编纂的问题,作于南宋咸淳十年(1274)的《咸淳清规序》已经与《崇宁清规序》产生明显差异。其文略曰:

> 吾氏之有清规,犹儒家之有礼经。礼者从宜,因时损益。此书之所以继大智而作也。②

惟勉将清规直接比作儒家礼经,并借用儒家礼学"礼者从宜"之说来为清规的重编工作提供依据。显然,这一说法背后的思想观念已发生变化。

到至大四年(1311)《至大清规序》,这种情况便更加明晰:

> 礼于世为大经,而人情之节文也,沿革损益以趋时,故古今之人情得纲常制度以揆道,故天地之大经在。且吾圣人以波罗提木叉为寿命,而百丈清规由是而出,此固丛林礼法之大经也。然自唐抵今,殆五百载,风俗屡变,人情不同,则沿革损益之说,可得已哉。③

如果说,《咸淳清规序》"禅宗清规犹如儒家礼经"的说法是为以儒释佛提供依据,那么,在此篇序文中,作者已不认为这是一个需要交代的问题。

---

① 宗赜:《崇宁清规序》,德辉:《敕修百丈清规》卷8,蓝吉富编《禅宗全书》第81册,弥勒出版社1990年版,第107页。

② 惟勉:《咸淳清规序》,德辉:《敕修百丈清规》卷8,蓝吉富编《禅宗全书》第81册,弥勒出版社1990年版,第108页。

③ 弋咸:《至大清规序》,德辉:《敕修百丈清规》卷8,蓝吉富编《禅宗全书》第81册,弥勒出版社1990年版,第108页。

换言之,式咸将"以儒释佛"看作理所应当,丛林清规就是"礼",只不过是施行于佛家丛林的僧人之礼。因此,在序文开头,式咸便开门见山,说礼是"世之大经","人情之节文"。这不禁令人想到朱熹在《四书章句集注》将"礼"释为"天理之节文,人事之仪则"①的说法。

实际上,式咸对于儒家话语的使用不但熟练,而且对礼义领会颇深。在序文稍后,他这样解释古清规不合今日之用:

> 盖蒉桴土鼓,不可作于笙镛间和之秋;污樽杯饮,不可施于牺象骈罗之日。②

"蒉桴土鼓""污樽杯饮"都是泰古行礼之器,出自《礼记》。原文是"夫礼之初,始诸饮食,其燔黍捭豚,污尊而抔饮,蒉桴而土鼓,犹若可以致其敬于鬼神"(《礼记·礼运》)。"笙镛"出自《尚书》,"笙镛以间,鸟兽跄跄"(《尚书·益稷》),形容盛大乐舞。"牺象"则是周代礼器,所谓"牺象,周尊也"(《礼记·明堂位》)。式咸化用儒家经典想要表达的意思是:泰古的简陋礼器已然不能在"郁郁乎文"的礼乐盛世使用,古清规作为丛林的原始规条,必将被系统周密的新纂清规所替代。至于是否成功,则"知我罪我,其惟《春秋》"③。

可见,式咸非但深于礼,且精于制礼。难怪袁桷(1266—1327)说:"余慜吾儒之教沦弊若是,使有若斯人者一正之,斯得矣。"④后来欧阳玄作《敕修百丈清规叙》以"天地间无一事无礼乐"⑤为说,东阳德辉作《敕修百丈清规序》以"礼因时而损益"⑥为据,都基本沿袭了《咸淳清规序》《至大清规序》的说法,将清规视作丛林之"礼"。"礼者从宜""因革损益"也成为后世清规编纂中的常见语词。

---

① 朱熹:《四书章句集注》,中华书局 1983 年版,第 51 页。
② 式咸:《至大清规序》,德辉:《敕修百丈清规》卷 8,载蓝吉富《禅宗全书》第 81 册,弥勒出版社 1990 年版,第 108 页。
③ 式咸:《至大清规序》,德辉:《敕修百丈清规》卷 8,载蓝吉富《禅宗全书》第 81 册,弥勒出版社 1990 年版,第 108 页。
④ 袁桷:《清容居士集》卷 50《书禅林备用》,《丛书集成初编》第 2075 册,中华书局 1985 年据宜稼堂丛书本排印,第 858、859 页。
⑤ 欧阳玄:《敕修百丈清规叙》,德辉:《敕修百丈清规》卷 8,蓝吉富编《禅宗全书》第 81 册,弥勒出版社 1990 年版,第 109 页。
⑥ 德辉:《敕修百丈清规序》,载氏著《敕修百丈清规》卷 8,蓝吉富《禅宗全书》第 81 册,弥勒出版社 1990 年版,第 109 页。

从北宋到元代,清规序言的话语发生了从佛教禅宗到儒家道学的根本性转换。在北宋,身为士大夫的杨亿努力理解禅宗精神,阐释百丈清规的条目。到宋末、元代,身为比丘的惟勉、式咸、德辉等化用道学经说,将清规视作丛林之"礼"而阐扬。从"随机设教"到"礼者从宜"的变化揭示了儒释两家势力的消长,表明日益衰微的禅宗在重回强势地位的儒家话语面前的谦虚学习态度,为"缘儒入佛",将儒家之礼正式纳入禅门清规提供了重要前提。

二、从挂真礼真到位牌供养

由上所述,从《禅门规式》到《崇宁清规》,清规的编纂一直以禅宗话语作为范式,但是,从南宋末年开始,大量儒家话语出现于丛林清规之中,成为清规编纂的最终依据。在这一过程中,《咸淳清规》无疑是佛教话语开始向儒家话语转换的转折点。这不仅体现在儒家语词的言说中,还表现为对儒礼的直接借用。

以丛林丧礼为例,《咸淳清规》在开列仪文之前说了这样一段话:

> 夫世尊示灭,诸祖泥洹,棺椁有经,礼仪有序。……只如双林,顺敛以金棺。阿难及诸弟子悲哽,忧恤泣血。如波罗奢花,释梵龙天哀号躃踊,泪若雨雨。七日,迦叶自外国至,恨不观其真影,忽椁示双趺,然后以大自在三昧,致金棺于太虚空中,绕拘尸罗城三币,却就阇维八国,兴兵争分舍利,各归建塔,岂非礼经?[①]

在此,惟勉博引佛教典籍,旨在证明原始佛教即有重视丧葬典礼的传统。在他看来,原始佛教不但有丧礼,而且"棺椁有经,礼仪有序",寄予了弟子对逝去先觉者的无比哀思。不但泪如雨下、忧恤泣血合乎情理,制作金棺置于太虚之空、分舍利子以广建佛塔也是表达哀戚之情的需要。所以,他质问那些"不用教俗举哀"的僧侣:这些记载难道不是佛家丧葬之礼?

这种为佛教拥有儒家般隆重丧礼而强辩的态度,一如近代以来佛教对于"佛教是科学"等论题的论证一般,表现出佛教在强势话语面前的护教姿态。显然,惟勉希望从佛教经典中找寻依据,从而为建设制度化的丛林丧礼提供依据。事实上,《咸淳清规》正是丛林丧礼"儒家化"过程中第一部明显

---

① 惟勉:《丛林校定清规总要》卷下《当代主持涅槃》,蓝吉富编《禅宗全书》第 82 册,弥勒出版社 1990 年版,第 40 页。

受到宋代家礼影响的清规著作,其明著标识即"位牌"的首次出现。该书亡僧条曰:

> 斋僧位牌,当书"前住某处和尚",不得标双字名。①

位牌,又称木主、神主、牌位,是儒家丧祭之礼中的礼器。在宋代,司马光、程颐、朱熹等都曾考证木主制度,将其纳入家礼仪文②。《咸淳清规》对亡僧位牌题写内容的批判与规制,说明当时的亡僧丧礼中已经开始使用位牌,且书写之法多有不当之处,亟须恰当标准。有趣的是,位牌在《咸淳清规》中仅见于规格较低的亡僧之礼,而未出现在隆盛的住持丧礼中。这或许说明,宋代家礼的影响经由民众而入丛林,首先波及者多为一般僧众,尚未到达丛林高层。

至元代《至大清规》,位牌的使用始遍及丛林各阶层。对一般僧众而言,亡僧之礼中的位牌陈设是:

> 著衣入龛,置延寿堂中。铺设椅桌、位牌、香灯供养。……位牌新圆寂某甲上座觉灵。或西堂云前住某寺某人西堂大和尚办事者随机称名。③

在这里,位牌已经代替禅宗惯用的真影,成为法堂陈设的供养对象。相似地,位牌的题写内容依然是规范的重点。相比《咸淳清规》,《至大清规》在这点上显然更加详细。应当注意的是,"某某觉灵"的说法已非简单书写亡僧名号,而是著有佛家学说的色彩。所谓"觉灵",又称"灵觉",指众生皆具有的灵灵觉悟之性,它不随肉体的迁灭而消亡,是人身的真正主体。《肇论》说"万累都尽,而灵觉独存"④,便是肯定其作为觉悟主体对于现象界的超越意义。在位牌上书写这一语词,说明式咸已将位牌视作凝萃亡僧不灭灵觉

---

① 惟勉:《丛林校定清规总要》卷下《亡僧》,蓝吉富编《禅宗全书》第 82 册,弥勒出版社 1990 年版,第 46 页。

② 见[日]吾妻重二著、吴震编译:《木主考——到朱子学为止》《近世儒教祭祀礼仪与木主、牌位——朱熹〈家礼〉的一个侧面》,载《朱熹〈家礼〉实证研究》,华东师范大学出版社 2012 年版,第 159—203 页。

③ 式咸:《禅林备用清规》卷 9《浴亡》,蓝吉富编:《禅宗全书》第 82 册,弥勒出版社 1990 年版,第 134 页。

④ 僧肇撰,张春波校释:《肇论·涅槃无名论》,中华书局 2010 年版,第 188 页。

的物质载体。

有这样的思想观念作支撑，位牌自然别有一番意义，并开始替代禅宗礼俗中普遍使用的"真"（又称"影"）。按《至大清规》，住持丧礼中的法堂应该这样陈设：

> 中间广设祭筵，生绢、帷幕铺设，法座挂真，以备上祭。下间置龛，麻布帷幕，座安位牌，前列几案，素花供养。二时下汤茶粥饭，讽经，香烛不绝。①

从空间角度看，法堂的布置出现了一种"真"与"位牌"的"二重供养"格局。真影高悬于上，最为醒目；位牌切近于下，尤显亲切。禅宗丧俗中惯用的真影与借鉴儒家礼书而来的位牌被并置于法堂之上，以享供养。这种情况并非说明真与位牌相安无事，而是蕴含着极为深刻的内在矛盾。在宋代家礼的编纂与实践中也曾出现"二重供养"的问题，广受宋儒抨击。朱熹（1130—1200）说：

> 熹承询及影堂，按古礼庙无二主，尝原其意，以为祖考之精神既散，欲其萃聚于此，故不可以二。今有祠版，又有影，是有二主矣。②

朱熹之所以反对挂影，不仅是因为它是一种来自禅宗的"非礼"习俗，更重要的是，祠版与影的"二重供养"会形成一种紧张关系，令易于耗散而无所不之的亡魂疑惑，最终难以萃聚而消散。

对丛林来说，这种紧张关系突出表现为将何者迎入供奉禅宗历代祖师、永享历代祖师祭祀的"真堂"（或称"祖堂""法堂"）。在《咸淳清规》中，最终进入祖堂的是真。到《至大清规》，位牌则最终取代真，正式成为法堂供养、祭祀的对象。按入塔条：

> 众寮每日山门三时上茶汤，集众讽经。牌位入祖堂则止之，或待新

---

① 式咸：《禅林备用清规》卷9《移龛》，蓝吉富编《禅宗全书》第82册，弥勒出版社1990年版，第129页。

② 朱熹撰、刘永翔、朱幼文校点：《晦庵先生朱文公文集》卷40《答刘平甫》，朱杰人主编《朱子全书》第22册，上海古籍出版社、安徽教育出版社2002年版，第1795、1796页。

主持方入祖堂。①

在此，最终进入祖师祭祀场所的不再是真影，而是位牌；"祖堂"也不再称作"真堂"。这种变化意味着，位牌已经成为禅宗历代祖师祭的行礼对象，最终纳入丛林丧葬、祭祀典礼的整个体系。后来编纂的《敕修百丈清规》基本沿袭了《至大清规》关于"位牌"的仪文，从而正式将这一儒家礼器纳入国家认可的清规体系。以焦山定慧寺为例，该寺主殿之西建有祖堂，用以供奉自达摩以来的历代禅宗祖师。位牌严格按照儒家祭礼"以中为上"的原则摆放，活像一个世代聚居人家的祠堂（见图 11.1）。这种现象在现今寺院中并不鲜见，其渊源可追溯至宋元清规。

图 11.1　镇江焦山定慧寺祖堂中的位牌（作者拍摄）

从《咸淳清规》到《至大清规》，佛教对于位牌的认知与使用经历了一个不断深化的过程。在此过程中，位牌的题写渐趋规范，用途也从亡僧丧礼的供养对象扩展为祖师祭祀的对象，最终取代禅宗惯用的真影，进入供奉历代祖师的法堂。吊诡的是，在北宋，司马光《书仪》试图将著有禅宗色彩的影堂纳入儒家家礼，时至宋元之际，佛教则试图将宋儒家礼中的位牌融入丛林清规。从儒者的"缘佛入儒"到禅家的"缘儒入佛"，说明在北宋末年到南宋末年这段不算长的历史时期中，儒家的地位、势力不断抬升，家礼开始对民间社会发生广泛而深刻的影响。

---

① 式咸：《禅林备用清规》卷 9《全身入塔》，蓝吉富编《禅宗全书》第 82 册，弥勒出版社 1990 年版，第 129 页。

三、孝服制度的创立与完善

作为佛教中国化的重要表征,"孝子""孝衣"等用语在唐代时便已出现①。在宋元清规中,"孝"字在丛林丧礼中的频繁出现引人注目。新圆寂主持的弟子被称作"孝子",以其为中心而渐次降杀的丧服体系则称作"孝衣""孝服"。由宋入元,清规的孝服制度经历了一个不断制度化、体系化的过程。

在北宋编纂的《崇宁清规》中,法堂陈设即要求"具孝服"②。不过,该书并未对孝服的有无、轻重作任何规范。清规中的孝服制度实际创立于南宋末年的《咸淳清规》。

> 孝子布襖巾坐具,主丧绢襖巾,知事襖巾,头首襖巾,耆旧、内外执事襖巾,方丈近事行者襖巾,行堂众行者腰帛,邻封尊宿襖巾,远近檀越抹帛,作头执事人布衫巾,诸庄甲头布衫巾,火客布巾。已上孝衣有无、轻重,又在主丧、孝子、知事临时较议。③

按照质料,这一孝服制度可分为两个级别,即服布与服绢。其中,服布有襖巾坐具、布衫巾、布巾三个差等,服绢有襖巾、腰帛、抹帛三个差等,总计二级、六等。确定孝服的标准是与新圆寂主持的亲疏关系,与主持关系越亲近,所服孝服也就越重。孝子服布襖、戴巾、有坐具,是送丧众人中与主持关系最亲密的,故服制最重。主丧以下则依次降杀。

儒家丧服制度通过衣服质料、做工、穿戴方式的差别表现参礼人与死者血亲关系的亲疏远近。《咸淳清规》的孝服制度显然是比照儒家丧服制度而来,不但服制有借鉴之处,与亡僧关系亦比附血亲而设。其亡僧条说:"如有小师在侧,当与孝衣。答拜,以表父子之义。"④便是将主持与弟子的关系比作血缘性的父子关系,为整个孝服制度确定亲疏远近的标准,奠定以等降杀的基础。当然,由于这种拟制血亲关系并不真如血缘关系一般有确然的准

---

① 黄奎:《禅宗清规·佛教戒律·儒教伦理》,载卢国龙主编《儒教研究》(第1辑),社会科学文献出版社2009年版,第392—407页。

② 宗赜:《禅苑清规》卷7《尊宿迁化》,蓝吉富编《禅宗全书》第81册,弥勒出版社1990年版,第154页。

③ 惟勉:《丛林校定清规总要》卷下《当代主持涅槃》,蓝吉富编《禅宗全书》第82册,弥勒出版社1990年版,第42页。

④ 惟勉:《丛林校定清规总要》卷下《亡僧》,蓝吉富编《禅宗全书》第82册,弥勒出版社1990年版,第46页。

则,丛林孝服制度便不得不具备一定的弹性。所以《咸淳清规》强调,在丧礼实践中是否有服、服制轻重,最终要由主丧、孝子、知事临时商议决定。

到《至大清规》,孝服制度愈加细致繁密:

> 侍者小师麻布直裰、两班头首苎布直裰、主丧生绢直裰、法眷亲密尊长生绢直裰、次法眷师孙生绢腰帛、办事乡人生绢腰帛、诸山生绢腰帛、檀越生绢头巾腰帛、方丈行者麻布道服、方丈仆从麻布服巾、众行者苎布头巾、甲干火佃麻布头巾、作头麻布服巾。①

这里的孝服制度可分为麻布、苎布、生绢三级。苎布是一种较细的麻布,所以不及麻布服重,不像生绢服轻。麻布分直裰、道服、服巾、头巾四等,苎布分直裰、头巾二等,生绢分直裰、腰帛、头巾腰帛三等,总计三级九等。较《咸淳清规》的二级六等更为细密。

丛林孝服制度的最终确定是在《敕修百丈清规》中。其文曰:

> 侍者小师麻布裰,两序苎布裰,主丧及法眷尊长生布裰,勤旧办事乡人、法眷诸山生绢腰帛,檀越生绢巾腰帛,方丈行者麻布巾裰,众行者苎布巾,方丈人仆作头麻布巾衫,甲干庄客诸仆麻布巾。②

这一孝服制度总分为麻布、苎布、生布、生绢四级。麻布分为裰、巾裰、巾衫、巾四等,苎布分为裰、巾两等,生布只有裰一等,生绢分为巾腰帛、腰帛二等,总计四级九等(见图 11.2)。虽然参礼人的名称因僧职制度变化而有所更革,但是以亲疏远近论孝服有无、轻重的原则却没有改变。至此,儒家的丧服制度得到官修清规的认可,正式进入丛林丧礼。

---

① 弌咸:《禅林备用清规》卷 9《孝服》,蓝吉富编《禅宗全书》第 82 册,弥勒出版社 1990 年版,第 129 页。
② 德辉:《敕修百丈清规》卷 3《主持章·迁化》,蓝吉富编《禅宗全书》第 81 册,弥勒出版社 1990 年版,第 43 页。

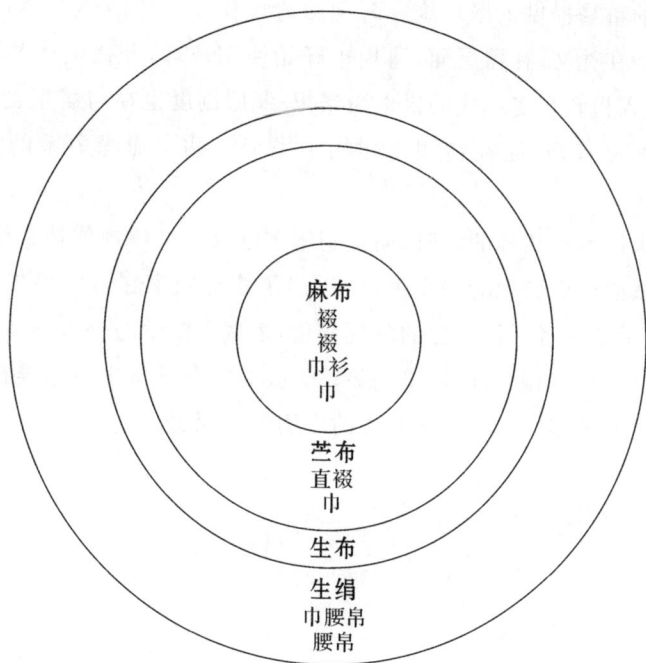

図 11.2　《敕修百丈清规》孝服制度示意图

本章小结

在宋代，佛教不仅是玄妙高深的性理之学，还是一个社会信徒众多、与世俗生活关系密切的世俗化宗教。在宋儒看来，佛教的最大威胁既是义学，更是其胶固于民间习俗，根本上阻碍了儒家礼乐文明的复兴。因此，宋代四礼的编纂不但以恢复儒家礼教为目的，还旨在廓清佛教对民众生活的影响[1]。在这一过程中，儒家既批判佛教，也委曲地比照、借鉴佛教，构成了宋代四礼学中的重要面相。

随着儒学复兴运动的展开，道学在南宋末年官学地位的确立，儒家的影响力不断抬升。两宋之间，儒学大师辈出，讲学之风盛行，儒家四礼著述广为传播，对民众日常生活发生影响。儒学话语权的回归反过来波及佛教丛林。从宋元清规的变迁中可见，清规的儒家化倾向在南宋之后明显加强。到宋元之际，清规的编纂者已将丛林清规比作儒家之"礼"，使用儒家礼学话

---

[1]　陆敏珍：《宋代家礼与儒家日常生活的重构》，《文史》2013 年第 4 辑，第 131—144 页。

语为清规的重纂提供依据。这一时期的清规作者往往能够领会礼义,深于制礼之道。在礼文、礼器层面,清规中开始使用位牌,并逐渐代替禅宗惯用的"真",进入祖堂享受历代的供奉与祭祀;孝服制度也在与儒家丧服制度的比照中不断完善,从而在僧团中建构了类似于儒家血缘关系的"同心圆"模式。

从北宋儒者对丛林的赞叹、向往到南宋已降丛林清规的持续儒家化,宋元儒佛关系的历史表现为一个循环,讲述了儒佛两家在这一历史时期的消长关系,揭示了两者话语地位的深刻变化,表现出儒学与佛教在竞争中加深理解、在攻讦中走向融合的历史趋势。失去对民众日常生活指导权,明清佛教再未有唐宋之盛。四礼学在其中的作用令人深思。

结　语

　　宋代是"四礼"形成的关键时期,不但涌现出大量相关著述,还完成了对以郑注、孔疏为代表的汉唐礼学的反转,建立了以《仪礼》为统摄、为经礼的礼学体系,深刻影响了后世的"礼""仪"观念,铸就了宋代以后儒学的实践品格。虽然宋儒(尤其是道学家群体)制礼、议礼、行礼的行为复杂而多元,其宗旨却同样是以"非常性"的礼仪调整"日常性"的生活,树立儒家礼教在日常生活中的指导意义。这些努力不但有力排击了胶固于民间的佛教礼俗,还在明清成为儒学的重要形态之一,影响至今。

一、礼学变迁中的四礼学

　　"五礼"是汉唐时期的经典礼学体系,其核心是郑玄兼采今古文后形成的以《周礼》为中心的礼学分类系统;"四礼"是宋明时期的常见专有名词,其核心是朱熹反思汉唐礼学思想而提出的以《仪礼》为中心的礼学分类系统。与思想学术的其他领域相似,唐宋之间的礼学产生了巨大变革。

　　《仪礼》经礼地位的回归导致了宋代四礼之学的最终形成。但就宋代礼学之整体而言,主流并非《仪礼》。不论作为王安石变法的理论纲领,还是科举考试的制定书目,《周礼》与《礼记》的地位都明显高于《仪礼》。《仪礼》之所以能超越《周礼》,摆脱汉唐以来"仪"的称谓,重回"经礼"之地位,完全要归功于伊洛一系的道学家群体。北宋之程颐、张载、吕大临无不推尊《仪礼》;南宋号称"东南三贤"的朱熹、吕祖谦、张栻也无不究心于《仪礼》。正是有这种学术旨趣,四礼著作才有可能大量出现、广为传播。从前文有关统计来看,绝大部分的四礼著述都来自与伊洛渊源颇深的道学家群体,这一现象绝非偶然。

　　此处所谓"汉唐",其实专指古文学兴起之后的郑玄礼学传统,至于此前的今文礼学,则本与"四礼"之学旨趣相通。所以,"四礼"之学未尝不可视作对西汉今文礼学的回归。考《汉书·艺文志》,《仪礼》在西汉名为"礼经""经礼"无疑。所谓"仪礼"之名,本为后起。郑玄融汇今、古文而注"三礼",并以《周礼》为纲、《仪礼》作目写成《三礼目录》。于是,魏晋迄于隋唐无不尊信,《仪礼》为"仪"之名也随之坐实。直到宋代,程颐稍疑之,吕大临《礼记解》详细辨析"经礼""曲礼"之名,为后来朱熹以《仪礼》为经、《周礼》《礼记》为传的礼学思想体系奠定了理论基础。随着朱子学之传播,"礼""仪"之观念遂逐渐返回西汉今文之学,"礼经"之称呼遂常见于明清。从《崇文总目》以"五礼"著作为"礼",以"四礼"著作为"仪",到《万卷堂书目》《四库全书总目》以"四礼"著作为"礼",以"五礼"著作为"仪",历史吊诡地实现了大反转。这种反转之理论基础奠定于宋代。

与汉唐、宋明礼学的断裂相应的,是宋明和清代礼学之间的连续。在明清之际,礼学上不但没有出现对于朱熹礼学的大批判,反而延续了朱熹以来以《仪礼》为经礼的礼学观念。换言之,在思想史研究中经常提及的所谓由理学到朴学的大变局并未在"四礼"之学上凸显。清代的礼学不但以《仪礼》为经礼,尊信朱熹以来的礼学思想,编次了不少以《仪礼经传通解》为圭臬的大型礼书,还继续强调对于冠、昏、丧、祭"四礼"的践行。清儒所以孜孜攻击者,反为其所以拳拳信服者。宋、元、明、清礼学之一贯性于"四礼"中彰显无疑。(见图 12.1)

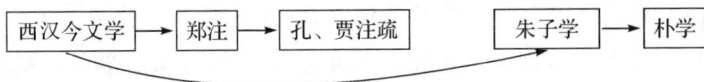

图 12.1　汉唐—宋明礼学流变图

二、四礼文献类型与演变

传世的宋代四礼著作不多,保存较为完好的有司马光《书仪》、吕祖谦《家范》、孙伟《孙氏荐飨仪范》、朱熹《家礼》等。在既往研究中,司马光《书仪》与朱熹《家礼》被当作代表作,用以建构两宋四礼不断"从俗""从今"的变迁历史(详见绪论)。然而,正如前文所反复申述的,朱熹《家礼》既非司马光《书仪》的节略本,也不是学术意义上的集大成之作,其要点有三:

第一,《家礼》仪文并非删削《书仪》而来,而是包含朱熹的独特见解。尽管《家礼》大量文字直接取自《书仪》,但是,不论从篇章安排、仪文次序,还是具体仪节的考证与制定,《家礼》都堪称一部具有独创性的作品。这一点不但可由细致的仪文分析证明,还可从《语类》《文集》中的相关记载找到印证。

第二,《家礼》不少仪节较《书仪》更为烦琐,复古倾向也更强。例如冠礼始加用深衣、丧礼复礼须登屋、丧服之制按《仪礼》厘定等等,见诸前文,兹不细举。这些例子并非说明朱熹比司马光更加信而好古、爱礼存羊,而是体现了朱熹对于礼义的深刻理解。朱熹反复强调,制礼不能限于"笾豆之事"的考证与持守，而是要把握"大理大节"。唯有体会"大理大节"，才能超越古今、礼俗的二元思辨，制成意义充沛而又切实可行的新时代礼书。

　　第三，其他宋代四礼著作不容忽视。吴其昌在 20 世纪 20 年代便已指出，朱熹《家礼》的制作渊源不止于《书仪》，而是有 20 种之多。本书所列宋代四礼著作近 60 种，内容、特点比较复杂。这说明，凭借《书仪》《家礼》来构建两宋家礼"从今""从俗"变迁史的做法并不稳妥。

　　笔者认为，研究宋代四礼应充分肯定、认真对待文本的复杂性。这种复杂性既表现为文献存佚的复杂情况，也表现为文本内容的多元性特征。可以说，在宋代没有两部完全相同的礼书。因此，所谓"礼书在两宋有何演变"的问题理应改作"哪几部礼书之间有何改变"的问题。根据本书研究，两宋四礼文献可分作三种类型，见图 12.2。

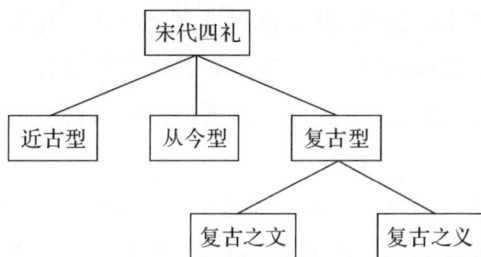

图 12.2　宋代四礼文献类型

　　第一种，"近古型"，以《杜氏四时祭享礼》为代表，特点是以唐礼（尤其是《开元礼》）为制礼、行礼的根据。

　　第二种，"从今型"，以《韩氏古今家祭式》为代表，特点是在唐礼基础上广泛吸纳、损益时俗。

　　第三种，"复古型"，包括两种子类型："复古之文"型，以《司马氏书仪》《送终礼》为代表，特点是要求返回古礼，通过考证古礼划清"礼"与"俗"界线，重构礼仪；"复古之义"型，以《伊川程氏祭礼》《朱氏祭仪》《家礼》为代表，特点是要求通过考证古礼求得"礼义"，以之指导新礼制作。

　　两宋四礼文献的历史变迁大体经历了三个阶段：第一阶段为北宋中、前期，是"近古型"文献流行的时期；第二阶段为北宋中、晚期，是宋代四礼文献走向多元化的时期，"从今型""复古型"文献开始涌现；第三阶段为南宋，是四礼学的整合、总结期，"近古型""从今型"式微，能够折中古今的"礼义型"文献成为主流。作为"礼义型"四礼著述的代表，《家礼》在南宋后期广泛传播、实践，被奉为宋代四礼学的典范之作。

三、宋代四礼的撰述旨趣

《礼记·杂记》记载了孔子与子贡关于蜡祭之礼的讨论,其文曰:

> 子贡观于蜡,孔子曰:"赐也,乐乎?"对曰:"一国之人皆若狂,赐未
> 知其乐也。"子曰:"百日之蜡,一日之泽,非尔所知也。张而不弛,文武
> 弗能也。弛而不张,文武弗为也。一张一弛,文武之道也。"[①]

按郑注,蜡祭之礼乃是十二月时"合聚万物而索飨之祭","于是时,民无不醉者如狂矣"。[②] 这种盛大的祭祀活动一年一次,可谓全民之"狂欢节"。然而,当孔子询问子贡观礼后的心情是否快乐时,子贡对这种举国若狂的仪式并不认同。孔子不以为然,以张弛有道之理喻之。孔子之所以不以举国若狂为非,是因为这种放松而至于疯狂的态度有利于释放稼穑生活的辛劳与压力,能够以非常的方式达成调整日常生活的目的。这种哲思乃是制礼者所谙,显非一般"小子"所能知之。

李丰楙用"常"与"非常"的理论揭示礼仪的特殊性质,并指出,西方关于神圣与世俗的二元论架构可以被本土化为"常 S 非常"的常道宇宙观。其中的"S"象征着:

> 工作与生产之间所存在的互补互益,即一张一弛所象的工作与休闲形成合理的区隔,表示社会生活的本质正是严肃与游戏,都是在时间之流中相互区隔而合理运作。故生活之道者即是不断运转的生存秩序:秩序与反秩序、结构与反结构,都是道的体现。[③]

相对于涂尔干的"神圣与世俗"、特纳的"阈限与交融",这种提法更加接近儒家礼学的现实,也更能体现典礼与日常生活的相互关系。换言之,礼仪因与日常生活保持距离而具有某种神圣性,然而,它并不因此而远离、无涉于日常生活。从某种程度上说,不但礼仪的节文、器具、服饰、饮馔取自日常

---

① 郑玄注、孔颖达疏,龚抗云整理、王文锦审定:《礼记正义》卷 43《杂记下》,北京大学出版社 1999 年版,第 1222 页。

② 郑玄注、孔颖达疏,龚抗云整理、王文锦审定:《礼记正义》卷 43《杂记下》,北京大学出版社 1999 年版,第 1222 页。

③ 李丰楙:《神话与变异:一个"常与非常"的文化思维》,中华书局 2010 年版,第 5 页。

生活,其旨义也是用"非常"的方式干预、规范、调整日常生活。

这一观点在冠、昏、丧、祭"四礼"中尤为明显。冠礼意味着成年,宋儒不但成功重构了"三加弥尊"的冠服体系,还将这种衣冠体系延伸到行礼者的日常生活,以建构尊卑有序的家庭秩序。这既表现为同处一个时空的不同人穿戴各异,还表现为同一个人在不同时间、地点穿戴有别。婚礼意味着成家,旨在实现美满幸福、内外和谐的婚姻生活,所以不但需要精心设计家院空间,还要以"礼"管涉变易不居的时间之流,通过晨省昏定、节序家宴等大小礼仪形成家居生活的恰当节奏。丧礼虽代表了生命的终结,却"是终点又不是终点"①,"事死如事生"地延续到祭礼之中。至于祭礼,虽然各书所拟方案不同,却同样试图建构祖先的神圣性,并将此神圣性带入日常生活,作为合宗睦族、光宗耀祖的凝聚力。因此,"四礼"的主旨皆在于调整行礼者的日常生活,构建儒家理想的社会伦理秩序。

必须指出的是,宋儒在规范日常生活上的努力与"四礼"本身的特质有极大关系。一方面,冠、昏、丧、祭本身具备与日常生活密切相关的性质;另一方面,宋儒适有重建儒家对于日常生活指导意义的意愿与宗旨。这或许就是以《仪礼》为中心的礼学传统在宋代之后得以复兴的重要原因。

四、宋儒制礼的普遍逻辑

经历了"礼崩乐坏"的五代乱世,宋代士大夫久乱思治、痛定思痛,更加重视儒家礼仪的重建,希望以此接续孔孟道统,恢复三代之治。然而,当时社会去古已远,民间礼俗发生的变化可谓天翻地覆。冠、昏、丧、祭之礼或是缺而不讲,或是与古迥异,或是杂于佛老,或是溺于流俗。这意味着,一旦将"复礼"的理想落实于"行礼"的实践,便不得不与复杂、多元的社会生活"短兵相接"。

因此,宋代四礼的撰述过程是一个不断提出问题、解决问题的过程。这些问题有:"古"与"今"的矛盾如何处理?"礼"与"俗"的关系如何明辨?"礼"与"法"何以并行不悖?"礼"与"理"何以一以贯之?如何在"礼"中安置民众沛然如水的"人情"?如何廓清胶固在民俗中的佛教礼俗?等等。

对此,司马光提出,制礼应做到"参古今之道,酌礼令之典,顺天地之理,合人情之宜"②。这段文字被后来礼书反复引用,意义已经超越《书仪》所

---

① 金泽:《宗教禁忌》,社会科学文献出版社 1998 年版,第 162 页。

② 司马光:《司马氏书仪》卷 3《婚仪上》,《丛书集成初编》第 1040 册,中华书局 1985 年据学津讨原本排印,第 29 页。

指,成为宋儒制礼的一般逻辑,见图12.3。

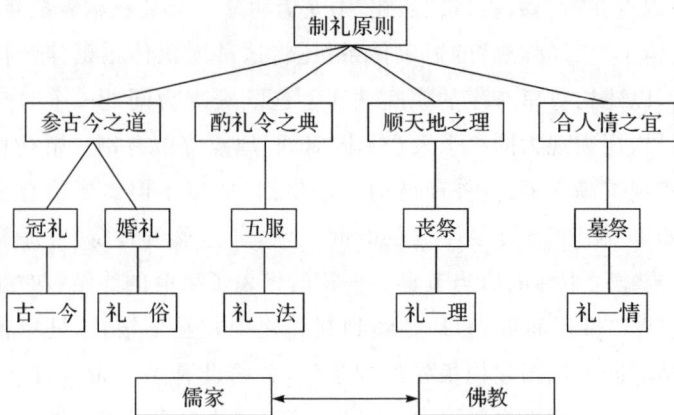

图 12.3　宋代四礼的制作逻辑图

"参古今之道",就是要立足于当时的社会环境,探索能够复兴礼义的重要途径。比如,冠礼中是否需要制作、穿戴古时的衣冠行礼? 宋儒普遍认为不应如此,而应该在时服之中选择合适的礼服,借此形成"三加弥尊"的次第。

"酌礼令之典",就是要遵从于当时的法制条件,在不违背法令的前提下制作礼书。例如,五服制度在唐代之后屡次变易,至宋代已然与古礼所记有许多不同。对此,宋儒并未食古不化,而是能够立足于法律规定,参照《五服敕》《服制格》等官方法令编饬服叙制度,在此基础上绘制的五服图也在元代被纳入国家法典,实现对国家法律的"反哺"。

"顺天地之理",就是要在学术思想变更中为礼文提供新的理论基础,亦即"礼"与"理"的贯通。以丧礼为例,儒家本是罕言鬼神,回避死亡的,但是,在当时的佞佛丧俗面前,儒家不得不发展自身关于死亡的理论,建构其对于死亡的关怀。这集中体现为丧礼仪文中贯彻的鬼神之理。

"合人情之宜",就是要充分考虑当时一般士庶的日常生活情况,积极引导、包容合于义理、不害义理的"人之常情"。这点在祭礼中比较突出。尽管墓祭与儒家传统的祭祀方式与鬼神观念存在冲突,但是,南宋朱熹、张栻等人最终还是肯定了墓祭风俗并将其纳入礼书,以安置惶惶不安的孝子思亲之情。

此外,还有一个弥散于整个宋代四礼撰述过程中的重要问题,即"辟佛"。从儒家的立场而言,撰述四礼的重要目的是对抗当时世俗化倾向强劲的佛教。诚如车若水所说:"自先王之礼不行,人心放恣,被释氏乘虚而入,而冠礼、丧礼、葬礼、祭礼皆被他将蛮夷之法来夺了。"①这里的逻辑是,正是由于三代礼乐之崩解,冠、昏、丧、祭之古礼不行,佛教才有机会乘虚而入。因此,如欲真正实现"辟佛老"的伟业,理应从对异教的批判转为对自我的树立。这一从北宋欧阳修《本论》便已规划好的对策在北宋中期之后成为儒学的重要主题,并在徽宗朝掀起制礼作乐、直返三代的政治巨浪。当然,徽宗的努力虽然并不成功,却无疑为宋儒制礼、议礼、行礼提供了重要参考。道学家的"以道觉民"的努力也最终化为官方礼制的一部分,深刻影响了民众乃至僧侣的生活。在宋代之后,佛教再也未能恢复其在隋唐、北宋的辉煌,或许与此有重要关系。

五、宋代四礼的传播实践

"礼下庶人"是宋代社会的鲜明特征,不过从实际情况来看,宋代仅仅是这一历程的起点。北宋晚期,《政和五礼新仪》正式颁行,凭借皇帝权威与法律强制力推行于民间。但是,这一极具开拓性的尝试很快失败。究其根源,不但在于礼典创制的不完备,更在于当时尚不具备士庶行礼之风尚。到南宋,当礼治理想不再可能以政治变革的方式完成,儒者心思所系乃化作地方化的仪礼实践。正是在这种背景下,造就了"东南三贤"(朱熹、吕祖谦、张栻)重礼、议礼、制礼的美谈。吕祖谦撰有《家范》、张栻刻有《四家礼范》、朱熹则著有《家礼》。随着朱子学地位的不断抬升,《家礼》得到很好的保存,传播也愈发广泛,相比之下,其他礼书则大多散佚、被人遗忘。可以说,宋代四礼的传播史便是一部《家礼》不断"升格""经典化"的历史。

《家礼》的不断"经典化"不但来自统治者的推尊,也离不开儒者的积极运作与实践。这个过程中,"朱熹授礼弟子"的作用巨大。这个学术群体人数逾百,在朱熹生前便有三礼学与四礼学的不同偏重。其中,陈淳、叶贺孙、万人杰、黄义刚等人在授礼弟子中处于中心地位,皆传朱子之四礼学。朱熹殁后,授礼弟子群体分化为二:一部分以黄榦为代表,继承朱熹的三礼学传统,以续编《仪礼经传通解》为志业,有很强的复古倾向;另一部分以陈淳为代表,继承朱熹的四礼学传统,以整饬、修订《家礼》为事业,仍属"复古之义"型的四礼学体统。随着《家礼》升温,13 世纪 20 年代起,黄榦一派弟子亦重视《家礼》研究,杨复《家礼附注》以古礼重释《家礼》;而周复《家礼附录》则仍坚持陈淳四礼学的礼义传统,提出《仪礼》与《家礼》并行不悖之说,试图在

---

① 车若水:《脚气集》卷下,中华书局 1991 年据宝颜堂秘笈本排印,第 25 页。

"三礼学"之外确立"四礼学"的独立价值。13世纪的后半叶,随着北山学派的崛起,学者之礼与民间之礼既分化,又混杂,构成"以礼化俗""以俗合礼""外礼内俗"等不同面相,而诸家都号称"一遵《朱子家礼》",是《家礼》的躬行者。从逻辑上讲,宋代四礼学的这种变化实际上已经穷尽了四礼变迁的可能性,明清四礼学之演变皆可从中找到源头。

其中的矛盾之处是:若试图以古释今,则《家礼》显然不是经典,复礼只有复古一途,而恢复"三礼"是一件难事;若承认古今不同,则《家礼》可视作新经,四礼学虽可独立于三礼学,而"礼"的标准高度依赖撰礼者对"礼义"的把握,不免有丧失标准的危险,形成家各有礼、人各为礼的流弊。正如本书对《家礼》传播实践问题的个案研究展现的,《家礼》不是每个近世家族在文化认同上的必然、普遍选择。在日常生活—礼仪实践—权力结构的理论架构中,礼仪实践既是日常生活的表现,又起着塑造家族权力、调整日常生活的作用;既可以成为一个家族的文化认同,也可仅作为他种文化认同的附丽而存在;既可以"一遵《家礼》"、考证精详,也可以顺随俗礼、不求变俗。无论是否使用朱熹《家礼》,这些"礼"都属四礼学范畴,可视作宋代"复古之义"型礼学的延续。

宋代四礼的影响不仅及于士庶家族,还纳入国家典章;不仅遍布中国版图,还远至日本、韩国、越南等国家;不仅流行于传统社会,还绵宕在现代生活。甚至,佛教也反过来采纳宋代四礼的成果,开启了丛林清规"儒家化"的历程。如欲探讨中华传统四礼学之全部,尚须冲破本书"以典礼为礼"的狭窄框架,走进当代中国人乃至东亚人的日常生活,在衣服、饮食、居庐、风俗、言谈等广阔的生活领域中体会四礼留给我们的珍贵遗产与宝贵财富。正如先贤邵康节所赞叹的,中华文化虽有生、长、收、藏的周期,礼乐则是"汙隆其间"[①]的不变主题。

---

① 邵雍著,郭彧整理:《邵雍集》,中华书局2010年版,第11页。

参考文献

一、典籍

(一)四礼文献

(宋)丁升之.婚礼新编校注[M].柳建钰,校注.上海:上海古籍出版社,2016.

(宋)吕祖谦.家范[M]//吕祖谦.吕祖谦全集.黄灵庚,吴战垒,主编.杭州:浙江古籍出版社,2008.

(宋)司马光.司马氏书仪[M].丛书集成初编.北京:中华书局,1985.

(宋)朱熹.家礼[M].景印文渊阁四库全书.台北:台湾商务印书馆,1986.

(宋)朱熹.家礼[M].中华再造善本.北京:北京图书馆出版社,2004.

(宋)朱熹.家礼[M]//黄瑞节.朱子成书.北京:国家图书馆出版社,2005.

(明)黄佐.泰泉乡礼[M].景印文渊阁四库全书.台北:台湾商务印书馆,1986.

(明)吕坤.四礼疑[M]//吕坤.吕坤全集.王国轩,王秀梅,整理.北京:中华书局,2008.

(明)吕坤.四礼翼[M]//吕坤.吕坤全集.王国轩,王秀梅,整理.北京:中华书局,2008.

(明)吕柟.泾野先生礼问[M].四库全书存目丛书.济南:齐鲁书社,1995.

(明)吕维祺.四礼约言[M].四库全书存目丛书.济南:齐鲁书社,1995.

(明)丘濬.家礼仪节[M].丛书集成三编.台北:新文丰出版公司,1986.

(明)丘濬.文公家礼仪节[M].四库全书存目丛书.济南:齐鲁书社,1995.

(明)郑泳.义门郑氏家仪[M].丛书集成续编.台北:新文丰出版公司,1989.

(清)曹庭栋.昏礼通考[M].四库全书存目丛书.济南:齐鲁书社,1995.

（清）顾广誉. 四礼権疑［M］. 丛书集成续编. 台北：新文丰出版公司, 1989.

（清）孔继汾. 孔氏家仪［M］. 济南：山东友谊出版社, 1989.

（清）李塨. 学礼［M］. 四库全书存目丛书. 济南：齐鲁书社, 1995.

（清）梁杰. 家礼全集［M］. 哈佛大学汉和图书馆藏本.

（清）林伯桐. 品官家仪考［M］. 丛书集成三编. 台北：新文丰出版公司, 1986.

（清）林伯桐. 人家冠昏丧祭考［M］. 丛书集成三编. 台北：新文丰出版公司, 1986.

（清）林伯桐. 士人家仪考［M］. 丛书集成三编. 台北：新文丰出版公司, 1986.

（清）陆世仪. 家祭礼［M］. 丛书集成三编. 台北：新文丰出版公司, 1986.

（清）毛奇龄. 家礼辨说［M］. 丛书集成续编. 台北：新文丰出版公司, 1989.

（清）王复礼. 家礼辨定［M］. 四库全书存目丛书. 济南：齐鲁书社, 1995.

（清）王心敬. 四礼宁俭编［M］. 四库全书存目丛书. 济南：齐鲁书社, 1995.

（清）吴初振, 等. 吴溪吴氏家乘［M］. 刻本, 1882.

（清）吴翟. 茗州吴氏家典［M］. 刘梦芙, 点校. 合肥：黄山书社, 2006.

（清）武先慎. 家礼集议［M］. 哈佛大学汉和图书馆藏本.

（清）许三礼. 读礼偶见［M］. 四库全书存目丛书. 济南：齐鲁书社, 1995.

（清）佚名. 家礼酌通［M］. 哈佛大学汉和图书馆藏本.

（清）张汝诚. 家礼会通［M］. 哈佛大学汉和图书馆藏集新堂藏板刻本.

（清）赵执信. 礼俗权衡［M］. 早稻田大学风陵文库藏本.

（清）郑隆经, 等. 郑氏祭簿［M］. 浦江郑氏家藏本, 1922.

［日］室直清. 文公家礼通考［M］. 丛书集成续编. 台北：新文丰出版公司, 1989.

（二）其他文献

（汉）班固. 汉书［M］. 北京：中华书局, 1962.

（魏）王肃. 孔子家语［M］. 北京：中华书局, 2011.

（北朝齐）颜之推. 颜氏家训集解［M］. 王利器, 集解. 北京：中华书局, 1993.

（南朝宋）范晔. 后汉书［M］. 北京：中华书局, 1965.

（南朝梁）阮孝绪.七录辑证［M］.任莉莉,辑证.上海:上海古籍出版社,2011.

（隋）王通.中说校注［M］.张沛,校注.北京:中华书局,2013.

（唐）杜佑.通典［M］.王文锦,等点校.北京:中华书局,1988.

（唐）贾公彦.仪礼注疏［M］.北京:北京大学出版社,1999.

（唐）贾公彦.周礼注疏［M］.北京:北京大学出版社,1999.

（唐）孔颖达.春秋左传正义［M］.北京:北京大学出版社,1999.

（唐）孔颖达.礼记正义［M］.北京:北京大学出版社,1999.

（唐）孔颖达.尚书正义［M］.北京:北京大学出版社,1999.

（唐）令狐德棻.周书［M］.北京:中华书局,1971.

（唐）魏徵.隋书［M］.北京:中华书局,1973.

（唐）萧嵩.大唐开元礼［M］.北京:民族出版社,2000.

（唐）元稹.元稹集［M］.北京:中华书局,1982.

（唐）长孙无忌.唐律疏议笺解［M］.刘俊文,笺解.北京:中华书局,1996.

（五代）刘昫.旧唐书［M］.北京:中华书局,1975.

（宋）蔡襄.蔡襄集［M］.吴以宁,点校.上海:上海古籍出版社,1996.

（宋）蔡正孙.诗林广记［M］.景印文渊阁四库全书.台北:台湾商务印书馆,1986.

（宋）晁补之.鸡肋集［M］.四部丛刊初编.上海:上海书店,1989.

（宋）晁公武.郡斋读书志校证［M］.孙猛,校正.上海:上海古籍出版社,1990.

（宋）车垓.内外服制通释［M］.丛书集成续编.台北:新文丰出版公司,1989.

（宋）陈淳.北溪大全集［M］.景印文渊阁四库全书.台北:台湾商务印书馆,1986.

（宋）陈淳.北溪字义［M］.熊国祯,高流水,点校.北京:中华书局.1983.

（宋）陈傅良.永嘉先生八面锋［M］.丛书集成初编.北京:中华书局,1985.

（宋）陈亮.陈亮集［M］.邓广铭,点校.北京:中华书局,1987.

（宋）陈宓.复斋先生龙图陈公文集［M］.续修四库全书.上海:上海古籍出版社,2002.

（宋）陈普.石堂先生遗集［M］.续修四库全书.上海:上海古籍出版社,2002.

（宋）陈耆卿.嘉定赤城志［M］.宋元方志丛刊.北京:中华书局,1990.

（宋）陈祥道.礼书［M］.景印文渊阁四库全书.台北:台湾商务印书馆,1986.

（宋）陈振孙.直斋书录解题［M］.徐小蛮,顾美华,点校.上海:上海古籍出版社,1987.

（宋）陈著.本堂集［M］.景印文渊阁四库全书.台北:台湾商务印书馆,1986.

（宋）程颢,程颐.二程集［M］.王孝鱼,点校.北京:中华书局,2004.

（宋）程颐.周易程氏传［M］.王孝鱼,点校.北京:中华书局,2011.

（宋）邓椿.画继［M］.丛书集成新编.台北:新文丰出版公司,1986.

（宋）杜大珪.名臣碑传琬琰集［M］.景印文渊阁四库全书.台北:台湾商务印书馆,1986.

（宋）杜范.清献集［M］.景印文渊阁四库全书.台北:台湾商务印书馆,1986.

（宋）范成大.吴郡志［M］.宋元方志丛刊.北京:中华书局,1990.

（宋）范祖禹.范太史集［M］.景印文渊阁四库全书.台北:台湾商务印书馆,1986.

（宋）范祖禹.唐鉴［M］.丛书集成初编.上海:商务印书馆,1936.

（宋）方逢辰.蛟峰文集［M］.景印文渊阁四库全书.台北:台湾商务印书馆,1986.

（宋）方岳.秋崖集［M］.景印文渊阁四库全书.台北:台湾商务印书馆,1986.

（宋）高承,李果.事物纪原［M］.金圆,许沛藻,点校.北京:中华书局,1989.

（宋）高斯得.耻堂存稿［M］.丛书集成初编.北京:中华书局,1985.

（宋）龚端礼.五服图解［M］.续修四库全书.上海:上海古籍出版社,2002.

（宋）龚鼎臣.东原录［M］.丛书集成初编.北京:中华书局,1985.

（宋）龚明之.中吴纪闻［M］.知不足斋丛书.北京:中华书局,1999.

（宋）韩琦.安阳集［M］.景印文渊阁四库全书.台北:台湾商务印书馆,1986.

（宋）韩元吉.南涧甲乙稿[M].景印文渊阁四库全书.台北:台湾商务印书馆,1986.

（宋）何基.何北山先生遗集[M].丛书集成初编.北京:中华书局,1985.

（宋）洪迈.夷坚志[M].何卓,点校.北京:中华书局,1981.

（宋）胡次焱.梅岩文集[M].景印文渊阁四库全书.台北:台湾商务印书馆,1986.

（宋）胡宏.五峰集[M].景印文渊阁四库全书.台北:台湾商务印书馆,1986.

（宋）胡寅.斐然集[M].容肇祖,点校.北京:中华书局,1993.

（宋）胡寅.致堂读史管见[M].续修四库全书.上海:上海古籍出版社,2002.

（宋）黄榦.勉斋集[M].景印文渊阁四库全书.台北:台湾商务印书馆,1986.

（宋）黄士毅.朱子语类汇校[M].徐时仪,杨艳,汇校.上海:上海古籍出版社,2014.

（宋）黄庭坚.黄庭坚全集[M].刘琳,李勇先,王蓉贵,校点.成都:四川大学出版社,2001.

（宋）江少虞.宋朝事实类苑[M].上海:上海古籍出版社,1981.

（宋）金履祥.大学疏义[M].景印文渊阁四库全书.台北:台湾商务印书馆,1986.

（宋）金履祥.仁山先生金文安公文集[M].丛书集成初编.北京:中华书局,1985.

（宋）金盈之.新编醉翁谈录[M].周晓薇,校点.沈阳:辽宁教育出版社,1998.

（宋）康与之.昨梦录[M].丛书集成新编.台北:新文丰出版公司,1986.

（宋）黎靖德.朱子语类[M].王星贤,点校.北京:中华书局,1986.

（宋）李道传.朱子语录[M].徐时仪,潘牧天,整理.上海:上海古籍出版社,2016.

（宋）李纲.李纲全集[M].长沙:岳麓书社,2004.

（宋）李吕.澹轩集[M].景印文渊阁四库全书.台北:台湾商务印书馆,1986.

（宋）李石.方舟集[M].景印文渊阁四库全书.台北:台湾商务印书馆,1986.

（宋）李焘.续资治通鉴长编[M].北京:中华书局,1985.

（宋）李心传.道命录[M].知不足斋丛书.北京:中华书局,1999.

（宋）李心传.建炎以来系年要录[M].北京:中华书局,1956.

（宋）林希逸.竹溪鬳斋十一稿续集[M].景印文渊阁四库全书.台北:台湾商务印书馆,1986.

（宋）刘安上.给事集[M].景印文渊阁四库全书.台北:台湾商务印书馆,1986.

（宋）刘敞.公是集[M].丛书集成新编.台北:新文丰出版公司,1985.

（宋）刘道醇.宋朝名画评[M].景印文渊阁四库全书.台北:台湾商务印书馆,1986.

（宋）刘克庄.后村先生大全集[M].四部丛刊初编.上海:上海书店,1989.

（宋）刘清之.戒子通录[M].景印文渊阁四库全书.台北:台湾商务印书馆,1986.

（宋）刘宰.漫塘集[M].景印文渊阁四库全书.台北:台湾商务印书馆,1986.

（宋）楼钥.攻媿集[M].四部丛刊初编.上海:上海书店,1989.

（宋）陆九渊.陆九渊集[M].钟哲,点校.北京:中华书局,1980.

（宋）陆游.南唐书[M].五代史书汇编.杭州:杭州出版社,2004.

（宋）罗璧.罗氏识遗[M]//傅璇琮.丛书集成新编.北京:中华书局,1985.

（宋）罗大经.鹤林玉露[M].王瑞来,点校.北京:中华书局,1983.

（宋）吕大防,等.蓝田吕氏遗著辑校[M].陈俊民,辑校.北京:中华书局,1993.

（宋）吕浦.竹溪稿[M].丛书集成续编.台北:新文丰出版公司,1989.

（宋）吕祖谦.东莱吕太史文集[M]//吕祖谦.吕祖谦全集.黄灵庚,吴战垒,主编.杭州:浙江古籍出版社,2008.

（宋）吕祖谦.少仪外传[M]//吕祖谦.吕祖谦全集.黄灵庚,吴战垒,主编.杭州:浙江古籍出版社,2008.

（宋）孟元老.东京梦华录笺注[M].伊永文,笺注.北京:中华书局,2006.

（宋）倪思.经鉏堂杂志[M].续修四库全书.上海:上海古籍出版社,2002.

（宋）聂崇义.三礼图集注[M].景印文渊阁四库全书.台北:台湾商务印书馆,1986.

（宋）聂崇义.新定三礼图[M].丁鼎,点校.北京:清华大学出版社,2006.

（宋）欧阳修,宋祁.新唐书[M].北京:中华书局,1975.

（宋）欧阳修.欧阳修全集[M].李逸安,点校.北京:中华书局,2001.

（宋）彭龟年.止堂集[M].丛书集成新编.北京:中华书局,1985.

（宋）钱时.融堂四书管见[M].景印文渊阁四库全书.台北:台湾商务印书馆,1986.

（宋）邵伯温.邵氏闻见录[M].北京:中华书局,1983.

（宋）邵雍.邵雍集[M].郭彧,整理.北京:中华书局,2010.

（宋）石介.徂徕石先生文集[M].陈植锷,点校.北京:中华书局,1984.

（宋）史浩.鄮峰真隐漫录[M].景印文渊阁四库全书.台北:台湾商务印书馆,1986.

（宋）史绳祖.学斋占毕[M].丛书集成新编.台北:新文丰出版公司,1985.

（宋）舒岳祥.阆风集[M].景印文渊阁四库全书.台北:台湾商务印书馆,1986.

（宋）司马光.稽古录[M].吉书时,点校.北京:北京师范大学出版社,1988.

（宋）司马光.家范[M].景印文渊阁四库全书.台北:台湾商务印书馆,1986.

（宋）司马光.温国文正司马公文集[M].四部丛刊初编.上海:上海书店,1989.

（宋）司马光.资治通鉴[M].北京:中华书局,1956.

（宋）宋敏求.春明退朝录[M].诚刚,点校.北京:中华书局,1980.

（宋）宋祁.景文集[M].景印文渊阁四库全书.台北:台湾商务印书馆,1986.

（宋）苏轼.苏轼文集[M].孔凡礼,点校.北京:中华书局,1986.

（宋）苏洵.嘉祐集笺注[M].曾枣庄,金成礼,笺注.上海:上海古籍出版社,1993.

（宋）谈钥.嘉泰吴兴志[M].续修四库全书.上海:上海古籍出版社,1995.

（宋）王安石.临川先生文集［M］.上海：上海古籍出版社,1959.

（宋）王柏.鲁斋集［M］.景印文渊阁四库全书.台北：台湾商务印书馆,1986.

（宋）王称.东都事略［M］.孙言诚,崔国光,点校.济南：齐鲁书社,2000.

（宋）王十朋.王十朋全集［M］.上海：上海古籍出版社,2012.

（宋）王庭珪.卢溪文集［M］.景印文渊阁四库全书.台北：台湾商务印书馆,1986.

（宋）王象之.舆地纪胜［M］.李勇先,校点.成都：四川大学出版社,2005.

（宋）王应麟.玉海［M］.南京：江苏古籍出版社,1987.

（宋）王洙.重校正地理新书［M］.续修四库全书.上海：上海古籍出版社,2002.

（宋）惟勉.丛林校定清规总要［M］//蓝吉富.禅宗全书.台北：弥勒出版社,1990.

（宋）卫湜.礼记集说［M］.北京：国家图书馆出版社,2003.

（宋）魏了翁.鹤山集［M］.景印文渊阁四库全书.台北：台湾商务印书馆,1986.

（宋）吴曾.能改斋漫录［M］.上海：上海古籍出版社,1979.

（宋）谢深甫.庆元条法事类［M］.续修四库全书.上海：上海古籍出版社,2002.

（宋）谢维新.古今合璧事类备要［M］.景印文渊阁四库全书.台北：台湾商务印书馆,1986.

（宋）熊禾.勿轩集［M］.景印文渊阁四库全书.台北：台湾商务印书馆,1986.

（宋）徐度.却扫编［M］.丛书集成初编.北京：中华书局,1985.

（宋）徐经孙.宋学士徐文惠公存稿［M］.宋集珍本丛刊.北京：线装书局,2004.

（宋）阳枋.字溪集［M］.景印文渊阁四库全书.台北：台湾商务印书馆,1986.

（宋）杨复.仪礼图［M］.景印文渊阁四库全书.台北：台湾商务印书馆,1986.

（宋）杨简.慈湖遗书［M］.景印文渊阁四库全书.台北：台湾商务印书馆,1986.

(宋)杨简.杨简全集[M].董平,校点.杭州:浙江大学出版社,2016.

(宋)杨时.龟山集[M].景印文渊阁四库全书.台北:台湾商务印书馆,1986.

(宋)杨万里.杨万里集笺校[M].辛更儒,笺校.北京:中华书局,2007.

(宋)叶梦得.石林燕语[M].侯忠义,点校.北京:中华书局,1984.

(宋)叶适.叶适集[M].刘公纯,等点校.北京:中华书局,1961.

(宋)弌咸.禅林备用清规[M]//蓝吉富.禅宗全书.台北:弥勒出版社,1990.

(宋)佚名.南宋馆阁续录[M].景印文渊阁四库全书.台北:台湾商务印书馆,1986.

(宋)佚名.天一阁藏明钞本天圣令校证附唐令复原研究[M].天一阁博物馆,中国社会科学院历史研究所天圣令整理课题组,校证.北京:中华书局,2006.

(宋)佚名.诸儒明道[M].济南:山东友谊出版社,1992.

(宋)尤袤.遂初堂书目[M].丛书集成初编.北京:中华书局,1985.

(宋)游九言.默斋遗稿[M].景印文渊阁四库全书.台北:台湾商务印书馆,1986.

(宋)曾敏行.独醒杂志[M].朱杰人,标校.上海:上海古籍出版社,1986.

(宋)张九成.孟子传[M].景印文渊阁四库全书.台北:台湾商务印书馆,1986.

(宋)张耒.张耒集[M].李逸安,等点校.北京:中华书局,1990.

(宋)张栻.南轩集[M].景印文渊阁四库全书.台北:台湾商务印书馆,1986.

(宋)张载.张载集[M].章锡琛,点校.北京:中华书局,1978.

(宋)张载.张子全书[M].林乐昌,编校.西安:西北大学出版社,2015.

(宋)赵汝愚.宋朝诸臣奏议[M].上海:上海古籍出版社,1999.

(宋)赵彦卫.云麓漫钞[M].傅根清,点校.北京:中华书局,1996.

(宋)真德秀.西山先生真文忠公文集[M].四部丛刊初编.上海:上海书店,1989.

(宋)郑樵.通志[M].北京:中华书局,1987.

(宋)郑元肃.勉斋先生黄文肃公年谱[M].吴洪泽,校点.宋人年谱丛刊.成都:四川大学出版社,2002.

（宋）周敦颐.周敦颐集[M].陈克明,点校.北京:中华书局,1990.

（宋）周辉.清波杂志[M].刘永翔,校注.北京:中华书局,1994.

（宋）周密.癸辛杂识[M].丛书集成新编.台北:新文丰出版公司,1985.

（宋）周应合.景定建康志[M].宋元方志丛刊.北京:中华书局,1990.

（宋）朱熹,黄榦.影印宋刻元明递修本仪礼经传通解正续编[M].乔秀岩,叶纯芳,编辑.北京:北京大学出版社,2012.

（宋）朱熹.晦庵先生朱文公文集[M]//朱杰人.朱子全书.上海:上海古籍出版社,2002.

（宋）朱熹.诗集传[M]//朱杰人.朱子全书.上海:上海古籍出版社,2002.

（宋）朱熹.四书或问[M]//朱杰人.朱子全书.上海:上海古籍出版社,2002.

（宋）朱熹.四书章句集注[M].北京:中华书局,1983.

（宋）朱熹.文公家礼集注[M].北京:北京图书馆出版社,2005.

（宋）朱熹.伊洛渊源录[M]//朱杰人.朱子全书.上海:上海古籍出版社,2002.

（宋）朱震.汉上易传卦图[M].景印文渊阁四库全书.台北:台湾商务印书馆,1986.

（宋）祝穆.古今事文类聚[M].景印文渊阁四库全书.台北:台湾商务印书馆,1986.

（宋）宗赜.禅苑清规[M]//蓝吉富.禅宗全书.台北:弥勒出版社,1990.

（元）陈元靓.岁时广记[M].续修四库全书.上海:上海古籍出版社,2002.

（元）陈元靓.新编纂图增类群书类要事林广记[M].续修四库全书.上海:上海古籍出版社,2002.

（元）德辉.敕修百丈清规[M]//蓝吉富.禅宗全书.台北:弥勒出版社,1990.

（元）方凤.方凤集[M].方勇,辑校.杭州:浙江古籍出版社,1993.

（元）胡祗遹.胡祗遹集[M].魏崇武,周思成,校点.长春:吉林文史出版社,2008.

（元）黄溍.金华黄先生文集[M].续修四库全书.上海:上海古籍出版社,2002.

（元）柳贯.柳贯诗文集[M].柳遵杰,点校.杭州:浙江古籍出版

社,2004.

（元）马端临.文献通考[M].北京:中华书局,1986.

（元）潘昂霄.金石例[M].景印文渊阁四库全书.台北:台湾商务印书馆,1986.

（元）陶宗仪.说郛三种[M].上海:上海古籍出版社,1988.

（元）同恕.矩庵集[M].景印文渊阁四库全书.台北:台湾商务印书馆,1986.

（元）脱脱.宋史[M].北京:中华书局,1977.

（元）吴澄.吴文正集[M].景印文渊阁四库全书.台北:台湾商务印书馆,1986.

（元）吴师道.礼部集[M].景印文渊阁四库全书.台北:台湾商务印书馆,1986.

（元）谢维新.古今合璧事类备要[M].景印文渊阁四库全书.台北:台湾商务印书馆,1986.

（元）谢应芳.龟巢稿[M].丛书集成续编.上海:上海书店出版社,1996.

（元）佚名.居家必用事类全集[M].续修四库全书.上海:上海古籍出版社,2002.

（元）佚名.元典章[M].陈高华,等点校.天津:天津古籍出版社,2011.

（元）袁桷.清容居士集[M].丛书集成初编.北京:中华书局,1985.

（明）蔡有鹍,蔡重.蔡氏九儒书[M].四库全书存目丛书.济南:齐鲁书社,1995.

（明）陈道.(弘治)八闽通志[M].明弘治刻本.

（明）程敏政.新安文献志[M].景印文渊阁四库全书.台北:台湾商务印书馆,1986.

（明）戴铣.朱子实纪[M].四库全书存目丛书.济南:齐鲁书社,1995.

（明）方以智.通雅[M].景印文渊阁四库全书.台北:台湾商务印书馆,1986.

（明）冯梦龙.喻世明言:绣像珍藏本[M].长沙:岳麓书社,2016.

（明）高儒.百川书志[M]上海:古典文学出版社,1957.

（明）郭春震.(嘉靖)潮州府志[M].明刻本,1547(明嘉靖二十六年).

（明）胡广.性理大全[M].景印文渊阁四库全书.台北:台湾商务印书馆,1986.

（明）黄淮,杨士奇.历代名臣奏议[M].上海:上海古籍出版社,1989.

（明）黄仲昭.八闽通志[M].福州:福建人民出版社,1990.

（明）黄宗羲,全祖望.宋元学案[M].陈金生,梁运华,点校.北京:中华书局,1986.

（明）廖道南.楚纪[M].四库全书存目丛书.济南:齐鲁书社,1995.

（明）毛凤韶.浦江志略[M].明刻本,1526(明嘉靖五年).

（明）梅鷟.南雍志经籍考[M].丛书集成续编.上海:上海书店出版社,1996.

（明）宋端仪.考亭渊源录[M].四库全书存目丛书.济南:齐鲁书社,1995.

（明）宋濂.浦阳人物记[M].丛书集成初编.北京:中华书局,1985.

（明）宋濂.元史[M].北京:中华书局,1976.

（明）宋纁.四礼初稿[M].四库全书存目丛书.济南:齐鲁书社,1995.

（明）王圻.三才图会[M].续修四库全书.上海:上海古籍出版社,2002.

（明）王圻.续文献通考[M].四库全书存目丛书.济南:齐鲁书社,1995.

（明）解缙.永乐大典[M].北京:中华书局,1986.

（明）杨廉.杨文恪公集[M].续修四库全书.上海:上海古籍出版社,2002.

（明）杨士奇.文渊阁书目[M].上海:商务印书馆,1937.

（明）姚舜牧.性理指归[M].续修四库全书.上海:上海古籍出版社,2002.

（明）佚名.居家必用事类全集[M].四库全书存目丛书.济南:齐鲁书社,1995.

（明）张良知.(嘉靖)许州志[M].明代天一阁方志选刊.上海:上海古籍书店,1961.

（明）张自烈.正字通[M].四库全书存目丛书.济南:齐鲁书社,1995.

（明）郑崇岳.圣恩录[M]."江南第一家"文史研究会,1994.

（明）郑涛.浦江郑氏家范[M].续修四库全书.上海:上海古籍出版社,2002.

（明）周广.(嘉靖)江西通志[M].明嘉靖刻本(明嘉靖年间).

（清）陈立.白虎通疏证[M].吴则虞,点校.北京:中华书局,1994.

（清）陈庆龄.(同治)临川县志[M].清刻本,1870(清同治九年).

（清）陈确.陈确集[M].北京:中华书局,1979.

（清）陈寿祺.五经异义疏证[M].续修四库全书.上海:上海古籍出版

社,2002.

（清）戴殿泗.风希堂文集[M].续修四库全书.上海:上海古籍出版社,2002.

（清）顾炎武.日知录集释[M].黄汝成,集释.长沙:岳麓书社,1994.

（清）黄虞稷.千顷堂书目[M].丛书集成续编.上海书店出版社,1996.

（清）黄之隽.（乾隆）江南通志[M].景印文渊阁四库全书.台北:台湾商务印书馆,1986.

（清）柯劭忞.新元史[M].上海:上海古籍出版社,1989.

（清）李清馥.闽中理学渊源考[M].徐公喜,等点校.南京:凤凰出版社,2011.

（清）陆心源.宋史翼[M].北京:中华书局,1991.

（清）皮锡瑞.驳五经异义疏证[M].续修四库全书.上海:上海古籍出版社,2002.

（清）皮锡瑞.经学通论[M].北京:中华书局,1954.

（清）齐召南,等.温州府志[M].中国方志丛书.台北:成文出版社有限公司,1983.

（清）宋慈抱.两浙著述考[M].杭州:浙江人民出版社,1985.

（清）孙锵鸣.陈文节公年谱[M].丛书集成续编.台北:新文丰出版公司,1989.

（清）孙希旦.礼记集解[M].沈啸寰,王星贤,点校.北京:中华书局,1989.

（清）孙诒让.温州经籍志[M].续修四库全书.上海:上海古籍出版社,1995.

（清）屠寄.蒙兀儿史记[M]//柯邵忞,屠寄.元史二种.上海:上海古籍出版社,2012.

（清）王懋竑.白田杂著[M].景印文渊阁四库全书.台北:台湾商务印书馆,1986.

（清）王聘珍.大戴礼记解诂[M].王文锦,点校.北京:中华书局,1983.

（清）徐乾学.读礼通考[M].景印文渊阁四库全书.台北:台湾商务印书馆,1986.

（清）徐松.宋会要辑稿[M].北京:中华书局,1957.

（清）徐松.中兴礼书[M].续修四库全书.上海:上海古籍出版社,2002.

（清）徐松.中兴礼书续编[M].续修四库全书.上海:上海古籍出版

社,2002.

（清）佚名.龙溪张氏八甲宗谱[M].张氏家藏清刻本,1904.

（清）永瑢.四库全书总目[M].北京:中华书局,1965.

（清）喻长霖,等.台州府志[M].中国方志丛书.台北:成文出版社,1970.

（清）翟灏.通俗编[M].陈志明,编校.北京:东方出版社,2013.

（清）张景青.浦江县志[M].清刻本,1905.

（清）张文嘉.重定齐家宝要[M].四库全书存目丛书.济南:齐鲁书社,1995.

（清）张一炜.浦江县志[M].清刻本,1673.

[日]无著道忠.小丛林略清规[M].大正新修大藏经.台北:佛陀教育基金会出版部,1990.

[日]中川忠英.清俗纪闻[M].方克,孙玄龄,译.北京:中华书局,2006.

顾宏义.朱熹师友门人往还书札汇编[M].上海:上海古籍出版社,2017.

韩百年,等.羊山韩氏宗谱[M].上海图书馆藏铅印本,1932.

韩嘉茂.萧山一都韩氏家谱[M].上海图书馆藏民国刻本,1929.

黄灵庚.重修金华丛书[M].上海:上海古籍出版社,2015.

余钟英.（民国）古田县志[M].民国铅印本,1942.

俞剑华.中国画论类编[M].北京:人民美术出版社,1957.

张涌泉.敦煌变文校注[M].黄征,校注.北京:中华书局,1997.

朱杰人.朱子全书[M].上海:上海古籍出版社,2002.

二、中文论著

（一）著作类

白寿彝.白寿彝史学论集[M].北京:北京师范大学出版社,1994.

北京图书馆.中华各姓祖先像传集[M].北京:民族出版社,1999.

常建华.宗族志[M].上海:上海人民出版社,1998.

陈顾远.中国法制史[M].上海:商务印书馆,1934.

陈国代.朱子学关涉人物衰辑——拱辰集[M].北京:大众文艺出版社,2008.

陈来.古代宗教与伦理:儒家思想起源[M].北京:生活·读书·新知三联书店,2009.

陈乐素.宋史艺文志考证[M].广州:广东人民出版社,2002.

陈荣捷.朱子门人[M].上海:华东师范大学出版社,2007.

陈成国.中国礼制史[M].长沙:湖南教育出版社,2011.

陈寅恪.金明馆丛稿二编[M].北京:生活·读书·新知三联书店,2001.

陈寅恪.隋唐制度渊源略论稿[M].北京:商务印书馆,2011.

邓广铭.邓广铭治史丛稿[M].北京:北京大学出版社,1997.

邓小南.唐宋女性与社会[M].上海:上海辞书出版社,2003.

邓小南.祖宗之法:北宋前期政治述略[M].北京:生活·读书·新知三联书店,2006.

丁鼎.《仪礼·丧服》考论[M].北京:社会科学文献出版社,2003.

丁凌华.五服制度与传统法律[M].北京:商务印书馆,2013.

丁凌华.中国丧服制度史[M].上海:上海人民出版社,2000.

方彦寿.朱熹书院与门人考[M].上海:华东师范大学出版社,2000.

费孝通,张之毅.云南三村[M].北京:社会科学文献出版社,2006.

费孝通.江村经济[M].北京:北京大学出版社,2016.

福建省博物馆.福州南宋黄昇墓[M].北京:文物出版社,1982.

甘怀珍.皇权、礼仪与经典诠释:中国古代政治史研究[M].上海:华东师范大学出版社,2008.

高令印,高秀华.朱子学通论[M].厦门:厦门大学出版社,2007.

高明士.东亚传统家礼、教育与国法:家内秩序与国法[M].上海:华东师范大学出版社,2008.

高云萍.宋元北山四先生研究[M].杭州:浙江大学出版社,2012.

龚鹏程.生活的儒学[M].杭州:浙江大学出版社,2009.

郭磬,廖东.中国历代人物像传[M].济南:齐鲁书社,2002.

郭相颖,陈明光.大足石刻雕塑全集:宝鼎石窟卷[M].重庆:重庆出版社,1999.

郭彧.易图讲座[M].北京:华夏出版社,2007.

黄奎.中国禅宗清规[M].北京:宗教文化出版社,2008.

黄敏枝.宋代佛教社会经济史论集[M].台北:台湾学生书局,1989.

惠吉兴.宋代礼学研究[M].保定:河北大学出版社,2011.

贾玺增.中国服饰艺术史[M].天津:天津人民美术出版社,2009.

姜广辉.中国经学思想史[M].北京:中国社会科学出版社,2003.

金身佳. 敦煌写本宅经葬书校注[M]. 北京:民族出版社,2007.

金泽. 宗教禁忌[M]. 北京:社会科学文献出版社,1998.

荆云波. 文化记忆与仪式叙事——《仪礼》的文化阐释[M]. 广州:南方日报出版社,2010.

[日]井上徹. 中国的宗族与国家礼制[M]. 钱杭,译. 上海:上海书店,2008.

[英]柯律格. 长物:早期现代中国的物质文化与社会状况[M]. 北京:生活·读书·新知三联书店,2015.

[英]科大卫. 皇帝和祖宗——华南的国家与宗族[M]. 卜永坚,译. 南京:江苏人民出版社,2009.

[英]科大卫. 明清社会和礼仪[M]. 北京:北京师范大学出版社,2016.

李丰楙. 神话与变异:一个"常与非常"的文化思维[M]. 北京:中华书局,2010.

李纪祥. 两宋以来大学改本之研究[M]. 台北:台湾学生书局,1988.

李烈初. 书画鼓吹[M]. 杭州:浙江大学出版社,2008.

李霖灿. 中国名画研究[M]. 杭州:浙江大学出版社,2014.

李茂旭. 中华传世家训[M]. 北京:人民日报出版社,1998.

梁敬明. 走近郑宅:乡村社会变迁与农民生存状态(1949—1999)[M]. 北京:中国社会科学出版社,2005.

梁满仓. 魏晋南北朝五礼制度考论[M]. 北京:社会科学文献出版社,2009.

林耀华. 金翼:中国家族制度的社会学研究[M]. 庄孔韶,林宗成,译. 北京:生活·读书·新知三联书店,2008.

刘东. 中华文明[M]. 北京:社会科学文献出版社,1994.

刘丰. 北宋礼学研究[M]. 北京:中国社会科学出版社,2015.

刘兆祐. 宋史艺文志史部佚籍考[M]. 台北:《中华丛书》编审委员会,1984.

龙红. 风俗的画卷:大足石刻艺术[M]. 重庆:重庆大学出版社,2009.

[韩]卢仁淑. 朱子家礼与韩国之礼学[M]. 北京:人民文学出版社,2000.

陆敏珍. 宋代永嘉学派的建构[M]. 杭州:浙江大学出版社,2013.

马建兴. 丧服制度与法律文化[M]. 北京:知识产权出版社,2005.

马小红. 礼与法:法的历史连接[M]. 北京:北京大学出版社,2004.

彭林. 中国礼学在古代朝鲜的播迁[M]. 北京：北京大学出版社，2005.

钱穆. 钱宾四先生全集[M]. 台北：联经出版事业公司，1998.

钱穆. 朱子新学案[M]. 台北：三民书局，1982.

钱玄，钱兴奇. 三礼辞典[M]. 南京：凤凰出版社，2014.

［加］秦家懿. 朱熹的宗教思想[M]. 厦门：厦门大学出版社，2010.

瞿同祖. 中国法律与中国社会[M]. 北京：中华书局，1981.

陕西省考古研究院，陕西历史博物馆，北京大学考古文博院. 异世同调——陕西蓝田吕氏家族墓地出土文物[M]. 北京：中华书局，2013.

沈文倬. 菿闇文存[M]. 北京：商务印书馆，2006.

束景南. 朱熹年谱长编[M]. 上海：华东师范大学出版社，2001.

束景南. 朱熹佚文辑考[M]. 南京：江苏古籍出版社，1991.

束景南. 朱子大传："性"的救赎之路（增订版）[M]. 上海：复旦大学出版社，2016.

宿白. 白沙宋墓[M]. 北京：文物出版社，1957.

台师大历史系，中国法制史学会，唐律研读会. 新史料·新观点·新视角：天圣令论集[M]. 台北：元照出版公司，2011.

汤勤福、王志跃. 宋史礼志辨证[M]. 上海：上海三联书店，2011.

王国维. 古史新证[M]. 北京：清华大学出版社，1994.

王锟. 朱学正传——北山四先生理学[M]. 上海：上海三联书店，2010.

王美华. 礼制下移与唐宋社会变迁[M]. 北京：中国社会科学出版社，2015.

王志跃. 宋代礼制研究[M]. 北京：人民出版社，2017.

尾形勇. 中国古代的"家"与国家［M］. 张鹤泉，译. 北京：中华书局，2010.

［荷］沃特·德·诺伊，［斯洛文］安德烈·姆尔瓦，［斯洛文］弗拉迪米尔·巴塔盖尔吉. 蜘蛛：社会网络分析技术[M]. 林枫，译. 2版. 北京：世界图书出版公司，2014.

巫仁恕. 品味奢华：晚明的消费社会与士大夫［M］. 北京：中华书局，2008.

［日］吾妻重二. 朱熹《家礼》实证研究[M]. 吴震，编译. 上海：华东师范大学出版社，2012.

吴丽娱. 敦煌书仪与礼法[M]. 兰州：甘肃教育出版社，2013.

吴丽娱. 礼与中国古代社会[M]. 北京：中国社会科学出版社，2016.

吴丽娱.唐礼摭遗:中古书仪研究[M].北京:商务印书馆,2002.

吴万居.宋代三礼学研究[M].台北:台湾编译图书馆,1999.

笑思.家哲学——西方人的盲点[M].北京:商务印书馆,2010.

徐公喜.朱子门人学案[M].南昌:江西人民出版社,2018.

徐吉军,方建新,方健,等.中国风俗通史(宋代卷)[M].上海:上海文艺出版社,2001.

徐吉军.中国丧葬史[M].南昌:江西高校出版社,1998.

杨宽.古史新探[M].北京:中华书局,1965.

杨儒宾.朱子学的开展——东亚篇[M].台北:汉学研究中心,2002.

杨志刚.中国礼仪制度研究[M].上海:华东师范大学出版社,2001.

叶纯芳,乔秀岩.朱熹礼学基本问题研究[M].北京:北京大学出版社,2015.

叶国良,等.汉族成年礼及其相关问题研究[M].台北:大安出版社,2004.

[美]伊沛霞.内闱——宋代的婚姻与妇女生活[M].胡志宏,译.南京:江苏人民出版社,2004.

殷慧.礼理双彰:朱熹礼学思想探微[M].北京:中华书局,2019.

张邦炜.宋代婚姻家族史论[M].北京:人民出版社,2003.

张立芳.河北文化遗产[M].北京:文物出版社,2010.

赵克生.明代地方社会礼教史丛论——以私修礼教书为中心[M].北京:中国社会科学出版社,2011.

赵振.中国历代家训文献叙录[M].济南:齐鲁书社,2014.

郑振满.乡族与国家:多元视野中的闽台传统社会[M].北京:生活·读书·新知三联书店,2009.

周菁葆,孙大卫.新疆壁画中的图案艺术[M].乌鲁木齐:新疆美术摄影出版社,2013.

朱瑞熙.宋代社会研究[M].郑州:中州书画社,1983.

(二)论文类

安国楼,王志立.司马光《书仪》与《朱子家礼》之比较[J].河南社会科学,2012,20(10):86—88.

安国楼.朱熹的礼仪观与《朱子家礼》[J].郑州大学学报(哲学社会科学版),2005(1):143—146.

白文固.宋代的功德寺和坟寺[J].青海社会科学,2000(5):76—80.

柏晶晶，王凤.《政和五礼新仪》探析[J]. 重庆交通大学学报（社科版），2013(12):91—94.

常建华. 宋明以来宗族制形成理论辨析[J]. 安徽史学，2007(1):75—87.

陈彩云. 礼俗之间：江南传统文化的历史解析[J]. 史学月刊，2013(2):16—20.

陈彩云. 朱子《家礼》中的禁奢思想及对后世的影响[J]. 孔子研究，2008(4):103—109.

陈登武. 家内秩序与国家统治——以唐宋廿四孝故事的流变的考察为主[C]//高明士. 东亚传统家礼、教育与国法（二）：家内秩序与国法. 上海：华东师范大学出版社，2008:213—262.

陈定荣. 江西南丰县桑田宋墓[J]. 考古，1988(4): 318—328.

陈定荣. 江西铅山宋淑国夫人墓[J]. 江西文物，1989(2):33—37.

陈定荣、詹开逊. 江西乐平宋代壁画墓[J]. 文物，1990(3):14—18.

陈红. 论封建家礼的伦理内涵及其作用[J]. 哈尔滨职业技术学院学报，2005(6):75—76.

陈慧丽. 朱子《家礼》在祁门黄龙口村的实践[D]. 合肥：安徽大学，2012.

陈景良. 法律史视野下的唐宋社会变革——从"皇权统治国家，士绅构建社会"说起[J]. 公民与法，2012(2):2—7.

陈来. 朱子《家礼》真伪考议[J]. 北京大学学报（哲学社会科学版），1989(3):115—122.

陈梦家. 祖庙与神主之起源——释且宜俎宗祏祊示主宝等字[J]. 文学年报，1937(3).

陈瑞. 朱熹《家礼》与明清徽州宗族以礼治族的实践[J]. 史学月刊，2007(3):86—93.

陈小锦. 火葬与社会文明的进化——兼论宋代火葬[J]. 广西师院学报（哲学社会科学版），1996(1):97—102.

陈雪明. 从"大传统"到"小传统"——以《茗洲吴氏家典》对朱子《家礼》的诠释与实践为例[J]. 牡丹江师范学院学报（哲学社会科学版），2013(4):67—70.

陈支平. 陈淳的神明崇拜观述论[C]//陈支平，刘泽亮. 展望未来的朱子学研究：朱子学会成立大会暨朱子学与现代跨文化意义国际学术研讨会论文集. 厦门：厦门大学出版社，2012:416—427.

程民生.宋代婚丧费用考察[J].文史哲,2008(5):106—113.

程少轩.马王堆汉墓《丧服图》新探[J].出土文献与古文字研究,2014(6):621—632.

池田温.《文公家礼》管见[C]//高明士.东亚传统家礼、教育与国法(一):家内秩序与国法.上海:华东师范大学出版社,2008:103—112.

单晓娜.理念与行止——黄榦研究[D].武汉:华中师范大学,2012.

邓庆平.朱子门人群体特征概述[J].中国哲学史,2012(6):74—78.

丁双双.唐宋时期民间的丧葬消费习俗[D].石家庄:河北师范大学,2002.

杜海.书仪源流述论[J].兰州大学学报(社会科学版),2013(5):15—21.

樊德昌.神主探源[J].寻根,2007(3):31—33.

范荧.试论宋代社会中的礼俗矛盾[J].民俗研究,1996(2):22—29.

范荧.宋代民间信仰中的佛教因素[J].上海师范大学学报(自然科学版),1995(1):72—79.

方建新.宋代婚姻礼俗考述[C]//中华书局编辑部.文史:第24辑,北京:中华书局,1985:157—178.

冯兵.我国近年来朱子礼乐思想研究述评[J].渭南师范学院学报,2011(5):42—45.

傅锡洪.惟是齐戒祭祀之时,鬼神之理著——简论朱熹鬼神观中的气与祭祀[J].朱子学刊,2012(1):17—23.

傅熹年.战国中山王馨墓出土的《兆域图》及其陵园规制的研究[J].考古学报,1980(1):97—118.

高明士.礼法意义下的宗庙——以中国中古为主[C]//高明士.东亚传统家礼、教育与国法(一):家内秩序与国法.上海:华东师范大学出版社,2008:17—71.

高英津.朝鲜时代的国法与家礼[C]//高明士.东亚传统家礼、教育与国法(二):家内秩序与国法.上海:华东师范大学出版社,2008:300—317.

高玉娜.从《朱子家礼》看朱熹的孝道主张[D].合肥:安徽大学,2012.

高源.魏晋太庙神主祭祀礼仪制度考[D].济南:山东大学,2012.

宫云维.司马光《司马氏书仪》版本考略[J].浙江工业大学学报(社会科学版),2002(6):641—643.

古川道雄.六朝士族与家礼——以日常礼仪为中心[C]//高明士.东亚

传统家礼、教育与国法(一)：家内秩序与国法.上海：华东师范大学出版社，2008：3—16.

管正平.礼运行的哲理轨迹[J].上饶师范学院学报，2011(1)：43—47.

桂齐逊.唐律"家人共犯，止坐尊长"分析[C]//高明士.东亚传统家礼、教育与国法（二）：家内秩序与国法.上海：华东师范大学出版社，2008：58—91.

郭美琴.宋代家训文献述论[J].兰台世界，2009(8)：66—67.

郭齐勇.民间儒学的新开展[J].深圳大学学报，2013(2)：29—35.

韩基宗.从法制的观点浅谈韩国传统社会的家礼[C]//高明士.东亚传统家礼、教育与国法（一）：家内秩序与国法.上海：华东师范大学出版社，2008：242—249.

韩悦.宋代丧葬典礼考述[D].杭州：浙江大学，2012.

何俊.由礼转理抑或以礼合理：唐宋思想转型的一个视角[J].北京大学学报(哲学社会科学版)，2007(6)：36—43.

何斯琴.宋明士庶礼书述略[J].广西师范大学学报（哲学社会科学版），2013(2)：72—76.

赫琳.宋刑统之发冢律研究[D].兰州：兰州大学，2013.

黄敏枝.宋代的功德坟寺[C]//黄敏枝.宋代佛教社会经济史论集.台北：台湾学生书局，1989：241—300.

黄娜.朱熹礼学的经世倾向[J].四川教育学院学报，2008(12)：46—48.

惠吉星，张平.文化大传统与小传统的整合——论宋代礼教文化的重建[J].社会科学论坛，2000(3)：23—26.

纪兴，张平.试论礼与中国传统文化模式[J].燕山大学学报(哲学社会科学版)，2000(1)：7—12.

江西省文物管理委员会.江西永新北宋刘沆墓发掘报告[J].考古，1964(11)：561—563.

姜勇仲.释"鏖糟"[J].周口师范学院学报，2008(1)：98—101.

蒋传光.中国古代的家法族规及其社会功能——"民间法"视角下的历史考察[J].东方法学，2008(1)：84—96.

金连玉.试论北宋相州韩氏家族墓地的墓葬位序与丧葬理念[J].故宫博物院院刊，2015(1)：102—116.

金身佳.敦煌写本宅经葬书研究[D].兰州：兰州大学，2006.

靳惠.《朱子家礼》广为流传之原因考析[J].大家，2011(14)：4—5.

靳惠.宋代官方礼制的实施情况考察——以《宋史·礼志》为中心[J].河南师范大学学报(哲学社会科学版),2011(1):201—203.

孔妮妮.居乡状态中的南宋理学士人——以朱熹为辐射中心的群体探讨[J].学术月刊,2012(2):133—139.

来玉英.朱熹在百姓族谱谱序中的礼仪思想探析[J].青海社会科学,2012(4):146—148.

兰甲云,陈成国,邹远志.古代礼学文献的分类及其学术意义[J].湖南大学学报(社会科学版),2013(5):27—31.

雷博.北宋神宗朝熙宁时期的礼文建设考论[J].青岛科技大学学报(社会科学版),2013(2):105—109.

李瑷月.宋代婚礼礼制研究[D].西安:西北大学,2012.

李静.论北宋的平民化宗法思潮[J].重庆师院学报(哲学社会科学版),2002(4):80—85.

李少鹏.《仪礼经传通解》研究[D].长春:吉林大学,2017.

李爽.浅谈宋代河东火葬风俗[J].山西煤炭管理干部学院学报,2009(3):133—134.

李旭.宋代家祭礼及家祭形态研究[J].武汉大学学报(人文科学版),2014(2):65—72.

李毅婷.礼制下移:陈淳礼学思想与实践[J].集美大学学报(哲社版),2018(1):13—20.

李禹阶.朱熹的家族礼仪论与乡村控制思想[J].重庆师范大学学报(哲学社会科学版),2004(4):71—76.

李政.两宋火葬述论[D].合肥:安徽大学,2010.

李政.浅谈南宋临安一带火葬兴起之原因[J].赤峰学院学报(汉文哲学社会科学版),2010(7):11—12.

李治安.宋明理学家对乡里社会新秩序的构思与探索[J].天津社会科学,2008(6):131—135.

李治安.宋元明清基层社会秩序的新构建[J].南开学报(哲学社会科学版),2008(3):43—47.

连劭名.商代的神主[J].殷都学刊,1998(3):4—7.

梁君.近30年对宋代儒家伦理思想落实问题的研究[J].学术论坛,2011(1):158—161.

刘成国.宋代字说考论[J].文学遗产,2013(6):64—76.

刘春德.宋代火葬的盛行及其对"华夷之辨"观念的挑战[J].广西右江民族师专学报,2005(5):61—66.

刘春迎.试论北宋东京婚俗的几个特点[J].河南大学学报(社会科学版),1997(2):15—19.

刘德谦.扫墓探源[J].社会科学战线,1986(3):322—328.

刘俊文.唐律与礼的关系试析[J].北京大学学报(哲学社会科学版),1983(5):10—21.

刘俊文.唐律与礼的密切关系例述[J].北京大学学报(哲学社会科学版),1984(5):68—77.

刘念兹.宋杂剧丁都赛雕砖考[J].文物,1980(2):58—63.

刘浦江.宋代宗教的世俗化与平民化[J].中国史研究,2003(2):117—128.

刘欣.宋代"家礼"——文化整合的一个范式[J].河南理工大学学报(社会科学版),2006(4):331—336.

刘欣.宋代家训研究[D].昆明:云南大学,2010.

刘欣.宋人遗训中的丧葬观及其终极关怀[J].云南社会科学,2011(4):137—140.

刘馨珺.争山盗葬——唐宋墓田法令演变之探析[C]//高明士.东亚传统家礼、教育与国法(二):家内秩序与国法.上海:华东师范大学出版社,2008:176—212.

刘雅萍.宋代祠堂的经营管理[J].经济研究导刊,2009(6):132—133.

刘雅萍.宋代家庙制度考略[J].兰州大学学报(社会科学版),2009(1):62—68.

刘雅萍.以朱熹的构想为基础的宋代祠堂[J].黑龙江史志,2009(6):72,106.

刘艳,姜波.朱熹"以理释礼"思想的形上依据[J].齐鲁师范学院学报,2011(4):96—101.

刘艳.朱子《家礼》的实质及其特色[J].洛阳师范学院学报,2011(9):55—57.

刘永华.明清时期华南地区的祖先画像崇拜习俗[C]//刘钊,等.厦大史学·第二辑.厦门:厦门大学出版社,2006:181—197.

龙晓添.丧礼中的女性——以《仪礼》《朱子家礼》记述为例[J].广西师范大学(哲学社会科学版),2013(2):54—60.

陆敏珍.尴尬的"人":思想史研究中的思想者[J].浙江社会科学,2010(1):25—30.

陆敏珍.宋代家礼与儒家日常生活的重构[J].文史,2013(4):131—144.

陆敏珍.重写世界:宋人从家庙到祠堂的构想[J].浙江学刊,2017(3):177—185.

陆睿.中国传统家礼文献叙录[D].杭州:浙江大学,2012.

罗秉祥.儒礼之宗教意涵——以朱子《家礼》为中心[J].兰州大学学报(社会科学版),2008(2):49—56.

罗彤华."诸户主皆以家长为之"——唐代户主身份研究[C]//高明士.东亚传统家礼、教育与国法(二):家内秩序与国法.上海:华东师范大学出版社,2008:19—57.

罗小红.唐代家礼研究[D].西安:陕西师范大学,2006.

洛阳市第二文物工作队.富弼家族墓地发掘简报[J].中原文物,2008(6):4—8.

骆海飞.丛林制度的伦理思想——以《古清规序》《禅苑清规》和《敕修百丈清规》为例[J].佛学研究,2013(1):376—385.

吕妙芬.颜元思想中的家礼实践与"家庭"的意涵[C]//高明士.东亚传统家礼、教育与国法(一):家族、家礼与教育.上海:华东师范大学出版社,2008:113—153.

吕友仁,王立军.宋代婚礼概述[J].殷都学刊,1991(4):4—8.

吕振宇.《家礼》源流编年辑考[D].上海:华东师范大学,2013.

马克垚.论家国一体问题[J].史学理论研究,2012(2):25—35.

马小红.中华法系中"礼""律"关系之辨正——质疑中国法制史研究中的某些"定论"[J].法学研究,2014(1):171—189.

毛国民.《朱子家礼》真伪考的历史回顾与探索[J].现代哲学,2018(1):128—135.

彭国翔.近三十年(1980—2010)英语世界的朱子研究——概况、趋势及意义[J].湖南大学学报(社会科学版),2012(1):34—38.

彭林.金沙溪《丧礼备要》与《朱子家礼》的朝鲜化[J].中国文化研究,1998(2):131—135.

彭卫民,赵子尧.朝鲜王朝礼书考略——兼论《韩国礼学丛书》在域外汉学中的价值[J].延边大学学报(社会科学版),2013(5):54—59.

彭月肖.朱子《家礼》的现代实践——以朱氏婚礼为例[J].中华文化，2013(6):75—80.

皮庆生.唐宋时期五服制度入令过程试探——以《丧葬令》所附《丧服年月》为过程[C]//荣新江.唐研究:第14卷,2008:381—411.

漆侠.释"鏖糟陂里叔孙通"[J].河北大学学报(哲学社会科学版),1999(3):1—2.

漆侠.苏轼"蜀学"与程颐"洛学"在思想领域中的对立[J].河北学刊,2001(5):76—82.

齐志家.深衣之"衽"的考辨与问题[J].南京艺术学院学报,2011(5):56—59.

秦大树.宋代丧葬习俗的变革及其体现的社会意义[C]//荣新江.唐研究:第11卷.北京:北京大学出版社,2005:313—336.

邱汉生.宋明理学与宗法思想[J].历史研究,1979(11):62—96.

屈永华.准五服以制罪是对儒家礼教精神的背离[J].法学研究,2012(5):191—197.

曲彦斌.中国婚礼仪式史略[J].民俗研究,2002(2):75—88.

冉万里.宋代丧葬习俗中佛教因素的考古学观察[J].考古与文物,2009(4):77—85.

饶学刚.我国火葬源流初探——兼评"中国火葬习俗来自印度"说[J].黄冈师专学报,1992(12):4—15.

沈从文.文史研究必须结合文物[N].光明日报,1954-10-03(版次).

师琼佩.朱子《家礼》对家的理解——以祠堂为探讨中心[D].台北:中国文化大学,1990.

石立善.朱子门人丛考[J].湖南大学学报(社会科学版),2014(3):10—18.

史向前.朱子《家礼》与道德建设[J].合肥学院学报,2007(6):3—7.

宋三平.试论宋代墓祭[J].江西社会科学,1989(6):104—107.

苏洁.宋代家法族规与基层社会治理[J].现代法学,2013(3):56—64.

苏亦工.唐律"一准乎礼"辨正[J].政法论坛,2006(3):116—142.

粟品孝.文本与行为:朱熹《家礼》与其家礼活动[J].安徽师范大学学报(人文社会科学版),2004(1):99—105.

孙华.朱熹《家礼》研究[D].杭州:浙江大学,2009.

孙显军.朱熹的《大戴礼记》研究[J].苏州大学学报(哲学社会科学版),

2009(1):70—72.

　　谭思健.古代的"主"考[J].江西教育学院学报,1991(4):33—38.

　　谭艳玲.宋诗中男子簪花现象研究[D].重庆:西南大学,2013.

　　汤勤福,王志跃.关于《宋史·礼志》记载南郊的几个问题[J].上海师范大学学报(哲学社会科学版),2009(2):112—116.

　　汤勤福.《宋史·礼志》的主要缺陷[J].史学集刊,2011(5):42—45.

　　汤勤福.朱熹《家礼》的真伪及对社会的影响[C]//姜锡东.宋史研究论丛(第11辑).保安:河北大学出版社,2010:536—552.

　　唐兰.怀铅随录下·释示宗及主[C]//考古学社.亚洲民族考古丛刊(第3辑).台北:南天书局有限公司,1979:328—332.

　　[美]田浩.儒学与时代精神笔谈——全球化进程中,如何创新儒家文化?——以《朱子家礼·婚礼(现代版)》为例[J].浙江学刊,2010(6):5—7.

　　王鹤鸣.宋代家祠研究[J].安徽史学,2013(3):75—83.

　　王美华.承古、远古与变古适今:唐宋时期的家礼演变[J].辽宁大学学报(哲学社会科学版),2013(6):127—133.

　　王美华.地方官社会教化实践与唐宋时期的礼制下移[J].辽宁大学学报(哲学社会科学版),2010(3):84—92.

　　王美华.官方礼制的庶民化倾向与唐宋礼制下移[J].济南大学学报(社会科学版),2006(1):57—62.

　　王美华.礼法合流与唐宋礼制的推行[J].社会科学辑刊,2008(4):119—126.

　　王美华.唐宋礼制研究[D].长春:东北师范大学,2004.

　　王蓉.从《朱子家礼》看儒家的家庭伦理观[J].沈阳:辽宁大学,2011.

　　王善军.宋代的宗族祭祀和祖先崇拜[J].世界宗教研究,1999(3):114—124.

　　王善军.宋代宗族发展的区域差异及其原因[J].安徽史学,2013(1):91—102.

　　王维先,宫云维.朱子《家礼》对日本近世丧葬礼俗的影响[J].浙江大学学报(人文社会科学版),2003(6):149—151.

　　王宇.佛教对宋朝火葬盛行的影响[J].佛学研究,2008(2):25—30.

　　王玉霞.礼俗与统俗:中国古代礼对俗的文化诉求[J].济南大学学报(社会科学版),2011(3):49—53.

　　王志阳,周璇璇,陈曦.陈淳的经学思想及其影响研究——以《礼》《易》

二经为中心[J].乐山师范学院学报,2012(10):74—79.

王志阳.论黄榦的礼学思想——以礼例为考察对象[J].社会科学论坛,2017(12):29—40.

王志跃.《宋史·礼志》与《朱子家礼》的不同命运探源[J].江汉大学学报(人文科学版),2010(1):82—85.

王志跃.《朱子家礼》与《满洲四礼集》对比研究[J].历史教学,2011(18):14—17.

王志跃.唐宋祭礼变化及实施考论[J].广西社会科学,2011(9):93—97.

王志跃.推崇与抵制:明代不遵循《朱子家礼》现象之探研[J].求是学刊,2013(5):163—169.

魏峰.从坟寺看迁徙官僚家族与地方社会[J].中国社会经济史研究,2009(3):24—28.

吾淳.宋以后中国社会的宗族伦理[J].现代哲学,2005(4):93—98.

吴飞.五服图与古代中国的亲属制度[J].中国社会科学,2014(12):162—175.

吴蕙芳.民间日用类书的渊源与发展[J].政治大学历史学报,2001(18):1—28.

吴敬.试论宋代的葬期[J].华夏考古,2012(1):111—114.

吴敬.宋代川陕四路墓葬特征的区域性研究[J].考古与文物,2011(3):83—88.

吴敬.宋代厚丧薄葬和葬期过长的考古学观察[J].贵州社会科学,2010(8):126—129.

吴其昌.朱子著述考[J].国学论丛,1927(第1卷第2号):147—224.

吴卫鸣.民间祖容像的传承[C]//上海师范大学美术学院.艺术史与艺术理论Ⅰ.杭州:中国美术学院出版社,2004:143—185.

吴羽.《政和五礼新仪》编撰考论[J].学术研究,2013(6):119—126.

吴哲.朱熹礼学思想中"宜时用"原则概述[J].兰台世界,2012(36):64—65.

吴震.鬼神以祭祀而言——关于朱子鬼神观的若干问题[J].哲学分析,2012(5):73—95.

熊瑜.朱熹伦理教化研究[D].成都:四川大学,2004.

徐公喜.以朱子学为例看中国哲学发展方向[J].江西社会科学,2005

(10):173—176.

徐公喜.朱熹九江门人举例[C]//黎华,胡青.中国书院论坛(第十辑).南昌:江西人民出版社,2017:161—171.

徐建平.黄庭坚"字说"散文论[J].长江学术,2010(1):31—36.

徐恋,李伟强.《朱子家礼》中丧祭礼的嬗变——以湖南平江、浏阳两县徐氏家族为例[J].商,2013(11):229—230.

徐苹芳.唐宋墓葬中的"明器神煞"与"墓仪"制度——读《大汉原陵秘葬经》札纪[J].考古,1963(2):87—107.

许家星.《朱子门人》补证[J].中国哲学史,2010(4):71—79.

许哲娜.两宋理学思想与闽南地区的官方雩祀文化[C]//常建华.中国社会历史评论(第8卷).天津:天津古籍出版社,2007:327—348.

许哲娜.南宋时期理学家在闽南地区的劝俗活动[J].南昌大学学报(人文社会科学版),2004(3):68—73.

杨根东.朱子"礼"论——从"礼之本"的角度探究[D].上海:复旦大学,2009.

杨家刚.先秦神主制度研究[D].西安:西北大学,2014.

杨建宏.论宋代家训家范与民间社会控制[J].船山学刊,2005(1):60—62.

杨建宏.论宋代民间丧葬、祭祀礼仪与基层社会控制[J].长沙大学学报,2006(4):56—58.

杨建宏.宋代家庙制度文本与运作考论[J].求索,2005(11):202—204.

杨明、韩玉胜.《吕氏乡约》乡村道德教化思想探析[J].东南大学学报(哲学社会科学版),2013(5):29—33.

杨志刚."礼下庶人"的历史考察[J].社会科学战线,1994(6):118—126.

杨志刚.《司马氏书仪》和《朱子家礼》研究[J].浙江学刊,1993(1):108—114.

杨志刚.《朱子家礼》:民间通用礼[J].传统文化与现代化,1994(4):40—46.

杨志刚.礼俗与中国文化[J].复旦学报(社会科学版),1990(3):77—83.

姚永辉.从"偏向经注"到"实用仪注":《司马氏书仪》与《家礼》之比较——兼论两宋私修士庶仪典的演变[J].孔子研究,2014(2):79—88.

姚永辉.反思与再造:宋代士人对礼治与制礼的讨论[J].杭州师范大学学报(社会科学版),2013(4):34—38.

叶纯芳.朱熹、黄榦及杨复祭礼学的形成[J].文史,2013(4):145—162.

殷慧.陈淳的礼乐思想与实践[C]// 陈明,朱汉民.原道(第20辑).上海:华东师范大学出版社,2013:184—195.

殷慧.祭之理的追索:朱熹的鬼神观与祭祀思想[J].湖南大学学报(社会科学版),2012(1):28—33.

殷慧.宋代儒学重建视野中的朱熹《仪礼》学[J].湖南大学学报(社会科学版),2012(6):24—30.

殷慧.宋儒以理释礼的思想历程及其困境[J].中国哲学史,2013(2):75—81.

游彪."礼""俗"之际——宋代丧葬礼俗及其特征[J].云南社会科学,2005(1):103—108.

余华."礼失求诸野":勾良苗寨礼文化的意义交织[D].杭州:浙江大学,2012.

袁文春.论朱熹建构鬼神理论的必然性[J].史学集刊,2012(4):107—113.

[日]远藤隆俊.宋元宗族的坟墓和祠堂[J].中国社会历史评论,2008(9):63—77.

曾丽蓉.湘西武陵山区"朱子家礼"仪式及仪式音乐遗存初探[J].大众文艺,2011(24):214—215.

曾宪义,马小红.中国传统法的结构与基本概念辨正——兼论古代礼与法的关系[J].中国社会科学,2003(5):61—73.

翟瑞芳.宋代家礼的立制与实践[D].上海:上海师范大学,2007.

战秀梅.北宋士大夫地方教化研究[D].上海:上海师范大学,2010.

张邦炜,张敏.两宋火葬何以蔚然成风[J].四川师范大学学报(社会科学版),1995(3):97—104.

张邦炜.两宋时期的丧葬陋俗[J].四川师范大学学报(社会科学版),1997(3):100—107.

张国风.《家礼》新考[J].北京图书馆馆刊,1992(1):68—71.

张国刚.汉唐"家法"观念的演变[J].史学月刊,2005(5):5—7.

张海鸥.宋代的名字说与名字文化[J].中山大学学报(社会科学版),2013(5):16—30.

张晶.宋元时期"婺学"的流变[J].中国文化研究,2003(3):101—109.

张凯作.朱子理学与古典儒家礼教[J].北京大学学报(哲学社会科学版),2012(3):12—20.

张立文.礼仪与民族化——论退溪以后礼的民族化进程[J].学术研究,2005(6):16—24.

张利文.论祭祀制度中大宗法向小宗法的演进[J].湖南城市学院学报,2012(6):45—54.

张品端.《朱子家礼》与朝鲜礼学的发展[J].中国社会科学院研究生院学报,2011(1):141—144.

张萍.唐长安官、私庙制及庙堂的地理分布[J].中国历史地理论丛,2001(4):29—35.

张清江."如在"与"临在"之间——论朱熹对"祭如在"的理解[J].云南社会科学,2013(3):39—44.

张体云.论朱熹与徽州宗族文化之间的关系[J].学术界,2011(1):134—139.

张文昌.论唐宋礼典中的佛教与民俗因素及其影响[C]//杜文玉.唐史论丛(第十辑),西安:三秦出版社,2008:17—39.

张文昌.唐宋礼书研究——从公礼到家礼[D].台北:台湾大学,2006.

张小军."文治复兴"与礼制变革——祠堂之制和祖先之礼的个案研究[J].清华大学学报,2012(2):17—30.

张艳坤.宋代火葬风俗研究[D].桂林:广西师范大学,2012.

张赟.家训与宋代伦理生活——以司马光《家范》为例[D].上海:华东师范大学,2011.

张中秋.传统中国的法秩序及其构成原理与意义[J].中国法学,2012(2):128—134.

张中秋.家礼与国法的关系、原理、意义[J].法学,2005(5):45—53.

张中秋.家礼与国法的关系和原理及其意义[C]//高明士.东亚传统家礼、教育与国法(二):家内秩序与国法.上海:华东师范大学出版社,2008:3—18.

赵克生.家礼与家族整合:明代东山葛氏的个案分析[J].求是学刊,2009(2):126—132.

赵旭.法律制度与唐宋社会秩序[D].长春:东北师范大学,2006.

赵振.试论唐宋家训文献的转型与特点[J].安阳工学院学报,2007(2):

78—81.

郑吉军.论儒教的家礼生活——以朱熹《家礼》为中心[D].泉州:华侨大学,2012.

郑州市文物考古研究所、登封市文物局.登封高村壁画墓清理简报[J].中原文物,2004(5):4—12.

周鑫.《朱子家礼》研究回顾与展望[J].中国社会历史评论,2011(12):432—446.

周永健.论朱熹的社会教化思想[J].重庆师范大学学报(哲学社会科学版),2013(4):13—18.

周赟.庙祭还是墓祭——传统祭祖观念之争论及其现时代之价值[J].鹅湖月刊,2012(446):55—64.

朱广龙.从"援理入礼"到"以礼化俗"——黄榦礼学的生活化特征[D].杭州:浙江大学,2016.

朱杰人.朱子家礼之婚礼的现代实验[J].博览群书,2012(12):22—26.

朱瑞熙.宋代的丧葬习俗[J].学术月刊,1997(2):69—74.

[日]佐佐木爱.宋代道学家的宗法论[J].人文杂志,2015(6):85—96.

三、外语论著

池田温.中国礼法と日本律令制[M].东京:东方书店,1992.

日本宋代史研究会.宋代社会のネットワーク[M].东京:汲古书院,1998.

市来津由彦.朱熹門人集団形成の研究[M].东京:创文社,2002.

阿部吉雄.东方文化学院东方研究所经部礼类善本に就いて[J].东方学报,1936(6):295—334.

阿部吉雄.文公家礼に就いて[C]//服部先生古稀祝贺纪念论文集.东京:富山房,1936:25—40.

栗原朋信.木主考(试论)[C].上代日本对外关系の研究,东京:吉川弘文馆,1978.

牧野巽.司马氏の书仪大家族主义と文公家礼の宗法主义[M]//牧野撰.牧野巽著作集(第3卷).东京:御茶ソ水书房,1980.

内野台岭."主"考[C]//内野台岭先生追悼论文集.内野台岭先生追悼论文集刊行会,1954.

平田茂树.略探南宋士大夫复合、多重的社会网络构造——以书信史料为线索[C]//中国宋史研究会第十八届年会会议论文集,2018.

浅见洋二.言論統制下の文学テキスト——蘇軾の創作 活動に即して[J].大阪大学大学院文学研究家纪要,2017(57).

上山春平.朱子の《家礼》と《仪礼经传通解》[J].东方学报,1982(54):173—256.

水口拓寿."大家族主义"对"宗法主义"——牧野巽氏の中国亲族组织论けて一[J].中国哲学研究,2000(14):1—32.

田中谦二.朱门弟子师事年考[J].东方学报,1973(44):147—218;1975(48):261—357.

樋口胜.《文公家礼》の成立についての一考察[J].东洋の思想と宗教,1987(4):60—78.

吴明熙.朱子《家礼》成立の背景とその特质——《朱子文集》、《朱子语类》を手がかりとして[J].中国哲学,2008(36).

细谷惠志.朱文公《家礼》の真伪说をめぐつて[J].文学研究,2001(16):55—63.

小岛毅.宋代の国家祭祀——《政和五礼新仪》の特徵[C]//池田温.中国礼法と日本律令制,东京:东方书店,1992:463—484.

小岛毅.宗族を见ろ手法——一九四〇年代の日本の研究一かり[C]//井上徹,远藤隆俊.宋明の宗族研究,东京:汲古书院,2005.

小林义广.宋代にわけろ宗族と乡村社会の秩序——累世同居を手がかりに[J].东海大学纪要(文学部),1990(52).

中岛乐章.累世同居かち宗族形成へ宋代徽州の地域开发と同族结合[C]//平田茂树,远藤隆俊,冈元司.宋代社会の空间とコミユニケーシヨン,2006.

竺沙雅章.宋代坟寺考[J].东洋学报,1979(61卷第1、2号).

佐竹靖彦.唐宋变革期にわけろ江南东西路の土地所有と土地政策——义门の成长と手がかりに[J].东洋史研究1976(31编第4号).

임민혁:주자가례,예문사훤,1999.

DE HARLEZ C. Kia-Li, Livre Des Rites Domestiques Chinois de Tchou-Hi[M]. Paris: Ernest Leroux,1889.

FREEMAN L C. The Development of Social Network Analysis: A Study in the Sociology of Science[M]. Vancouver: Empirical Press,2004.

LIU Y H. Confucian Rituals and Chinese Villagers: Ritual Change and Social Transformation in a Southeastern Chinese Community，1368—1949[M]. Leiden and Boston：Brill，2013.

EBREY P B. Chu Hsi's Family Rituals：A Twelfth-Century Chinese Manual for the Performance of Cappings，Weddings，Funerals，and Ancestral Rites[M]. Princeton：Princeton University Press，1991.

EBREY P B. Confucianism and Family Rituals in Imperial China：A Social History of Writing about Rites [M]. Princeton：Princeton University Press，1991.

SMITH W C. The Meaning and End of Religion[M]. New York：Macmillan，1962.

BELL C. *Religion and Chinese Culture：Toward an Assessment of "Popular Religion"*[J]. History of Religions，1989，29(1)：35-57).

BELL C. *Ritualization of Texts and Textualization of Ritual in the Codification of Taoist Liturgy*[J]. History of Religions，1988，27(4)：366-392.

YIFA. *The rules of Purity for the Chan Monastery：An annotated Translation and study of the Chanyuan qinggui*[D]. New Haven：Yale University，1996.

后　记

　　得知杨逸的《宋代四礼研究》一书即将出版,作为母亲我自然为他高兴。不过当儿子把写后记的任务交给我时,我相当惶恐:一个医生给一本关于礼的书写后记,这完全是两个学术领域啊!最后拗不过,还是接受了。苦苦思索了好多天,孩子的苦心和该书的意义逐渐清晰。数易其稿后,我最终选择了这些文字。

　　礼,无论何时、何地、哪种场合、哪种领域,只要有人,就一定会涉及。它贯穿于各种社会现象,大至国与国之间的交际,小到人与人之间的往来,关乎国家安全、社会安宁、家庭的幸福。中国有着五千年的文明史,"举案齐眉""举手投足""文质彬彬"等礼文化现象随处可见。然而在物质丰富、经济发达的今天,我们痛心地发现人们精神层面的匮乏,许多高学历、高收入群体不懂礼、不知礼、不行礼。说起来,他们会很无辜地说没人告诉他们,其他人也不会这般"施礼",等等。这种现象令人担忧。作者以"礼"为学术研究方向,可以看作一个"80后"开出的救人救己的"药方"吧。

　　杨逸七岁时父亲英年早逝,多年以来我独自一个人带他,艰难度日,可想而知。他小小年纪就担当了"小男子汉"的角色,很懂事。他学画、练琴,并非自己喜欢,而是为了我开心。从本科到硕士、博士、博后,他在寂寞、孤独的学业路上努力拼搏,都是为了母亲的微笑。没承想,他的孝顺成就了他今天的成绩。写到这里,我眼中已浸满泪水,千言万语,难用片纸说出。我为他感到骄傲!"路漫漫其修远兮,吾将上下而求索。"借用我最喜欢的古诗句,祝福他在学海中泛舟启航!

　　感谢杨逸的恩师陆敏珍老师,她从孩子读研到现在都无私地给予他教诲、指导与帮助,为他日后的学术道路开辟方向。也感谢其他帮助过我们母子的人,愿你们幸福、安康!

栾香

2020 年春于西安大明宫